westermann

Dipl.-Hdl. Hans Jecht, Dipl.-Hdl. Marcel Kunze, Dipl.-Hdl. Peter Limpke,
Dipl.-Hdl. Rainer Tegeler

Einzelhandel 4.0

[redacted]

2. Ausbildungsjahr

1. Auflage

Bestellnummer 5311

BiBox westermann
inkl. E-Book

Zu diesem Lehrwerk sind ergänzende digitale Unterrichtsmaterialien als BiBox erhältlich. In unserem Webshop unter www.westermann.de finden Sie hierzu unter der Bestellnummer des vorliegenden Schülerbuchs weiterführende Informationen.

service@westermann.de
www.westermann.de

Bildungshaus Schulbuchverlage Westermann Schroedel Diesterweg Schöningh Winklers GmbH, Postfach 33 20, 38023 Braunschweig

ISBN 978-3-8045-**5311**-8

westermann GRUPPE

Vorwort

In den letzten Jahren hat sich der Verkauf von Waren im Einzelhandel stark verändert. Gründe dafür liegen vor allem in den gestiegenen unterschiedlichen Ansprüchen aufseiten der Kunden sowie in der Herausforderung durch E- Commerce. Dies stellt starke Anforderungen an die Mitarbeiter und Mitarbeiterinnen im Einzelhandel und an die Arbeitsabläufe. Von dem effizienten Umgang mit unterschiedlichen Verkaufssituationen und der im Einzelhandel Einzug haltenden Digitalisierung hängt immer stärker der Erfolg des Unternehmens ab.

Vor diesem Hintergrund werden Mitarbeiter und Mitarbeiterinnen mit umfassenden Qualifikationen zur Bearbeitung von komplexen Geschäftsprozessen benötigt. Dem trägt auch die Ausbildung in den Ausbildungsberufen „Verkäufer/Verkäuferin" und „Kaufmann/Kauffrau im Einzelhandel" Rechnung. Ziel dieser Ausbildungsberufe ist eine ganzheitliche, prozessorientierte Handlungskompetenz der Auszubildenden.

Vor diesem Hintergrund vermitteln wir in der Schulbuchreihe „Einzelhandel 4.0" das erforderliche hohe Niveau und die notwendigen Kompetenzen verständlich und nachvollziehbar.

Wir verwenden eine einfache Sprache, die
- auf leichte Verständlichkeit zielt,
- komplizierte Sprachelemente vermeidet und
- trotzdem einen normalen Spracheindruck macht.

Wo immer möglich, veranschaulichen wir Inhalte durch Grafiken, Karikaturen oder Fotos. Die **einfache Sprache** und die vielen Beispiele und Abbildungen erleichtern den Schülerinnen und Schülern das Lernen erheblich.

Die Schulbuchreihe „Einzelhandel 4.0" basiert auf zwei Modellunternehmen in einem Einkaufszentrum:
- der Filiale des Textileinzelhändlers Tom Hoss KG (mit den Verkaufsformen Bedienung und Vorwahl) und
- der Filiale des Lebensmittelhändlers LEMI AG (Selbstbedienung).

Dadurch wird es den Schülerinnen und Schülern erleichtert, die Strukturen, Prozesse und Probleme abzubilden und nachzuvollziehen, mit denen sie in ihrer betrieblichen Praxis zu tun haben.

Die einzelnen Kapitel des Schulbuchs sind einheitlich gegliedert:
1. **Einstieg:** Jedes Kapitel beginnt mit einer anschaulichen Problemstellung. Diese Problemstellung ist herausfordernd, aber nicht überfordernd.
2. **Einordnung des Themas:** Ein Advance Organizer stellt anschaulich dar, welche Themenbereiche in dem Kapitel behandelt werden und wo sie im Lernfeld angesiedelt sind. Die Schülerinnen und Schüler werden außerdem über die Kompetenzen informiert, über die sie nach der Bearbeitung des Kapitels verfügen sollen.
3. **Information:** Es schließt sich ein ausführlicher Informationsteil mit einer großen Anzahl von Beispielen und weiteren Veranschaulichungen an.
4. **Aufgaben:** Die Aufgaben dienen der selbstständigen Erschließung des Textes und der Vertiefung des Gelernten. Sie dienen ebenfalls der Förderung der Methoden- sowie Selbstkompetenz.
5. **Zusammenfassung:** Am Ende des Informationsteils werden die wesentlichen Lerninhalte in Form einer farblich hervorgehobenen Übersicht zusammengefasst.
6. **Kompetenzüberprüfung:** Am Ende des Kapitels bekommen die Schülerinnen und Schüler einen klaren Überblick über ihren aktuellen Lernstand.

Unser Ziel, ein möglichst hohes fachliches Niveau mit größtmöglicher Verständlichkeit zu erreichen, wird durch weitere Medien unterstützt:
- Das **Arbeitsbuch** zu diesem Schulbuch enthält Lernsituationen, die auf die Durchführung eines handlungsorientierten Unterrichts ausgerichtet sind. Die Bearbeitung der Aufgaben im Arbeitsbuch sichert und erweitert die berufliche Handlungskompetenz.
- Passend zum Lehrwerk stehen zahlreiche digitale Materialien zur Erhöhung des Lernzuwachses bei den Schülerinnen und Schülern zur Verfügung – Filme, Erklär- und Scribble-Videos, interaktive Lernquizze und mehr. Unter *www.westermann.de/einzelhandel4-0* finden Sie weitere Informationen und Beispiele der in der **BiBox** zum Lehrwerk eingebundenen Materialien sowie eine ausführliche Vorstellung des Lehrwerkskonzepts.

November 2019 Die Verfasser

Lernfeld 6: Waren beschaffen

Lernfeld 7: Waren annehmen, lagern und pflegen

Lernfeld 8: Geschäftsprozesse erfassen und kontrollieren

Lernfeld 9: Preispolitische Maßnahmen vorbereiten und durchführen

Lernfeld 10: Besondere Verkaufssituationen bewältigen

Lernfeld 6

Waren beschaffen

6.1 Beschaffungsplanung

Problemstellung

Die Geschäftsführung hat mit den Abteilungsleitern die Planzahlen für die Umsätze festgelegt. Anschließend wird die Einkaufsabteilung beauftragt, die Beschaffungsplanung für das nächste Quartal vorzunehmen. Stefanie Beyer und Jakub Nowak sind den ersten Tag in der Einkaufsabteilung. Herr Deimann bittet sie, ihn bei den dafür notwendigen Arbeiten zu unterstützen: „Nicht nur der Verkauf, sondern gerade auch der Einkauf ist bei uns im Einzelhandel wichtig. Ihr müsst wissen: In der richtigen Planung des Einkaufs liegt der halbe Gewinn ...“

1. Nennen Sie die Bereiche der Beschaffungsplanung.
2. Stellen Sie fest, welche Entscheidungen im Rahmen der Beschaffungsplanung getroffen werden.
3. Erläutern Sie die Bedeutung des Einkaufs für den Gewinn der Tom Hoss KG.
4. Ermitteln Sie die optimale Bestellmenge für einen bestimmten Artikel. Die Beschaffungskosten betragen 40,00 € je Bestellung. An Lagerkosten fallen 0,20 € je Stück an. Es sollen innerhalb eines bestimmten Zeitraums 1500 Stück eines Artikels bestellt werden.
5. Die Geschäftsführung strebt in einer Warengruppe einen Umsatz von 500.000,00 € an. Sie möchte einen Kalkulationsabschlag von 35 % durchsetzen. Als Limitreserve plant sie 20 % ein. Wie hoch ist das Restlimit, wenn schon für 49.000,00 € Bestellungen vorliegen?

EINORDNUNG DES THEMAS

Lernfeld 6: Waren beschaffen

Einsatz der EDV im Einkauf

Beschaffungsplanung → Bezugsquellenermittlung → Erstellung von Anfragen → Angebotsvergleich → Bestellung → Kooperation im Einzelhandel

Kompetenzen

Nach Bearbeitung dieses Kapitels können Sie ...

... die Bedeutung der Bedarfsermittlung nachvollziehen.
... die Teilbereiche der Beschaffungsplanung aufführen.
... Lager- und Beschaffungskosten anhand von Beispielen unterscheiden.
... die optimale Bestellmenge berechnen.
... die Notwendigkeit einer Limitplanung erkennen und eine Limitrechnung durchführen.
... den Unterschied zwischen Bestellrhythmusverfahren und Bestellverfahren erläutern.

INFORMATIONSTEXT

Im Rahmen der Beschaffungsplanung geht es darum, die richtige Ware in der geforderten Menge und Qualität zum richtigen Zeitpunkt und zum günstigsten Preis beim richtigen Lieferer einzukaufen. Zwei Arten von Informationen sind für Einkaufsentscheidungen von Bedeutung:

- Bedarfsinformationen, aus denen Menge, Art und Zeit des Einkaufs ermittelt werden
- Informationen, die die Auswahl des günstigsten Lieferers ermöglichen

Bedarfsermittlung

Die Feststellung des Bedarfs ist die erste Voraussetzung für einen planvollen Einkauf. Der **Bedarf** ist die Warenmenge, die in angemessener Zeit durch den Betrieb voraussichtlich verkauft beziehungsweise verarbeitet werden kann.

Auch heute geschieht die Bedarfsermittlung noch oft mit dem berühmten „Fingerspitzengefühl". Dieses kann richtig sein, erweist sich jedoch häufig als völlig irreführend. Daher werden in vielen Betrieben Ein- und Verkaufsstatistiken geführt, aus denen der Einkäufer beträchtliche Schlüsse hinsichtlich der Entwicklung des Bedarfs ziehen kann.

In diesem Zusammenhang werden z. B. Händler durch Computerprogramme, sogenannte EDV-gestützte Warenwirtschaftssysteme, unterstützt. Die EDV-gestützten Warenwirtschaftssysteme ermöglichen unter anderem eine Verkaufsdatenanalyse (= Verkaufsdatenauswertung), mit der der zukünftige Bedarf ermittelt werden kann.

Sortimentsplanung (WAS?)

Zunächst einmal muss das Unternehmen festlegen, welche Waren überhaupt geführt werden sollen. Es wird versuchen, solche Artikel im Rahmen seines Sortiments zusammenzustellen, die der Kunde erwartet. Dadurch kommt es zur Sortimentsbildung.

Bei der Überlegung, was eingekauft werden soll, werden also Artikel nach Art und Qualität ausgesucht. Dabei müssen die Erfahrungen der Vergangenheit beachtet werden. Kundenwünsche oder Verkaufserfolge eines Mitbewerbers mit einem bestimmten Artikel können z. B. dazu führen, dass ein Händler ein neues Produkt in sein Sortiment aufnehmen möchte.

Aber auch Zukunftserwartungen müssen berücksichtigt werden. Hilfen hierzu bieten z. B. Marktuntersuchungen.

Schon beim Einkauf der Waren sollte man an den Absatz denken. Obwohl er zeitlich der Beschaffung der Waren folgt, ist er als übergeordnetes Ziel das bestimmende Element. Es dürfen nur solche Waren eingekauft werden, die sich auch verkaufen lassen.

Mengenplanung (WIE VIEL?)

Bei der Mengenplanung wird entschieden, wie viel eingekauft werden soll. Die genaue Schätzung des Bedarfsumfangs ist schwierig. Ziel der Mengenplanung ist die Ermittlung der kostengünstigsten Bestellmenge. Diese Bestellmenge nennt man „optimale Bestellmenge".

Bestandteile der Beschaffungsplanung				
Sortimentsplanung	**Mengenplanung**	**Zeitplanung**	**Bezugsquellenermittlung**	**ABC-Analyse**
Welche Artikel sollen bestellt werden?	Wie viel soll eingekauft werden?	Wann soll eingekauft werden?	Wo (Bei wem) soll eingekauft werden?	Welche Artikel müssen im Einkauf besonders beobachtet werden?
		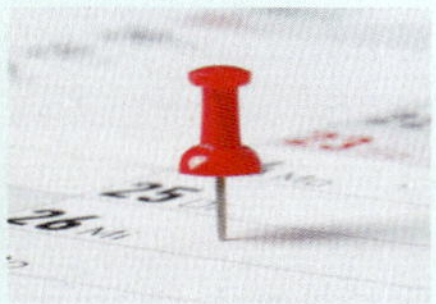		

Das Unternehmen hat bei der Feststellung von Beschaffungsmengen grundsätzlich zwei Möglichkeiten. Es beschafft

- große Mengen in großen Zeitabständen oder
- kleine Mengen in kleinen Zeitabständen.

Zwischen diesen beiden Wahlmöglichkeiten hat der Einkäufer eine Fülle von weiteren Möglichkeiten. Zur Bestimmung der optimalen Bestellmenge muss er die Auswirkungen der verschiedenen möglichen Beschaffungsmengen auf die Höhe der Kosten untersuchen.

Dabei sind zwei Kostenarten zu unterscheiden:

- **Beschaffungskosten**
  Sie fallen z. B. für das Einholen des Angebots, das Schreiben der Bestellung oder die Wareneingangs- oder Rechnungsprüfung an. Mit zunehmender Bestellmenge werden die Beschaffungskosten je Wareneinheit geringer. Wird nur einmal innerhalb eines bestimmten Zeitraums bestellt, muss beispielsweise auch nur einmal eine Bestellung geschrieben werden. Bei größeren Bestellungen können außerdem mögliche Mengenrabatte in Anspruch genommen werden.
- **Lagerkosten**
  Sie nehmen bei einer Erhöhung der Beschaffungsmenge zu. Je mehr Ware bestellt und auf Lager genommen wird, desto mehr fallen z. B. Personalkosten für Lagerpersonal an.

Die Beschaffungskosten und die Lagerkosten verlaufen also bei unterschiedlichen Beschaffungsmengen entgegengesetzt. Die Aufgabe der Mengenplanung besteht nun darin, die Beschaffungsmenge zu bestimmen, bei der die Summe aus Beschaffungs- und Lagerhaltungskosten möglichst gering ist. Bei der **optimalen Bestellmenge** gleichen sich sinkende Bestellkosten und steigende Lagerhaltungskosten so aus, dass die geringsten Gesamtkosten entstehen.

Bestellkosten	Lagerkosten
• Gebühren (z. B. Porto, Telefon, Fax) • Material (z. B. Umschläge, Briefpapier, Druckerpatrone) • Personal (z. B. Buchhaltungspersonal, Schreibkräfte)	• Energiekosten (z. B. Strom, Heizung, Licht) • Gebäude • Personal (z. B. Mitarbeiter im Lager) • Warenpflege
Wird selten, aber in großen Mengen bestellt:	
⮟ niedrige Bestellkosten	⮝ hohe Lagerkosten
Wird oft, aber in kleinen Mengen bestellt:	
⮝ hohe Bestellkosten	⮟ niedrige Lagerkosten

BEISPIEL

In einem Unternehmen betragen die Beschaffungskosten 35,00 € je Bestellung, unabhängig davon, wie viel bestellt wird. An Lagerkosten fallen 0,25 € je Stück an. Es sollen innerhalb eines bestimmten Zeitraums 1 000 Stück eines Artikels bestellt werden.

Anzahl der Bestellungen	Bestellmenge	Lagerhaltungskosten in €	Bestellkosten in €	Gesamtkosten in €
1	1000	250,00	35,00	285,00
2	500	125,00	70,00	195,00
3	333	83,25	105,00	188,25
4	250	62,50	140,00	202,50
5	200	50,00	175,00	225,00

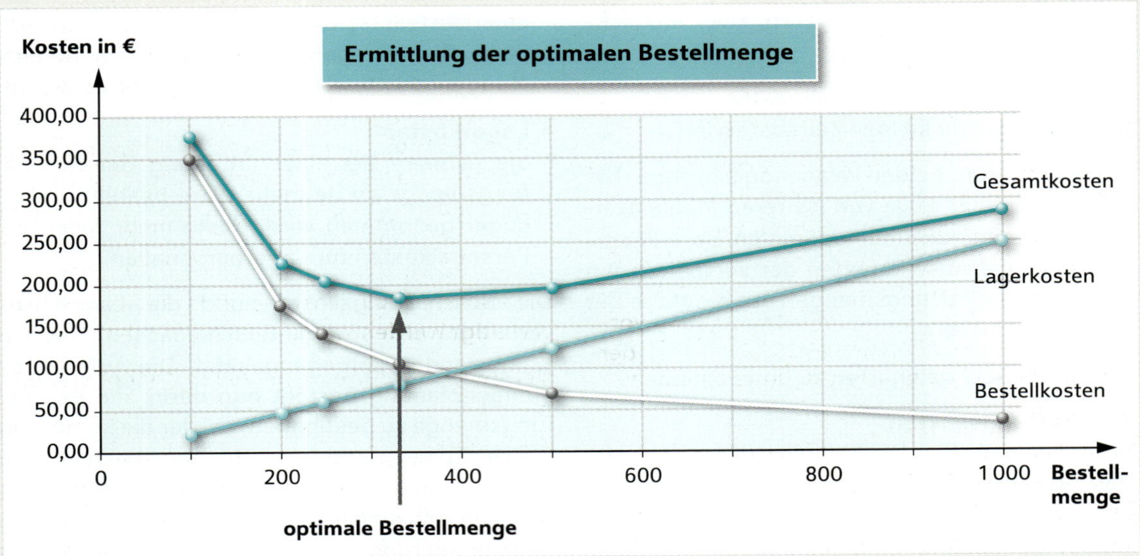

Die optimale Bestellmenge liegt bei 333 Stück. Dort entstehen Gesamtkosten von nur 188,25 €.

Die Höhe der Bestellmenge ist jedoch noch von weiteren Rahmenbedingungen abhängig:

- **wirtschaftliche Lage**
  Ist aufgrund der gesamtwirtschaftlichen Entwicklung eine Verknappung von Artikeln zu erwarten, sollte sich das beschaffende Unternehmen mit größeren Mengen zu einem noch niedrigeren Preis eindecken.
- **Preis**
  Auf Märkten, die großen Preisschwankungen unterliegen, sollten bei niedrigen Preisen größere Mengen eingekauft werden.
- **Absatz**
  Bei der Festlegung der Bestellmenge ist auch vom zu erwartenden Absatz auszugehen.

Bei der Planung der Einkaufsmenge kann auch die **Limitrechnung** angewandt werden. Sie ist ein Mittel, um die Finanzverhältnisse des Unternehmens zu kontrollieren und in Ordnung zu halten. Der Einkauf wird dadurch planbar und überprüfbar.

DEFINITION

Limit bedeutet frei übersetzt: eine Grenze, die nicht überschritten werden darf. Ein **Limit** gibt an, für wie viel Euro in einem bestimmten Zeitabschnitt Waren einer Warengruppe eingekauft werden dürfen. Diese Einkaufsgrenze sollte nicht überschritten werden.

BEISPIEL

Ein Textileinzelhändler führt mit einem EDV-gestützten Warenwirtschaftssystem eine Limitrechnung für eine bestimmte Warengruppe durch.

– Limitrechnung (Plan) –			
Haus 1	Abt. 1	WGR 1	Plan-saison 1	Jahr

Umsatz		100.000
– erzielte Kalk.	50,0 %	50.000
= Planumsatz EK		50.000
= Saisonlimit		50.000
– Limitreserve	10,0 %	5.000
= freies Limit		45.000
– Ist-Bestellungen		35.537
= Restlimit		9.463
– Freigabe 16. Nov.		2.000
= Restlimit neu		7.463

Plan-/Ist-Vergleich?
– J/N Speichern Planzahlen?
– J/N Umsatzkontrolle? – J/N

Der Einzelhändler strebt aufgrund früherer Umsatzzahlen für die Warengruppe innerhalb des Planungszeitraums einen *Umsatz* von 100.000,00 € an. Er hofft, einen Kalkulationsabschlag (erzielte Kalkulation) von 50 % durchsetzen zu können: Der Bruttogewinn soll also

50.000,00 € betragen. Für den Wareneinsatz (*Planumsatz* zu Einstandspreisen) müssen daher 50.000,00 € eingeplant werden.

Als *Saisonlimit* ergibt sich der Betrag von 50.000,00 €. Dies ist der Gesamtbetrag, der im Planungszeitraum ausgegeben werden darf. Das *Saisonlimit* wird aufgeteilt in die Limitreserve und das freie Limit. Die *Limitreserve* wird in der Regel als Prozentsatz ausgedrückt (10 % = 5.000,00 €) und ist für Sonderfälle – wie z. B. Sonderangebote oder kurzfristige Nachbestellungen – vorgesehen. Das *freie Limit* (45.000,00 €) ist der Betrag, für den im Rahmen vorhersehbarer Bestellungen eingekauft werden darf.

Vom freien Limit wird der bisherige Auftragswert (*Ist-Bestellung* = 35.537,00 €) abgezogen. Der für Bestellungen noch offene Betrag von 9.463,00 € ist das sogenannte *Restlimit*. In diesem vereinfachten Beispiel bestellt der Einzelhändler Waren für 2.000,00 €, sodass sich ein neues Restlimit von 7.463,00 € ergibt.

Zeitplanung (WANN?)

Hat man die Bestellmenge ermittelt, so tritt für den Einkäufer das nächste Problem auf: Wann soll eingekauft werden? Bei der Zeitplanung geht es um den richtigen Zeitpunkt der Bestellung.

BEISPIEL

- Ein Händler muss seine Waren so rechtzeitig einkaufen, dass sie zum Verkaufstermin vorhanden sind. Bei Nachbestellungen muss beachtet werden, dass die Ware im Verkauf nicht ausgeht.

Um dies zu erreichen, werden entweder das Bestellrhythmusverfahren oder das Bestellpunktverfahren angewandt:

- **Bestellrhythmusverfahren**
  Beim Bestellrhythmusverfahren wird nach Ablauf von bestimmten Zeitabständen (Tage, Wochen, Monate oder Quartale) überprüft, ob sich noch ausreichend Artikel auf Lager befinden. Die Kontrolle, ob nachbestellt werden muss, wird nicht bei jeder Entnahme von Ware durchgeführt, sondern nur zu bestimmten, vorgegebenen Zeitpunkten. Dieses Verfahren wird also durch den Zeitfaktor gesteuert.
- **Bestellpunktverfahren**
  Das häufiger angewandte Bestellpunktverfahren dagegen wird durch Verbrauchsmengen gesteuert. Eine Bestellung wird jedes Mal ausgelöst, wenn der Lagerbestand des Artikels nicht mehr ausreicht, um den während der Beschaffungszeit zu erwartenden Bedarf zu decken. Dazu sind Bestandsprüfungen nach jedem Lagerabgang nötig. Dies erfordert einen hohen Aufwand, der aber durch den Einsatz von EDV-Anlagen und entsprechenden Programmen automatisch bewältigt werden kann.

Der Zeitpunkt für eine Bestellung hängt weiterhin ab von:

- **Beschaffungsdauer**
  Ist die Ware einen Tag später da, kann man jeden Tag nachbestellen.
- **Lagerfähigkeit der Waren**
  Artikel, die nicht lange gelagert werden können, müssen häufig bestellt werden.
- **Preisentwicklung** auf dem Markt
- **Umsatzgeschwindigkeit**

Bezugsquellenermittlung[1] (WO?)

Der Auswahl der Lieferer muss besondere Aufmerksamkeit geschenkt werden. Von ihr hängt ganz entscheidend die Kostensituation eines Unternehmens ab. Grundsätzlich sollte dort eingekauft werden, wo es am günstigsten ist.

ABC-Analyse

Unternehmen müssen für ihre umfangreichen Sortimente oft bis zu 100 000 verschiedene Artikel beschaffen. Diese alle mit dem gleichen Aufwand hinsichtlich

- Bestellmengen,
- Bestellpunkten,
- durchschnittlicher Lagerdauer,
- Sicherheitsbeständen usw.

zu planen und zu kontrollieren, verbieten die Kosten eines solchen Vorgehens.

Daher wird häufig ein Verfahren angewandt, das die Kosten einer Planung und Kontrolle einzelner Artikel mit deren Bedeutung am Beschaffungsumfang in Beziehung setzt.

1 Mehr zur Bezugsquellenermittlung im folgenden Kapitel.

Die ABC-Analyse ist ein Verfahren, das eine bestehende Grundgesamtheit hinsichtlich bestimmter Kriterien wie Umsatz oder Rentabilität in drei Klassen einteilt. In der Regel besteht die Grundgesamtheit aus Artikeln. Es können aber auch Kunden oder Lieferer sein.

Angestrebt wird dabei das Auffinden derjenigen Artikel, Lieferer oder Kunden, die am meisten (Klasse A), durchschnittlich (Klasse B) oder wenig (Klasse C) zum Unternehmenserfolg beitragen.

Die ABC-Analyse teilt Artikel danach ein, wie groß ihr Anteil am Umsatz ist: Gesucht werden die wenigen, aber wichtigen A-Artikel, die extrem umsatzstark sind. Diese müssen besonders beachtet werden.

Im Rahmen der Beschaffung dient die ABC-Analyse als Instrument zur Minderung des Beschaffungsrisikos:

- Die wenigen umsatzstarken und damit sehr risikoreichen **A-Artikel** werden ihrer Bedeutung entsprechend mit besonderer Aufmerksamkeit behandelt. Ein Unternehmen kann umso erfolgreicher planen, je mehr Anstrengungen es bei den A-Artikeln unternimmt: Die Kosten für eine intensive und genaue Kontrolle halten sich angesichts der geringen Zahl dieser Artikel in vertretbaren Grenzen. Bei diesen wichtigen Artikeln kommt es dadurch zu sehr großen Einsparungen. So werden z. B. für A-Artikel häufig Bestellungen durchgeführt, um kostenverursachende Lagerbestände zu verringern.
- Die zahlreichen **C-Artikel** dagegen werden nur mit einem einfachen System kontrolliert, das dem Disponenten wenig Mühe macht. Selbst wenn sich dadurch ein geringfügig erhöhter Lagerbestand ergeben sollte, lassen sich durch die Verminderung des Arbeitsaufwands große Einsparungen erzielen. Ist ein Artikel also unwichtig, so ist der Verlust, der durch eine Verminderung der Überwachungsarbeit entstehen könnte, sehr niedrig zu bewerten. Kontrollen und Lagerhaltung werden daher stark vereinfacht.
- Für **B-Artikel** kommt ein Mittelweg zwischen der Behandlung der A-Artikel und der C-Artikel in Betracht.

Die ABC-Analyse ist ein wichtiges Rationalisierungsinstrument. Sie hilft,

- sich auf wirtschaftlich bedeutende Artikel zu konzentrieren,
- hohen Arbeitsaufwand bei Artikeln untergeordneter Bedeutung zu vermeiden,
- die Transparenz der Lagerwirtschaft und Beschaffung und
- die Wirksamkeit und Wirtschaftlichkeit des Einkaufs zu steigern.

BEISPIEL

Für eine Warengruppe von zehn Artikeln (siehe folgende Seite) soll eine ABC-Analyse durchgeführt werden. Dies geschieht in mehreren Schritten:

1. **Ermittlung des Stückpreises** in Euro und der Absatzmenge in Stück pro Jahr
2. **Berechnung des Umsatzes** in Euro pro Jahr
3. **Sortierung der Artikel** in absteigender Folge nach der Höhe ihres Umsatzes
4. **Berechnung des prozentualen Anteils** jedes Artikels am Gesamtumsatz
5. **Kumulierung** (wortwörtlich „Anhäufen", frei übersetzt: „Zusammenzählen") **der jeweiligen prozentualen Anteile jedes Artikels** am Umsatz: Der jeweilige prozentuale Anteil wird zu den vorhergehenden hinzugerechnet.
6. **Einteilung in A-, B-, C-Teile**
7. **Auswertung des Ergebnisses:** Mit 20 % der Artikel werden 60 % des Umsatzes erreicht:

   Nur zwei der insgesamt zehn Artikel bilden die A-Gruppe (Artikel 9 und 4). Die Hälfte der Artikel bildet die C-Gruppe (5, 8, 2, 10 und 1), die nur 10 % des gesamten Umsatzes erbringt.
8. **Anwendung von Maßnahmen:** Bei A-Artikeln könnten dies z. B. sein:
   - genaue Dispositionsverfahren
   - genaue Bestandsrechnung
   - strenge Terminkontrollen
   - sorgfältige Festlegung der wirtschaftlichen Bestellmengen
   - genaue Überwachung der Verweildauer im Betrieb

531112

1. Schritt

Artikel	Stückpreis in €	Absatzmenge in Stück pro Jahr
1	32,00	125
2	0,02	500000
3	50,00	1000
4	2,50	50000
5	0,60	25000
6	1,00	60000
7	0,40	100000
8	20,00	625
9	1,75	100000
10	0,17	50000

2. Schritt

Umsatz in € pro Jahr
4.000,00
10.000,00
50.000,00
125.000,00
15.000,00
60.000,00
40.000,00
12.500,00
175.000,00
8.500,00

3. Schritt / **4. Schritt** / **5. Schritt**

Artikel		Umsatz in € pro Jahr	Prozent des Umsatzes	Kumulierter prozentualer Anteil am Gesamtumsatz
A	9	175.000,00	35	35
	4	125.000,00	25	60
B	6	60.000,00	12	72
	3	50.000,00	10	82
	7	40.000,00	8	90
C	5	15.000,00	3	93
	8	12.500,00	2,5	95,5
	2	10.000,00	2	97,5
	10	8.500,00	1,7	99,2
	1	4.000,00	0,8	100
Gesamtumsatz		500.000,00		

AUFGABEN

1. Welches Ziel haben die Beschaffungstätigkeiten in einem Unternehmen?
2. Welche Maßnahmen müssen bei der Einkaufsvorbereitung getroffen werden?
3. Wie wirkt sich eine Erhöhung der Bestellmenge auf die Beschaffungs- oder Lagerkosten aus?
4. 400 Stück eines Artikels sollen bestellt werden. Die Lagerhaltungskosten betragen pro Stück 0,75 €, die Beschaffungskosten pro Bestellung 40,00 €. Ermitteln Sie die optimale Bestellmenge rechnerisch und grafisch.
5. In einem Einzelhandelsunternehmen betragen die Beschaffungskosten 135,00 € je Bestellung, unabhängig davon, wie viel bestellt

wird. An Lagerkosten fallen 25 % des Werts der eingelagerten Ware an. Es sollen innerhalb eines bestimmten Zeitraums 12 000 Stück eines Artikels zum Einstandspreis von 3,00 € bestellt werden. Wie hoch ist die optimale Bestellmenge?

6. Warum werden für den Einkauf von Artikeln häufig Limits festgesetzt?

7. Erläutern Sie die Begriffe:
- **a)** Planumsatz zu Einstandspreisen
- **b)** Saisonlimit
- **c)** Limitreserve
- **d)** freies Limit
- **e)** Ist-Bestellungen
- **f)** Restlimit

8. Ein Händler strebt in einer Warengruppe einen Umsatz von 400.000,00 € an. Er möchte einen Kalkulationsabschlag von 40 % durchsetzen. Als Limitreserve plant er 20 % ein. Wie hoch ist das Restlimit, wenn für 45.000,00 € schon Bestellungen vorliegen?

9. Welches Verfahren der Zeitplanung wird beschrieben?
- **a)** Eine Bestellung wird immer dann ausgelöst, wenn der Lagerbestand im Unternehmen eine festgelegte Höhe (Meldebestand oder Bestellpunkt) erreicht bzw. unterschreitet.
- **b)** In festgelegten Zeitabständen bestellt das Unternehmen bestimmte Mengen eines Artikels. Dies kann bei ungleichmäßigen Verkäufen zu stark schwankenden Lagerbeständen führen.

10. Wodurch unterscheiden sich Bestellrhythmusverfahren und Bestellpunktverfahren?

11. **a)** Legen Sie eine Excel-Tabellenkalkulation an, mit der Sie die optimale Bestellmenge berechnen können.
- **b)** Lösen Sie zur Kontrolle mithilfe der Excel-Tabelle die folgende Aufgabe: Für eine bestimmte Warengruppe sollen 200 Stück bestellt werden. Die Lagerhaltungskosten betragen pro Stück 0,80 €, die Beschaffungskosten pro Bestellung 50,00 €. Wie hoch ist die optimale Bestellmenge?
- **c)** Stellen Sie die Berechnung der optimalen Bestellmenge grafisch mithilfe von Excel dar.

12. Jakub Nowak soll überprüfen, ob bei einer Bestellung von 300 Stück des Sportschuhs „Auba 2020" mit einer Bestellsumme von 14.600,00 € noch genügend Geld für weitere Bestellungen in der Warengruppe vorhanden ist. Jakub führt daher mit einem EDV-gestützten Warenwirtschaftssystem eine Limitrechnung für eine bestimmte Warengruppe durch. Er arbeitet mit folgenden Daten:
- Angestrebter Umsatz im Planungszeitraum aufgrund früherer Verkäufe: 150.000,00 €
- Erhoffter Kalkulationsabschlag (= erzielte Kalkulation): 30 %
- Limitreserve: 20 %
- Ist-Bestellungen bisher: 12.500,00 €
- Freigabe am 10. Juli: 14.600,00 €

Berechnen Sie das neue Restlimit.

13. Auch Stefanie Beyer führt mit einem EDV-gestützten Warenwirtschaftssystem eine Limitrechnung für eine bestimmte Warengruppe durch.
- Angestrebter Umsatz im Planungszeitraum aufgrund früherer Verkäufe: 500.000,00 €
- Erhoffter Kalkulationsabschlag (= erzielte Kalkulation): 35 %
- Limitreserve: 15 %
- Ist-Bestellungen bisher: 210.000,00 €
- Freigabe am 12. Juli: 23.000,00 €

Berechnen Sie das neue Restlimit.

14. Wiederholen Sie das Thema dieses Kapitels mithilfe der KAWA-Methode (s. folgende Seite). KAWA steht für „Kreative analoge Wortassoziation". Dazu gehen Sie wie folgt vor:
1. Schreiben Sie in der Mitte eines Blattes das gewünschte Thema „Beschaffungsplanung".
2. Ergänzen Sie nun zu den Buchstaben Begriffe, Ideen und Gedanken passend zum Thema.
3. Erlaubt sind auch kurze Sätze.

KAWA ist eine Methode, bei der man Worte miteinander verknüpft.
KAWA ist ein Kunstwort und bedeutet:

- K – Kreativ (das Finden von Wort-Assoziationen ist natürlich eine Kreativ-Aufgabe)
- A – Analograffiti (eine von Bezeichnung für diese und andere Denk-Techniken)
- W – Wort (das Finden von Assoziationen ist eine Wort-Aufgabenstellung)
- A – Assoziativ

Bei der KAWA-Technik nimmt man sich ein Wort (dies kann z. B. das Thema eines Vortrags sein) und findet zu den einzelnen Buchstaben des Wortes passende Wörter, die man mit dem Ausgangsbegriff verbindet (die also Gegenstand des Vortrags sind).

ZUSAMMENFASSUNG

Man versteht erst dann etwas richtig, wenn man am Ende der Behandlung eines Themas versucht, sich dieses selbst noch einmal zu erklären. Dies führt zu einer erneuten gründlichen Auseinandersetzung mit dem gerade behandelten Thema. Häufig helfen dabei Visualisierungen.

1. Lesen Sie noch einmal die Zusammenfassung. Bei Verständnisproblemen schlagen Sie ggf. noch einmal im Informationstext nach.
2. Visualisieren Sie die einzelnen Abläufe mithilfe einer Wertschöpfungskette.

ICH ÜBERPRÜFE MEINE NEU ERWORBENEN KOMPETENZEN

Den Erwerb der zu Beginn aufgeführten Kompetenzen können Sie selbst mithilfe der folgenden Tabelle überprüfen.

Wenn Sie alle Aufgaben, die hinter einer Kompetenz stehen, gelöst haben, machen Sie ein Kreuz bei „Ganz". Bei den Kompetenzen, bei denen Sie Aufgaben „Teilweise" oder „Gar nicht" gelöst haben, sollten Sie den dazugehörigen Informationstext noch einmal lesen und die Aufgaben anschließend noch einmal bearbeiten.

Was ich nach der Bearbeitung dieses Kapitels kann	Aufgaben	Ganz	Teilweise	Gar nicht
Ich kann				
... die Bedeutung der Bedarfsermittlung nachvollziehen.	1, 14			
... die Teilbereiche der Beschaffungsplanung aufführen.	2			
... Lager- und Beschaffungskosten anhand von Beispielen unterscheiden.	3, 4, 5			
... die optimale Bestellmenge berechnen.	3, 4, 5, 11			
... die Notwendigkeit einer Limitplanung erkennen und eine Limitrechnung durchführen.	6, 7, 8, 12, 13			
... den Unterschied zwischen Bestellrhythmusverfahren und Bestellpunktverfahren erläutern.	10			

6.2 Bezugsquellenermittlung

Problemstellung

In der Zentrale der Tom Hoss KG geht ein Schreiben ihres Hauptlieferers für Herrenfreizeithemden – der Albert & Bayer GmbH & Co. KG, Nelkenstr. 28, 52000 Aachen – ein.

Die Albert & Bayer GmbH & Co. KG teilt mit, dass wegen eines Großbrandes bis auf Weiteres die Produktion eingestellt werden muss. Da der Bestand an Geschenkartikeln nur noch einen Monat ausreicht, muss die Tom Hoss KG einen neuen Lieferer suchen.

Suchen Sie nach Möglichkeiten, wie die Tom Hoss KG einen neuen Lieferer für Geschenkartikel finden kann.

EINORDNUNG DES THEMAS

Lernfeld 6: Waren beschaffen

Einsatz der EDV im Einkauf

Beschaffungsplanung → **Bezugsquellenermittlung** → Erstellung von Anfragen → Angebotsvergleich → Bestellung → Kooperation im Einzelhandel

Kompetenzen

Nach Bearbeitung dieses Kapitels können Sie ...

... unterschiedliche Bezugsquellen bei der Auswahl von Erstlieferern nutzen.
... unterschiedliche Arten von Bezugsquellen-Dateien verwenden, um zu überprüfen, ob bestehende Geschäftsverbindungen als Bezugsquellen infrage kommen.
... mithilfe unterschiedlicher Beurteilungspunkte mögliche Lieferer bewerten.
... Primär- und Sekundärquellen bei den Bezugsquellen unterscheiden.

INFORMATIONSTEXT

Die Ermittlung geeigneter Bezugsquellen ist eine Kernaufgabe der Beschaffungsplanung. Bei der Bezugsquellenermittlung geht es darum, einen sicheren, schnellen, stets aktuellen Überblick über sämtliche infrage kommenden Lieferer zu schaffen.

Auswahl von Erstlieferern

Der Einkäufer muss sich nach neuen Lieferern umsehen, wenn er bei seinen bisherigen Lieferer bestimmte Artikel nicht beziehen kann.

Hilfen beim Aufsuchen günstiger Bezugsquellen sind:

- **Kataloge, Prospekte, Preislisten**
  Sie gehören zum grundlegenden Handwerkszeug des Einkäufers.
- **Fachzeitschriften**
  Hier finden sich oft Hinweise auf neue Entwicklungen und Produkte.

- **Adressenverzeichnisse**
  Sie liegen in Buchform vor, stehen aber auch im Internet zur Verfügung, z. B. „ABC der deutschen Wirtschaft“, „Wer liefert was?“, „Branchenverzeichnis des Telefonbuchs (Gelbe Seiten)“.
- Besuch von **Messen und Ausstellungen**
  In diesem Zusammenhang bieten gerade Kataloge von Fachmessen eine fast lückenlose Übersicht.
- Unterlagen von **Vertreterbesuchen**
- **Datenbankrecherchen**
  Verschiedene Institutionen führen Datenbanken, in denen im Internet nach gewünschten Informationen gesucht werden kann.

BEISPIELE

- Die Tom Hoss KG möchte mehrere neue Fotokopierer und das entsprechende Zubehör anschaffen. Jakub Nowak schaut in ein Branchenadressbuch im Internet:

Fotografische
Laborapparate 6/9440
Fotogroßlabors 9/3409
Fotohüllen 6/2260
Fotokartons 6/2291
Fotokeramik 5/3805
Fotokissen 2/2387
Fotokoffer 6/2311
Fotokopier
-anstalten 9/4273
-bedarf 5/1763
-geräte 5/1753
-papiere 5/1783
Fotolabor
-einrichtungen 6/2285
-flaschen 6/2287
-taschen 6/2259
Fotolabors 9/3409
Fotolack-Beschriftungs-
maschinen 5/6395
Fotolacke 4/2159

5
1783
Fotokopierpapiere
Photocopy paper
Papiers photocopiants
Carta per fotocopiatrics
Papeles para fotocopiadoras
HELLBUT & Co. GmbH
HELLBUT VERPACKUNGEN
Grosser Kamp 8
22457 Barsbüttel/Hamburg
Tel. 040 6702950
Fax 040 6702957
RANK XEROX GMBH
RANK XEROX
Emanuel-Leutze-Str. 20
40547 Düsseldorf
Tel. 0211 59930
Fax 0211 8584647

Über den Index – eine Art Inhaltsverzeichnis – kann er die Seiten mit den Bezugsquellen für Fotokopierpapier ermitteln.

- Ein importorientiertes, mittelständisches Einzelhandelsunternehmen sucht Schuhhersteller in Italien. In einer Datenbankrecherche werden die Suchworte „Italien“, „Herrenschuhe“, „Damenschuhe“ oder „Kinderschuhe“ verknüpft. Es wird ein Ergebnis von insgesamt 119 Dokumenten erzielt. Hier ein Beispiel für ein Firmenprofil:

```
DB  EURD, FIZ-Technik, Frankfurt: ABC Europa,
    (C)1988/06, ABC-Verlag
AN  E40724280
IN  SCARPA Calsaturificio, S.n.c., di Parisotto F.
    & C.
PS  Viale Tisiano, 26.
RE  I-31011 Asolo (TV).
CN  IT Italien
TL  Telefon: 0423 52132, Telegramm: SCARPA ASOLO.
PF  Schuhe fuer: Sport, Gebirgs- und Felswanderungen,
    Jagd, Gelaendemarsch, Telemark, Freizeit.
PE  Schuhe fuer Sport und Turnen, Skischuhe.
IC  Schuhe und Schuhteile.
MM  Francesco Parisotto, Luigi Parisotto.
    Geschäftsführung: Francesco Parisotto.
    Importleitung: Francesco Parisotto.
    Exportleitung: Dr. Miro Cremasco.
YR  Gegruendet: 1938.
EM  Beschäftigte: 110.
BK  Bankverbindungen: Banca Nazionale Del Lavoro,
    Banca Catolica Del Veneto, Cassa Di Risparmio
    Marca Trivigiana.
```

Ein weiterer Weg, Lieferer zu finden, ist die Nutzung eines **B2B-Marktplatzes**. Unter einem B2B-Marktplatz versteht man einen Handelsplatz im Internet, bei dem Waren angeboten, angekauft und verkauft werden. Hier bieten Lieferer ihre Waren möglichen Käufern an: Angebot und Nachfrage werden also auf diesem virtuellen Marktplatz im Internet zusammengeführt.

Exakte Artikelinformationen sind im Bestell- und Lieferverkehr eine absolut notwendige Forderung. Für Handel und Industrie wurde mit der nationalen Artikeldatenbank 1worldsync die Möglichkeit entwickelt, auf rationelle und preisgünstige Weise Artikelstammdaten für alle Interessenten bereitzustellen. Mittlerweile ist dieses System international in das Global Data Synchronization Network (GDSN) übergegangen. Über das **GDSN** können Produktstammdaten global zwischen Herstellern und Händlern ausgetauscht werden.

Die Hersteller senden ihre Artikelinformationen mittels Datenträgern (z. B. per DVD) oder per Datenfernübertragung an die Artikelstammdatenbank. Die Handels- und Industriebetriebe rufen mit den gleichen Methoden die benötigten Artikelinformationen (z. B. für die Beschaffung) aus dem Datenpool (= Datenbestand) ab.

Es können gezielte Abfragen nach bestimmten Produktgruppen oder speziellen Artikeleigenschaften einzelner Produkte durchgeführt werden. Zunehmende Bedeutung gewinnt die 1worldsync-Artikelstammdatenbank auch für die Logistik. Informationen über Versandeinheiten sorgen für eine bestmögliche Auslastung der Lieferfahrzeuge beziehungsweise eine optimale Steuerung von Hochregallagern.

Ausschnitt aus dem Datenbestand über einen Artikel in der 1worldsync-Artikelstammdatenbank:

EAN der Verbrauchereinheit	40 05500 20920 1
Umsatzsteuer	7 (7 %)
CCG-Klassifikation	1245 (Instantgetr. auf Basis Kakao)
Artikel-Langtext	Nesquik 400 g
Artikel-Kurztext	Nesquik 400 g
Kassenbontext	Nestle Nesquik
Hersteller	Nestle Erzeugnisse
EAN der Verbrauchereinheit	40 05500 20920 1
Strichcode?	1 (ja)
Länge (Tiefe)	70 mm
Breite (Facing)	120 mm
Höhe	180 mm
Bruttogewicht	500 g
Ladungsträger	02 (Euro-Palette)
Fakturiereinheit	1 Stück
Listenpreis der Fakturiereinheit	2,65 EUR

EAN der nächsthöheren Einheit (Transporteinheit)	40 05500 20921 8
Strichcode?	1 (ja)
Länge (Tiefe)	710 mm
Breite (Facing)	240 mm
Höhe	180 mm
Bruttogewicht	12.000 g
EAN der nächstniedrigeren Einheit	40 05500 20920 1
Anzahl der nächstniedrigeren Einheit	24
Ladungsträger	02 (Euro-Palette)
Anzahl Einheiten auf der Palette	20
Anzahl Lagen auf der Palette	4
Fakturiereinheit	1 Stück
Listenpreis der Fakturiereinheit	63,60 EUR
Anzahl der Verbrauchereinheiten	24
Paletten-Ladehöhe	720 mm ohne Holz

Liefererauswahl

Obwohl sich das beschaffende Unternehmen immer über neue Liefermöglichkeiten informieren sollte, wird es oft auf bestehende Geschäftsverbindungen zurückgreifen. Dazu wertet das Unternehmen die eigenen Einkaufsunterlagen der Vergangenheit aus. Häufig führt das Unternehmen eine Bezugsquellenkartei, die einen schnellen Überblick über die einmal ermittelten Bezugsquellen gibt. Sie kann als Waren- oder Liefererkartei geführt werden:

- **Liefererkartei**
  Sie ist nach Lieferern geordnet und enthält Informationen über deren lieferbare Waren.
- **Warenkartei**
  Sie ist nach Waren geordnet und enthält Angaben über die betreffenden Lieferfirmen.

Moderne Unternehmen speichern die Einkaufsinformationen mithilfe computergestützter Warenwirtschaftssysteme in ihren EDV-Anlagen. Die entsprechenden Dateien sind dann immer ähnlich der Karteien aufgebaut.

Kann das beschaffende Unternehmen einen gewünschten Artikel von mehreren Lieferer beziehen, muss es diese beurteilen und bewerten. Dazu zieht es mehrere Beurteilungspunkte heran:

- **Einhaltung der Qualität**
  Die Lieferung einwandfreier Qualität ist eine der wesentlichen Voraussetzungen für die Wahl eines Lieferers. Würde das Unternehmen mangelhafte Ware verkaufen, könnte sein Ruf leiden.
- **Einhaltung der Liefertermine**
  Hält der Lieferer die vereinbarten Liefertermine nicht ein, kann es zu Absatzstockungen kommen. Diese verursachen beträchtliche Kosten.
- **Einhaltung der Menge**
  Wenn ständig Teilmengen statt der vereinbarten Gesamtmenge angeliefert werden, verursacht dies im einkaufenden Unternehmen hohe Kosten.
- **Preis**
  Bei der Auswahl von Lieferern spielt der Preis eine ausschlaggebende Rolle. Bevor jedoch ein Preisvergleich angestellt werden kann, müssen die vorgenannten Beurteilungsmerkmale überprüft werden. Wenn beispielsweise der gewünschte Liefertermin nicht eingehalten werden kann, ist ein Bezug selbst bei günstigem Preis nicht sinnvoll. Dasselbe gilt bei Abweichungen in der Qualität und der Menge.
- **Konditionen**
  Beim Preisvergleich müssen auch die Liefer- und Zahlungsbedingungen berücksichtigt werden.
- **geografische Lage**
  Sie muss insbesondere bei Artikeln beachtet werden, bei denen der Frachtkostenanteil erheblich ist.
- **Umwelt- und Gesundheitsverträglichkeit** der angebotenen Waren

Günstige Konditionen können einen Lieferer sehr attraktiv erscheinen lassen.

Elektronische Adressverzeichnisse

Viele Adressverzeichnisse können auch auf elektronischem Weg eingesehen werden. Die Anbieter solcher Adressbücher bieten diese auf CD-ROM an oder ermöglichen eine direkte Suche über das Internet.

BEISPIEL

Die Tom Hoss KG möchte ein Multifunktionsgerät (Drucker/Scanner/Kopierer kombiniert in einem Gerät) kaufen.

Jakub Nowak möchte sich vor dem Kauf über das aktuelle Produktangebot informieren und gibt in einer Suchmaschine im Internet den gesuchten Begriff ein. Da er herausfinden möchte, welche Geräte zurzeit empfohlen werden, fügt er noch das Stichwort „Vergleich" hinzu.

Er wählt eine ihm bekannte und renommierte Internetseite aus, die ihm einen Vergleich von Multifunktionsgeräten anbietet. Es empfiehlt sich, mehrere Vergleichsportale anzusehen.

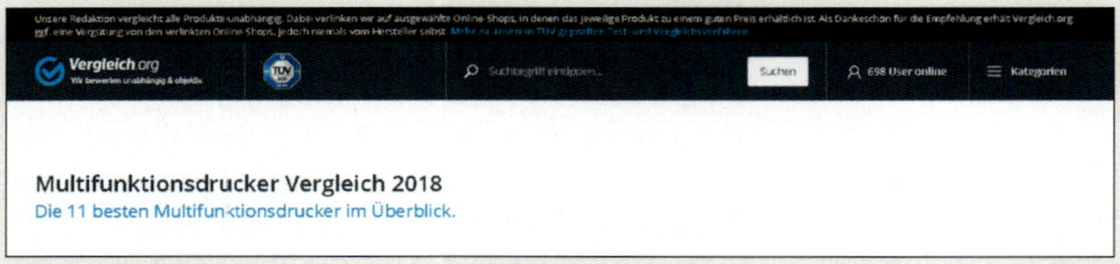

Hier kann er die vorgestellten Geräte anhand von Merkmalen vergleichen und diejenigen finden, die den Anforderungen der Tom Hoss KG am besten entsprechen.

Vergleichsergebnis Das Qualitätsmanagement für unser Test- und Vergleichsverfahren ist nach ISO 9001 TÜV-geprüft	Vergleich.org Bewertung 1,2 sehr gut 02/2018	Vergleich.org Bewertung 1,3 sehr gut 01/2018	Vergleich.org Bewertung 1,5 gut 01/2018	Vergleich.org Bewertung 1,6 gut 01/2018	Vergleich.org Bewertung 1,7 gut 01/2018	Vergleich.org Bewertung 1,9 gut 01/2018	Vergleich.org Bewertung 2,0 gut 02/2018
Kundenwertung bei Amazon	★★★★☆ 387 Bewertungen	★★★½☆ 51 Bewertungen	noch keine	★★★½☆ 248 Bewertungen	★★★½☆ 305 Bewertungen	★★★★☆ 16 Bewertungen	noch keine
Drucktechnologie	Laser	Laser	Tintenstrahl	Tintenstrahl	Laser	Tintenstrahl	Tintenstrahl
Drucktempo Schwarz/weiß	22 Seiten/Min	21 Seite/Min	12 Seiten/Min	20 Seiten/Min	18 Seiten/Min	15 Seite/Min	10 Seiten/Min
Drucktempo Farbe	22 Seiten/Min	21 Seite/Min	10 Seiten/Min	11 Seiten/Min	4 Seiten/Min	3 Seite/Min	7 Seiten/Min
Druckauflösung	2.400 x 600 dpi	600 x 600 dpi	6.000 x 1.200 dpi	1.200 x 600 dpi	2.400 x 600 dpi	4.800 x 1.200 dpi	4.800 x 1.200 dpi
Max. Papierzufuhr	250 Blatt	250 Blatt	100 Blatt	225 Blatt	150 Blatt	100 Blatt	100 Blatt
Datenübertragung	WLAN, USB	WLAN, USB, Ethernet	WLAN, USB, Ethernet, Kartenleser, NFC	WLAN, USB, Ethernet, NFC	USB	WLAN, Ethernet, Bluetooth, USB, Kartenleser	WLAN, USB
Display Darstellung	✓ in Farbe	✓ in Farbe	✓ in Farbe	✓ in Farbe	✓ in Schwarz/Weiß	✓ in Farbe	✓ in Schwarz/Weiß
Touchscreen	✓	✓	✓	✓	✗	✓	✓
Drucken	✓	✓	✓	✓	✓	✓	✓
Duplex Beidseitig drucken	✓	✓	✓	✓	✗	✓	✓
Kopieren	✓	✓	✓	✓	✓	✓	✓
Scannen	✓	✓	✓	✓	✓	✓	✓
Faxen	✓	✓	✓	✓	✗	✓	✗
Vorteile	⊕ sehr gute Druckqualität ⊕ sehr schneller Druck ⊕ großer Papierspeicher ⊕ "Blauer Engel" ausgezeichnet (ressourcenschonend) ⊕ "Energy Star" zertifiziert (energiesparend)	⊕ sehr schneller Farb-Druck ⊕ gute Druckqualität ⊕ leichte Installation ⊕ relativ kompakt	⊕ mit vielen Apps kompatibel ⊕ mit vielen Speicherkarten kompatibel ⊕ schneller S/W-Druck	⊕ gute Druckqualität ⊕ sehr schneller Druck ⊕ großer Papierspeicher	⊕ gute Druckqualität ⊕ sehr schneller Druck ⊕ Fax optional (ca. 40 €)	⊕ bedruckt unterschiedliche Papiersorten gleichzeitig ⊕ mit vielen Tinten-Patronen kompatibel	⊕ sehr gute Druckqualität ⊕ sehr schneller Druck ⊕ leichte Installation
Zum Angebot	Zum Angebot »	Zum Angebot »	Zum Angebot »	Zum Angebot »	Zum Angebot »	Zum Angebot »	Zum Angebot »

531120

Jakub Nowak nimmt drei Geräte in die engere Auswahl und möchte mehr über sie erfahren. Er sucht zu jedem Gerät im Internet nach Testberichten.

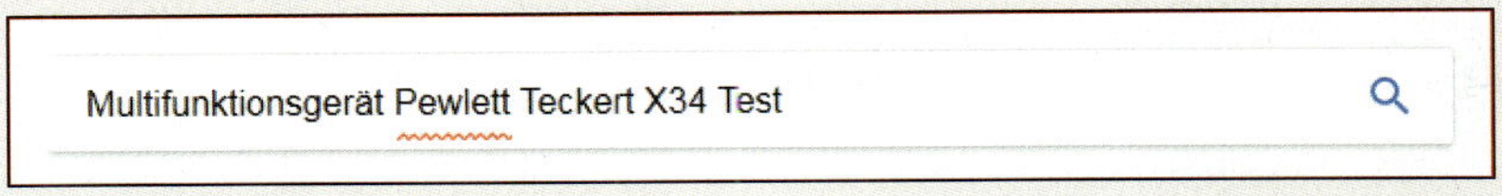

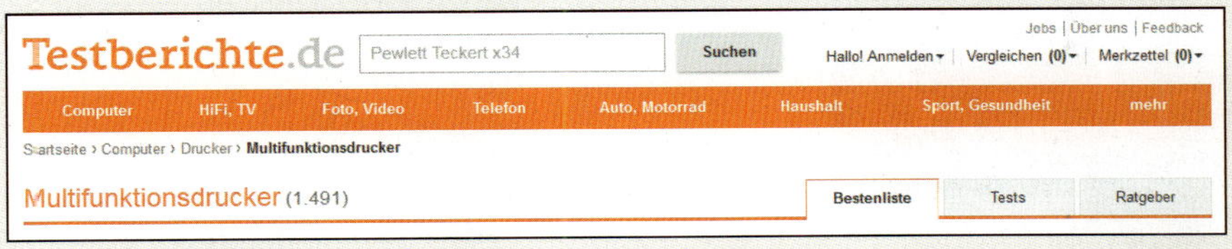

Jakub Nowak sagt das Modell von Pewlett Teckert zu. Bevor er sich jedoch endgültig zum Kauf entscheidet, liest er im Internet Erfahrungsberichte und Bewertungen von Personen, die das Gerät bereits gekauft haben.

★★☆☆☆ **Druckerinstallation**

umständliche Installation mittels WIFI am MAC, gelang erst nachdem mittels eigenem USB Kabel eine Verbindung zum Mac hergestellt worden war.

Vor 8 Tagen von **Dr. Schneider geschrieben**

★★★★★ **In Ordnung**

PT X34: arbeitet zuverlässig und macht hervorragende Abzüge bin sehr zufrieden damit und würde es weiterempfehlen macht auch hervorragende Fotos

Vor 8 Tagen von Herbert **geschrieben**

★★★★★ **Schnell und Sehr gut**

Er tut seinen Job ohne irgendwelche Probleme. Dabei noch perfekte Ergebnisse. Die Geschwindigkeit ist auch mehr als ausreichend, selbst bei komplizierten Farbdrucken.

Vor 8 Tagen von **tanja 3 geschrieben**

★★★★★ **PT Drucker**

Seit Jahren immer wieder PT Drucker.

Hochwertiger druck, einfacher Setup.

Im Heimnetzwerk integriert und von überall ohne Probleme nutzbar.

Vor 12 Tagen von **Druckprofi geschrieben**

★★★★ **Tolles Produkt mit kleinen Mängeln**

Der PT X34 kann insgesamt jeden überzeugen, obwohl es auch kleinere Probleme gibt. Kleine Unklarheiten bei der Installation, Software- und Hardware-Bugs und suboptimale Standard-Druckeinstellungen vermiesen das Gesamtbild ein wenig.

Vor 12 Tagen von **Wolf H. geschrieben**

Jakub Nowak hat sich für den Kauf des PT X34 entschieden. Anschließend lässt er im Internet einen Preisvergleich vornehmen. Auch hier gibt es mehrere Portale, die einen solchen Service anbieten.

Primär- und Sekundärquellen

Die Informationsquellen über Lieferer, Waren und Dienstleistungen lassen sich einerseits durch eigene direkte und gezielte Erhebung von Beschaffungsmarktdaten (Primärquellen) und andererseits durch die Sammlung extern (außerhalb des Unternehmens) vorhandener Beschaffungsmarktdaten (Sekundärquellen) ermitteln.

Primärquelle	Sekundärquelle

Bei einem Messebesuch werden direkt wichtige Beschaffungsdaten erhoben.	Hier wird auf extern schon vorhandene Daten (in dieser Fachzeitschrift) zurückgegriffen.

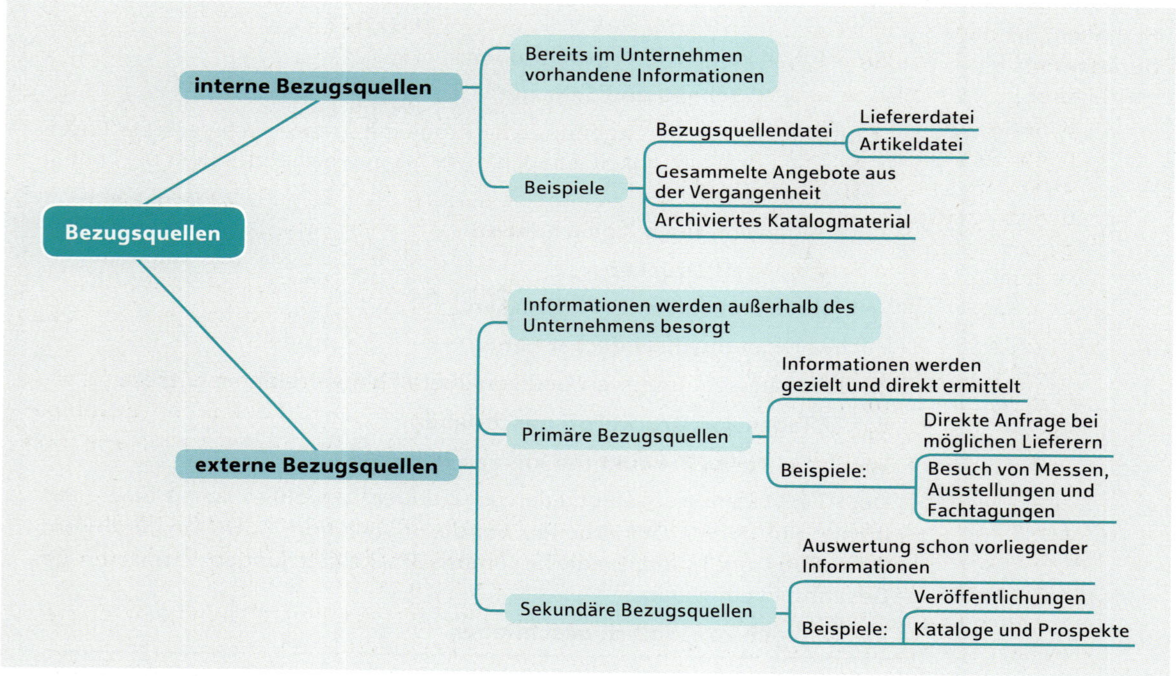

AUFGABEN

1. Welche Informationsquellen dienen der Auswahl von Erstlieferern?
2. Welche Informationen enthält eine Bezugsquellenkartei beziehungsweise -datei?
3. Welche Beurteilungspunkte müssen herangezogen werden, wenn ein Artikel von mehreren Lieferern bezogen werden kann?
4. Welche Vorteile hat eine Suche nach Bezugsquellen mithilfe elektronischer Medien?

531122

5. Nach welchen Punkten würden Sie einen Lieferer beurteilen?

6. Bearbeiten Sie in Gruppen jeweils eine der folgenden Leitfragen:
- Welche Informationen benötigt die Tom Hoss KG über Lieferer? Halten Sie Ihre Ergebnisse auf Metaplankarten fest und beachten Sie hierbei die eingeführten Regeln zur Beschriftung von Karten.
- Welche Anforderungen stellt die Tom Hoss KG an Bezugsquellen? Halten Sie Ihre Ergebnisse in Form einer Mindmap auf Folie fest.
  Sie haben zehn Minuten Zeit zur Bearbeitung.

7. Untersuchen Sie in Gruppenarbeit eine der folgenden Seiten. Beurteilen Sie dabei die Eignung der Seite als Hilfsmittel zur Ermittlung von Bezugsquellen:
- Gruppen 1 und 4: *www.branchenbuch.com*
- Gruppen 2 und 3: *www.mercateo.com*

a) Zur Überprüfung der Leistungsfähigkeit sollen Recherchen durchgeführt werden:
- Gruppen 1 und 4:
  Begeben Sie sich auf die Suche nach Büromaterialzulieferern. Geben Sie in die Suchmaske den Suchbegriff „Bürobedarf“ ein und starten Sie die Suche. Wie viele Einträge erhalten Sie:
  - bundesweit?
  - für Hannover?
- Gruppen 2 und 3:
  Begeben Sie sich auf die Suche nach Büromaterialzulieferern. Geben Sie in die Suchmaske den Suchbegriff „Bürobedarf“ ein und starten Sie die Suche. Wie viele Artikel sind erhältlich?

b) Erstellen Sie eine Wandzeitung. Beachten Sie dabei den Gliederungsvorschlag sowie die folgenden Punkte:
- Schreiben Sie groß und deutlich.
- Nutzen Sie Farben zur Strukturierung.
- Kopieren Sie Auszüge der jeweiligen Internetseiten (Schriftzüge, Symbole usw.) zur Illustration.
- Zur Fertigstellung Ihrer Wandzeitung haben Sie 45 Minuten Zeit
  Nebenstehend ein Gliederungsvorschlag für die Wandzeitung.

c) Für die mündliche Erläuterung teilen Sie die verschiedenen Bereiche Ihres Anbieters auf die Personen Ihrer Arbeitsgruppe auf (jeder Teilnehmer übernimmt einen Anteil bei der Vorstellung).

Vorschlag zur Gliederung einer WANDZEITUNG

Kurz-Beschreibung des Anbieters
(Name, Webadresse)

Kurz-Beschreibung der Webseite
(Was gibt es da?)

Zielgruppe
(Wer braucht das?)

Mit Fotos, Zeichnungen, Bildern und Schlagwörtern interessant und abwechslungsreich gestalten!

Eignet sich die Seite als Bezugsquelle?
(Ist sie aktuell? Vorteile? Nachteile? Versteht man den Inhalt?)

Bewertung der Seite
(Note)

Besondere Merkmale der Seite
(Service? Downloadmöglichkeiten? Kosten?)

8. Entwerfen Sie jeweils ein Muster einer Lieferer- oder Warenkarteikarte für einen typischen Artikel beziehungsweise Lieferer Ihres Ausbildungsbetriebs.

9. Stefanie Beyer arbeitet gerade mit einer Bezugsquellendatei. Welche Informationen kann sie dieser entnehmen?

a) Die Adressen der Lieferer und deren Lieferbedingungen

b) Die Lagerdauer und den jeweiligen durchschnittlichen Lagerbestand

c) Die tatsächlichen Lagerbestände

d) Die Absatzzahlen

e) Umsatzschätzungen für die nächste Saison

10. Ein Unternehmensberater weist die Tom Hoss KG darauf hin, dass eine Sortimentserweiterung um Sportgeräte zu einer erheblichen Verbesserung der Umsatzsituation führen könnte. Stefanie Beyer wird daher beauftragt, Bezugsquellen für diese eventuell neue Warengruppe zu ermitteln.

a) Führen Sie zwei interne Bezugsquellen auf.

b) Geben Sie vier externe Bezugsquellen an.

11. Unterscheiden Sie interne und externe Bezugsquellen.

ZUSAMMENFASSUNG

Bezugsquellenermittlung

= Suche nach Informationen über mögliche Lieferern

Auswahl von Erstlieferern
Informationen z. B. aus Katalogen, Fachzeitschriften, Messebesuchen, Adressverzeichnissen und Datenbankrecherchen

Bestehende Geschäftsbeziehungen
Informationen aus eigener Bezugsquellenkartei/-datei

Man versteht erst dann etwas richtig, wenn man versucht, es einem anderen zu erklären. Dies führt zu einer erneuten gründlichen Auseinandersetzung mit dem gerade behandelten Thema.

1. Suchen Sie sich einen Partner.
2. Lesen Sie noch einmal die Zusammenfassung. Bei Verständnisproblemen schlagen Sie ggf. noch einmal im Informationstext nach.
3. Einer von Ihnen erläutert die Zusammenfassung dem Partner.
4. Dieser achtet auf Korrektheit und Vollständigkeit und wiederholt noch einmal.

ICH ÜBERPRÜFE MEINE NEU ERWORBENEN KOMPETENZEN

Den Erwerb der zu Beginn aufgeführten Kompetenzen können Sie selbst mithilfe der folgenden Tabelle überprüfen.

Wenn Sie alle Aufgaben, die hinter einer Kompetenz stehen, gelöst haben, machen Sie ein Kreuz bei „Ganz“. Bei den Kompetenzen, bei denen Sie Aufgaben „Teilweise“ oder „Gar nicht“ gelöst haben, sollten Sie den dazugehörigen Informationstext noch einmal lesen und die Aufgaben anschließend noch einmal bearbeiten.

Was ich nach der Bearbeitung dieses Kapitels kann	Aufgaben	Ganz	Teilweise	Gar nicht
Ich kann				
... unterschiedliche Bezugsquellen bei der Auswahl von Erstlieferern nutzen.	1, 2, 4			
... unterschiedliche Arten von Bezugsquellendateien verwenden, um zu überprüfen, ob bestehende Geschäftsverbindungen als Bezugsquellen infrage kommen.	8, 9			
... mithilfe unterschiedlicher Beurteilungspunkte mögliche Lieferer bewerten.	3, 5, 6, 7			
... Primär- und Sekundärquellen bei den Bezugsquellen unterscheiden.	10			

531124

6.3 Anfrage

Problemstellung

Jakub Nowak, der gerade in der Abteilung Beschaffung tätig ist, wird zu Herrn Deimann gerufen.

Jakub Nowak:
„Guten Morgen Herr Deimann. Frau Behrend sagte mir, dass Sie mich sprechen wollen."

Herr Deimann:
„Guten Morgen Jakub. Ja, das ist richtig. Sie haben sicherlich von unserem Stammlieferer Albert & Bayer GmbH gehört. Aufgrund eines Großbrands im Betrieb kann das Unternehmen nicht mehr fristgerecht die bestellten 100 Herrenfreizeithemden mit ½-Arm liefern."

Jakub Nowak:
„Können wir die nicht woanders bestellen?"

Herr Deimann:
„Das müssen wir, weil ein Großkunde in zwei Wochen beliefert werden muss. Die Albert & Bayer GmbH kann erst in einigen Monaten wieder liefern."

Jakub Nowak:
„Na, dann mache ich mich gleich an die Arbeit und suche neue Lieferer in Branchenverzeichnissen und dem Internet."

Herr Deimann:
„Sie sind ja sehr motiviert. Das hat Frau Behrend aber bereits erledigt. Die Leinenmeister GmbH und die Spengler & Sohn GmbH sind mögliche Lieferer."

Jakub Nowak:
„Super, dann bestellen wir doch direkt."

Herr Deimann:
„So einfach geht das nicht. Wir müssen zunächst die Lieferkonditionen erfragen."

1. Welche Auswirkungen kann eine verspätete Lieferung haben?
2. Schreiben Sie eine Anfrage über 100 Herrenfreizeithemden mit ½-Arm an die Spengler & Sohn OHG, Lahnstraße 14, 35578 Wetzlar.

EINORDNUNG DES THEMAS

Lernfeld 6: Waren beschaffen

Einsatz der EDV im Einkauf

Beschaffungsplanung → Bezugsquellenermittlung → **Erstellung von Anfragen** → Angebotsvergleich → Bestellung → Kooperation im Einzelhandel

Kompetenzen

Nach Bearbeitung dieses Kapitels können Sie ...

... die rechtliche Wirkung einer Anfrage benennen.
... die verschiedenen Formen einer Anfrage anwenden.
... unter Beachtung von wichtigen Angaben und Inhalten eine Anfrage erstellen.

INFORMATIONSTEXT

Wenn sich ein Kaufinteressent entschließt, Ware einzukaufen, dann schreibt er in der Regel zunächst eine Anfrage. Die Anfrage kann unterschiedliche Ziele haben. So ist es möglich, nur Informationen über die Lieferungsbedingungen (Lieferzeit, Zahlungsbedingungen) oder die Produktpalette des möglichen Lieferers einzuholen. Häufig geht es aber auch darum, den günstigsten Lieferer zu finden. Um die Preise von Lieferern miteinander vergleichen zu können, benötigt man verschiedene Angebote. Somit ist ein wesentlicher Grund für die Anfrage die Bitte um ein konkretes Angebot. Nur so lässt sich ein aussagekräftiger Angebotsvergleich durchführen.

Briefkopf
Absenderangaben mit Firmenlogo

Anschriftenfeld
besteht aus 9 Zeilen (1–3 = Zusatz- und Vermerkzone, 1–6 = Anschriftenzone)

Informationsblock
Bezugszeichenzeile oder Kommunikationszeile

Betreff

Anrede

Brieftext
Fließtext, Sinnabsätze, ggf. Hervorhebungen durch Einrücken und Zentrieren

Briefabschluss
Grußformel, Wiederholung des Firmennamens, Name

ggf. Anlage/-n, Verteiler

Fußzeile

Tom Hoss KG TH
Damen- und Herrenmode

Tom Hoss KG | Grunerstraße 120 | 10169 Berlin

Leinenmeister GmbH
Obernstraße 8
33602 Bielefeld

Tom Hoss KG | Grunerstraße 120 | 10169 Berlin
Telefon | 030/750 610-100
Telefax | 030/750 610-111
Internet | www.tomhoss-wvd.de
E-Mail | info-SWZ@tomhoss-wvd.de

Ihr Zeichen, Ihre Nachricht vom	Unser Zeichen, unsere Nachricht vom	Telefon, Name	Datum
	jn	030/750 610-17 Jakub Nowak	..-02-04

Anfrage

Sehr geehrte Damen und Herren,

wir benötigen dringend

100 Herrenfreizeithemden mit ½-Arm, bunt, kariert.

Senden Sie uns daher ein verbindliches Angebot mit konkretem Liefertermin.

Über eine schnelle Antwort würden wir uns sehr freuen.

Mit freundlichen Grüßen

Tom Hoss KG

i. A. *Jakub Nowak*

Jakub Nowak

USt-IdNr. DE 121287018 | Steuernummer 14/130/23354 | Zollnummer DE3455291 | HRA 61777 Berlin | Erfüllungsort und Gerichtsstand Berlin

Deutsche Bank
Konto: 063620900 | BLZ 25070070
IBAN: DE59 2507 0070 0063 6209 00
BIC: DEUTDE2HXXX

Commerzbank AG
Konto: 0489002428 | BLZ 37080040
DE34 3708 0040 0489 0024 28
BIC: DRESDEFF370

DEFINITION

Die **Anfrage** hat noch keine rechtliche Wirkung. Es liegt hier noch keine Willenserklärung vor. Sie ist unverbindlich und verpflichtet noch nicht zum Kauf. Es soll lediglich ein Kaufvertrag angebahnt werden.

Formal kann die Anfrage schriftlich (z. B. Brief, Fax, E-Mail) oder mündlich (z. B. per Telefon) erfolgen. Mündliche Anfragen sind eher bei langjährigen Geschäftsbeziehungen üblich. Die schriftlichen Anfragen sollten nach den Anforderungen der Norm DIN 5008 angefertigt werden.

Inhaltlich können beispielsweise folgende Punkte enthalten sein:

- Bitte um Übersendung eines Katalogs
- Informationen über die Lieferbedingungen und/ oder die Allgemeinen Geschäftsbedingungen
- Preise
- besondere Wünsche (z. B. Besuch eines Außendienstmitarbeiters)

AUFGABEN

1. Sie arbeiten in der Einkaufsabteilung und benötigen kurzfristig neue Ware. Welche Form wählen Sie, um Ihrem Stammlieferer eine Anfrage zu stellen? Begründen Sie Ihre Entscheidung.
2. Welche Angaben und Inhalte sind wichtig, um eine schriftliche Anfrage zu stellen?
3. Warum hat eine Anfrage rechtlich keine Wirkung?
4. Erstellen Sie zwei Anfragen am PC unter Berücksichtigung der Vorgaben der Norm DIN 5008. Berücksichtigen Sie dabei jeweils die folgenden Angaben:
   a) Wählen Sie bei der ersten Anfrage ein Produkt Ihres Unternehmens, das Sie bei einem bekannten Lieferer bestellen. Die Lieferung sollte kurzfristig erfolgen.
   b) Wählen Sie bei der zweiten Anfrage ein Produkt aus, das Sie bei einem möglichen neuen Lieferer kaufen wollen. Fragen Sie sämtliche Informationen nach, die Ihnen wichtig erscheinen.

ZUSAMMENFASSUNG

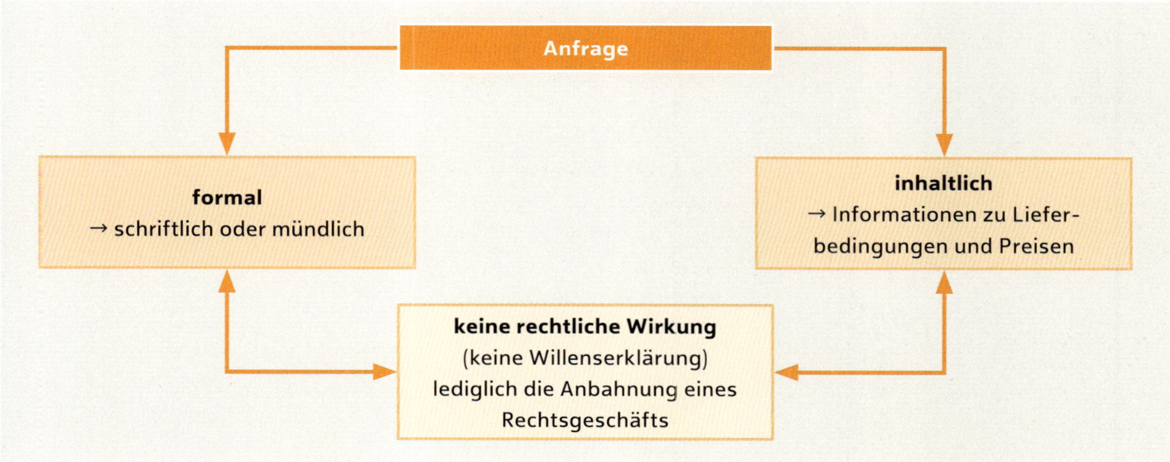

Man versteht erst dann etwas richtig, wenn man versucht, es einem anderen zu erklären. Dies führt zu einer erneuten gründlichen Auseinandersetzung mit dem gerade behandelten Thema.

1. Suchen Sie sich einen Partner.
2. Lesen Sie noch einmal die Zusammenfassung. Bei Verständnisproblemen schlagen Sie ggf. noch einmal im Informationstext nach.

3. Einer von Ihnen erläutert die Zusammenfassung dem Partner.

4. Dieser achtet auf Korrektheit und Vollständigkeit und wiederholt noch einmal.

ICH ÜBERPRÜFE MEINE NEU ERWORBENEN KOMPETENZEN

Den Erwerb der zu Beginn aufgeführten Kompetenzen können Sie selbst mithilfe der folgenden Tabelle überprüfen.

Wenn Sie alle Aufgaben, die hinter einer Kompetenz stehen, gelöst haben, machen Sie ein Kreuz bei „Ganz". Bei den Kompetenzen, bei denen Sie Aufgaben „Teilweise" oder „Gar nicht" gelöst haben, sollten Sie den dazugehörigen Informationstext noch einmal lesen und die Aufgaben anschließend noch einmal bearbeiten.

Was ich nach der Bearbeitung dieses Kapitels kann	Aufgaben	Ganz	Teilweise	Gar nicht
Ich kann				
... die rechtliche Wirkung einer Anfrage benennen.	3			
... die verschiedenen Formen einer Anfrage anwenden.	1			
... unter Beachtung von wichtigen Angaben und Inhalten eine Anfrage erstellen.	2, 4			

531128

6.4 Angebotsvergleich

Problemstellung

Auf ihre Anfragen über 100 Herrenfreizeithemden mit ½-Arm erhält die Tom Hoss KG folgende Angebote:

Leinenmeister GmbH · Obernstraße 8 · 33602 Bielefeld

Tom Hoss KG
Grunerstraße 120
10169 Berlin

Ihr Zeichen, Ihre Nachricht vom	Unser Zeichen, unsere Nachricht vom	Telefon, Name	Datum
jn / ..-02-04	IB / –	0521/8384-20 Irene Baumeister	..-02-07

Angebot in Freizeithemden

Sehr geehrter Herr Nowak,

wir danken für Ihre Anfrage. Folgende Sonderposten Freizeithemden können wir Ihnen zu einem besonders günstigen Preis anbieten:

Bestell-Nr. 245 Herrenfreizeithemden mit ½-Arm, bunt, kariert, 100 % Baumwolle, schadstoffgeprüft nach Öko-Tex-Standard 100, Gr. 36 bis 45, zum Preis von 7,40 € pro Stück einschließlich Verpackung

Der Preis gilt frei Haus.

Ihre Zahlung erbitten wir innerhalb von 14 Tagen abzüglich 3 % Skonto oder innerhalb von 30 Tagen ohne Abzug.

Wir freuen uns auf Ihren Auftrag.

Mit freundlichen Grüßen
Leinenmeister GmbH

i. V. *I. Baumeister*

Irene Baumeister

Spengler & Sohn OHG · Lahnstraße 14 · 35578 Wetzlar

Tom Hoss KG
Grunerstraße 120
10169 Berlin

Ihr Zeichen, Ihre Nachricht vom	Unser Zeichen, unsere Nachricht vom	Telefon, Name	Datum
jn / ..-02-04	DG / –	06441/7328-55 Dirk Gerhard	..-02-07

Angebot in Freizeithemden

Sehr geehrter Herr Nowak,

wir danken für Ihre Anfrage. Folgende Freizeithemden können wir Ihnen zu einem äußerst günstigen Preis anbieten:

Bestell-Nr. 4537 Herrenfreizeithemden mit ½-Arm, bunt, kariert, 55 % Baumwolle, 45 % Polyester, Gr. 36 bis 45, zum Preis von 8,10 €/Stück einschließlich Verpackung

Bei Abnahme von mindestens 50 Stück gewähren wir Ihnen einen Mengenrabatt von 15 %. Bei unserer Lieferung ab Lager Wetzlar stellen wir Ihnen pro Hemd 0,10 € Transportkosten in Rechnung. Die Hemden sind innerhalb 2 Wochen lieferbar.

Ihre Zahlung erbitten wir innerhalb von 4 Wochen ab Rechnungsdatum netto Kasse.

Wir freuen uns auf Ihren Auftrag.

Mit freundlichen Grüßen
Spengler & Sohn OHG

i. V. *Dirk Gerhard*

Gerhard

Der Leiter der Einkaufsabteilung, Herr Deimann, bittet die Auszubildenden Stefanie Beyer und Jakub Nowak, das günstigste Angebot auszusuchen.

Versetzen Sie sich in die Rolle von Stefanie Beyer oder Jakub Nowak und führen Sie den Angebotsvergleich durch.

531130

EINORDNUNG DES THEMAS

Lernfeld 6: Waren beschaffen

Einsatz der EDV im Einkauf

Beschaffungsplanung → Bezugsquellenermittlung → Erstellung von Anfragen → **Angebotsvergleich** → Bestellung → Kooperation im Einzelhandel

Kompetenzen

Nach Bearbeitung dieses Kapitels können Sie ...

... den Unterschied zwischen Angebot und Anpreisung erläutern.
... feststellen, wie lange ein Angebot verbindlich ist.
... die Bedeutung von Freizeichnungsklauseln erläutern.
... die unterschiedlichen Preisabzüge unterscheiden.
... gesetzliche und vertragliche Regelungen zur Übernahme der Versandkosten erläutern.
... gesetzliche und vertragliche Regelungen zur Übernahme der Versandverpackungskosten erläutern.
... gesetzliche und vertragliche Regelungen bezüglich der Lieferzeit erläutern.
... gesetzliche und vertragliche Regelungen bezüglich der Zahlung erläutern.
... quantitative Angebotsvergleiche durchführen.
... qualitative Angebotsvergleiche durchführen.

INFORMATIONSTEXT

Wesen des Angebots

DEFINITION
Ein **Angebot** ist eine Willenserklärung, Waren zu den angegebenen Bedingungen zu verkaufen. Angebote richten sich an eine genau bestimmte Person oder Personengruppe. Deshalb sind Zeitungsanzeigen, Prospekte, Kataloge, Plakate, Werbefernsehen, Werbefunk und Schaufensterauslagen keine Angebote, sondern **Anpreisungen**.

Auch die Präsentation von Waren in Selbstbedienungsgeschäften ist kein Angebot. Sie ist lediglich eine Anpreisung. In Selbstbedienungsgeschäften kommt der Kaufvertrag erst durch das Bringen der Ware zur Kasse und das Kassieren des Kaufpreises zustande. Andererseits gilt die Aufstellung eines Automaten als Angebot an jeden, der die richtige Münze einwirft.

Form des Angebots

Die Abgabe eines Angebots ist an keine Formvorschrift gebunden. Sie kann schriftlich (Brief, Telegramm, E-Mail), mündlich oder telefonisch erfolgen.

Bindungsfristen

Angebote, die ohne Einschränkungen gemacht wurden, sind grundsätzlich verbindlich.

Gesetzliche Bindungsfrist

Angebote müssen unverzüglich angenommen werden, wenn in dem Angebot keine Frist genannt wurde:

- **Mündliche** und **telefonische** Angebote sind deshalb nur so lange verbindlich, wie das Gespräch dauert.
- **Schriftliche** Angebote werden in dem Moment verbindlich, in dem sie dem Empfänger zugehen.

Der Anbieter ist so lange an dieses Angebot gebunden, wie er unter verkehrsüblichen Bedingungen mit einer Antwort rechnen muss. Die Bindungsfrist beträgt bei einem Angebotsbrief nach Handelsbrauch gewöhnlich eine Woche. Bei Angeboten per Fax und E-Mail beträgt sie 24 Stunden.

BEISPIEL

Ein Schreibwarengeschäft erhält von einem Großhändler am 1. Dezember einen Angebotsbrief. Das Angebot ist nur bis zum 8. Dezember verbindlich. Der Großhändler muss zu den Angebotsbedingungen nur dann liefern, wenn die Bestellung des Schreibwarengeschäfts bis zu diesem Zeitpunkt bei ihm eingetroffen ist.

Vertragliche Bindungsfrist

Wenn in einem Angebot eine Frist angegeben ist (z. B. „gültig bis 31. März 20..“), so muss die Bestellung bis Ablauf dieser Frist beim Anbieter eingegangen sein.

Freizeichnungsklauseln

Durch Freizeichnungsklauseln kann die Verbindlichkeit eines Angebots ganz oder teilweise ausgeschlossen werden.

BEISPIEL

„Preisänderungen vorbehalten“: der Preis ist unverbindlich
„solange Vorrat reicht“: die Menge ist unverbindlich
„freibleibend“, „unverbindlich“, „ohne Obligo“: das ganze Angebot ist unverbindlich

Erlöschen der Bindung

Der Anbieter ist nicht mehr an sein Angebot gebunden, wenn

- der Empfänger das Angebot ablehnt,
- die Bestellung zu spät eintrifft,
- die Bestellung vom Angebot abweicht.

Außerdem erlischt die Bindung an das Angebot, wenn der Anbieter sein Angebot rechtzeitig widerruft. Der **Widerruf** muss möglichst vor, spätestens aber mit dem Angebot beim Empfänger eingetroffen sein.

Inhalte des Angebots

Angebote können Vereinbarungen enthalten über:

- die angebotene Ware
  - Art, Beschaffenheit und Güte der Ware
  - Menge der Ware
- die angebotene Dienstleistung
- Angebotspreis und Preisabzüge
- Lieferungsbedingungen (Kosten der Versandverpackung, Versandkosten, Lieferzeit)
- Zahlungsbedingungen

Art, Beschaffenheit und Güte der Ware

Die Art der Ware wird durch handelsübliche Bezeichnungen gekennzeichnet. Die Beschaffenheit und die Güte der Ware kann durch Abbildungen und Beschreibungen in Katalogen oder Prospekten, durch Güteklassen, Gütezeichen, Muster und Proben oder nach Augenschein festgelegt werden. Fehlt im Angebot eine Angabe über Beschaffenheit und Güte der Ware, so muss bei einer Gattungsschuld eine Ware mittlerer Art und Güte geliefert werden (gesetzliche Bestimmung).

Menge der Ware

Normalerweise wird die Menge in handelsüblichen Maßeinheiten angegeben (z. B. kg, m, Stück). Der Anbieter kann in seinem Angebot Mindestbestellmengen und Höchstbestellmengen festlegen. Bei Angabe einer Mindestbestellmenge werden nur solche Bestellungen ausgeführt, die über diese Mindestmenge oder eine größere Bestellmenge lauten.

Mit der Angabe einer Höchstbestellmenge beschränkt der Anbieter die Abgabemenge an einen Besteller.

Preis der Ware

Der Preis ist der in Geld ausgedrückte Wert einer Ware. Er kann sich beziehen auf

- gesetzliche Maßeinheiten (kg, l, m, m^2, m^3) oder
- handelsübliche Bezeichnungen (Stück, Kisten, Ballen usw.).

Preisabzüge

- **Rabatt**
  Ein Rabatt ist ein Preisnachlass. Er wird gewährt als
  - Mengenrabatt für Abnahme größerer Mengen
  - Wiederverkäuferrabatt für Händler

  - Sonderrabatt bei bestimmten Anlässen (z. B. Jubiläum)
  - Personalrabatt für Betriebsangehörige
- **Naturalrabatte** sind Rabatte, die in Form von Waren gewährt werden. Hierbei kann es sich um eine Draufgabe oder Dreingabe handeln:
  - Draufgabe
    Es wird eine bestimmte Menge zusätzlich unentgeltlich geliefert (z. B. 50 Stück bestellt, 60 Stück geliefert, 50 Stück berechnet).
  - Dreingabe
    Es wird weniger berechnet, als geliefert wurde (z. B. 50 Stück bestellt, 50 Stück geliefert, 40 Stück berechnet).
- **Bonus**
  Ein Bonus ist ein nachträglich gewährter Preisnachlass. Er wird in der Regel am Jahresende gewährt, wenn der Kunde einen Mindestumsatz erreicht oder überschritten hat.
- **Skonto**
  Skonto ist ein Preisnachlass für vorzeitige Zahlung.

Versandkosten

Zu den Versandkosten (Beförderungskosten) gehören:

- Hausfracht am Ort des Verkäufers: Sie entsteht durch den Transport von der Geschäftsniederlassung des Verkäufers zur Versandstation (z. B. Versandbahnhof)
- Wiege- und Verladekosten
- Fracht: Sie muss für den Transport von der Versandstation bis zur Empfangsstation gezahlt werden.
- Entladekosten
- Hausfracht am Ort des Käufers: Sie entsteht durch den Transport von der Empfangsstation bis zur Geschäftsniederlassung des Käufers.

- **Gesetzliche Regelung**
  Der Käufer trägt die Versandkosten, wenn zwischen dem Verkäufer und dem Käufer keine besondere Vereinbarung getroffen wurde. Das bedeutet:
  - Wenn Verkäufer und Käufer ihren Geschäftssitz am selben Ort haben (= Platzkauf), muss der Käufer die Versandkosten ab der Geschäftsniederlassung des Verkäufers bezahlen.
  - Wenn Verkäufer und Käufer ihren Geschäftssitz nicht am selben Ort haben (= Versendungskauf), muss der Verkäufer die Versandkosten bis zur Versandstation (= Hausfracht am Versendungsort und Wiegekosten) bezahlen. Die Versandkosten ab Versandstation (Verladekosten, Fracht, Entladekosten, Hausfracht am Bestimmungsort) muss der Käufer bezahlen. Denn Warenschulden sind Holschulden.

BEISPIEL

Die Tom Hoss KG bestellt Mäntel bei der Mantelfabrik Meyer in Bielefeld. Die Mantelfabrik schickt die Mäntel mit der Eisenbahn. Für den Transport zum Versandbahnhof Bielefeld entstehen 20,00 € Hausfracht. Die Fracht der Bahn beträgt 200,00 €. Für den Transport von der Empfangsstation Berlin bis zur Filiale der Tom Hoss KG berechnet der Bahnspediteur 25,00 € Hausfracht. Wenn keine vertragliche Vereinbarung über die Versandkosten erfolgte, muss die Tom Hoss KG die 200,00 € Fracht zuzüglich 25,00 € Hausfracht in Berlin, also insgesamt 225,00 € bezahlen.

- **Vertragliche Regelungen**
  Abweichend von der gesetzlichen Regelung können zwischen Käufer und Verkäufer anderslautende vertragliche Regelungen vereinbart werden.

Wer bezahlt diesen Paketboten?

Zur Ermittlung der genauen Einkaufskosten muss sich ein Einzelhandelsunternehmen die vertragliche Regelung der Versandkosten anschauen. Es geht darum, wer (das Einzelhandelsunternehmen oder der Lieferer) in welchem Umfang (ganz, gar nicht oder teilweise) die Kosten für den Transport der Ware übernimmt.

Vertragliche Regelungen der Versandkosten

Beförderungsbedingungen	Verkäufer zahlt	Käufer zahlt
ab Werk, Lager oder Fabrik = gesetzliche Regelung beim Platzkauf	keine Versandkosten	alle Versandkosten
unfrei, ab hier, ab Versandstation, ab Bahnhof hier = gesetzliche Regelung beim Versendungskauf	Versandkosten bis zur Versandstation (Hausfracht am Versendungsort, Wiegekosten)	Versandkosten ab Versandstation (Verladekosten, Fracht, Entladekosten, Hausfracht am Bestimmungsort)
frachtfrei, frei dort, frei Bahnhof dort, frei	Versandkosten bis zur Empfangsstation (Hausfracht am Versandort, Verladekosten, Fracht)	Versandkosten ab Empfangsstation (Entladekosten, Hausfracht am Empfangsort)
frei Haus, frei Lager	alle Versandkosten	keine Versandkosten

Kosten der Versandverpackung

- **Gesetzliche Regelung**
  Der Käufer trägt die Kosten der Versandverpackung, wenn zwischen Käufer und Verkäufer keine besonderen Vereinbarungen getroffen wurden.
- **Vertragliche Regelungen**
  Vertraglich kann vereinbart werden:
  - Preis für **Reingewicht** (= Nettogewicht) **einschließlich Verpackung** (netto einschließlich Verpackung): Der Preis wird nur vom Gewicht der Ware (Rein- beziehungsweise Nettogewicht) berechnet. Die Verpackung erhält der Käufer unberechnet.
  - Preis für **Reingewicht ausschließlich Verpackung** (netto ausschließlich Verpackung): Der Preis wird vom Reingewicht (Nettogewicht) berechnet. Die Verpackung wird dem Käufer zusätzlich, normalerweise zum Selbstkostenpreis, in Rechnung gestellt (= gesetzliche Regelung).
  - Preis für das **Bruttogewicht einschließlich Verpackung** (brutto für netto [b/n; bfn]): Für die Berechnung wird das Bruttogewicht (= Reingewicht + Verpackungsgewicht) zugrunde gelegt. Die Verpackung wird wie die Ware berechnet.

BEISPIEL

Das Nettogewicht einer Ware beträgt 20 kg. Das Verpackungsgewicht (Tara) beträgt 2 kg. Der Preis der Ware beläuft sich auf 2,00 € je kg. Der Selbstkostenpreis der Verpackung beträgt 1,00 €.

Vertragliche Regelung	Preis für Ware und Verpackung
Preis einschließlich Verpackung	Nettogewicht 20 kg · 2,00 € = 40,00 €
Preis zuzüglich 1,00 € Verpackung	Nettogewicht 20 kg · 2,00 € + 1,00 € = 41,00 €
brutto für netto (b/n)	Bruttogewicht 22 kg · 2,00 € = 44,00 €

Lieferzeit

- **Gesetzliche Regelung**
  Der Verkäufer muss die Ware unverzüglich liefern, wenn zwischen den Vertragspartnern keine Lieferfrist vereinbart wurde.
- **Vertragliche Regelungen**
  Abweichend von der gesetzlichen Regelung kann vereinbart werden:

– Lieferung innerhalb eines bestimmten Zeitraums, z. B. „Lieferung innerhalb von 14 Tagen"
– Lieferung bis zu einem bestimmten Termin, z. B. „Lieferung bis Ende August"
– Lieferung zu einem genau festgelegten Datum (Fixkauf), z. B. „Lieferung am 5. Nov. 20.. fix"

Zahlungsbedingungen

- **Gesetzliche Regelungen**
  Der Käufer muss die Ware unverzüglich bei Lieferung bezahlen, wenn zwischen ihm und dem Verkäufer kein anderer Zahlungszeitpunkt vereinbart worden ist. Die Kosten der Zahlung (z. B. Überweisungsgebühren) muss der Käufer tragen.
- **Vertragliche Regelungen**
  Vertraglich kann zwischen Verkäufer und Käufer vereinbart werden:
  – Zahlung vor der Lieferung
  Ein Teil des Kaufpreises oder der gesamte Kaufpreis muss vom Käufer vor der Lieferung bezahlt werden.

BEISPIEL

- Anzahlung
- Vorauszahlung

– Zahlung bei Lieferung
Die Zahlung erfolgt Zug um Zug, das heißt, der Verkäufer händigt die Ware aus und der Käufer bezahlt den Kaufpreis.

BEISPIEL

- „sofort netto Kasse" = sofortige Zahlung ohne Abzug
- „gegen Nachnahme" = Aushändigung einer Warensendung nur gegen Zahlung

– Zahlung nach der Lieferung
Der Käufer muss die Ware erst eine bestimmte Zeit nach der Lieferung bezahlen.

BEISPIEL

- Zielkauf, z. B. „Zahlung innerhalb 30 Tagen"
- Ratenkauf: Der Käufer kann den Kaufpreis in Raten begleichen.

Beachtung des Gesundheits- und Umweltschutzes

Unternehmen sollten bei ihrem Angebot auch die Gesundheits- und Umweltverträglichkeit der angebotenen Güter beachten. In der Bevölkerung hat in den letzten Jahren das Umweltbewusstsein stark zugenommen. Dies hat Auswirkungen auf das Einkaufsverhalten der Kunden. Unternehmen können diesem Bewusstseinswandel Rechnung tragen, indem sie umweltverträgliche Produkte anbieten. Sie können z. B. Produkte, deren Herstellung, Verwendung oder Beseitigung die Gesundheit und Umwelt belasten, aus ihrem Sortiment herausnehmen und durch umweltverträgliche Produkte ersetzen.

Angebotsvergleich

Um das günstigste Angebot für eine Ware zu ermitteln, vergleicht der Käufer die Angebote mehrerer Lieferer.

Quantitativer Angebotsvergleich

Beim quantitativen Angebotsvergleich berechnet und vergleicht der Käufer die Bezugspreise der angebotenen Waren. Dazu zieht er zunächst von dem im Angebot des Lieferers genannten Listenpreis für die angebotene Ware den Liefererrabatt und den Liefererskonto ab. Dann rechnet er die Bezugskosten hinzu.

Listeneinkaufspreis
– Liefererrabatt
= Zieleinkaufspreis
– Liefererskonto
= Bareinkaufspreis
+ Bezugskosten
= Bezugspreis

Bezugskosten sind:

- Versandkosten (Fracht, Hausfracht, Wiege- und Verladekosten, Entladekosten)
- Kosten der Versandverpackung
- Transportversicherungsprämien
- Zoll

BEISPIEL

Die Tom Hoss KG hat auf ihre Anfrage von zwei verschiedenen Anbietern Angebote über Freizeithemden mit ½-Arm erhalten (siehe S. 29 f.). Da das Unternehmen 100 Stück benötigt, wird der Angebotsvergleich für diese Bestellmenge durchgeführt.

Artikel Herrenfreizeithemden Gr. 36–45
Menge 100 Stück

Lieferer	Spengler & Sohn, Wetzlar		Leinenmeister, Bielefeld	
Listeneinkaufspreis	8,10 €/Stück	810,00 €	7,40 €/Stück	740,00 €
– Liefererrabatt	15 %	121,50 €		
= Zieleinkaufspreis		688,50 €		740,00 €
– Liefererskonto			3 % innerhalb 14 Tagen.	22,20 €
= Bareinkaufspreis		688,50 €		717,80 €
+ Bezugskosten (Verpackungs- und Versandkosten)		10,00 €		
= Bezugspreis (Einstandspreis)		698,50 €		717,80 €

Rechenweg

$$\text{Liefererrabatt} = \frac{\text{Listeneinkaufspreis} \cdot \text{Liefererrabatt (\%)}}{100}$$

Zieleinkaufspreis = Listeneinkaufspreis – Liefererrabatt

$$\text{Liefererskonto} = \frac{\text{Zieleinkaufspreis} \cdot \text{Liefererskonto (\%)}}{100}$$

Bareinkaufspreis = Zieleinkaufspreis – Liefererskonto

Bezugspreis = Bareinkaufspreis + Bezugskosten

Qualitativer Angebotsvergleich

Beim Angebotsvergleich achtet der Einzelhändler nicht nur auf quantitative Aspekte, also den Bezugspreis, sondern auch auf qualitative Aspekte. Solche qualitativen Aspekte, die der Einzelhändler in seine Überlegungen bei der Kaufentscheidung einbezieht, können z. B. sein:

- Lieferzeit (z. B.: wie schnell wird geliefert; kann innerhalb einer geforderten Zeit geliefert werden?)
- Zahlungsbedingungen (z. B. Zahlungsziel)
- Zahlungsmöglichkeiten (z. B. Zahlungsarten und Möglichkeit der Ratenzahlung)
- Qualität der Ware
- Eigenschaften des Produkts
- ökologische Aspekte (z. B. Umweltverträglichkeit der Ware, ökologische Herstellung, Fair Trade)
- Image des Lieferers (z. B. Bild in der Öffentlichkeit, mögliche Skandale, Kinderarbeit o. Ä.)
- Erfahrungen mit dem Lieferer (bisherige Geschäftsbeziehungen)
- Serviceangebot des Lieferer (möglicherweise Wartungsservice, Hotline o. Ä.)
- Lieferbedingungen (z. B. Umtausch, Reklamationen)
- Marktstellung des Lieferers

Nutzwertanalyse

Qualitative Kriterien des Angebotsvergleichs können in der Regel nicht in Geldeswert beziffert werden. Daher eignet sich die Nutzwertanalyse zur Beurteilung der bei einem Beschaffungsvorgang bedeutsamen qualitativen Kriterien, die in den Angebotsvergleich einzubeziehen sind. Mithilfe der Nutzwertanalyse werden die einzelnen Kriterien gewichtet und bewertet, um am Ende einen Über-

531136

blick über den Nutzen der einzelnen Alternativen zu haben. Auf dieser Grundlage kann dann eine Entscheidung für ein Angebot erfolgen.

Vereinfacht lässt sich das Vorgehen wie folgt darstellen:

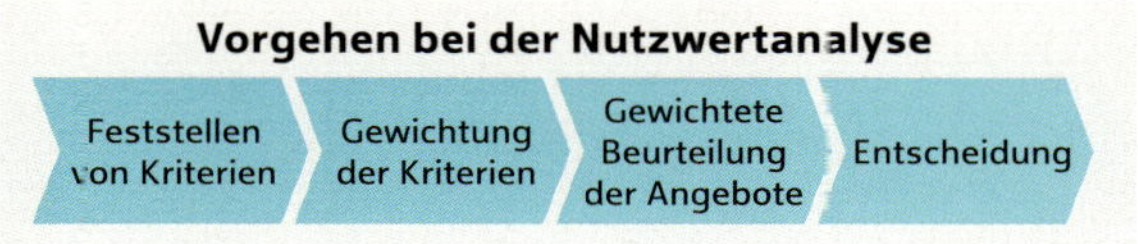

Vorgehen bei der Nutzwertanalyse

Bei der Nutzwertanalyse zur Beurteilung der qualitativen Kriterien, von denen eine Kaufentscheidung abhängt, wird wie folgt vorgegangen:

1. **Identifizierung** und Auflistung **der** für die bevorstehende Kaufentscheidung bedeutsamen **Kriterien**.
2. **Gewichtung** der einzelnen Kriterien nach ihrer Bedeutung für die anstehende Kaufentscheidung
   Es werden zum Beispiel insgesamt 100 Gewichtungspunkte vergeben und diese werden auf die im ersten Schritt festgelegten bedeutsamen Kriterien verteilt. Das wichtigste Kriterium erhält die höchste Anzahl an Gewichtungspunkten (z. B. 40), das zweitwichtigste Kriterium die zweithöchste Anzahl (z. B. 30) und so weiter. Die Art der Gewichtung kann auf beliebige Weise vorgenommen werden. Eine weitere Möglichkeit wäre, dass jedes Kriterium eine Gewichtung zwischen 1 (geringe Bedeutung) und 10 (sehr hohe Bedeutung) erhält. Kriterien, die von gleicher Bedeutung für die Entscheidung sind, können auch gleich gewichtet werden.
3. Feststellen und **Festlegen** möglicher **K.-o.-Kriterien**
   K.-o.-Kriterien müssen unbedingt erfüllt sein, damit die Alternative (hier das Angebot) für die anstehende Entscheidung in Betracht gezogen wird.

   BEISPIEL

   Es ist bekannt, dass ein indischer Textillieferer seine Produkte u. a. durch Kinderarbeit herstellt. Da die Tom Hoss KG natürlich Kinderarbeit strikt ablehnt, ist das Kriterium „keine Kinderarbeit" nicht erfüllt und somit kommt der indische Anbieter nicht mehr als Lieferer in Betracht. Alle anderen Kriterien müssen nicht weiter betrachtet und gewichtet werden.

   Alternativen, die ein K.-o.-Kriterium nicht erfüllen, werden im weiteren Verlauf der Nutzwertanalyse nicht berücksichtigt, da sie nicht in Betracht kommen.
4. **Beurteilung der** einzelnen **Alternativen** (hier: Anbieter) hinsichtlich der Erfüllung der festgelegten Kriterien. Erfüllt eine Alternative ein Kriterium vollständig, so wird diese Alternative beispielsweise mit „3" Beurteilungspunkten bewertet, bei guter Erfüllung mit „2", bei weniger guter Erfüllung des Kriteriums mit „1" und bei schwacher oder gar keiner Erfüllung des Kriteriums mit „0". Die Beurteilungspunkte können auch nach einem beliebigen anderen System verteilt werden. Das System muss innerhalb einer Nutzwertanalyse aber bei allen Kriterien gleich sein.
5. **gewichtete Beurteilung** der Alternativen
   Bei jeder Alternative (Angebot) werden nun die Gewichtungspunkte jedes Kriteriums (siehe 2.) mit den jeweiligen Beurteilungspunkten (siehe 4.) multipliziert und das Ergebnis wird festgehalten.
6. **Addition der** in 5. **ermittelten gewichteten Beurteilungspunkte** für jede Alternative (jedes Angebot)
7. Auswahl der besten Alternative **(Treffen der Entscheidung)** aufgrund der erzielten Gesamtpunkte
   Die Alternative mit den meisten Punkten ist aus qualitativen Gesichtspunkten die beste Alternative. Alternativen, bei denen ein mögliches K.-o.-Kriterium nicht erfüllt wird, kommen nicht in Betracht (s. o.).

Die Ergebnisse des quantitativen Angebotsvergleichs können als ein gewichtetes Kriterium in den qualitativen Angebotsvergleich einfließen.

Umsetzung der Nutzwertanalyse in Excel

Ein Tabellenkalkulationsprogramm eignet sich hervorragend zur Durchführung von Nutzwertanalysen, da Formeln nur einmal eingegeben werden müssen und die Ergebnisse bei richtiger Formatierung automatisch berechnet werden. Die einmal erstellte Vorlage lässt sich dann mit wenig Anpassungsaufwand für weitere Nutzwertanalysen verwenden. Im Folgenden wird die Umsetzung der einzelnen Schritte (ohne Schritt 3 Einbeziehung von K.-o.-Kriterien) kurz erläutert.

	A	B	C
1	**Entscheidungskriterium**		
2	Lieferzeit		
3	Qualität der Ware		
4	Erfahrungen mit Lieferant		
5	...		

Schritt 1: Identifizierung der relevanten Kriterien

	A	B	C
1	**Entscheidungskriterium**	**Gewichtungspunkte**	
2	Lieferzeit	30	
3	Qualität der Ware	35	
4	Erfahrungen mit Lieferant	15	
5	...	...	

Schritt 2: Gewichtung der Kriterien

Schritt 4: Beurteilung der Alternativen

	A	B	C	D	E	F	G	H
1			**Alternative A**		**Alternative B**		**Alternative C**	
2	**Entscheidungskriterium**	**Gewichtungspunkte**	**Erfüllung des Kriteriums**		**Erfüllung des Kriteriums**		**Erfüllung des Kriteriums**	
3	Lieferzeit	30	3		2		1	
4	Qualität der Ware	35	1		0		3	
5	Erfahrungen mit Lieferant	15	2		1		1	
6	...	...	...		...		...	

Schritt 5: gewichtete Beurteilung der Alternativen

	A	B	C	D	E	F	G	H
1			**Alternative A**		**Alternative B**		**Alternative C**	
2	**Entscheidungskriterium**	**Gewichtungspunkte**	**Erfüllung des Kriteriums**	**Gewichtete Beurteilung**	**Erfüllung des Kriteriums**	**Gewichtete Beurteilung**	**Erfüllung des Kriteriums**	**Gewichtete Beurteilung**
3	Lieferzeit	30	3	90	2	60	1	30
4	Qualität der Ware	35	1		0		3	
5	Erfahrungen mit Lieferant	15	2		1		1	
6	...	...	...		...		...	

Kommentar 1:
=B3*C3

Kommentar 2:
=B3*E3

	A	B	C	D	E	F	G	H
1			**Alternative A**		**Alternative B**		**Alternative C**	
2	**Entscheidungskriterium**	**Gewichtungspunkte**	**Erfüllung des Kriteriums**	**Gewichtete Beurteilung**	**Erfüllung des Kriteriums**	**Gewichtete Beurteilung**	**Erfüllung des Kriteriums**	**Gewichtete Beurteilung**
4	Lieferzeit	30	3	90	2	60	1	30
5	Qualität der Ware	35	1	35	0	0	3	105
6	Erfahrungen mit Lieferant	15	2	30	1	15	1	15
7	...	...	...		...		...	

Kommentar 1:
Zeile wegen Formatierung einfügen

Kommentar 2:
Formel bei jeder Alternative vervielfältigen

531138

Schritt 6:
Addition der gewichteten Beurteilungen

	A	B	C	D	E	F	G	H
1			**Alternative A**		**Alternative B**		**Alternative C**	
2	**Entscheidungskriterium**	**Gewichtungspunkte**	**Erfüllung des Kriteriums**	**Gewichtete Beurteilung**	**Erfüllung des Kriteriums**	**Gewichtete Beurteilung**	**Erfüllung des Kriteriums**	**Gewichtete Beurteilung**
4	Lieferzeit	30	3	90	2	60	1	30
5	Qualität der Ware	35	1	35	0	0	3	105
6	Erfahrungen mit Lieferant	15	2	30	1	15	1	15
7	...	...	...		...		...	
8								
9	Summe	80		155		75		150
10								

Kommentar 1: =Summe(B4:B8) alternativ mit der Schaltfläche "AutoSumme"

Kommentar 2: =Summe(D4:D8) alternativ mit der Schaltfläche "AutoSumme"

Schritt 7:
Identifizierung der besten Alternative und möglicherweise Entscheidung

	A	B	C	D	E	F	G	H
1			**Alternative A**		**Alternative B**		**Alternative C**	
2	**Entscheidungskriterium**	**Gewichtungspunkte**	**Erfüllung des Kriteriums**	**Gewichtete Beurteilung**	**Erfüllung des Kriteriums**	**Gewichtete Beurteilung**	**Erfüllung des Kriteriums**	**Gewichtete Beurteilung**
4	Lieferzeit	30	3	90	2	60	1	30
5	Qualität der Ware	35	1	35	0	0	3	105
6	Erfahrungen mit Lieferant	15	2	30	1	15	1	15
7	...	...	...		...		...	
8								
9	Summe	80		155		75		150

Identifizieren der qualitativ besten Alternative (Alternative mit den meisten gewichteten Punkten) und möglicherweise Entscheidung aufgrund der Nutzwertanalyse

AUFGABEN

1. In welchen der folgenden Fälle liegt ein Angebot vor?

a) Ein Lebensmittelhändler lässt Handzettel mit aktuellen Sonderangeboten an die Haushalte in seinem Stadtbezirk verteilen.

b) Ein Verkäufer bietet einem Kunden in der Elektroabteilung eines Warenhauses einen Staubsauger an.

c) Ein Möbelhaus lässt seine Kataloge von der Post an alle Haushalte verteilen.

d) Ein Weinhändler bietet einem Stammkunden telefonisch einen besonders günstigen Posten Rotwein an.

2. Der Textilhändler Gauß macht seiner Stammkundin Frau Lorenzen in seinem Geschäft ein Angebot für ein wertvolles Abendkleid. Frau Lorenzen kann sich jedoch nicht sofort entscheiden. Drei Tage später sucht sie das Geschäft noch einmal auf, um das Abendkleid zu kaufen. Herr Gauß hat das Kleid jedoch mittlerweile verkauft. Warum war er nicht mehr an das Angebot gebunden?

3. Karl Lang, Mainz, macht seinen langjährigen Kunden Fritz Kaiser, Hannover, und Gertrud Meyer, Göttingen, ein schriftliches Angebot über „Margaret Öster“ Feuchtigkeitscreme zu 3,00 € je Tube. Der Brief wird von ihm am 20. Mai zur Post gegeben.

a) Am 22. Mai bestellt Herr Kaiser 40 Tuben zu 2,80 € je Tube. Wie kann Herr Lang auf die Bestellung reagieren?

b) Am 31. Mai bestellt Frau Meyer 100 Tuben zu 3,00 € je Tube. Warum muss Herr Lang nicht mehr liefern?

4. Erläutern Sie folgende Freizeichnungsklauseln:

a) „freibleibend“

b) „solange Vorrat reicht“

c) „Preis freibleibend“

5. Bis zu welchem Zeitpunkt kann ein schriftliches Angebot widerrufen werden?

6. Was bedeutet das Einräumen eines Zahlungsziels für den Käufer einer Ware?

7. Welchen Teil der Transportkosten trägt beim Bahnversand der Käufer, wenn im Angebot des Lieferers keine Angabe über die Transportkostenverteilung enthalten ist?

8. Die Lieferungsbedingung lautet „frachtfrei“, die Fracht beträgt 50,00 €, die Hausfracht für die An- und Abfuhr je 10,00 €. Wie viel Euro muss der Käufer für den Transport bezahlen?

9. Wann muss der Käufer zahlen, wenn im Angebot keine Klausel darüber enthalten ist?

10. Wer zahlt die Versandverpackung, wenn im Angebot keine Angabe darüber enthalten ist?

11. Was bedeutet die Zahlungsbedingung „netto Kasse“?

12. Ein Einzelhändler bietet an: „Beim Kauf von 20 Flaschen erhalten Sie eine Flasche gratis!“ Um welchen Rabatt handelt es sich hierbei?

13. Wann muss geliefert werden, wenn im Kaufvertrag keine Lieferfrist vereinbart wurde?

14. Ein Früchtehändler erhält zwei Angebote. Entscheiden Sie, welches Angebot (bei gleicher Qualität und Lieferzeit) angenommen werden soll.
Angebot 1: 400 Kisten Äpfel; Nettogewicht: 8800 kg; Preis (ohne USt) pro 100 kg Nettogewicht: 13,50 €; Mengenrabatt: 10 %; Skonto: 3 %; frachtfrei; Hausfracht (ohne USt): 95,20 €
Angebot 2: 400 Kisten Äpfel; Nettogewicht: 8800 kg; Preis (ohne USt) pro 100 kg Nettogewicht: 11,50 €; Skonto: 1 %; Fracht (ohne USt): 420,00 €; Hausfracht (ohne USt): 80,00 €

15. Sie sind Angestellte(r) der Tom Hoss KG in Hildesheim. Die Personalabteilung soll mit Bürostühlen der Modellreihe „Comfort XL“ ausgestattet werden. Es liegen ein Angebot der Kessler KG, Hannover, und ein Angebot der Bürosystem OHG, Göttingen, vor:
Angebot der Kessler KG, Hannover: Listenpreis: 395,00 € (ohne USt); Rabatt: 12,5 %; Zahlungsziel: 60 Tage netto Kasse, bei Zahlung innerhalb von 20 Tagen 3 % Skonto; Bezugskosten: Lieferung frei Haus; Lieferzeit: sofort nach Auftragserteilung
Angebot der Bürosystem OHG, Göttingen: Listenpreis: 375,00 € (ohne USt); Rabatt: 4 %; Zahlungsziel: 60 Tage netto Kasse, bei Zahlung innerhalb von 20 Tagen 1,5 % Skonto; Bezugskosten: 10,00 € (ohne USt); Lieferzeit: vier Wochen nach Auftragserteilung
Entscheiden Sie, welchem Lieferer Sie den Auftrag erteilen. Begründen Sie Ihre Entscheidung.

16. Einem Einzelhändler liegen drei Angebote über Pfirsichkonserven (Dose zu 400 g) vor. Für welches dieser Angebote sollte er sich entscheiden, wenn er 100 Dosen in spätestens zwei Wochen benötigt?
Angebot 1: 0,60 € je Dose, netto einschließlich Verpackung, frei Haus, 10 % Rabatt bei Abnahme von 100 Dosen, Lieferung sofort, Zahlung innerhalb von 30 Tagen netto Kasse
Angebot 2: 0,55 € je Dose, netto ausschließlich Verpackung, Verpackungskosten für 100 Dosen: 2,70 €, Lieferung ab Werk (Transportkosten für 100 Dosen: 4,90 €) innerhalb von 14 Tagen, 15 % Rabatt bei Abnahme von 100 Dosen, Zahlung innerhalb von 30 Tagen netto Kasse
Angebot 3: 0,50 € je Dose, netto einschließlich Verpackung, Lieferung frei Haus innerhalb von drei Wochen, 15 % Rabatt bei Abnahme von 100 Dosen, Zahlung innerhalb von 14 Tagen abzüglich 3 % Skonto oder innerhalb 30 Tagen netto Kasse

17. Da im Beschaffungsbereich eine Vielzahl von Angebotsvergleichen durchzuführen sind, möchte der Leiter der Einkaufsabteilung, Herr Hetzel, diese Arbeit durch den Einsatz des Tabellenkalkulationsprogramms Excel vereinfachen. Er bittet Stefanie Beyer und Jakub Nowak, eine Excel-Arbeitsmappe für den Angebotsvergleich zu entwickeln.
Versetzen Sie sich in die Rolle von Stefanie Beyer oder Jakub Nowak und entwickeln Sie zusammen mit einer Mitschülerin oder einem Mitschüler eine Arbeitsmappe zur Durchführung eines Angebotsvergleichs.

18. Die Tom Hoss KG benötigt 1000 Geschirrtücher, Halbleinen. Es liegen folgende drei Angebote vor:
Angebot 1: 1,20 € je Geschirrtuch, netto ausschließlich Verpackung, Verpackungskosten für 1000 Geschirrtücher: 2,80 €, frei Haus, 15 % Rabatt bei Abnahme von 1000 Stück, Lieferung innerhalb einer Woche, Zahlung innerhalb von 30 Tagen netto Kasse
Angebot 2: 1,05 € je Geschirrtuch, netto einschließlich Verpackung, Lieferung ab Werk

(Transportkosten für 1000 Geschirrtücher: 8,75 €), 10 % Rabatt bei Abnahme von 1000 Stück, Zahlung innerhalb von 20 Tagen netto Kasse
Angebot 3: 1,35 € je Geschirrtuch, netto einschließlich Verpackung, Lieferung frei Haus innerhalb von drei Wochen, 20 % Rabatt bei Abnahme von 1000 Stück, Zahlung innerhalb von 14 Tagen abzüglich 3 % Skonto oder innerhalb 30 Tagen netto Kasse
Ermitteln Sie das preiswerteste Angebot mithilfe der von Ihnen entwickelten Excel-Arbeitsmappe zur Durchführung eines Angebotsvergleichs.

19. Der Bezugspreis ist nur ein Kriterium für die Auswahl des günstigsten Angebots. Darüber hinaus sollten weitere qualitative Kriterien bei der Auswahl eines Angebots berücksichtigt werden.
- **a)** Bilden Sie eine Arbeitsgruppe mit drei weiteren Mitschülern.
- **b)** Sammeln Sie in Ihrer Gruppe qualitative Kriterien für einen Angebotsvergleich.
- **c)** Gewichten Sie diese Kriterien.
- **d)** Dokumentieren Sie die Übersicht der gewichteten Kriterien auf einem Plakat.
- **e)** Vergleichen Sie die Angebote auf S. 29 und 30 unter Berücksichtigung dieser Kriterien.
- **f)** Präsentieren Sie Ihre Arbeitsergebnisse in Ihrer Klasse.

20. Die Tom Hoss KG benötigt für die Verwaltung 27 neue Flatscreenbildschirme. Aufgrund der gestellten Anfragen sind die folgenden drei Angebote von unterschiedlichen Herstellern eingegangen.

Angebotsbedingungen Kaniconix

Artikel	Artikelnr.	Menge	Preis
Flatscreenbildschirm „Syncomat 22“	201556500	27	158,82 €

Der Preis versteht sich als Nettopreis ab Werk einschließlich üblicher Verpackung. Die Transportkosten betragen 200,00 €. Ab einem Nettoauftragswert
ab 1.000,00 € gewähren wir 2 %,
ab 2.000,00 € 3 %,
ab 3.000,00 € 4 %,
ab 4.000,00 € 5 % Sofortrabatt.

Wir können Ihnen die gewünschten Monitore innerhalb von 8 Arbeitstagen nach Bestellungseingang liefern. Die Rechnung ist zahlbar innerhalb von 30 Tagen. Zahlen Sie innerhalb von 10 Tagen nach Erhalt der Rechnung, können Sie 1 % Skonto abziehen.

Angebotsbedingungen Startech

Artikel	Artikelnr.	Menge	Preis
Flatscreen „Stylo XLT25 LED“	1585129	27	175,63 €

Ab einem Nettobestellwert von 3.000,00 € gewähren wir Ihnen 5 % Sofortrabatt.
Der Preis versteht sich als Nettoeinzelpreis ab Werk inkl. üblicher Verpackung. Die Transportkosten betragen 100,00 €.
Wir können Ihnen die gewünschte Anzahl Monitore jederzeit liefern. Erreicht uns Ihre Bestellung vor 12:00 Uhr, erfolgt die Auslieferung an Sie am kommenden Werktag.
Da wir noch keinen geschäftlichen Kontakt hatten, bitten wir Sie um Vorauskasse.

Angebotsbedingungen Benkutech

Artikel	Artikelnr.	Menge	Preis
Monitor „M3224D“	1506436	27	147,06 €

Die Auslieferung erfolgt frei Haus. Allerdings erlauben wir uns zusätzlich 2,50 € Verpackungskosten pro Monitor zu berechnen.
Wir räumen Ihnen ein Zahlungsziel von 30 Tagen ein. Bei der Zahlung innerhalb von 14 Tagen ab Rechnungsdatum können Sie 2 % Skonto in Anspruch nehmen.
Aufgrund unserer günstigen Liefer- und Zahlungsbedingungen können wir Ihnen leider keinen Rabatt gewähren.
Die von Ihnen gewünschte Anzahl von 27 Monitoren können wir jederzeit innerhalb von drei Werktagen liefern.

Über die Hersteller liegen folgende Informationen:

Kaniconix
Die Produkte von Kaniconix sind traditionsbewusst gut. Kaniconix gilt bei Kunden seit vielen Jahren als traditioneller, solider Hersteller guter Produkte in einem angemessenen Preisniveau. Das Serviceangebot von

Kaniconix ist sehr gut. In der Regel werden Fehler und Mängel zeitnah und während der zweijährigen Herstellergarantie kostenlos von einer der zahlreichen Niederlassungen vor Ort behoben. In der Vergangenheit hat die Tom Hoss KG bereits des Öfteren Produkte von Kaniconix bezogen und war stets sehr zufrieden.

Startech
Die Marke Startech steht für Qualität. Im Bereich der Flachbildschirmtechnologie ist Startech Marktführer, was sich natürlich auch in den etwas höheren Preisen niederschlägt. Startech-Produkte sind angesagte Lifestyle-Produkte, aber das Ansehen des Unternehmens hat in der Vergangenheit etwas gelitten, weil die Produkte laut unbestätigten Berichten in Indien unter sehr bedenklichen Umständen gefertigt werden. Startech gewährt seinen Kunden eine zweijährige Herstellergarantie. Der Kunde muss die Ware zu einem der wenigen Servicecenter bringen (per Einsendung oder Direktabgabe) und dort werden nicht fahrlässig verursachte Defekte kostenlos behoben.

Benkutech
Die Produkte von Benkutech haben laut Testergebnissen eine geringere durchschnittliche Lebensdauer, was auf teilweise schlechte Verarbeitung zurückzuführen ist. Das Image von Benkutech ist in der Vergangenheit besser geworden, aber Kunden sehen Benkutech immer noch als Lowbudget-Produkthersteller. Benkutech gewährt seinen Kunden eine einjährige Herstellergarantie. Bisher wurden seitens der Tom Hoss KG vereinzelt Geräte von Benkutech bezogen. Die Erfahrungen mit Benkutech aus diesen Geschäften sind unterschiedlich gewesen.

Informationen zur Bestellung:
Die Tom Hoss KG möchte die Ware natürlich schnell erhalten, aber dies soll nicht die oberste Priorität haben. Es ist wichtig, dass die Lieferer ein gutes Image haben und die Produkte auf jeden Fall unter menschenwürdigen und fairen Bedingungen hergestellt werden. Bei der Lieferung kommt es der Tom Hoss KG nicht so sehr darauf an, dass sie schon Erfahrungen mit dem Lieferer gemacht hat. Vielmehr ist es für sie wichtig, dass das Serviceangebot bezüglich der Herstellergarantie gut ist und dass die Qualität der Ware auf einem guten Niveau ist. Der Preis der Monitore ist natürlich ein Kriterium, das für jedes Unternehmen relevant ist, so auch für die Tom Hoss KG.
Die Produkte sind mit Ausnahme der genannten Aspekte völlig miteinander vergleichbar.

a) Erstellen Sie mit Excel eine Arbeitsmappe, die im Rahmen eines quantitativen Angebotsvergleichs das günstigste Angebot identifiziert. Bedenken Sie, dass diese Arbeitsmappe ohne größere Änderungen auch für weitere Angebotsvergleiche anwendbar sein sollte. Verwenden Sie daher möglichst häufig Formeln zur Vereinfachung.
b) Führen Sie nun mithilfe von Excel einen qualitativen Angebotsvergleich im Rahmen einer Nutzwertanalyse aus. Verwenden Sie auch hier möglichst häufig Formeln zur Vereinfachung und zur Anwendbarkeit auf weitere Nutzwertanalysen.

531142

ZUSAMMENFASSUNG

Angebot und **Anpreisung**

Angebot
- an eine **genau bestimmte** Person oder Personengruppe gerichtet
- grundsätzlich **verbindlich**

Anpreisung
- an die **Allgemeinheit** gerichtet
- **unverbindlich**

Bindungsfristen bei

unbefristeten Angeboten (= gesetzlich)
- mündliche und telefonische Angebote: solange das Gespräch dauert
- Angebotsbriefe: ca. 1 Woche
- Angebote per Fax: 24 Stunden

befristeten Angeboten (= vertraglich)
- bindend bis zum Ablauf der Frist

Angeboten mit Freizeichnungsklauseln
- ganz oder teilweise unverbindlich

Erlöschen der Bindung an das Angebot bei

- Ablehnung des Angebots
- verspäteter Bestellung
- vom Angebot abweichender Bestellung
- rechtzeitigem Widerruf des Angebots

Inhalte des Angebots	gesetzliche Regelung	vertragliche Regelungen
Art, Beschaffenheit und Güte der Ware	• mittlere Art und Güte	• nach Augenschein • Güteklassen • Abbildungen und Beschreibungen • nach Probe
Menge	• Bezeichnung: m, kg, Stück usw. • Mindestbestellmenge • Höchstbestellmenge	
Preisabzüge	**Rabatt** • Mengenrabatt • Wiederverkäuferrabatt • Sonderrabatt • Personalrabatt • Naturalrabatt (Draufgabe; Dreingabe) • Bonus	**Skonto**
Kosten der Versandverpackung	• Kosten sind vom Käufer zu tragen	• netto, einschließlich Verpackung • netto, ausschl. Verpackung (= gesetzl. Regelung) • brutto, einschl. Verpackung (brutto für netto)
Versandkosten	• Versandkosten trägt der Käufer	• ab Werk, ab Lager • ab hier, ab Bahnhof, hier, unfrei • frei Haus • frei dort, frei Bahnhof dort, frachtfrei
Lieferzeit	• sofortige Lieferung	• Lieferung innerhalb eines bestimmten Zeitraums • Lieferung bis zu einem bestimmten Termin • Fixkauf
Zahlungsbedingungen	• sofortige Zahlung • Kosten der Zahlung trägt der Käufer	• Anzahlung • Vorauszahlung • „netto Kasse“ • „gegen Nachnahme“ • Zielkauf • Ratenkauf

Angebotsvergleich

Vergleich der Angebote mehrerer Lieferer, um das günstigste Angebot für eine Ware zu ermitteln.

Vergleich der

- Bezugspreise
- Qualität
- Lieferzeiten
- Umwelt- und Gesundheitsverträglichkeit
- Zahlungsbedingungen
- usw.

Ermittlung des Bezugspreises

	Listeneinkaufspreis (ohne USt)
–	Liefererrabatt
=	Zieleinkaufspreis
–	Liefererskonto
=	Bareinkaufspreis
+	Bezugskosten (ohne USt)
=	Bezugspreis/Einstandspreis

Qualitativer Angebotsvergleich

zum Beispiel mit Nutzwertanalyse

Kriterien festlegen → Gewichtung der Kriterien → K.-o.-Kriterien festlegen → Beurteilung der Erfüllung der Kriterien → Gewichtete Beurteilung → Entscheidung für das beste Angebot

Man versteht erst dann etwas richtig, wenn man versucht, es einem anderen zu erklären. Dies führt zu einer erneuten gründlichen Auseinandersetzung mit dem gerade behandelten Thema.

1. Suchen Sie sich einen Partner.
2. Lesen Sie noch einmal die Zusammenfassung. Bei Verständnisproblemen schlagen Sie ggf. noch einmal im Informationstext nach.
3. Einer von Ihnen erläutert die Zusammenfassung dem Partner.
4. Dieser achtet auf Korrektheit und Vollständigkeit und wiederholt noch einmal.

ICH ÜBERPRÜFE MEINE NEU ERWORBENEN KOMPETENZEN

Den Erwerb der zu Beginn aufgeführten Kompetenzen können Sie selbst mithilfe der folgenden Tabelle überprüfen.

Wenn Sie alle Aufgaben, die hinter einer Kompetenz stehen, gelöst haben, machen Sie ein Kreuz bei „Ganz". Bei den Kompetenzen, bei denen Sie Aufgaben „Teilweise" oder „Gar nicht" gelöst haben, sollten Sie den dazugehörigen Informationstext noch einmal lesen und die Aufgaben anschließend noch einmal bearbeiten.

Was ich nach der Bearbeitung dieses Kapitels kann	Aufgaben	Ganz	Teilweise	Gar nicht
Ich kann ...				
... den Unterschied zwischen Angebot und Anpreisung erläutern.	1			
... feststellen, wie lange ein Angebot verbindlich ist.	2, 3, 5			
... die Bedeutung von Freizeichnungsklauseln erläutern.	4			
... die unterschiedlichen Preisabzüge unterscheiden.	12			
... gesetzliche und vertragliche Regelungen zur Übernahme der Versandkosten erläutern.	7, 8			
... gesetzliche und vertragliche Regelungen zur Übernahme der Versandverpackungskosten erläutern.	10			
... gesetzliche und vertragliche Regelungen bezüglich der Lieferzeit erläutern.	13			
... gesetzliche und vertragliche Regelungen bezüglich der Zahlung erläutern.	6, 9, 11,			
... quantitative Angebotsvergleiche durchführen.	14, 15, 16, 17, 18			
... qualitative Angebotsvergleiche durchführen.	19			
... qualitative Aspekte bei der Beschaffungsentscheidung berücksichtigen.	20, 21			

6.5 Bestellung

Problemstellung

Aufgrund des Angebots der Spengler & Sohn OHG vom 7. Februar 20.. (siehe S. 30) schickt die Tom Hoss KG folgende Bestellung:

Tom Hoss KG | Grunerstraße 120 | 10169 Berlin

Spengler & Sohn OHG
Lahnstr. 14
35578 Wetzlar

Ihr Zeichen, Ihre Nachricht vom	Unser Zeichen, unsere Nachricht vom	Telefon, Name	Datum
DG / ..-02-07	jn / ..-02-04	030/750610-167 Jakub Nowak	..-02-09

Bestellung

Sehr geehrter Herr Gerhard,

wir danken Ihnen für Ihr Angebot. Wir bestellen Herrenfreizeithemden Bestell-Nr. 4537:

20 Stück Größe 38
20 Stück Größe 39
40 Stück Größe 40
20 Stück Größe 41

zum Stückpreis von 8,10 € einschließlich Verpackung, abzüglich 15 % Rabatt.

Die Lieferung soll innerhalb von zwei Wochen frachtfrei erfolgen. Die Zahlung erfolgt innerhalb von vier Wochen ab Rechnungsdatum ohne Abzug.

Wir hoffen auf baldige Lieferung.

Mit freundlichem Gruß
Tom Hoss KG

i. A. *Jakub Nowak*

Jakub Nowak

Begründen Sie, warum durch diese Bestellung kein Kaufvertrag zustande gekommen ist.

EINORDNUNG DES THEMAS

Lernfeld 6: Waren beschaffen

Einsatz der EDV im Einkauf

Beschaffungsplanung → Bezugsquellenermittlung → Erstellung von Anfragen → Angebotsvergleich → **Bestellung** → Kooperation im Einzelhandel

Kompetenzen

Nach Bearbeitung dieses Kapitels können Sie ...

... die Inhalte einer Bestellung nennen.
... die Bedeutung einer Bestellung für das Zustandekommen eines Kaufvertrages erläutern.
... eine schriftliche Bestellung formulieren.
... die Bedeutung einer Bestellungsannahme für das Zustandekommen eines Kaufvertrages erläutern.
... Formen des elektronischen Handels zwischen Unternehmen erläutern.
... Vorteile von Onlinebestellungen nennen.
... die Bedeutung der verschiedenen Formen des elektronischen Handels zwischen Unternehmen beurteilen.

INFORMATIONSTEXT

Bestellung

DEFINITION
Eine **Bestellung** ist eine Aufforderung an einen Hersteller, Händler oder Dienstleister, Sachgüter oder Dienstleistungen zu den angegebenen Bedingungen zu liefern oder zu erbringen.

Die Abgabe einer Bestellung ist an keine Formvorschrift gebunden. Sie kann also schriftlich, mündlich oder telefonisch erfolgen.

Eine Bestellung beinhaltet Angaben über:

- Art, Beschaffenheit und Güte der Ware
- Menge
- Preis und Preisabzüge
- Lieferbedingungen
- Zahlungsbedingungen

In einer Bestellung müssen nicht alle Angebotsbedingungen wiederholt werden, wenn in der Bestellung auf ein ausführliches Angebot Bezug genommen wird. Es genügt dann die Angabe von Warenart, Bestellmenge und Preis der Ware.

Bestellungen sind grundsätzlich verbindlich.

Durch einen rechtzeitigen **Widerruf** erlischt die Bindung an die Bestellung. Ein Widerruf muss spätestens mit der Bestellung beim Lieferer eingetroffen sein. Bei Verträgen, die zwischen Unternehmen und Verbrauchern unter ausschließlicher Verwendung von Fernkommunikationsmitteln (z. B. Internet, E-Mails, Telefon, Brief) abgeschlossen wurden, beträgt die Widerrufsfrist 14 Tage nach Erhalt der Ware.

Wenn ein Käufer aufgrund eines verbindlichen Angebots rechtzeitig zu den angegebenen Angebotsbedingungen bestellt, kommt ein Kaufvertrag zustande.

Wenn ein Käufer bestellt, ohne dass ihm ein verbindliches Angebot vorliegt, gilt diese Bestellung als Antrag auf Abschluss eines Kaufvertrags.

Bestellungsannahme

Eine Bestellungsannahme ist für das Zustandekommen eines Kaufvertrags notwendig, wenn der Bestellung kein Angebot vorausging oder wenn die Bestellung aufgrund eines freibleibenden Angebots erfolgte. Auch wenn die Bestellung vom vorausgehenden Angebot abweicht, kommt der Kaufvertrag erst durch eine Bestellungsannahme zustande.

Die Bestellungsannahme ist an keine Formvorschrift gebunden.

Der Verkäufer kann in den Fällen, in denen eine Bestellungsannahme erforderlich ist, auch auf eine ausdrückliche Auftragsbestätigung verzichten und sofort liefern. In diesem Fall gilt die Lieferung als Annahme der Bestellung (= schlüssige Handlung).

Bestellt ein Käufer aufgrund eines Angebots rechtzeitig zu den angegebenen Angebotsbedingungen, so ist eine Bestellungsannahme für das Zustandekommen des Kaufvertrags nicht erforderlich.

Onlinebestellungen

Güter und Dienstleistungen werden von Unternehmen zunehmend online mithilfe elektronischer Netze (EDI – Electronic Data Interchange, Elektronischer Datenaustausch – oder Internet) beschafft. Denn Onlinebestellungen haben eine Reihe von Vorteilen:

- Der Erfassungsaufwand wird verringert.
- Die Bestellabwicklung wird beschleunigt.
- Erfassungsfehler werden verringert.
- Der Postweg entfällt.
- Der Geschäftspartner muss nicht persönlich erreichbar sein.
- Papier- und Postkosten sind geringer.

Deutsche Unternehmen nutzen bei der Online-Beschaffung insbesondere folgende Formen des elektronischen Handels zwischen Unternehmen (Business-to-Business-E-Commerce = B2B-E-Commerce):

- EDI
- B2B-Onlineshop
- Elektronischer Marktplatz

EDI

EDI (Electronic Data Interchange) ist die rechnergestützte Zusammenarbeit von Geschäftspartnern. Sie verlagert sich immer mehr von anderen Formen der Datenübertragung ins Internet. Bei EDI findet ein elektronischer Dokumentenaustausch über Geschäfte zwischen Betrieben statt. Daten wie z. B.

Immer mehr Einzelhandelsunternehmen bestellen über das Internet

- Bestellungen,
- Rechnungen,
- Überweisungen,
- Warenerklärungen

werden in Form von gegliederten, nach vereinbarten Regeln formatierten (z. B. Edifact- oder Branchen-Normen) Nachrichten übertragen. Der Empfänger kann die Daten dann direkt – ohne eigene Erfassungsarbeiten – in seinen Anwendungsprogrammen (z. B. EDV-gestützten Warenwirtschaftssystemen, ERP-Programmen) weiterverarbeiten. Die elektronische Bestellung enthält dabei die gleichen Inhalte wie eine herkömmliche Bestellung auf Papier.

B2B-Onlineshop

Beim B2B-Onlineshop bietet ein Unternehmen anderen Unternehmen Güter und Dienstleistungen im Internet an. Bestellungen und Statusmeldungen beim Einkauf erfolgen über E-Mail oder über einen eigenen, nur dem Kunden zugänglichen Bereich im Onlineshop.

Elektronischer Marktplatz

Elektronische Marktplätze sind Internetplattformen, auf denen mehrere Anbieter ihre Güter und Dienstleistungen anbieten. Die Anbieter sind auf dieser Plattform registriert und über eine Suchmaschine leicht zu finden.

AUFGABEN

1. In welchen der folgenden Fälle kommt durch die Bestellung ein Kaufvertrag zustande?

a) Ein Kunde bestellt am 17. Juli aufgrund eines Angebots vom 15. Juli zu den angegebenen Angebotsbedingungen.

b) Ein Kunde bestellt aufgrund eines Angebots vom 10. August am 12. August. Er ändert die Lieferungsbedingung „ab Werk“ in „unfrei“ ab.

c) Ein Kunde bestellt am 7. März aufgrund eines freibleibenden Angebots vom 4. März.

d) Ein Kunde bestellt am 4. April telefonisch aufgrund eines schriftlichen Angebots vom 2. April.

2. Welche Angaben sollte eine ausführliche schriftliche Bestellung enthalten?

3. In welchen der folgenden Fälle ist eine Bestellungsannahme für das Zustandekommen eines Kaufvertrags erforderlich?

a) Der Verkäufer macht ein freibleibendes Angebot. Der Käufer bestellt.

b) Der Verkäufer unterbreitet ein schriftliches Angebot. Der Käufer bestellt rechtzeitig.

c) Der Verkäufer macht ein schriftliches Angebot. Der Käufer bestellt rechtzeitig mit abgeänderten Bedingungen.

d) Der Verkäufer macht ein telefonisches Angebot. Der Käufer bestellt am folgenden Tag schriftlich zu den während des Telefongesprächs vereinbarten Bedingungen.

4. Unterscheiden Sie die Formen des B2B-E-Commerce:
- EDI
- B2B-Onlineshop
- elektronischer Marktplatz

5. Beurteilen Sie die Bedeutung der einzelnen Formen des B2B-E-Commerce für deutsche Unternehmen.

6. Erläutern Sie die Vorteile von Onlinebestellungen für den Käufer.

7. Die Tom Hoss KG bezieht regelmäßig Geschirr- und Frottiertücher von der Leistner Wäsche GmbH, Ritterstraße 37, 28865 Lilienthal. Da die Niederlassung Hannover der Tom Hoss KG nur noch wenige Geschirrtücher und Frottiertücher am Lager hat, beauftragt der Leiter der Einkaufsabteilung, Herr Deimann, die Auszubildende Stefanie Beyer, folgende Artikel bei der Leistner Wäsche GmbH zu bestellen:
- 500 Geschirrtücher, Artikelnummer 112/2, zum Preis von 1,50 € je Stück
- 500 Walkfrottiertücher, Artikelnummer 156/3, zum Preis von 4,50 € je Stück

Die Liefer- und Zahlungsbedingungen der Leistner Wäsche GmbH findet Stefanie Beyer in der Liefererdatei der Tom Hoss KG.

Lieferer: 46213	Leistner Wäsche GmbH Datum: 17. Juni 20..
1. Anschrift:	Ritterstr. 37, 28865 Lilienthal
2. Artikel:	Haushaltswäsche
3. Versandkosten:	frei Haus
4. Kosten der Versandverpackung:	netto einschl. Verpackung
5. Lieferzeit:	innerhalb 14 Tagen
6. Zahlungsbedingungen:	innerhalb 10 Tagen 3 % Skonto; innerhalb 30 Tagen ohne Abzug

Versetzen Sie sich in die Rolle von Stefanie Beyer und erstellen Sie einen Entwurf für das Bestellschreiben.

8. Erkunden Sie den Ablauf des Beschaffungsprozesses in Ihrem Ausbildungsbetrieb. Stellen Sie den Ablauf dieses Beschaffungsprozesses in Ihrer Klasse vor. Benutzen Sie dazu ein Präsentationsmittel Ihrer Wahl.

9. Erstellen Sie eine Liste von B2B-Onlineshops, die Ihr Ausbildungsbetrieb für seine Einkäufe nutzen könnte. Nutzen Sie für die Suche im Internet eine Suchmaschine.

ZUSAMMENFASSUNG

Bestellung

= Aufforderung an einen Hersteller, Händler oder Dienstleister, Sachgüter oder Dienstleistungen zu den angegebenen Bedingungen zu liefern bzw. zu erbringen.

Form
- schriftlich
- fernschriftlich
- mündlich
- telefonisch

Inhalt

Wiederholung möglichst aller Angaben des Angebots, mindestens jedoch:
- Warenart
- Menge
- Preis je Einheit

rechtliche Wirkung
- Die Bestellung muss dem Empfänger zugegangen sein.
- Der Besteller ist an seine Bestellung gebunden.
- Durch rechtzeitigen Widerruf erlischt die Bindung an die Bestellung.

Bestellungsannahme

notwendig, wenn
- die Bestellung vom Angebot abweicht.
- die Bestellung aufgrund eines freibleibenden Angebots erfolgte.
- der Bestellung kein Angebot vorausging.

Bestellungen mithilfe elektronischer Netze

EDI

= *Electronic Data Interchange* (rechnergestützte Zusammenarbeit von Geschäftspartnern)

B2B-Onlineshop

= Angebot von Gütern und Dienstleistungen eines Unternehmens an andere Unternehmen im Internet

elektronischer Marktplatz

= Internetplattformen, auf denen mehrere Anbieter ihre Güter und Dienstleistungen anbieten

Man versteht erst dann etwas richtig, wenn man versucht, es einem anderen zu erklären. Dies führt zu einer erneuten gründlichen Auseinandersetzung mit dem gerade behandelten Thema.

1. Suchen Sie sich einen Partner.
2. Lesen Sie noch einmal die Zusammenfassung. Bei Verständnisproblemen schlagen Sie ggf. noch einmal im Informationstext nach.

3. Einer von Ihnen erläutert die Zusammenfassung dem Partner.
4. Dieser achtet auf Korrektheit und Vollständigkeit und wiederholt noch einmal.

ICH ÜBERPRÜFE MEINE NEU ERWORBENEN KOMPETENZEN

Den Erwerb der zu Beginn aufgeführten Kompetenzen können Sie selbst mithilfe der folgenden Tabelle überprüfen.

Wenn Sie alle Aufgaben, die hinter einer Kompetenz stehen, gelöst haben, machen Sie ein Kreuz bei „Ganz". Bei den Kompetenzen, bei denen Sie Aufgaben „Teilweise" oder „Gar nicht" gelöst haben, sollten Sie den dazugehörigen Informationstext noch einmal lesen und die Aufgaben anschließend noch einmal bearbeiten.

Was ich nach der Bearbeitung dieses Kapitels kann	Aufgaben	Ganz	Teilweise	Gar nicht
Ich kann ...				
... die Inhalte einer Bestellung nennen.	2			
... die Bedeutung einer Bestellung für das Zustandekommen eines Kaufvertrages erläutern.	1			
... eine schriftliche Bestellung formulieren.	7			
... die Bedeutung einer Bestellungsannahme für das Zustandekommen eines Kaufvertrages erläutern.	3			
... Formen des elektronischen Handels zwischen Unternehmen erläutern.	4			
... Vorteile von Onlinebestellungen nennen.	6			
... die Bedeutung der verschiedenen Formen des elektronischen Handels zwischen Unternehmen beurteilen.	5, 9			

531152

6.6 Warenwirtschaftssysteme im Einkauf

Problemstellung

Herr Deimann stößt beim Blättern in einer Fachzeitschrift auf die Vorstellung eines neuen Programms für den Einkaufsbereich. Er liest:

Unser Warenwirtschaftssystem bietet für Ihren Einkaufsbereich:

1. Ein System für Angebotsaufforderungen
- automatische Erstellung von Anfragen
- Versand von Anfragen (elektronisch oder in Papierform)

2. Ein EDV-gestütztes Bestellwesen
- Bestellungen aus vorgefertigten Vorlagen übernehmen
- Automatische, bedarfsorientierte Bestellvorschläge anhand Ihres Mindestbestands und Ihrer Mindestbestellmengen
- Unterstützung liefererspezifischer Bestellnummern, Einkaufspreise, Preiseinheiten und Mindestbestellmengen

3. Die lückenlose, automatisierte Belegerfassung
- Automatische Einkaufspreispflege für alle Artikel und alle Lieferer durch Eingabe im Eingangsauftrag oder Eingangsrechnung
- Automatische Weiterführung von Belegen ohne Mehrfacherfassung, etwa bei der Umwandlung von Bestellungen in Eingangsaufträge oder von Eingangsaufträgen in Eingangsrechnungen
- Erfassung von Warenretouren und Eingangsgutschriften

4. Eine durchgängige Kontrolle des Wareneingangs
- Abgleich der Bestell- mit der Liefermenge
- Überwachung der Restlaufzeit und Mindesthaltbarkeit
- Preiskontrolle und Preishistorie
- Abgleich der Liefererpreise

5. Flexible Auswerteoptionen
- Flexible Abfrage- und Konfigurationsmöglichkeiten statt weniger vordefinierter Auswertungen
- Anzeige aller wichtigen Kennzahlen zu Liefererumsatz, Retouren, Liefermengen, Differenzmengen Bestellung/Lieferung u. v. m.
- Übersichtliche, auf Wunsch grafische Darstellung der Ergebnisse als Torten-, Balken- oder Liniendiagramm

6. Schnittstellen
- Übergabe von Kreditorenkonten und Buchungsdaten an alle marktgängigen Finanzbuchhaltungssysteme
- Integration von Drittsystemen über frei programmierbare Schnittstelle (XML, ASCII, SQL)

7. Das Erweiterungsmodul „Chargenverfolgung“
- Durchgängige Überwachung der ausgelieferten Chargen anhand der während der Kommissionierung per Scanner erfassten MHDs und Chargennummern
- Chargengenaue Echtzeit-Kontrolle des Warenbestandes

8. Weitere Zusatzmodule
- Nahtlose Integration der Zusatzmodule Leergutverwaltung, Bestandsführung und Benutzerrechte-Verwaltung des Warenausgangsmoduls

9. Eine leistungsstarke Datenbank
- 64-Bit-SQL-Datenbank mit garantiert hoher Leistung auch bei großen Datenbeständen
- Mehrplatzfähig für bis zu 250 gleichzeitige Anwender

Melden Sie sich bei Interesse gerne bei:

Stellen Sie anhand der Anzeige fest, welche Aufgaben Warenwirtschaftsprogramme im Bereich des Einkaufs übernehmen können.

EINORDNUNG DES THEMAS

Lernfeld 6: Waren beschaffen

Beschaffungsplanung → Bezugsquellenermittlung → Erstellung von Anfragen → Angebotsvergleich → Bestellung → Kooperation im Einzelhandel

Einsatz der EDV im Einkauf

Kompetenzen

Nach Bearbeitung dieses Kapitels können Sie ...

... unterschiedliche Aufgaben von Warenwirtschaftssystemen im Einkauf nachvollziehen.
... verschiedene Teilbereiche von Warenwirtschaftssystemen im Einkauf aufführen.
... die Bedeutung integrierter Warenwirtschaftssysteme für den Einkauf erkennen.

INFORMATIONSTEXT

Am Anfang aller EDV-gestützten Warenwirtschaftssysteme im Einzelhandel stehen logischerweise das Bestellwesen und der Wareneingang. Solche Programmpakete erweisen sich als besonders wirkungsvoll, wenn sie als Instrument der Disponenten[1] und der Sachbearbeiter im Wareneingang ein schnelles und aufgabengerechtes Handeln ermöglichen. Die konsequente Nutzung einmal verfügbar gemachter Informationen über Lieferer, Preise, Lieferzeiten usw. können die Wirtschaftlichkeit eines Einzelhandelsunternehmens erheblich steigern.

Aus dieser Sicht ergeben sich die folgenden Anforderungen an EDV-gestützte Warenwirtschaftssysteme:

- Warenwirtschaftssysteme sollen eine dialogorientierte Abwicklung und Verfolgung der Ein-

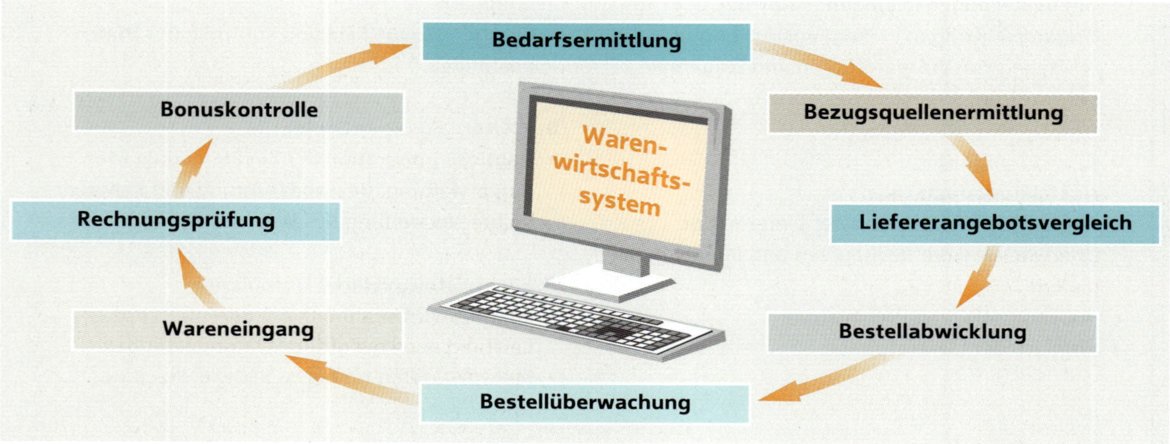

Warenwirtschaftssysteme informieren im Einkaufsbereich über Artikel und Lieferer. Sie dienen auch dazu, Angebote einzuholen und zu vergleichen. Anschließend können Bestellungen effektiv durchgeführt und überwacht werden. Abschließend helfen sie bei der Warenannahme und -kontrolle sowie bei der Prüfung der Eingangsrechnungen.

1 Ein Disponent ist ein Experte für fachgerechte Organisation der Logistik.

kaufsvorgänge von der Bestellanforderung über Anfrage, Angebot, Bestellungsschreibung bis zum Wareneingang ermöglichen.

- Sie sollen eine hohe Auskunftsbereitschaft zum jeweiligen aktuellen Stand der Einkaufsabwicklung und eine flexible Informationsbereitstellung für Einzelentscheidungen sowie für strategische Gesamtaussagen gewährleisten.
- Das Programmpaket muss so gestaltet sein, dass es am einzelnen Arbeitsplatz
  - überschaubar,
  - beherrschbar,
  - für arbeitsplatztypische Vorgänge nutzbar ist,
  - traditionelle manuelle Unterlagen ersetzt,
  - Daten vor unberechtigtem Zugriff schützt.

Für das Einzelhandelsunternehmen ist es sehr wichtig, jederzeit den Überblick über das gesamte Beschaffungswesen zu behalten. EDV-gestützte Warenwirtschaftssysteme informieren in Sekundenschnelle über Artikel und Lieferer.

Checkliste: Inhalt eines Einkaufsartikelsatzes

		übliche Feldlänge in Zeichen
1.	**Typische Einkaufsstammdaten**	
1.1	**Ordnungsbegriffe**	
	Artikelnummer	3–8
	Materialklassifikation	2–5
	Interne Bezeichnung (evtl. Kurzbezeichnung und ausführliche Bezeichnung)	18–30
	Zusatzbezeichnung (DIN-Angaben, Maße, Gewichte)	15–50
	Einkaufsgruppe	1–3
	Produktgruppe	1–4
	ABC-Klassifizierung	1
	Wareneingangsstelle	3–6
	Bestellbezeichnung des Lieferers (eventuell mehrfach)	10–20
	Bezugsartenschlüssel	1–3
	Beistellschlüssel	1–3
	Lagerort	3–8
1.2	**Daten zur Mengen- und Preisfestlegung**	
	Durchschnittspreis (fortgeschriebener Einstandspreis)	6–8
	Verrechnungspreis	6–8
	Zielpreis	6–8
	Preiseinheit	1
	Mengeneinheit	1–2
	Alternative Mengeneinheit	1–2
	Umrechnungsfaktor	8–10
	Rundungsschlüssel	1
	Beschaffungszeit in Tagen (evtl. im Angebotssegment)	3
	Verpackungseinheit	1–2
	Verpackungsart	1–3
	Größeneinheitsschlüssel	1–3
	Gewicht	7–10
	Gewichtseinheit	1–2
	Quoteneinteilung, wenn bei mehreren Lieferern bezogen wird	5–8
	Lieferbedingungen (Preisstellung)	2–3
	Abrufschlüssel	1–3
	Versandart	1
	Inventurpreis	8–9
	Inventurdatum letzte Inventur	6
	Inventurhäufigkeit	1–2
1.3	**Sonstige Daten**	
	Textschlüssel (mehrfach möglich)	3–5
	Bewirtschaftungsart	1–2
	Technische Bestellvorschriften (mehrfach möglich)	60
	Artikelkommentare (mehrfach möglich)	60
	Mehrwertsteuerschlüssel	1–4
	GTIN	13
	Einkaufsgruppe	1
	Zeichnungsnummer	8–20
	Zeichnungsdatum	6
2.	**Typische Angebotsdaten**	
	Laufende Anfragen (Datumsangabe neueste Anfrage)	6
	Lieferernummer je Angebot	5–8
	Adresse des Anbieters, soweit es kein Lieferer ist	30–50
	Angebotsdatum (neuestes Angebot)	6
	Angebotspreis	6–8
	Mengenbasis	6–8
	Mengeneinheit	1–2
	Preiseinheit	1
	Beschaffungszeit in Tagen	3
	Lieferbedingungen	2–3
3.	**Artikelstatistikdaten**	
	Anzahl der Angebote verg. Jahr	2
	Anzahl der Angebote lfd. Jahr	2
	Letztes Angebot vom	6
	Anzahl der Bestellungen im Vorjahr	2
	Anzahl der Bestellungen im laufenden Jahr	2
	Datum letzte Bestellung	6
	Menge der letzten Lieferung	6–8
	Datum letzte Lieferung	6
	Zahl der Lieferer, bei denen der Artikel in diesem Jahr und dem Vorjahr bezogen wurde	2
	Datum letzte Preisänderung	6

Artikelauskunftssystem

Das Artikelauskunftssystem des Warenwirtschaftssystems erfasst eine Vielzahl von Informationen über einen Artikel, der in einem einzelnen Unternehmen ins Sortiment aufgenommen wird. Einzelhandelssortimente zeichnen sich überwiegend durch eine sehr hohe Zahl verschiedener Produkte aus. Ein gutes Auskunftssystem über

- vorhandene,
- bestellte,
- evtl. ins Sortiment neu aufzunehmende

Artikel beeinflusst die Bearbeitungszeit des Einkaufs in spürbarem Umfang. Die meisten gespeicherten Informationen können von der EDV nach unterschiedlichen Auswertungskriterien schnell und leicht zugänglich gemacht werden. Das trägt zu besseren Entscheidungen im Einkauf bei.

Ohne Artikelnummern bekommt man vom Warenwirtschaftssystem keine Informationen über einen Artikel.

Eine wesentliche Voraussetzung dafür ist die Vergabe von Artikelnummern für jeden im Sortiment enthaltenen Artikel. Grundsätzlich spielt es keine Rolle, ob die Artikelnummer vom Hersteller der Ware (**GTIN** – Global Trade Item Number/früher: Europäische Artikelnummerierung – EAN) oder aber von dem betroffenen Einzelhandelsunternehmen selbst vergeben wird.

Liefererauskunftssystem

Ein erfolgreiches Bestellwesen ist eng mit einer gut funktionierenden Liefererbewertung und -auswahl verbunden.

Der Einkäufer muss darum seine Bezugsquellen mit ihren Vor- und Nachteilen kennen.

BEISPIEL

Der Einkäufer muss auf einen Blick sehen, dass er bei Lieferer A einen besseren Preis bekommt als bei Lieferer B, dadurch aber eventuell längere Lieferzeiten oder mindere Qualität in Kauf nehmen muss.

KONDITIONSKONTROLLE

Lieferer: 76923	Kupfer	Datum 31. Juli
EINKAUFSKONDITIONEN:	Rechnungsrabatt	3,00 %
	Bonus	5,00 %
	Verpackung	NEIN
	Fracht	NEIN
	Rollgeld	JA
	Versicherung	NEIN
	Zoll	NEIN
BEMERK. gute langjährige Geschäftsverbindung		
ZAHLUNGSKONDITIONEN:	Valuta	20 Tage
Zahlungsziel 1	Frist	14 Tage
	Skonto	3,0 %
Zahlungsziel 2	Frist	30 Tage
	Skonto	2,5 %
	Nettofrist	50 Tage
BEMERK. legt Wert auf pünktliche Zahlung		
LIEFERUNG:	Bedingung	2
	Lieferzeit	1 Woche
	Bestellrhythmus	10 Tage

Ein Sachbearbeiter im Einkauf bekommt durch das Warenwirtschaftssystem viele Informationen über den Lieferer.

In einem EDV-gestützten Warenwirtschaftssystem können die relevanten Informationen über Lieferer gespeichert und der ständige Warenverkehr zwischen Zulieferer und Einzelhandelsunternehmen aufgezeichnet werden. Dies kann dem Anwender bei der Auswahl eines geeigneten Lieferers wertvolle Hilfe leisten. Die EDV gibt z. B. Auskunft über Konditionen, Bonus, gegenwärtigen Einkaufsstand, Mindestbestellwert, Teillieferungen u. v. m. Es können Ersatzlieferer aufgezählt werden.

LIEFERERAUSWAHL Seite 1

Komponente RELAIS Datum 8. August

LIEFERER Nr. Kurzname	EK-PREIS 1. BEZUG	N-KALK. 1. ANFR.	DATUM BEZUG	LETZTE (R) ANFRAGE	LIEF. ZEIT	MINDEST MENGE
13567 Rieck	68,00	74,80	2. März	7. Juli	3	10,00
43729 Schalt	65,20	67,30	6. Juli	6. Aug.	3	50,00
63752 Pflüger	75,00	80,50	14. Dez.	7. Juli	1	1,00
76488 Elecmot	60,20	71,10	4. Juni	7. Juli	2	5,00
86356 Oscar	66,70	68,00	23. Juni	7. Juli	1	10,00

Soll ein bestimmter Artikel bestellt werden, können alle möglichen Lieferer durch das Warenwirtschaftssystem ausgedruckt werden.

Viele EDV-gestützte Warenwirtschaftssysteme ermöglichen im Rahmen eines Angebotsvergleichs damit sowohl einen Lieferervergleich als auch ei-

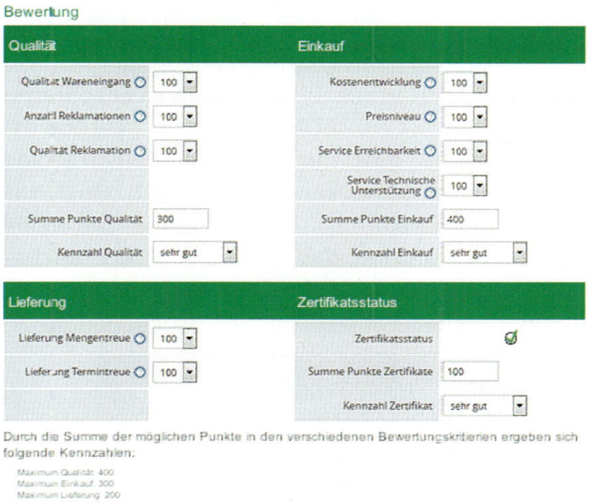

Das Warenwirtschaftssystem führt einen Lieferervergleich durch.

nen Preisvergleich. Da der Einstandspreis genau kalkulierbar ist, kann das System den günstigsten Lieferer aussuchen und dem Einzelhändler einen Vorschlag machen.

System für Angebotsaufforderungen

Eine Vielzahl von Programmen für den Einkaufsbereich bietet Systeme für Angebotsaufforderungen an. Sie unterstützen das Einholen von Angeboten. Die EDV baut bürokratische Hemmnisse ab und beschleunigt den Datenfluss. Anfragen werden automatisch erstellt und können nicht nur mit Papier, sondern durch den Computer auch per Fax versandt werden. Der Einsatz der Datenfernübertragung zum elektronischen Austausch geordneter Geschäftsdaten ist ebenfalls möglich.

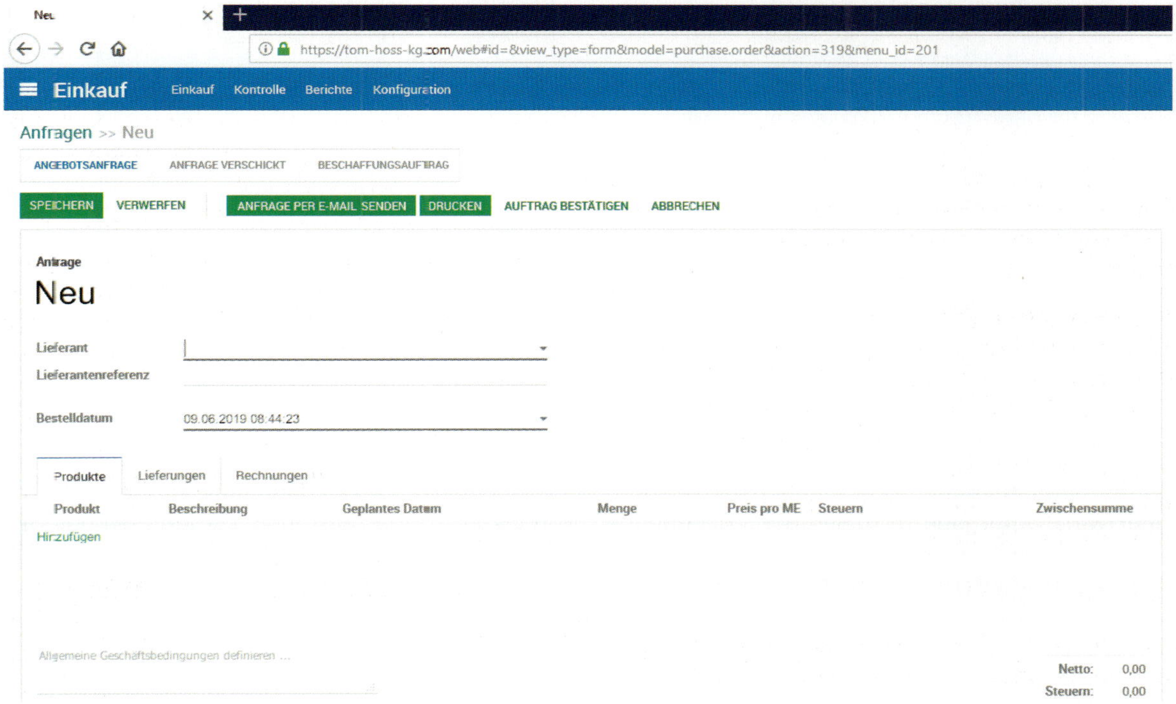

Stefanie Beyer kann mithilfe des Warenwirtschaftssystems bei verschiedenen Lieferern leicht Angebote einholen.

Hat der Einkäufer sich für einen bestimmten Lieferer entschieden, wandelt er die im System geführte Anfrage in eine Bestellung um und kann dabei gleich auch automatisch den anderen Anbietern höflich absagen.

Unterstützung des Bestellwesens

Die meisten Programme für den Einkaufsbereich unterstützen das Bestellwesen.

Aus der **Überwachung der mengenmäßigen Umsatz- und Lagerentwicklung** kann der Einzelhändler ermitteln, welche Artikel benötigt werden.

Diese Informationen werden für eine **Bedarfsanalyse** benutzt.

Ein weiterer Aufgabenbereich ist die **Ermittlung der Bestellzeitpunkte und -mengen**. Der Einfluss EDV-gestützter Warenwirtschaftssysteme wird am deutlichsten in **Bestellvorschlagssystemen und automatischen Bestellsystemen**, die sich beide am Meldebestand orientieren. Beim Meldebestand können Absatz, Trends (= Entwicklungen), Saisonschwankungen, Wiederbeschaffungszeiten, Mindest- und Maximalbestand usw. berücksichtigt werden.

Fast alle Programme bieten **Bestellvorschlagssysteme** an: Das EDV-gestützte Warenwirtschaftssystem gibt nur einen Bestellvorschlag zu Dispositionszwecken ab. Dadurch wird das Wissen des Einkäufers vertieft, ohne ihm seine eigentliche Aufgabe, das Treffen von Verbrauchsvorhersagen und Dispositionsentscheidungen, abzunehmen.

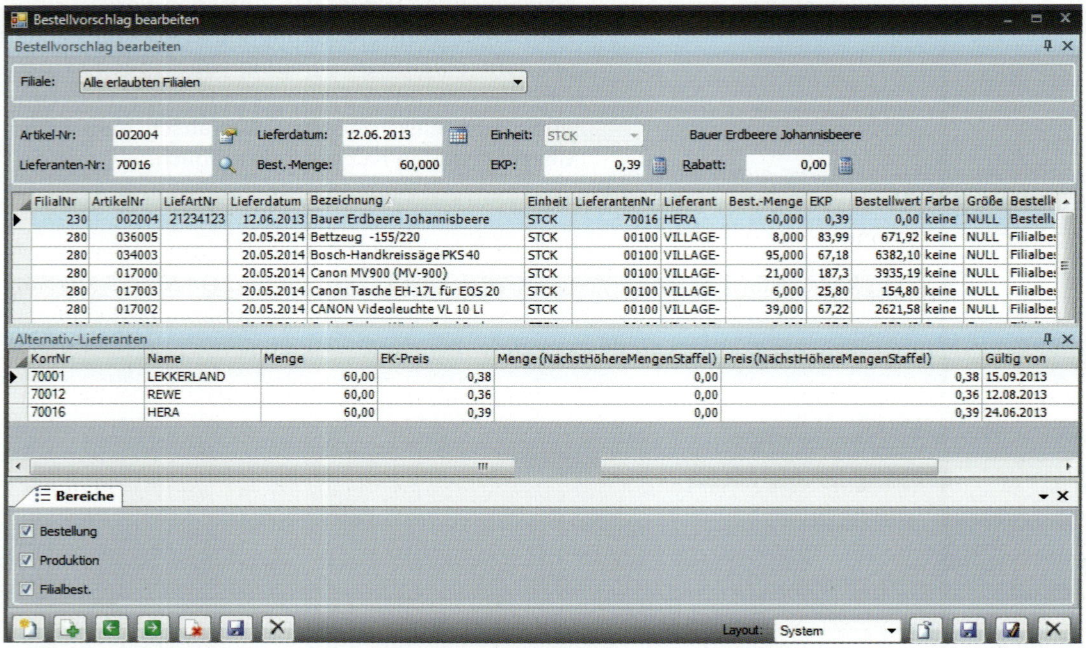

Warenwirtschaftssysteme erleichtern die Erarbeitung von Bestellungen. Oft machen sie Bestellvorschläge.

Automatischen Bestellsystemen liegen folgende Überlegungen zugrunde: Sobald der Bestand einer Ware unter eine festgelegte Mindestmenge sinkt, wird vom Programm aufgrund vorgegebener Dispositionsentscheidungen eine neue Bestellung beim entsprechenden Lieferer veranlasst. Die Bestellschreiben werden durch integrierte Textsysteme automatisch erzeugt und müssen nur noch abgeschickt werden. Mit dem Lieferer vernetzte Programme sind sogar in der Lage, papierlos über Datenfernübertragung die Bestellung in das EDV-System des Lieferers abzugeben, wenn der Meldepunkt erreicht ist.

Rückstandsüberwachung und Mahnwesen

Einen Großteil des Zeitaufwands eines Sachbearbeiters im Einkauf nimmt das Verfolgen mannigfaltiger Vorgänge in Anspruch. Dazu gehören die Überwachung des Eingangs von Angeboten, von Lieferer- und Auftragsbestätigungen und der Abgleich der darin enthaltenen Konditionen. Später müssen die Bestellungen auf Liefertreue hin überwacht werden. Eventuell muss der Wareneingang rechtzeitig angemahnt werden. All diese Tätigkeiten unterstützen EDV-gestützte Warenwirtschaftssysteme. Sie beinhalten häufig Programmteile zur Anmahnung der Angebotsabgabe, Auftragsbestätigung und Warenlieferung.

Es wird viel Zeit und Mühe bei der Einkaufsabwicklung eingespart. So sind z. B. alle Bestellungen mit ihren bestätigten Lieferterminen in der EDV gespeichert. Kommt es zu Terminüberschreitungen und somit zu Lieferrückständen, so können diese abgerufen und beim Lieferer automatisch angemahnt werden. Wird vom Lieferer ein neuer

Liefertermin genannt, wird auch er wieder gespeichert und überwacht. Die Zahl der Lieferterminüberschreitungen wird im Zusammenhang mit dem Lieferer gespeichert und kann jederzeit als Kennzahl für ihn abgerufen werden.

OFFENE BESTELLUNGEN Seite 1
Datum 1. August

LF. DATUM GEWÜNSCHT	LIEFERER NR. KURZNAME	BESTELLUNG NR. DATUM	LETZTE BST.-MAHN.
13. August	13567 RIECK	1 12. Juli	0. 0. 0
25. August	93267 SCHWALM	10 17. Juli	0. 0. 0

Wareneingang

Eine EDV-gestützte Überwachung und Bearbeitung des Wareneingangs bringt erhebliche Vorteile (vgl. Kap. 7.1). Die Einkaufsprogramme informieren den Sachbearbeiter rechtzeitig über die erwarteten Wareneingänge. So können die notwendigen Vorbereitungen getroffen werden, um eine reibungslose und schnelle Einlagerung durchzuführen. Beispielsweise kann rechtzeitig Platz für die Ware reserviert werden. Dringende Kundenaufträge, die auf Nachschub aus diesem Wareneingang warten, können bereits vorbereitet werden. Es werden somit nicht nur Lagerkosten gesenkt, sondern der gesamte Servicegrad des Einzelhandelsunternehmens verbessert.

Geht eine Warenlieferung ein, wird nur noch die Bestellung aus dem System aufgerufen und mit dem Lieferschein des Lieferers abgeglichen. Lediglich Abweichungen müssen dann noch eingegeben werden.

Rechnungsprüfung

Die Überprüfung der Eingangsrechnung geschieht durch den Aufruf des Wareneingangs. Bei Übereinstimmung oder nach einer Korrektur wird die Rechnung direkt an die Buchhaltung weitergeleitet. Damit wird die aufwendige Erfassung der Rechnung in der Buchhaltung eingespart.

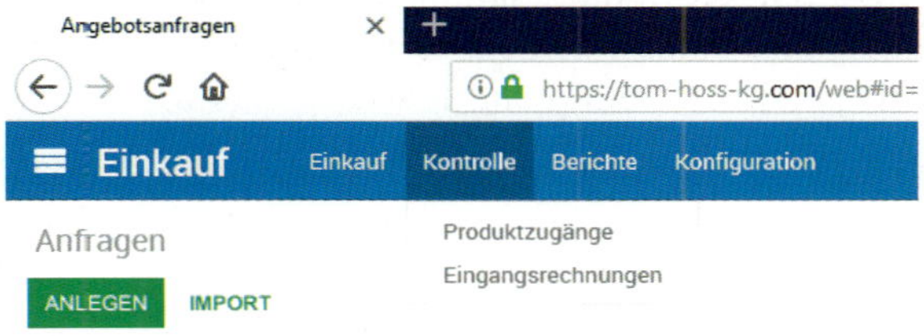

EDV-gestützte Warenwirtschaftssysteme unterstützen die Warenannahme und die Kontrolle der Eingangsrechnungen.

Integrierte Warenwirtschaftssysteme

Gerade im Dispositions- und Wareneingangsbereich der Handelsbetriebe wird eine unternehmensübergreifende Informationsübertragung warenwirtschaftlicher Daten in Zukunft stark zunehmen. Es kommt immer häufiger zu Verbindungen mit fremden Geschäftspartnern über Datenfernübertragungstechnologien. Aus den geschlossenen Warenwirtschaftssystemen der Handelsbetriebe werden durch direkte Einbeziehung von Lieferern, Banken, Marktforschungsinstituten und Kunden **integrierte Warenwirtschaftssysteme**.

Die EDV-Systeme in den Industrie- und Handelsunternehmen sind somit keine organisatorischen Inseln mehr mit manueller Eingabe der Basisdaten am einen Ende und dem Ausdruck von Listen und Formularen für den Partnerbetrieb am anderen.

70 % der manuellen Datenerfassung für EDV-Systeme stammen aus Dokumenten, die bereits von anderen Computern ausgedruckt worden sind.

Im Rahmen integrierter Warenwirtschaftssysteme bilden die EDV-Systeme vielmehr eine Kette automatisierter Informationsabsender und -empfänger, bei denen die teure und zeitaufwendige manuelle Erfassung der Basisdaten auf ein Minimum vermindert wird.

Wer als Einzelhandelsunternehmen mit großen Industrieunternehmen Geschäftsbeziehungen aufrechterhalten möchte, muss daher seine Kommunikationssysteme den Kommunikationsstrukturen dieser Großunternehmen anpassen: Großunternehmen erwarten heute, dass Ware papierlos geordert wird. Sie schicken als elektronische Standardbriefe und Formulare Frachtbriefe und Rechnungen über das Internet ins Haus. Sie überweisen über DFÜ (Datenfernübertragung) Geld und erledigen Zollformalitäten. Sie sparen damit Zeit und Personal.

Hatten verschiedene Wirtschaftszweige für diesen Informationstransfer strukturierter Daten eigene Standards entwickelt, wird momentan durch internationale Normungsgremien versucht, eine branchenübergreifende elektronische Weltsprache für den Austausch von Handelsdaten durchzusetzen. Als einheitliche Norm für alle Wirtschaftszweige wurde dazu von der Wirtschaftskommission der UN der EDIFACT-Standard (Electronic Data Interchange for Administration, Commerce and Transport) beschlossen.

AUFGABEN

1. Welche Anforderungen müssen EDV-gestützte Warenwirtschaftssysteme im Bereich des Einkaufs erfüllen?
2. Aus welchen Teilbereichen können EDV-gestützte Warenwirtschaftssysteme im Einkauf bestehen?
3. Welche Leistungen bieten Liefererauskunftssysteme im Rahmen EDV-gestützter Warenwirtschaftssysteme?
4. Welche Vorteile hat die automatische Rückstandsüberwachung?
5. Welcher Unterschied besteht zwischen automatischen Bestellsystemen und Bestellvorschlagssystemen?
6. Wie unterstützen integrierte Warenwirtschaftssysteme den Einzelhändler im Einkauf?
7.

```
WARENWIRTSCHAFTS-SERVICE    FIRMA: 01                FILIALE: 111 SZ-FILIALE          DATUM: 10.10... FREITAG     SEITE:

*****   DISPOSITIONS-VORSCHLAEGE                             *  SORTIERT NACH:     LIEFERER, ARTIKELNUMMER
* LISTE NR:  12                                              *    AUSGEWAEHLT:     ALLE

   KENNZEICHEN:  INV = FALSCHER BESTAND
    (ANDRUCK     SAI = SAISON
     NUR AUF     AKT = AKTIONSARTIKEL
     SEITE 1)    ANL = ANLAUFEND
                 REG = REGALPLATZ
                 SAM = SAMMELBESTELLUNG

BEZEICHNUNG                 V K ERFASSUNGS-NR  WG WOZ  BEST- ---------ABSATZ--------  EZ 0  BESTAND AUFTR  ARTIKELNUMMER VORSCHL
                            EUR                    TAG  PUNKT  ERW.  WO-2  WO-1 LF-WO     0          BSTD                  MENGE

        AUFTRAGS-NUMMER       2650/0000/1110  TONKA
KAFFEE MILD                4,94          5250 109   3     30     35    20    21    31            15     0         115256      70
KAFFEE MOCCA               5,46          5359 109   3     30     37    40    26    32            18     0         115359      80
KAFFEE COFF.FREI           5,97          5757 109   3     40     40    42    44    30            24     0         115757     186

        AUFTRAGS-NUMMER       2830/0000/1210  MEYER
VOGELFUTTER                1,48          1170 117   5     10      4     4     4     8             4     0         124795      20
```

Wie auch bei der Tom Hoss KG wird bei der Schöne-Dinge-für-Dich GmbH mit EDV-gestützten Warenwirtschaftssystemen im Einkauf gearbeitet.
Warenwirtschaftssysteme nehmen der dortigen Einkaufsabteilung einen Teil der Dispositionsarbeiten ab, indem sie Bestellvorschlagslisten erstellen.
Untersuchen Sie das obige Beispiel für eine Bestellvorschlagsliste und beantworten Sie die Fragen:

a) Was sagt diese Bestellvorschlagsliste aus?
b) Welche Vorteile bieten Bestellvorschläge durch ein Warenwirtschaftssystem?
c) Worin liegt der Unterschied zu automatischen Bestellsystemen?
d) Warum sind automatische Bestellsysteme – im Gegensatz zu Bestellvorschlagssystemen – nur für wenige Branchen bzw. ausgesuchte Sortimentsteile geeignet?

8.

```
ORDERNR. 0000361  LIEFERER 1250 GREIF-WERKE
VALUTA    3007

TERMIN      WARENGRUPPE             SAIS. POS LIEF-ART-NR. EK-PREIS VK-PREIS FAR FIL RUE.GES  NACH GROESSEN
--------------------------------------------------------------------------------------------------------------------------
0106-090785 1020 SOMMERANZUEGE        1     2 7803           139,00   298,00     00       3  24/ 1  25/ 2
                                            3 7844           145,00   248,00     01      12  46/ 3  48/ 4  50/ 5
                                            5 7871           138,00   248,00     01       5  27/ 5
                                            7 7812           272,00   548,00     00      12  50/ 2  52/ 5  54/ 5

                           SUMME ORDER:     GES-MENGE       72  GES-WERT EK      14250,00  GES-WERT VK     28312,00  D-PRS  39
                                            RUE-MENGE       32  RUE-WERT EK       6111,00  RUE-WERT VK     11686,00  D-PRS  36
                                            SPANNE V.O. 47,7%  SPANNE V.U.         91,22%
--------------------------------------------------------------------------------------------------------------------------
```

Damit der Einzelhändler gegenüber seinen Kunden immer lieferbereit ist, muss er dafür sorgen, dass von ihm bestellte Waren auch tatsächlich zum vereinbarten Termin eintreffen und auf Lager genommen werden. EDV-gestützte Warenwirtschaftssysteme helfen dabei, Bestellungen zu überwachen. Sie verfügen über eine Orderkontrolle.

Paul Winkelmann, Abteilungsleiter der Schöne-Dinge-für-Dich GmbH, lässt sich eine Orderliste ausdrucken, um einen Überblick über seine Bestellungen zu bekommen. Ein Ausschnitt daraus oben.

a) Wie hoch ist der Rückstand des Artikels 77812?
b) Wie viel Sommeranzüge wurden insgesamt bestellt?

c) Wie viel Stück sind rückständig?
d) Welcher Zahlungstermin wurde vereinbart?
e) Welche Maßnahmen kann Herr Winkelmann ergreifen?

9. Herr Krach, Vertreter einer bekannten Schokoladenfabrik und berühmt und berüchtigt für sein Verhandlungsgeschick, hat sich zu einem Verkaufsbesuch angesagt.
Cornelia Kind, bei der Schöne-Dinge-für Dich GmbH für den Einkauf der Lebensmittel zuständig, lässt sich durch das Warenwirtschaftssystem einen Artikelbericht des Herstellers ausdrucken:

X-ABRUF 0021 14-02- 15:00 SEITE0001 ABRUF 000063
ARTIKELBERICHT PRO HERSTELLER FILIALE: 0001

ARTIKEL-NR. INTERNE NR.	BEZEICHNUNG	VK-PREIS EK-PREIS	VK-STCK BESTAND	BESTAND VK BESTAND EK	UMSATZ GEWINN
4000417018007 10015	SPORTSCHOKO	1,19 0,895	10 140	155,40 125,30	11,90 2,31
4000417023001 10015	SPORTSCHOKO	1,19 0,895	12 60	66,60 53,70	14,28 2,77
4000417026002 10015	SPORTSCHOKO	1,19 0,895	9 111	123,21 99,34	10,71 2,08
4000417029003 10015	SPORTSCHOKO	1,19 0,895	111 39	43,29 34,91	122,19 15,89

BERICHTSENDE

Von der Schokoladenfabrik befinden sich folgende Schokoladensorten im Sortiment der der Schöne-Dinge-für Dich GmbH:
- Vollmilch-Nuss: Art.-Nr. 4000417018007
- Zartbitter: Art.-Nr. 4000417023001
- Vollmilch-Mokka: Art.-Nr. 4000417026002
- Vollmilch-Joghurt: Art.-Nr. 4000417029003

a) Welche Schokoladensorten laufen gut, welche schlecht? Woran erkennt man das?
b) Welche Maßnahmen kann Cornelia Kind bei den schlechten Sorten ergreifen?
c) Wie könnte Cornelia Kind im Verkaufsgespräch mit Herrn Krach vorgehen?

10. Tim Sandvoss, Klassenkamerad von Stefanie Beyer aus einem anderen Unternehmen, ruft sein Warenwirtschaftssystem am PC auf. Welche Tätigkeiten im Einkauf werden durch dieses unterstützt?

11. Welches Bestellsystem wird im Folgenden angesprochen?
a) Zwischen einem Einzelhändler und seinen Lieferern werden Daten elektronisch ausgetauscht. Im Idealfall können sogar Bestellungen ausgelöst werden, ohne dass ein Einkäufer diese genehmigen muss, .
b) Sobald der Bestand eines Artikels unter einen Minimalbestand fällt, wird der Einkäufer vom Warenwirtschaftssystem informiert.

12. Stefanie Beyer darf an einem Seminar für Einkäufer teilnehmen. Dort hört sie einen Vortrag über Warenwirtschaftssysteme:
„Integrierte Warenwirtschaftssysteme sind moderne Varianten von Warenwirtschaftssystemen, die dank verschiedener Verbindungen und Schnittstellen direkt mit der Außenwelt Verbindung aufnehmen können. Das bedeutet, die Warenwirtschaftssysteme der Lieferer und Logistikpartner werden in das eigene einbezogen."
Um welche Art von Warenwirtschaftssystemen handelt es sich?

13. Welche Bestandteile eines EDV-gestützten Warenwirtschaftssystems sind in den folgenden Fällen angesprochen?
a) Solche Systeme ordern automatisch **Bestellvorschläge** für Artikel nach, deren Meldebestand unterschritten ist. Bei selbstlernenden Systemen werden nicht nur die eingetragenen Bestände, sondern auch die Verkaufszahlen aus dem Vorjahr mit einbezogen.
b) Die Prüfung von Liefererrechnungen ist ebenfalls Aufgabe von Warenwirtschaftssystemen im Einkauf, weil sie mit der Bezahlung den Abschluss eines jeden Beschaffungsvorgangs bildet.

c) Das Warenwirtschaftssystem bietet vielfältige Hilfen für die Bewältigung der Warenannahme.
d) Das Warenwirtschaftssystem stellt alle Funktionen, die sich direkt auf Artikel beziehen, zur Verfügung.
e) Alle wichtigen Daten über die Lieferer der Artikel im Sortiment werden hier vom Warenwirtschaftssystem erfasst.

ZUSAMMENFASSUNG

EDV im Einkauf

umfasst

Artikelauskunftssystem	Bereitstellung aller wichtigen Artikelinformationen
Liefererauskunftssystem	Bereitstellung aller entscheidungsrelevanten Informationen über Lieferer
System für Angebotsaufforderungen	Einholung von Angeboten
Bestellwesen	Ermittlung der Bestellzeitpunkte und -mengen
Mahnwesen	Überwachung, z. B. der Liefertermineinhaltung
Wareneingang	Unterstützung der Warenannahme und -kontrolle
Rechnungsprüfung	Kontrolle der Eingangsrechnungen

Man versteht erst dann etwas richtig, wenn man am Ende der Behandlung eines Themas versucht, sich dieses noch einmal zu erklären. Dies führt zu einer erneuten gründlichen Auseinandersetzung mit dem gerade behandelten Thema. Häufig helfen dabei Visualisierungen.

1. Suchen Sie sich einen Partner.
2. Lesen Sie noch einmal die Zusammenfassung. Bei Verständnisproblemen schlagen Sie ggf. noch einmal im Informationstext nach.
3. Visualisieren Sie gemeinsam die einzelnen Abläufe mithilfe einer Wertschöpfungskette.

ICH ÜBERPRÜFE MEINE NEU ERWORBENEN KOMPETENZEN

Den Erwerb der zu Beginn aufgeführten Kompetenzen können Sie selbst mithilfe der folgenden Tabelle überprüfen.

Wenn Sie alle Aufgaben, die hinter einer Kompetenz stehen, gelöst haben, machen Sie ein Kreuz bei „Ganz". Bei den Kompetenzen, bei denen Sie Aufgaben „Teilweise" oder „Gar nicht" gelöst haben, sollten Sie den dazugehörigen Informationstext noch einmal lesen und die Aufgaben anschließend noch einmal bearbeiten.

Was ich nach der Bearbeitung dieses Kapitels kann	Aufgaben	Ganz	Teilweise	Gar nicht
Ich kann ...				
.... unterschiedliche Aufgaben von Warenwirtschaftssystemen im Einkauf nachvollziehen.	1			
... verschiedene Teilbereiche von Warenwirtschaftssystemen im Einkauf aufführen.	2, 3, 4, 5, 6, 7, 8, 9, 10, 11, 13			
... die Bedeutung integrierter Warenwirtschaftssysteme für den Einkauf erkennen.	12			

6.7 Kooperationsformen im Einkauf

Problemstellung

Der Leiter der Filiale der LEMI AG im SüdWest-Zentrum, Herr Kovac, gibt Shirin Gül und Martin Klages die folgende Zeitungsmeldung. Herr Kovac beauftragt die beiden Auszubildenden Shirin und Martin damit, herauszufinden, warum die Mitgliedschaft in einer Einkaufskooperation zu einem Kosten- und Wettbewerbsvorteil führt. Er bittet die beiden Auszubildenden, Argumente für und gegen eine Beteiligung der LEMI AG an einer Einkaufskooperation zusammenzustellen.

Einzelhandel: Mega-Allianzen werden immer wichtiger

Durch internationale Allianzen vergrößern Europas Lebensmittelhändler seit Jahren ihre Einkaufsmacht. Jetzt verbünden sich auch Deutschlands größte Elektronikketten Media Markt und Saturn mit ihrem französischen Gegenstück Fnac Darty.

Internationale Allianzen werden für die großen deutschen Handelsketten immer wichtiger. Die Supermarkt-Riesen Edeka und Rewe bauen schon lange darauf – und künftig auch die Elektronikketten Media Markt und Saturn. Die Bündnisse sollen nicht zuletzt ihre Position im Preispoker mit den Herstellern stärken. Der Gewinner ist nach Einschätzung von Experten oft der Kunde.

Zum Teil sind es gigantische Einkaufskooperationen, die da über Ländergrenzen hinweg geschmiedet werden. So hat sich Deutschlands größter Lebensmittelhändler Edeka mit der französischen Kette Intermarché, der Coop Schweiz, Conad aus Italien, dem spanischen Unternehmen Eroski und dem belgischen Anbieter Colruyt zur Gemeinschaft Agecore zusammengeschlossen.

Zusammen kommen die sechs Händler nach Berechnungen des Fachblatts „Lebensmittel-Zeitung“ auf ein Umsatzvolumen von 140 Milliarden Euro. Edeka macht keinen Hehl daraus, dass es Ziel von Agecore ist, sich in internationalen Verhandlungen „bestmögliche Konditionen“ zu sichern.

Rewe hat sogar gleich zwei Allianzen mitgegründet: eine gemeinsame Einkaufsgesellschaft mit dem Lebensmittelriesen E.Leclerc und das Bündnis Coopernic, an dem neben Rewe und E.Leclerc die Coop Italia und die niederländisch-belgische Kette Ahold Delhaize beteiligt sind. Und nun wollen auch Media Markt und Saturn mit der französischen Elektronikkette Fnac Darty Ähnliches auf die Beine stellen.

Der Düsseldorfer Experte Johann Brück erklärt: Kartellrechtlich seien die Mega-Einkaufsallianzen in der Regel „relativ unproblematisch“, weil schon in der Gründungsphase darauf geachtet werde, dass sich die Mitglieder im Endkundenmarkt nicht als Wettbewerber gegenüberstünden. Und für die Verbraucher seien solche Bündnisse sogar meist von Vorteil. Schließlich gehe es in der Regel darum, mit der geballten Einkaufsmacht günstigere Einkaufskonditionen durchzusetzen. Der harte Wettbewerb führe meist dazu, dass diese Einsparungen an die Verbraucher weitergegeben würden.

Für die Markenhersteller kann das allerdings unangenehm werden. Mit welch harten Bandagen bei den Verhandlungen mit den Einkaufsbündnissen gekämpft wird, zeigte zuletzt der Streit zwischen Agecore und dem größten Nahrungsmittelproduzenten der Welt, Nestlé.

Um ihre Forderungen nach besseren Konditionen durchzusetzen, nahmen Edeka, Intermarché und Co. in einer koordinierten Aktion zeitweise rund 200 Nestlé-Produkte aus den Regalen. Das tat selbst dem Schweizer Giganten weh, zu dessen bekanntesten Marken Nescafé, Maggi, Thomy, Wagner-Pizza oder Vittel gehören.

Der Chef des Media-Markt- und Saturn-Mutterkonzerns Ceconomy, Pieter Haas, glaubt, dass solche Allianzen immer wichtiger werden. Die Händler seien allein nicht groß genug, um sich mit Giganten wie Amazon, Apple oder Samsung zu messen. Die Kooperation beim Einkauf oder bei Innovationen sei deshalb ein ganz wichtiger Teil der Zukunftsstrategie.

Versetzen Sie sich in die Rolle von Shirin Gül oder Martin Klages und erfüllen Sie den Auftrag von Herrn Kovac.

EINORDNUNG DES THEMAS

Lernfeld 6: Waren beschaffen

Einsatz der EDV im Einkauf

Beschaffungsplanung → Bezugsquellenermittlung → Erstellung von Anfragen → Angebotsvergleich → Bestellung → **Kooperation im Einzelhandel**

Kompetenzen

Nach Bearbeitung dieses Kapitels können Sie ...

... Kooperationsmöglichkeiten im Einkauf unterscheiden.
... wichtige Leistungsbereiche von Einkaufsgenossenschaften und Einkaufsverbänden nennen.
... Vorteile von Einkaufsgenossenschaften, Einkaufsverbänden und freiwilligen Ketten für die beteiligten Einzelhandelsbetriebe nennen.
... Möglichkeiten und Vorteile von Regalvermietungen an Rackjobber erläutern.
... Vorteile von Franchisesystemen für Einzelhändler nennen.

INFORMATIONSTEXT

DEFINITION

Kooperation ist die freiwillige, vertraglich geregelte Zusammenarbeit von rechtlich unabhängigen und wirtschaftlich weitgehend selbstständig bleibenden Unternehmen. Die kooperierenden Unternehmen werden so leistungsfähiger.

Möglichkeiten der Zusammenarbeit gibt es zwischen

- Einzelhandelsbetrieben untereinander = **horizontale Kooperation**,
- Einzelhandelsbetrieben und den vorgelagerten Wirtschaftsstufen (Großhandelsbetrieben und Herstellern) = **vertikale Kooperation**.

Kooperation im Einkauf: Mehrere Unternehmen arbeiten zusammen, weil alle sich dadurch entscheidende Vorteile erhoffen.

Einkaufsgenossenschaften

DEFINITION

Einkaufsgenossenschaften des Einzelhandels sind Zusammenschlüsse rechtlich und wirtschaftlich selbstständiger Einzelhandelsbetriebe. Sie wurden ursprünglich zum Zweck einer gemeinsamen Warenbeschaffung – unter Ausschaltung des traditionellen Großhandels – gebildet.

BEISPIEL

Einkaufsgenossenschaften
- im Lebensmitteleinzelhandel: Edeka, Rewe
- im Textileinzelhandel: Sütex
- im Schuheinzelhandel: Nord-West-Ring
- im Spielwareneinzelhandel: Vedes

Mittlerweile hat sich die Zusammenarbeit auf fast alle Leistungsbereiche der Einzelhandelsbetriebe zu einer Full-Service-Kooperation ausgedehnt. Full-Service-Kooperation bedeutet, dass alle notwendigen und anfallenden Aufgaben für alle Leistungsbereiche erfüllt werden.

531164

Leistungsbereiche der Einkaufsgenossenschaften

Leistungsbereiche sind u. a.

- gemeinsame Warenbeschaffung,
- gemeinsame Werbung unter einem einheitlichen Zeichen,
- Entwicklung von Handelsmarken,
- Errichtung eigener Verkaufsstellen,
- Gewährung mittel- und langfristiger Investitionskredite an die Mitglieder,
- gemeinsame Nutzung von EDV-Anlagen,
- Betriebsberatung und Betriebsvergleiche,
- Aus- und Weiterbildungsprogramme.

Ziele der Einkaufsgenossenschaften

Hauptziel der Einkaufsgenossenschaften des Einzelhandels ist die Marktbehauptung des mittelständischen Handels gegenüber den Großbetriebsformen des Einzelhandels (Waren- und Kaufhauskonzerne, Filialunternehmen).

Ihre Teilziele sind u. a.

- **Verringerung der Beschaffungskosten**
  Der zentrale Einkauf ermöglicht eine größere Mengenabnahme, bei der die Hersteller höhere Rabatte gewähren. Außerdem wird durch den Direkteinkauf bei Herstellern die Großhandelsspanne gespart.
- **wirtschaftlichere Werbung**
  In den Einkaufsgenossenschaften werden die Werbemittel gezielt und für den Einzelnen kostengünstiger eingesetzt.
- **Sortimentsbereinigung** durch den Einsatz von Handelsmarken.
- **Entlastung der Mitglieder von Verwaltungsaufgaben**
  Das geschieht zum Beispiel durch die Übernahme des Rechnungswesens durch zentrale Rechnungsstellen.

Einkaufsverbände

DEFINITION

Einkaufsverbände sind Kooperationen von Einzelhandelsbetrieben mit den gleichen Zielen wie die der Einkaufsgenossenschaften. Sie unterscheiden sich von den Einkaufsgenossenschaften durch die Rechtsform.

BEISPIEL

Einkaufsverbände
- im Textileinzelhandel: Katag AG, Kaufring AG, Südbund
- im Schuheinzelhandel: Garant Schuh AG

Freiwillige Ketten

DEFINITION

Die **freiwillige Kette** ist eine Form der Kooperation, bei der sich rechtlich und wirtschaftlich selbstständig bleibende Groß- und Einzelhandelsbetriebe meist gleichartiger Branchen zur gemeinsamen Durchführung unternehmerischer Aufgaben zusammenschließen.

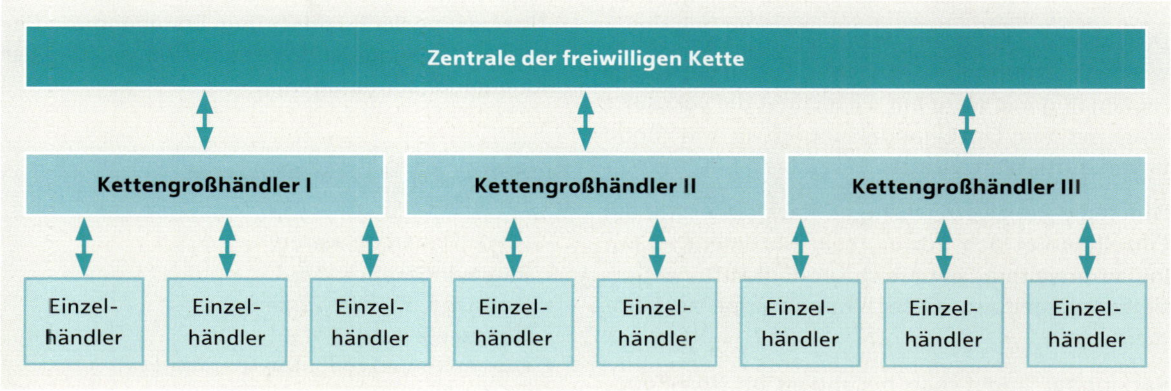

Jeder Kettengroßhändler arbeitet mit einer größeren Anzahl selbstständiger Einzelhändler zusammen, die von ihm einen möglichst großen Teil ihrer Waren beziehen.

Die Kettengroßhändler sind wiederum Mitglieder einer Zentrale, die ihre gemeinsame Beschaffung organisiert.

Zusätzliche Leistungen dieser Zentrale sind u. a.

- die Durchführung überregionaler Werbemaßnahmen unter einem gemeinsamen Organisationszeichen (z. B. die Tanne bei der freiwilligen Kette „Spar“),
- die Gestaltung von gemeinsamen Handelsmarken,
- Betriebsberatung und Betriebsvergleiche.

Die Einzelhandelsbetriebe kommen durch die Mitgliedschaft in der freiwilligen Kette u. a. in den Genuss folgender Vorteile:

- gemeinsame Werbung,
- gemeinsame Handelsmarken,
- Zusammenarbeit auf den Gebieten der Verkaufsraumgestaltung, der verkaufsfördernden Maßnahmen (z. B. Sonderangebotsaktionen) und der Verwaltung (z. B. im Rechnungswesen und der Verkäuferschulung).

Freiwillige Ketten sind besonders im Lebensmittelhandel verbreitet (z. B. Spar, VIVO – „Ihre Kette“). Man findet sie aber auch in anderen Branchen, z. B. im Textilhandel die Seldis.

Rackjobber

DEFINITION

Ein **Rackjobber** (= Regalgroßhändler) ist ein Großhändler oder Hersteller, dem in Einzelhandelsbetrieben Verkaufsraum oder Regalflächen zur Verfügung gestellt werden. Dort bietet der Rackjobber für eigene Rechnung Waren an, die das Sortiment des Einzelhandelsbetriebs ergänzen.

Die für den Rackjobber reservierten Regalflächen werden von ihm selbst verwaltet. Er füllt die Regale regelmäßig mit Ware auf. Er rechnet die verkaufte Ware mit dem Einzelhandelsbetrieb ab und nimmt unverkaufte Ware zurück.

Durch die Regalvermietung an Rackjobber hat der Einzelhändler den Vorteil, sein Sortiment risikolos zu erweitern, ohne sich um Einkauf und Sortimentsgestaltung dieser Warengruppe zu kümmern.

Rackjobber findet man besonders im Non-Food-Bereich (Schreibwaren, kleine Spielwaren, Batterien usw.) von Lebensmittelgeschäften.

Franchising

DEFINITION

Franchising ist eine langfristige vertragliche Bindung zwischen selbstständig bleibenden Unternehmen. Hierbei wird einem Einzelhändler von einem Franchisegeber gegen Bezahlung das Recht eingeräumt, bestimmte Waren und Dienstleistungen unter genau festgelegten Bedingungen zu vertreiben.

Der Einzelhändler erhält als **Franchisenehmer** das Recht, den Namen, Warenzeichen, Symbole, Ausstattung und Schutzrechte des Franchisegebers sowie dessen technische und gewerbliche Erfahrung zu nutzen. Dafür ist er verpflichtet, die betreffenden Waren beim Franchisegeber zu beziehen und die vertraglich vereinbarten Absatzvorschriften, wie z. B. die Art der Warenpräsentation, zu beachten. Der **Franchisegeber** hat das Recht, die Einhaltung dieser Vorschriften zu überwachen.

Typische Franchisegeber sind Hersteller (z. B. WMF, Salamander), Großhändler (z. B. Obi), Filialunternehmen (z. B. Ihr Platz) und Einkaufsgenossenschaften des Einzelhandels (z. B. Rewe, Edeka).

Vorteile der Franchisesysteme für den Einzelhändler als Franchisenehmer sind u. a.

- Teilhabe am Ruf und Wissen des Franchisesystems,
- Absatzunterstützung durch den Franchisegeber (abgerundetes Sortiment, Gemeinschaftswerbung, Verkaufsförderungsmaßnahmen, Verkaufsraumgestaltung),
- Dienstleistungen des Franchisegebers (z. B. Übernahme der Buchführung, Erstellung von Betriebsvergleichen und laufende Überprüfung der Kalkulationsunterlagen).

BEISPIELE für Franchisesysteme im Einzelhandel

- WMF (Haushaltswaren)
- Salamander (Schuhe)
- Benetton, Rodier (Textilien)
- Nordsee (Fisch)
- Obi-Heimwerkermarkte (Baumärkte)
- Edeka (Lebensmittel)
- Lekkerland (Süßwaren)
- QuickSchuh (System der Nord-West-Ring eG)

531166

AUFGABEN

1. Welche Kooperationsformen werden in den folgenden Fällen beschrieben?
   a) Selbstständig bleibende Einzelhandelsbetriebe schließen sich mit einem Großhandelsbetrieb zusammen.
   b) Selbstständig bleibende Einzelhandelsbetriebe schließen sich zum Zweck des gemeinsamen Einkaufs zusammen.
   c) Ein Warenhausunternehmen vermietet Regalflächen an einen Schreibwarengroßhändler.
2. Welche Leistungen bieten Einkaufsgenossenschaften ihren Mitgliedern?
3. Welche Vorteile hat ein Einzelhändler durch seine Mitgliedschaft in einer Einkaufsgenossenschaft oder einem Einkaufsverband?
4. Wodurch unterscheiden sich freiwillige Ketten von Einkaufsgenossenschaften?
5. Welche Vorteile hat ein Einzelhändler durch seine Mitgliedschaft in einer freiwilligen Kette?
6. Welchen Vorteil hat ein Einzelhändler durch die Regalvermietung an einen Rackjobber?
7. Welche Vorteile hat es für einen Einzelhändler, sich an einem Franchisesystem zu beteiligen?
8. Die folgenden Informationen geben einen Überblick über die wichtigsten Einkaufsverbände der größten Einzelhandelsbranchen:
   - **Bau- und Heimwerkermarkt:** EMV, Lage; ELG Bau, Leipzig
   - **Blumen:** Ekaflor, Nürnberg; Fachverband deutscher Floristen, Düsseldorf
   - **Consumer Electronics:** Expert, Hannover; PC-Spezialist, Bielefeld; EP:ElectronicPartner, Düsseldorf; RUEFACH, Ulm; Interfunk, Ditzingen
   - **Damenoberbekleidung:** KATAG, Bielefeld; UNITEX, Neu-Ulm
   - **Farben, Tapeten, Bodenbeläge:** Nordtextil, Spenge; Decor-Union, Hannover; VFG, Hilden
   - **Foto:** Europa-Foto Deutschland, Eschborn; Ring Foto, Nürnberg; Plusfoto, Frankfurt am Main
   - **Glas, Porzellan, Keramik:** Nürnberger Bund, Essen; EK-Großeinkauf, Bielefeld
   - **Haus- und Heimtextilien:** Südbund, Backnang; KATAG, Bielefeld
   - **Herrenbekleidung:** KATAG, Bielefeld; UNITEX, Neu-Ulm
   - **Kinderbekleidung:** Igeka, Bielefeld; Ardek, Wallau
   - **Möbel:** Begros, Oberhausen; VME, Bielefeld; Garant, Rheda-Wiedenbruck; Musterring, Rheda-Wiedenbruck; Regent, Gelsenkirchen; VKG, Pforzheim
   - **Nahrungs- und Genussmittel:** EDEKA, Hamburg; REWE, Köln; Markant, Detmold, Leer; Spar, Schenefeld; Lekkerland, Frechen
   - **Papier-, Büro- und Schreibwaren:** BRANION, Overath; BÜRO ACTUEL, Overath; Büroring, Haan; PRISMA, Köln; BüRO-FORUM 2000, Oderan
   - **Parfümerie:** Parma-Aurel, Bielefeld; Wir-für-Sie-Parfümerie, Mülheim-Karlich
   - **Schuhe:** Ariston Schuh, Neuss; Salamander, Kornwestheim; GARANT Schuh, Düsseldorf; GEB, Essen; Nord-West-Ring, Frankfurt am Main; Rexor, Düsseldorf
   - **Spielwaren:** EK-Großeinkauf, Bielefeld; Idee und Spiel, Hildesheim; VEDES, Nürnberg
   - **Sport:** Intersport, Heilbronn; Sport 2000, Mainhausen
   - **Uhren:** Bundesverband der Juweliere, Königstein
   - **Wäsche:** Nordwest, Ascheberg/Westf.; Unitex, Neu-Ulm; KMT, Köln; Bettenkreis, Neukirchen-Vluyn; Bettenring, Filderstadt
   - **Young Fashion:** KATAG, Bielefeld
   - **Zoofachgeschäft:** Zoo-Fachring, Pleidesheim; Sagaflor, Baunatal; Sagazoo, Baunatal; egesa-zookauf, Gießen
   - **Zweirad:** VELORING, Mönchengladbach; BICO, Verl; ZEG, Köln

   a) Wählen Sie die Einkaufsverbände aus, in denen Ihr Ausbildungsbetrieb Mitglied werden könnte.
   b) Informieren Sie sich im Internet über die Leistungen dieser Einkaufsverbände für ihre Mitglieder.
   c) Stellen Sie die Leistungen dieser Einkaufsverbände in einer Übersicht zusammen und präsentieren Sie diese Übersicht in Ihrer Klasse. Gehen Sie dabei besonders auf die Vorteile ein, die eine Mitgliedschaft Ihres

Ausbildungsbetriebs in dem jeweiligen Einkaufsverbund haben könnte.

9. Die LEMI AG möchte Teile ihres Sortiments im Bereich Lebensmittel Rackjobbern übertragen.
   a) Wählen Sie Artikel aus, die im Lebensmittelbereich von Rackjobbern angeboten werden könnten.
   b) Listen Sie die Tätigkeiten auf, die die Rackjobber durchführen müssen.
   c) Entwickeln Sie ein Konzept für die Präsentation dieser Artikel in den Lebensmittelbereichen der LEMI AG.
   d) Stellen Sie dieses Konzept in Ihrer Klasse mit einem Präsentationsmittel Ihrer Wahl vor.

ZUSAMMENFASSUNG

Kooperation

= freiwillige vertragliche Zusammenarbeit rechtlich und wirtschaftlich selbstständig bleibender Unternehmen mit dem Ziel, ihre Leistungsfähigkeit zu verbessern

horizontale Kooperation	vertikale Kooperation
Unternehmen **derselben** Wirtschaftsstufe kooperieren (Einzelhändler untereinander). • Einkaufsgenossenschaften • Einkaufsverbände (Einzelhändler mit Großhändlern oder Herstellern).	Unternehmen **unterschiedlicher** Wirtschaftsstufen kooperieren • freiwillige Ketten • Rackjobber • Franchise-System

Man versteht erst dann etwas richtig, wenn man versucht, es einem anderen zu erklären. Dies führt zu einer erneuten gründlichen Auseinandersetzung mit dem gerade behandelten Thema.

1. Suchen Sie sich einen Partner.
2. Lesen Sie noch einmal die Zusammenfassung. Bei Verständnisproblemen schlagen Sie ggf. noch einmal im Informationstext nach.
3. Einer von Ihnen erläutert die Zusammenfassung dem Partner.
4. Dieser achtet auf Korrektheit und Vollständigkeit und wiederholt noch einmal.

531168

ICH ÜBERPRÜFE MEINE NEU ERWORBENEN KOMPETENZEN

Den Erwerb der zu Beginn aufgeführten Kompetenzen können Sie selbst mithilfe der folgenden Tabelle überprüfen.

Wenn Sie alle Aufgaben, die hinter einer Kompetenz stehen, gelöst haben, machen Sie ein Kreuz bei „Ganz". Bei den Kompetenzen, bei denen Sie Aufgaben „Teilweise" oder „Gar nicht" gelöst haben, sollten Sie den dazugehörigen Informationstext noch einmal lesen und die Aufgaben anschließend noch einmal bearbeiten.

Was ich nach der Bearbeitung dieses Kapitels kann	Aufgaben	Ganz	Teilweise	Gar nicht
Ich kann ...				
... Kooperationsmöglichkeiten im Einkauf unterscheiden.	1, 4			
... wichtige Leistungsbereiche von Einkaufsgenossenschaften und Einkaufsverbänden nennen.	2, 8			
... Vorteile von Einkaufsgenossenschaften, Einkaufsverbänden und freiwilligen Ketten für die beteiligten Einzelhandelsbetriebe nennen.	3, 5, 8			
... Möglichkeiten und Vorteile von Regalvermietungen an Rackjobber erläutern.	6, 9			
... Vorteile von Franchisesystemen für Einzelhändler nennen.	7			

Lernfeld 7

Waren annehmen, lagern und pflegen

7.1 Warenannahme

Problemstellung

Im Zentrallager der Tom Hoss KG:

Ein Spediteur bringt eine Sendung von Waren, die aus 14 Paketen besteht. Jakub Nowak nimmt im Lager die Sendung in großer Eile entgegen. Er hat nämlich gleich noch ein Gespräch mit Herrn Bingöl.

Nach dem Gespräch kommt er wieder in das Lager zurück und will die Ware zu ihren Lagerplätzen bringen. Dabei fällt ihm auf, dass zwei der Pakete an die Grotex GmbH in Hannover adressiert sind und dass außerdem ein Paket beschädigt ist.

1. Führen Sie auf, wie ein Unternehmen bei der Annahme von Waren vorgehen muss.
2. Erstellen Sie eine Tatbestandsaufnahme für das beschädigte Paket.

EINORDNUNG DES THEMAS

Lernfeld 7: Waren annehmen, lagern und pflegen

Einsatz der EDV im Lager

Warenannahme → Mangelhafte Lieferung → Lieferungsverzug → Warenlagerung → Überprüfen der Wirtschaftlichkeit im Lager

Kompetenzen

Nach Bearbeitung dieses Kapitels können Sie ...

... die Bedeutung der zwei Kontrollen im Wareneingang nachvollziehen.
... die Leistung des Frachtführers (erste Kontrolle) überprüfen.
... eine Tatbestandsaufnahme vornehmen.
... die zweite Kontrolle im Wareneingang (Leistung des Lieferers) durchführen.
... die Bedeutung des Wareneingangs im Rahmen des Warenwirtschaftssystems nachvollziehen.

INFORMATIONSTEXT

Vorgehensweise beim Wareneingang

Bestellte Waren werden durch die Post oder die Bahn, durch Paketdienste oder gewerbliche Güterverkehrsunternehmer zugestellt. Ordnungsgemäß gelieferte Ware muss abgenommen werden. Die Lieferung ist jedoch nicht immer einwandfrei. Die Ware kann Mängel aufweisen, die entweder der Hersteller zu verantworten hat oder die durch den Transporteur verursacht wurden. Damit das einkaufende Unternehmen als Käufer nicht das Recht zur Reklamation[1] verliert, müssen beim Wareneingang verschiedene Prüfungen vorgenommen werden.

1 vgl. Kap. 10.7

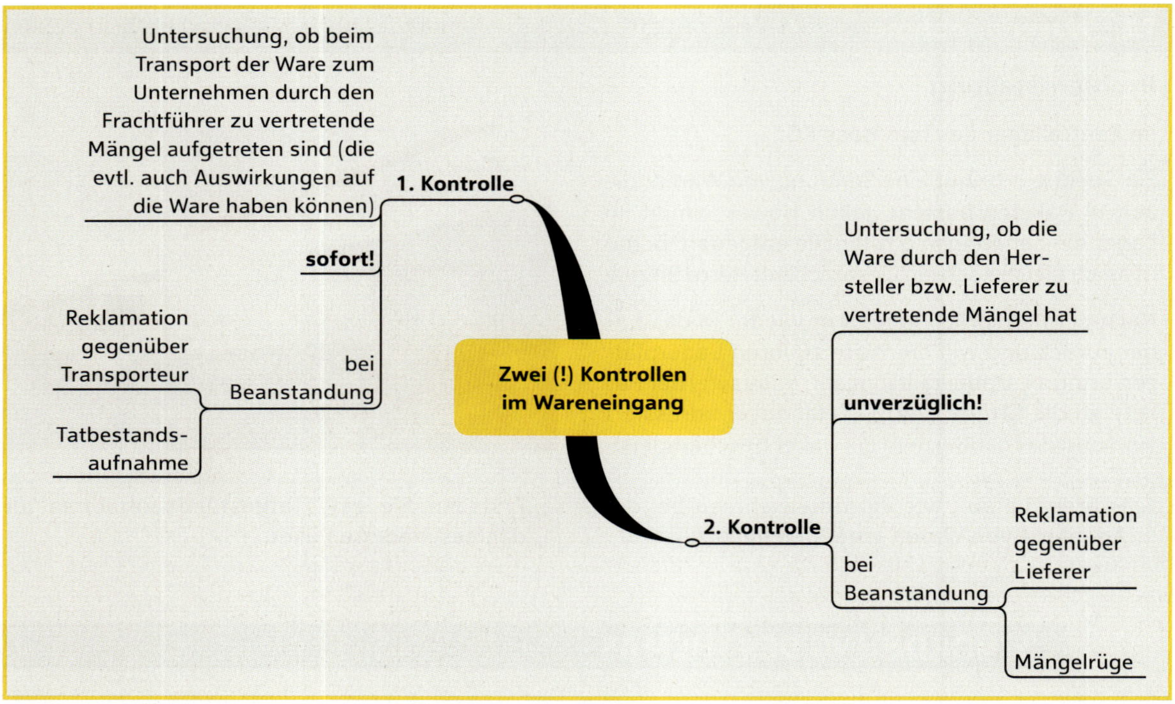

Kontrolle gegenüber dem Frachtführer

Die Richtigkeit der Lieferung wird **sofort** – also auf der Stelle – mithilfe der Warenbegleitpapiere kontrolliert. Es könnte sich ja um Irrläufer oder unverlangte Ware handeln. Irrläufer erkennt man meist schon an der falschen Adresse. Unverlangte Sendungen sind zu erkennen, wenn die Warenannahme im Betrieb (z. B. durch die Einkaufsabteilung) rechtzeitig über jeden zu erwartenden Eingang unterrichtet ist.

Auch die Verpackung muss sofort überprüft werden. Noch in Gegenwart des Überbringers muss festgestellt werden, ob die Verpackung in irgendeiner Weise beschädigt ist. Bei Artikeln, die nicht verpackt sind, muss das Äußere der Ware auf Mängel untersucht werden.

Anschließend wird eine Mengenprüfung vorgenommen. Dabei wird geklärt, ob die Anzahl beziehungsweise das Gewicht der Versandstücke mit den Versandpapieren übereinstimmt.

Nach der Prüfung der Lieferadresse und der Bestätigung über die Richtigkeit erfolgt zunächst einmal das Entladen. Dabei werden häufig Fördermittel eingesetzt.

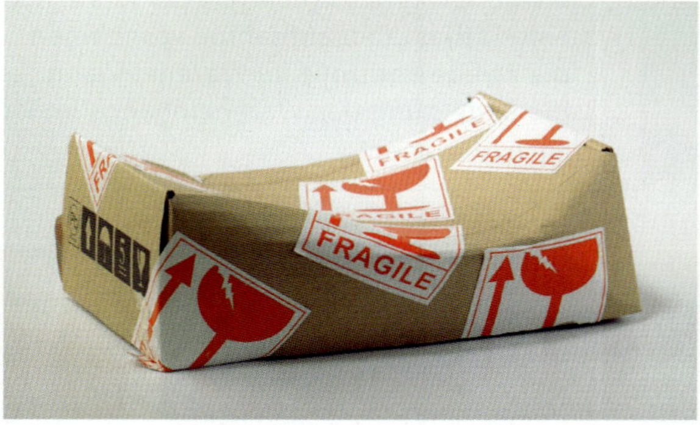

Die äußere Beschädigung der Transportverpackung muss sofort im Rahmen der ersten Kontrolle der Warenannahme erkannt werden. Eine Tatbestandsaufnahme informiert über die mangelhafte Leistung des Frachtführers (Transporteurs).

Zur Kontrolle können im Wareneingang folgende Papiere herangezogen werden:

- Lieferscheine
- Ladescheine
- Frachtbriefe
- Paketkarten

Wenn sich bei den genannten Kontrollen Mängel ergeben, verlangt der Mitarbeiter des beschaffenden Unternehmens eine **Tatbestandsaufnahme**. Diese richtet sich gegen den Transporteur der Ware. Das Unternehmen ist dann berechtigt, die Abnahme der Ware zu verweigern oder die Ware nur unter Vorbehalt anzunehmen.

Kontrolle gegenüber dem Lieferer

Auch der Zustand der Waren muss untersucht werden. Nach dem Auspacken der Ware muss geprüft werden, ob die gelieferten Artikel den im Kaufvertrag vereinbarten Eigenschaften entsprechen. Eine genaue Kontrolle lässt sich aus zeitlichen Gründen nicht immer sofort bei der Übergabe der Ware durchführen. Sie muss aber „unverzüglich" erfolgen. Unverzüglich bedeutet: Die Prüfung darf ohne wichtigen Grund nicht verzögert werden; die Ware muss zum nächstmöglichen Zeitpunkt auf eventuelle Mängel hin untersucht werden. Bei größeren Mengen kann eine Stichprobenkontrolle erfolgen.

Als Kontrollunterlagen bei dieser zweiten Prüfung im Wareneingang können herangezogen werden:

- Lieferscheine
- Packzettel
- Rechnungen
- Versandanzeigen
- Bestellunterlagen des Betriebs

Nach Öffnen der außen unbeschädigten Versandverpackung wird bei der zweiten Kontrolle im Wareneingang entdeckt, dass die sich innen befindende Ware Mängel aufweist: Dies muss beim Lieferer mit einer Mängelrüge reklamiert werden.

Kontrolle von Anschrift, äußerer Beschaffenheit und Richtigkeit des Transportmittels
↓
Abgleich der gelieferten Waren nach Menge und Art mit Lieferscheinen (=Tatabestandsaufnahme)
↓
Dokumentation der Mängel auf Lieferscheinen
↓
Bestätigung der Mängel durch Anlieferer
↓
Empfangsbestätigung und Quittung

Kontrolle der Identität: Wurde die Ware richtig geliefert?
↓
Quantitätsprüfung: Entspricht die gelieferte der bestellten Menge?
↓
Überprüfung der Qualität: Hat die gelieferte Ware die vereinbarte Güte?
↓
Untersuchung der Beschaffenheit: Fallen an der Ware Beschädigungen auf?

Wenn das beschaffende Unternehmen feststellt, dass die Ware beispielsweise beschädigt ist, teilt es dies dem Lieferer mit. Die fehlerhafte Ware wird mit der **Mängelrüge** beim Lieferer beanstandet, damit das Unternehmen keine Ansprüche verliert.

Ist die Ware einwandfrei, wird sie ins Lager oder in die Verkaufsräume gebracht. Gleichzeitig wird der Einkaufsabteilung und der Buchhaltung gemeldet, dass bestellte Ware eingetroffen ist.

EDV-gestützte Warenwirtschaftssysteme im Wareneingang

Damit die Arbeiten des Wareneingangs im belieferten Unternehmen lagergerecht erfüllt werden können, werden genaue Informationen pro Artikel über die bei Lieferern getätigten Bestellungen benötigt. Das EDV-gestützte Warenwirtschaftssystem stellt die zum Zeitpunkt der Anlieferung notwendigen Daten für die Übernahme der Ware und deren Kontrolle zur Verfügung.

Bei fortgeschrittenen Warenwirtschaftssystemen wird der erwartete Wareneingang mit Angaben aus der Bestelldatei über die Menge, das Gewicht und das Volumen der Ware pro entsprechenden Lagerbereich und Lagergang angekündigt. Die Wareneingangsabteilung kann dann rechtzeitig alle erforderlichen Vorkehrungen treffen, um die Ware später rasch und reibungslos zu übernehmen, zu kontrollieren und einzulagern.

Aufgrund dieser Informationen sollte das belieferte Unternehmen:

- freie Abladestellen für die Lkw-Anlieferung bereithalten
- ausreichenden Platz für das Abstellen der Ware reservieren
- innerbetriebliche Transportmittel bereithalten
- Personal- und Lagerkapazität vorhalten

Die tatsächlich gelieferte Ware wird im Rahmen der Wareneingangserfassung hinsichtlich verschiedener Merkmale mit der vom EDV-gestützten Warenwirtschaftssystem früher erfassten Bestellung überprüft. Grundlage für die Annahme und Kontrolle der Ware sind die Warenbegleitpapiere.

Dabei muss das belieferte Unternehmen äußerst sorgfältig vorgehen: Im Wareneingang, bei der Wareneingangskontrolle und der entsprechenden Datenerfassung verursachte Fehler wirken sich in allen übrigen Bereichen der Warenwirtschaft des Unternehmens aus. Die nachfolgend an das EDV-gestützte Warenwirtschaftssystem angeschlossenen Betriebsstellen würden dann zwangsläufig auf falsche oder unvollständige Angaben zugreifen.

Im Normalfall erfolgt die Wareneingangserfassung als integrierte Bestellabwicklung. Dadurch wird die kostspielige Mehrfacherfassung von Daten an den verschiedenen Stellen des Unternehmens zum großen Teil vermieden. Es werden nur die Bestelldaten aufgerufen und bestätigt. Lediglich Abweichungen werden neu erfasst und in das Warenwirtschaftssystem eingegeben.

Die festgestellten Abweichungen stellen die Grundlage für unterschiedliche Auswertungen des EDV-gestützten Warenwirtschaftssystems dar.

Untersucht werden in diesem Zusammenhang:

- **Termintreue**
  Terminüber- oder -unterschreitungen
- **Menge**
  Über- beziehungsweise Untermengen
- **Qualität**
  Vergleich bestimmter qualitativer Werte

Oft genügen diese beim Wareneingang gewonnenen Informationen. In vielen Fällen werden diese Daten jedoch in weitere Unterprogramme des Warenwirtschaftssystems übertragen und dort zu anderen Auswertungen weiterverarbeitet.

BEISPIELE

- Liefererauswahl nach den oben ausgeführten Kriterien
- Soll-Ist-Abweichungen bei bestimmten Warengruppen oder Produkten

531174

Kontrollen im Wareneingang	
1. Kontrolle	**2. Kontrolle**

Sofort muss die vom Transporteur gebrachte Sendung auf den richtigen Adressaten, die richtige Menge und Beschädigungen an den Packstücken überprüft werden.	**Unverzüglich** wird überprüft, ob die vom Verkäufer gelieferte Ware in den gebrachten Packstücken einwandfrei ist.

AUFGABEN

1. Warum muss das belieferte Unternehmen bei der Annahme von Waren bestimmte Kontrollen vornehmen?
2. Erklären Sie den Unterschied zwischen einer sofortigen und einer unverzüglichen Prüfung.
3. Welche Kontrollen müssen sofort vorgenommen werden?
4. Warum prüfen Sie bei der Warenannahme die Lieferanschrift zuerst?
5. Was kann unverzüglich kontrolliert werden?
6. Welche Maßnahmen hat das belieferte Unternehmen bei Beanstandungen zu ergreifen?
7. Welche Maßnahmen muss der Einkauf ergreifen, wenn das EDV-gestützte Warenwirtschaftssystem den Wareneingang von Ware ankündigt?
8. Wie unterstützen Warenwirtschaftssysteme den Wareneingangsbereich eines Einzelhandelsbetriebs? Was muss der Einzelhändler bei der Annahme von Waren beachten?
9. Es werden 18000 Konserven angeliefert. Welche Aussage ist richtig?
   a) Die Ware muss bei der Annahme in Anwesenheit des Unternehmers geprüft werden.
   b) 15 % der Ware sind zu prüfen.
   c) Die Ware kann ohne Prüfung eingelagert werden, wenn der Spediteur erklärt, die Ware sei sachgemäß verpackt worden.
   d) Bei Lieferung von Massengütern kann die Einlagerung der Ware ohne Kontrolle erfolgen.
   e) Die Ware muss durch Stichproben in angemessener Zahl geprüft werden.
10. Am 21. Juli trifft eine Lieferung bei der Tom Hoss KG ein. Was müssen Sie in Anwesenheit des Frachtführers prüfen, bevor Sie den Empfang der Ware quittieren?
    a) die äußere Verpackung
    b) den Preis der Ware
    c) die Art der Ware
    d) die Qualität der Ware
    e) die Beschaffenheit der Ware
11. a) Erkunden Sie, wie die Warenannahme in Ihrem Ausbildungsbetrieb geregelt ist.
    b) Informieren Sie in einem Kurzreferat Ihre Klasse.
12. Rufen Sie das schuleigene Warenwirtschaftssystem auf.
    a) Erfassen Sie dort einen Wareneingang.
    b) Halten Sie die Schritte in einer Arbeitsanweisung für neu einzuarbeitende Kollegen fest.

13. Bis jetzt haben Sie schon eine Menge Klassenarbeiten geschrieben. Auch die Abschlussprüfung rückt immer näher. Damit diese erfolgreich wird, sollten Sie versuchen, alle Lernschwierigkeiten auszuschließen. Betrachten Sie die unten stehende Mindmap über Lernprobleme.

a) Überprüfen Sie, ob eine der vorgestellten Lernschwierigkeiten auf Sie zutrifft.
b) Überlegen Sie, welche Ursache diese Lernschwierigkeiten bei Ihnen haben könnte.
c) Versuchen Sie, eine mögliche Lösung zu finden.

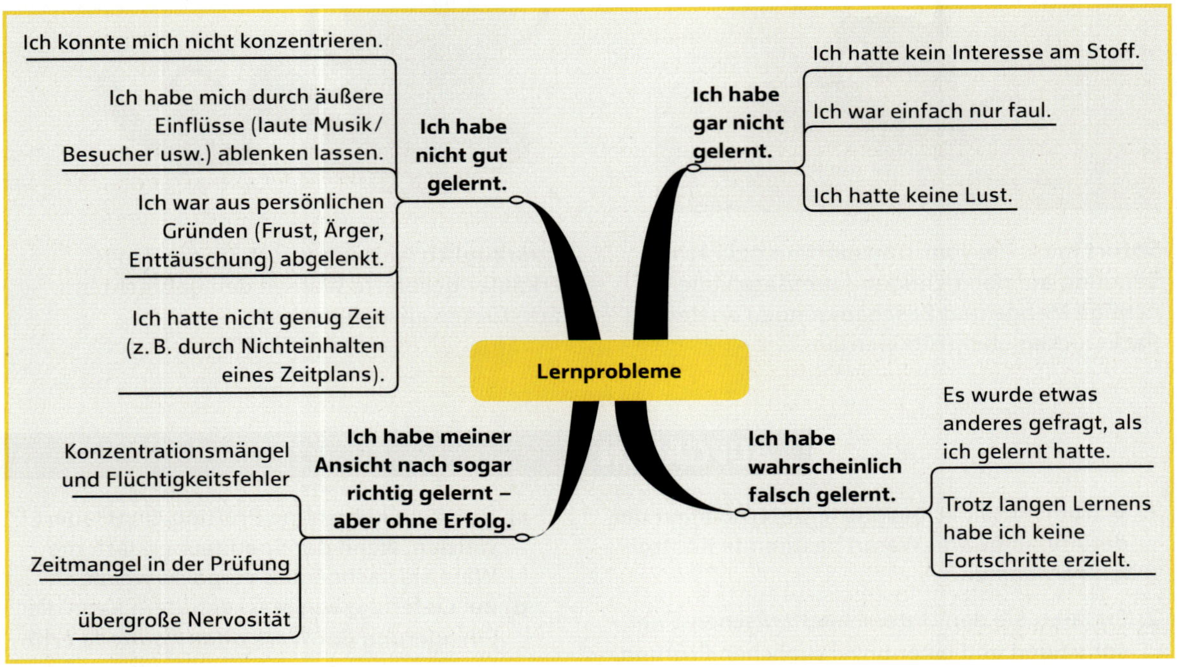

ZUSAMMENFASSUNG

In der Warenannahme

muss die gelieferte **Ware kontrolliert** werden, damit der Betrieb nicht das Recht zur Reklamation verliert.

sofort

d.h.
- auf der Stelle
- in Anwesenheit des Überbringers

unverzüglich

d.h. ohne schuldhafte Verzögerung

bei Beanstandungen

Tatbestandsaufnahme

über
- **Berechtigung der Lieferung**
- **Zustand der Verpackung**
- **richtige Menge**

Mängelrüge

über
Zustand der Ware

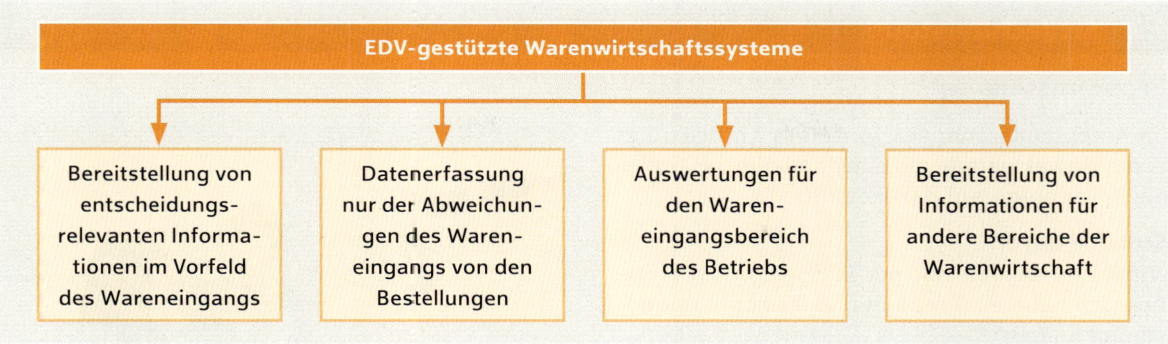

Man versteht erst dann etwas richtig, wenn man am Ende der Behandlung eines Themas versucht, sich dieses noch einmal zu erklären. Dies führt zu einer erneuten gründlichen Auseinandersetzung mit dem gerade behandelten Thema. Häufig helfen dabei Visualisierungen.

1. Suchen Sie sich einen Partner.
2. Lesen Sie noch einmal die Zusammenfassung. Bei Verständnisproblemen schlagen Sie ggf. noch einmal im Informationstext nach.
3. Visualisieren Sie gemeinsam die einzelnen Abläufe mithilfe einer Wertschöpfungskette.

ICH ÜBERPRÜFE MEINE NEU ERWORBENEN KOMPETENZEN

Den Erwerb der zu Beginn aufgeführten Kompetenzen können Sie selbst mithilfe der folgenden Tabelle überprüfen.

Wenn Sie alle Aufgaben, die hinter einer Kompetenz stehen, gelöst haben, machen Sie ein Kreuz bei „Ganz“. Bei den Kompetenzen, bei denen Sie Aufgaben „Teilweise“ oder „Gar nicht“ gelöst haben, sollten Sie den dazugehörigen Informationstext noch einmal lesen und die Aufgaben anschließend noch einmal bearbeiten.

Was ich nach der Bearbeitung dieses Kapitels kann	Aufgaben	Ganz	Teilweise	Gar nicht
Ich kann ...				
... die Bedeutung der zwei Kontrollen im Wareneingang nachvollziehen.	1, 13			
... die Leistung des Frachtführers (erste Kontrolle) überprüfen.	2, 3, 9, 10			
... eine Tatbestandsaufnahme vornehmen.	6			
... die zweite Kontrolle im Wareneingang (Leistung des Lieferers) durchführen.	2, 5			
... die Bedeutung des Wareneingangs im Rahmen des Warenwirtschaftssystems nachvollziehen.	7, 8, 12			

7.2 Schlechtleistung

Problemstellung

Im Aufenthaltsraum der Tom Hoss KG diskutiert Jakub Nowak gerade mit einer Kollegin, als Stefanie Beyer aufgeregt dazukommt:

Stefanie Beyer:
„Hallo, ihr beiden, tut mir leid, wenn ich störe. Aber ich habe ein Problem und ihr könnt mir bestimmt helfen."

Jakub Nowak:
„Was ist denn los, Stefanie?"

Stefanie Beyer:
„Im Lager gibt es gerade mal wieder Ärger: Die Bernhard Müller OHG hat falsche Ware geliefert. Ich soll den Fall bearbeiten. Aber wie gehe ich denn nun vor?"

1. Beurteilen Sie die Rechtslage.
2. Schlagen Sie Maßnahmen vor, die Stefanie Beyer ergreifen könnte.

EINORDNUNG DES THEMAS

Lernfeld 7: Waren annehmen, lagern und pflegen

Einsatz der EDV im Lager

Warenannahme → **Mangelhafte Lieferung** → Lieferungsverzug → Warenlagerung → Überprüfen der Wirtschaftlichkeit im Lager

Kompetenzen

Nach Bearbeitung dieses Kapitels können Sie ...

... bei einer Warenlieferung das Vorliegen eines Mangels erkennen.
... die Art des Mangels bestimmen.
... zweiseitige, einseitige und bürgerliche Kaufverträge unterscheiden.
... innerhalb der gesetzlichen Rügefristen situationsgerecht reklamieren.
... eine Mängelrüge bei Mängeln schreiben.
... Rechte aus einer mangelhaften Lieferung durchsetzen.

INFORMATIONSTEXT

Mangelhafte Lieferung

Oft beschweren sich Kunden über Ware. Sind tatsächlich Mängel vorhanden, so hat der Kunde Rechte im Rahmen der gesetzlichen Gewährleistung. Unter Gewährleistung versteht man die gesetzliche Verpflichtung eines Schuldners – in diesem Falle also des Verkäufers, Sachen (z. B. Waren) in einem mangelfreien Zustand zu liefern. Die Rechte im Rahmen der gesetzlichen Gewährleistung dürfen nicht mit Rechten aus Umtausch- oder Garantieverpflichtungen verwechselt werden.

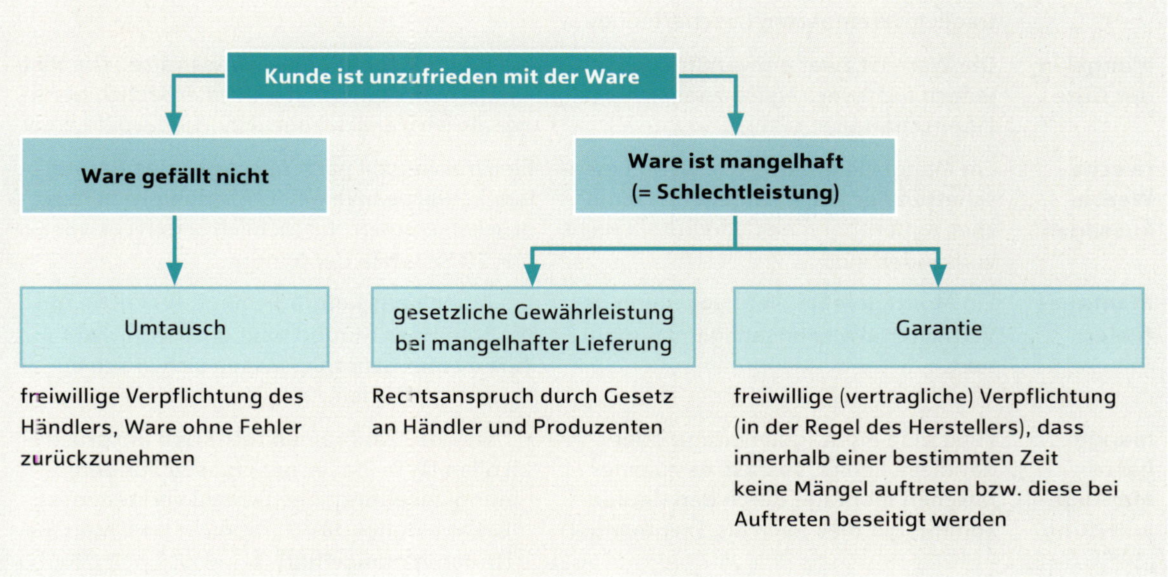

Gesetzliche Gewährleistung

DEFINITION

Durch die gesetzliche **Gewährleistung** haftet der Unternehmer dafür, dass die Ware zum Zeitpunkt der Übergabe die zugesicherten Eigenschaften besitzt und mangelfrei ist.

Gemäß der rechtlichen Vorschriften muss ein Verkäufer dem Käufer seine Sache grundsätzlich fehlerfrei übergeben und ihm das Eigentuman dieser Sache verschaffen. Die gesetzlichen Rechte, die ein Kunde bei Schlechtleistung in Anspruch nehmen kann, hängen ab von der Art des Mangels. Der Käufer muss deshalb zunächst feststellen, um welche Fehlerart es sich handelt, um reklamieren zu können.

Mängelarten		
Mängelarten im Hinblick auf die Erkennbarkeit		
Art	**Beschreibung**	**BEISPIELE**
offene Mängel	Bei der Übergabe der Ware kann der Käufer deutlich erkennen, dass die Ware einen Mangel hat.	Bei einem gelieferten Büroschrank ist die Oberfläche stark verkratzt.
versteckte Mängel	Diese Mangelart liegt vor, wenn der Mangel trotz einer gewissenhaften Überprüfung der Ware zunächst nicht erkennbar ist.	Bei einem Computer funktioniert ein Teil des Hauptspeichers nicht.

arglistig verschwiegene Mängel	Bei arglistig verschwiegenen Mängeln verheimlicht der Verkäufer dem Käufer einen versteckten Mangel absichtlich.	Die Tom Hoss KG kauft eine größere Menge Wollpullover. Der Verkäufer verschweigt dabei, dass die Pullover durch einen Wasserschaden in seinem Lager nass geworden sind.
Sachmängel		
Mangel in der Beschaffenheit	Ein Mangel in der Beschaffenheit liegt vor, wenn die Ware fehlerhaft ist. Die Ware ist ganz oder teilweise beschädigt. Sie entspricht also nicht der vertraglich vereinbarten Beschaffenheit.	Ein der Tom Hoss KG gelieferter Schreibtisch hat eine zerkratzte Arbeitsfläche.
Mangel in der Güte	Die Ware ist zwar einwandfrei, erfüllt jedoch nicht vertraglich zugesicherte Eigenschaften.	Ein Monitor funktioniert einwandfrei. Die Bildwiederholfrequenz ist jedoch erheblich geringer als vertraglich zugesichert.
falsche Werbeaussagen	Ein Mangel liegt auch vor, wenn Eigenschaften der Ware entgegen öffentlicher Äußerungen des Verkäufers nicht vorhanden sind.	Ein Drucker soll nach Aussagen des Herstellers in Werbeanzeigen 60 Seiten pro Minute drucken können. Tatsächlich schafft er aber nur 20 Seiten in der Minute.
Montagefehler	Ein Montagefehler liegt vor, wenn der Verkäufer etwas unsachgemäß montiert.	Ein Möbelhaus liefert die neue Teeküche für die Tom Hoss KG und baut diese auf. Zwei Türen eines Schranks lassen sich anschließend nicht öffnen.
mangelhafte Montageanleitung	Fehlt eine Montageanleitung oder hat diese Fehler, so dass es zu einer falschen Montage durch den Käufer kommt, gilt dies auch als Sachmangel.	• Uwe Otte kauft einen technisch anspruchsvollen DVD-Player mit japanischer Bedienungsanleitung, die nicht zu verstehen ist. Er kann daher das Gerät nicht bedienen. Es ist damit mangelhaft. • Markus Marx kauft in der Möbelabteilung von Kaufstadt ein Regal, das er aufgrund unverständlicher Montageanleitung nicht aufbauen kann. Er kann sich auf einen Mangel des Regals berufen. • Michael Hoffmann hat eine kleine Anrichte gekauft. Am Paket steht groß und deutlich: „Problemloser Aufbau! Auspacken und Zusammenbau in fünf Minuten!“ Da Michael Hoffmann wegen der fehlenden Bedienungsanleitung falsche Teile zusammengeschraubt hat, werden die Teile beschädigt.
Mangel in der Art	Bei diesem Mangel wird eine andere Ware als bestellt geliefert.	Statt des Druckers HAPE t400 wird ein einwandfreies Gerät HAPE t200 geliefert.
Mangel in der Menge	Hier liegt eine nicht vollständige Warenlieferung vor.	Die Tom Hoss KG hat 1000 Packungen Kopierpapier bestellt. Geliefert werden aber nur 500 Stück.
Rechtsmangel		
Ein Rechtsmangel liegt vor, wenn Dritte im Hinblick auf die Ware Rechtsansprüche stellen können, ohne dass dies beim Kauf vereinbart wurde.		• Ein Verkäufer ist nicht Eigentümer der Ware. • Eine Ware ist zur Absicherung eines Kredits mit einem Pfandrecht belastet.

Pflichten des Käufers

Der Käufer einer Ware ist verpflichtet, zunächst die Ware zu prüfen und festgestellte Mängel dem Verkäufer mitzuteilen. Versäumt der Käufer, einer dieser beiden Pflichten nachzukommen, kann er Rechtsansprüche gegenüber dem Verkäufer verlieren.

Mängelrüge

Wird also ein Mangel entdeckt, muss der Käufer dies beim Verkäufer reklamieren. Diese Mitteilung heißt Mängelrüge. Dabei muss der entsprechende Mangel sehr genau beschrieben werden. Die Mängelrüge ist grundsätzlich formfrei. Aus Beweissicherungsgründen sollte man eine Mängelrüge jedoch in Schriftform an den Verkäufer senden.

Tom Hoss KG
Damen- und Herrenmode

Tom Hoss KG | Grunerstraße 120 | 10169 Berlin

Bernhard Müller OHG
Im Weiher 1
69121 Heidelberg

Tom Hoss KG | Grunerstraße 120 | 10169 Berlin
Telefon | 030/750 610-100
Telefax | 030/750 610-111
Internet | www.tomhoss-wvd.de
E-Mail | info-SWZ@tomhoss-wvd.de

Ihr Zeichen, Ihre Nachricht vom	Unser Zeichen, unsere Nachricht vom	Telefon, Name	Datum
Vk-we ..-03-11	sb	030/750 610-168 Stefanie Beyer	..-03-13

Mangelhafte Lieferung: Unsere Bestellung 2398 vom 1. Februar d. J.

Sehr geehrte Damen und Herren,

wir haben Ihre Lieferung fristgerecht am 12. März erhalten.

Bei der unverzüglichen Überprüfung der Sendung stellten wir allerdings folgenden Mangel fest:

Statt der bestellten 500 Jeans mit der Bestellnummer 768543 haben Sie uns nur 300 Stück geliefert.

Zur Behebung dieses Mangels bitten wir Sie, die fehlenden Artikel umgehend frachtfrei nachzuliefern.

Trotz dieser mangelhaften Lieferung hoffen wir auch zukünftig auf gute Zusammenarbeit

Mit freundlichen Grüßen

Tom Hoss KG

i. A. *Stefanie Beyer*

Stefanie Beyer

Reklamationsfristen
Mängelrügen müssen innerhalb bestimmter Fristen – den sogenannten Rügefristen – bei dem Verkäufer eingegangen sein. Diese Fristen sind bei den verschiedenen Arten des Verkaufs unterschiedlich.

Bei einem **zweiseitigen Handelskauf** verkauft ein Unternehmer (z. B. ein Industrieunternehmen) einem anderen Unternehmen (z. B. einem Einzelhandelsunternehmen) eine Ware. Gibt es einen offenen Mangel, so muss unverzüglich gemahnt werden. Ist der Mangel versteckt, muss die Reklamation innerhalb von zwei Jahren erfolgen. Sie muss in diesem Zeitraum jedoch unverzüglich nach Entdeckung erfolgen. Bei arglistig verschwiegenen Mängeln beträgt die Reklamationsfrist drei Jahre.

Die Reklamationsfristen für den einseitigen Handelskauf unterscheiden sich von denen des zweiseitigen Handelskaufs bzw. von denen des bürgerlichen Kaufs: Bei einem **einseitigen Handelskauf** verkauft ein Kaufmann (z. B. ein Einzelhandelsunternehmen) einer Privatperson eine Ware. Für feste Sachen (z. B. Grundstücke) oder bewegliche Sachen (dann spricht man vom Verbrauchsgüterkauf) gilt für offene und versteckte Mängel eine zweijährige Rügefrist[1]. Für arglistig verschwiegene Mängel beträgt die Rügefrist drei Jahre.

Zum Schutz des Verbrauchers gilt im Rahmen des **Verbrauchsgüterkaufs** eine Besonderheit: Tritt in den ersten sechs Monaten nach Kauf der Ware ein Mangel auf, geht man davon aus, dass er schon bei Lieferung bestand und somit vom Verkäufer verschuldet wurde. Im Streitfall muss der Verkäufer nachweisen, dass die Ware zum Zeitpunkt des Verkaufs mangelfrei war. Erst nach Ablauf der sechs Monate findet eine **Beweislastumkehr** statt. Nun muss der Käufer beweisen, dass der Mangel nicht von ihm verursacht wurde.

Der **bürgerliche Kauf** ist ein Kauf unter Privatleuten. Auch hier gilt die Rügefrist von zwei Jahren. Gewährleistungsansprüche können aber beim bürgerlichen Kauf vertraglich ausgeschlossen werden.

<table>
<tr><th></th><th colspan="3">Rügefristen</th></tr>
<tr><th></th><th>offene Mängel</th><th>versteckte Mängel</th><th>arglistig verschwiegene Mängel</th></tr>
<tr><td rowspan="2">zweiseitiger Handelskauf</td><td>unverzüglich</td><td colspan="2">unverzüglich nach Entdeckung</td></tr>
<tr><td></td><td>spätestens innerhalb der Gewährleistungspflicht von zwei Jahren</td><td rowspan="3">innerhalb von drei Jahren</td></tr>
<tr><td>einseitiger Handelskauf</td><td colspan="2" rowspan="2">innerhalb der Gewährleistungspflicht von zwei Jahren</td></tr>
<tr><td>bürgerlicher Kauf</td></tr>
</table>

1 Rügefrist ist ein anderer Begriff für Reklamationsfrist.

Beim zweiseitigen Handelskauf muss ein Käufer noch die Regelungen zur Aufbewahrung der mangelhaften Ware beachten.

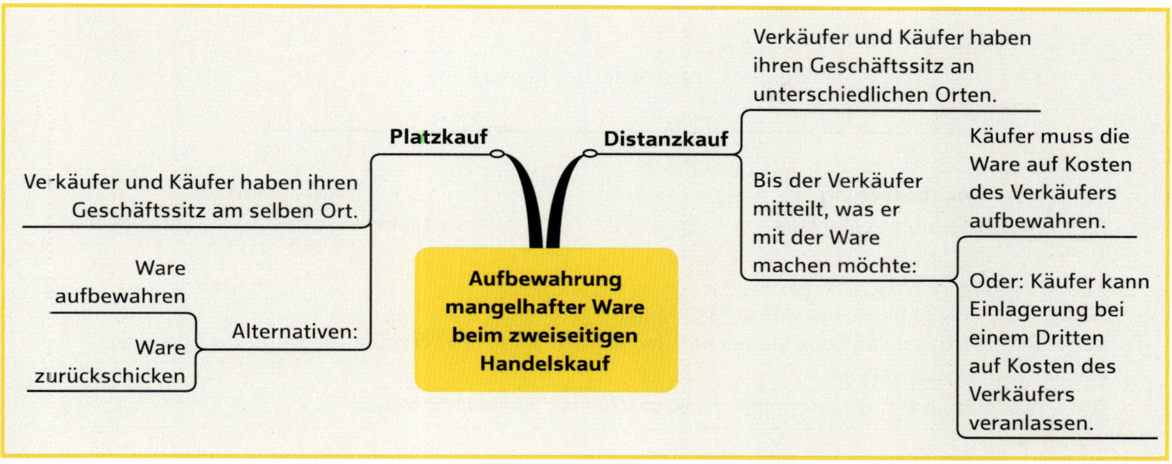

Rechte des Käufers

Zunächst einmal hat der Käufer einen **Nacherfüllungsanspruch,** den er geltend machen muss, bevor er auf die anderen Gewährleistungsrechte zurückgreifen kann. Bei der Nacherfüllung kann der Kunde grundsätzlich zwischen

- der Beseitigung des Mangels (Nachbesserung)
- oder der Neulieferung einer mangelfreien Sache

wählen.

BEISPIELE

- Die Tom Hoss KG hat einen neuen Firmen-Pkw gekauft. Gleich nach der Auslieferung fällt er wegen eines Motorschadens aus. Die Tom Hoss KG kann nun wählen, ob sie den Motor reparieren lässt oder sich einen neuen Firmen-Pkw liefern lässt.
- Die Tom Hoss KG kauft hochwertige Sportschuhe. Bei der Auslieferung stellt sich heraus, dass die Schnürsenkel nicht wie im Angebot beschrieben weiß, sondern schwarz sind. In Anbetracht der Geringfügigkeit dieses Mangels wäre es wohl für den Verkäufer unzumutbar, von ihm die Neulieferung der einwandfreien Sportschuhe zu verlangen. Hier besteht nur Anspruch auf Nachbesserung. Der Hersteller der Sportschuhe braucht also nur weiße Schnürsenkel nachzuliefern.

Diese Ersatzlieferung kann der Verkäufer allerdings zurückweisen, wenn

- dies mit unverhältnismäßig hohen Kosten verbunden ist,
- die Neulieferung unmöglich ist (z. B. bei einem Einzelstück) oder
- für den Verkäufer unzumutbar ist.

Für die Nacherfüllung muss der Käufer dem Verkäufer zunächst eine angemessene Frist setzen. Er muss allerdings keine Nachfrist setzen, wenn

- zwei Nacherfüllungsversuche fehlgeschlagen sind,
- die Nacherfüllung für den Käufer beziehungsweise Verkäufer unzumutbar ist,
- der Verkäufer die Nacherfüllung verweigert,
- der Mangel nicht behebbar ist.

Rechte des Käufers bei mangelhafter Lieferung (Schlechtleistung)

vorrangiges Recht: **Nacherfüllung**

↓

nach Wahl des Käufers

Nachbesserung Beseitigung des Mangels	**Nachlieferung** Ersatzlieferung eines Artikels ohne Mangel

- Nacherfüllt werden muss auch bei geringfügigen Mängeln.
- Wenn unverhältnismäßig hohe Kosten anfallen würden, kann der Verkäufer Neulieferung und/oder Nachbesserung verweigern.
- Nach zwei erfolglosen Versuchen gilt die Nacherfüllung als fehlgeschlagen.

↓

nachrangige Rechte

Rücktritt vom Vertrag	**Minderung** (auch bei geringfügigen Mängeln)	**Schadensersatz**

nur nach erfolglosem Ablauf einer dem Verkäufer zur Nacherfüllung gesetzten Frist

Diese ist nicht notwendig bei:

- Verweigerung der Nacherfüllung durch den Verkäufer
- Unzumutbarkeit der Nacherfüllung für Verkäufer beziehungsweise Käufer
- Fehlschlagen zweier Nacherfüllungsversuche

Nacherfüllung	
Der Kunde kann zunächst auswählen zwischen	
Neulieferung:	**Nachbesserung:**
Verkäufer stellt Ersatz für mangelhafte Ware	Reparatur der mangelhaften Ware

Die Nacherfüllung ist gescheitert, wenn sie unmöglich oder unverhältnismäßig ist oder die zur Nacherfüllung gesetzte Nachfrist erfolglos abgelaufen ist. Erst wenn die Nacherfüllung gescheitert ist, kann der Käufer die anderen Gewährleistungsansprüche geltend machen. Er kann dann vom Vertrag zurücktreten, den Kaufpreis herabsetzen (= Minderung) oder Schadensersatz verlangen.

Rechte der Käufer bei mangelhafter Lieferung und ihre Voraussetzungen	
Rücktritt vom Vertrag	1. Ein Sach- oder Rechtsmangel liegt vor. 2. Es darf **kein unerheblicher Mangel** sein. 3. Eine angemessene Frist zur Nacherfüllung muss erfolglos abgelaufen beziehungsweise entbehrlich sein.
Minderung (Herabsetzung des Kaufpreises)	1. Ein Sach- oder Rechtsmangel liegt vor. 2. Dieses Recht kann **auch bei unerheblichen Mängeln** (anders als beim Rücktritt!) in Anspruch genommen werden. 3. Eine angemessene Frist zur Nacherfüllung muss erfolglos abgelaufen beziehungsweise entbehrlich sein.
Schadensersatz	1. Ein Sach- oder Rechtsmangel liegt vor. 2. Ein Verschulden des Verkäufers muss vorliegen. Im Streitfall trägt der Verkäufer die Beweislast, dass er kein Verschulden hat. 3. Es darf **kein unerheblicher Mangel** sein. 4. Eine angemessene Frist zur Nacherfüllung muss erfolglos abgelaufen beziehungsweise entbehrlich sein. Unterschieden werden zwei Arten des Schadensersatzes: • Beim **Schadensersatz neben der Leistung** behält der Käufer die mit Mängeln versehene Ware. Bei dieser Art Schadensersatz werden die Kosten ersetzt, die die Mängel beseitigen können. • Beim **Schadensersatz statt der Leistung** verzichtet der Käufer auf die Ware und gibt sie zurück (Rücktritt vom Kaufvertrag). Abgedeckt wird der Schaden, der durch die nicht zustande gekommene Warenlieferung entstanden ist.

Nachrangige Rechte bei der Schlechtleistung		
Schlägt die Nachbesserung durch den Verkäufer fehl, hat der Käufer anschließend die folgenden Rechte:		
Wandlung	**Preisminderung**	**Schadensersatz**

Der Kunde tritt vom Vertrag zurück.	Der Kaufpreis wird herabgesetzt.	Die Kosten, die durch die mangelhafte Lieferung entstanden sind, werden erstattet.

Einschränkung von Gewährleistungsfristen

Beim Verbrauchsgüterkauf im Rahmen des einseitigen Handelskaufs darf – wie oben schon dargestellt – bei neuen Sachen die Gewährleistungsfrist nicht verkürzt werden. Bei gebrauchten Sachen ist eine Verkürzung auf ein Jahr möglich.

Beim zweiseitigen Handelskauf ist eine komplette Streichung der Gewährleistungspflicht für Mängelansprüche möglich. Voraussetzung dafür ist, dass es sich um eine eindeutige individuelle Absprache zwischen Lieferer und Käufer handelt. Die Mängel dürfen zudem vom Verkäufer nicht arglistig verschwiegen worden sein.

Verwendet der Lieferer Allgemeine Geschäftsbedingungen, kann bei der Lieferung neuer Waren eine kürzere Frist als die normale Gewährleistungsfrist vereinbart werden. Möglich ist hier allerdings eine Begrenzung des Gewährleistungsanspruchs auf mindestens ein Jahr.

Unternehmerrückgriff

Wenn ein Unternehmen als letzter Verkäufer eine gelieferte Ware wegen eines Mangels vom Endkunden wieder zurücknehmen oder den Kaufpreis mindern muss, kann er die gleichen Rechte gegenüber seinem Lieferer geltend machen.

AUFGABEN

1. Was versteht man unter Gewährleistung?
2. Was versteht man unter einem zweiseitigen Handelskauf?
3. Erläutern Sie
   a) den einseitigen Handelskauf
   b) den bürgerlichen Kauf.
4. Stellen Sie für die folgenden Fälle die Mängelarten fest:
   a) Die Tom Hoss KG kauft Outdoor-Kaffeetassen. Bei zwei Tassen sind die Henkel abgebrochen.
   b) Die Tom Hoss KG liefert an einen Einzelhändler schwarze statt blaue Jeans.
   c) Aufgrund fehlerhafter Nähte können Sportschuhe nach kurzer Einsatzzeit nicht mehr verwendet werden. Dies reklamieren mehrere Einzelhandelsunternehmen.
   d) Ein italienischer Pullover hat einen Webfehler.
   e) Die Nichte von Herrn Hoss kauft einen Fernseher. Es stellt sich heraus, dass ein Pfandsiegel auf der Rückseite entfernt wurde.
5. Die Tom Hoss KG kauft bei einem Händler einen Lkw für Auslieferungsfahrten. Vier Wochen später – beim ersten kalten Herbsttag – wird festgestellt, dass die Heizung nicht funktioniert. Beurteilen Sie die Situation.
6. Stefanie Beyer kauft bei einem Sportartikelhändler ein japanisches Laufband. Stefanie Beyer baut das Laufband erst fünf Monate später auf, weil sie sich zwischenzeitlich eine Verletzung zugezogen hatte und das Gerät daher nicht benötigte. Der Aufbau misslingt, da sie die japanischen Schriftzeichen in einer dem Paket beiliegenden Broschüre nicht entziffern kann. Beurteilen Sie die Situation.
7. Wie lang ist die gesetzliche Gewährleistung
   a) bei neuen Sachen,
   b) bei gebrauchten Sachen?
8. Erläutern Sie den Begriff der Beweislastumkehr.
9. Wann ist eine Ware mangelhaft?
10. Welche Rechte hat der Käufer, wenn die Nacherfüllung gescheitert ist?
11. Welche Voraussetzungen müssen gegeben sein, damit die Käufer ihre Rechte bei der mangelhaften Lieferung in Anspruch nehmen können?
12. In der Warenannahme wird festgestellt, dass bei einer Lieferung von 200 Herrenhemden bei 24 Hemden jeweils ein Knopf fehlt. Verkäufer war die Grotex GmbH. Jakub Nowak wird beauftragt, diesen Fall von Schlechtleistung weiter zu bearbeiten.
    a) Zunächst einmal muss er feststellen, um was für einen Fehler es sich handelt. Welche Mängelart liegt vor?
    b) Wie muss Jakub Nowak weiter vorgehen?

c) Welches Recht wird die Tom Hoss KG wahrscheinlich wahrnehmen?

13. Die Tom Hoss KG kauft bei der Bürobedarfs-Spezialisten-GmbH fünf neue Computersysteme. Nach der Inbetriebnahme zeigt sich, dass vier Monitore defekt sind. Stefanie Beyer reklamiert telefonisch und setzt eine Nachfrist von 14 Tagen. Der Gesprächspartner lehnt dies jedoch empört ab mit der Begründung: „Unser Experte ist seit gestern für vier Wochen im Urlaub." Kann die Tom Hoss KG daraufhin vom Vertrag zurücktreten?

14. Auch bei einer weiteren Lieferung der BürobedarfsSpezialisten-GmbH gibt es Probleme. Vor sechs Wochen wurden drei Schreibtische zum Selbstaufbau geliefert. Die Lieferung war weitgehend in Ordnung, es fehlten lediglich fünf Schrauben. Der Verkäufer wurde sofort – mit einer Nachfristsetzung – darüber informiert. Nach 14 Tagen wurde per Brief noch einmal zur Nachbesserung aufgefordert. Die fehlenden Schrauben wurden aber immer noch nicht geliefert. Sein Vorgesetzter lässt Jakub Nowak die fehlenden Schrauben für 3,20 € im Baumarkt besorgen. Es wird mit dem Aufbau der Schreibtische begonnen. Welches Recht kann die Tom Hoss KG in Anspruch nehmen?

15. Bereiten Sie Rollenspiele mit einem Partner vor:
Ein Kunde reklamiert, dass ein Artikel Ihres Ausbildungssortiments einen Fehler aufweist. Beachten Sie in den jeweiligen Fällen die korrekte rechtliche Argumentation.

16. Bilden Sie in Ihrer Klasse verschiedene Arbeitsgruppen. Jede der Arbeitsgruppen ist für einen der Bereiche
- Mangelarten,
- Voraussetzungen,
- Rechte verantwortlich.

a) Arbeiten Sie sich mithilfe des Buchs in Ihr Thema ein.
b) Bereiten Sie sich darauf vor, Ihr Thema der Klasse zu präsentieren.
c) Erstellen Sie eine Wandzeitung/eine Folie unter Beachtung der Regeln der Visualisierung zur Unterstützung Ihrer Präsentation.

17. Erstellen Sie eine Tabelle, die folgende Fragen für die unten stehenden Situationen beantwortet:
- Welche Art Kaufvertrag liegt vor?
- Welche Mängelart liegt vor?
- Welche Reklamationsfristen muss der Käufer einhalten?
- Welche Rechte kann er geltend machen?

a) Fall 1: Die Tom Hoss KG bekommt statt der bestellten Farblaserdrucker Schwarz-Weiß-Laser-Drucker geliefert.
b) Fall 2: Die Tom Hoss KG bekommt statt der bestellten 100 Pakete Kopierpapier nur 60.
c) Fall 3: Die Tom Hoss KG hat ein fahrbares Regal gekauft, das sie selbst zusammenbauen muss. Beiliegende Hinweise sind nur auf Schwedisch. Der Aufbau misslingt.
d) Fall 4: Das Privatauto von Herrn Hoss verbraucht dreimal soviel Benzin wie in der Werbung versprochen.
e) Fall 5: Sabine Wiegand verkauft an Herrn Hoffmann eine alte, von ihrer Großmutter geerbte Halskette. Diese schenkt er seiner Frau. Frau Hoffmann bemerkt, dass sich der Verschluss nicht richtig schließen und öffnen lässt.

18. Entwerfen Sie für Fall 2 aus der Aufgabe 17 eine Mängelrüge.

19. Die in diesem Kapitel vorgestellten Regelungen zur mangelhaften Lieferung basieren auf den rechtlichen Grundsätzen des BGB (Bürgerliches Gesetzbuch). In manchen Zweifelsfällen ist es ratsam, immer auch den jeweiligen Gesetzestext zu untersuchen. Deshalb soll in dieser Aufgabe die Arbeit mit Gesetzestexten geübt werden.
- Gehen Sie zur Internetadresse *http://bundesrecht.juris.de/aktuell.html*
- Suchen Sie unter der dort angegebenen Sortierung unter dem Buchstaben B das BGB (Bürgerliche Gesetzbuch).
- Beantworten Sie die folgenden Fragen mithilfe der angegebenen Paragrafen des BGB.

a) Erläutern Sie die vorrangigen Rechte, die der Käufer im Falle eines Sachmangels geltend machen kann.
→ § 439 (1) BGB
b) Wann kann neben den vorrangigen Rechten auch Schadensersatz neben der Leistung geltend gemacht werden?
→ § 280 (1) BGB
c) Wann kann der Verkäufer die Nacherfüllung verweigern?
→ § 439 (3) BGB

d) Geben Sie an, wann die Nacherfüllung gescheitert ist.
→ § 440 BGB

e) Führen Sie die nachrangigen Rechte auf, die der Käufer bei Mängeln geltend machen kann.
→ §§ 281 (1), 323 (2) und 284 BGB

ZUSAMMENFASSUNG

Verkäufer ← Kaufvertrag → Käufer

→ Pflicht für den Verkäufer, die Ware mangelfrei zu liefern

wird verletzt

gesetzliche Gewährleistungen

= Unternehmer haftet aufgrund gesetzlicher Vorschriften dafür, dass die Ware zum Zeitpunkt der Übergabe die zugesicherten Eigenschaften besitzt und mangelfrei ist

Mängelarten

nach Erkennbarkeit
- offener Mangel
- versteckter Mangel
- arglistig verschwiegener Mangel

Rechtsmangel
- Ware gehört nicht dem Verkäufer
- Ware ist mit Rechten Dritter belastet

Sachmangel
- Mangel in der Beschaffenheit
- Mangel in der Güte
- Mangel in der Menge (Zuweniglieferung)
- Mangel in der Art (Falschlieferung)
- Mangel aufgrund falscher Werbeaussagen
- mangelhafte Montageanleitung
- Montagefehler

Pflichten des Käufers

= müssen erfüllt werden, um keine Reklamationsrechte zu verlieren
- Ein festgestellter Mangel muss dem Verkäufer mit einer **Mängelrüge** mitgeteilt werden.
- Der Käufer muss bestimmte **Rügefristen** einhalten.

zweiseitiger Handelskauf
- offene Mängel: unverzüglich
- versteckte Mängel: unverzüglich nach Entdeckung, innerhalb von zwei Jahren

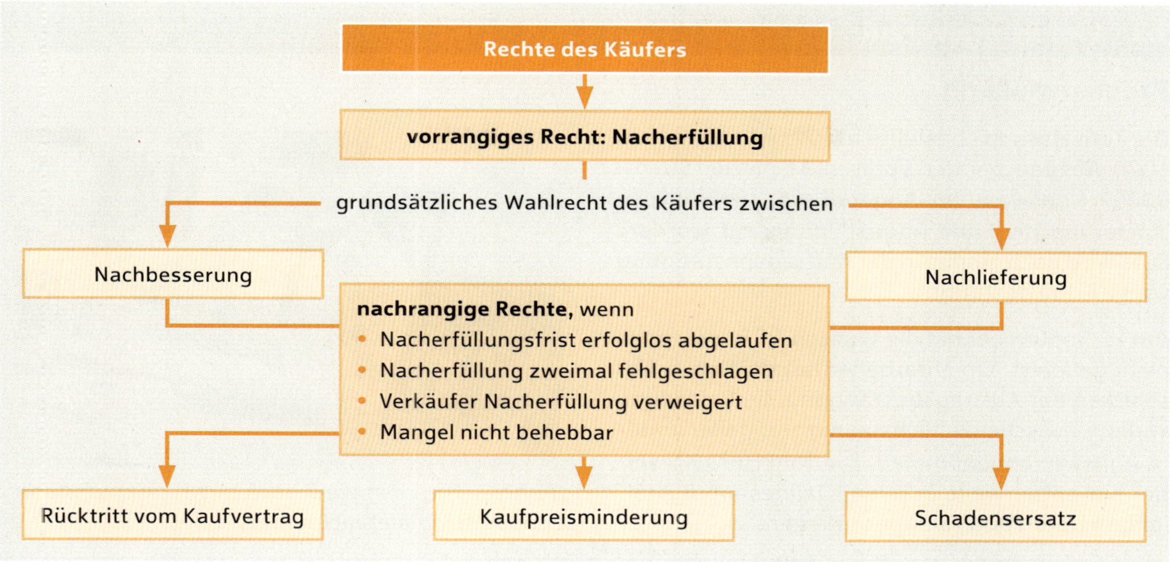

Man versteht erst dann etwas richtig, wenn man versucht, es einem anderen zu erklären. Dies führt zu einer erneuten gründlichen Auseinandersetzung mit dem gerade behandelten Thema.

1. Suchen Sie sich einen Partner.
2. Lesen Sie noch einmal die Zusammenfassung. Bei Verständnisproblemen schlagen Sie ggf. noch einmal im Informationstext nach.
3. Einer von Ihnen erläutert die Zusammenfassung dem Partner.
4. Dieser achtet auf Korrektheit und Vollständigkeit und wiederholt noch einmal.

ICH ÜBERPRÜFE MEINE NEU ERWORBENEN KOMPETENZEN

Den Erwerb der zu Beginn aufgeführten Kompetenzen können Sie selbst mithilfe der folgenden Tabelle überprüfen.
Wenn Sie alle Aufgaben, die hinter einer Kompetenz stehen, gelöst haben, machen Sie ein Kreuz bei „Ganz“. Bei den Kompetenzen, bei denen Sie Aufgaben „Teilweise“ oder „Gar nicht“ gelöst haben, sollten Sie den dazugehörigen Informationstext noch einmal lesen und die Aufgaben anschließend noch einmal bearbeiten.

Was ich nach der Bearbeitung dieses Kapitels kann	Aufgaben	Ganz	Teilweise	Gar nicht
Ich kann ...				
... bei einer Warenlieferung das Vorliegen eines Mangels erkennen.	1, 9			
... die Art des Mangels bestimmen.	4, 5, 6			
... zweiseitige, einseitige und bürgerliche Kaufverträge unterscheiden.	1, 2, 3			
... innerhalb der gesetzlichen Rügefristen situationsgerecht reklamieren.	7, 8, 10, 12, 16, 17, 18, 19			
... bei Mängeln eine Mängelrüge schreiben.	11, 18			
... Rechte aus einer mangelhaften Lieferung durchsetzen.	10,12, 13, 14, 15, 16, 17, 18, 19			

7.3 Lieferungsverzug

Problemstellung

Die Tom Hoss KG bestellte am 21. Juli des Jahres 1000 Anzüge bei der Vödisch AG, Neue Str. 17, 30457 Hannover. Im Angebot war verbindliche „Lieferung bis Ende August" zugesagt worden. Dies wird noch einmal in der Auftragsbestätigung vom 24. Juli bestätigt.

Am 15. September hat die Vödisch AG immer noch nicht geliefert. Ein Mitarbeiter hat dort nach Abschicken der Auftragsbestätigung die Bestellung verlegt. Zwischenzeitlich hat der Hersteller andere Aufträge angenommen. Die Tom Hoss KG selber hat mittlerweile in ihrem Onlineshop Bestellungen über 1000 Anzüge vorliegen.

„Mmh ... Tja ... Ich weiß auch nicht, aber ich kann Ihren Auftrag hier nicht finden ..."

1. Stellen Sie fest, ob eine Nicht-rechtzeitig-Lieferung vorliegt.
2. Beurteilen Sie die rechtlichen Möglichkeiten der Tom Hoss KG.

EINORDNUNG DES THEMAS

Lernfeld 7: Waren annehmen, lagern und pflegen

Einsatz der EDV im Lager

Warenannahme → Mangelhafte Lieferung → **Lieferungsverzug** → Warenlagerung → Überprüfen der Wirtschaftlichkeit im Lager

Kompetenzen

Nach Bearbeitung dieses Kapitels können Sie ...

... das Vorliegen eines Lieferungsverzugs durch Prüfung der Voraussetzungen einer Nicht-rechtzeitig-Lieferung erkennen.
... situationsgerecht Rechte aus der Nicht-rechtzeitig-Lieferung geltend machen.
... den Schaden beim Lieferungsverzug berechnen.
... Probleme bei der Berechnung des Schadens durch Vereinbarung einer Konventionalstrafe vermeiden.

INFORMATIONSTEXT

Die rechtzeitige, termingerechte Lieferung der vereinbarten Ware ist eine selbstverständliche Pflicht des Verkäufers. Wenn ein Verkäufer seinen Kunden eine Ware aber gar nicht oder verspätet liefert, liegt eine sogenannte **Nicht-rechtzeitig-Lieferung** vor. Früher wurde diese Kaufvertragsstörung auch **Lieferungsverzug** genannt.

Voraussetzungen

Um überhaupt Rechte in Anspruch nehmen zu können, muss geprüft werden, ob tatsächlich eine Nicht-rechtzeitig-Lieferung vorliegt. Für diesen Fall müssen bestimmte Voraussetzungen gegeben sein.

Fälligkeit der Lieferung

Erste Voraussetzung für die Nicht-rechtzeitig-Lieferung ist die Fälligkeit der Lieferung: Der Zeitpunkt der Lieferung muss tatsächlich gekommen sein. Dies ist unproblematisch, wenn der Lieferzeitpunkt kalendermäßig genau bestimmt oder bestimmbar ist. Ist dies jedoch nicht der Fall, muss der Lieferer durch eine Mahnung in Verzug gesetzt werden. Die Nicht-rechtzeitig-Lieferung gilt dann ab Zugang der Mahnung. Die Mahnung ist formfrei. Aus Gründen der Beweissicherung sollte sie jedoch schriftlich sein. Außerdem sollte ihre Zustellung bewiesen werden können.

Liefertermin kalendermäßig nicht bestimmt oder nicht bestimmbar	Liefertermin kalendermäßig bestimmt oder bestimmbar
Eine Mahnung ist beispielsweise bei den folgenden Formulierungen erforderlich.	**Eine Mahnung ist beispielsweise bei den folgenden Formulierungen nicht erforderlich.**
• Lieferung acht Wochen nach Bestellung • Lieferung sofort • Lieferung bald • Lieferung demnächst • Lieferung ab dem 1.6.20.. • Lieferung 30 Tage nach Rechnungserhalt	• Lieferung bis zum 28.2.20.. • Lieferung bis Ende März • Lieferung in der 20. Kalenderwoche • Lieferung 30 Tage nach Bestelldatum

Die Mahnung selber sollte eindeutig darauf hinweisen, dass sich der Lieferer in Verzug befindet. Abhängig davon, welche Rechte der Käufer in Anspruch nehmen möchte, sollte die Mahnung zudem

- entweder zur Lieferung auffordern oder
- eine Nachfrist setzen und die Inanspruchnahme weiterer Rechte androhen.

Neben der Nicht-rechtzeitig-Lieferung bei kalendermäßig genau bestimmbaren Terminen muss in drei weiteren Fällen nicht gemahnt werden:

- **bei Verweigerung der Leistung**
  Dadurch setzt sich der Verkäufer selber in Verzug.
- **beim Fixkauf**
  Bei dieser Kaufvertragsart muss der Verkäufer an einem ganz bestimmten, vereinbarten Termin (also weder vorher noch nachher) liefern.

BEISPIEL

Wenn die Tom Hoss KG mit der Vödisch AG eine „Lieferung am 30. August fix" vereinbart, dann ist die entscheidende Vertragsleistung die Lieferung genau am 30. August.

- **beim Zweckkauf**
  Hier ist beiden Vertragspartnern klar, dass eine spätere Lieferung für den Käufer keinen Sinn mehr macht.

BEISPIEL

verspätete Lieferung von Badeanzügen nach der Badesaison

Verschulden des Verkäufers

Eine weitere Voraussetzung der Nicht-rechtzeitig-Lieferung ist das Verschulden des Verkäufers. Ein Verschulden des Verkäufers liegt vor, wenn er

- die Ware mit Absicht nicht rechtzeitig liefert (= Vorsatz)
- oder bei der Lieferung nicht mit der Sorgfalt handelt, die angebracht wäre (= Fahrlässigkeit).

Bei **Gattungswaren** muss ein Verschulden des Lieferers nicht nachgewiesen werden. Gattungswaren werden durch Gattungsmerkmale beschrieben und können ersetzt werden: Gattungswaren sind also vertretbare Sachen. Dem Empfänger genügt es, wenn er die bestellte Menge in einer bestimmten Qualität erhält. Der Gesetzgeber geht davon aus, dass der Lieferer diese Art von Waren noch woanders hätte beschaffen können.

BEISPIELE

- Jeans
- neue Autos
- Kartoffeln

Den Verkäufer trifft keine Schuld, wenn höhere Gewalt vorliegt. In diesem Fall kann der Käufer vom Kaufvertrag zurücktreten.

Höhere Gewalt: Durch einen Streik der Lokführer im Güterverkehr bleiben die Züge mit den Containern im Überseehafen in Bremerhaven stehen.

Rechte des Käufers

Welche Rechte der Käufer in Anspruch nimmt, hängt davon ab, ob er weiterhin ein Interesse an der Lieferung hat.

Bestehen auf Lieferung

Der Käufer kann auf der Erfüllung des Kaufvertrags bestehen. Dies wird oft gemacht, wenn

- die Ware woanders überhaupt nicht zu kaufen ist,
- die Ware bei anderen Lieferern nur mit noch größerem Zeitaufwand zu beschaffen ist,
- es sich um einen Stückkauf handelt. Hier liegt ein Kaufvertrag vor, der sich auf eine individuell bestimmte Sache bezieht.

BEISPIEL

Der Gebrauchtwagen von Rudolf Schmidt ist ein Einzelstück und somit eine nicht vertretbare Sache.

Der Käufer kann zusätzlich noch einen **Schadensersatz wegen verspäteter Lieferung** verlangen, wenn er einen Verzugsschaden beweisen kann und er zudem entsprechend gemahnt hat.

Rücktritt vom Vertrag

Wenn der Käufer die benötigte Ware woanders preisgünstiger oder schneller beschaffen kann, hat er die Möglichkeit, vom Vertrag zurückzutreten. Dies geht jedoch nur nach erfolglosem Ablauf einer Nachfrist.

Diese Nachfrist kann entfallen, wenn

- der Verkäufer die Lieferung endgültig verweigert,
- es sich um einen Zweckkauf oder Fixkauf handelt,
- in bestimmten Fällen besondere Umstände gelten.

BEISPIEL

Eine bekannte Industriefirma möchte ihre Mitarbeiter für ein Firmenjubiläum einheitlich ausstatten und bestellt Anzüge bei der Tom Hoss KG. Diese ordert die Anzüge fix bei einem Textilhersteller. Die Tom Hoss KG wartet am vereinbarten Termin vergeblich auf eine Lieferung eines Lieferers.

Warten auf die Lieferung

Zusätzlich zum Rücktritt vom Kaufvertrag kann der Käufer, dem ein Nichterfüllungsschaden entstanden ist, **Schadensersatz statt der Leistung** verlangen.

Hier kann auf eine Nachfristsetzung verzichtet werden, wenn

- der Lieferer endgültig die Lieferung ablehnt,
- besondere Umstände auftreten.

Bei den Schäden, die ersetzt werden müssen, können zwei Arten unterschieden werden:

- Bei **konkreten Schäden** kann deren Höhe genau berechnet werden.

BEISPIEL

Die Tom Hoss KG kauft wegen einer ausgebliebenen Lieferung von Waren im Wert von 1.200,00 € gleiche Artikel bei einem anderen Lieferer zu einem Preis von 1.500,00 €. Es fallen noch 100,00 € Kosten für Büromaterial, Schreibarbeiten und Telefonate an. Bei diesem Deckungskauf kann der Schaden konkret berechnet werden:

höherer Preis für die Waren des Deckungskaufs	1.500,00 €
– Preis für die Waren des Lieferungsverzugs	– 1.200,00 €
+ sonstige Kosten	+ 100,00 €
= Schadensersatzanspruch gegenüber dem nicht liefernden Verkäufer	= 400,00 €

- Bei **abstrakten Schäden** handelt es sich um Schätzgrößen für den Fall, dass keine Deckungskäufe vorgenommen werden. Dabei geht es in der Regel um den entgangenen Gewinn, der bei rechtzeitiger Lieferung mit großer Wahrscheinlichkeit hätte erzielt werden können.

Gerade bei der abstrakten Schadensberechnung gibt es oft Streit zwischen Käufer und Verkäufer. Dieser Streit kann durch die Vereinbarung von Konventionalstrafen vermieden werden. Unabhängig davon, wie hoch der tatsächlich entstandene Schaden ist, verpflichtet sich der Verkäufer zur Zahlung einer Geldsumme als Strafe für eine Nicht-rechtzeitig-Lieferung.

Rechte des Kunden beim Lieferungsverzug

Der Kunde hat die Wahl zwischen:

Bestehen auf Lieferung	**Rücktritt vom Vertrag**

In beiden Fällen hat der Kunde zudem Anspruch auf **Schadensersatz**.

Haftungsverschärfung

Während der Nicht-rechtzeitig-Lieferung gilt die sogenannte *Haftungsverschärfung:* Der Lieferer muss Schadensersatz leisten bei zufälligem Untergang der zu liefernden Sache während der Nicht-rechtzeitig-Lieferung.

BEISPIEL

Bei der Emut GmbH, Hohler Weg 3, 34369 Hofgeismar ist eine Bestellung der Tom Hoss KG verloren gegangen. Daraufhin mahnte die Tom Hoss KG und setzte die Emut GmbH in Lieferungsverzug.

Die Emut GmbH produziert daraufhin die Artikel, verliert diese aber direkt vor der Auslieferung durch einen selbst verschuldeten Wasserschaden. Da der Schaden nicht passiert wäre, wenn vor der Nicht-rechtzeitig-Lieferung (= Lieferungsverzug) ordentlich geliefert worden wäre, haftet die Emut GmbH.

Die Haftungsverschärfung gilt nicht bei höherer Gewalt.

Unmöglichkeit der Lieferung

Die Nicht-rechtzeitig-Lieferung wird als vorübergehende Leistungsstörung angesehen. Man geht dabei davon aus, dass der Lieferer zwar noch nicht geliefert hat, aber liefern könnte. Sollte sich nach Vertragsabschluss herausstellen, dass endgültig nicht geliefert werden kann, hat der Käufer keinen Anspruch auf eine Lieferung. Er kann jedoch Schadensersatz statt der Lieferung bekommen.

AUFGABEN

1. Was ist eine Nicht-rechtzeitig-Lieferung?
2. Nennen Sie die Voraussetzungen, die bei einer Nicht-rechtzeitig-Lieferung vorliegen müssen.
3. In welchen Fällen kann auf eine Mahnung verzichtet werden?
4. Die Tom Hoss KG hat mit verschiedenen Lieferern Kaufverträge abgeschlossen. Deren Angebote enthielten die folgenden Formulierungen:
   a) Lieferung sofort
   b) Lieferung 60 Tage nach Rechnungserhalt
   c) Lieferung bis zum 1.10. diesen Jahres
   d) Lieferung in der 10. Kalenderwoche nächsten Jahres
   e) Lieferung ab 15.7.

   Entscheiden Sie, in welchen Fällen bei verspäteter Lieferung gemahnt werden muss.
5. In welchem Fall kommt ein Lieferer trotz Lieferfristüberschreitung eines kalendermäßig genau bestimmten Termins nicht in Lieferungsverzug?
6. Die Tom Hoss KG kauft bei der Bernhard Müller OHG, Im Weiher 1, 69121 Heidelberg, 2000 Hosen. Vereinbart wurde eine „Lieferung ab der 12. Kalenderwoche". In der 14. Kalenderwoche ist immer noch kein Wareneingang zu verzeichnen.
   a) Ist die Bernhard Müller OHG bereits im Lieferungsverzug?
   b) Welche rechtlichen Möglichkeiten hat die Tom Hoss KG?
7. Die Tom Hoss KG hat bei der Kartonagenfabrik Andrea Lange GmbH & Co. KG, Brabeckstr. 48, 30539 Hannover, am 5. April Verpackungsmaterial bestellt. In der Auftragsbestätigung wurde noch einmal auf die Lieferbedingung „so schnell wie möglich" hingewiesen. Am 1. Juni ist die Ware immer noch nicht geliefert worden. Das Verpackungsmaterial wird dringend benötigt. Es kann leider nicht auf andere Anbieter ausgewichen werden.
   a) Sind die Voraussetzungen für eine Nicht-rechtzeitig-Lieferung gegeben?
   b) Welche Rechte kann die Tom Hoss KG in Anspruch nehmen?

8. Die Tom Hoss KG bestellt aufgrund eines Angebots am 5. Juni bei einem Erftstädter Unternehmen 15 Regale. Als Lieferungstermin wird eine Lieferung am 19. Juni vereinbart. Der Termin wird vom Lieferer bestätigt. Am 27. Juni ist noch keine Lieferung zu verzeichnen gewesen.
Beurteilen Sie diesen Fall.

9. Wodurch unterscheiden sich konkrete und abstrakte Schäden im Rahmen der Nicht-rechtzeitig-Lieferung?

10. Die Tom Hoss KG wollte für 5.000,00 € Waren bei einem Göttinger Unternehmen kaufen, das jedoch nicht liefert. Stattdessen müssen die Artikel bei einer Hamburger Großhandlung für 6.200,00 € bestellt werden. Es fallen 400,00 € zusätzliche Kosten im Rahmen dieses Deckungskaufs an. Berechnen Sie den konkreten Schaden.

11. Die Tom Hoss KG hat mit einem Lieferer einen Kaufvertrag abgeschlossen, der die folgende Klausel (=Vereinbarung) enthält: „Erfolgt die Lieferung nicht bis zum 15. November, dann muss für jeden Tag der Verspätung eine Vertragsstrafe von 200,00 € an den Käufer gezahlt werden."
a) Wie wird eine solche Vereinbarung genannt?
b) Welchen Zweck hat eine solche Vereinbarung?

12. Erläutern Sie die Haftungsverschärfung.

13. Die in diesem Kapitel vorgestellten Regelungen zur Nicht-rechtzeitig-Lieferung basieren auf den rechtlichen Grundsätzen des BGB (Bürgerliches Gesetzbuch). In manchen Zweifelsfällen ist es ratsam, immer auch den jeweiligen Gesetzestext zu untersuchen. Deshalb soll in dieser Aufgabe die Arbeit mit Gesetzestexten geübt werden.
- Gehen Sie zur Internetadresse *http://bundesrecht.juris.de/aktuell.html*
- Suchen Sie unter der dort angegebenen Sortierung unter dem Buchstaben B das BGB (Bürgerliche Gesetzbuch).
- Beantworten Sie die folgenden Fragen mithilfe der angegebenen Paragrafen des BGB.

a) Was sind die Voraussetzungen für den Eintritt einer Nicht-rechtzeitig-Lieferung?
→ § 286(1) und 286(4) BGB
b) Wann wird von einem Verschulden des Verkäufers gesprochen?
→ §§ 276 bis 278 BGB
c) Wann muss der Käufer keine Nachfrist setzen?
→ § 281 BGB
d) Welche Rechte hat der Käufer bei einer Nicht-rechtzeitig-Lieferung?
→ § 281, § 284, § 286 und § 323 BGB

14. Geben Sie in den folgenden Fällen jeweils an, ob konkrete oder abstrakte Schäden vorliegen.
a) Mahnkosten
b) entgangener Gewinn der Tom Hoss GmbH
c) Anwaltsgebühren
d) Mehrkosten beim Deckungskauf

15. Mit verschiedenen Lieferern hat die Tom Hoss KG Kaufverträge abgeschlossen. Diese enthalten unterschiedliche Formulierungen zum Liefertermin.

Entscheiden Sie, in welchen der folgenden Fälle gemahnt werden muss.
a) Lieferung zwischen 5. und 15. April
b) Lieferung 29. September fest
c) Lieferung ab Anfang September
d) Lieferung bis spätestens 15. August
e) Lieferung 10. Kalenderwoche dieses Jahres

ZUSAMMENFASSUNG

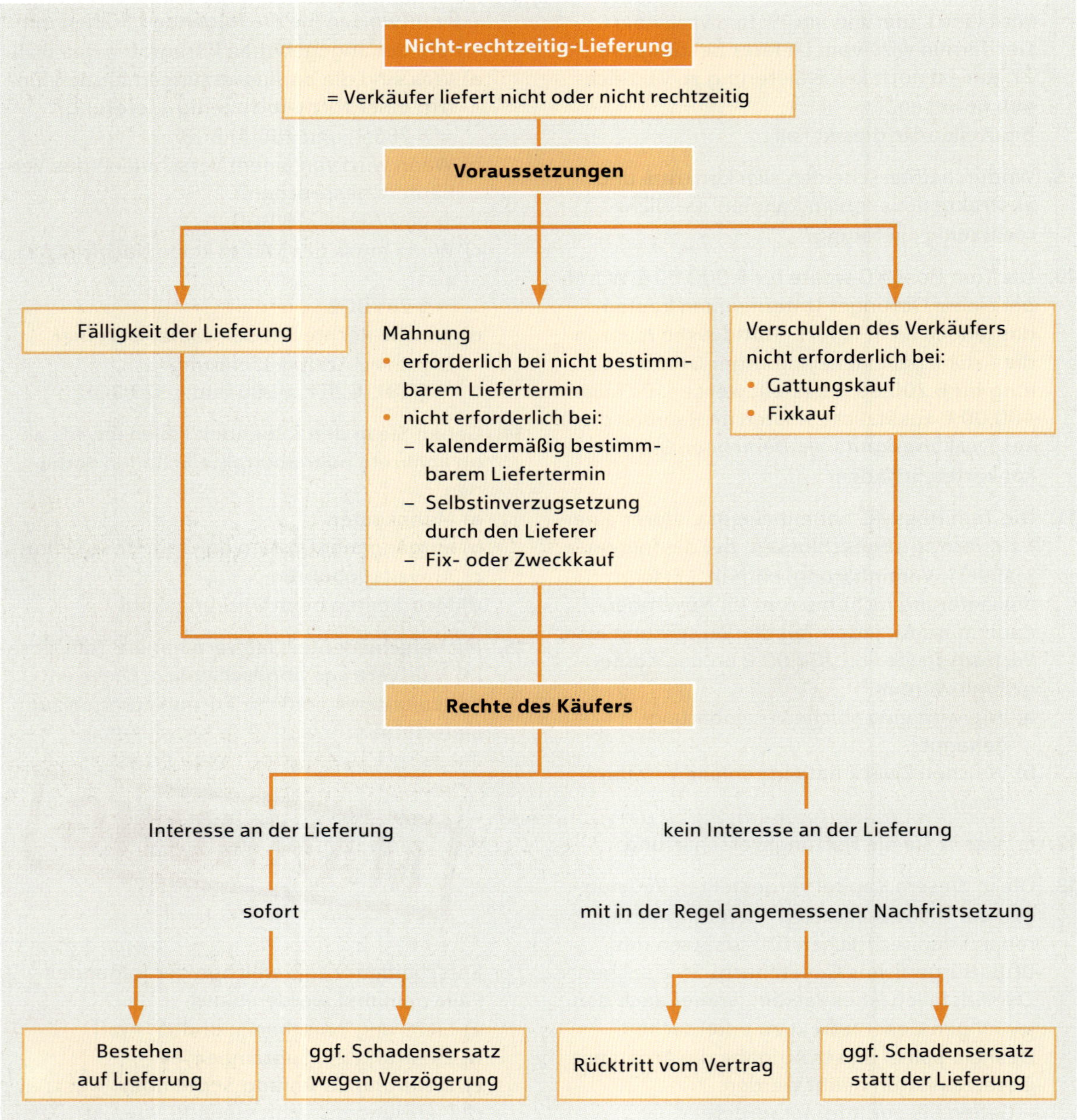

Man versteht erst dann etwas richtig, wenn man versucht, es einem anderen zu erklären. Dies führt zu einer erneuten gründlichen Auseinandersetzung mit dem gerade behandelten Thema.

1. Suchen Sie sich einen Partner.
2. Lesen Sie noch einmal die Zusammenfassung. Bei Verständnisproblemen schlagen Sie ggf. noch einmal im Informationstext nach.
3. Einer von Ihnen erläutert die Zusammenfassung dem Partner.
4. Dieser achtet auf Korrektheit und Vollständigkeit und wiederholt noch einmal.

ICH ÜBERPRÜFE MEINE NEU ERWORBENEN KOMPETENZEN

Den Erwerb der zu Beginn aufgeführten Kompetenzen können Sie selbst mithilfe der folgenden Tabelle überprüfen.

Wenn Sie alle Aufgaben, die hinter einer Kompetenz stehen, gelöst haben, machen Sie ein Kreuz bei „Ganz". Bei den Kompetenzen, bei denen Sie Aufgaben „Teilweise" oder „Gar nicht" gelöst haben, sollten Sie den dazugehörigen Informationstext noch einmal lesen und die Aufgaben anschließend noch einmal bearbeiten.

Was ich nach der Bearbeitung dieses Kapitels kann	Aufgaben	Ganz	Teilweise	Gar nicht
Ich kann ...				
... das Vorliegen eines Lieferungsverzugs durch Prüfung der Voraussetzungen einer Nicht-rechtzeitig-Lieferung situationsgerecht erkennen.	1, 2, 3, 4, 5, 6, 13			
... situationsgerecht Rechte aus der Nicht-rechtzeitig-Lieferung geltend machen.	6, 7, 8, 12, 13, 14, 15			
... den Schaden beim Lieferungsverzug berechnen.	9, 10			
... Probleme bei der Berechnung des Schadens durch Vereinbarung einer Konventionalstrafe vermeiden.	11			

7.4 Aufgaben und Arten von Lagern

Problemstellung

Stefanie Beyer ist im Rahmen ihrer Ausbildung schon häufig im Reservelager gewesen. Mittlerweile hat sie dort schon verschiedene Tätigkeiten durchgeführt. Ihr Ausbilder, Herr Bingöl, weist sie auf die Bedeutung von Lagern für Einzelhandelsunternehmen hin. Sie erfüllen für diese verschiedene Aufgaben.

Im Zentrallager werden die Waren an einem Ort gelagert.

1. Führen Sie auf, welche Funktionen Lager im Einzelhandel erfüllen.
2. Unterscheiden Sie am Beispiel Ihres Ausbildungsunternehmens Verkaufs- und Reservelager.
3. Suchen Sie Beispiele für Waren Ihres Ausbildungssortiments, bei denen das Lager die Zeitspanne zwischen Ein- und Verkauf überbrückt.
4. Nennen Sie Waren Ihres Ausbildungssortiments, bei denen das Lager der Umformung oder Pflege der Waren dient.

EINORDNUNG DES THEMAS

Lernfeld 7: Waren annehmen, lagern und pflegen

Einsatz der EDV im Lager

Warenannahme → Mangelhafte Lieferung → Lieferungsverzug → **Warenlagerung** → Überprüfen der Wirtschaftlichkeit im Lager

Kompetenzen

Nach Bearbeitung dieses Kapitels können Sie ...

... die beiden im Einzelhandel gebräuchlichen Lagerarten unterscheiden.
... weitere Lagerarten, die es besonders in einigen Zentrallagern des Einzelhandels gibt, aufführen.
... Aufgaben von Lagern nachvollziehen.

531198

INFORMATIONSTEXT

Lagerhaltung

DEFINITION
Ein Lager ist der Ort, an dem die Ware auf Vorrat aufbewahrt wird.

Kaum ein Einzelhändler ist in der glücklichen Lage, jede gerade gelieferte Ware sofort wieder verkaufen zu können. Da der Einzelhändler die Nachfrage der Verbraucher nicht vorhersehen kann, ist es nahezu unmöglich, die Beschaffung und den Absatz von Waren zeitlich und mengenmäßig genau aufeinander abzustimmen. Es gelingt einem Einzelhandelsbetrieb fast nie, nur so viel einzukaufen, wie für den Verkauf gerade benötigt wird. Er benötigt ein Lager, um die Spannungen zwischen Wareneinkauf und -verkauf möglichst zu vermeiden.

Lagerarten

Lager findet man im Einzelhandel in unterschiedlichen Formen und Größen. Grundsätzlich kann man zwei Arten von Lagern unterscheiden:
- das Verkaufslager und
- das Reservelager.

Die meiste Ware wird dort gelagert, wo sie dem Kunden angeboten wird. Jeder Einzelhandelsbetrieb benutzt also seine Verkaufsräume als sogenanntes **Verkaufslager**. Hier werden die Artikel verkaufsbereit gehalten. In Geschäften mit Vorwahl oder Selbstbedienung ermöglicht das Verkaufslager dem Verbraucher sogar einen unmittelbaren Zugriff auf die Ware. Die Anordnung der Artikel im Verkaufslager hat nach den Gesichtspunkten der Werbung zu erfolgen, da gerade hier der Kunde mit der Ware in engen Kontakt kommt.

Ein **Reservelager** findet man meist in der Nähe der Verkaufsräume. Hauptaufgabe dieser Lagerart ist die schnelle Ergänzung der Bestände im Verkaufslager. Hier werden aber auch Arbeiten durchgeführt, die den Verkauf stören würden: Die Ware wird angenommen, ausgepackt, geprüft, ausgezeichnet und gelagert, bis sie im Verkaufslager benötigt wird.

Weitere Lagerarten

- **Einteilung nach dem Ort der Aufbewahrung**
  - **Eigenlager:** Von einem Eigenlager spricht man, wenn ein Unternehmen seine Ware in eigenen Geschäftsräumen lagert.
  - **Fremdlager:** Aus bestimmten Gründen verwenden Unternehmen oft fremde Lagerräume in Lagerhäusern, bei Spediteuren oder Kommissionären, für ihre Warenvorräte.
- **Einteilung nach dem Grad der Aufteilung der Lagergüter**
  - **zentrales Lager:** Alle Waren werden an einem Ort gelagert.
  - **dezentrales Lager:** Die Waren werden auf verschiedene Lager verteilt, beispielsweise auf die Lager von Filialen.
- **Einteilung nach ihrer Aufgabe**
  - **Vorratslager:** Hauptaufgabe der Vorratslager ist es, eine große Menge an Waren zur Verfügung zu stellen. Als wichtigstes Ziel wird eine langfristige Pufferfunktion angestrebt, also die Zeitüberbrückung zwischen Produktion und Verwendung.
  - **Umschlagslager:** Diese Lagerart soll kurzfristig die Güter zwischen dem Umschlag von Transportmittel zu Transportmittel aufnehmen. Es dominieren die Bewegungsprozesse: Nicht so sehr eine hohe Lagerkapazität (= Aufnahmefähigkeit für Waren), sondern eine hohe Umschlagsgeschwindigkeit ist wichtigste Zielsetzung.
  - **Verteilungslager:** Hier sind Lager- und Bewegungsprozesse von gleicher Bedeutung. Wichtigste Zielsetzung ist die Leistungsfähigkeit zur Umstrukturierung des Güterflusses. Man unterscheidet Zulieferungslager (Waren werden von unterschiedlichen Lieferern gesammelt und an einen oder mehrere Kunden verteilt) und Auslieferungslager (Waren werden z. B. aus der Produktion gesammelt und an verschiedene Kunden ausgeliefert).
- Einteilung nach ihrer Bauform
  - **Freilager:** Sie sind für witterungsunempfindliche Güter die preisgünstigste Möglichkeit. Meist werden dort – im Freien – Schüttgüter, Holz, Baustoffe oder einige Stahlerzeugnisse gelagert.

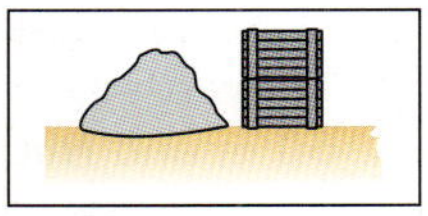

  - **Flachlager:** Diese Lager befinden sich in Gebäuden, die maximal 7 m

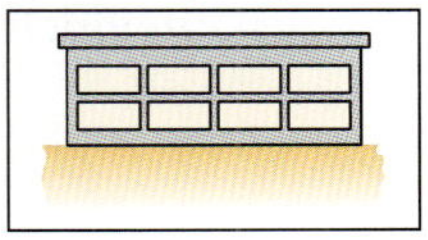

hoch sind. Deshalb muss die Grundfläche dieser Lager ausreichend groß sein. Die meisten Verkaufslager von Supermärkten sind von der Bauform her Flachlager.

- **Etagenlager:** Ein Etagenlager ist ein übereinander angeordnetes Flachlager auf mehreren Stockwerken. So kann Grundfläche eingespart werden. Der Warenfluss im Lager wird jedoch oft durch Aufzüge zwischen den Stockwerken verlangsamt. Etagenlager sind im Einzelhandel die Verkaufsräume von Warenhäusern, oft auch Kaufhäusern.

- **Hochflachlager/Hochregallager:** *Hochflachlager* sind Lager, die bis zu 12 m hoch sind. Die höchsten Lager in der Praxis haben sogar Höhen von über 45 m. Sie haben eine kleine Grundfläche. Als Hochflachlager führen einzelne Unternehmen häufig ihre Zentrallager. Vor allem der den Einzelhandel beliefernde Großhandel hat Hochflachlager: Der Großhandel führt in der Regel größere Warenmengen als ein Einzelhandelsunternehmen. Da Lagerfläche teuer ist, gehen diese Betriebe beim Bau ihrer Lager in die Höhe. Hier muss zudem auch keine aufwendige Warenpräsentation für Kunden erstellt werden. *Hochregallager* haben eine teure Lagereinrichtung, weil sie u. a. über eine hohe Automatisierung mit EDV-gestützten Regalförderzeugen verfügen.

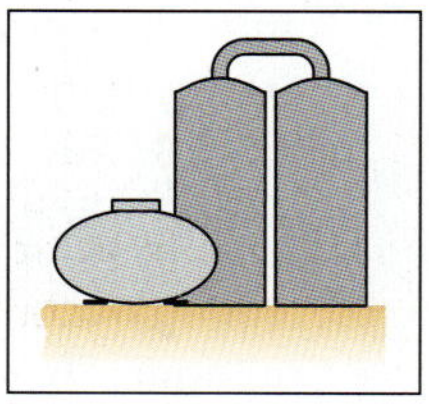

- **Bunker-/Silo-/Tanklager:** Bunker, Silos oder Tanks sind Speicherbehältnisse zur Lagerung von Schüttgütern, Flüssigkeiten oder Gasen. Es werden Höhen bis zu 50 m und Nutzinhalte von 2000 Kubikmetern erreicht. Die Beschickung der Bunker geschieht sehr häufig von oben über Krane oder Stetigförderer, während die Entnahme meist über Auslaufeinrichtungen am Boden erfolgt.

- **Spezielle Lagertypen für unterschiedliche Zwecke**
  - **Wareneingangslager:** Hier befinden sich Waren, die vom Wareneingang noch nicht für die eigentliche Lagerung bzw. den Verkauf freigegeben worden sind.
  - **Kühllager:** Sie dienen zur Aufbewahrung wärmeempfindlicher Waren.

- **Sonderlager durch gesetzliche Bestimmungen**
  In bestimmten Fällen müssen aus gesetzlichen Gründen spezielle Lager eingerichtet werden. Dabei ist der Verbleib der Ware gesondert nachzuweisen und die Ware ist unter strengstem Verschluss zu halten.
  - **Lager für gefährliche Güter:** Hierzu gehören z. B. Betäubungsmittel, radioaktive Stoffe und explosionsgefährliche Waren.
  - **Steuerlager:** Aufgrund der Gesetzgebung sind bestimmte Waren wie z. B. Alkohol getrennt zu halten und abzurechnen.
  - **Zollgutlager:** Es dient der Verwahrung von Zollgut.

Aufgaben der Lagerhaltung

Hauptziel der Lagerhaltung ist der Ausgleich zwischen Beschaffung und Absatz von Waren. In diesem Zusammenhang erfüllt das Lager verschiedene Aufgaben.

Schutz der Ware

Die erste Aufgabe eines Lagers liegt in dem Schutz der Ware. Deren Verkaufswert soll erhalten bleiben. Das Lager sichert also die Qualität der Ware gegen Beeinträchtigungen durch klimatische Belastungen (Feuchtigkeit, Temperatur). Zudem sollen Lager Verluste und Diebstahl der dort gelagerten Artikel verhindern.

Sicherung der Verkaufsbereitschaft

Waren werden im Lager bereitgehalten, um die Kunden sofort und bedarfsgerecht versorgen zu können. Die Aufrechterhaltung des Verkaufsprozesses wird abgesichert: Das Lager soll also einerseits verhindern, dass Schwierigkeiten bei der Beschaffung von Waren (wie z. B. Lieferverzögerungen oder Transportschwierigkeiten) die Verkaufsbereitschaft stören. Andererseits werden aber auch Artikel auf Vorrat gehalten, um Nachfrageschwankungen abzufangen. Solche Unregelmäßigkeiten im Verkauf können aus modischen, saisonalen oder konjunkturellen Gründen auftreten.

Räumliche Überbrückung

Oft stimmen der Herstellungs- und der Verwendungsort eines Artikels nicht überein. Die Spanne zwischen diesen beiden Orten wird durch ein Lager überbrückt.

BEISPIEL

Ein bestimmtes Handy wird in China produziert. Stefanie Beyer interessiert sich dafür und bestellt sich ein Exemplar bei einem deutschen Mobilfunkanbieter. Dieser hat 4000 Stück bei einem chinesischen Anbieter in Shanghai geordert und dann in einem Lager aufbewahrt. Stefanie Beyer bekommt ihr Exemplar sofort zugeschickt, sie muss nicht extra – was übertrieben wäre – nach China fliegen.

Zeitliche Überbrückung

Wenn Einkauf und Verkauf der Waren auseinanderfallen, dient das Lager dazu, die Zeit so lange zu überbrücken, bis die Waren vom Kunden benötigt werden. Das Lager ermöglicht also den zeitlichen Ausgleich zwischen Beschaffung und Absatz.

BEISPIEL

Bestimmte Waren können nur zu bestimmten Jahreszeiten beschafft werden, der Verkauf muss aber ganzjährig stattfinden (z. B. Obst und Gemüse).

Ausnutzen von Preisvorteilen

Das Lager ermöglicht Preis- und Kostenvorteile wahrzunehmen, die der Beschaffungsmarkt bietet. Sehr oft liegen die Preise der Lieferer niedriger, wenn die Nachfrage zu bestimmten Zeiten nicht so groß ist. Dann empfiehlt es sich für den Einzelhandel, die Waren günstig einzukaufen und auf Vorrat zu nehmen. Aber auch die Vorteile des Großeinkaufs kann man durch ein Lager nutzen. Die Einkaufspreise können sich erheblich verringern durch Mengenrabatte, die dem Einzelhandel gewährt werden.

Oft erreicht man überdies durch den Einkauf größerer Mengen, dass die Verpackungs- oder Beförderungskosten sinken oder ganz vom Lieferer übernommen werden.

„Sie haben doch ein großes Lager: Beim Kauf einer großen Menge kann ich Ihnen 25 % Rabatt anbieten!“

Spekulation

Werden auf der Einkaufsseite eines Einzelhandelsunternehmens bei einer bestimmten Ware Preissteigerungen erwartet, kann ein Lager zur Spekulation genutzt werden: Kauft man die Ware zu noch günstigen Preisen ein, wird der Verkauf der Artikel bei einem späteren Ansteigen der Verkaufspreise größere Gewinne bringen.

Behandlung der Ware

Eine weitere Aufgabe der Lagerhaltung ist die zweckmäßige Behandlung und Pflege der Ware, um deren Gebrauchsfähigkeit zu erhalten. Darüber hinaus wird im Lager oft noch nicht verwendungsfähige Ware in einen verkaufsfähigen Zustand gebracht. Hier finden Umpack-, Umfüll-, Misch- und Sortiervorgänge statt. Um den Kunden beispielsweise eine große Auswahl zu bieten, wird die Ware in den von den Kunden gewünschten Mengen bereitgestellt.

BEISPIEL

Tee wird im Lager in 1 000-kg-Säcken angeliefert und in kundenfreundliche 500-g-, 250-g- und 100-g-Tüten umgepackt.

Veredelung von Waren

In seltenen Fällen soll im Lager eine qualitative Veränderung der Ware bewirkt werden: Durch die Lagerung soll die Ware wertvoller werden. So wird dort Obst oder Käse aufbewahrt, um zu reifen. Wein gewinnt an Wert, wenn er sorgsam gelagert wird.

Aufgaben des Lagers			
Schutz der Ware	**Sicherung der Verkaufsbereitschaft**	**Räumliche Überbrückung**	**Zeitliche Überbrückung**
Die Qualität kann erhalten werden	Fähigkeit, die Waren jederzeit liefern zu können	Ausgleich der Entfernungen zwischen Herstellungsort und Verwendungsort	Ausgleich der Zeit zwischen Herstellung und Verwendung

Ausnutzen von Preisvorteilen	**Spekulation**	**Behandlung der Ware**	**Veredelung**
Durch Lagerung größerer Mengen verringert sich der Einkaufspreis	Waren, bei denen eine Preissteigerung erwartet wird, werden so lange eingelagert	An der Ware kann gearbeitet bzw. diese kann weiterverarbeitet werden	Die Qualität kann verbessert werden

AUFGABEN

1. Warum sind Lager im Einzelhandel notwendig?
2. Was versteht man unter einem Lager?
3. Welche Lagerarten unterscheidet man im Einzelhandel?
4. Welche Aufgaben erfüllt das Lager im Einzelhandel?
5. In welcher Form hat Ihr Ausbildungsbetrieb Verkaufs- und Reservelager?
6. Erläutern Sie, ob bzw. wie in Ihrem Ausbildungsbetrieb Ware behandelt oder veredelt wird.
7. Finden Sie Beispiele für Umpack-, Umfüll-, Misch- und Sortiervorgänge in Einzelhandelsunternehmen.
8. Welche Aufgabe erfüllt das Zentrallager der Larstadt AG in den folgenden Fällen?
   a) Schon im August werden Schokoladenweihnachtsmänner gelagert.
   b) Emmentaler-Käselaibe werden in Scheiben geschnitten und in 100-g-Plastikpackungen verpackt.
   c) Vor den Weihnachtsfeiertagen werden bei vielen Warengruppen die Bestände erhöht.
   d) Gleich nach der Herstellung werden verschiedene Weinsorten bei den Erzeugern gekauft und auf Lager genommen.
   e) Aufgrund des Brandes bei dem weltweit führenden Prozessorhersteller wird mit einer Verknappung und damit Verteuerung der Prozessoren gerechnet, was nach Ansicht der Einkäufer der Larstadt AG zu einer Erhöhung der Einkaufspreise von Computern führen wird. Da gerade ein

günstiges Angebot einer taiwanesischen Firma vorliegt, die sofort liefern kann, kauft man 200 Laptops sowie 400 Computer.

9. Schreiben Sie einen Fachbericht mit dem Thema „Unser Lager".
Dem Fachbericht soll entnommen werden können, welche Lagerarten Ihr Ausbildungsbetrieb hat und welche Aufgaben das Lager für Ihren Betrieb erfüllt. Dabei kommt es vor allem auf die jeweilige Begründung an.

10. Lager im Einzelhandel sind in der Regel entweder Verkaufslager oder Reservelager. Es gibt daneben noch andere Lager:

- Fremdlager
- Wareneingangslager
- Hochregallager

Klären Sie diese Begriffe mithilfe einer Internetrecherche.

11. Erstellen Sie eine Wandzeitung. Sie soll am Beispiel eines Artikels aus Ihrem Ausbildungssortiment anschaulich erläutern, wie das Lager verschiedene Aufgaben erfüllt. Bereiten Sie sich darauf vor, dies zu präsentieren.

12. Um optimal – z. B. für Klassenarbeiten in der Berufsschule – lernen zu können, müssen Sie Ihren Arbeitsplatz so gestalten, dass dort optimal gearbeitet werden kann. Das gilt natürlich erst recht für jeden beruflichen Arbeitsplatz. Versuchen Sie daher, jede Störung am Arbeitsplatz auszuschalten:

a) Überprüfen Sie, ob einer der vorgestellten Störfaktoren bei Ihnen am Arbeitsplatz vorkommt.

b) Überlegen Sie, ob das bei Ihnen negative Folgen gehabt haben könnte bzw. hat.

c) Versuchen Sie eine mögliche Lösung zu finden.

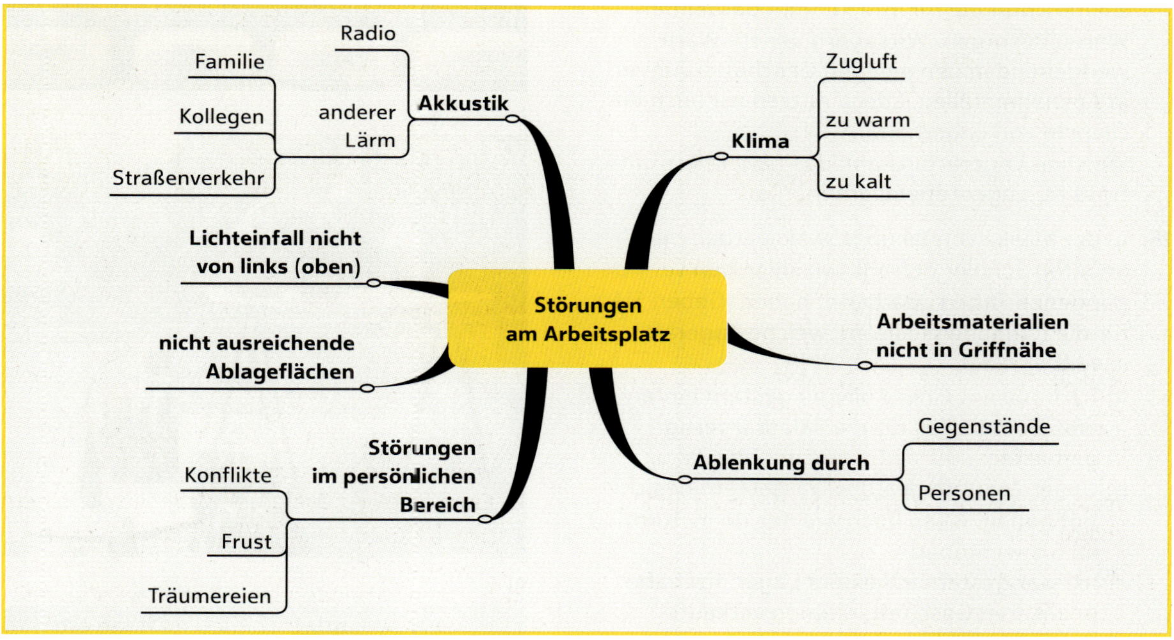

13. Welche Aufgabe des Lagers ist jeweils in den folgenden Fällen angesprochen?

a) Bestellt ein Verein bei der Böttger GmbH größere Mengen von Sportartikeln, werden diesem 15 % Mengenrabatt sowie die Übernahme der kompletten Transportkosten gewährt.

b) Da die Baumwollernte dieses Jahr sehr schlecht war, erwartet die Uwe Otte KG aufgrund eines geringeren Angebotes an diesem Rohstoff einen Anstieg der Preise. Sie kauft jetzt schon vorsichtshalber für die nächste Saison Baumwoll-Pullover und -Hemden.

c) Stefanie Lang isst unheimlich gerne Käse. Vor allem liebt sie alten Gouda.

d) Die Adrian Sieg Mode GmbH hat eine vergleichsweise große Menge an Anzügen auf Lager genommen. Hier gibt es einerseits häufig Lieferengpässe, andererseits aber auch oft überraschende Nachfragespitzen.

e) Stefanie Lang kauft nach der Arbeit in einem großen SB-Warenhaus Joghurt, Milch und Käse ein. Dieser wird in einem extra klimatisierten Raum angeboten.

14. Geben Sie für jede der acht Aufgaben eines Lagers an, wie diese beispielhaft durch das Lager Ihres Ausbildungsunternehmens erfüllt wird. Sollte dies nicht möglich sein, finden Sie ein Beispiel, wo ein anderes Einzelhandelsunternehmen für Sie diese Aufgabe in Ihrer Rolle als Konsument (Verbraucher) übernimmt.

15. Jakub Nowak besichtigt gerade mit den anderen Auszubildenden das Zentrallager der Tom Hoss KG. Der Lagerleiter stellt das Lager vor: „Die Lagerhöhe unseres Lagers beträgt 12 m. Hier wird das gesamte Sortiment der Tom Hoss KG gelagert: Aus diesem großen Warenangebot können sich die einzelnen Filialen zielgerichtet die für ihre Kunden passenden Waren besorgen. Wir lagern unsere Ware weitgehend in den eigenen Geschäftsräumen, in Ausnahmefällen jedoch nutzen wir auch die Dienste von Lagerhaltern."
Welchen Lagerarten kann das Lager der Tom Hoss KG zugeordnet werden?

16. In der Klasse von Jakub Nowak werden die anderen Schüler gefragt, wo sie in den vergangenen Tagen gearbeitet haben. Geben Sie für die folgenden Fälle an, welche Lagerart jeweils vorliegt.

a) Ich habe mit einer Kollegin gestern hinten erst einmal alles für die Salatbar fertig gemacht.

b) Unser Zentrallager, das wir gestern besichtigt haben, ist so hoch wie der 10-m-Turm im Schwimmbad.

c) Ich war gestern in keinem Lager: Ich habe in unseren Geschäftsräumen verkauft.

d) Bei uns ist wegen eines technischen Defekts das Kühllager ausgefallen. Die Waren haben wir bei einem anderen Unternehmen untergebracht, das für andere Unternehmen Waren lagert.

e) Wir waren die ersten Tage dieser Woche in Hamburg auf einem Auszubildendenseminar. Dort haben wir in der Speicherstadt so eine Anlage besichtigt, die sich über mehrere Stockwerke erstreckt.

f) Ich hatte diese Woche Urlaub. Aber ab morgen bin ich in unseren neuen Geschäftsräumen eingesetzt. Unser Unternehmen hat in der Innenstadt ein neues Geschäft gebaut.

g) Zusammen mit meinem Ausbilder habe ich gestern große Mengen Ware nachbestellt. Wir wollen in jeder unserer Filialen das gesamte Sortiment für unsere Kunden vorhalten.

17. Welche Aufgabe erfüllt das Lager in den folgenden Fällen?

a)

b)

c)

5311104

ZUSAMMENFASSUNG

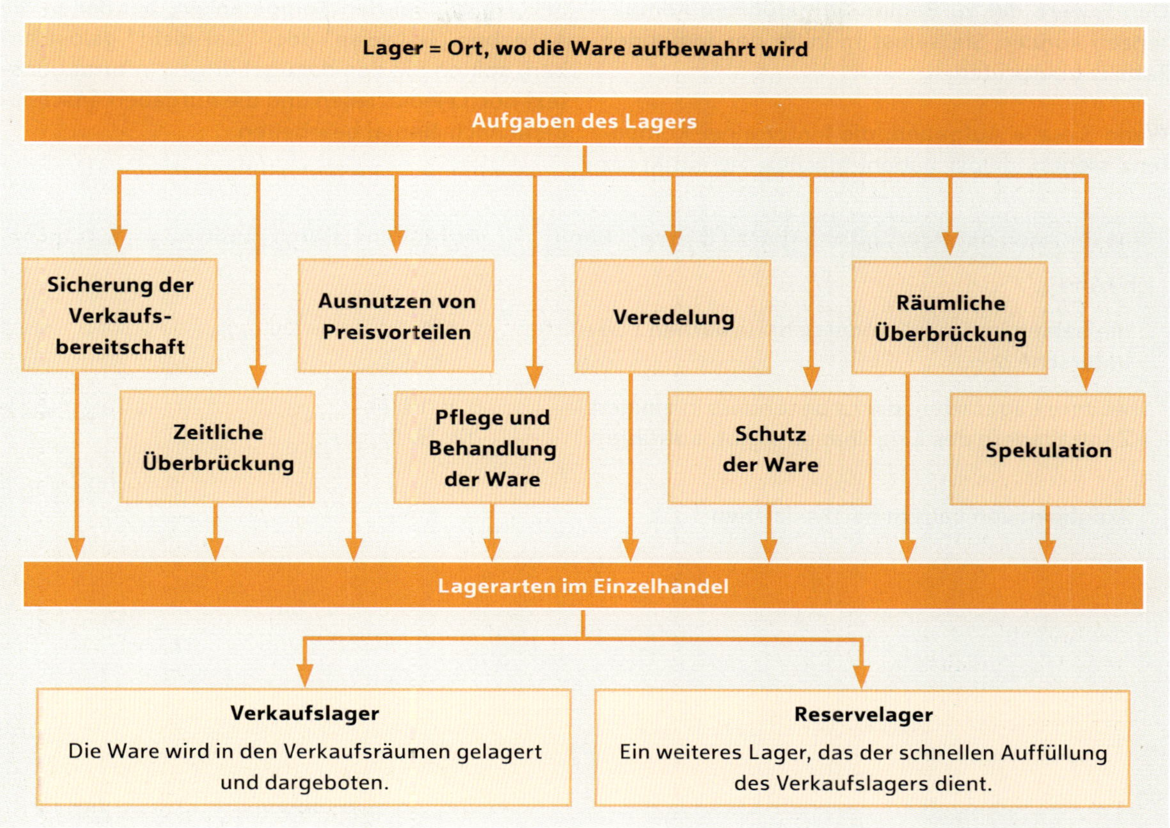

Man versteht erst dann etwas richtig, wenn man versucht, es einem anderen zu erklären. Dies führt zu einer erneuten gründlichen Auseinandersetzung mit dem gerade behandelten Thema.

1. Suchen Sie sich einen Partner.
2. Lesen Sie noch einmal die Zusammenfassung. Bei Verständnisproblemen schlagen Sie ggf. noch einmal im Informationstext nach.
3. Ihre Lehrerin/Ihr Lehrer stellt Ihnen 20 Karten zur Verfügung. Auf diese schreiben Sie die zentralen Begriffe des Themas.
4. Diese Karten legen Sie nun so, dass sich eine sinnvolle Struktur ergibt. Dies geschieht in gemeinsamer Diskussion mit Ihrem Partner: Sie sollen gemeinsam begründen können, warum Sie Ihre Struktur so gelegt haben.
5. Stellen Sie sich darauf ein, einer anderen Gruppe – oder dem Plenum – Ihre Struktur vorzustellen.

ICH ÜBERPRÜFE MEINE NEU ERWORBENEN KOMPETENZEN

Den Erwerb der zu Beginn aufgeführten Kompetenzen können Sie selbst mithilfe der folgenden Tabelle überprüfen.

Wenn Sie alle Aufgaben, die hinter einer Kompetenz stehen, gelöst haben, machen Sie ein Kreuz bei „Ganz“. Bei den Kompetenzen, bei denen Sie Aufgaben „Teilweise“ oder „Gar nicht“ gelöst haben, sollten Sie den dazugehörigen Informationstext noch einmal lesen und die Aufgaben anschließend noch einmal bearbeiten.

Was ich nach der Bearbeitung dieses Kapitels kann	Aufgaben	Ganz	Teilweise	Gar nicht
Ich kann ...				
... die beiden im Einzelhandel gebräuchlichen Lagerarten unterscheiden.	3, 4, 5, 6, 7			
... weitere Lagerarten, die es besonders in einigen Zentrallagern des Einzelhandels gibt, aufführen.	8, 9, 10, 11, 12, 13, 14, 15, 16			
... Aufgaben von Lagern nachvollziehen.	1, 2			

5311106

7.5 Lagergrundsätze

Problemstellung

Herr Bingöl, Lagerleiter der Tom Hoss GmbH, berichtet Stefanie Beyer aus der Gründungszeit des Unternehmens:

„Damals hatten wir einige Schwierigkeiten. Unser Lager war zunächst einmal sehr klein. Ein Teil der Ware musste in den Kellerräumen eines anderen Gebäudes untergebracht werden. Auf der ungesicherten Kellertreppe kam es zu zwei Arbeitsunfällen. Oft musste Ware gesucht werden, weil wir nicht wussten, wo benötigte Artikel standen. Wertvolle Ware wurde offen in den Regalen aufbewahrt ..."

1. Machen Sie Vorschläge, wie ein Lager organisiert sein muss, um diese Schwierigkeiten zu vermeiden.
2. Stellen Sie fest, welche Gesichtspunkte bei der Lagerung von Waren beachtet werden müssen.
3. Geben Sie an, welche Tätigkeiten üblicherweise in Ihrem Lager durchgeführt werden.

EINORDNUNG DES THEMAS

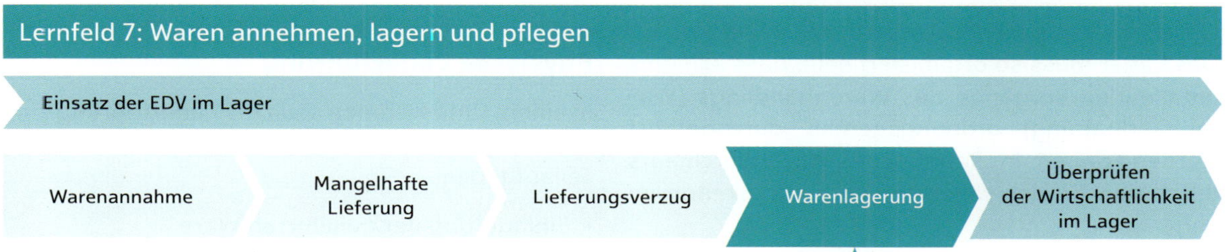

Kompetenzen

Nach Bearbeitung dieses Kapitels können Sie ...

... die im Zentrallager anfallenden Tätigkeiten durchführen.
... Lagergrundsätze zur optimalen Erfüllung der Lagerhaltung beachten.
... in Lagern erkennen, ob ein Festplatzsystem oder chaotisches Lagerplatzsystem vorliegt.
... bei Ein- und Auslagerungsprozessen die Verbrauchsfolgeverfahren „LIFO" und „FIFO" unterscheiden.

INFORMATIONSTEXT

Um die Unternehmensziele zu erreichen, werden im Lager unterschiedliche Tätigkeiten durchgeführt.

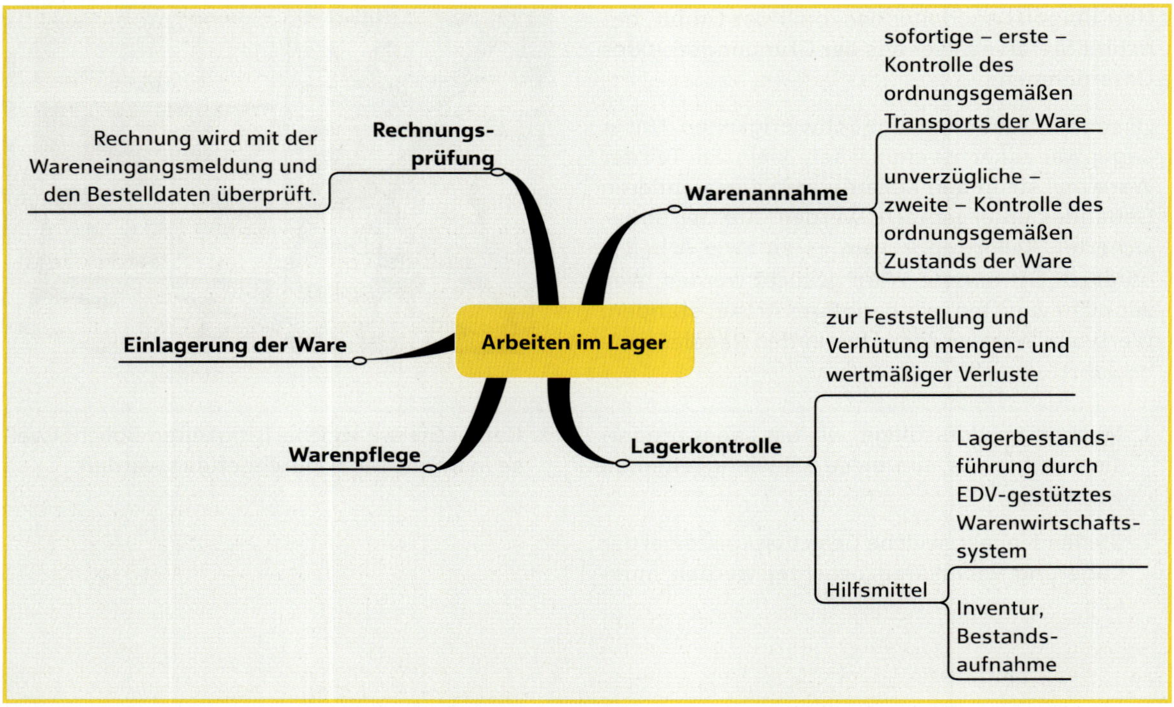

Ordnungsgemäße Durchführung aller im Lager anfallenden Tätigkeiten

Das Lager muss so organisiert sein, dass alle dort anfallenden Vorgänge des Warenhandlings (Warenhandhabung) ordnungsgemäß durchgeführt werden können. Im Rahmen des Warendurchlaufs durch den Betrieb fallen folgende Tätigkeiten im Lager an:

Warenannahme und Eingangskontrolle

In fast allen Unternehmen wird eine Annahme der vom Lieferer ankommenden Waren durchgeführt. Das Personal muss die eintreffende Ware in der betrieblichen Anlieferzone übernehmen. Der nächste im Lager zu organisierende Schritt ist die körperliche Wareneingangskontrolle. Es muss festgestellt werden, ob die gelieferte Ware nach Art, Menge und Qualität der aufgegebenen Bestellung entspricht.

Physische Lagerführung

In einem Unternehmen stellt die Lagerführung eine wesentliche Funktion dar. Dazu gehören folgende Teilaufgaben:

- Einlagerung der gelieferten Ware
- die eigentlichen Lagerhaltung
- Warenpflege
- körperliche Inventurdurchführung

Aufgrund der erheblichen Durchflussmengen an Waren können solche Aufgaben nur noch bei Anwendung einer spezialisierten Technik und Organisation wirtschaftlich bewältigt werden.

Kommissionierung

DEFINITION
Kommissionieren bedeutet das Zusammenstellen von Aufträgen.

Die vom Kunden benötigten Waren müssen im Lager gesammelt und bis zum Versandplatz trans-

5311108

portiert werden. Einer sinnvollen Organisation der Kommissionierung kommt in Handelsunternehmen eine große Bedeutung zu. Die Kommissionierung verursacht einerseits durch hohen Personal- und Sachmitteleinsatz hohe Kosten. Andererseits beeinflusst sie durch den Grad der Fehlerfreiheit der Kommissionen die Zufriedenheit der Kunden beträchtlich. Daher müssen die Zusammenstellwege und -zeiten minimiert werden. In diesem Zusammenhang sind verschiedene Kommissioniersysteme entwickelt worden.

DEFINITION

Unter Kommissioniersystemen versteht man die Sammelmethoden, mit denen einzelne Artikelpositionen zu den vollständigen Kundenaufträgen zusammengestellt werden.

Warenpflege

Die gelagerten Waren stellen Vermögenswerte dar. Um Verderb und Beschädigungen zu vermeiden, müssen sie gepflegt werden. Die Warenpflege gehört zu den täglich anfallenden Aufgaben der im Lager Beschäftigten. Sie umfasst alle Arbeiten, um die Waren in einem gebrauchs- oder verkaufsfähigen Zustand zu erhalten. Im Verkaufslager eines Einzelhandelsunternehmens fallen im Rahmen der Warenpflege folgende Aufgaben an:

- Verbesserung der Umschlagshäufigkeit und der Vermeidung von Bevorratungslücken

BEISPIELE

- ständige Bestandskontrolle, damit keine Lücken entstehen
- Kommt es dennoch einmal zu Lücken aufgrund fehlender Ware, sollte der Warenträger „vorübergehend" mit vorhandener Ware gefüllt werden – aber wirklich nur, bis der Fehlbestand behoben ist.

- Bestandsauffüllung (Nachfüllen)

BEISPIELE

- Warenanordnung beim Nachfüllen beibehalten
- Waren übersichtlich stapeln, aneinanderreihen, auf Haken hängen
- das Packungsbild aus der Sicht des Kunden stets nach vorne platzieren
- mit Grifflücken den Kunden einladen und bequemes Entnehmen ermöglichen

- Gewährleistung eines angemessenen Erscheinungsbilds des Angebots

BEISPIELE

- nur einwandfreie Ware in die Warenträger bringen
- Ware ständig auf Beschädigungen prüfen
- beschädigte oder verdorbene Ware aussortieren
- Ware nur in der angemessenen Sauberkeit anbieten
- Ware reinigen bzw. entstauben
- Überprüfung von Ware auf Überschreitung des Verfalldatums und evtl. Aussortieren
- Überprüfung der Ware auf korrekte Preisauszeichnung

Warenmanipulation

Häufig müssen im Lager Tätigkeiten durchgeführt werden, die die Waren erst in einen verkaufsfähigen Zustand (also zur Verwendungsreife) bringen. Diese Art der Bearbeitung von Waren nennt man Warenmanipulation.

BEISPIELE

- Reifelagerung (Wein, Cognac)
- Mischung (Futtermittel, Tee)
- Vorverpackung (Obst, Gemüse)
- Sortierung (landwirtschaftliche Produkte)

Aufgrund der Vielzahl der Manipulationsvorgänge ergibt sich eine hohe Regelungsbedürftigkeit.

Innerbetrieblicher Transport

Die Ausgestaltung des innerbetrieblichen Warentransports hängt ganz entscheidend von der baulichen Struktur und der flächenmäßigen Ausdehnung einer Betriebsstätte ab. Für Transporte kommen Gabelstapler, Hubwagen, Elektrofördermittel, Krane und Ähnliches infrage. Daneben spielt im Hinblick auf Umlagerungen die Anzahl und regionale Verteilung der Verkaufsstellen von Mehrbetriebsunternehmen eine Rolle.

Lagergrundsätze

Damit die Aufgaben der Lagerhaltung optimal erfüllt werden können, müssen bei der Einrichtung des Lagers bestimmte allgemeingültige Grundsätze beachtet werden.

Anforderungen an ein Lager						
In einem gut funktionierenden Lager sind die Lagergrundsätze erfüllt						
Sauberkeit	**Geräumigkeit**	**Übersichtlichkeit**	**Artgerechte Lagerung**	**Sachgerechte Lagereinrichtung**	**Sicherheit und Brandschutz**	**Umweltschutz**

Geräumigkeit

Das Lager sollte groß genug sein. Neben der eigentlichen Aufbewahrung werden Waren im Lager häufig auch angenommen, ausgepackt und geprüft. Anschließend sollen die Waren eventuell noch sortiert, abgepackt, umgefüllt oder abgewogen werden. Schließlich müssen die Artikel mühelos entnommen und transportiert werden können. Für all diese Arbeiten wird ausreichend Platz benötigt. Ein zu enges oder zu kleines Lager würde zusätzliche Kosten durch Zeitverlust verursachen. Außerdem wäre der rationelle Einsatz von maschinellen Hilfsmitteln, wie z. B. Gabelstaplern, nicht möglich.

Übersichtlichkeit

Oft können Preisvorteile, die beim Einkauf der Ware gewonnen wurden, durch eine unübersichtliche Lagerung wieder verloren gehen. Wird in solchen Lagern ohne vorgeplante Lagerordnung gearbeitet, entsteht oft ein erhebliches Durcheinander. Das Lager sollte so gestaltet werden, dass die Ware schnell und sicher aufgefunden werden kann. In diesem Zusammenhang müssen im Lager Entscheidungen getroffen werden über:

- die Lagerplatzzuordnung
- das Verbrauchsfolgeverfahren
- das Kommissionierungssystem

Ziel einer optimalen **Lagerplatzzuordnung** ist es, den einzelnen Artikeln jenen Lagerort zuzuordnen, der die gesamten Kosten des Warenflusses zwischen Ein- und Auslagerung minimiert. Es werden zwei Methoden unterschieden:

- **feste Lagerplatzzuordnung**
  Bei der festen Lagerplatzzuordnung ist stets jedem Artikel ein fester Lagerort zugewiesen. Der Platzbedarf orientiert sich dabei am Höchstbestand. Deshalb fällt ein hoher Raumbedarf an. Die im Lager zu führenden Güter werden nach einem systematischen **Lagerplatznummernsystem** platziert. Dabei kann ein Lagerplatz in etwa wie folgt gekennzeichnet sein:

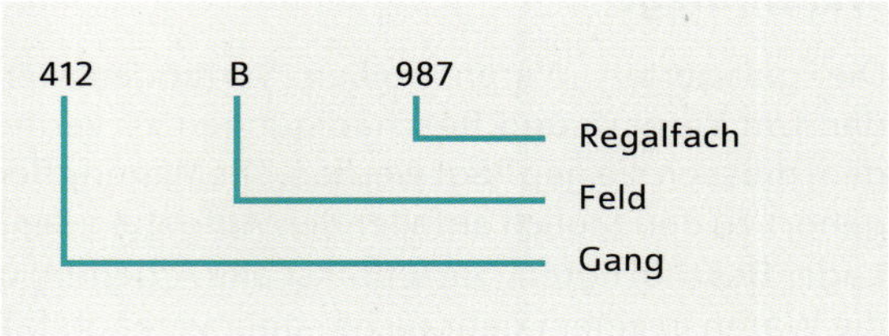

  Eine große Übersichtlichkeit und Zugriffssicherheit im Lager wirkt sich vorteilhaft aus: Da jeder Artikel seinen angestammten Lagerplatz hat, können Einlagerung und Kommissionierung notfalls auch ohne EDV-Unterstützung durchgeführt werden. Oft wird in einem **Lagerplan** festgehalten, wo ein bestimmter Artikel zu finden ist.
- **chaotische Lagerplatzzuordnung**
  Bei der chaotischen Lagerplatzzuordnung wird jede Ware dort eingelagert, wo zufällig ein genügend großer Platz frei ist. Diese Form der Lagerung verfolgt das Ziel einer optimalen Ausnutzung der Lagerkapazität (= Aufnahmefähigkeit des Lagers). Da es letztlich vom Zufall abhängt, welchen Lagerplatz ein Artikel erhält, kann gleiche Ware an weit auseinanderliegenden Stellen gelagert sein. Diese Form der Lagerordnung erfordert durch die große Anzahl von Lagerplätzen den Einsatz der EDV zur Steuerung der Kontrolle von Ein- und Auslagerung.

Im Rahmen der **Verbrauchsfolgeverfahren** wird die Reihenfolge der Güter bei den Einlagerungs- und Auslagerungsprozessen festgelegt. Die beiden wichtigsten Verfahren sind:

5311110

„Moment, die ältere Ware zuerst!!“

- **Fifo: „First in – first out“**
  Wenn nicht bestimmte Gründe dazu führen, ein anderes Verfahren zu verwenden, sollte man stets das Prinzip „first in – first out“ beachten: Um Veralterung und Verderb bzw. Ladenhüter zu vermeiden, sollten die zuerst eingelagerten Artikel auch zuerst ausgelagert werden.

- **Lifo: „Last in – first out“**
  In einigen Fällen ist es empfehlenswert, die zuletzt eingelagerten Vorräte zuerst auszulagern, um einen schnellen Zugriff zu ermöglichen. Das Lifo-Verfahren wird in der Regel nur bei Schüttgütern wie Kohle oder Getreide angewandt.

Artgemäße Lagerung

Oft kommt es zu erheblichen Lagerverlusten, weil die Lagergüter nicht immer sachgerecht behandelt werden. Einige Waren haben bestimmte Eigenschaften, auf die man bei der Lagerung Rücksicht nehmen muss. Sind die Lagerbedingungen den Eigenschaften der Ware angepasst, dann wird ihr Alterungsprozess verzögert. Deshalb müssen die eingelagerten Ware – je nach ihrer Beschaffenheit – geschützt werden vor:

- **Licht**
  Insbesondere die unmittelbar einfallenden Sonnenstrahlen wirken schädlich auf verschiedene Materialien wie beispielsweise Papiere, Bücher, bestimmte Nahrungsmittel, Gummi und Gummierzeugnisse, bunte Gewebe. Als Maßnahme empfiehlt sich eine Abdeckung bzw. Abdunklung.
- **Schädlingen**
  Verschiedene Insekten können Ware durch Verunreinigung, Fressen oder Nagen unbrauchbar machen. Ein Schutz wird erreicht durch strengste Sauberhaltung des Lagers. Darüber hinaus können chemische Mittel eingesetzt werden.
- **Geschmacksverlust oder -übertragung**
  Bestimmte Artikel (Käse, Wurst, Butter, Tee, Kaffee, Kakao usw.) können artfremde Gerüche annehmen. Um eine Geschmacksübertragung zu verhindern, sollten gefährdete Artikel getrennt aufbewahrt werden.
- **Wärme**
  Verschiedene Lebensmittel (Fleisch, Wurst, Fisch, Milchprodukte, Gemüse, Obst) müssen beispielsweise in Kühlräumen vor höheren Temperaturen geschützt werden.
- **Feuchtigkeit**
  Bücher, Papiere, Leder, Metall- und Holzartikel sowie bestimmte Lebensmittel reagieren empfindlich auf Nässe und Feuchtigkeit. Derart gefährdete Artikel sollten isoliert werden.
- **Austrocknung**
  Artikel wie Käse, Tabak, Gummi, Wolle usw. verlieren an Wert, wenn sich der Feuchtigkeitsgehalt im Material verringert. Abhilfe kann eine Klimaanlage schaffen.

Sachgerechte Lagereinrichtung

Eine grundlegende Aufgabe des Lagers besteht darin, alle Artikel so aufzubewahren, dass sie nicht beschädigt werden und dass alle Lagertätigkeiten reibungslos und wirtschaftlich ausgeführt werden können. Zu diesem Zweck ist jedes Lager mit verschiedenen Einrichtungen ausgestattet. Jeder Einzelhändler weiß, dass die Wirtschaftlichkeit der Lagereinrichtung weniger von den Anschaffungskosten abhängig ist als vielmehr von der zweckmäßigen Planung, der leichten Bedienbarkeit und der Möglichkeit zum Umbauen.

Umweltschutz

Ein umweltbewusstes Lager muss so gestaltet sein, dass keine Stoffe bzw. Güter ungewollt – also durch Versickern, Abfließen oder Ausströmen – in die natürliche Umwelt gelangen. Um diese Anforderung zu erfüllen, können technische Maßnahmen (z. B. Auffangbecken, Verschalungen), aber auch organisatorische Maßnahmen (u. a. Einführung eines Überwachungssystems für eingehendes Gefahrgut) ergriffen werden.

Sicherheit und Brandschutz

Durch bestimmte Vorsorge- und Sicherungsmaßnahmen kann im Lager die Gefahr eines Brandes, eines Diebstahls oder eines Unfalls vermindert werden.

Jeder **Brand** im Lager würde einen erheblichen wirtschaftlichen Verlust verursachen, weil gerade dort große Warenmengen vorrätig sind. Aus diesem Grund ist die Feuersicherung eine wichtige Aufgabe. Die Mehrzahl der Brandursachen lässt sich völlig beseitigen, wenn die geltenden **Brandschutzvorschriften** genau eingehalten werden. Darüber hinaus können auch technische Brandschutzvorrichtungen wie Feuerlöscher, Sprinkler- und Alarmanlagen die Brandgefahr vermindern.

Einbrüche oder Diebstähle werden erschwert, indem das Lager beispielsweise durch Schlösser und Stahltüren besonders gesichert wird. Weiterhin empfehlen sich Kontrollen und **Überwachungsmaßnahmen** (im Verkaufslager z. B. Fernsehanlagen und Spiegel). Besonders ist darauf zu achten, dass außer dem Lagerpersonal niemand das Reservelager betritt.

Die Arbeitsbedingungen im Lager müssen den Vorschriften des **Arbeitsschutzes** entsprechen. Die Mitarbeiter des Lagers müssen so weitgehend wie möglich vor Einflüssen geschützt werden, die schädlich auf ihre Gesundheit einwirken oder sie anderweitig gefährden können. Für die Unfallverhütung haben die Berufsgenossenschaften Unfallverhütungsvorschriften ausgearbeitet, zu deren Bekanntmachung der Arbeitgeber verpflichtet ist.

Die Unfallverhütungsvorschriften enthalten Regelungen über

- das Verhalten, das die Arbeitnehmer zur Verhütung von Arbeitsunfällen im Lager an den Tag legen sollen,
- Einrichtungen, Anordnungen und Maßnahmen, die die Arbeitgeber in den Betrieben zu treffen haben.

Die Sicherheitskennzeichnung im Lager weist auf mögliche Gefahren und Risiken hin.

BEISPIELE

Eine große Bedeutung kommt der Vermeidung von Feuer im Lager zu. Brände, die den Warenvorrat eines Unternehmens vernichten, können schnell dessen Existenz gefährden.

Brände können entstehen, wenn drei Faktoren zusammenkommen:

- Sauerstoff ist vorhanden.
- Es muss ein brennbarer Stoff vorhanden sein. Dabei hängt die Gefahr der Brandentstehung von der chemischen Fähigkeit des Stoffes ab, sich mit Sauerstoff zu verbinden.
- Eine Zündquelle, durch die der brennbare Stoff auf seine Zündtemperatur erhitzt wird, ist gegeben.

Um Brände zu verhindern, wird bereits beim Bau von Lagern darauf geachtet, dass durch bauliche Einrichtungen die Entstehung von Bränden vermieden oder die Ausweitung von Bränden zumindest eingedämmt wird. Dieser **bauliche Brandschutz** sieht z. B. vor:

- den Einsatz nicht brennbarer Stoffe und von Feuerschutztüren,
- die Errichtung und Ausweisung von Flucht- und Rettungswegen,
- den Einbau von Brandmeldern und Feuerlöschanlagen.

Zum **allgemeinen Brandschutz** gehören Maßnahmen, die bei der täglichen Arbeit Brände zu vermeiden helfen:

- Es wird darauf geachtet, dass im Lager nicht geraucht wird.
- Regelmäßige Brandschutzübungen lassen einerseits mögliche Schwachstellen erkennen, machen andererseits die im Lager arbeitenden Personen mit dem richtigen Verhalten im Brandfall vertraut.
- Ganz wichtig ist es, dass keine Notausgänge bzw. Fluchtwege verstellt sind.

Im Brandfall ist das **richtige Verhalten** für den Erfolg der Rettungsmaßnahmen wichtig:

- Es ist unbedingt Ruhe zu bewahren. Eine Panik ist zu vermeiden.
- Betroffene Personen müssen sich selbst und andere in Sicherheit bringen:
  - sich über die Fluchtwege unverzüglich zu den Sammelstellen begeben,

Dieses Schild weist auf den Fluchtweg hin.

  - andere Personen warnen und mitnehmen,
  - Brandschutztüren schließen,

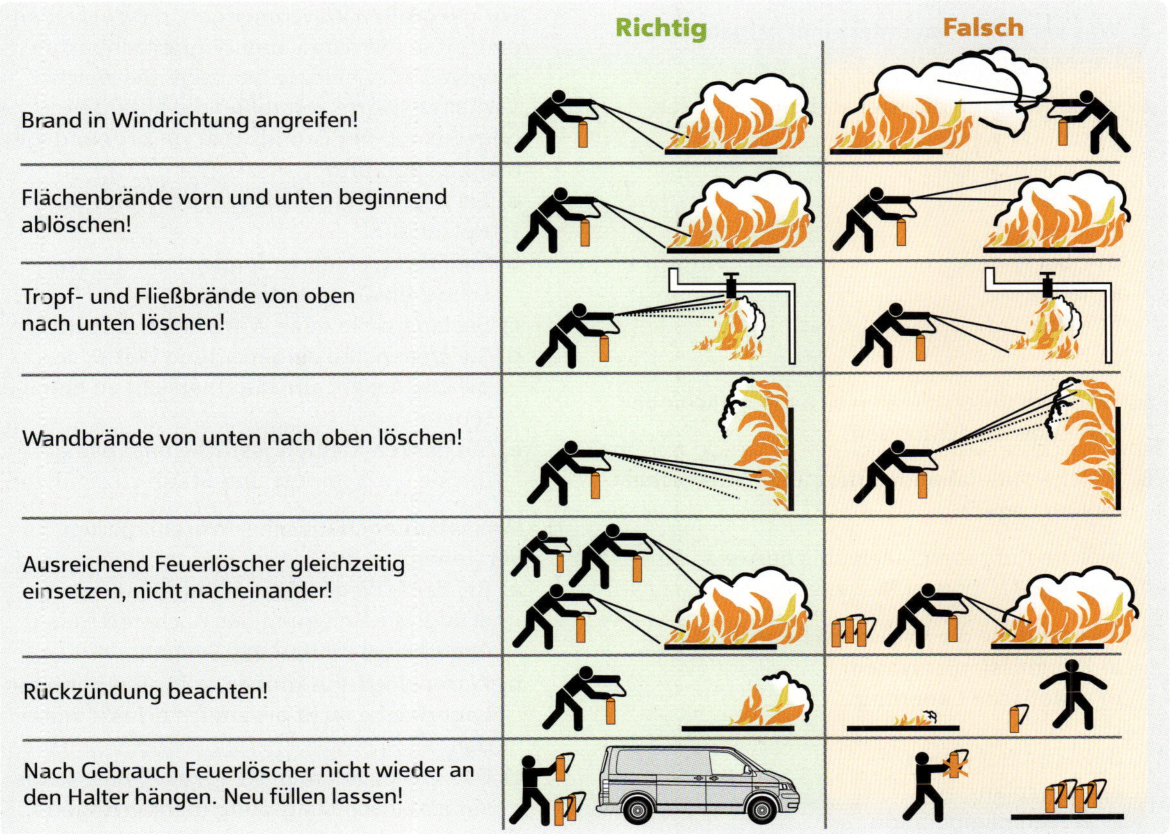

Bei der Brandbekämpfung geht es um jede Sekunde, die richtige Bedienung des Feuerlöschers ist äußerst wichtig.

– keine Aufzüge nutzen,
– wenn eine Person in Brand gerät, mithilfe von Decken und Kleidungsstücken (Sauerstoffentzug!) einen Löschungsversuch vornehmen.

Ein Feuermelder

- Die Feuerwehr muss über Feuermeldeeinrichtungen oder über den Notruf 112 alarmiert werden.
  Hilfreich sind dabei die folgenden vier Informationen:
  – Wo (Adresse) ist der Brand?
  – Was (Lager/Büro/Wohnhaus usw.) brennt?
  – Für wie viele Menschen besteht Gefahr?
  – Wer ist Melder des Brandes?
- Nur falls keine Gefahr mehr besteht, sind erste Löschmaßnahmen zu ergreifen.

AUFGABEN

1. Warum sollte ein Lager geräumig sein?

2. Wie kann ein übersichtliches Lager erreicht werden?

3. Was versteht man unter einer artgemäßen Lagerung?

4. Wovor müssen die nachstehenden Waren geschützt werden?
a) Papier
b) Leder
c) Käse
d) Obst
e) Tabak
f) Filme
g) Holz

5. Wodurch unterscheiden sich die verschiedenen Lagereinrichtungen?

6. Welche Maßnahmen unterstützen die Sicherheit im Lager?

7. Welche Aufgaben fallen üblicherweise im Lager an?

8. Erläutern Sie die folgenden Begriffe:
a) Kommissioniersystem
b) chaotische Lagerung
c) Fifo
d) Festplatzsystem
e) Lagerplan
f) Warenmanipulation

9. Welche Vorteile bietet die
a) feste,
b) chaotische Lagerplatzzuordnung?

10. Das Weihnachtsgeschäft steht vor der Tür. Für die großen Warenmengen, die deswegen eintreffen, wird im Lager der benachbarten Sandvoß KG viel Platz benötigt. Bei welcher Verhaltensweise verstoßen die Mitarbeiter gegen einen der Grundsätze zur ordnungsgemäßen Lagerung?
a) Sie lagern Kerzen nicht in der Nähe von Heizungen.
b) Sie führen einen Lagerplan, um die Ware schneller wiederzufinden.
c) Sie lagern die neue Ware hinter der älteren.
d) Sie stellen neu eingetroffene Waren vor gleiche Artikel, um die Übersicht zu behalten.
e) Sie decken Kleidungsstücke mit Folie ab, um sie vor Schmutz und Staub zu schützen.

11. Was ist unter chaotischer Warenlagerung zu verstehen?
a) Bei der EDV-gestützten Warenlagerung erfolgt die Belegung des nächsten freien Regalplatzes durch das System.
b) Wareneingänge können aufgrund geringer Lagerfläche nicht ordentlich erfasst werden.
c) Das Warenvolumen ist so groß, dass keine systematische Lagerung mehr erfolgen kann.
d) Die Warenlagerung erfolgt nur in Sortimentsgruppen.

5311114

e) Die Warenlagerung erfolgt nach der Umschlagshäufigkeit der einzelnen Warengruppen.

12. Führen Sie drei Faktoren auf, die zusammenkommen müssen, damit Brände entstehen können.

13. Welche Maßnahmen gehören zum baulichen Brandschutz?

14. Erläutern Sie Maßnahmen des allgemeinen Brandschutzes.

15. Wie sollte man sich im Brandfall richtig verhalten?

16. Beurteilen Sie die folgenden Situationen:
- **a)** Im Lager der Spindler KG ist ein Brand entstanden. Frauke Schröder greift den Brand mit einem Feuerlöscher in Windrichtung an.
- **b)** Frauke Schröder bekommt nacheinander zwei weitere Feuerlöscher von zwei Kollegen gereicht, um den Brand weiter zu löschen.
- **c)** Bei einem Tropfbrand im Lager der Eggeling OHG wird von unten nach oben gelöscht.
- **d)** Ein Wandbrand in der Bauer GmbH wird von unten nach oben gelöscht.

17.
- **a)** Suchen Sie mithilfe der Kopfstandmethode Fehler, die man bei Tätigkeiten im Lager machen kann, bzw. was dort schiefgehen kann.
- **b)** Formulieren Sie für jeden gefundenen Fehler einen Oberbegriff, der ein positives Vorgehen kennzeichnet.

18. Führen Sie in Partnerarbeit/Gruppenarbeit eine Internetrecherche durch. Sammeln Sie Informationen über Sicherheitskennzeichnungen im Lager.

19. Erstellen Sie anschließend ein Wandplakat, das jeweils mindestens fünf
- Verbotszeichen,
- Warnzeichen,
- Gebotszeichen,
- Rettungszeichen

und entsprechende Erläuterungen dazu enthält.

20. In dieser Aufgabe geht es um die Auswertung des vergangenen Unterrichtsverlaufs für ein erfolgreiches Lernen in der Zukunft.

Aus der Analyse des vorangegangenen Unterrichts kann man viel lernen: Sie sollten die einzelnen Lernabschnitte und die Arbeit im Unterricht insgesamt durchdenken. Aus der Auswertung des Unterrichtsverlaufs der vergangenen Zeit können Sie Rückschlüsse und notwendige Veränderungen für eine erfolgreiche Arbeit in der Zukunft ziehen.
- Beantworten Sie also den folgenden Fragebogen.
- Vergleichen und besprechen Sie die Ergebnisse anschließend mit den Mitgliedern Ihrer Arbeitsgruppe.
- Versuchen Sie aus Ihren Ergebnissen und aus den Rückmeldungen der anderen Arbeitsgruppenmitglieder Konsequenzen für Ihr Lernverhalten im weiteren Verlauf Ihrer Ausbildung zu ziehen.

1. Sind Sie zufrieden mit dem Ergebnis Ihrer Arbeitsgruppe?
2. Gab es Schwierigkeiten bei der Informationsbeschaffung?
3. Was ist besonders gut gelaufen?
4. Was ist besonders schlecht gelaufen?
5. War die Arbeit intensiv und ohne Ablenkung?
6. Wie beurteilen Sie die Arbeit in Ihrer Gruppe (Ausmaß der Beteiligung, dominierende oder „störende“ Personen)?
7. Wo konnten Sie Lernzuwächse (Fach-, Methoden und Sozialkompetenz) erzielen?
8. Was sollte in Ihrem Lernverhalten und in dem der Arbeitsgruppe in Zukunft verbessert werden?

Bei der Besprechung des Fragebogens in der Arbeitsgruppe sollte Folgendes beachtet werden:
- Formulieren Sie Ihre Rückmeldung sachlich und konstruktiv, sodass sie für andere annehmbar und nicht verletzend ist.
- Bekommen Sie Rückmeldung, nehmen Sie eine eventuelle Kritik nicht persönlich, sondern fassen Sie sie als persönliche Anregung auf.

21. Welche Informationen können einem Lagerplan entnommen werden?

22. Die Tom Hoss KG hat den Ablauf der Lagerarbeiten im Zentrallager umgestellt und automatisiert. Neue Waren werden nicht mehr an einem bestimmten Platz, wo sie immer liegen, abgelegt. Jetzt werden sie in unterschiedlichen, momentan leeren Regalen eingelagert.
  a) Welches Einlagerungssystem verwendete die Tom Hoss KG früher?
  b) Wie wird das neue Einlagerungssystem genannt?

23. Stefanie Beyer lagert gerade Ware im Lager ein. Sie entdeckt plötzlich ein Feuer, das durch ein verschmortes Kabel entstanden ist. Welche Maßnahmen sollte sie ergreifen?
  a) Stefanie Beyer löst Feueralarm aus, indem sie einen Feuermelder einschlägt.
  b) Mit einem Wassereimer löscht Stefanie Beyer sofort das Feuer.
  c) Ruhig meldet Stefanie Beyer das Feuer an die Lagerleitung.
  d) Über ein Telefon meldet Stefanie Beyer den Schwelbrand der Feuerwehr.

ZUSAMMENFASSUNG

Man versteht erst dann etwas richtig, wenn man versucht, es einem anderen zu erklären. Dies führt zu einer erneuten gründlichen Auseinandersetzung mit dem gerade behandelten Thema.

1. Suchen Sie sich einen Partner.
2. Lesen Sie noch einmal die Zusammenfassung. Bei Verständnisproblemen schlagen Sie ggf. noch einmal im Informationstext nach.
3. Wandeln Sie die Zusammenfassung mit Ihrem Partner in eine gemeinsame Mindmap um.

5311116

ICH ÜBERPRÜFE MEINE NEU ERWORBENEN KOMPETENZEN

Den Erwerb der zu Beginn aufgeführten Kompetenzen können Sie selbst mithilfe der folgenden Tabelle überprüfen.

Wenn Sie alle Aufgaben, die hinter einer Kompetenz stehen, gelöst haben, machen Sie ein Kreuz bei „Ganz". Bei den Kompetenzen, bei denen Sie Aufgaben „Teilweise" oder „Gar nicht" gelöst haben, sollten Sie den dazugehörigen Informationstext noch einmal lesen und die Aufgaben anschließend noch einmal bearbeiten.

Was ich nach der Bearbeitung dieses Kapitels kann	Aufgaben	Ganz	Teilweise	Gar nicht
Ich kann ...				
... die im Zentrallager anfallenden Tätigkeiten durchführen.	7, 17			
... Lagergrundsätze zur optimalen Erfüllung der Lagerhaltung beachten.	1, 2, 3, 4, 5, 6, 13, 14, 15, 16, 17, 18, 19, 20, 21			
... in Lagern erkennen, ob ein Festplatzsystem oder ein chaotisches Lagerplatzsystem vorliegt.	8, 9, 11, 22			
... bei Ein- und Auslagerungsprozessen die Verbrauchsfolgeverfahren „LIFO" und „FIFO" unterscheiden.	8, 10			

7.6 Optimaler Lagerbestand

Problemstellung

Der Lagerleiter, Herr Bingöl, und der Leiter der Einkaufsabteilung, Herr Deimann, sind unterschiedlicher Meinung:

Herr Deimann: „Aufgrund des vorhergesagten schönen Wetters müssen wir mit einer verstärkten Nachfrage der Kunden nach Sonnenhüten rechnen. Wir wollen jeden möglichen Umsatz mitnehmen. Deshalb haben wir erheblich mehr als üblich bestellt.“

Herr Bingöl: „Aber wir haben keinen Platz mehr im Lager. Wo soll ich die Ware unterbringen?“

Herr Deimann: „In der Nachbarschaft ist doch ein Lagerraum frei.“

Herr Bingöl: „Das bedeutet aber zusätzliche Kosten.“

Herr Deimann:

„Wir brauchen viele Sommerhüte!“

?

Herr Bingöl:

„Aber wir haben keinen Platz!“

1. Führen Sie auf, welche Kosten für einen zusätzlichen Lagerraum in der Nachbarschaft anfallen könnten.
2. Begründen Sie, wer von beiden recht hat.

EINORDNUNG DES THEMAS

Lernfeld 7: Waren annehmen, lagern und pflegen

Einsatz der EDV im Lager

Warenannahme → Mangelhafte Lieferung → Lieferungsverzug → Warenlagerung → Überprüfen der Wirtschaftlichkeit im Lager

Kompetenzen

Nach Bearbeitung dieses Kapitels können Sie ...

... begründen, dass die Ermittlung des optimalen Lagerbestands das Hauptproblem im Rahmen der Lagerhaltung ist.
... die Nachteile zu großer bzw. zu kleiner Lagerbestände nachvollziehen.
... verschiedene im Lager anfallende Kosten aufführen.
... Risiken der Lagerhaltung erkennen.

INFORMATIONSTEXT

Optimaler Lagerbestand

Die Ermittlung des **optimalen Lagerbestands** ist das Hauptproblem der Lagerhaltung.

DEFINITION

Der **optimale Lagerbestand** ist der für das beschaffende Unternehmen günstigste Lagervorrat. Er muss einerseits aus Kostengründen so klein wie möglich gehalten werden. Andererseits muss er aber auch groß genug sein, um die Lieferbereitschaft aufrechterhalten zu können. Ein Lagerbestand ist dann optimal, wenn die Nachteile eines zu großen und die eines zu niedrigen Lagerbestands vermieden werden können.

Der optimale Lagerbestand		
vermeidet Nachteile eines zu hohen und zu niedrigen Lagerbestands		
Zu wenig Ware auf Lager: nein	Genau die richtige Lagermenge: ja	Zu viel Ware auf Lager: nein

Nachteile eines unangemessenen Lagerbestands

Ein **zu großer Lagerbestand** führt zu unnötig hohen Lagerkosten. Eventuell müssen neue Lagerräume angemietet und neues Personal eingestellt werden. Darüber hinaus besteht die Gefahr einer Wertminderung der Lagerbestände. Die Ware kann veralten, unmodern werden oder verderben, wenn sie zu lange auf Lager liegt. Das beschaffende Unternehmen darf auch nicht übersehen, dass es in den hohen Warenvorrat Geld angelegt hat, das es anderswo im Betrieb hätte besser gebrauchen können. Da dieses gebundene Kapital (**„totes Kapital"**) überdies nicht gewinnbringend bei einer Bank angelegt werden kann, entgehen dem Unternehmen mögliche Zinseinnahmen.

Lagerkosten

Kosten für die Lagerbestände
- Zinsen für das in den Lagerbeständen gebundene Kapital
- Prämien für die Versicherung der Lagerbestände
- Wertminderung der Warenvorräte durch Diebstahl, Schwund, Veralten und Verderb

Kosten für die Lagerausstattung
- Raumkosten
- Instandhaltung, Strom, Heizung
- Abschreibungen auf Gebäude und Einrichtungen
- Verzinsung des Kapitals, das in Gebäude und Einrichtung investiert wurde

Kosten für die Lagerverwaltung
- Löhne und Gehälter des Lagerpersonals
- Büromaterial für die Lagerverwaltung

Bei einem **zu kleinen Lagerbestand** kann der Fall eintreten, dass der Kunde die benötigten Waren nicht kaufen kann. Außer dem entgangenen Gewinn besteht für den Betrieb die Gefahr, dass der Kunde in Zukunft andere Unternehmen bevorzugt. Ein weiterer möglicher Nachteil eines zu kleinen Lagerbestands sind höhere Kosten beim Bezug kleinerer Mengen, da z. B. kein Mengenrabatt gewährt wird.

Der Unternehmer und der optimale Lagerbestand

Der optimale Lagerbestand hängt von der Marktlage, den Transportverhältnissen und auch von der Leistungsfähigkeit des Lieferers ab. Je besser diese Voraussetzungen sind, umso kleiner kann der Lagerbestand sein: Dieser kann ja jederzeit nachgekauft werden. Der optimale Lagerbestand lässt sich nicht eindeutig berechnen, weil der Unternehmer die Nachfrage seiner Kunden nicht voraussehen kann. Er wird aber immer versuchen, so wirtschaftlich wie möglich zu planen. Dazu müssen die Bestände ständig kontrolliert[1] und Lagerkennziffern[2] gebildet werden.

Risiken der Lagerhaltung

Beim optimalen Lagerbestand sind auch die Risiken der Lagerhaltung vertretbar.

Jedes Warenlager birgt Risiken, die durch keine Versicherung abzudecken sind. Deshalb müssen die Mitarbeiter im Lager darauf achten, diese Risiken gering zu halten.

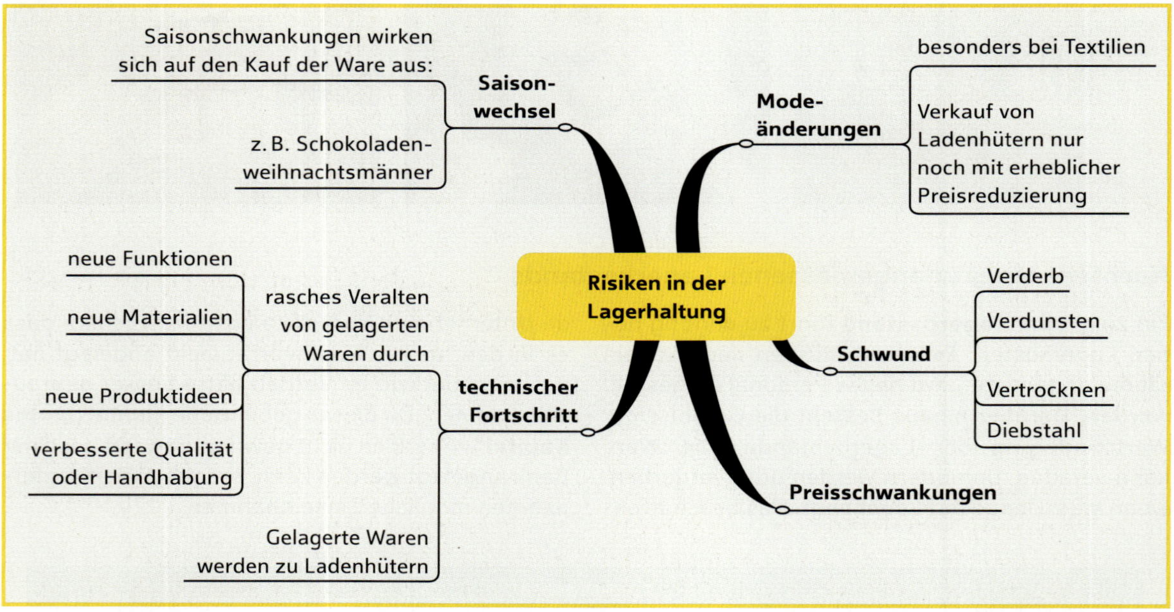

AUFGABEN

1. Was versteht man unter dem optimalen Lagerbestand?
2. Welche Nachteile hat ein zu großer Lagerbestand?
3. Nennen Sie die Nachteile eines zu kleinen Lagerbestands.
4. Nennen Sie Beispiele für Lagerkosten.
5. Warum lässt sich der optimale Lagerbestand nicht eindeutig ermitteln?
6. Erläutern Sie den Begriff *totes Kapital* in Zusammenhang mit den Lagerbeständen.
7. Welche Aussage über den optimalen Lagerbestand ist richtig?

1 siehe Kap. 7.7 2 siehe Kap. 7.8

5311120

a) Der optimale Lagerbestand ermöglicht das Ausnützen der günstigsten Einkaufskonditionen.
b) Beim optimalen Lagerbestand werden Vergleiche zwischen Soll- und Ist-Beständen überflüssig.
c) Der optimale Lagerbestand ermöglicht die größte Wirtschaftlichkeit der Lagerhaltung.
d) Bei Erreichen des optimalen Lagerbestands muss neue Ware bestellt werden.
e) Beim optimalen Lagerbestand ist die Umschlagshäufigkeit am geringsten.

8. Welche Kostenart sind Lagerkosten?
a) Kosten für die Zustellungen von Waren an Ihre Kunden
b) Schutzverpackungen bei bestimmten Warengattungen
c) Zinsen für das im Warenbestand gebundene Kapital
d) Entsorgungskosten von Batterien bzw. Sondermüll
e) Bezugskosten der Hausfracht bei Warenanlieferungen

9. Erstellen Sie eine PowerPoint-Präsentation, die die Kosten vorstellt, die im Lager vorkommen. Die einzelnen Kostenarten sollen durch entsprechende Abbildungen visualisiert werden.

10. Erstellen Sie zu dem folgenden Text eine Mindmap:

Optimaler Lagerbestand
Gebundenes Kapital in Form eines hohen Lagerbestands ist totes Kapital. Der optimale Lagerbestand verursacht möglichst geringe Lagerkosten sowie einen reibungslosen Betriebsablauf. Dazu muss die optimale Bestellmenge passend abgestimmt sein.

Niedrige Lagerbestände haben negative Auswirkungen wie:

- Kundenverluste durch mangelnde Verkaufsbereitschaft und unvollständiges Sortiment – somit weniger Gewinn
- keine Ausnutzung von Mengenrabatten – „Im Einkauf liegt der Gewinn“

Hohe Lagerbestände haben ebenfalls negative Auswirkungen wie:

- Flüssige Mittel werden weniger.
- Lagerkosten sind hoch.
- Hoch ist auch das Risiko durch Verderben, Modewechsel, Saisonwechsel, Veraltern und Diebstahl.

Gegenmaßnahmen bei zu hohen Lagerbeständen sind alle absatzfördernden Maßnahmen und Sonderverkäufe, wobei Letzteres auch Nachteile für das Unternehmen und den ganzen Markt mit sich bringt.

Das Ziel der Ermittlung optimaler Lagerbestände ist:

- Erhöhung der Lagerumschlagshäufigkeit
- Verringerung der durchschnittlichen Lagerdauer
- Verringerung des Lagerzinssatzes und der Lagerzinsen
- Verringerung der Versicherungsprämien
- Verringerung der allgemeinen Lagerrisiken
- Verringerung der Kapitalbindung
- Erhöhung des Risikos der eigenen Lieferbereitschaft

11. Untersuchen Sie eine GuV-Rechnung und stellen Sie dar, welche Posten Kosten der Lagerhaltung enthalten können.

12. Sie sind in der Geschäftsführung der Freizeitartikel GmbH in Stralsund. Zwei Warengruppen bereiten Ihnen Sorgen. Welche Entscheidungen könnten Sie treffen?
a) Im Frühjahr wurden große Mengen an Garten- und Grillbedarf bestellt. Dieser Sommer ist – anders als vorhergesagt – jedoch kalt und total verregnet. Die Artikel werden kaum verkauft.
b) Bei Kindern ist die Fernsehserie Telehubbies sehr beliebt. Im Einkauf entscheidet man sich für den Kauf größerer Mengen an T-Shirts, Schlafanzügen, Bettwäsche und Handtücher mit abgebildeten Telehubbies. Nachdem ein anderer Sender zur gleichen Zeit die Sendung mit der Laus ausstrahlt, geht der Absatz dieser Artikel sprunghaft zurück.

13. In welchen Fällen liegen Lagerkosten vor?
a) Kosten, wie z. B. Mahnkosten, die durch verspätete Bezahlung von Rechnungen durch Kunden entstehen
b) Ein Lagerregal verrostet.
c) Kosten, die durch den Fuhrpark verursacht werden, z. B. Kfz-Steuer für Lkw

d) Heizungskosten für Lager
e) Kosten durch totes Kapital
f) Kosten durch verzögerte Warenanlieferungen
g) Zölle

ZUSAMMENFASSUNG

Optimaler Lagerbestand = Warenvorrat, bei dem die größte Wirtschaftlichkeit erreicht wird

vermeidet

Nachteile eines zu hohen Lagerbestands
- Kapitalbildung
- Lagerkosten

Nachteile eines zu niedrigen Lagerbestands
- entgangener Gewinn
- Kundenverlust
- Produktionsengpässe

Man versteht erst dann etwas richtig, wenn man versucht, es einem anderen zu erklären. Dies führt zu einer erneuten gründlichen Auseinandersetzung mit dem gerade behandelten Thema.

1. Suchen Sie sich einen Partner.
2. Lesen Sie noch einmal die Zusammenfassung. Bei Verständnisproblemen schlagen Sie ggf. noch einmal im Informationstext nach.
3. Jeder formuliert vier Fragen, die mithilfe der Zusammenfassung beantwortet werden können.
4. Der Partner beantwortet Ihre Fragen und umgekehrt.

ICH ÜBERPRÜFE MEINE NEU ERWORBENEN KOMPETENZEN

Den Erwerb der zu Beginn aufgeführten Kompetenzen können Sie selbst mithilfe der folgenden Tabelle überprüfen.

Wenn Sie alle Aufgaben, die hinter einer Kompetenz stehen, gelöst haben, machen Sie ein Kreuz bei „Ganz“. Bei den Kompetenzen, bei denen Sie Aufgaben „Teilweise“ oder „Gar nicht“ gelöst haben, sollten Sie den dazugehörigen Informationstext noch einmal lesen und die Aufgaben anschließend noch einmal bearbeiten.

Was ich nach der Bearbeitung dieses Kapitels kann	Aufgaben	Ganz	Teilweise	Gar nicht
Ich kann ...				
... begründen, dass die Ermittlung des optimalen Lagerbestands das Hauptproblem im Rahmen der Lagerhaltung ist.	1, 12			
... die Nachteile zu großer bzw. zu kleiner Lagerbestände nachvollziehen.	2, 3, 7			
... verschiedene im Lager anfallende Kosten aufführen.	4, 8, 9, 11, 13			
... Risiken der Lagerhaltung erkennen.	5, 10			

7.7 Lagerbestandskontrolle

Problemstellung

Jakub Nowak führt ein Gespräch mit dem Lagerleiter, Herrn Bingöl. Dieser erklärt ihm gerade, wie wichtig die Kontrolle der Lagerbestände ist:

Herr Bingöl: „Es gibt einen immer wiederkehrenden Kreislauf von Verkauf, Bestellung und Einlagerung. Diesen Kreislauf nennt man Lagerzyklus. Und damit das reibungslos läuft, überwachen wir den Lagerzyklus mit verschiedenen Bestandskennzahlen. Das sieht etwa wie folgt aus: Ich zeichne Ihnen das mal kurz auf:

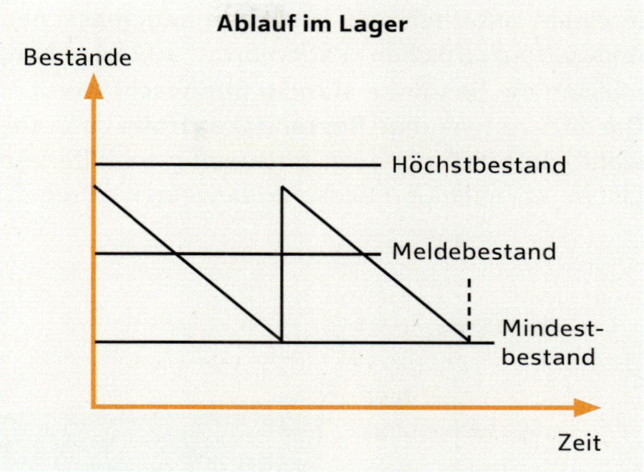

Seitdem wir unsere Lagervorräte systematisch kontrollieren, haben sie sich um ungefähr ein Drittel verringert. Dadurch konnte das im Lager gebundene Kapital erheblich gesenkt werden. Das bringt Liquidität (= flüssige Geldmittel, also Geld, über das verfügt werden kann) und macht Mittel frei für andere Dinge, die wichtig sind ..."

Herr Bingöl fährt fort: „Wir wollen die Badeshorts ‚Nizza' der Firma Schlie neu ins Sortiment aufnehmen. Für unvorhergesehene Fälle sollen immer 150 Stück vorrätig sein. Die Firma Schlie hat nach unserem Warenwirtschaftssystem eine Lieferzeit von 30 Tagen. Wir rechnen mit einem Absatz von 10 Stück pro Tag. Ich brauche jetzt die Bestandsgrößen ..."

1. Nennen Sie die Bestände im Lager, die regelmäßig kontrolliert werden müssen.
2. Berechnen Sie die Bestandsgrößen.
3. Stellen Sie die Bestandsgrößen grafisch (= zeichnerisch) genau dar.

EINORDNUNG DES THEMAS

Lernfeld 7: Waren annehmen, lagern und pflegen

Einsatz der EDV im Lager

Warenannahme → Mangelhafte Lieferung → Lieferungsverzug → Warenlagerung → **Überprüfen der Wirtschaftlichkeit im Lager**

Kompetenzen

Nach Bearbeitung dieses Kapitels können Sie ...

... die Bedeutung der Bestandskontrolle im Lager begründen.
... im Lager die Bestandsgröße Meldebestand, Mindestbestand und Höchstbestand unterscheiden.
... Mindestbestände, Meldebestände und Höchstbestände berechnen.
... den Bestellzeitpunkt berechnen und grafisch darstellen.

INFORMATIONSTEXT

Die rechtzeitige und mengenmäßig richtige Lagerergänzung ist eines der schwierigsten Probleme in einem Unternehmen. Um einen angemessenen und wirtschaftlichen Lagervorrat zu erreichen, müssen die Bestände ständig überwacht werden. Die dazu notwendige **Bestandskontrolle** kann sowohl körperlich als auch buchmäßig mithilfe von Listen, Karteien und Bildschirmanzeigen erfolgen.

Ziel der Bestandskontrolle ist eine möglichst genaue Ergänzung der Vorräte.

Aus Kostengründen soll nur so viel Ware gelagert werden, wie in absehbarer Zeit benötigt wird. Um dies zu erreichen, wird ein Artikel oft erst dann bestellt, wenn sein Vorrat unter einen vorher festgelegten Bestand gesunken ist. Bei diesem häufig angewandten Verfahren sind verschiedene Bestandsarten zu unterscheiden.

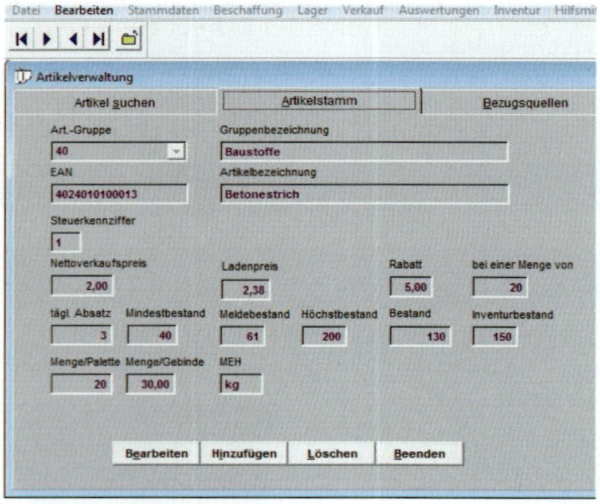

Sehr viele Programme kontrollieren ständig die Bestände im Lager.

Mindestbestand

DEFINITION

Jedes Unternehmen sollte immer über einen Reservebestand verfügen, der einen störungsfreien Ablauf der Betriebstätigkeit ermöglicht. Dieser Bestand wird oft auch **Mindestbestand** oder **eiserner Bestand** genannt.

Der Mindestbestand darf – mit Zustimmung der Geschäftsleitung – nur dann angetastet werden, wenn die Verkaufs- bzw. Produktionsbereitschaft gefährdet ist. Dies kann der Fall sein, wenn

- der tatsächliche Absatz der Waren größer ist als der geplante Absatz,
- aus nicht vorhersehbaren Gründen die Beschaffung eines Artikels länger dauert als geplant. Hervorgerufen werden können solche Lieferstörungen beispielsweise durch Streiks oder schlechte Witterungsverhältnisse.

Der Mindestbestand sorgt dafür, dass die Verfügbarkeit einer Ware gesichert ist, wenn – aus welchem Grund auch immer – keine Nachlieferung ins Lager kommt.

Der Mindestbestand wird aufgrund von Erfahrungswerten festgelegt. Er sollte jedoch nicht zu hoch angesetzt werden. Zu viel in den Lagergütern gebundenes Kapital wäre praktisch stillgelegt und würde zudem Zinsen kosten.

Inventurliste — Tag der Inventur: — Blatt

Abteilung: — Lagerort: Lager — Aufgenommen am: 4. Jan. durch: Huhn/Lottermann — Preise einges.: — Ausgerechnet: — Nachgerechnet:

V	Nr.	Artikel	Größe	Anzahl	Einheit	Einzelpreis €	ct	Gesamtpreis Verkaufswert €	ct	Kalk.-Abschl. %	Inventurwert €	ct	Bemerkungen
		Messer		14									
		Schrauben		2	Pckg.								
		Dübel, 6 mm		1	Pckg.								
		Hammer		17									
		Zange		5									

Auszug aus einer Inventurliste

Meldebestand

Ist der Meldebestand erreicht, muss neu geordert werden.

Neben dem Mindestbestand muss auch die Menge an Lagergütern berücksichtigt werden, die ausreicht, die Zeitspanne zwischen Bestellung und Auslieferung eines Lagerguts zu überbrücken. Bei Erreichen des sogenannten **Meldebestands** muss sofort nachbestellt werden. Zwar wird während der Beschaffungszeit weiterhin Ware verkauft bzw. Material für die Produktion verbraucht, bei einem pünktlichen Eintreffen der bestellten Artikel wird das Lager jedoch rechtzeitig wieder aufgefüllt. Der Mindestbestand muss also nicht angegriffen werden.

DEFINITION

Der **Meldebestand** entspricht dem erfahrungsgemäßen Verkauf während der Beschaffungszeit zuzüglich des Mindestbestands, der ja immer gehalten werden soll.

Er lässt sich folgendermaßen berechnen:

FORMEL

Meldebestand =
(täglicher Absatz · Lieferzeit) + Mindestbestand

BEISPIEL

Die Tom Hoss KG verkauft täglich durchschnittlich 40 Anzüge. Die Lieferzeit dieser Anzüge beträgt zehn Tage. Ihr Mindestbestand wurde von der Unternehmensleitung auf 100 Stück festgelegt.

Meldebestand = (40 · 10) + 100 = 500 Stück

Ist der Lagerbestand auf 500 Stück gesunken, muss bestellt werden. Es wäre falsch, erst Nachschub zu bestellen, wenn der Artikel ausgegangen ist. Da die Anzüge dann wegen der Lieferzeit zehn Tage nicht vorrätig wären, würden die Kunden verärgert zur Konkurrenz wechseln.

Höchstbestand

Durch die Festlegung eines Höchstbestands soll ein überhöhter Lagervorrat vermieden werden, der zu einer erheblichen Steigerung der Lagerkosten führen würde.

DEFINITION

Der **Höchstbestand** gibt an, welche Artikelmenge insgesamt auf Lager sein darf, ohne dass dem Betrieb unnötige Lagerkosten entstehen.

Der Höchstbestand ist abhängig von den Lagermöglichkeiten, die zur Verfügung stehen. Da er meist nach dem Eingang der bestellten Menge erreicht wird, lässt sich der Höchstbestand auch berechnen.

FORMEL

Höchstbestand =
Mindestbestand + Bestellmenge

BEISPIEL

Nach Erreichen des Meldebestands von 500 Stück werden 3000 Stück neu bestellt. Nach zehn Tagen trifft die Ware ein. Beim Eintreffen der Ware befindet sich nur noch der Mindestbestand von 100 Stück auf Lager.

Höchstbestand = 100 + 3000 = 3100

Mindestbestand	Meldebestand	Höchstbestand

Der Mindestbestand ist die eiserne Reserve im Lager: Nur in Ausnahmesituationen, nicht im Normalfall, dürfen diese Lagerbestände angegriffen werden.	Deutlich wird beim Meldebestand signalisiert: Es muss jetzt eine Bestellung ausgelöst werden, ansonsten besteht die Gefahr, dass die eiserne Reserve angegriffen werden muss.	In dieses Lager passt bald nichts mehr rein: Der Höchstbestand ist fast erreicht.

Bestandskontrolle und Bestellzeitpunkt

Für die Bestandskontrolle ist eine aktuelle und richtige Bestandsfortschreibung sehr wichtig. Dadurch wird auch eine Zeitplanung ermöglicht, mit der man den Bestellzeitpunkt für Waren optimal festlegen kann.

DEFINITION

Der **Bestellzeitpunkt** ist der Tag, an dem der Meldebestand erreicht wird.

BEISPIEL

Ein Handelsunternehmen hat einen Artikel im Sortiment, von dem täglich durchschnittlich 20 Stück verkauft werden. Die Lieferzeit für diesen Artikel beträgt fünf Tage. Es soll ständig ein Mindestbestand von 40 Stück gehalten werden. Der Höchstbestand beträgt 400 Stück.

Erläuterung zum folgenden Schaubild:

Am Morgen des ersten Arbeitstags hat der Warenvorrat noch den Höchstbestand von 400 Stück (1). Setzt das Unternehmen durchschnittlich 20 Stück pro Tag ab, dann befinden sich am Ende des 1. Tages nur noch 380 Stück auf Lager (2). Am Abend des 13. Tages wird der Meldebestand von 140 Stück erreicht (3). Dieser Tag ist der Bestellzeitpunkt. Innerhalb der Lieferfrist von fünf Tagen verkauft das Unternehmen weitere 100 Stück der Ware, sodass am Ende des 18. Tages nur noch 40 Stück auf Lager liegen (4). Diese 40 Stück stellen den Mindestbestand dar, der unter normalen Umständen nicht unterschritten werden darf. Der Bestellzeitpunkt (bzw. Meldebestand) ist so gewählt, dass an dem Tag, an dem der Mindestbestand erreicht wird, neue Ware geliefert wird. Am Abend des 18. Tages – dem Lieferzeitpunkt – befinden sich wieder 400 Stück auf Lager (5).

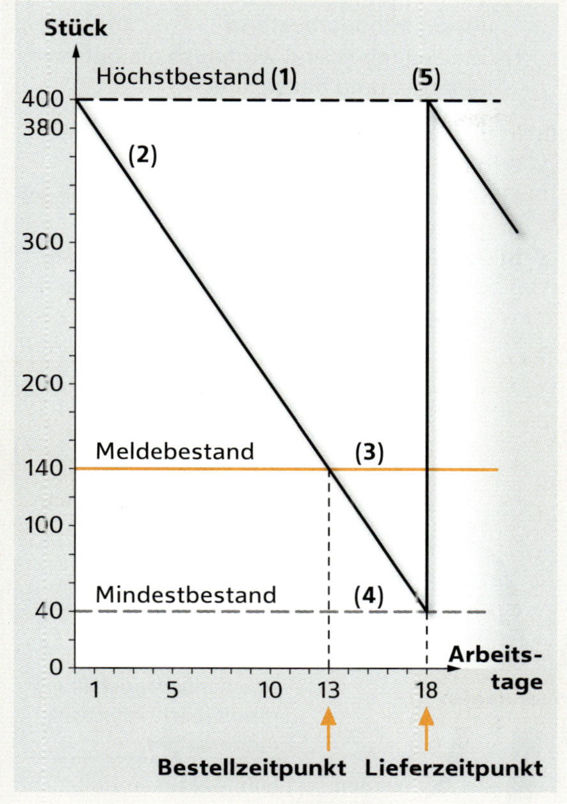

Die Bedingungen des Beispiels sind vereinfacht. In der Praxis sind solche Fälle nur selten anzutreffen. Bei vielen Artikeln kommt es nämlich zu stark schwankenden Umsätzen. Dadurch wird die Arbeit des Einkäufers erschwert. Dieser muss seine Entscheidungen bei Unterschreiten des Meldebestands oft überdenken oder diesen auch neu festlegen.

AUFGABEN

1. Welche Aufgabe hat die Bestandskontrolle?
2. In welchen Fällen kann die Verkaufsbereitschaft gefährdet sein?
3. Wozu dient der Mindestbestand?
4. Welche Bedeutung hat der Meldebestand?
5. In einem Fachgeschäft werden täglich durchschnittlich 120 Stück eines bestimmten Artikels verkauft. Die Lieferzeit beträgt 20 Tage. Als Mindestbestand wurden 200 Stück festgelegt.
   Wie hoch ist der Meldebestand?
6. Die Tom Hoss KG verkauft von einer Ware täglich durchschnittlich 45 Stück. Die Lieferzeit beträgt 14 Tage.
   Wie viel Stück beträgt der Meldebestand, wenn der Mindestbestand (eiserner Bestand) für 10 Tage reichen soll?
7. Stefanie Beyer hat für einen Artikel einen eisernen Bestand von 45 Stück ermittelt. Der Meldebestand für diesen Artikel wurde mit 144 Stück berechnet. Aus der Statistik ergab sich ein täglicher Absatz von 9 Stück.
   Von wie viel Tagen Lieferzeit war Stefanie bei der Berechnung des Meldebestands ausgegangen?
8. Welcher Zusammenhang besteht zwischen Lagerbestand und Lieferzeit?
   a) Je höher der Lagerbestand ist, desto länger muss die Lieferzeit sein.
   b) Je kürzer die Lieferzeit ist, desto größer muss der Lagerbestand sein.
   c) Je kürzer die Lieferzeit ist, desto geringer kann der Lagerbestand sein.
   d) Je länger die Lieferzeit ist, desto geringer kann der Lagerbestand sein.
   e) Je niedriger der Lagerbestand ist, desto länger kann die Lieferzeit sein.

9. Welche Abhängigkeit besteht zwischen Meldebestand und anderen Lagerbestandszahlen?
- **a)** Der Meldebestand entspricht in der Regel dem durchschnittlichen Lagerbestand.
- **b)** Der Meldebestand wird auch als eiserner Bestand bezeichnet.
- **c)** Der Meldebestand und der Mindestbestand sind in der Regel gleich groß.
- **d)** Der Meldebestand ist in der Regel höher als der Mindestbestand.
- **e)** Der Meldebestand ist in der Regel niedriger als der Mindestbestand.
- **f)** Der Meldebestand wird auch als optimaler Lagerbestand bezeichnet.

10. In dieser Aufgabe geht es darum, wie Sie erfolgreicher lernen können.
- **a)** Schauen Sie sich mit Ihrem Partner die folgende Mindmap an.
- **b)** Überlegen Sie mit Ihrem Partner, wo Sie schon mit einem der Hinweise positive Lernerfahrungen gemacht haben.

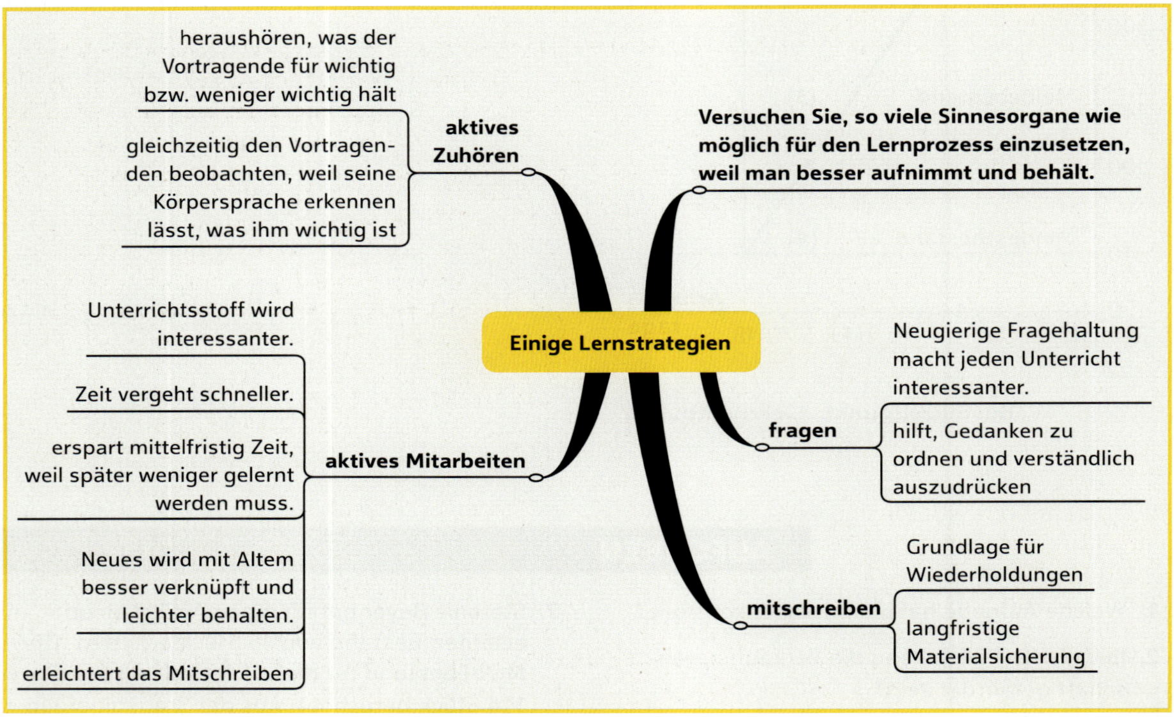

11. Erstellen Sie eine Excel-Tabelle, die nach Eingabe
- des Mindestbestands,
- der Lieferzeit,
- des Höchstbestands,
- des täglichen Absatzes

den Meldebestand berechnet.

12. Berechnen Sie mithilfe der Excel-Tabelle den Meldebestand bei Vorliegen folgender Bedingungen:
- täglicher Absatz: 10
- Lieferzeit: 5 Tage
- Mindestbestand: 20 Stück
- Höchstbestand: 200 Stück

13. Stellen Sie die Lösung der Aufgabe mithilfe von Excel grafisch dar.

14. Kurz vor Weihnachten in der Kaufstadt AG: Ein Lieferer bietet 2.000 Versandeinheiten Verpackungsmaterialien an. Normalerweise werden 200 Versandeinheiten bestellt. Die Kaufstadt AG nimmt dieses Angebot an. Welche Folgen könnte dies haben?
- **a)** Es kommt zur Erhöhung des Meldebestands.
- **b)** Es gibt weniger totes Kapital.
- **c)** Der Mindestbestand kann erhöht werden.
- **d)** Der Höchstbestand könnte überschritten werden.

5311128

15. Stefanie Beyer kontrolliert mithilfe des Warenwirtschaftssystems die Meldebestände verschiedener Artikel. Wann empfiehlt sich eine Erhöhung des jeweiligen Meldebestands?

a) Der Lieferer schafft es durch Umstrukturierungsmaßnahmen, seine Lieferzeit erheblich zu verkürzen. Der Tagesabsatz bleibt unverändert.

b) Durch den Bau eines neuen Lagers erweitert die Tom Hoss KG ihre Lagerkapazität.

c) Die Tom Hoss KG hat an ihrem Standort neue Konkurrenten bekommen.

d) Aufgrund von Marketingmaßnahmen steigt der tägliche Absatz der Artikel. Die Lieferzeit bleibt unverändert.

e) Da es im Lager lange Zeit keine Notsituationen mehr gab, wird entschieden, den Mindestbestand herabzusetzen. Der Tagesabsatz und die Lieferzeit bleiben gleich.

16. Ein Lieferer der Tom Hoss KG informiert die Einkaufsabteilung, dass aufgrund von Umstrukturierungen die Lieferzeit der Artikel von 12 auf 6 Tage verkürzt werden konnte. Geben Sie die Auswirkungen auf die Tom Hoss KG an.

a) Die Erhöhung des Lagerbestandes bewirkt eine Erhöhung des Lagerrisikos.

b) Durch die Erhöhung des Lagerrisikos kann der Mindestbestand herabgesetzt werden.

c) Weil sich die Kapitalbindung verringert, kann der Meldebestand herabgesetzt werden.

d) Die Verringerung des Lagerbestandes bewirkt eine Erhöhung des Lagerrisikos.

e) Weil sich die Kapitalbindung verringert, muss der Meldebestand erhöht werden.

17. Am 1. Juli hat die Tom Hoss KG noch 300 Stück einer bestimmten Pulloversorte auf Lager. Der Mindestbestand bei diesem Artikel beträgt 90 Stück. Die Tom Horst KG verkauft durchschnittlich 16 Stück pro Tag. 18 Tage dauert die Lieferzeit.
Nach wie viel Arbeitstagen muss die Tom Hoss KG voraussichtlich neue Ware bestellen?

ZUSAMMENFASSUNG

Bestandskontrolle
dient der rechtzeitigen und mengenmäßig richtigen Lagerergänzung

Mindestbestand	Reserve zur Aufrechterhaltung der Verkaufs- bzw. Produktionsbereitschaft
Meldebestand	• Bestand, bei dem bestellt werden muss, damit neue Ware spätestens beim Erreichen des Mindestbestands angeliefert wird • Meldebestand = (täglicher Absatz · Lieferzeit) + Mindestbestand • Der Tag, an dem der Meldebestand erreicht wird, ist der Bestellzeitpunkt
Höchstbestand	Bestand, bis auf dessen Höhe das Lager aufgefüllt werden darf

Man versteht erst dann etwas richtig, wenn man versucht, es einem anderen zu erklären. Dies führt zu einer erneuten gründlichen Auseinandersetzung mit dem gerade behandelten Thema.

1. Suchen Sie sich einen Partner.
2. Lesen Sie noch einmal die Zusammenfassung. Bei Verständnisproblemen schlagen Sie ggf. noch einmal im Informationstext nach.
3. Einer von Ihnen erläutert die Zusammenfassung dem Partner.
4. Dieser achtet auf Korrektheit und Vollständigkeit.
5. Der Partner wiederholt noch einmal.

ICH ÜBERPRÜFE MEINE NEU ERWORBENEN KOMPETENZEN

Den Erwerb der zu Beginn aufgeführten Kompetenzen können Sie selbst mithilfe der folgenden Tabelle überprüfen.

Wenn Sie alle Aufgaben, die hinter einer Kompetenz stehen, gelöst haben, machen Sie ein Kreuz bei „Ganz“. Bei den Kompetenzen, bei denen Sie Aufgaben „Teilweise“ oder „Gar nicht“ gelöst haben, sollten Sie den dazugehörigen Informationstext noch einmal lesen und die Aufgaben anschließend noch einmal bearbeiten.

Was ich nach der Bearbeitung dieses Kapitels kann	Aufgaben	Ganz	Teilweise	Gar nicht
Ich kann …				
… die Bedeutung der Bestandskontrolle im Lager begründen.	1, 2			
… im Lager die Bestandsgrößen Meldebestand, Mindestbestand und Höchstbestand unterscheiden.	3, 4, 8, 9			
… Mindestbestände, Meldebestände und Höchstbestände berechnen.	5, 6, 7, 10, 11, 12, 14, 15, 16			
… den Bestellzeitpunkt berechnen und grafisch darstellen.	13, 17			

7.8 Wirtschaftlichkeitskontrolle mithilfe von Lagerkennziffern

Problemstellung

Der Lagerleiter Herr Bingöl, liest in einer Unternehmensmitteilung, dass ein bestimmter Artikel im Durchschnitt aller Unternehmensfilialen 25 Tage auf Lager liegt. Herr Bingöl untersucht daraufhin die Situation in seinem Lager. Die durchschnittliche Lagerdauer des Artikels beträgt hier 32 Tage.

„Und dieser Artikel hier?! ... Seit Mai letzten Jahres im Lager ... Aha ...“

1. Stellen Sie fest, welche Aussagen solche Kennzahlen zulassen.
2. Schlagen Sie Maßnahmen vor, die die durchschnittliche Lagerdauer im Lager der Tom Hoss KG verringern.
3. Berechnen Sie die Umschlagshäufigkeit aus der jeweiligen durchschnittlichen Lagerdauer.

EINORDNUNG DES THEMAS

Lernfeld 7: Waren annehmen, lagern und pflegen

Einsatz der EDV im Lager

Warenannahme → Mangelhafte Lieferung → Lieferungsverzug → Warenlagerung → **Überprüfen der Wirtschaftlichkeit im Lager**

Kompetenzen

Nach Bearbeitung dieses Kapitels können Sie ...

... eine „Lagerkarte“ in Papierform oder EDV-gestützt führen.
... die Bedeutung des durchschnittlichen Lagerbestands begründen und ihn berechnen.
... den Wert der Umschlagshäufigkeit eines Artikels mengen- oder wertmäßig ermitteln.
... die Umschlagshäufigkeit in die durchschnittliche Lagerdauer umsetzen.
... Ursachen für zu niedrige Umschlagshäufigkeiten finden.
... Vorschläge für betriebswirtschaftliche Maßnahmen bei zu niedrigen Umschlagshäufigkeiten machen.

INFORMATIONSTEXT

Lagerkennziffern

Ein Artikel verursacht umso mehr Lagerkosten, je länger er auf Lager liegt. Jedes Unternehmen wird also versuchen, die Lagerdauer der gelagerten Artikel so kurz wie möglich zu halten. Um die Wirtschaftlichkeit der Vorratshaltung kontrollieren zu können, werden in der Praxis regelmäßig Lagerkennziffern errechnet.

Durchschnittlicher Lagerbestand →	Wie hoch sind die Warenvorräte im Durchschnitt des Jahres?
Lagerumschlagshäufigkeit →	Wie oft wird der durchschnittliche Lagerbestand pro Jahr ausgewechselt?
Durchschnittliche Lagerdauer →	Wie lange liegen die Bestände auf Lager?
Lagerzinssatz →	Wie viel Zinsen würde das in den Beständen gebundene Kapital bei den Banken bringen?

Durchschnittlicher Lagerbestand

Während eines ganzen Jahres ergeben sich aufgrund von Lagerzugängen oder -abgängen unterschiedliche Lagerbestände. Deshalb wird zur Übersicht aus Einzelwerten ein Mittelwert errechnet.

DEFINITION

Der durchschnittliche Lagerbestand (DLB) gibt für einen bestimmten Zeitabschnitt an, wie groß der Vorrat eines bestimmten Artikels im Durchschnitt ist. Zur Ausschaltung von Zufallsergebnissen wird in der Regel vom durchschnittlichen Jahresbestand ausgegangen.

Die Genauigkeit dieser Kennziffer hängt davon ab, wie viele Bestände zur Berechnung herangezogen werden. Werden die Vorräte im Lager nur im Rahmen einer Jahresinventur kontrolliert, dann stehen nur der Anfangsbestand zum 1. Januar des Jahres und der Endbestand zum 31. Dezember des Jahres zur Bildung des durchschnittlichen Lagerbestands zur Verfügung:

FORMEL

$$\textbf{Durchschnittlicher Lagerbestand} = \frac{\text{Anfangsbestand} + \text{Endbestände}}{2}$$

Der durchschnittliche Lagerbestand kann sowohl mengen- als auch wertmäßig errechnet werden.

Als **Mengenkennziffer** wird der durchschnittliche Lagerbestand in Stück angegeben.

BEISPIEL

Ein Schreibwarengeschäft vertreibt u. a. auch Aktenordner. Am Anfang des Jahres hatte der Betrieb einen Vorrat von 520 Stück; am Ende des Jahres betrug der Bestand 800 Stück.

Als durchschnittlicher Lagerbestand werden 660 Stück ermittelt.

$$\text{DLB} = \frac{520\text{ Stück} + 800\text{ Stück}}{2} = 660\text{ Stück}$$

Der durchschnittliche Lagerbestand als **Wertkennziffer** sagt dagegen aus, in welcher Höhe Kapital durch die Lagervorräte im Durchschnitt gebunden ist.

BEISPIEL

Am 1. Januar eines Jahres hat ein Fachgeschäft für Autobedarf Batterien im Wert von 4.200,00 € auf Lager. Am 31. Dezember wird ein Bestand von 2.800,00 € ermittelt.

$$\text{DLB} = \frac{4.200{,}00\text{ €} + 2.800{,}00\text{ €}}{2} = 3.500{,}00\text{ €}$$

Es befinden sich also durchschnittlich Batterien im Wert von 3.500,00 € auf Lager.

Genauer ist die Berechnung des durchschnittlichen Lagerbestands auf der Grundlage der 12 Monatswerte. Die Formel für den durchschnittlichen Lagerbestand lautet dann:

FORMEL

$$\textbf{Durchschnittlicher Lagerbestand} = \frac{\text{Jahresanfangsbestand} + \text{12 Monatsendbestände}}{13}$$

BEISPIEL

Im Sortiment eines Schreibwareneinzelhandelsgeschäfts befinden sich auch DVDs.

Artikel: DVD XR 90 Meldebestand: 210 Höchstbestand: 480			
Tag	**Eingang**	**Ausgang**	**Bestand**
1. Jan.			220
7. Jan.	230		450
3. Febr.		100	350
17. Febr.		138	212
9. März		20	192
23. März	150		342
25. März		31	311
7. April		13	298
20. Mai		118	180
25. Juni	180		360
28. Juni		8	352
15. Juli	100		452
21. Juli		39	413
28. Aug.		32	381
2. Sept.		153	228
5. Okt.		50	178
23. Okt.	67		245
11. Nov.		49	196
1. Dez.	150		346
15. Dez.		62	284

Aus der oben aufgeführten Lagerkartei ergaben sich während des Jahres folgende Bestände:

Anfangsbestand am 1. Januar: 220 Stück
Monatsendbestände

Jan.:	450 Stück	Mai:	180 Stück	Sept.:	228 Stück
Febr.:	212 Stück	Juni:	352 Stück	Okt.:	245 Stück
März:	311 Stück	Juli:	413 Stück	Nov.:	196 Stück
April:	298 Stück	Aug.:	381 Stück	Dez.:	284 Stück

DLB = (220 + 450 + 212 + 311 + 298 + 180 + 352 + 413 + 381 + 228 + 245 + 196 + 284) : 13 = 3770 : 13 = 290 Stück

Durchschnittlich lagen 290 Stück auf Lager.

Der durchschnittliche Lagerbestand kann auch wie folgt berechnet werden:

FORMEL

$$\textbf{Durchschnittlicher Lagerbestand} = \frac{\text{Wareneinsatz}}{\text{Lagerumschlagshäufigkeit}}$$

Der Wareneinsatz ist die verkaufte Warenmenge bewertet zu Einstandspreisen.

BEISPIEL

Der Warenbestand in einem Unternehmen betrug in einer bestimmten Warengruppe am Anfang des Geschäftsjahres 400.000,00 €, am Ende des Geschäftsjahres 500.000,00 €. Während des Geschäftsjahres wurde für 2.200.000,00 € eingekauft.

Stefanie Beyer berechnet den Wareneinsatz:

Wareneinsatz = Jahresanfangsbestand + Lagerzugänge – Jahresendbestand

Wareneinsatz = 400.000,00 € + 2.200.000,00 € – 500.000,00 €

Sie ermittelt als Wareneinsatz 2.100.000,00 €.

Dem Warenwirtschaftssystem entnimmt sie die Information, dass für diese Warengruppe die Umschlagshäufigkeit 7 ermittelt wurde. Zur Berechnung des durchschnittlichen Lagerbestandes (DLB) geht sie nun wie folgt vor:

DLB = 2.100.000 : 7

Sie ermittelt als durchschnittlichen Lagerbestand 300.000,00 €.

Lagerumschlagshäufigkeit

DEFINITION

Die Lagerumschlagshäufigkeit gibt an, wie oft der Lagerbestand eines Artikels innerhalb eines Jahres erneuert wird. Sie wird oft auch verkürzt Umschlagshäufigkeit genannt.

Wenn der durchschnittliche Lagerbestand **mengenmäßig** ermittelt wurde, dann lässt sich die Umschlagshäufigkeit nach folgender Formel berechnen.

FORMEL

$$\textbf{Lagerumschlagshäufigkeit} = \frac{\text{Jahresabsatz}}{\text{durchschnittlicher Lagerbestand}}$$

„Diesen Artikel haben wir im vergangenen Jahr insgesamt 13-mal geordert.“

BEISPIEL

Ein Warenhaus hat während eines Jahres von einem Artikel 2320 Stück verkauft. Der durchschnittliche Lagerbestand dieser Ware betrug 290 Stück.

$$\text{Lagerumschlagshäufigkeit} = \frac{2320 \text{ Stück}}{290 \text{ Stück}} = 8$$

Die Umschlagshäufigkeit dieses Artikels beträgt 8, d.h., der durchschnittliche Lagerbestand wurde innerhalb eines Jahres achtmal verkauft und ersetzt.

Liegt der durchschnittliche Lagerbestand **wertmäßig** vor, wird die Umschlagshäufigkeit in dieser Form ermittelt:

FORMEL

$$\textbf{Lagerumschlagshäufigkeit} = \frac{\text{Wareneinsatz}}{\text{durchschnittlicher Lagerbestand zu Einstandspreisen}}$$

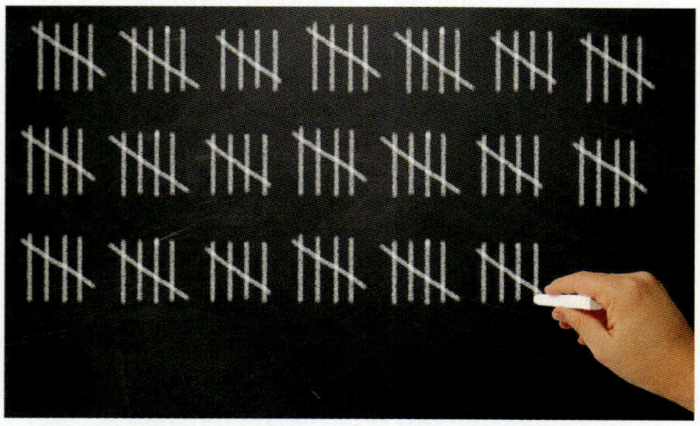

Die Lagerumschlagshäufigkeit gibt an, wie häufig der Lagerbestand eines Artikels innerhalb eines bestimmten Zeitraums verkauft und wieder ersetzt wird.

BEISPIEL

Der Wareneinsatz eines Supermarkts für eine Warengruppe betrug 450.000,00 €. Der durchschnittliche Lagerbestand lag bei 75.000,00 €.

$$\text{Lagerumschlagshäufigkeit} = \frac{450.000{,}00 \text{ €}}{75.000{,}00 \text{ €}} = 6$$

Der Warenvorrat dieser Warengruppe wurde also sechsmal im Jahr umgesetzt.

Durchschnittliche Lagerdauer

Kennt man die Umschlagshäufigkeit eines Artikels, kann man auch dessen durchschnittliche Lagerdauer ermitteln.

DEFINITION

Die durchschnittliche Lagerdauer zeigt, wie lange ein Artikel durchschnittlich bevorratet wird. Sie misst die Zeitspanne zwischen der Ankunft des Artikels im Lager und der Ausgabe bzw. dem Verkauf.

FORMEL

$$\textbf{Durchschnittliche Lagerdauer} = \frac{360}{\text{Lagerumschlagshäufigkeit}}$$

Die durchschnittliche Lagerdauer zeigt an, über welchen Zeitraum Waren durchschnittlich im Lager verbleiben.

Eine Erhöhung der Umschlagshäufigkeit führt zu einer Verkürzung der durchschnittlichen Lagerdauer.

BEISPIEL

- Ein bestimmter Artikel hat eine Umschlagshäufigkeit von 8.
  Durchschnittliche Lagerdauer = 360 Tage : 8 = 45 Tage
  Es ergibt sich eine durchschnittliche Lagerdauer von 45 Tagen.
- Die Lagerumschlagshäufigkeit wurde von 8 auf 10 erhöht.
  Durchschnittliche Lagerdauer = 360 Tage : 10 = 36 Tage
  Wenn der Artikel jetzt zehnmal im Jahr umgesetzt wird, liegt er nur noch durchschnittlich 36 Tage auf Lager.

Lagerzinssatz

Eine ebenfalls häufig verwendete Lagerkennziffer ist der Lagerzinssatz.

DEFINITION

Mit dem Lagerzinssatz werden die Zinskosten erfasst, die durch die Investition in Lagervorräte entstehen. Diese Kennzahl gibt somit Auskunft über das in den Lagerbeständen angelegte Kapital.

Das dort gebundene, tote Kapital würde bei den Geschäftsbanken Zinsen erbringen.

FORMEL

Berechnungsmöglichkeiten für den Lagerzinssatz

a) $= \frac{\text{Jahreszinssatz}}{\text{Lagerumschlagshäufigkeit}}$

b) $= \frac{\text{Jahreszinssatz} \cdot \text{durchschnittliche Lagerdauer}}{360}$

c) $= \frac{\text{Jahreszinssatz} \cdot \text{durchschnittlicher Lagerbestand}}{\text{Wareneinsatz}}$

BEISPIEL

Ein Unternehmen hat einen Wareneinsatz von 1.350.000,00 €. Der durchschnittliche Lagerbestand zu Einstandspreisen beträgt 180.000,00 €. Der Jahreszinssatz der Banken liegt bei 9 %.

Berechnung der Umschlagshäufigkeit:

1.350.000,00 € : 180.000,00 € = 7,5

Berechnung der durchschnittlichen Lagerdauer:

360 Tage : 7,5 = 48 Tage

Berechnung des Lagerzinssatzes nach Formel:

a) 9 % : 7,5 = 1,2 % oder

b) 9 % · 48 Tage : 360 Tage = 1,2 %

Je höher der Lagerzinssatz, desto größer ist der Zinsverlust durch auf Lager liegende Ware.

Mithilfe des Lagerzinssatzes und des durchschnittlichen Lagerbestands können die Lagerzinsen ermittelt werden. Sie betragen 1,2 % von 180.000,00 €.

$$\textbf{Lagerzinsen} = \frac{180.000,00\text{ €} \cdot 1,2\,\%}{100\,\%} = 2.160,00\text{ €}$$

Für die 180.000,00 €, die der Unternehmer in Ware anlegte, bekäme er an Zinsen 2.160,00 €, wenn er den Geldbetrag bei einer Bank zu 9 % anlegen würde.

Lagerkennziffern		
Durchschnittlicher Lagerbestand	**Umschlagshäufigkeit**	**Durchschnittliche Lagerdauer**
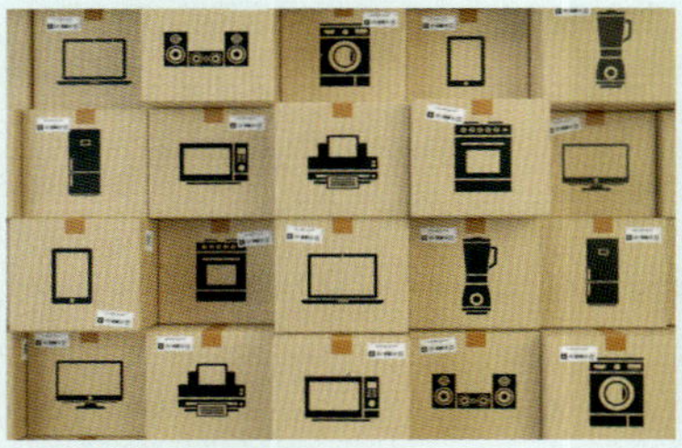		
15 Stück	***6-mal***	***60 Tage***
Wie viel Ware liegt normalerweise (= im Durchschnitt) auf Lager?	Wie oft im Jahr wird die Ware im Lager ausgetauscht?	Wie viele Tage liegt die Ware auf Lager?

Bedeutung der Lagerkennziffern

Für den Unternehmer sind die Lagerkennziffern von besonderer Bedeutung. Im Zeitvergleich zeigen sie zunächst Entwicklungsrichtungen des Unternehmens, einer Warengruppe oder eines Artikels auf.

BEISPIEL

Die Umschlagshäufigkeit einzelner Warengruppen kann äußerst unterschiedlich sein. Branchenuntersuchungen zeigen, dass die Lagerumschlagshäufigkeit im Lebensmittelbereich etwa bei 14, bei Schuhen nur bei ca. 2 liegt.

BEISPIEL

Die durchschnittliche Lagerdauer für eine Warengruppe betrug im Vorjahr 45 Tage; in diesem Jahr liegt sie bei 50 Tagen. Der Unternehmer erkennt, dass sich die durchschnittliche Lagerdauer dieser Warengruppe verschlechtert hat. Er wird untersuchen, wie es zu dieser negativen Entwicklung kommen konnte, und eventuell Maßnahmen ergreifen.

Aber auch im überbetrieblichen Vergleich lassen sich interessante Erkenntnisse gewinnen. So wird für fast alle Branchen eine typische Umschlagshäufigkeit ermittelt, anhand der man die Wirtschaftlichkeit eines Betriebs beurteilen kann.

BEISPIEL

Als Lagerumschlagshäufigkeit einer Branche wurde die Kennzahl 12 ermittelt. Ein Unternehmen dieser Branche hat die Umschlagshäufigkeit 8. Dieser Betrieb weist ein schlechteres Ergebnis als der Durchschnitt aller Unternehmen dieser Branche auf. Es müssen nun die Ursachen für diese Abweichung erforscht werden. Diese könnten u. a. liegen:

- in einer schlechten Bestellorganisation
- an zu hohen Mindestbeständen
- an Ladenhütern
- an einer Sortimentszusammensetzung, die sich vom Durchschnitt in der Branche unterscheidet

Ein Unternehmer sollte immer versuchen, eine hohe Umschlagshäufigkeit zu erzielen. Diese bewirkt nämlich, dass der Einsatz von Kapital für den Warenvorrat geringer wird.

BEISPIEL

Zwei vergleichbare Betriebe einer Branche haben in einer Warengruppe einen Wareneinsatz von je 200.000,00 €. Für den ersten Betrieb wurde eine Umschlagshäufigkeit von 10, für den zweiten eine von 4 ermittelt.

1. Betrieb:

$$\text{Umschlagshäufigkeit} = \frac{\text{Wareneinsatz}}{\text{durchschnittlicher Lagerbestand}}$$

$$10 = \frac{200.000{,}00\ €}{\text{durchschnittlicher Lagerbestand}}$$

$$\text{durchschnittlicher Lagerbestand} = \frac{\text{Wareneinsatz}}{\text{Umschlagshäufigkeit}}$$

$$\text{durchschnittlicher Lagerbestand} = \frac{200.000{,}00\ €}{10} = 20.000{,}00\ €$$

2. Betrieb:

$$\text{Umschlagshäufigkeit} = \frac{\text{Wareneinsatz}}{\text{durchschnittlicher Lagerbestand}}$$

$$4 = \frac{200.000{,}00\ €}{\text{durchschnittlicher Lagerbestand}}$$

$$\text{durchschnittlicher Lagerbestand} = \frac{\text{Wareneinsatz}}{\text{Umschlagshäufigkeit}}$$

$$\text{durchschnittlicher Lagerbestand} = \frac{200.000{,}00\ €}{4} = 50.000{,}00\ €$$

Beim ersten Betrieb waren im Lager durchschnittlich nur 20.000,00 € gebunden, beim zweiten aber 50.000,00 €. Obwohl er im Jahr dieselbe Menge an Waren verkaufte, hat der erste Betrieb im Gegensatz zu seinem Mitbewerber 30.000,00 € Kapital zusätzlich frei für andere Zwecke.

Da durch eine höhere Umschlagshäufigkeit das in die Artikel angelegte Kapital in kürzeren Abständen zurückfließt, werden auch die Lagerkosten geringer. Dies wirkt sich positiv auf die Gewinnsituation des Betriebs aus.

BEISPIEL

Der erste Betrieb mit dem durchschnittlichen Lagerbestand von 20.000,00 € braucht für seine Warenvorräte weniger Verderb und Schwund zu fürchten als das zweite Unternehmen (mit durchschnittlichen 50.000,00 € auf Lager). Er wird auch weniger Lagerraum und Lagerpersonal benötigen.

Eine Erhöhung der Umschlagshäufigkeit bzw. eine Verkürzung der durchschnittlichen Lagerdauer kann u. a. erreicht werden durch:

- ständige Lagerbestandsüberwachung
- Festlegung von Höchstbeständen
- Straffung des Warenangebots
- Kauf auf Abruf

Oft ist ein Lager in zwei Lagerbereiche unterteilt. Dabei wird der vordere Bereich für Schnelldreher, der hintere für Artikel mit geringerer Umschlagshäufigkeit benutzt.

AUFGABEN

1. Was versteht man unter dem durchschnittlichen Lagerbestand?
2. Worüber gibt die Lagerumschlagshäufigkeit Auskunft?
3. Wie wird die durchschnittliche Lagerdauer berechnet?
4. Aus der Lagerkartei der Herrenboutique Erwin Lottermann OHG ergaben sich für Herrenanzüge einer bestimmten Größe während des Jahres folgende Bestände:
   Anfangsbestand: 130 Stück
   Monatsendbestände:

Jan.:	55 Stück	Mai:	34 Stück	Sept.:	27 Stück
Febr.:	12 Stück	Juni:	37 Stück	Okt.:	28 Stück
März:	40 Stück	Juli:	32 Stück	Nov.:	88 Stück
April:	27 Stück	Aug.:	11 Stück	Dez.:	21 Stück

Der Jahresabsatz betrug 170 Stück.

Berechnen Sie:
a) den durchschnittlichen Lagerbestand
b) die Lagerumschlagshäufigkeit
c) die durchschnittliche Lagerdauer

5. Welche Aussage zum durchschnittlichen Lagerbestand ist richtig?
   a) Es ist der Bestand, der immer vorhanden sein muss, um einen störungsfreien Betriebsablauf zu sichern.
   b) Es ist der Bestand, der durch die Inventur festgestellt wird.
   c) Es ist der Bestand, der aus dem Inventurbestand und den im Laufe des Jahres vorhandenen Monatsbeständen errechnet wird.
   d) Es ist der Bestand, der am Jahresende vorhanden ist.
   e) Es ist der Bestand, der aus Kostengründen nicht überschritten werden sollte.

6. Das Warenwirtschaftssystem und die Finanzbuchführung weisen für eine Abteilung der Tom Hoss KG die folgenden Zahlen aus:

Warenanfangsbestand	40.000,00 €
12 Monatsendbestände	545.000,00 €
Umsatz zu Einstandspreisen	350.000,00 €

   Reingewinn 48.000,00 €
   Eigenkapital 800.000,00 €
   Wie viel € beträgt der durchschnittliche Lagerbestand?

7. Welche Angabe benötigt die Tom Hoss KG zur Berechnung der Umschlagshäufigkeit (Umschlagsgeschwindigkeit) einer Warengruppe?
   a) den Höchstbestand der Waren
   b) den Mindestbestand der Waren
   c) den Warenumsatz
   d) den Wareneinsatz
   e) den Meldebestand der Waren

8. Durch eine Marketingmaßnahme konnte die Tom Hoss KG den Warenabsatz innerhalb einer Warengruppe um 20 % steigern.
   Wie wirkt sich dies auf die Umschlagshäufigkeit aus?
   a) Eine Steigerung des Warenabsatzes bewirkt keine Veränderung der Umschlagshäufigkeit, weil sich verkaufte Mengen nur auf den Lagerbestand auswirken.
   b) Die Umschlagshäufigkeit steigt, wenn die durchschnittliche Lagerdauer entsprechend der Absatzsteigerung um 20 % steigt.
   c) Die Umschlagshäufigkeit sinkt, wenn der durchschnittliche Lagerbestand sich nicht verändert.
   d) Die Umschlagshäufigkeit steigt, wenn der durchschnittliche Lagerbestand entsprechend der Absatzsteigerung um 20 % steigt.
   e) Die Umschlagshäufigkeit steigt, wenn sich der durchschnittliche Lagerbestand nicht verändert.
   f) Die Umschlagshäufigkeit sinkt, wenn die durchschnittliche Lagerdauer entsprechend der Absatzsteigerung um 20 % sinkt.

9. Die Umschlagshäufigkeit einer Warengruppe ist 50.
   Wie viele Tage beträgt die durchschnittliche Lagerdauer?

10. Die Umschlagshäufigkeit eines Artikels und die davon abhängige durchschnittliche Lagerdauer sollen verbessert werden. Durch welche Maßnahme kann die durchschnittliche Lagerdauer verkürzt werden?
    a) Sie nehmen Waren mit hoher Umschlagshäufigkeit aus dem Sortiment.
    b) Sie kaufen größere Mengen zur Nutzung der Nachlässe.
    c) Sie erhöhen die Mindestbestände.
    d) Sie vereinbaren mit unseren Lieferern möglichst Kauf auf Abruf.
    e) Sie erhöhen die Höchstbestände.

11. Zur Berechnung der Umschlagshäufigkeit liegen folgende Kennzahlen vor:

	Vorjahr	aktuelles Jahr
Durchschnittl. Lagerbestand	1.600.000,00 €	1.800.000,00 €
Wareneinsatz	12.000.000,00 €	14.040.000,00 €
Umschlagshäufigkeit	7,5	

Um wie viel Prozent hat sich die Umschlagshäufigkeit im aktuellen Jahr im Vergleich zum Vorjahr verändert?

5311138

12. Der Buchführung entnehmen Sie die folgenden Kontenstände:

S	3900 Warenbestände		H
AB	420.000,00	EB	380.000,00

S	3010 Wareneingang		H
1710	700.000,00		
1710	800.000,00		
1710	450.000,00		

S	3020 Warenbezugskosten		H
1310	3.000,00		
1310	2.000,00		
1310	5.000,00		

Errechnen Sie:

a) den durchschnittlichen Lagerbestand
b) die Lagerumschlagshäufigkeit
c) die durchschnittliche Lagerdauer
d) den Lagerzinssatz (Marktzinssatz = 10 %)

13. Im Branchendurchschnitt haben Uhren- und Schmuckgeschäfte eine Lagerumschlagshäufigkeit von 2, Lebensmitteleinzelhandelsgeschäfte von 15 und Blumengeschäfte von 30.

a) Errechnen Sie jeweils die durchschnittliche Lagerdauer.
b) Erklären Sie die Unterschiede bei der Lagerumschlagshäufigkeit bzw. bei der durchschnittlichen Lagerdauer.

14. Die folgenden Daten liegen Ihnen vor:

Anfangsbestand Januar	126.728,00 €
Summe der 12 Monatsendbestände	1.601.063,00 €
Umschlagshäufigkeit	9

Errechnen Sie den Wareneinsatz.

15. EDV-gestützte WWS stellen im Rahmen von Auswertungen häufig auch Lagerkennziffern zur Verfügung. Dazu gehört unter anderem auch der durchschnittliche Lagerbestand (DLB).

$$\text{DLB} = \frac{\text{Jahresanfangsbestand} + \text{Jahresendbestand}}{2}$$

Erstellen Sie mithilfe von Excel eine Tabelle zur Berechnung des durchschnittlichen Lagerbestands.

16. Man kann den durchschnittlichen Lagerbestand auch für Halbjahres- oder Vierteljahresinventuren berechnen:

$$\text{DLB} = \frac{\text{Anfangsbestand} + \text{Schlussbestand der jeweiligen Halbjahre}}{3}$$

$$\text{DLB} = \frac{\text{Anfangsbestand} + \text{Schlussbestand der jeweiligen Quartale}}{5}$$

Diese Aufgabe bekommt Stefanie Beyer. Sie hat vier Quartale eines Jahres die folgenden Bestände in einer Warengruppe ermittelt:

Anfangsbestand	7.200,00 €
31.03.	8.400,00 €
30.06.	8.600,00 €
30.09.	5.600,00 €
31.12.	6.200,00 €

Berechnen Sie den durchschnittlichen Warenbestand dieser Warengruppe bei Quartalsinventuren.

17. Stefanie Beyer ermittelt für eine bestimmte Warengruppe eine Lagerdauer von 80 Tagen. Der durchschnittliche Lagerbestand beträgt 400.000,00 €. Berechnen Sie den Wareneinsatz in €.

18. In einer Filiale der Tom Hoss KG wird für eine Warengruppe eine Umschlagshäufigkeit von „5“ ermittelt. Bundesweit liegt die Umschlagshäufigkeit dieser Warengruppe jedoch bei „9“.
Welche Maßnahmen könnten zu einer Verbesserung der Umschlagshäufigkeit in dieser Filiale führen?

19. Durch gezielte Marketingmaßnahmen gelingt es der Larstadt AG, den Lagerumschlag zu erhöhen. Welche Folgen hat dies?

a) Der durchschnittliche Lagerbestand in den einzelnen Warengruppen steigt.
b) Der Kapitalbedarf für das Sortiment sinkt.
c) Die Kosten für das Lager steigen an.
d) Das Lagerrisiko wird größer.
e) Die Lagerdauer für die einzelnen Artikel erhöht sich.

20. Die Ausbildungsleiterin verteilt zur Vorbereitung einer Klassenarbeit in der Berufsschule einen programmierten Test zum Thema Lagerkennziffern.
Lesen Sie sich die Erklärungen zu den Aufgabentypen durch und lösen dann auch Sie diesen Test (ab Seite 140).

Programmierte Übungsaufgaben

1. Verschaffen Sie sich zunächst einen kurzen Überblick über den Test mit den programmierten Übungsaufgaben.
2. Beginnen Sie mit solchen Aufgaben, die Ihnen leicht erscheinen. Wenden Sie sich erst dann den schwierigeren Aufgaben zu.
3. Bevor Sie Ihre Lösungsziffer in die dafür vorgesehenen Lösungskästchen eintragen, sollten Sie den Aufgabentext ganz genau lesen und jede Lösungsmöglichkeit sehr genau durchdenken. Beachten Sie, dass für die richtige Lösung manchmal ein einziges Wort ausschlaggebend sein kann.
4. Beißen Sie sich nicht an Aufgaben fest, die zunächst als unlösbar erscheinen. Dadurch verlieren Sie zu viel Zeit. Übergehen Sie zunächst solche Aufgaben. Sie können am Schluss, wenn noch Zeit bleibt, weiter bearbeitet werden.
5. Geraten Sie nicht in Panik, wenn Ihnen eine Lösung nicht sofort einfällt. Oft bedarf es etwas Zeit, bis die richtige Antwort ihren Weg vom Langzeitgedächtnis ins Bewusstsein gefunden hat.
6. Die Lösungstechnik ist abhängig von den Aufgabenformen. Daher sollten Sie die verschiedenen Aufgabentypen kennen.

Mehrfachwahlaufgaben

Bei einer Mehrfachwahlaufgabe werden Ihnen verschiedene falsche Lösungen zusammen mit einer richtigen Lösung angeboten. Sie müssen die Lösungsziffer der richtigen Antwort in das Lösungskästchen eintragen. Wenn Sie nach dem Ausscheidungsprinzip zunächst die vollkommen unsinnigen Antworten suchen, steigt die Wahrscheinlichkeit, schließlich die richtige Antwort zu finden.

BEISPIEL

Welche Aussage über Lagerkennzahlen ist richtig?

1. Die Höhe des durchschnittlichen Lagerbestands hängt ausschließlich vom Umsatz ab.
2. Je länger die Lagerdauer, desto geringer ist das Lagerrisiko.
3. Die Lagerdauer ist für den Kaufmann gleichgültig, da ausschließlich der Umsatz zählt.
4. Je größer die Umschlaghäufigkeit, desto geringer ist der Kapitalbedarf für das Lager.
5. Je kürzer die Lagerdauer, desto größer ist das Lagerrisiko.

Zuordnungsaufgaben

Bei einer Zuordnungsaufgabe sind eigentlich sachlich zusammengehörende Begriffe, Vorgänge oder Sachverhalte – in zwei Reihen getrennt – gegenübergestellt. Ihre Aufgabe ist es, die zusammengehörenden Teile zusammenzuführen.

BEISPIEL

Ordnen Sie zu, indem Sie die Lösungsziffern von 3 der insgesamt 6 Begriffe aus der Lagerhaltung in die Lösungskästchen bei den Erklärungen eintragen.

Begriffe aus der Lagerhaltung

1 Durchschnittlicher Lagerbestand
2 Umschlagshäufigkeit
3 Meldebestand
4 Eiserner Bestand
5 Lagerzinsen
6 Mindestbestand

Erklärungen

Wareneinsatz : durchschnittlicher Lagerbestand ☐

Kosten für das im Lager gebundene Kapital ☐

Menge, bei deren Erreichen neue Ware bestellt werden muss ☐

Offene Antwortaufgaben

Sie müssen die auszurechnende Zahlenform in das vorgegebene Lösungsfeld eintragen.

BEISPIEL

Am Morgen des 1. Arbeitstages eines Monats liegen von einem Artikel noch 150 Stück auf Lager. Der Mindestbestand beträgt 46 Stück. Im Durchschnitt werden täglich 8 Stück abgesetzt.

Nach wie viel Arbeitstagen muss neue Ware bestellt werden, wenn die Lieferzeit 9 Tage beträgt? ☐ Tage

5311140

Kontierungsaufgaben
Zu den vorgegebenen Geschäftsfällen oder Belegen müssen Sie den Buchungssatz bilden. Die Kennziffern für die anzurufenden Konten werden in die Lösungskästchen eingetragen.

BEISPIEL

Ein Paketdienst liefert eine Warensendung in der Warenannahme des Lagers ab. Die Rechnung liegt dem Paket bei.

	Soll	Haben
1 Umsatzerlöse	☐	☐
2 Bank	☐	☐
3 Verbindlichkeiten a. LL		
4 Aufwendungen für Waren		
5 Umsatzsteuer		
6 Vorsteuer		

Reihenfolgeaufgaben

Bei Reihenfolgeaufgaben sind verschiedene betriebliche Vorgänge, die ungeordnet sind, vorgegeben. Gesucht ist dann die sinnvollste – also sachlich und zeitlich richtige – Reihenfolge der Vorgänge. Um eine solche Aufgabe zu lösen, sollten Sie mit dem Vorgang beginnen, der naturgemäß am Anfang der Arbeitsfolge stehen muss: Die übrigen Vorgänge müssen sich dann zwangsläufig ergeben.

BEISPIEL

Bringen Sie die folgenden Arbeitsvorgänge, die den Ablauf von der Bedarfsmeldung bis einschließlich Wareneingang aufzeigen, in die richtige Reihenfolge; bis 7 eintragen.

Überprüfung des Wareneingangs auf Vollständigkeit ☐
Einholen von Angeboten ☐
Überwachung des Liefertermins ☐
Bedarfsmeldung vom Lager ☐
Bestellung nach Angebotsvergleich ☐
Feststellung der Bezugsquellen ☐
Wareneingangsmeldung ☐

Lösungen zu den Beispielen
Mehrfachwahlaufgabe: 4; Zuordnungsaufgabe: 2, 5, 3; Offene Antwortaufgabe: 4 Tage; Kontierungsaufgabe: 4 und 6 an 3; Reihenfolgeaufgabe: 6, 3, 5, 1, 4, 2, 7.

Test

1 Vergleichen Sie die folgenden Zahlen für zwei Mitbewerber der Tom Hoss KG:

	Porth OHG	Heimann KG
Durchschnittlicher Lagerbestand	200.000,00 €	200.000,00 €
Umschlagshäufigkeit	60	16
Gesamtkosten/Jahr	600.000,00 €	600.000,00 €
Kalkulierter Gewinn	10 %	20 %

Welche Aussage ist richtig?
1 Der niedrigere Gewinnsatz der Porth OHG führt trotz höherer Umschlagshäufigkeit zu einem niedrigeren Gewinn.
2 Die höhere Umschlagshäufigkeit der Porth OHG ermöglicht trotz niedrigerem Gewinnsatz einen höheren Gewinn.
3 Der gleiche durchschnittliche Lagerbestand bei der Porth OHG und der Heimann KG führt bei beiden Unternehmen zur gleichen Umschlagshäufigkeit.
4 Die höhere Gewinnkalkulation der Heimann KG bringt trotz niedrigerer Umschlagshäufigkeit einen höheren Gewinn.
5 Die gleichen Gesamtkosten bei der Porth OHG und der Heimann KG verursachen trotz abweichender Umschlagshäufigkeit und unterschiedlichem Gewinnsatz keinen unterschiedlichen Gewinn. ☐

2 Wie wird der Kapitalbedarf von der Lagerumschlagshäufigkeit beeinflusst?
1 Lagerumschlagshäufigkeit und Kapitalbedarf stehen in keinem Zusammenhang.
2 Je geringer die Lagerumschlagshäufigkeit ist, desto geringer ist auch der Kapitalbedarf. ➡

3 Je größer die Lagerumschlagshäufigkeit ist, umso mehr Kapital wird benötigt.
4 Nur die Preislage der gelagerten Ware beeinflusst den Kapitalbedarf.
5 Je größer die Lagerumschlagshäufigkeit ist, desto geringer ist der Kapitalbedarf. ☐

3 Bei der Tom Hoss KG werden für eine Warengruppe folgende Zahlen ermittelt:

Jahresanfangsbestand	70.000,00 €
Summe der zwölf Monatsendbestände	450.000,00 €
Wareneinsatz (= Umsatz zu Einstandspreisen)	400.000,00 €

Berechnen Sie den durchschnittlichen Lagerbestand. ☐
Berechnen Sie die Umschlagshäufigkeit. ☐

4 Die Lagerkarte für einen Artikel der Tom Hoss KG weist u. a. folgende Eintragungen auf:

Bestand am 31.12.07	48 Stück
Bestand am 31.03.08	136 Stück
Bestand am 30.06.08	124 Stück
Bestand am 30.09.08	172 Stück
Einstandspreis pro Stück:	44,45 €

Welche Kennzahl kann aus den oben stehenden Angaben ermittelt werden?
1 die durchschnittliche Lagerdauer
2 die durchschnittlichen Lagerkosten
3 der durchschnittliche Lagerbestand
4 die durchschnittlichen Verkaufserlöse
5 der durchschnittliche Bruttoumsatz pro Quartal ☐

5 Was ist unter dem durchschnittlichen Lagerbestand zu verstehen?
1 der Durchschnitt der im Laufe eines Geschäftsjahres tatsächlich vorhandenen Lagerbestände
2 der Lagerbestand, bei dem eine Auffüllung des Lagers zu veranlassen ist
3 der Durchschnitt der in einem Geschäftsjahr verkauften Lagerbestände
4 der Durchschnitt der in einer Branche vorhandenen Lagerbestände
5 der Durchschnitt des Lagerumschlags eines Geschäftsjahrs ☐

6 Welche Aussage über die Lagerdauer ist richtig?
1 Lagerdauer und Kapitalbindung stehen in keinem Zusammenhang.
2 Eine niedrige Lagerdauer verursacht hohe Zinsen für gebundenes Kapital.
3 Eine niedrige Lagerdauer führt zu einer langen Kapitalbindung.
4 Eine hohe Lagerdauer verursacht keine Zinsen, wenn die Ware sofort bezahlt wird.
5 Eine hohe Lagerdauer verursacht hohe Zinsen für gebundenes Kapital. ☐

7 Welchen Einfluss hat die Lagerdauer auf die Lagerzinsen?
1 Die Höhe der Lagerzinsen ist von der Lagerdauer unabhängig.
2 Die Lagerzinsen sind nur vom jeweiligen Zinssatz abhängig.
3 Je niedriger die Lagerdauer ist, desto höher sind die Lagerzinsen.
4 Je höher die Lagerdauer ist, desto niedriger sind die Lagerzinsen.
5 Je höher die Lagerdauer ist, desto höher sind die Lagerzinsen. ☐

8 Für einen Artikel wird ein Lagerumschlag von 0,5 ermittelt.
Wie lange liegt dieser Artikel im Lager der Tom Hoss KG?
1 = 15 Tage, **2** = 250 Tage, **3** = 90 Tage, **4** = 500 Tage, **5** = 720 Tage ☐

9 In Gesprächen verwendet Lagerleiter Herr Bingöl häufig die Begriffe *Meldebestand* und *Mindestbestand*.
Welche Aussage hierzu ist richtig?
1 Der Meldebestand umfasst eine kleinere Stückzahl als der Mindestbestand.
2 Der Mindestbestand ist nur in Krisenzeiten von Bedeutung.
3 Mindestbestand und Meldebestand sind zwei verschiedene Begriffe für den gleichen Tatbestand.
4 Der Mindestbestand umfasst eine kleinere Stückzahl als der Meldebestand.
5 Der Meldebestand ist der Warenbestand, der bei der jährlichen Inventur gemeldet wird. ☐

10 Ein Mitarbeiter der Tom Hoss KG vergisst versehentlich, den Tagesverkauf von 20 Anzügen buchhalterisch zu erfassen. Welche Auswirkung hat dieser Fehler?

1 Der Meldebestand wird dadurch schneller erreicht.
2 Der Soll-Bestand ist zu hoch.
3 Der Ist-Bestand ist zu hoch.
4 Der Ist-Bestand stimmt mit dem Soll-Bestand überein.
5 Der Soll-Bestand wird niedriger ausgewiesen, als er ist. ☐

11 Wodurch wird die Differenz zwischen Melde- und Mindestbestand bestimmt?

1 durch den Bestellrhythmus
2 durch die Lagergröße
3 durch den Wiederbeschaffungszeitraum
4 durch den Bestellvordruck
5 durch das Einkaufslimit ☐

12 Welche Auswirkung hat eine Verkürzung der Lieferzeit?

1 Der Meldebestand kann gesenkt werden.
2 Der Meldebestand muss erhöht werden.
3 Der Tagesabsatz steigt.
4 Die Lagerkosten steigen.
5 Die Lagerdauer sinkt. ☐

13 Welche Aussage über die Umschlagshäufigkeit ist richtig?

1 Erhöht sich die durchschnittliche Lagerdauer, nimmt im gleichen Umfang die Umschlagshäufigkeit zu.
2 Erhöht sich der Wareneinsatz bei gleich bleibendem durchschnittlichen Lagerbestand, vermindert sich die Umschlagshäufigkeit.
3 Erhöht sich der Wareneinsatz bei gleich bleibendem durchschnittlichen Lagerbestand, nimmt die Umschlagshäufigkeit zu.
4 Bleibt der Wareneinsatz bei erhöhtem durchschnittlichem Lagerbestand gleich, nimmt die Umschlagshäufigkeit zu.
5 Bleibt der Wareneinsatz bei vermindertem durchschnittlichem Lagerbestand gleich, vermindert sich die Umschlagshäufigkeit. ☐

14 Welche der Kennziffern ist erforderlich, um die Umschlagshäufigkeit zu errechnen?

1 die Umsatzrentabilität
2 der Wert der verkauften Ware zum Verkaufspreis
3 der Wareneinsatz
4 der Rohgewinn
5 die Unternehmerrentabilität ☐

15 Welcher Vorgang führt zu einer Erhöhung der Umschlagshäufigkeit bei der Warenlagerung?

1 Der Wareneinsatz nimmt ab, der durchschnittliche Lagerbestand nimmt zu.
2 Der Wareneinsatz nimmt im gleichen Verhältnis wie der durchschnittliche Lagerbestand zu.
3 Der Wareneinsatz bleibt gleich, der durchschnittliche Lagerbestand nimmt zu.
4 Der Wareneinsatz nimmt ab, der durchschnittliche Lagerbestand bleibt gleich.
5 Der Wareneinsatz nimmt zu, der durchschnittliche Lagerbestand bleibt gleich. ☐

16 Ordnen Sie zu, indem Sie die Lösungsziffern von drei der insgesamt sechs Aussagen in die Lösungskästchen bei den Tätigkeiten im Lager eintragen.

Aussagen

1 Die Bestände der gelagerten Waren werden in regelmäßigen Abständen überprüft.
2 Es wird veranlasst, dass die Waren bei Anforderung unverzüglich in den Verkaufsraum gelangen.
3 Die Waren werden in handelsübliche Packungsgrößen verpackt.
4 In regelmäßigen Abständen erfolgt eine Überprüfung durch die im Lager tätigen Mitarbeiter.
5 In regelmäßigen Abständen werden veraltete oder verdorbene Waren aussortiert.
6 Neu eingetroffene Warensendungen werden ausgepackt und kontrolliert.

Tätigkeiten im Lager

Warenannahme ☐
Lagerkontrolle ☐
Warenpflege ☐

ZUSAMMENFASSUNG

Lagerkennziffern

Durchschnittlicher Lagerbestand

- gibt Auskunft über den durchschnittlichen Warenvorrat während eines Jahres.
- Berechnungsmethoden:

$$\frac{\text{Anfangsbestand} + \text{Endbestand}}{2}$$

$$\frac{\text{Jahresanfangsbestand} + 12\ \text{Monatsendbestände}}{13}$$

$$\frac{\text{Wareneinsatz}}{\text{Umschlagshäufigkeit}}$$

Lagerumschlagshäufigkeit

- informiert darüber, wie oft der Warenvorrat während eines Jahres umgesetzt wurde.
- Berechnungsmethoden:

$$\frac{\text{Jahresabsatz}}{\text{durchschnittlicher Lagerbestand}}$$

$$\frac{\text{Wareneinsatz}}{\text{durchschnittlicher Lagerbestand zu Einstandspreisen}}$$

Durchschnittliche Lagerdauer

- sagt aus, wie lange eine Ware auf Lager liegt.
- Berechnungsmethode:

$$\frac{360}{\text{Lagerumschlagshäufigkeit}}$$

Lagerzinssatz

- erfasst die Zinskosten des in den Warenvorräten gebundenen Kapitals.
- Berechnungsmethoden:

$$\frac{\text{Jahreszinssatz} \cdot \text{durchschnittliche Lagerdauer}}{360}$$

$$\frac{\text{Jahreszinssatz}}{\text{Lagerumschlagshäufigkeit}}$$

$$\frac{\text{Jahreszinssatz} \cdot \text{durchschnittlicher Lagerbestand}}{\text{Wareneinsatz}}$$

Man versteht erst dann etwas richtig, wenn man versucht, es einem anderen zu erklären. Dies führt zu einer erneuten gründlichen Auseinandersetzung mit dem gerade behandelten Thema.

1. Suchen Sie sich einen Partner.
2. Lesen Sie noch einmal die Zusammenfassung. Bei Verständnisproblemen schlagen Sie ggf. noch einmal im Informationstext nach.
3. Wandeln Sie die Zusammenfassung mit Ihrem Partner in eine gemeinsame Mindmap um.

ICH ÜBERPRÜFE MEINE NEU ERWORBENEN KOMPETENZEN

Den Erwerb der zu Beginn aufgeführten Kompetenzen können Sie selbst mithilfe der folgenden Tabelle überprüfen.

Wenn Sie alle Aufgaben, die hinter einer Kompetenz stehen, gelöst haben, machen Sie ein Kreuz bei „Ganz“. Bei den Kompetenzen, bei denen Sie Aufgaben „Teilweise“ oder „Gar nicht“ gelöst haben, sollten Sie den dazugehörigen Informationstext noch einmal lesen und die Aufgaben anschließend noch einmal bearbeiten.

Was ich nach der Bearbeitung dieses Kapitels kann	**Aufgaben**	**Ganz**	**Teilweise**	**Gar nicht**
Ich kann ...				
... eine „Lagerkarte“ in Papierform oder EDV-gestützt führen.	4			
... die Bedeutung des durchschnittlichen Lagerbestandes begründen und ihn berechnen.	3 ,4, 5, 6, 20			
... den Wert der Umschlagshäufigkeit eines Artikels mengen- oder wertmäßig ermitteln.	7, 8, 9, 10, 11,12, 20			
... die Umschlagshäufigkeit in die durchschnittliche Lagerdauer umsetzen.	12, 13,15, 16 17, 20			
... Ursachen für zu niedrige Umschlagshäufigkeiten finden.	19, 20			
... Vorschläge für betriebswirtschaftliche Maßnahmen bei zu niedrigen Umschlagshäufigkeiten machen.	18, 20			

7.9 Einsatz von EDV-gestützten Warenwirtschaftssystemen im Lager

Problemstellung

Alle Auszubildenden werden während ihrer Ausbildung auch 14 Tage im Zentrallager eingesetzt, so auch Stefanie Beyer. Ihr Ausbilder dort, Herr Bingöl, erklärt ihr gerade die Bedienung des im Lager eingesetzten EDV-Programms:

„In den Zentrallagern aller großen Unternehmen bilden automatisch bediente Hochregallager das Zentrum umfassender Warenverteilsysteme, die von der EDV gesteuert werden. Programmsysteme für den Lagerbereich sorgen im Rahmen EDV-gestützter Warenwirtschaftssysteme für einen mengen- und zeitgerechten Warenfluss im Lager zwischen Wareneingang und Versand. Die Steuerung von Regalbediengeräten, Stetigförderern und fahrerlosen Transportsystemen erfolgt automatisch."

Untersuchen Sie, welche weiteren Aufgaben Programmsysteme im Lagerbereich eines Unternehmens erfüllen.

EINORDNUNG DES THEMAS

Lernfeld 7: Waren annehmen, lagern und pflegen

Warenannahme → Mangelhafte Lieferung → Lieferungsverzug → Warenlagerung → Überprüfen der Wirtschaftlichkeit im Lager

Einsatz der EDV im Lager

Kompetenzen

Nach Bearbeitung dieses Kapitels können Sie ...

... unterschiedliche Aufgaben von Warenwirtschaftssystemen im Lager nachvollziehen.
... verschiedene Teilbereiche von Warenwirtschaftssystemen im Lager aufführen.
... Vorteile der permanenten Inventur aufführen.
... erkennen, dass der Einsatz mobiler Datenerfassungsgeräte im Lager sinnvoll ist.

INFORMATIONSTEXT

EDV-gestützte Lagerwirtschaftssysteme im Rahmen von Warenwirtschaftssystemen[1] (WWS) gehören heute in vielen Unternehmen zu den Anwendungen, die so selbstverständlich geworden sind, dass eine Unternehmensführung ohne die Informationen aus diesem Bereich unvorstellbar geworden ist. So stellt beispielsweise die **Lagerbestandsführung** die zentrale Schnittstelle zu vielen anderen Informationssystemen eines Unternehmens dar.

Bestandteile eines WWS im Lagerbereich

Lagerbestandsführung

Das Lager ist die Drehscheibe, an der sich die Bereiche Vertrieb, Einkauf, Disposition sowie Finanzbuchführung treffen. Stets aktuelle und aufbereitete Informationen zum Lager, die durch die EDV zur Verfügung gestellt werden, sind von großer Bedeutung für einen ungestörten Betriebsablauf.

Die Aufgabe eines EDV-Systems für diesen Bereich besteht zunächst einmal darin, die Bestände artikelgenau zu verwalten. Die automatische Bestandsführung nach Artikeln bildet die Basis für alle weiteren Lagerauswertungen. Die Bestände können häufig auch mit Unterteilungen (Größen, Farben usw.) geführt werden. Auch die Führung verschiedener oder örtlich getrennter Lager ist möglich.

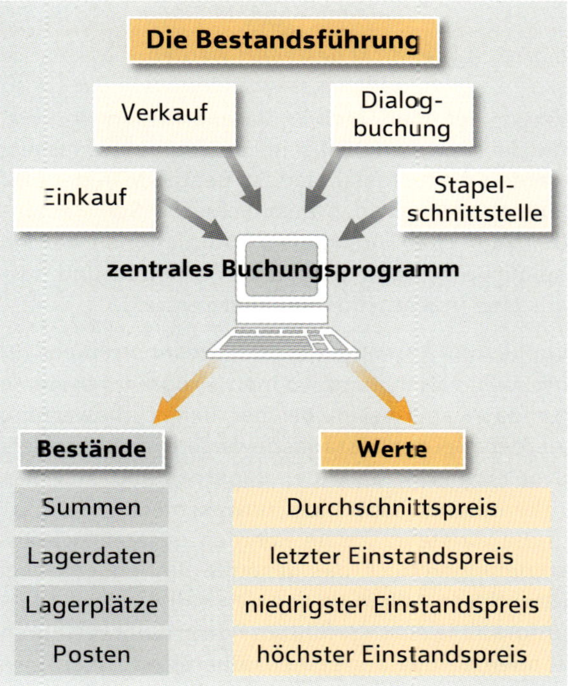

Programmsysteme für das Lager, die eine optimale Bestandsführung erlauben, helfen nicht nur, die Kapitalbindung zu verringern. Sie erhöhen auch den Servicegrad des Unternehmens. Inner- und außerbetriebliche Kunden können schneller und zuverlässiger bedient werden. Der gesamte Betriebsablauf wird durchschaubarer.

Anpassungsfähige Programmsysteme für das Lager ermöglichen:

- Überbestände rechtzeitig zu erkennen
- Bestände ohne Einschränkung des Servicegrades auf ein Minimum zu reduzieren und auch auf diesem niedrigen Niveau zu halten
- auch später noch festzustellen, wann und von wem welche Artikel zu welchen Konditionen bezogen wurden

BEISPIELE

- Im Bereich des Lebensmittelhandels ist die Gefahr des Verderbens groß. Das Vermeiden von Überbeständen ist hier besonders wichtig.
- Im Blechhandel spielen Qualitätsunterschiede eine große Rolle. Es muss z. B. notiert werden, wer welche Produkte zu welcher Qualität geliefert hat oder ausgeliefert bekommen hat.
- Im Arzeimittelbereich ist der Chargennachweis gesetzlich vorgeschrieben und beruht auf haftungsrechtlichen Grundlagen. Eine Charge ist eine Serie von Waren mit gleichen Eigenschaften, die während eines Herstellungsabschnitts mit gleichen Rohstoffen hergestellt, verpackt und mit einer Nummer (= Chargennummer) gekennzeichnet werden.

Durch die ständige Verfolgung der Lagerbestandsveränderungen können aussagekräftige und aktuelle Lagerkennzahlen bereitgestellt werden. Sie bieten Entscheidungshilfen im Zielkonflikt zwischen Lagerreduktion und Lieferservice.

1 Warenwirtschaftssysteme steuern den Warendurchlauf durch ein Unternehmen und liefern alle relevanten Informationen dazu.

Im Rahmen von Warenwirtschaftssystemen besteht häufig eine vollständige Einbindung der EDV-Systeme für den Wareneingangs-/Einkaufsbereich und das Lagerwesen. Dies bedeutet, dass alle Daten, die entweder durch die Bestellbestätigung oder bei der Wareneingangserfassung eingegeben wurden, automatisch der Lagerdatei hinzugefügt werden. Auf diese Weise werden der Zeitaufwand und die Fehlerhäufigkeit von Mehrfacherfassungen deutlich vermindert.

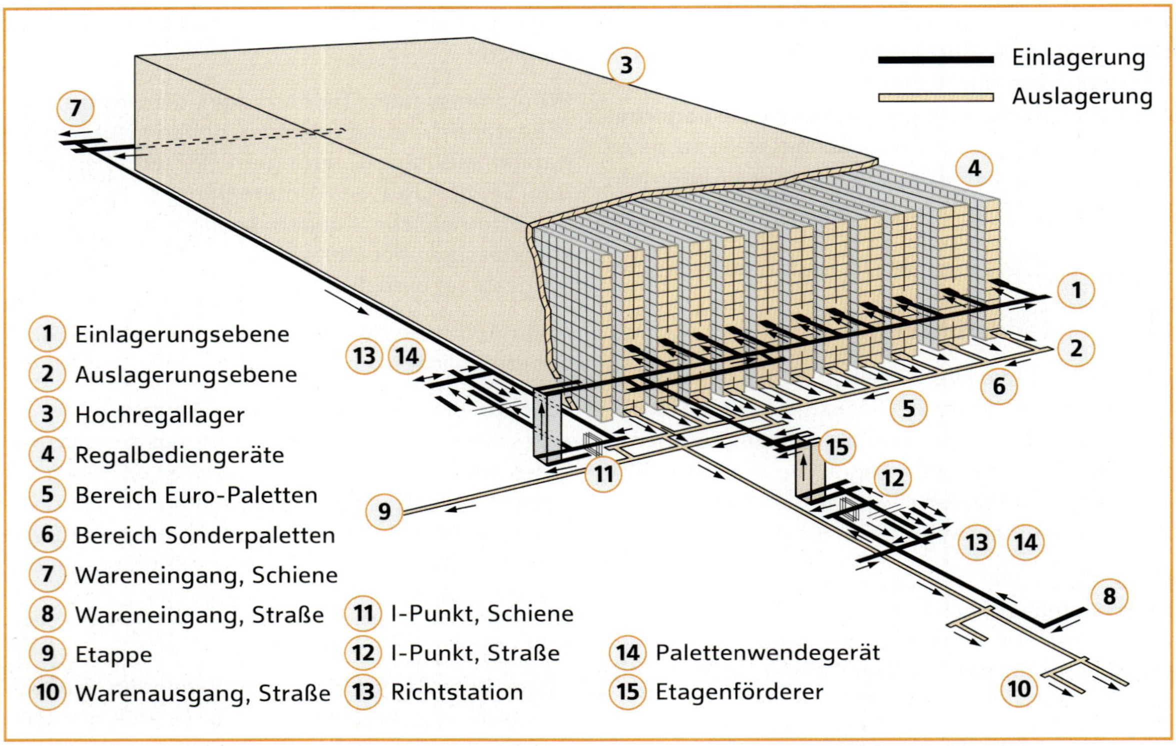

Ohne EDV-gestützte Warenwirtschaftssysteme können große Lager nicht gesteuert werden.

Inventur

Programmsysteme für das Lagerwesen helfen sehr häufig auch bei der Organisation und Durchführung der Inventur. Durch das ständige Erfassen aller Lagerzugänge und -abgänge wird die Durchführung einer **permanenten Inventur** (= ständige Inventur) ermöglicht. Zwar kann eine permanente Inventur eine physische Inventur nicht vollständig ersetzen, da Faktoren wie z. B. Lagerschwund nur manuell eingegeben werden können. Für einen ständigen Einblick in die kompletten Lagerbestände schafft sie jedoch eine unverzichtbare Grundlage.

Die EDV-gestützten Warenwirtschaftssysteme können aus der ständigen Lagerbestandsfortschreibung heraus **Inventurlisten** erstellen. Sie enthalten die Soll-Bestände und sind somit die Grundlage für die Erfassung der Inventurdifferenzen. Inventurdifferenzen sind die Abweichungen zwischen Sollbeständen und Istbeständen. Verwendet man mobile Datenerfassungsgeräte, die die codierten Artikel im Lager direkt erfassen, werden die festgestellten Ist-Bestände in der EDV automatisch mit den gespeicherten Soll-Beständen verglichen. Aus diesen Informationen werden mögliche Bestandsdifferenzen ermittelt und daraus eine **Inventurdifferenzliste** erstellt.

Ein besonders anpassungsfähiges Instrument für die Geschäftsleitung können Programmsysteme für das Lagerwesen bei der Inventurbewertung werden. Bei der Bestandsbewertung ist besonders problematisch, dass der Lagerbestand in vielen Unternehmen eine nicht unwesentliche Einflussgröße darstellt, die im Rahmen gesetzlicher Bestimmungen auch das gesamte Betriebsergebnis beeinflusst. Abhängig von den mithilfe der Lagerprogramme durchgeführten Bewertungsverfahren können die Bestände einen höheren oder niedrigeren Wert aufweisen.

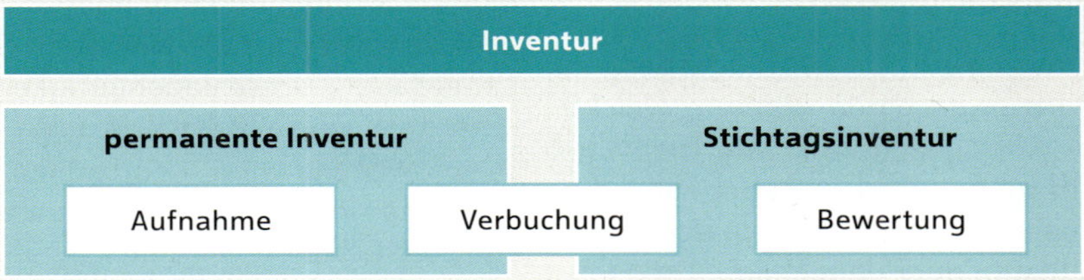

Mobile Datenerfassungsgeräte (MDE)

Für EDV-gestützte Warenwirtschaftssysteme sind auch mobile (bewegliche) Datenerfassungsgeräte bedeutsam. Dies sind kleine, taschenrechnerähnliche Geräte, mit denen an den Einsatzorten Lager, Wareneingang und Verkauf Daten in computergerechter Form gesammelt, gespeichert und an eine EDV-Anlage weitergeleitet werden. Bei diesen netz- und ortsunabhängigen Datenerfassungsgeräten wird die Mobilität durch ein geringes Volumen und Gewicht sowie durch den Einsatz von Batterien bzw. Akkus zur Energieversorgung gewährleistet. Die Eingabe der Daten kann entweder manuell (per Hand) über eine Tastatur oder optisch mithilfe eines Lesestifts erfolgen. Dafür müssen die Daten jedoch in Form eines Strichcodes vorliegen.

Die mobile Datenerfassung kommt in mehreren Bereichen der Warenwirtschaft zum Einsatz. Im Bereich des Lagers benutzt man die Geräte für die Erfassung von Warenbestandsdaten im Rahmen der Inventur. Die erfassten Daten lassen sich dann direkt in die EDV einspielen. Im Bestellwesen wird die Abwicklung der Bestellungen zwischen Handelsbetrieben oder zwischen Handel und Industrie erleichtert. Die Bestelldaten werden dabei vom bestellenden Handelsbetrieb vor Ort, zum Teil sogar am Regal, in das Erfassungsgerät eingegeben. Zur Übertragung der erfassten Daten kann die Vielzahl der Übertragungsnetze, die zur Verfügung stehen, genutzt werden. Im größeren Umfang wird die Datenfernübertragung z. B. auch im öffentlichen Fernsprechwählnetz angewandt. Verschiedene Geräte ermöglichen in diesem Zusammenhang die Umwandlung der in den Erfassungsgeräten gespeicherten Daten in eine Form, die wie das gesprochene Wort über die Telefonleitungen übertragen werden kann. Auf der Empfangsseite erfolgt eine Rückumsetzung, damit die Daten in die EDV-Anlage eingegeben werden können.

Die Auswirkungen der mobilen Datenerfassung auf die Warenwirtschaft liegen in einer Effizienzsteigerung und in einer Beschleunigung der Informations- und Kommunikationsprozesse im Vergleich zu den herkömmlichen Möglichkeiten (Brief/Telefon/Telefax). So mussten z. B. Bestellungen früher langsam über Papiermedien abgewickelt werden. Durch die mobile Datenerfassung ergeben sich daher mehrere Vorteile. Die schnellen Bestellungen ermöglichen kürzere Lieferzeiten, die Datenerfassungs- und Datenübermitttungskosten sinken usw.

MDE-Gerät

MDE-Einsatzbereiche	
Filial-Anwendung	**Außendienst-Anwendung**
• Auftragsdatenerfassung • Artikelstammpflege • Bestellabwicklung mit allen Sonderfunktionen • Inventurerfassung • Wareneingangskontrolle z. B. mit EAN-Überprüfung • Speichern von historischen Daten (Vortages-, Vorwochenbestellung)	• Tourenplanung • Wegeoptimierung • Speichern individueller Kundenstammdaten • Unterstützung der Konditionsfindung • Überprüfung des lagermäßig lieferbaren Sortiments während der Datenkommunikation • Spesenberichte

Verwaltung von Lagerplätzen

Effektive Programmpakete für den Lagerbereich sollten dem Benutzer anzeigen können, welche Lagerplätze zum Abfragezeitpunkt als freie Lagerplätze zur Verfügung stehen. Dabei kann die Zuweisung der Artikel zu ihren Lagerplätzen entweder nach dem festen oder dem chaotischen Lagerordnungsverfahren erfolgen.

Abfragen und Statistiken

Fast alle Programmsysteme für das Lagerwesen enthalten umfassende Auskunftssysteme, die dem Unternehmer das mühselige Ermitteln (z. B. die Suche in unterschiedlichen Karteien und Unterlagen) von Informationen abnehmen. Direkt am Bildschirm oder auf einer ausgedruckten Liste sind „auf Knopfdruck“ alle wichtigen Daten verfügbar: Lagerdauer, Umschlagshäufigkeit und Lieferbereitschaft sowie Bestände und Verfügbarkeiten. Diese wesentlichen Kennzahlen entscheiden in manchen Fällen über Ausmusterung oder verstärkten Einkauf.

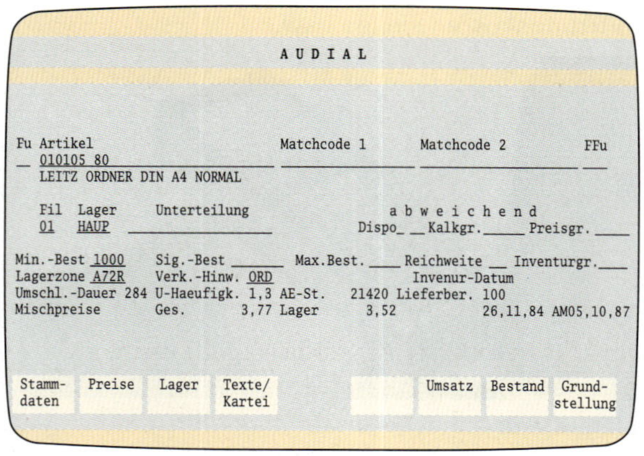

Handhabung des Warenflusses

In vielen Lagern besteht ein Nachholbedarf bei der Automatisierung der Handhabungs- und Warenflusstechnik. Vom reinen Handbetrieb über die Mechanisierung beispielsweise mit Gabelstaplern zur Teilautomatisierung mit Förderbändern bis zur Automatisierung eines Lagers kann die Entwicklung gehen. Einige Programmsysteme für das Lagerwesen können eine Optimierung innerbetrieblicher Transportvorgänge durchführen. Voraussetzung für solche intelligenten Lagersysteme sind

- die Aufrüstung herkömmlicher Arbeitsmittel durch Sensorik (Messfühler und Ähnliches) und Steuerungstechnik oder
- der Einsatz mobiler Roboter.

Steuerungskonzept für die Automatisierung des Warenflusses im Lager

Die EDV verwaltet den Warenfluss im Lager und steuert die Lagergeräte (z. B. Stückgutförderer, Regalbediengeräte, fahrerlose Transportsysteme).

Im Automatisierungsstadium bewegen sich die Transportmittel bedienungslos und über Daten zielgesteuert: Bei Ein- und Auslagerungen erhält die Lagermaschine von der EDV die Koordinaten des Lagerfachs vorgegeben, aus dem beispielsweise ein Behälter zu entnehmen ist. Bei der Kommissionierung, bei der die aus dem Lager entnommenen Materialien zu Versandgebinden zusammengestellt werden, ist eine Automatisierung ähnlich der Gepäckverteilung auf Flughäfen möglich. Die Lagerbehälter, die mit einem maschinenlesbaren Code versehen sein müssen, wandern z. B. auf Transportbändern an Lesestationen vorbei, werden nach den Kommissionierungsvorgaben selektiert (ausgewählt) und an Sortierplätzen abgelegt. Der innerbetriebliche Transport von und zu den Lagerorten kann zudem durch fahrerlose Transporteinheiten automatisiert werden. Diese werden durch in den Boden verlegte Induktionskabel geführt; Voraussetzungen dazu sind allerdings entsprechende Codierungen von Transporteinheiten und Empfangsorten.

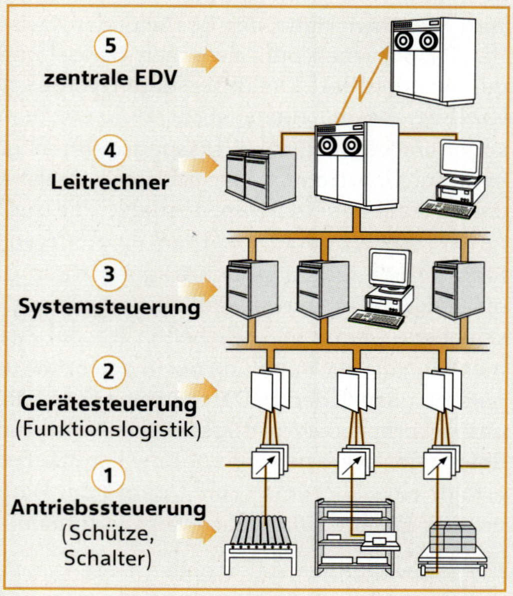

5311150

AUFGABEN

1. Erläutern Sie die Bedeutung der Lagerbestandsführung im Rahmen der EDV.
2. Warum fassen EDV-gestützte Warenwirtschaftssysteme sehr häufig den Einkaufsbereich und das Lagerwesen zusammen?
3. Wie können EDV-Systeme für das Lager die Inventur unterstützen?
4. Nach welchen Verfahren können Programmsysteme für das Lagerwesen den Artikeln Lagerplätze zuweisen?
5. Welche Vorteile hat ein automatisches Lager?
6. Welche Aussage kennzeichnet die permanente Inventur?
   a) Der Zeitpunkt für die Inventur wird so gelegt, dass drei Monate vor und zwei Monate nach dem Abschlussstichtag die körperliche Bestandsaufnahme durchgeführt wird.
   b) Am 31. Dezember eines jeden Jahres wird eine Inventur durchgeführt, um die Ist-Bestände mit den Beständen der Vorjahre zu vergleichen.
   c) Eine ordnungsgemäße Lagerbuchführung setzt eine permanente Inventur voraus und macht eine körperliche Bestandsaufnahme überflüssig.
   d) Nach der wertmäßigen Erfassung der Lagerbestände erfolgt im zeitlichen Abstand eine mengenmäßige Erfassung, da das zu erstellende Inventar Grundlage für die Aufstellung der Jahresbilanz ist.
   e) Unter der Voraussetzung einer ordnungsgemäßen Lagerbuchführung werden einmal im Geschäftsjahr zu einem beliebigen Zeitpunkt die Ist-Bestände körperlich erfasst.
7. In welchen Bereichen werden mobile Datenerfassungsgeräte im Betrieb angewandt?
8. Die Tom Hoss KG wickelt ihre regelmäßige Warendisposition über die Mobile Datenerfassung (MDE) ab. Welcher besondere Vorteil ergibt sich daraus?
   a) MDE hilft erheblich bei der Programmerstellung des Warenwirtschaftssystems.
   b) MDE erleichtert die Datenerfassung und -übertragung.
   c) MDE speichert die Daten immer langfristig.
   d) MDE sichert ohne zusätzliche Maßnahmen Dispositionsdaten entsprechend dem Datenschutz.
   e) MDE gibt die Umschlagshäufigkeit der einzelnen Artikel ein.
9. Um die Arbeiten im Lager zu vereinfachen, werden künftig elektronische Erfassungsgeräte anstelle von Lagerfachkarten eingesetzt. Welche Information können Sie nicht von der Lagerfachkarte in das mobile elektronische Erfassungsgerät übernehmen?
   a) Artikelbezeichnung
   b) Lagerort
   c) Fach
   d) Meldebestand
   e) Höchstbestand
   f) Verkaufspreis
10. Untersuchen Sie: Welche der in diesem Kapitel genannten Aufgaben der Datenverarbeitung im Lager erfüllt das in Ihrem Ausbildungsbetrieb verwendete Programmpaket für den Lagerbereich?
11. Um welchen Teil eines EDV-gestützten Warenwirtschaftssystems im Lager handelt es sich in den folgenden Fällen?

   a) Dieser Teil eines EDV-gestützten Warenwirtschaftssystems hat den Fluss an Gütern durch einen als Lager definierten Bereich abzubilden.
   b) Das Warenwirtschaftssystem unterstützt die Bestandsaufnahme der Vermögensteile (vor allem der Artikel des Sortiments) und Schulden eines Unternehmens durch Zählen, Messen, Wiegen.
   c) Den Mitarbeitern im Lager werden freie Lagerplätze angezeigt.
   d) Alle gewünschten Lagerkennzahlen werden ermittelt und für weitergehende Auswertungen zur Verfügung gestellt.

e) Fahrerlose Transportsysteme haben im Zentrallager die Aufgabe, Waren zu transportieren (keine Person!). Sie werden vom Warenwirtschaftssystem durch das Lager geführt. Auch bei anderen Lagergeräten bewegen sich die Transportmittel mithilfe des Warenwirtschaftssystems bedienungslos und über Daten zielgesteuert.

ZUSAMMENFASSUNG

EDV-gestützte Warenwirtschaftssysteme im Lager

erfüllen folgende Funktionen

- **Bestandsführung**: artikelgenaue Verwaltung der Bestände
- **Inventur**: Unterstützung der Durchführung und Bewertung
- **Abfragen und Statistiken**: Bereitstellung von Informationen für unterschiedliche Zwecke
- **Verwaltung von Lagerplätzen**: Zuweisung von Lagerorten
- **Handhabung des Warenflusses**: Optimierung innerbetrieblicher Transportvorgänge

sind heute oft Bestandteil von

ERP-Systemen

= umfassende Programmplakate, die die Geschäftsprozesse eines Unternehmens abbilden

Man versteht erst dann etwas richtig, wenn man versucht, es einem anderen zu erklären. Dies führt zu einer erneuten gründlichen Auseinandersetzung mit dem gerade behandelten Thema.

1. Suchen Sie sich einen Partner.
2. Lesen Sie noch einmal die Zusammenfassung. Bei Verständnisproblemen schlagen Sie ggf. noch einmal im Informationstext nach.
3. Wandeln Sie die Zusammenfassung mit Ihrem Partner in eine gemeinsame Mindmap um.

5311152

ICH ÜBERPRÜFE MEINE NEU ERWORBENEN KOMPETENZEN

Den Erwerb der zu Beginn aufgeführten Kompetenzen können Sie selbst mithilfe der folgenden Tabelle überprüfen.

Wenn Sie alle Aufgaben, die hinter einer Kompetenz stehen, gelöst haben, machen Sie ein Kreuz bei „Ganz". Bei den Kompetenzen, bei denen Sie Aufgaben „Teilweise" oder „Gar nicht" gelöst haben, sollten Sie den dazugehörigen Informationstext noch einmal lesen und die Aufgaben anschließend noch einmal bearbeiten.

Was ich nach der Bearbeitung dieses Kapitels kann	Aufgaben	Ganz	Teilweise	Gar nicht
Ich kann ...				
... unterschiedliche Aufgaben von Warenwirtschaftssystemen im Lager nachvollziehen.	1, 10			
... verschiedene Teilbereiche von Warenwirtschaftssystemen im Lager aufführen.	2, 4, 5			
... Vorteile der permanenten Inventur aufführen.	6			
... erkennen, dass der Einsatz mobiler Datenerfassungsgeräte im Lager sinnvoll ist.	7, 8, 9			

Lernfeld 8

Geschäftsprozesse erfassen und kontrollieren

8.1 Belege und Beziehungen zu Kunden und Lieferern

Problemstellung

Stefanie Beyer und Jakub Nowak werden in der Abteilung Rechnungswesen der Tom Hoss KG eingesetzt. Jakub bekommt von der Sachbearbeiterin Frau Zuber vier Belege vorgelegt.

Jakub soll sich zunächst einmal überlegen, was das überhaupt für Belege sind, warum diese Belege geschrieben wurden und welche Werteströme in Verbindung mit diesen Belegen entstanden sind.

Spindler KG
Textilgroßhandlung

Spindler KG | Halberstädter Str. 16 | 31141 Hildesheim

Tom Hoss KG
Grunerstraße 120
10169 Berlin

Eingegangen am: 01.08.20..

Kunden-Nr.: 10366
Lieferdatum: 29.07.20..
Bestelldatum: 25.07.20..

Sachbearbeiter/-in: Thomas Marx
Telefon: 05121 454545-45
Telefax: 05121 454545-11
E-Mail: marx@spindler-wvd.de

Rechnungs-Nr.: 90512
Rechnungsdatum: 31.07.20..

Rechnung

Pos.	Artikel-Nr.	Artikelbezeichnung	Menge und Einheit	Einzelpreis	Gesamtpreis
1	27282	Damenpullover	30 Stück	56,00 €	1.680,00 €
2	19501	Damenbluse	40 Stück	25,50 €	1.020,00 €
3	34205	Herrenanzug	50 Stück	110,00 €	5.500,00 €

Gesamtpreis		8.200,00 €
Rabatt	5 %	410,00 €
Warenwert		7.790,00 €
Umsatzsteuer	19 %	1.480,10 €
Rechnungsbetrag		**9.270,00 €**

Rechnung zahlbar innerhalb von 30 Tagen netto.

TOM HOSS KG
Grunerstraße 120, 10169 Berlin
Telefon: 030/750 610-100
USt-ID: DE 121287018

Artikel-Nr.	Artikel	Betrag
27282	Damenpullover	85,00 €
19501	Damenbluse	80,00 €
34205	Herrenanzug	135,00 €
	Summe EUR	300,00 €
	19 % Ust.	57,00 €
	Gesamt	357,00 €
	Bar	400,00 €
	Rückgeld	43,00 €

Vielen Dank für Ihren Einkauf!

26.07.20.. 14:14:48

Autohaus Bach

Autohaus Bach · Mühlenstraße 81 · 10243 Berlin

Tom Hoss KG
Herr Hoss
Grunerstraße 120
10169 Berlin

Kunden-Nr.: 19875
Lieferdatum: 20..-10-12
Bestelldatum: 20..-07-28

Sachbearbeiter/-in: Frau Ellerhorst
Telefon: 030 1234-56
Telefax: 030 1234-57
E-Mail: ellerhorst@autohaus-bach-wvd.de

Rechnungs-Nr.: 86970
Rechnungsdatum: 20..-10-14

Rechnung

Sehr geehrter Herr Hoss,
wir vereinbart berechnen wir Ihnen:

Pos.	Artikel-Nr.	Artikelbezeichnung	Menge und Einheit	Einzelpreis	Gesamtpreis
1	125125	PKW Kolf Sport Neuwagen	1	28.000,00 €	28.000,00 €

Gesamtpreis		28.000,00 €
Umsatzsteuer	19 %	5.320,00 €
Rechnungsbetrag		**33.320,00 €**

Rechnungsbetrag zahlbar innerhalb von 14 Tagen netto.

Tom Hoss KG TH
Damen- und Herrenmode

Tom Hoss KG | Grunerstraße 120 | 10169 Berlin

Fred Meiners
Holzstr. 45
31135 Hildesheim

Kunden-Nr.: 10607
Lieferdatum: 20..-07-28
Bestelldatum: 20..-07-24

Sachbearbeiter/-in: Kirsten Wilhelm
Telefon: 030/750 610-167
Telefax: 030/750 610-111
E-Mail: kirsten.wilhelm@tomhoss-wvd.de

Rechnungs-Nr.: 17654
Rechnungsdatum: 20..-07-31

Rechnung

Pos.	Artikel-Nr.	Artikelbezeichnung	Menge und Einheit	Einzelpreis	Gesamtpreis
1	900009	PKW Modell Kolf gebraucht, 196 000 km	1	4.000,00 €	4.000,00 €

Gesamtpreis		4.000,00 €
Umsatzsteuer	19 %	760,00 €
Rechnungsbetrag		**4.760,00 €**

Rechnungsbetrag zahlbar innerhalb von 14 Tagen netto.

1. Worin unterscheiden sich diese Belege?
2. Welche Vorgänge liegen diesen Belegen zugrunde?
3. Welche Werteströme lassen sich aus diesen vier Belegen feststellen?

EINORDNUNG DES THEMAS

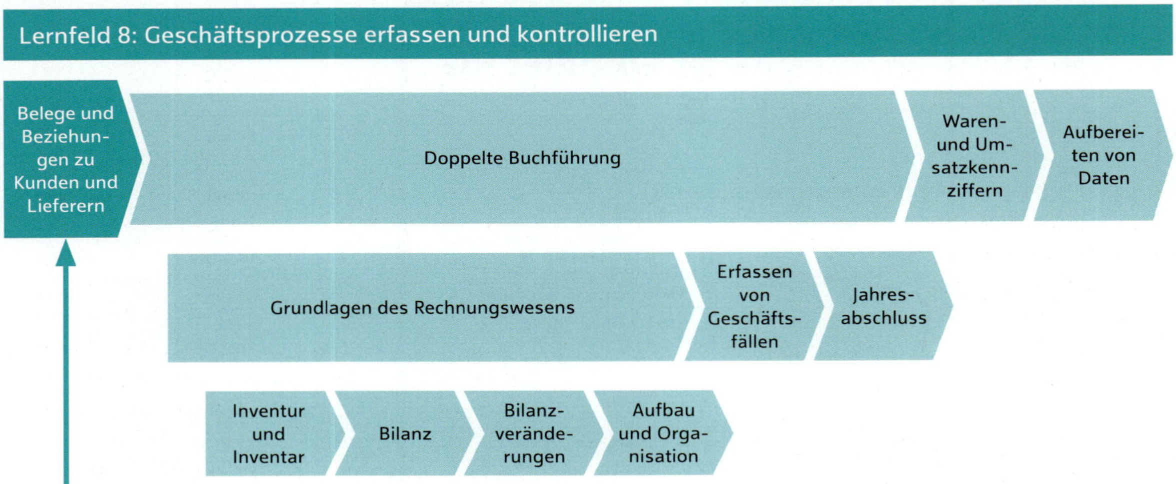

Kompetenzen

Nach Bearbeitung dieses Kapitels können Sie ...

... Beziehungen zu Kunden und Lieferern erfassen.
... Geld- und Wertflüsse in einem Unternehmen zuordnen.
... den Grundsatz „Keine Buchung ohne Beleg“ verstehen.
... verschiedene Belegarten erkennen und unterscheiden.
... verschiedene Aufgaben von Belegen erläutern.

INFORMATIONSTEXT

Notwendigkeit von Belegen

In einem Unternehmen gibt es viele verschiedene Belege. Belege sind die Grundlage, um ein Unternehmen letztlich gut zu leiten und die Buchführung nach den gesetzlichen Bestimmungen ordnungsgemäß zu führen. Das ist auch in § 238 HGB festgehalten:

AUSZUG AUS § 238 HGB BUCHFÜHRUNGSPFLICHT

(1) Jeder Kaufmann ist verpflichtet, Bücher zu führen und in diesen seine Handelsgeschäfte und die Lage seines Vermögens nach den Grundsätzen ordnungsmäßiger Buchführung ersichtlich zu machen. Die Buchführung muss so beschaffen sein, dass sie einem sachverständigen Dritten innerhalb angemessener Zeit einen Überblick über die Geschäftsvorfälle und über die Lage des Unternehmens vermitteln kann. Die Geschäftsvorfälle müssen sich in ihrer Entstehung und Abwicklung verfolgen lassen.

Daraus lässt sich unter anderem folgender **Grundsatz ordnungsgemäßer Buchführung ableiten**:

Keine Buchung ohne Beleg.

Die gesetzlich vorgeschriebene Buchführungspflicht wird mithilfe von Belegen durchgeführt.

5311156

Belege werden immer dort eingesetzt, wo sich die Vermögenssituation eines Unternehmens verändert.

DEFINITION

Ein **Geschäftsfall** ist ein Vorgang, bei dem in irgendeiner Weise die Werte oder das Vermögen des Unternehmens verändert werden.

Belege erfüllen drei Funktionen (= Aufgaben):

- **Dokumentationsfunktion**
  Durch Belege werden alle vermögenswirksamen Geschäftsfälle schriftlich festgehalten und somit dokumentiert.
- **Ordnungsfunktion**
  Belege helfen, ein Unternehmen gut zu organisieren und zu gliedern.
- **Beweisfunktion**
  Bei Problemen zwischen verschiedenen Geschäftsparteien dienen Belege häufig als Beweise bei den strittigen Geschäftsfällen.

Belegarten

Bei den Belegen werden verschiedene Belegarten unterschieden. So gibt es zum einen **Eigenbelege**, die vom eigenen Unternehmen selbst erstellt wurden.

BEISPIEL 1

Der Kassenbeleg eines Kunden über insgesamt 357,00 € ist ein Eigenbeleg. Er wurde von einem Mitarbeiter an der Kasse der Tom Hoss KG erstellt und dem Kunden direkt nach der Zahlung gegeben.

Eigenbelege werden einerseits für den Schriftverkehr mit Geschäftspartnern erstellt. Andererseits benötigt ein Betrieb diese Belege auch für innerbetriebliche Vorgänge (z B. Belege bei Privatentnahmen des Unternehmers oder Materialentnahmescheine). Innerbetriebliche Eigenbelege werden immer erstellt, wenn es zu Wertveränderungen kommt, aber kein Beleg vorhanden ist.

Außerdem gibt es auch **Fremdbelege** in einem Unternehmen. Diese werden von fremden Unternehmen oder betriebsfremden Personen erstellt.

BEISPIEL 2

Die Eingangsrechnung ist von einem Lieferer der Tom Hoss KG, der Firma Spindler KG, erstellt worden.

Wenn ein Fremdbeleg nicht zu erhalten ist, muss nach dem Steuerrecht ein **Ersatzbeleg** ausgestellt werden. Streng genommen handelt es sich dann wieder um einen Eigenbeleg.

BEISPIEL 3

Gründe für einen fehlenden Fremdbeleg sind beispielsweise der Verlust eines Beleges, nicht festgehaltenes Trinkgeld oder eine fehlende Quittung nach einer Taxifahrt.

Erkennen von Werteströmen auf Basis von Belegen

Ein sehr wichtiger Punkt bei der Bearbeitung bzw. der Buchung von Belegen ist es, den Wertestrom zu erkennen, der hinter dem vorliegenden Beleg steht.

BEISPIELE (siehe Ausgangssituation)

Eingangsrechnung von der Spindler KG

Es liegt die Eingangsrechnung der Firma Spindler KG über einen Rechnungsbetrag von 9.270,10 € vor. Die Tom Hoss KG hat hier am 25.07.20.. Damen- und Herrenbekleidung bestellt. Diese Textilien wurden am 29.07.20.. geliefert. Die Spindler KG hat die Rechnung am 31.07.20.. geschrieben und am 01.08.20.. ist die Rechnung bei der Tom Hoss KG eingegangen.

Ausgangsrechnung (Kassenbeleg)

Die Tom Hoss KG hat einem Kunden am 26.07.20.. einen Kassenbeleg über den Betrag von 357,00 € geschrieben. Der Kunde hat einen Damenpullover, eine Damenbluse und einen Herrenanzug bei der Tom Hoss KG gekauft und sofort bar bezahlt.

Wenn man erkennt, welcher Vorgang hinter einem Beleg steht, erleichtert dies das spätere Kontieren und Buchen in der Abteilung Rechnungswesen.

Es werden aber vor allem auch die Werteströme deutlich, die mit diesen Vorgängen verbunden werden. Diese Werteströme werden dann als Geschäftsfall in der Abteilung Rechnungswesen buchhalterisch festgehalten.

DEFINITION

Werteströme sind Geschäftsprozesse in Unternehmen, die unterschiedliche Werte (Vermögen) in dem Unternehmen beeinflussen. Dabei wird zwischen Güterströmen und Geldströmen unterschieden.

Geschäftsprozesse können zum einen Aktivitäten beinhalten, die mit dem eigentlichen (direkten) Leistungsprozess (hier der Handel mit Textilien) zu tun haben. Zum anderen können Geschäftsprozesse aber auch nur indirekt am Leistungsprozess beteiligt sein. Dies wird beispielsweise beim Kauf und Verkauf eines Firmen-Pkw deutlich. Der Pkw wird benötigt, um den eigentlichen Leistungsprozess durchführen zu können. Er wirkt aber nur indirekt auf den Prozess.

In der untenstehenden Grafik sind die Werteströme des Leistungsprozesses dargestellt. Der Wertestrom, bei dem Güter und Dienstleistungen ausgetauscht werden, nennt sich **Güterstrom**. Klassisch sind das die Waren, die zunächst vom Großhandel zum Einzelhandel gehen und anschließend vom Einzelhandel an den Kunden (Endverbraucher) weitergeliefert werden. Diese Güter oder Dienstleistungen müssen gezahlt werden. Dieser Fluss von Geldern, der in der Regel über die Kreditinstitute (Banken) abgewickelt wird, nennt sich **Geldstrom**.

Auch innerhalb des Einzelhandels kann es sowohl zu Güter- als auch Geldströmen kommen. Zwischen den Abteilungen können beispielsweise Waren ausgetauscht werden, die dann unternehmensintern wertmäßig berechnet werden.

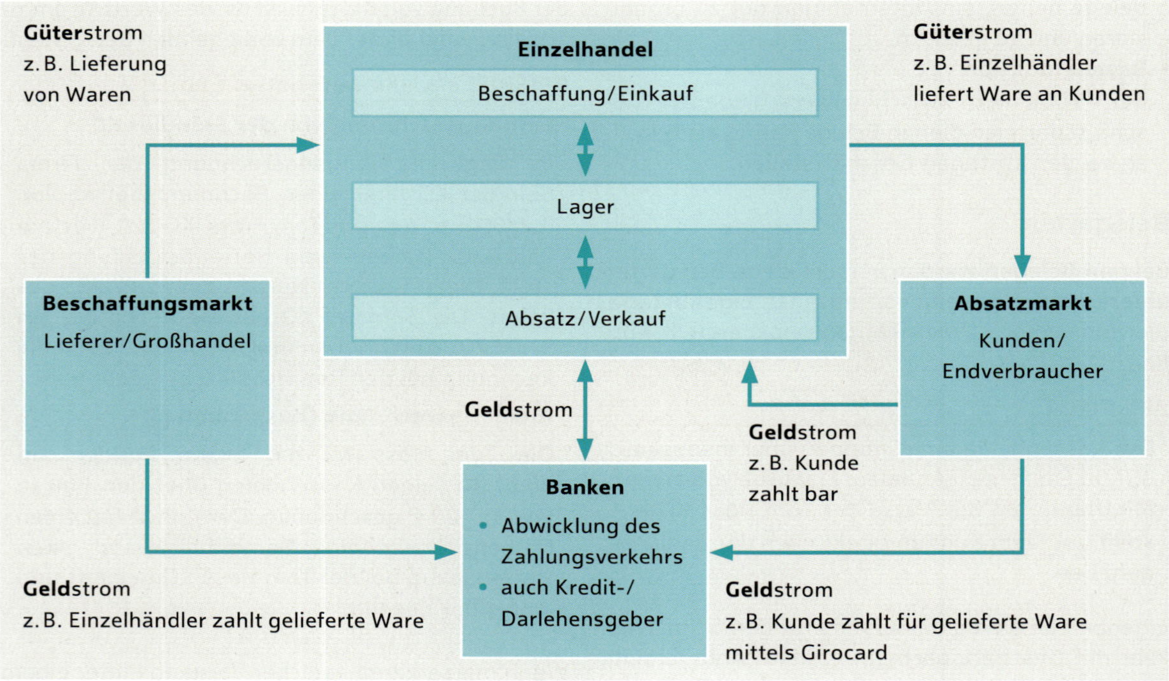

AUFGABEN

1. Der Grundsatz ordnungsgemäßer Buchführung lautet: „Keine Buchung ohne Beleg“. Erläutern Sie diesen Grundsatz kurz mit eigenen Worten.

2. Belege erfüllen drei Funktionen. Nennen und erläutern Sie diese Funktionen kurz mit eigenen Worten.

3. Nachfolgend sind vier Belege dargestellt.
   a) Um welche Belegart handelt es sich dabei jeweils?
   b) Beschreiben Sie kurz den Wertestrom, der hinter diesem Beleg steht.

5311158

Beleg 1

Aussteller
Gartenbau
Jürgen Schöring,
Hannover

Empfänger

Tom Hoss KG
Grunerstraße 120
10169 Berlin

Ihre Bestllung vom

Unsere Lieferung vom
12. Juni 20..

Zahlungsbedingungen
Überweisung binnen
7 Tagen

☒ Steuer-Nr. ☐ USt-IdNr.
30 141 05750

Datum
12. Juni 20..

Rechnung Nr.

	Gartenarbeiten		450	00 €
	Emtsorgung		100	00 €

Bankverbindung Deutsche Bank	Rechnungsbetrag (netto)	550,00 €
Konto-Nr. 5 223 128	+ 19 % MwSt	104,50 €
BLZ 250 700 24	= Gesamtbetrag	654,50 €

Betrag dankend erhalten

Ort, Datum ____________________ Unterschrift ____________________

Die gelieferte Ware bleibt bis zur vollständigen Bezahlung Eigentum des Lieferers.

Beleg 2

Spengler & Sohn OHG
Lahnstraße 14 · 35578 Wetzlar
Steuernr.: 4714511 322 · USt-IdNr.: DE337926621

Spengler & Sohn OHG · Lahnstr. 14 · 35578 Wetzlar

Tom Hoss KG
Grunerstraße 120
10169 Berlin

Kunden-Nr.: 10 109
Lieferdatum: 10.06.20..
Bestelldatum: 03.06.20..
Sachbearbeiter/-in: Frau Mohns

Rechnungs-Nr.: 1020/06
Lieferdatum: 10.06.20..
Rechnungsdatum: 10.06.20..

Rechnung

Pos.	Einheit	Artikel	Menge	Preis je Einheit/€	Betrag/€
1	St.	Herrenfreizeithemd, Art.-Nr. 4537	100	8,10 €	810,00 €

– 15 % Rabatt	121,50 €
	688,50 €
+ Versandkosten	10,00 €
	698,50 €
+ 19 % USt	132,72 €
Rechnungsbetrag	**831,22 €**

Zahlung: Innerhalb von vier Wochen ab Rechnungsdatum, bei Zahlung innerhalb von 7 Werktagen gewähren wir Ihnen 1,5 % Skonto.

Beleg 3

TOM HOSS KG
Grunerstraße 120, 10169 Berlin
Telefon: 030/750 610-100
USt-ID: DE 121287018

Artikel-Nr.	Artikel	Betrag
36405	Herrensocken	16,16 €

xxxxxxxxxxxxxxxxxxxxxxxxxxxxxxxx

	19 % Ust.	3,79 €

xxxxxxxxxxxxxxxxxxxxxxxxxxxxxxxx

	Gesamt	19,95 €
	Bar	20,00 €
	Rückgeld	0,05 €

Vielen Dank für Ihren Einkauf!

28.07.20.. 12:43:17

Beleg 4

Netto € ___ ct ___
+ ___ % USt € ___ ct ___
Gesamt € 98, ct 00

Quittung
Nr. 448

Gesamtbetrag € in Worten
– achtundneunzig – Cent wie oben

(Im Gesamtbetrag sind ___ % Umsatzsteuer enthalten)

von Jakub Nowak

für Gartenarbeiten

richtig erhalten zu haben, bestätigt

Ort Berlin Datum 20..-11-19

Buchungsvermerke

Stempel/Unterschrift des Empfängers
Michael Hoffmann

4. Informieren Sie sich über verschiedene Belege, die in Ihrem Unternehmen buchhalterisch erfasst und bearbeitet werden. Vergleichen Sie Ihre Belege mit den Belegen Ihres Banknachbarn. Halten Sie die Gemeinsamkeiten und die Unterschiede schriftlich fest.

5. Erklären Sie Ihrem Banknachbarn mit eigenen Worten, welche Werteströme es in Ihrem Unternehmen gibt. Nehmen Sie dazu auch Unterscheidungen zwischen Geld- und Güterströmen vor.

ZUSAMMENFASSUNG

Belege

Notwendigkeit von Belegen

nach § 238 HGB Pflicht zur Buchführung

Belege erfüllen drei Funktionen:
- Dokumentationsfunktion
- Ordnungsfunktion
- Beweisfunktion

Belegarten

- **Eigenbelege**
  z. B. Ausgangsrechnungen, Gutschriften oder Materialentnahmescheine
- **Fremdbelege**
  z. B. Ausgangsrechnungen, Quittungen, Kassenbon, Lieferschein
- **Ersatzbelege**
  Sonderform des Eigenbelegs bei fehlendem Beleg (z. B. Privatentnahmen, fehlende Quittung)

Wertströme

Wichtiger Aspekt bei der Bearbeitung bzw. der Buchung von Belegen ist es, den Vorgang zu erkennen, der hinter dem vorliegenden Beleg steht.

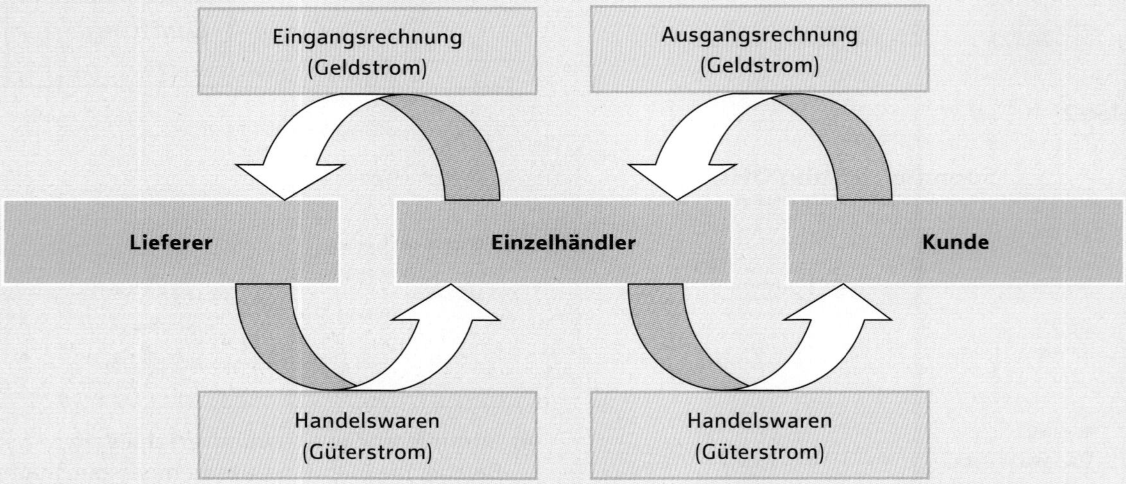

Man versteht erst dann etwas richtig, wenn man versucht, es einem anderen zu erklären. Dies führt zu einer erneuten gründlichen Auseinandersetzung mit dem gerade behandelten Thema.

1. Suchen Sie sich einen Partner.
2. Lesen Sie noch einmal die Zusammenfassung. Bei Verständnisproblemen schlagen Sie ggf. noch einmal im Informationstext nach.
3. Jeder formuliert vier Fragen, die mithilfe der Zusammenfassung beantwortet werden können.
4. Der Partner beantwortet Ihre Fragen und umgekehrt.

ICH ÜBERPRÜFE MEINE NEU ERWORBENEN KOMPETENZEN

Den Erwerb der zu Beginn aufgeführten Kompetenzen können Sie selbst mithilfe der folgenden Tabelle überprüfen.

Wenn Sie alle Aufgaben, die hinter einer Kompetenz stehen, gelöst haben, machen Sie ein Kreuz bei „Ganz". Bei den Kompetenzen, bei denen Sie Aufgaben „Teilweise" oder „Gar nicht" gelöst haben, sollten Sie den dazugehörigen Informationstext noch einmal lesen und die Aufgaben anschließend noch einmal bearbeiten.

Was ich nach der Bearbeitung dieses Kapitels kann	**Aufgaben**	**Ganz**	**Teilweise**	**Gar nicht**
Ich kann ...				
... Beziehungen zu Kunden und Lieferern erfassen.	5			
... Geld- und Wertflüsse in einem Unternehmen zuordnen.	3			
... den Grundsatz „Keine Buchung ohne Beleg" verstehen.	1, 4			
... verschiedene Belegarten erkennen und unterscheiden.	3, 4			
... verschiedene Funktionen von Belegen erläutern.	2, 4			

8.2 Grundlagen des Rechnungswesens und der Buchführung

Problemstellung

Stefanie Beyer und Jakub Nowak haben die Eingangsrechnung der Spindler KG über einen Rechnungsbetrag von 9.270,10 € und den Kassenbeleg für den Kunden über einen Betrag von 357,00 € vor sich liegen. Die beiden bekommen von Frau Zuber, Sachbearbeiterin der Abteilung Rechnungswesen, den Auftrag, die Belege zu prüfen und entsprechend zu bearbeiten, aber:

Frau Zuber:

„Bevor Sie diese beiden Belege bearbeiten, sollten Sie sich erst einmal Gedanken über die Aufgabenbereiche im Rechnungswesen und Grundsätze der ordnungsgemäßen Buchführung machen."

1. Wie sollte man in der Buchhaltung mit der Eingangsrechnung grundsätzlich umgehen?
2. Wie sollte man in der Buchhaltung mit dem Kassenbeleg/der Ausgangsrechnung grundsätzlich umgehen?

EINORDNUNG DES THEMAS

Lernfeld 8: Geschäftsprozesse erfassen und kontrollieren

Belege und Beziehungen zu Kunden und Lieferern → Doppelte Buchführung → Waren- und Umsatzkennziffern → Aufbereiten von Daten

Grundlagen des Rechnungswesens → Erfassen von Geschäftsfällen → Jahresabschluss

Inventur und Inventar → Bilanz → Bilanzveränderungen → Aufbau und Organisation

Kompetenzen

Nach Bearbeitung dieses Kapitels können Sie ...

... Aufgabenbereiche sowie Teilbereiche des Rechnungswesens erfassen.
... Rechtsvorschriften zur Buchführung benennen und anwenden.
... Anspruchsgruppen von Zahlen aus dem Rechnungswesen erkennen.
... die Grundsätze ordnungsgemäßer Buchführung erschließen.
... entscheiden, wann ein Unternehmen gegen die Grundsätze ordnungsgemäßer Buchführung verstößt.

INFORMATIONSTEXT

Aufgabenbereiche des Rechnungswesens

Das Rechnungswesen ist in einem Unternehmen sehr wichtig, weil hier die Werteströme eines Unternehmens erfasst werden. Daher sind größere Unternehmen in der Regel so organisiert, dass sie die eigenständige Abteilung **Rechnungswesen** führen. Grundsätzlich ist das betriebliche Rechnungswesen für die sachgemäße Aufbereitung der wesentlichen Unternehmenszahlen zuständig.

BEISPIEL

Wesentliche Unternehmenszahlen sind z. B. Umsatzstatistiken, Geldbestände in der Kasse, Höhe des Vermögens und der Schulden, Bilanzen, Gewinne/Verluste, Deckungsbeiträge, Kosten und Leistungen, Preise und Preiskalkulationen, Zahlungstermine, Kreditverträge usw.

Es gibt sowohl innerhalb als auch außerhalb eines Unternehmens Anspruchsgruppen (= Stakeholder), z. B. Personen, Institutionen und Gruppen, die an diesen Zahlen interessiert sind:

Interessierte innerhalb des Unternehmens:
- Eigentümer, Geschäftsführung, Management
- Abteilungen/Abteilungsleiter
- einzelne Mitarbeiter
- Sonstige

Interessierte außerhalb des Unternehmens:
- Banken, Versicherungen
- Kunden, Lieferer
- Staat, Finanzamt
- Aktionäre
- Gläubiger
- Sonstige

BEISPIEL

Zur Bezahlung der Eingangsrechnung muss ein neuer Kredit aufgenommen werden, den die Commerzbank Berlin der Tom Hoss KG geben soll. Somit hat die Commerzbank ein Interesse an dem Geschäftsfall des Einkaufs.

Aus den aufzubereitenden Unternehmenszahlen und den Anspruchsgruppen lassen sich drei verschiedene Aufgaben des Rechnungswesens ableiten:[1]

- **Dokumentationsaufgabe**
  Alle Verfahren, die im Unternehmen Geld- und Leistungsströme beeinflussen, werden in Form von Belegen nach den Grundsätzen ordnungsgemäßer Buchführung („GoB") zeitlich geordnet und erfasst.
- **Kontroll- und Planungsaufgabe**
  In der Regel werden hier Kontrollsysteme aufgebaut, damit die Unternehmensleitung jederzeit das Erreichen von gesetzten Zielen kontrollieren kann. Die aufbereiteten Zahlen sind die Grundlage für unternehmerische Entscheidungen und Planungen (Dispositionsaufgabe).
- **Rechenschaftslegungs- und Informationsaufgabe**
  Diese Aufgabe bezieht sich auf Anspruchsgruppen außerhalb des Unternehmens. So können gesetzliche Vorschriften beispielsweise dem Staat (durch das Finanzamt) einen Einblick in die Gewinnsituation gewährleisten. Diese Daten müssen vom Rechnungswesen entsprechend aufbereitet werden.

Häufig wird das Rechnungswesen in Unternehmen in vier Teilbereiche eingeteilt:

Teilbereiche des Rechnungswesens			
Buchführung und Bilanz	**Kosten- und Leistungsrechnung**	**Statistik und Vergleichsrechnung**	**Planungsrechnung**
BEISPIELE • Kontieren • Buchen • Inventar • Bilanz • Erfolgsrechnungen	**BEISPIELE** • kurzfristige Erfolgsrechnung • Kostenstellenrechnung	**BEISPIELE** • Soll-Ist-Vergleich • Betriebs- und Zeitvergleich	**BEISPIELE** • Berechnung des zu erwartenden Betriebsergebnisses • Einschätzung der betrieblichen Entwicklung

1 nach Wöhe, Günter, Döring, Ulrich: Einführung in die Allgemeine Betriebswirtschaftslehre, Vahlen, München 2013, S. 693 f.

Mithilfe dieser Teilbereiche werden die oben genannten Aufgaben des Rechnungswesens bewältigt. Die Teilbereiche sind nicht als völlig unabhängig voneinander zu betrachten. Es ergeben sich immer wieder Schnittmengen zwischen den Bereichen.

Das Erstellen von Statistiken ist ein Teilbereich des Rechnungswesens.

BEISPIEL

Die Rechnungswesenabteilung bereitet eine Umsatzstatistik der Tom Hoss KG auf. Dazu werden alle Ausgangsrechnungen (auch der Kassenbeleg aus dem Einstieg) eines Jahres zusammengefasst. Die Verkaufsabteilung benötigt diese Statistik, um strategische Entscheidungen im Verkauf (z. B. Sortimentsgestaltung, Warenplatzierung im Verkaufsraum) treffen zu können. Der Teilbereich Rechnungswesen liefert also grundlegende Daten als Voraussetzung für Kontroll- und Planungsaufgaben.

In diesem Lernfeld 8 wird nur der Teilbereich der Buchführung und Bilanz betrachtet.

Ordnungsgemäße Buchführung

Gesetzliche Bestimmungen

Jeder Kaufmann ist verpflichtet, Bücher zu führen (§ 238 HGB). Die Buchführungspflicht ist vor allem in folgenden Gesetzen erläutert bzw. bestimmt:

- **HGB (Handelsgesetzbuch)**
  Hier ist das Handelsrecht festgehalten, das für Kaufleute gilt.
- **AO (Abgabenordnung)**
  Hier finden sich alle wesentlichen Regelungen über die Besteuerung in Deutschland. Daher wird die AO auch **Steuergrundgesetz** genannt.
- **StGB (Strafgesetzbuch)**
  Nach § 283 b StGB kann eine Verletzung der Buchführungspflicht mit Freiheitsstrafen bis zu zwei Jahren oder Geldstrafe geahndet werden.
- **EStG (Einkommenssteuergesetz)**
  Dort sind z. B. die Besonderheiten der Gewinnermittlung festgehalten.
- **UStG (Umsatzsteuergesetz)**
  Hier stehen die Regelungen und Besonderheiten zur Umsatzsteuer.

Nachfolgend sind Auszüge aus den Gesetzen der AO und des HGB aufgeführt:

HANDELSGESETZBUCH (HGB) – AUSZÜGE

§ 238 Buchführungspflicht

(1) Jeder Kaufmann ist verpflichtet, Bücher zu führen und in diesen seine Handelsgeschäfte und die Lage seines Vermögens nach den Grundsätzen ordnungsmäßiger Buchführung ersichtlich zu machen. Die Buchführung muss so beschaffen sein, dass sie einem sachverständigen Dritten innerhalb angemessener Zeit einen Überblick über die Geschäftsvorfälle und über die Lage des Unternehmens vermitteln kann. Die Geschäftsvorfälle müssen sich in ihrer Entstehung und Abwicklung verfolgen lassen.

(2) Der Kaufmann ist verpflichtet, eine mit der Urschrift übereinstimmende Wiedergabe der abgesandten Handelsbriefe (Kopie, Abdruck, Abschrift oder sonstige Wiedergabe des Wortlauts auf einem Schrift-, Bild- oder anderen Datenträger) zurückzubehalten.

§ 239 Führung der Handelsbücher

[...]

(3) Eine Eintragung oder eine Aufzeichnung darf nicht in einer Weise verändert werden, dass der

ursprüngliche Inhalt nicht mehr feststellbar ist. Auch solche Veränderungen dürfen nicht vorgenommen werden, deren Beschaffenheit es ungewiss lässt, ob sie ursprünglich oder erst später gemacht worden sind.

§ 257 Aufbewahrung von Unterlagen; Aufbewahrungsfristen

(1) Jeder Kaufmann ist verpflichtet, die folgenden Unterlagen geordnet aufzubewahren:

1. Handelsbücher, Inventare, Eröffnungsbilanzen, Jahresabschlüsse, Einzelabschlüsse nach § 325 Abs. 2 a, Lageberichte, Konzernabschlüsse, Konzernlageberichte sowie die zu ihrem Verständnis erforderlichen Arbeitsanweisungen und sonstigen Organisationsunterlagen, (...)

Abgabenordnung (AO) – Auszüge

§ 141 Buchführungspflicht bestimmter Steuerpflichtiger

(1) Gewerbliche Unternehmer sowie Land- und Forstwirte, die nach den Feststellungen der Finanzbehörde für den einzelnen Betrieb

1. Umsätze einschließlich der steuerfreien Umsätze, ausgenommen die Umsätze nach § 4 Nr. 8 bis 10 des Umsatzsteuergesetzes, von mehr als 600.000 Euro im Kalenderjahr oder
2. (weggefallen)
3. selbstbewirtschaftete land- und forstwirtschaftliche Flächen mit einem Wirtschaftswert (§ 46 des Bewertungsgesetzes) von mehr als 25.000 Euro oder
4. einen Gewinn aus Gewerbebetrieb von mehr als 60.000 Euro im Wirtschaftsjahr oder
5. einen Gewinn aus Land- und Forstwirtschaft von mehr als 60.000 Euro im Kalenderjahr gehabt haben, [...]

§ 145 Allgemeine Anforderungen an Buchführung und Aufzeichnungen

(1) Die Buchführung muss so beschaffen sein, dass sie einem sachverständigen Dritten innerhalb angemessener Zeit einen Überblick über die Geschäftsvorfälle und über die Lage des Unternehmens vermitteln kann. Die Geschäftsvorfälle müssen sich in ihrer Entstehung und Abwicklung verfolgen lassen. [...]

§ 146 Ordnungsvorschriften für die Buchführung und für Aufzeichnungen

(1) Die Buchungen und die sonstigen Aufzeichnungen sind **vollständig, richtig, zeitgerecht und geordnet** vorzunehmen. **Kasseneinnahmen und Kassenausgaben** sollen täglich festgehalten werden.

[...]

(3) Die Buchungen und die sonst erforderlichen Aufzeichnungen sind in einer lebenden Sprache vorzunehmen. Wird eine andere als die deutsche Sprache verwendet, so kann die Finanzbehörde Übersetzungen verlangen. Werden Abkürzungen, Ziffern, Buchstaben oder Symbole verwendet, muss im Einzelfall deren Bedeutung eindeutig festliegen. [...]

(5) Bücher oder die sonst erforderlichen Aufzeichnungen können auch in der geordneten Ablage von Belegen bestehen oder auf Datenträgern geführt werden, soweit diese Formen der Buchführung einschließlich des dabei angewandten Verfahrens den **Grundsätzen ordnungsmäßiger Buchführung** entsprechen; [...]

§ 147 Ordnungsvorschriften für die Aufbewahrung von Unterlagen

(1) Die folgenden Unterlagen sind **geordnet aufzubewahren**:

1. Bücher und Aufzeichnungen, Inventare, Jahresabschlüsse, Lageberichte, die Eröffnungsbilanz sowie die zu ihrem Verständnis erforderlichen Arbeitsanweisungen und sonstigen Organisationsunterlagen,
2. die empfangenen Handels- oder Geschäftsbriefe,
3. Wiedergaben der abgesandten Handels- oder Geschäftsbriefe,
4. Buchungsbelege,
5. sonstige Unterlagen, soweit sie für die Besteuerung von Bedeutung sind.

(2) Mit Ausnahme der Jahresabschlüsse und der Eröffnungsbilanz können die in Absatz 1 aufgeführten Unterlagen auch als Wiedergabe auf einem Bildträger oder auf anderen Datenträgern aufbewahrt werden, wenn dies den Grundsätzen ordnungsmäßiger Buchführung entspricht

[...]

(3) Die in **Absatz 1 Nr. 1 und 4 aufgeführten Unterlagen** sind **zehn Jahre**, die **sonstigen in Absatz 1 aufgeführten Unterlagen sechs Jahre** aufzubewahren, sofern nicht in anderen Steuergesetzen kürzere Aufbewahrungsfristen zugelassen sind. [...]

Grundsätze ordnungsgemäßer Buchführung (GoB)

Aus den obenstehenden gesetzlichen Bestimmungen ergeben sich folgende GoB:

- Jeder Kaufmann ist verpflichtet, Bücher zu führen (§ 238 HGB).
- Eine Eintragung oder eine Aufzeichnung darf nicht so verändert werden, dass der ursprüngliche Inhalt nicht mehr feststellbar ist.
- Ein betriebsfremder Experte („sachverständiger Dritter“) muss die Buchführung innerhalb einer angemessenen Zeit nachvollziehen können (§ 238 HGB, § 145 AO).
- Die Buchungen und die sonstigen Aufzeichnungen müssen vollständig, richtig, zeitgerecht und geordnet vorgenommen werden. Kasseneinnahmen und Kassenausgaben sollen täglich festgehalten werden (§ 146 AO).
- 10 Jahre aufzubewahren sind: Bücher und Aufzeichnungen, Inventare, Jahresabschlüsse, Lageberichte, die Eröffnungsbilanz sowie die zu ihrem Verständnis erforderlichen Arbeitsanweisungen und sonstigen Organisationsunterlagen, Buchungsbelege (§ 147 AO)
- 6 Jahre aufzubewahren sind: die empfangenen Handels- oder Geschäftsbriefe, Wiedergaben der abgesandten Handels- oder Geschäftsbriefe, sonstige Unterlagen, soweit sie für die Besteuerung von Bedeutung sind
- Diese Aufbewahrungsfristen gelten, sofern nicht in anderen Steuergesetzen kürzere Aufbewahrungsfristen zugelassen sind.

Wenn gegen die GoB verstoßen wird, kann es mehrere Folgen haben, z. B.:

- Soweit die Finanzbehörde die Besteuerungsgrundlagen nicht ermitteln oder berechnen kann, muss sie sie schätzen (§ 162 AO).
- Freiheitsstrafe oder Geldstrafe (§ 370 AO, § 331 HGB, § 283b StGB)

AUFGABEN

1. Was verstehen Sie unter dem betrieblichen Rechnungswesen?
2. Es gibt verschiedene außerbetriebliche Anspruchsgruppen, die ein Interesse an den Unternehmenszahlen eines Unternehmens haben. Nennen Sie drei außerbetriebliche Interessengruppen. Erläutern Sie, warum diese Gruppen ein Interesse an den Unternehmenszahlen haben.
3. Unter den Anspruchsgruppen ist auch die Gruppe der Gläubiger. Welche Person, Gruppe oder Institution kann Gläubiger sein?
4. Aus den aufzubereitenden Unternehmenszahlen und den Anspruchsgruppen lassen sich drei verschiedene Aufgaben des Rechnungswesens ableiten. Erläutern Sie mit eigenen Worten, was Sie unter der Dokumentationsaufgabe, der Kontroll- und Planungsaufgabe sowie der Rechenschaftslegungs- und Informationsaufgabe verstehen.
5. Nennen Sie fünf Geschäftsfälle.
6. Nennen Sie zwei Hauptgründe, warum die Tom Hoss KG nicht auf eine ordnungsgemäße Buchführung verzichten kann.
7. Ist die Tom Hoss KG laut Handelsgesetzbuch (HGB) zur Buchführung verpflichtet?
8. Wann gilt die Buchführung der Tom Hoss KG als ordnungsgemäß im Sinne der § 238 HGB und § 145 AO?
9. Ist es der Tom Hoss KG ohne Weiteres möglich, Eintragungen in den Büchern zu verändern oder zu löschen? Begründen Sie Ihre Entscheidung.
10. Was muss die Tom Hoss KG gemäß § 146 AO bei Kasseneinnahmen und Kassenausgaben beachten?
11. a) Welche Unterlagen müssen von der Tom Hoss KG gemäß § 147 AO aufbewahrt werden?

5311166

   b) Wie lange müssen diese Unterlagen aufbewahrt werden?

12. Unter welchen Umständen kann die Tom Hoss KG Unterlagen auf Datenträgern aufbewahren?

13. Bis zu welchem Zeitpunkt müssen Sie die Bilanz und das Inventar aus dem Jahr 2019 gemäß den Bestimmungen des HGB mindestens aufbewahren?
   a) bis 31. Dezember 2049
   b) bis 31. Dezember 2029
   c) bis 31. Dezember 2025
   d) bis 31. Dezember 2022

14. Die Tom Hoss KG will sich ein neues EDV-System kaufen. Prüfen Sie, in welchen Fällen beim Kauf gegen die Grundsätze ordnungsgemäßer Buchführung verstoßen würde.
   a) Sie haben die Rechnung versehentlich falsch gebucht. Sie geben die Stornobuchung ins System ein und buchen dann den Vorgang neu.
   b) Sie zahlen das neue EDV-System aus der Kasse bar. Die Belege werden direkt in die Kasse gelegt.
   c) Sie zahlen die Rechnung für die Installation ebenfalls bar aus der Kasse. Der Beleg soll erst in der kommenden Woche in die Kasse gelegt werden, weil dann ein neuer Monat beginnt.
   d) Sie rechnen damit, dass Sie dieses System fünf Jahre nutzen können. Entsprechend legen Sie nur ein Fünftel des Betrages in die Kasse.
   e) Sie scannen die Rechnung ein, speichern diese als Datei und vernichten dann die Original-Rechnung.

15. Welche der folgenden Aussagen entsprechen dem Grundsatz ordnungsgemäßer Buchführung?
   a) Wir kalkulieren unsere Einkaufspreise monatlich.
   b) Keine Buchung ohne Beleg.
   c) Buchungsbelege werden nummeriert und geordnet aufbewahrt.
   d) Dem Kunden werden Zahlungsziele eingeräumt.
   e) Tägliche Aufzeichnung der Kasseneinnahmen und -ausgaben.

16. Bringen Sie aus Ihrem Ausbildungsbetrieb eine Eingangs- und eine Ausgangsrechnung mit (fragen Sie bitte vorher um Erlaubnis). Erklären Sie Ihrem Banknachbarn, was bei der Bearbeitung dieser beiden Belege in Ihrem Unternehmen beachtet werden muss und welche Abteilungen der Beleg durchläuft. Halten Sie die Bearbeitungsschritte jeweils schriftlich fest.

ZUSAMMENFASSUNG

Rechnungswesen

= zuständig für die sachgemäße Aufbereitung der relevanten Unternehmenszahlen

Aufgaben

- Dokumentation
- Kontrolle und Planung
- Rechenschaftslegungs- und Informationsaufgabe

Teilbereiche

- Buchführung und Bilanz
- Kosten- und Leistungsrechnung
- Statistik und Vergleichsrechnung
- Planungsrechnung

Ordnungsgemäße Buchführung

gesetzliche Bestimmungen in

- HGB (Handelsgesetzbuch)
- AO (Abgabenordnung)
- StGB (Strafgesetzbuch)
- EStG (Einkommensteuergesetz)
- UStG (Umsatzsteuergesetz)

Grundsätze ordnungsgemäßer Buchführung

- Buchführungspflicht
- Bei Veränderungen muss der ursprüngliche Inhalt erkennbar bleiben.
- Ein sachverständiger Dritter muss die Buchführung nachvollziehen können.
- Buchungen und sonstige Aufzeichnungen müssen vollständig, richtig, zeitgerecht und geordnet sein.
- Aufbewahrungsfristen belegabhängig 10 oder 6 Jahre

Man versteht erst dann etwas richtig, wenn man versucht, es einem anderen zu erklären. Dies führt zu einer erneuten gründlichen Auseinandersetzung mit dem gerade behandelten Thema.

1. Suchen Sie sich einen Partner.
2. Lesen Sie noch einmal die Zusammenfassung. Bei Verständnisproblemen schlagen Sie ggf. noch einmal im Informationstext nach.
3. Jeder formuliert vier Fragen, die mithilfe der Zusammenfassung beantwortet werden können.
4. Der Partner beantwortet Ihre Fragen und umgekehrt.

ICH ÜBERPRÜFE MEINE NEU ERWORBENEN KOMPETENZEN

Den Erwerb der zu Beginn aufgeführten Kompetenzen können Sie selbst mithilfe der folgenden Tabelle überprüfen.

Wenn Sie alle Aufgaben, die hinter einer Kompetenz stehen, gelöst haben, machen Sie ein Kreuz bei „Ganz“. Bei den Kompetenzen, bei denen Sie Aufgaben „Teilweise“ oder „Gar nicht“ gelöst haben, sollten Sie den dazugehörigen Informationstext noch einmal lesen und die Aufgaben anschließend noch einmal bearbeiten.

Was ich nach der Bearbeitung dieses Kapitels kann	Aufgaben	Ganz	Teilweise	Gar nicht
Ich kann ...				
... Aufgabenbereiche sowie Teilbereiche des Rechnungswesens erfassen.	1, 4			
... Rechtsvorschriften zur Buchführung benennen und anwenden.	7, 8, 9, 10, 11, 12, 13, 16			
... Anspruchsgruppen von Zahlen aus dem Rechnungswesen erkennen.	2, 3, 4, 6			
... die Grundsätze ordnungsgemäßer Buchführung erschließen.	5, 6, 8, 14, 15, 16			
... entscheiden, wann ein Unternehmen gegen die Grundsätze ordnungsgemäßer Buchführung verstößt.	14, 15			

8.3 Inventur und Inventar

Problemstellung

Das Geschäftsjahr bei der Tom Hoss KG neigt sich dem Ende. In der Abteilung Rechnungswesen müssen die Vorbereitungen für den Abschluss des Geschäftsjahres getroffen werden. Stefanie Beyer und Jakub Nowak sollen daher die Kolleginnen und Kollegen aus der Abteilung aktiv unterstützen.

Bevor die Bestandskonten abgeschlossen werden können, müssen die Soll- und die Ist-Werte miteinander abgeglichen werden. Dazu ist unter anderem eine körperliche Bestandsaufnahme notwendig.

Der Abteilungsleiter Herr Franke gibt den beiden Auszubildenden folgenden Auftrag:
„Stefanie und Jakub, gehen Sie bitte in die Verkaufsabteilung, um zunächst alle Artikel, die dort vorliegen, zu zählen. Bringen Sie dann die Inventurlisten mit, damit wir die entsprechenden Artikel bewerten und daraus ein Inventar erstellen können."

Inventuraufnahmeliste

Listennummer:	Durchgeführt von:	Datum:	Abteilung:	
Position Inventurnummer	**Artikelbeschreibung**	**Einkaufspreis in €**	**Menge**	**Lagerplatz**
Unterschrift:				

1. Was ist der Unterschied zwischen Soll- und Ist-Werten bei einer Inventur?
2. Warum müssen die Artikel der Verkaufsabteilung gezählt werden?
3. Die entsprechenden Artikel aus der Inventurliste sind zu bewerten. Was bedeutet das?
4. Was verstehen Sie unter einem Inventar?

EINORDNUNG DES THEMAS

Lernfeld 8: Geschäftsprozesse erfassen und kontrollieren

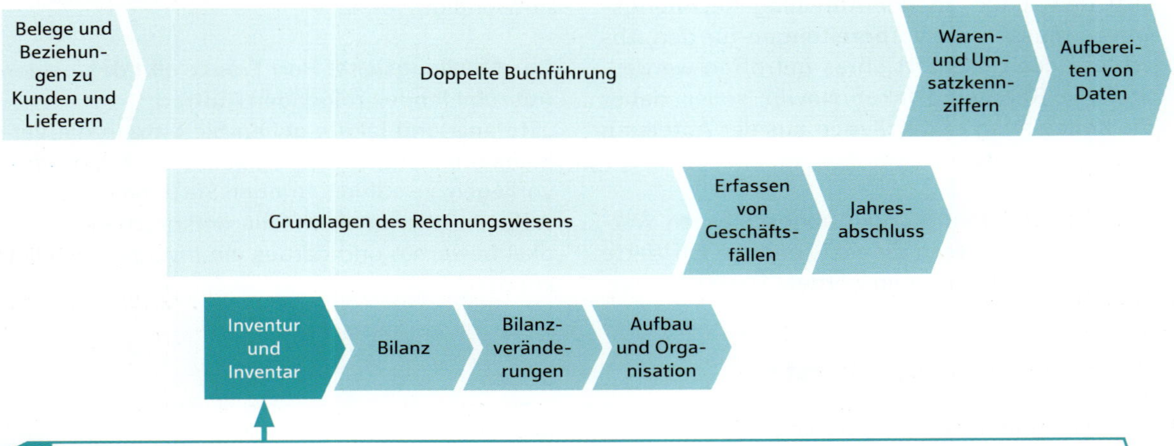

Kompetenzen

Nach Bearbeitung dieses Kapitels können Sie ...

... grundlegende Begriffe zu Inventur und Inventar erläutern.
... verschiedene Inventurarten (Inventurvereinfachungsverfahren) inhaltlich voneinander abgrenzen.
... Vermögen und Schulden entsprechend der Inventarvorschriften ordnen.
... mithilfe von Aufzeichnungen die Vermögens- und Finanzlage in Form eines Inventars darstellen.
... den Erfolg eines Einzelhandelsunternehmens ermitteln.

INFORMATIONSTEXT

Inventur

Nach § 240 HGB ist jeder Kaufmann zum Schluss eines Geschäftsjahres dazu verpflichtet, ein Inventar aufzustellen. Bevor aber ein Inventar überhaupt aufgestellt werden kann, muss eine Inventur, d. h. eine Bestandsaufnahme durchgeführt werden. Nach § 141 AO muss diese Bestandsaufnahme mindestens einmal jährlich erfolgen.

DEFINITION

Eine **Inventur** ist die Bestandsaufnahme aller Vermögensteile und Schulden in einem Unternehmen. Dabei wird zwischen einer körperlichen und einer buchmäßigen Bestandsaufnahme unterschieden.

Die körperliche Bestandsaufnahme erfolgt in der Regel durch Zählen, Wiegen, Messen oder Schätzen der materiellen Vermögensteile. Zur Durchführung werden meist Inventurlisten ausgestellt, auf denen die gezählten Werte vom Mitarbeiter festgehalten werden.

BEISPIEL

Stefanie und Jakub haben von Herrn Franke eine Inventurliste bekommen, auf die sie die Mengen der Artikel aus dem Verkaufslager eintragen sollen.

GTIN	Bezeichnung	VK-Preis	EK-Preis	SOLL-Bestand	IST-Bestand	Gesamtwert
4023007373126	Baumwoll-Sakko gefüttert	158,67 €	48,00 €	1042		
4024010404159	Boxershorts, Gr. L 100 % Baumwolle	33,00 €	12,40 €	470		
4022006262097	Damen-Leder-Gürtel	10,53 €	3,35 €	5635		
4024010100037	Damenpullover „Elle“	40,73 €	15,00 €	540		

Immaterielle (= nichtkörperliche) Vermögensteile (z. B. Kontostand laut Kontoauszug) werden buchmäßig erfasst (= **Buchinventur**), d. h. mithilfe von Belegen, anderer Aufzeichnungen oder auch durch Einholen von Informationen (z. B. bei Banken, Lieferern oder Kunden) ermittelt.

Bei der Inventur kann es auch zu Inventurdifferenzen kommen. Inventurdifferenzen sind Unterschiede zwischen Soll- und Ist-Werten. Gründe hierfür können beispielsweise sein:

- Diebstahl
- Schwund oder Gewichtsverlust während des Lagerns
- nicht erfasste Wareneingänge oder Warenausgänge
- Einlagerung in falsche Lagerplätze

BEISPIEL

Stefanie und Jakub haben die ersten Artikel gezählt und dabei Differenzen festgestellt.

GTIN	Bezeichnung	VK-Preis	EK-Preis	SOLL-Bestand	IST-Bestand	Gesamtwert
4023007373126	Baumwoll-Sakko gefüttert	158,67 €	48,00 €	1042	1 045	
4024010404159	Boxershorts, Gr. L 100 % Baumwolle	33,00 €	12,40 €	470	470	
4022006262097	Damen-Leder-Gürtel	10,53 €	3,35 €	5635	5 640	
4024010100037	Damenpullover „Elle“	40,73 €	15,00 €	540	540	

Beim Bewerten der Vermögensgegenstände müssen gesetzliche Regelungen beachtet werden:

- § 256 HGB: Es sind Bewertungsvereinfachungsverfahren möglich.
- § 240 HGB (3): Es gibt Vermögensgegenstände, die regelmäßig ersetzt werden und für das Unternehmen einen vergleichsweise kleinen Gesamtwert haben. Hier können eine gleichbleibende Menge und ein gleichbleibender Betrag angesetzt werden. Das muss aber in der Regel alle drei Jahre durch körperliche Bestandsaufnahme überprüft werden.
- § 240 HGB (4): Bestimmte Vermögensgegenstände können unter Umständen zu einer Gruppe zusammengefasst werden. Hier kann man einen gewogenen Durchschnitt ansetzen.

Grundsätzlich müssen die Waren zu den Anschaffungs- oder Herstellungskosten bewertet werden. Bei veralteten oder beschädigten Waren muss ein niedrigerer Wert angesetzt werden. Es gilt das **Vorsichtsprinzip** (§ 252 Abs. 1 Nr. 4 HGB).

BEISPIEL

Im Verkaufslager der Tom Hoss KG werden alle Artikel zu durchschnittlichen Einkaufspreisen bewertet.

GTIN	Bezeichnung	VK-Preis	EK-Preis	SOLL-Bestand	IST-Bestand	Gesamtwert
4023007373126	Baumwoll-Sakko gefüttert	158,67 €	48,00 €	1042	1 045	2 160
4024010404159	Boxershorts, Gr. L 100 % Baumwolle	33,00 €	12,40 €	470	470	5 828
4022006262097	Damen-Leder-Gürtel	10,53 €	3,35 €	5635	5 640	18 894
4024010100037	Damenpullover „Elle“	40,73 €	15,00 €	540	540	8 100

Inventurvereinfachungsverfahren

In vielen Unternehmen ist die körperliche Bestandsaufnahme sehr aufwendig. So ist es für viele Unternehmen oft problematisch, direkt am letzten Tag des Geschäftsjahres (z. B. am 31.12.) die Inventur durchzuführen. Auch bestimmte Stoffe und Waren lassen sich nicht einfach zählen, wiegen oder messen (z. B. die Sandmenge in einer Sandgrube).

Daher hat der Gesetzgeber nach § 241 HGB verschiedene Möglichkeiten der Inventurvereinfachung zugelassen, die mehr Flexibilität (= Beweglichkeit) bei der Zeitplanung bringen, und zwar

- Stichtagsinventur
- zeitlich verlegte Inventur
- permanente Inventur

In der nachfolgenden Übersicht sind die wesentlichen Merkmale dieser Inventurvereinfachungsverfahren dargestellt.

Inventurvereinfachungsverfahren

Stichtagsinventur
- Inventur am Bilanzstichtag (z. B. am 31.12.)

Vorteil:
- Keine Wertfortschreibung oder Wertrückrechnung notwendig

Nachteile:
- Großer Arbeitsaufwand in kurzer Zeit
- Gegebenenfalls Schließen des Unternehmens notwendig

Zeitlich verlegte Inventur
- Inventur 10 Tage vor oder nach dem Bilanzstichtag (= zeitnahe Inventur) oder
- 3 Monate vor bis 2 Monate nach dem Bilanzstichtag

Vorteil
- Bessere Zeiteinteilung möglich (hohe Flexibilität)

Nachteil
- Wertfortschreibung oder Wertrückrechnung notwendig

Permanente Inventur
- Inventur ganzjährig, meist durch Fortschreibung mithilfe der EDV
- Belege müssen nachprüfbar sein.
- Jeder Artikel muss einmal pro Jahr „gezählt“ werden.

Vorteil
- Sehr hohe Flexibilität

Nachteile
- Permanentes Buchführen
- Gegebenenfalls Anschaffung eines Warenwirtschaftssystems notwendig

Im Rahmen dieser Inventurvereinfachungsverfahren ist eine Stichprobeninventur möglich, wenn in einem Lager mindestens 2000 Artikel sind, ein EDV-Lagerbuchführungssystem vorhanden ist und 5 % der Artikel mindestens 40 % des Warenwertes entsprechen.

5311172

STICHPROBENINVENTUR

Auszug aus § 241 HGB (1): „Bei der Aufstellung des Inventars darf der Bestand der Vermögensgegenstände nach Art, Menge und Wert auch mit Hilfe anerkannter mathematisch-statistischer Methoden auf Grund von Stichproben ermittelt werden. Das Verfahren muss den Grundsätzen ordnungsmäßiger Buchführung entsprechen. Der Aussagewert des auf diese Weise aufgestellten Inventars muss dem Aussagewert eines auf Grund einer körperlichen Bestandsaufnahme aufgestellten Inventars gleichkommen."

Unter einer **Wertfortschreibung** oder **Wertrückrechnung** ist die Ermittlung des tatsächlichen Bestandes am Bilanzstichtag zu verstehen. Wenn bei einer zeitlich verlegten Inventur nicht am Bilanzstichtag selbst gezählt wird, müssen alle Zu- und Abgänge zwischen Inventur- und Bilanzstichtag einbezogen werden. Dabei ist zwischen einer Inventur vor und einer Inventur nach dem Bilanzstichtag zu unterscheiden.

Wenn **vor** dem Bilanzstichtag eine Inventur durchgeführt wird, müssen Einkäufe (Zugänge) dazugerechnet und Verkäufe (Abgänge) abgezogen werden von der Inventurmenge.

BEISPIEL:
Inventur vor dem Bilanzstichtag

Jakub hat bei der Inventur am 25. November 00 (Bilanzstichtag 31.12.00) 5640 Ledergürtel gezählt. Bis zum 31.12.00 sind aber noch 2320 Ledergürtel verkauft worden und 1500 Ledergürtel neu geliefert worden.

Rechnung:

Inventur	5640 Ledergürtel
+ Einkäufe	1500 Ledergürtel
– Verkäufe	2320 Ledergürtel
= Bestand	4820 Ledergürtel

Wenn **nach** dem Bilanzstichtag eine Inventur durchgeführt wird, müssen Einkäufe (Zugänge) abgezogen und Verkäufe (Abgänge) dazugerechnet werden von der Inventurmenge.

BEISPIEL:
Inventur nach dem Bilanzstichtag

Jakub hat bei der Inventur am 20. Januar 01 (Bilanzstichtag 31.12.00) 5640 Ledergürtel gezählt. Zwischen Inventurtag und dem 31.12.00 sind aber noch 2320 Ledergürtel verkauft worden und 1500 Ledergürtel neu geliefert worden.

Rechnung:

Inventur	5640 Ledergürtel
– Einkäufe	1500 Ledergürtel
+ Verkäufe	2320 Ledergürtel
= Bestand	6460 Ledergürtel

Inventar

Aus den gewonnenen Inventurwerten wird ein Inventar aufgestellt. Aus dem Inventar wird dann die Bilanz erstellt.

DEFINITION

Das **Inventar** ist die ausführliche Aufstellung des Vermögens, der Schulden sowie des Eigenkapitals (Reinvermögen) in Tabellenform.

Anders als bei der Bilanz (vgl. Kapitel 8.4) ist das Inventar in Tabellenform untereinandergeschrieben und nicht als T-Konto.

Das Inventar ist in drei Teile gegliedert:

- A. Vermögen
- B. Schulden
- C. Eigenkapital (Reinvermögen)

A. Vermögen

Das Vermögen ist in das Anlagevermögen und das Umlaufvermögen unterteilt.

- **Anlagevermögen**
  Anlagevermögen ist langfristig im Unternehmen eingesetztes Vermögen, welches notwendig für den gesamten Geschäftsbetrieb ist. Langfristig heißt, dass dieses Vermögen eine betriebsge-

wöhnliche Nutzungsdauer von über einem Jahr hat. Dazu gehören z. B.:
- Grundstücke und Bauten
- Anlagen und Maschinen
- Fuhrpark
- Betriebs- und Geschäftsausstattung.

BEISPIEL

Inventar der Tom Hoss KG, Berlin, zum 31. Dez. 20..		
	€	€
A. Vermögen		
I. Anlagevermögen		
1. Grundstücke		250.000,00 €
2. Gebäude (Anlage 1)		
– Verwaltungsgebäude	220.000,00 €	
– Produktionshalle	100.000,00 €	
– Lagerhalle	140.000,00 €	460.000,00 €
3. Betriebs- und Gesch.-Ausstattung		62.000,00 €
II. Umlaufvermögen		
1. Rohstoffe (Anlage 2)		40.000,00 €
2. Waren		
– Textilien (Anlage 3)	310.000,00 €	
– Sonstige Waren (Anlage 4)	50.000,00 €	360.000,00 €
3. Forderungen a. LL		
– Fa. Silke Bachmann e. Kffr.	22.000,00 €	
– Fa. Franz Stallmann OHG	42.000,00 €	
– Fa. Müller Fashion GmbH	47.000,00 €	111.000,00 €
4. Kassenbestand		8.000,00 €
5. Bankguthaben		
– Commerzbank Berlin	62.000,00 €	
– Deutsche Bank Berlin	65.000,00 €	127.000,00 €
Summe des Vermögens		**1.418.000,00 €**
B. Schulden		
I. Langfristige Schulden		
1. Hypothek der Commerzbank Berlin		390.000,00 €
2. Darlehen der Deutschen Bank Berlin		195.000,00 €
II. Kurzfristige Schulden		
Verbindlichkeiten		
– BaBa GmbH	65.000,00 €	
– Kierer KG	83.000,00 €	148.000,00 €
Summe der Schulden		**733.000,00 €**
C. Ermittlung des Eigenkapitals		
Summe des Vermögens		1.418.000,00 €
./. Summe der Schulden		733.000,00 €
= Reinvermögen (Eigenkapital)		**685.000,00 €**

5311174

- **Umlaufvermögen**
  Das Umlaufvermögen ist nur kurz- bis mittelfristig im Unternehmen und verändert häufig (z. T. täglich) seinen Bestand. Dazu gehören z. B.:
  - Roh-, Hilfs- und Betriebsstoffe
  - Waren
  - Forderungen
  - Bankguthaben
  - Kassenbestände

Die Positionen des Vermögens sind entsprechend der Sortierung bei der Bilanz (vgl. Kapitel 8.4) nach steigender Liquidität geordnet, d. h. wie schnell sie „zu Geld" gemacht werden können. Daher steht das Anlagevermögen vor dem Umlaufvermögen oder innerhalb des Umlaufvermögens die Waren vor den Kassenbeständen.

B. Schulden

Zu den Schulden gehören langfristige und kurzfristige Schulden.

- **Langfristige Schulden**
  Hierzu gehören z. B.:
  - Hypotheken
  - Darlehen
- **Kurzfristige Schulden**
  Hierzu gehören z. B.:
  - Verbindlichkeiten aus Lieferungen und Leistungen
  - kurzfristige Verbindlichkeiten gegenüber Kreditinstituten

Die Positionen der Schulden sind entsprechend der Sortierung bei der Bilanz (vgl. Kapitel 8.4) nach Fälligkeit geordnet. Deshalb stehen die langfristigen Verbindlichkeiten vor den kurzfristigen Verbindlichkeiten.

C. Eigenkapital (Reinvermögen)

Das Reinvermögen ist identisch (= übereinstimmend) mit dem Eigenkapital. Es berechnet sich als Differenz (= Unterschied) aus Vermögen und Schulden:

> C. Eigenkapital = A. Vermögen – B. Schulden

Man kann das Reinvermögen als das Kapital bezeichnen, das der Unternehmer/das Unternehmen selbst am Ende eines Geschäftsjahres einsetzt.

Inventare und Bilanzen müssen gem. § 257 HGB mindestens zehn Jahre geordnet aufbewahrt werden.

Bilanz

Aus dem Inventar lässt sich die Bilanz aufstellen. Dabei wird die Bilanz, wie in Kapitel 8.4 beschrieben, in Kontenform aufgestellt und in Aktiva (Vermögensseite) und Passiva (Eigenkapital und Schulden) eingeteilt. Nachfolgend ist die aus dem Inventarbeispiel entwickelte Bilanz dargestellt:

BEISPIEL

AKTIVA	**Bilanz**		**PASSIVA**
I. Anlagevermögen		**I. Eigenkapital**	685.000,00 €
1. Grundstücke	250.000,00 €		
2. Gebäude	460.000,00 €	**II Fremdkapital**	
3. BGA	62.000,00 €	1. Hypotheken	390.000,00 €
		2. Darlehen	195.000,00 €
II. Umlaufvermögen		3. Verbindlichkeiten a. LL	148.000,00 €
1. Rohstoffe	40.000,00 €		
2. Waren	360.000,00 €		
3. Forderungen a. LL	111.000,00 €		
4. Kasse	8.000,00 €		
5. Bank	127.000,00 €		
	1.418.000,00 €		**1.418.000,00 €**

Berlin, den 05.01.20.. Tom Hoss

AUFGABEN

1. Warum ist ein Soll-Ist-Vergleich notwendig?

2. Nennen Sie vier Gründe, die zu Inventurdifferenzen führen können.

3. Erklären Sie die nachfolgenden Begriffe kurz
   a) Inventur
   b) Zeitlich verlegte Inventur
   c) Stichprobeninventur
   d) Inventar

4. Worin bestehen die Unterschiede zwischen einer Buchinventur und einer körperlichen Inventur?

5. Erläutern Sie, was im Rahmen der Bestandsbewertung unter dem Vorsichtsprinzip zu verstehen ist.

6. Verdeutlichen Sie jeweils an einem Beispiel, was bei der Aufstellung eines Inventars unter der Ordnung des Vermögens „nach steigender Liquidität" und der Ordnung der Schulden „nach Fälligkeit" zu verstehen ist.

7. Erläutern Sie den Unterschied zwischen dem Anlage- und dem Umlaufvermögen.

8. Gegeben sind die Inventurdaten zum Geschäftsjahresende der Tom Hoss KG für die rechtlich selbstständigen Filialen I und II.
   a) Überprüfen Sie die Sortierung der Vermögenswerte nach steigender Liquidität und die Schulden nach Fälligkeit.
   b) Erstellen Sie ein Inventar für die Werte aus I und II.
   c) Erstellen Sie auf der Grundlage des aufgestellten Inventars eine Bilanz.

	I.	II.
Grundstücke	459.500,00 €	344.625,00 €
Gebäude (Anlage 1)		
– Verwaltungsgebäude	175.600,00 €	131.700,00 €
– Verkaufshalle	191.200,00 €	143.400,00 €
Fuhrpark	84.000,00 €	63.000,00 €
Betriebs- und Geschäftsausstattung	45.400,00 €	34.050,00 €
– Textilien (Anlage 7)	65.000,00 €	48.750,00 €
– Sonstige Waren (Anlage 9)	35.000,00 €	26.250,00 €
Forderungen a. LL		
– Fa. Spindler KG	24.400,00 €	18.300,00 €
– Fa. Stolco eG	37.700,00 €	28.275,00 €
– Fa. Adlatus GmbH	51.200,00 €	38.400,00 €
Kassenbestand	650,00 €	455,00 €
Bankguthaben		
– Volksbank Hannover	4.670,00 €	3.269,00 €
– Sparkasse Hannover	7.630,00 €	5.341,00 €
Hypothek der Sparkasse Berlin	265.000,00 €	185.500,00 €
Darlehen der Volksbank Berlin	95.000,00 €	66.500,00 €
Verbindlichkeiten a. LL		
– Dynamo GmbH	53.200,00 €	37.240,00 €
– Pagro AG	39.880,00 €	35.892,00 €
– Tankert AG	14.400,00 €	10.080,00 €

9. Gegeben sind die Inventurdaten zum Geschäftsjahresende der Tom Hoss KG für die rechtlich selbstständigen Filialen III und IV.
   a) Erstellen Sie ein Inventar für die Werte aus III und IV.
   b) Erstellen Sie auf Basis des aufgestellten Inventars eine Bilanz.

	III.	IV.
Grundstücke	1.234.000,00 €	493.600,00 €
Gebäude (Anlage 1)		
– Verwaltungsgebäude	435.000,00 €	174.000,00 €
– Verkaufshalle	398.000,00 €	159.200,00 €
Fuhrpark	560.800,00 €	224.320,00 €
Betriebs- und Geschäftsausstattung	268.700,00 €	107.480,00 €
Waren		
– Textilien (Anlage 7)	456.000,00 €	182.400,00 €
– Sonstige Waren (Anlage 9)	289.000,00 €	115.600,00 €
Forderungen a. LL		
– Fa. Silke Bachmann e. Kffr.	176.400,00 €	70.560,00 €
– Fa. Franz Stallmann OHG	294.500,00 €	117.800,00 €
– Fa. Bykes Fascination	455.400,00 €	182.160,00 €
Kassenbestand	4.700,00 €	1.880,00 €
Bankguthaben		
– Commerzbank Berlin	34.900,00 €	13.960,00 €
– Deutsche Bank Berlin	66.000,00 €	26.400,00 €
1. Hypothek der Commerzbank Berlin	1.500.000,00 €	900.000,00 €
2. Darlehen der Deutschen Bank Berlin	788.000,00 €	472.800,00 €
Verbindlichkeiten a. LL		
– Bäthje OHG	344.000,00 €	206.400,00 €
– Elser & Co KG	345.300,00 €	207.180,00 €
– Mathesmat KG	98.000,00 €	58.800,00 €

5311176

10. Informieren Sie sich in Ihrem Unternehmen über die Arbeitsschritte bei der Durchführung einer Inventur. Bereiten Sie eine Präsentation vor, in der Sie die wesentlichen Schritte darstellen.

11. Stefanie Beyer und Jakub Nowak haben eine Inventur im Textillager durchgeführt und sollen nun die ausgefüllte Inventurliste auswerten. Dazu haben die beiden bereits die Daten in Excel erfasst.

Artikelnummer (GTIN)	Bezeichnung	Bewertung in €	Soll-Bestand	Ist-Bestand
4023007373126	Baumwoll-Sakko gefüttert	48,00 €	1042	1045
4024010404159	Boxershorts, Gr. L 100 % Baumwolle	12,40 €	470	470
4022006262097	Damen-Leder-Gürtel	3,35 €	5635	5640
4024010100037	Damenpullover „Elle"	15,00 €	540	540
4024010404166	Holzfällerhemden, Farbe sortiert	4,60 €	288	290
4021003131085	Hosenanzug	21,00 €	685	687
4021004141052	Jacquard-Blazer	11,00 €	300	295
4022005252068	Jeans-Rock	12,00 €	700	700
4020102200081	Jeansweste mit Pailletten	12,40 €	479	479
4022005252075	Jerseykleid	9,40 €	100	100
4024010404180	Jogginganzug	17,50 €	1885	1884
4023007373119	Kette mit Anhänger	27,00 €	1890	1890
4022005500046	Klima-Aktiv-Jacke	41,00 €	1240	1240
4021003131078	Leder-Blazer, Porc-Velours	48,50 €	459	459
4021002200010	Multifunktionsjacke	20,00 €	938	940
4021002125030	Nadelstreifen-Anzug mit Weste	78,00 €	100	100
4023007373140	Strickjacke 100 % Baumwolle	11,10 €	1465	1465
4021003131030	Stufenrock mit Spitzensaum	7,00 €	3985	3984
4021003131023	Wellness Microfaser-Anzug	17,80 €	185	200

a) Berechnen Sie die IST-Werte, indem Sie die einzelnen IST-Mengen mit den Bewertungspreisen (Bewertung in €) multiplizieren.

b) Berechnen Sie die SOLL-Werte, indem Sie die einzelnen SOLL-Mengen mit den Bewertungspreisen (Bewertung in €) multiplizieren.

c) Bestimmen Sie die Inventurdifferenzen der einzelnen Artikel.

d) Welcher Artikel hat die höchste Inventurdifferenz in Euro?

e) Bestimmen Sie den Gesamtwert der im Textillager vorliegenden Artikel.

ZUSAMMENFASSUNG

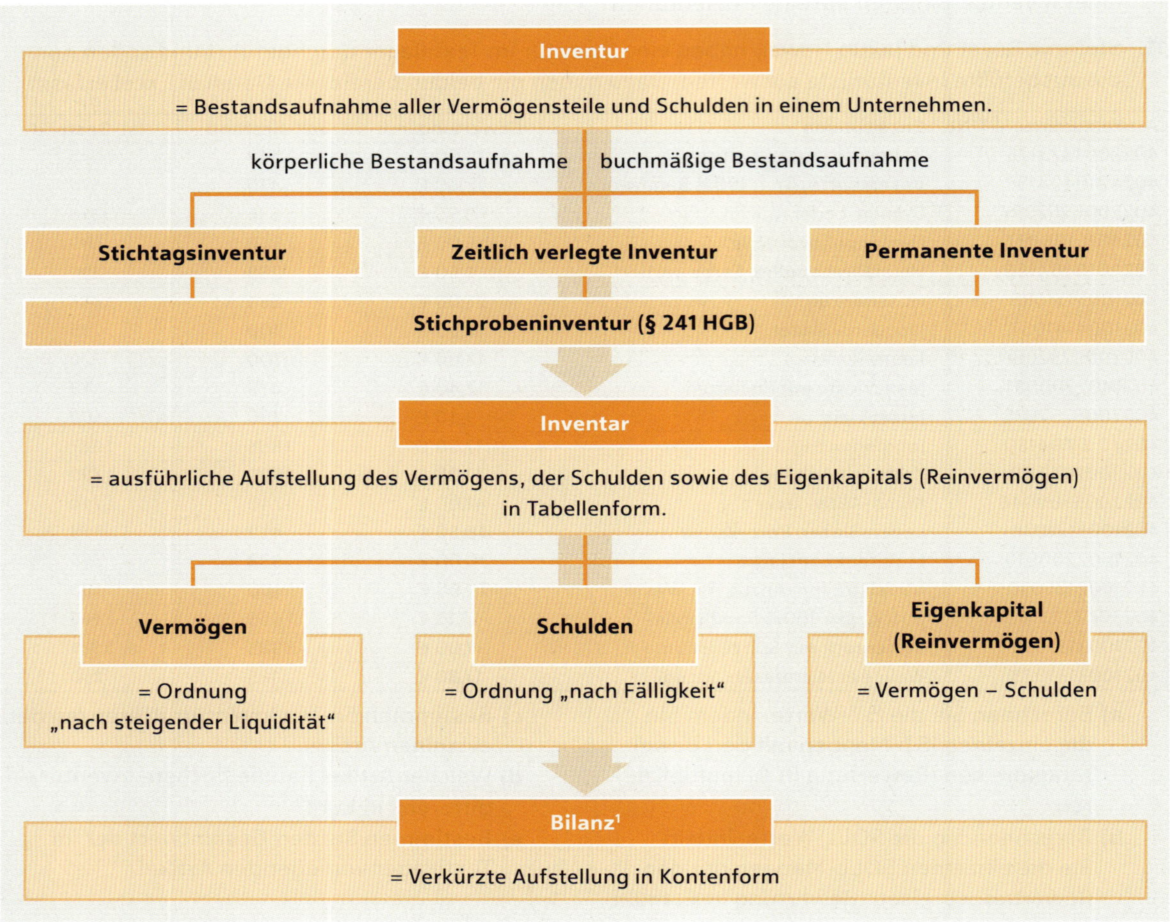

Man versteht erst dann etwas richtig, wenn man versucht, es einem anderen zu erklären. Dies führt zu einer erneuten gründlichen Auseinandersetzung mit dem gerade behandelten Thema.

1. Suchen Sie sich einen Partner.
2. Lesen Sie noch einmal die Zusammenfassung. Bei Verständnisproblemen schlagen Sie ggf. noch einmal im Informationstext nach.
3. Jeder formuliert vier Fragen, die mithilfe der Zusammenfassung beantwortet werden können.
4. Der Partner beantwortet Ihre Fragen und umgekehrt.

ICH ÜBERPRÜFE MEINE NEU ERWORBENEN KOMPETENZEN

Den Erwerb der zu Beginn aufgeführten Kompetenzen können Sie selbst mithilfe der folgenden Tabelle überprüfen.

Wenn Sie alle Aufgaben, die hinter einer Kompetenz stehen, gelöst haben, machen Sie ein Kreuz bei „Ganz“. Bei den Kompetenzen, bei denen Sie Aufgaben „Teilweise“ oder „Gar nicht“ gelöst haben, sollten Sie den dazugehörigen Informationstext noch einmal lesen und die Aufgaben anschließend noch einmal bearbeiten.

1 vgl. die Zusammenfassung auf S. 186

Was ich nach der Bearbeitung dieses Kapitels kann	Aufgaben	Ganz	Teilweise	Gar nicht
Ich kann ...				
... grundlegende Begriffe zu Inventur und Inventar erläutern.	1, 2, 3, 5, 7			
... verschiedene Inventurarten (Inventurvereinfachungsverfahren) inhaltlich voneinander abgrenzen.	4, 6,			
... Vermögen und Schulden entsprechend der Inventarvorschriften ordnen.	6, 7, 8			
... mithilfe von Aufzeichnungen die Vermögens- und Finanzlage in Form eines Inventars darstellen.	8, 9			
... den Erfolg eines Einzelhandelsunternehmens ermitteln.	8, 9			

8.4 Die Bilanz als Grundlage der Buchführung

Problemstellung

AKTIVA — Bilanz der Tom Hoss KG zum 31.12.20.. — PASSIVA

AKTIVA		PASSIVA	
A. Anlagevermögen		A. Eigenkapital	885.600,00
1. Bebaute Grundstücke	400.000,00	B. Fremdkapital	
2. Betriebsgebäude	180.000,00	I. Langfristige Verbindlichkeiten	
3. Fuhrpark	40.000,00	1. Hypotheken	377.000,00
4. Betriebs- und Geschäftsausstattung	68.000,00	2. Darlehen	120.000,00
B. Umlaufvermögen		II. Kurzfristige Verbindlichkeiten	
1. Waren	580.000,00	1. Verbindlichkeiten a. LL	76.000,00
2. Betriebsstoffe	20.000,00	2. Umsatzsteuer	25.000,00
3. Forderungen a. LL	29.000,00		
4. Vorsteuer	17.000,00		
5. Bank	142.000,00		
6. Kasse	7.600,00		
	1.483.600,00		1.483.600,00

T. Hoss Berlin, 17. Mai 20..

1. Nennen Sie die Personen, Personengruppen oder Einrichtungen, die Interesse an einer solchen Aufstellung haben.

2. Notieren Sie die Dinge, die Ihnen an der Gliederung, dem Aufbau und den Inhalten der Bilanz auffallen.

EINORDNUNG DES THEMAS

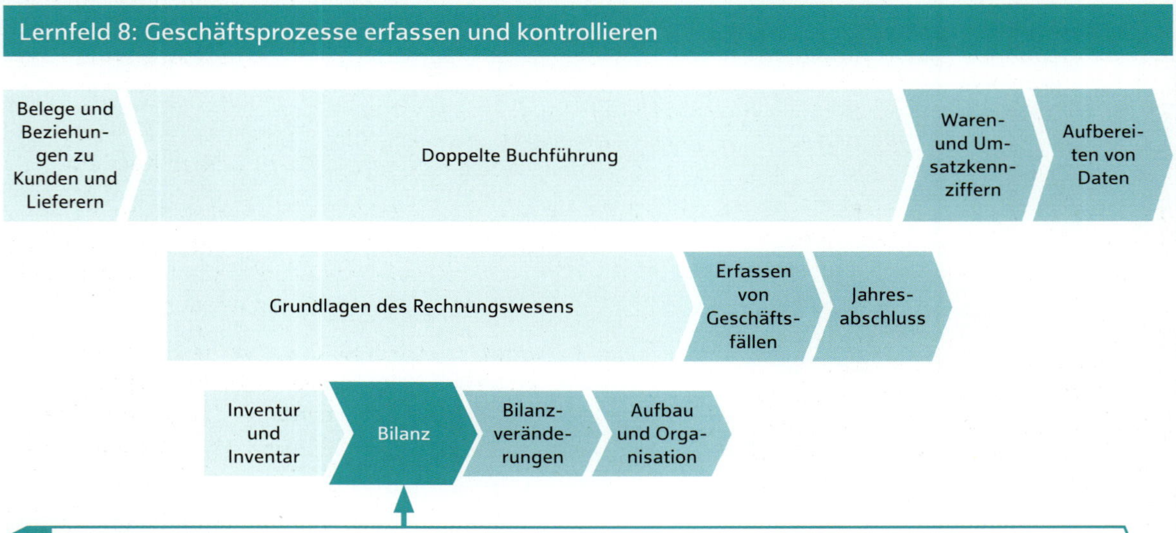

Kompetenzen

Nach Bearbeitung dieses Kapitels können Sie ...

... Vermögens- und Finanzlage des Unternehmens in Kontenform als Bilanz darstellen.
... aus gegebenen Daten eine ordnungsgemäß aufgebaute Bilanz aufstellen.
... verschiedene Arten von Bilanzen unterscheiden.
... begründen, warum bestimmte Personen oder Einrichtungen Interesse an der Bilanz eines Unternehmens haben.

INFORMATIONSTEXT

Bilanz

Ein Unternehmen erstellt zum Abschluss eines jeden Geschäftsjahres einen sogenannten Jahresabschluss. Der Jahresabschluss besteht aus folgenden Bestandteilen:

- Bilanz
- Gewinn- und Verlustrechnung

Er wird gegebenenfalls ergänzt durch

- Anhang und
- Lagebericht.

Im Jahresabschluss wird die gesamte Buchführung gemäß den gesetzlichen Regeln (insbesondere des HGB) zusammengefasst dargestellt.

Der zentrale Bestandteil ist die Bilanz. Somit kann man die Bilanz als ein Ergebnis der Buchführung bezeichnen. Die Bilanz ist ein zusammengefasster und geordneter Überblick über alle Vermögensgegenstände und Schulden eines Unternehmens.

DEFINITION

Die **Bilanz** ist die Gegenüberstellung von Vermögen und Kapital eines Unternehmens zu einem bestimmten Zeitpunkt.

Eine Bilanz wird am Ende eines jeden Wirtschaftsjahres aufgestellt. Ein Wirtschaftsjahr ist der Zeitraum, für den ein Unternehmen regelmäßig Abschlüsse erstellt. Die meisten Unternehmen erstellen Abschlüsse für die Zeit vom 01.01. eines Jahres bis zum 31.12. desselben Jahres. In diesen Fällen entspricht das Wirtschaftsjahr dem Kalenderjahr. Abweichungen sind möglich.

BEISPIEL

Die Meier GmbH erstellt den Abschluss auf den 31.10.20... Das Wirtschaftsjahr geht also vom 01.11. eines jeden Jahres bis zum 31.10. des Folgejahres. Es handelt sich um ein abweichendes Wirtschaftsjahr.

Der Begriff Bilanz ist von dem italienischen Begriff *bilancia*, Waage, hergeleitet. Der Name sagt schon aus, dass in der Buchführung ein ständiges Gleichgewicht herrschen muss wie auf einer Waage. Eine Bilanz hat, wie eine Waage, zwei Seiten und beide Seiten sind wertmäßig gleich groß.

Die Bilanz ist in **T-Konten-Form** dargestellt. Ein T-Konto ist die übliche Darstellungsform von Konten im Rahmen des Hauptbuchs[1] der Buchführung. Die Bilanz sieht wie folgt aus:

AKTIVA	Bilanz	PASSIVA

Adressatenkreis

Der Jahresabschluss und insbesondere die Bilanz sind für verschiedene Adressatengruppen von Bedeutung. Ein Adressat ist jemand, an den etwas gerichtet ist.

ADRESSAT	BEDEUTUNG
Finanzamt	setzt die Steuern auf der Grundlage der Angaben im Jahresabschluss fest
Banken	nutzen unter anderem den Jahresabschluss zur Prüfung der Bonität (= Kreditwürdigkeit) der Kunden und gewähren entsprechend Kredite
Lieferer	gewähren bestimmte Konditionen nur zahlungsfähigen Kunden
Gesellschafter	erhalten ihre Gewinnanteile unter anderem bemessen an den Gewinnen, die im Jahresabschluss ausgewiesen werden
Arbeitnehmer	können aus Jahresabschlüssen zum Beispiel Rückschlüsse für Gehaltsverhandlungen und über die Sicherheit des Arbeitsplatzes ziehen
Staat	ist u. a. daran interessiert, dass es insbesondere großen Unternehmen wirtschaftlich gutgeht

Rechtliche Vorschriften

§ 242 HGB verpflichtet jeden buchführungspflichtigen Kaufmann zur Aufstellung einer Bilanz. Die Bilanz muss gemäß § 247 HGB Anlage- und Umlaufvermögen, Eigenkapital, Schulden sowie Rechnungsabgrenzungsposten gesondert ausweisen. Sie muss außerdem hinreichend aufgegliedert sein (Einzelheiten siehe unten). Aus § 266 HGB ergibt sich die genaue Gliederung der Bilanz. Um die Beweiskraft der Buchführung hinreichend lange zu gewährleisten, müssen Bilanzen gemäß § 257 HGB zehn Jahre aufbewahrt werden.

Eine Bilanz muss mit Ort, Datum und Unterschrift des Unternehmers versehen werden.

Bilanzarten

Es gibt verschiedene Arten von Bilanzen. Die herkömmliche Bilanz ist die Handelsbilanz. Sie wird im Rahmen der Ausbildung näher betrachtet.

- **Handelsbilanz**
  Eine Bilanz, die ein Unternehmen aufgrund der handelsrechtlichen Vorschriften (insb. HGB) erstellen muss.
- **Steuerbilanz**
  Eine Bilanz, die ein Unternehmen aufgrund von steuerrechtlichen Vorschriften erstellen muss. Bei vielen Unternehmen gleicht sie der Handelsbilanz.
- **Einheitsbilanz**
  Wenn die Steuerbilanz und die Handelsbilanz nicht voneinander abweichen, dann bezeichnet man die erstellte Bilanz als Einheitsbilanz. Sie erfüllt die Zwecke sowohl der handelsrechtlichen als auch der steuerrechtlichen Vorschriften.
- **Eröffnungsbilanz**
  Wenn ein Unternehmen gegründet wird, müssen alle Vermögenswerte und Schulden sowie das Eigenkapital in Form einer Eröffnungsbilanz zusammengestellt werden.
- **Schlussbilanz**
  Als Schlussbilanz wird die Bilanz bezeichnet, die ein Unternehmer bei Beendigung seiner geschäftlichen Tätigkeiten aufstellen muss. In der Umgangssprache werden häufig alle Bilanzen auf das Ende eines Wirtschaftsjahres als Schlussbilanz bezeichnet.
- **Sonderbilanz**
  In Personengesellschaften kommt es vor, dass für die einzelnen Gesellschafter (Mitunternehmer) Sonderbilanzen erstellt werden müssen.
- **Ergänzungsbilanz**
  Im Falle von Gesellschafterwechseln bei Personengesellschaften müssen häufig Ergänzungsbilanzen aufgestellt werden, um die Vermögenswerte korrekt zu erfassen.
- **Konzernbilanz**
  Wenn mehrere Unternehmen oder Gesellschaften wirtschaftlich eine Einheit bilden, dann muss grundsätzlich jede einzelne Gesellschaft einen Jahresabschluss mit eigener Bilanz erstellen. Diese Jahresabschlüsse werden vereinheitlicht und im Konzernabschluss zu einer Konzernbilanz zusammengetragen.

Aktivseite der Bilanz

Auf der linken Seite der Bilanz sind alle Vermögensgegenstände eines Unternehmens dargestellt. Diese Seite heißt Aktivseite und die Vermögensgegenstände bzw. Bilanzpositionen heißen Aktiva.

Die Aktivseite gibt Auskunft darüber, wie ein Unternehmen die zur Verfügung stehenden finanziellen Mittel verwendet (Mittelverwendung).

BEISPIEL

Wird eine Maschine angeschafft, so steht diese als Vermögensgegenstand in der Bilanzposition „Technische Anlagen und Maschinen“ auf der Aktivseite.

Die Aktiva sind in zwei Gruppen unterteilt, das **Anlagevermögen** und das **Umlaufvermögen**. Zum Anlagevermögen gehören Vermögensgegenstände, die dazu bestimmt sind, dem Betrieb dauerhaft zu dienen. Dies trifft zum Beispiel auf das Betriebsgrundstück, die Produktionsmaschinen, aber auch auf die Büroeinrichtungen zu. Dem Umlaufvermögen werden Vermögensgegenstände zugeordnet, die nicht dauerhaft dem Betrieb dienen sollen. Das bedeutet, dass zum Beispiel Waren, aber auch vorhandenes Bargeld und Forderungen zum Umlaufvermögen zählen. Diese Gruppen sind wiederum ebenfalls unterteilt.

Die gesamte Aktivseite ist von oben nach unten nach zunehmender Flüssigkeit der Vermögensgegenstände gegliedert. Kann man einen Gegenstand leicht verkaufen, so liegt eine hohe Flüssig-

5311182

keit vor. Der Gegenstand steht also in einer der unteren Bilanzpositionen.

BEISPIEL

Waren sollen in Unternehmen bei Nachfrage durch den Kunden sofort verkauft werden. Der Verkauf ist leicht durchzuführen. Somit verfügen Waren über eine hohe Flüssigkeit und werden in einer unteren Bilanzposition geführt.

Umgekehrt steht ein Gegenstand, den man nur mit viel Aufwand verkaufen kann, in einer der oberen Bilanzpositionen der Aktivseite.

BEISPIEL

Ein Grundstück lässt sich nur schwer verkaufen. Es kann lange dauern, bis man einen Käufer gefunden hat. Zudem sind beim Verkauf formelle Vorschriften einzuhalten. Ein Grundstück hat also eine geringe Flüssigkeit. Es ist nicht leicht zu Geld zu machen, somit steht es in einer oberen Bilanzposition.

In der letzten Zeile der Bilanz wird auf der Aktivseite die Summe des Vermögens dargestellt. Diese Zahl nennt man auch Bilanzsumme.

Die Gliederung sieht z. B. wie folgt aus:

zunehmende Flüssigkeit der Vermögensgegenstände ↓

AKTIVA	Bilanz der Tom Hoss KG zum 31.12.20..	PASSIVA
A. Anlagevermögen		
1. Bebaute Grundstücke	400.000,00	
2. Betriebsgebäude	180.000,00	
3. Fuhrpark	40.000,00	
4. Betriebs- und Geschäftsausstattung	68.000,00	
B. Umlaufvermögen		
1. Waren	580.000,00	
2. Betriebsstoffe	20.000,00	
3. Forderungen a. LL	29.000,00	
4. Vorsteuer	17.000,00	
5. Bank	142.000,00	
6. Kasse	7.600,00	
	1.483.600,00	

Passivseite der Bilanz

Auf der rechten Seite der Bilanz sind alle **Schulden** (**Fremdkapital**) und das **Eigenkapital** eines Unternehmens dargestellt. Die Passivseite zeigt, woher das Kapital im Unternehmen stammt, nennt also die Mittelherkunft. Diese Seite heißt Passivseite und die einzelnen Positionen heißen Passiva.

Die Passivseite gibt Auskunft über die Herkunft der finanziellen Mittel, die im Unternehmen vorhanden sind. Die Summe der Passiva bezeichnet man als Kapital. Sie ist genauso groß wie die Summe der Aktiva. Also ist in einem Unternehmen so viel Vermögen vorhanden, wie Eigenkapital und Schulden gegenüberstehen.

BEISPIEL

Eine Maschine wird angeschafft und mit einem Kredit finanziert. Die Maschine wurde mit fremdem Kapital bezahlt. Die Maschine wird auf der Aktivseite erfasst (= Mittelverwendung) und der Kredit wird auf der Passivseite in der Position „Verbindlichkeiten gegenüber Kreditinstituten“ erfasst (= Mittelherkunft).

Es gibt grundsätzlich zwei Quellen, aus denen die finanziellen Mittel eines Unternehmens stammen können:

- Das Kapital wird aus den erwirtschafteten Gewinnen oder dem Vermögen des Unternehmers beschafft. Es handelt sich dann um Eigenkapital.
- Das Kapital wird von Fremden zur Verfügung gestellt (z. B. Banken oder Lieferer). Es handelt sich dann um Fremdkapital.

Die Passivseite ist daher in diese zwei Gruppen unterteilt. Die Verbindlichkeiten, also das Fremdkapital, sind nach zunehmender Fälligkeit geordnet. Das heißt, es werden im Fremdkapital zunächst die Verbindlichkeiten mit langer Laufzeit ausgewiesen. Hierbei handelt es sich zum Beispiel um Hypotheken oder Darlehen zur Finanzierung von Grundstücken oder großen Maschinen, die eine lange Laufzeit haben. Die Verbindlichkeiten mit kurzer Laufzeit werden später ausgewiesen. Hier handelt es sich zum Beispiel um die Verbindlichkeiten gegenüber den Lieferern, die in der Regel innerhalb weniger Wochen bezahlt werden müssen.

Freiräume, die auf einer Seite der Bilanz dadurch entstehen, dass eine Seite mehr Positionen hat als die andere Seite, werden durch eine sogenannte *Buchhalternase* gefüllt.

In der letzten Zeile der Bilanz wird auf der Passivseite der Bilanz die Summe des vorhandenen Kapitals ausgewiesen. Der Wert heißt auch hier Bilanzsumme. Die Bilanzsumme auf der Passivseite ist ebenso groß wie die Bilanzsumme auf der Aktivseite.

Eigenkapital

Das Eigenkapital lässt sich aufgrund des Aufbaus der Bilanz errechnen. Es ist die Differenz (= Unterschied) zwischen dem vorhandenen Vermögen und den Schulden, also dem Fremdkapital, eines Unternehmens.

FORMEL
Vermögen – Schulden = Eigenkapital

Der Wert des Vermögens ist die Bilanzsumme, also der Wert, der als Summe unter der Aktivseite angeführt wird. Den Wert der Schulden errechnet man durch Addition der Fremdkapitalpositionen der Passivseite der Bilanz, also z. B. Hypotheken, Darlehen, Verbindlichkeiten aus Lieferungen und Leistungen usw.

AKTIVA — **Bilanz der Tom Hoss KG zum 31.12.20..** — **PASSIVA**

A. Anlagevermögen		**A. Eigenkapital**	885.600,00	Eigenkapital
1. Bebaute Grundstücke	400.000,00			
2. Betriebsgebäude	180.000,00	**B. Fremdkapital**		
3. Fuhrpark	40.000,00	I. Langfristige Verbindlichkeiten		
4. Betriebs- und Geschäftsausstattung	68.000,00	1. Hypotheken	377.000,00	
		2. Darlehen	120.000,00	Gliederung nach Fälligkeit der Schulden
B. Umlaufvermögen		II. Kurzfristige Verbindlichkeiten		
1. Waren	580.000,00	1. Verbindlichkeiten a. LL	76.000,00	
2. Betriebsstoffe	20.000,00	2. Umsatzsteuer	25.000,00	
3. Forderungen a. LL	29.000,00			
4. Vorsteuer	17.000,00			
5. Bank	142.000,00			
6. Kasse	7.600,00			
	1.483.600,00		**1.483.600,00**	

AUFGABEN

1. Erklären Sie, warum die Bilanz die Grundlage der Buchführung darstellt.

2. a) Nennen Sie die verschiedenen Bilanzarten.
   b) Geben Sie an, welche der Bilanzen Sie nach Ihrer Einschätzung im Unterricht im Lernfeld 8 betrachten werden.
   c) Begründen Sie kurz Ihre Antwort zu b).

3. a) Nennen Sie Personen/Einrichtungen, die Interesse an der Bilanz eines Unternehmens haben.
   b) Begründen Sie mit eigenen Worten, warum
   - Arbeitnehmer
   - Kunden
   - Banken
   - der Staat

   Interesse an der Bilanz eines Unternehmens haben.

4. a) Ordnen Sie folgende Vermögensgegenstände nach ihrer Flüssigkeit und erstellen Sie die Aktivseite der Bilanz.

• Verpackungsmaterial	7.500,00 €
• BGA	32.000,00 €
• Kasse	850,00 €
• Betriebsstoffe	17.000,00 €
• Bebaute Grundstücke	320.000,00 €
• Bank	9.600,00 €
• Waren	54.500,00 €
• Fuhrpark	86.000,00 €
• Ford. a. LL	18.700,00 €
• Betriebsgebäude	215.000,00 €

b) Ordnen Sie folgende Positionen nach ihrer Fälligkeit und erstellen Sie die Passivseite der Bilanz.

• kurzfr. Darlehen	7.400,00 €
• Hypotheken	375.000,00 €
• Verb. a. LL	19.700,00 €
• Eigenkapital	

c) Berechnen Sie die Höhe des Eigenkapitals und vervollständigen Sie die Bilanz.

5. Ordnen Sie die folgenden Begriffe dem Anlage- oder Umlaufvermögen sowie dem Fremd- oder Eigenkapital zu.

- Waren
- Grundschuld bei der Sparkasse Hannover
- Betriebs- und Geschäftsausstattung
- Betriebsgrundstück
- Verbindlichkeit gegenüber der Kinke AG
- Ladenausstattung
- Gewinn, den der Unternehmer erwirtschaftet

6. Erstellen Sie mit den folgenden Werten die Bilanz des Unternehmens. Berechnen Sie das Eigenkapital selbst. Beachten Sie die Formvorschriften.

Betriebsgebäude	177.500,00 €
Waren	63.300,00 €
Bebaute Grundstücke	67.000,00 €
Kasse	240,00 €
Verb. ggü. Kreditinstituten (kurzfr.)	124.500,00 €
Ladenausstattung	57.000,00 €
Bank	12.700,00 €
Verb. a. LL	17.860,00 €
Ford. a. LL	3.600,00 €
BGA	16.250,00 €
Fuhrpark	31.200,00 €

7. Erstellen Sie das Schema einer Bilanz und tragen Sie die folgenden Begriffe sinnvoll ein:

- Fremdkapital
- Anlagevermögen
- Eigenkapital
- Umlaufvermögen
- Bilanzsumme

Beachten Sie dabei die Formvorschriften.

8. Machen Sie sich im Internet auf die Suche nach der Bilanz eines DAX-Konzerns Ihrer Wahl. Finden Sie auf der Homepage den letzten veröffentlichten Jahresabschluss und notieren Sie folgende Dinge:

a) Bilanzsumme
b) Anlagevermögen
c) Umlaufvermögen
d) Eigenkapital
e) Fremdkapital
f) Jahresüberschuss

ZUSAMMENFASSUNG

Bilanz

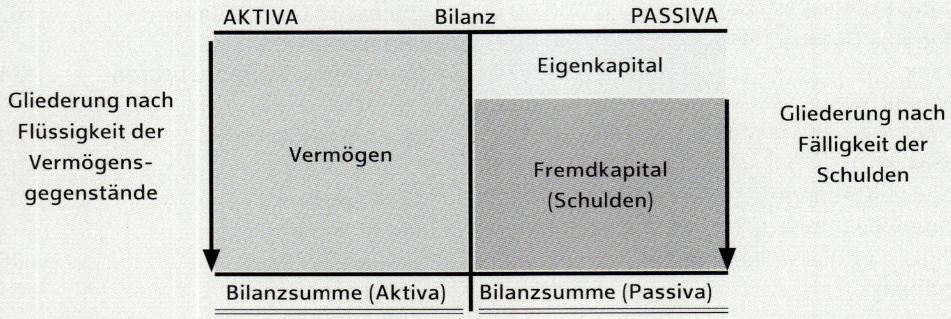

Berechnung von Vermögen und Kapital

Eigenkapital

Vermögen
– Fremdkapital (Schulden)
= Eigenkapital

Vermögen

Eigenkapital
– Fremdkapital (Schulden)
= Vermögen

Fremdkapital (Schulden)

Eigenkapital
– Vermögen
= Fremdkapital (Schulden)

Man versteht erst dann etwas richtig, wenn man versucht, es einem anderen zu erklären. Dies führt zu einer erneuten gründlichen Auseinandersetzung mit dem gerade behandelten Thema.

1. Suchen Sie sich einen Partner.
2. Lesen Sie noch einmal die Zusammenfassung. Bei Verständnisproblemen schlagen Sie ggf. noch einmal im Informationstext nach.
3. Jeder formuliert vier Fragen, die mithilfe der Zusammenfassung beantwortet werden können.
4. Der Partner beantwortet Ihre Fragen und umgekehrt.

ICH ÜBERPRÜFE MEINE NEU ERWORBENEN KOMPETENZEN

Den Erwerb der zu Beginn aufgeführten Kompetenzen können Sie selbst mithilfe der folgenden Tabelle überprüfen.

Wenn Sie alle Aufgaben, die hinter einer Kompetenz stehen, gelöst haben, machen Sie ein Kreuz bei „Ganz“. Bei den Kompetenzen, bei denen Sie Aufgaben „Teilweise“ oder „Gar nicht“ gelöst haben, sollten Sie den dazugehörigen Informationstext noch einmal lesen und die Aufgaben anschließend noch einmal bearbeiten.

5311186

Was ich nach der Bearbeitung dieses Kapitels kann	**Aufgaben**	**Ganz**	**Teilweise**	**Gar nicht**
Ich kann ...				
... die Vermögens- und Finanzlage eines Unternehmens in Kontenform als Bilanz darstellen.	4, 6			
... aus gegebenen Daten eine ordnungsgemäß aufgebaute Bilanz aufstellen.	1, 5, 7, 8			
... verschiedene Arten von Bilanzen benennen.	2			
... begründen, warum bestimmte Personen oder Einrichtungen Interesse an der Bilanz eines Unternehmens haben.	3			

8.5 Bilanzveränderungen

Problemstellung

Stefanie Beyer und Jakub Nowak haben die Eingangsrechnung von Autohaus Bach über einen Pkw von 33.320,00 € vor sich liegen. Sie haben den Beleg mit Kontierungsstempel versehen und bekommen nun den Auftrag, sich die Eingangsrechnung etwas genauer anzusehen.

Autohaus Bach

Autohaus Bach · Mühlenstraße 81 · 10243 Berlin

Tom Hoss KG
Herr Hoss
Grunerstraße 120
10169 Berlin

Kunden-Nr.: 19875
Lieferdatum: 20..-10-12
Bestelldatum: 20..-07-28

Sachbearbeiter/-in: Frau Ellerhorst
Telefon: 030 1234-56
Telefax: 030 1234-57
E-Mail: ellerhorst@autohaus-bach-wvd.de

Rechnungs-Nr.: 86970
Rechnungsdatum: 20..-10-14

Rechnung

Sehr geehrter Herr Hoss,
wir vereinbart berechnen wir Ihnen:

Pos.	Artikel-Nr.	Artikelbezeichnung	Menge und Einheit	Einzelpreis	Gesamtpreis
1	125125	PKW Kolf Sport Neuwagen	1	28.000,00 €	28.000,00 €

Gesamtpreis		28.000,00 €
Umsatzsteuer	19 %	5.320,00 €
Rechnungsbetrag		**33.320,00 €**

Rechnungsbetrag zahlbar innerhalb von 14 Tagen netto.

1. Beschreiben Sie kurz den Sachverhalt, der dem Beleg zugrunde liegt.
2. Geben Sie an, welche Bilanzpositionen sich aufgrund des Geschäftsfalls verändern.
3. Geben Sie an, wie sich die einzelnen Bilanzpositionen verändern.
4. Nennen Sie die vorliegende Form der Bilanzveränderung.
5. Geben Sie an, wie sich diese Bilanzveränderung auf die Bilanzsumme auswirkt.
6. Erläutern Sie, ob die Tom Hoss KG durch diesen Geschäftsfall ihr Vermögen erhöht hat.
7. Geben Sie an, wie sich der Sachverhalt auf das Fremdkapital der Tom Hoss KG ausgewirkt hat.

EINORDNUNG DES THEMAS

Lernfeld 8: Geschäftsprozesse erfassen und kontrollieren

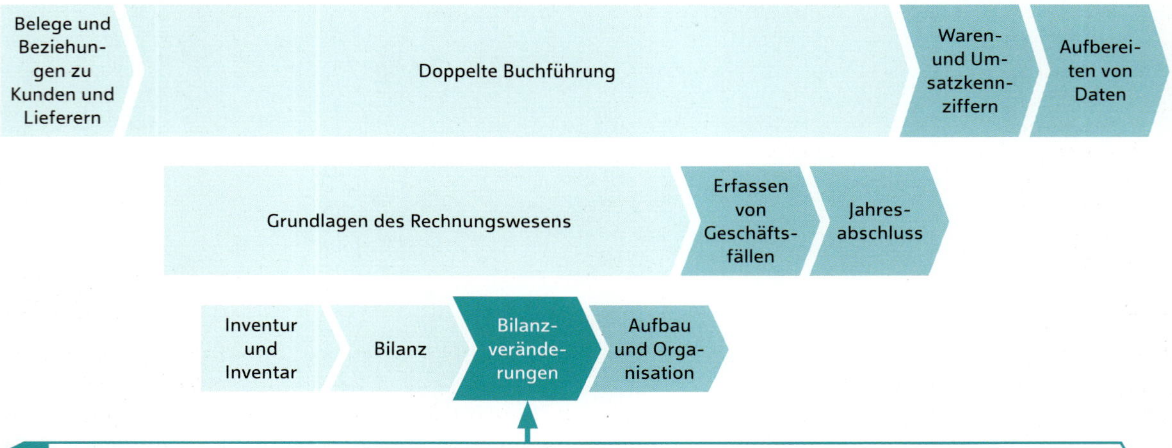

Kompetenzen

Nach Bearbeitung dieses Kapitels können Sie ...

... die Auswirkungen von Geschäftsfällen auf die Bilanz beurteilen.
... die vier Arten der Bilanzveränderung unterscheiden und benennen.

INFORMATIONSTEXT

Auswirkungen von Geschäftsfällen auf die Bilanz

Jeder Geschäftsfall wirkt sich auf die Bilanz aus. Man nennt diese Auswirkungen Bilanzveränderungen. Es gibt vier Arten von Bilanzveränderungen. Sie werden in diesem Kapitel vorgestellt.

AKTIVA — **Bilanz der Tom Hoss KG zum 31.12.20..** — **PASSIVA**

AKTIVA		PASSIVA	
A. Anlagevermögen		A. Eigenkapital	885.600,00
1. Bebaute Grundstücke	400.000,00	B. Fremdkapital	
2. Betriebsgebäude	180.000,00	I. Langfristige Verbindlichkeiten	
3. Fuhrpark	40.000,00	1. Hypotheken	377.000,00
4. Betriebs- und Geschäftsausstattung	68.000,00	2. Darlehen	120.000,00
B. Umlaufvermögen		II. Kurzfristige Verbindlichkeiten	
1. Waren	580.000,00	1. Verbindlichkeiten a. LL	76.000,00
2. Betriebsstoffe	20.000,00	2. Umsatzsteuer	25.000,00
3. Forderungen a. LL	29.000,00		
4. Vorsteuer	17.000,00		
5. Bank	142.000,00		
6. Kasse	7.600,00		
	1.483.600,00		1.483.600,00

Der im Einstieg dargestellte Geschäftsfall kann verkürzt ausgedrückt werden als: „Kauf eines neuen Pkw auf Ziel, netto 28.000,00 € + 19 % Umsatzsteuer". Es handelt sich um einen Eingangsbeleg. Dies liegt daran, dass ein Auto gekauft wird. Die Umsatzsteuer ist somit als Vorsteuer vom Finanzamt zu erstatten.

Die Auswirkungen dieses Geschäftsfalls auf die Bilanz können wie folgt dargestellt werden.

AKTIVA — **Bilanz der Tom Hoss KG zum 31.12.20..** — **PASSIVA**

AKTIVA			PASSIVA		
A. Anlagevermögen			A. Eigenkapital		885.600,00
1. Bebaute Grundstücke		400.000,00	B. Fremdkapital		
2. Betriebsgebäude		180.000,00	I. Langfristige Verbindlichkeiten		
3. Fuhrpark	40.000,00		1. Hypotheken		377.000,00
+ Zugang	28.000,00		2. Darlehen		120.000,00
= neuer Bestand		68.000,00	II. Kurzfristige Verbindlichkeiten		
4. Betriebs- und Geschäftsausstattung		68.000,00	1. Verbindlichkeiten a. LL	76.000,00	
B. Umlaufvermögen			+ Zugang	33.320,00	
1. Waren		580.000,00	= neuer Bestand		109.320,00
2. Betriebsstoffe		20.000,00	2. Umsatzsteuer		25.000,00
3. Forderungen a. LL		29.000,00			
4. Vorsteuer	17.000,00				
+ Zugang	5.320,00				
= neuer Bestand		22.320,00			
5. Bank		142.000,00			
6. Kasse		7.600,00			
		1.516.920,00			1.516.920,00

Aus der Bilanz erkennt man, dass bei der Tom Hoss KG die Bilanzposition Fuhrpark im Wert um 28.000,00 € (im Vergleich zur Bilanz zu Beginn des Kapitels) gestiegen ist. Ebenso hat sich auch die Vorsteuer um 5.320,00 € erhöht.

Die Verbindlichkeiten a. LL sind auch mehr geworden, da die Tom Hoss KG nun Verbindlichkeiten (Schulden) in Höhe von 33.320,00 € gegenüber dem Autohaus Bach hat. Durch den Geschäftsfall hat sich die Bilanzsumme von 1.483.600,00 € auf 1.516.920,00 € erhöht.

Bilanzveränderungen

Durch den Kauf des Pkw haben sich sowohl die Aktivseite als auch die Passivseite der Bilanz erhöht. Diese Bilanzveränderung heißt **Aktiv-Passiv-Mehrung**. Insgesamt gibt es vier Formen von Bilanzveränderungen, die im Folgenden kurz dargestellt werden.

Die Umsatz- und Vorsteuer werden dabei aus Vereinfachungsgründen nicht betrachtet.

- **Aktiv-Passiv-Mehrung**
  Durch einen Geschäftsfall nehmen Aktivpositionen und Passivpositionen in gleicher Höhe zu. Die Bilanzsumme erhöht sich. Man nennt dies eine Bilanzverlängerung.

  BEISPIEL

  Kauf eines Autos von einer Privatperson für 12.000,00 € auf Ziel.

  Auswirkung auf folgende Bilanzpositionen:

Fuhrpark	+ 12.000,00 €
Verbindlichkeiten a. LL	+ 12.000,00 €

- **Aktiv-Passiv-Minderung**
  Durch einen Geschäftsfall nehmen eine Aktivposition und eine Passivposition in gleicher Höhe ab. Die Bilanzsumme verringert sich. Man nennt dies eine Bilanzverkürzung.

  BEISPIEL

  Bezahlung einer Liefererrechnung in Höhe von 10.000,00 € durch Banküberweisung.

  Auswirkung auf folgende Bilanzpositionen:

Verbindlichkeiten a. LL	– 10.000,00 €
Bank	– 10.000,00 €

- **Aktivtausch**
  Durch einen Geschäftsfall erhöht sich ein Aktivkonto, während sich ein anderes Aktivkonto vermindert. Die Bilanzsumme bleibt gleich.

  BEISPIEL

  Verkauf eines gebrauchten Bürostuhls für 500,00 € bar.

  Auswirkung auf folgende Bilanzpositionen:

BGA	– 500,00 €
Kasse	+ 500,00 €

- **Passivtausch**
  Durch einen Geschäftsfall erhöht sich ein Passivkonto, während sich ein anderes Passivkonto vermindert. Die Bilanzsumme bleibt gleich.

  BEISPIEL

  Bezahlung einer Liefererrechnung in Höhe von 15.000,00 € durch Aufnahme eines Bankdarlehens.

  Auswirkung auf folgende Bilanzpositionen:

Verbindlichkeiten a. LL	– 15.000,00 €
Verbindlichkeiten ggü. KI	+ 15.000,00 €

Die erläuterten Bilanzveränderungen sind nur Umschichtungen auf der Vermögensebene des Unternehmens. Es ergeben sich keine Änderungen des Eigenkapitals des Unternehmens.

AUFGABEN

1. Geben Sie an, um welche Art von Bilanzveränderung es sich bei den folgenden Geschäftsfällen handelt. Geben Sie auch die Höhe der Veränderung der jeweiligen Bilanzposition an.
   a) Kauf einer Registrierkasse für 2.000,00 € auf Ziel.
   b) Verkauf eines Herrenanzugs für 500,00 € gegen Barzahlung.
   c) Begleichung der Rechnung für die Registrierkasse aus a) durch Banküberweisung.
   d) Kauf eines unbebauten Grundstücks für 40.000,00 € durch Aufnahme eines langfristigen Darlehens bei der Sparkasse.
   e) Verkauf eines alten Lieferwagens für 10.000,00 € auf Rechnung.
   f) Die bereits in der Buchführung erfasste Rechnung für die Lieferung einer kompletten Ladeneinrichtung über 200.000,00 € kann nur durch Aufnahme eines Darlehens bei der Sparkasse getilgt werden.

5311190

2. Nennen Sie jeweils zwei Geschäftsfälle, die
   a) eine Aktiv-Passiv-Mehrung,
   b) eine Aktiv-Passiv-Minderung,
   c) einen Aktivtausch,
   d) einen Passivtausch

   in der Bilanz verursachen.

ZUSAMMENFASSUNG

Arten der Bilanzveränderung

1. Aktiv-Passiv-Mehrung
Zugang auf Aktivkonto und Zugang auf Passivkonto → Bilanzverlängerung

2. Aktiv-Passiv-Minderung
Abgang auf Aktivkonto und Abgang → Bilanzverkürzung

3. Aktivtausch
Ein Aktivkonto nimmt, ein anderes Aktivkonto nimmt ab → Bilanzsumme unverändert

4. Passivtausch
Ein Passivkonto nimmt zu, ein anderes Passivkonto nimmt ab → Bilanzsumme unverändert

Man versteht erst dann etwas richtig, wenn man versucht, es einem anderen zu erklären. Dies führt zu einer erneuten gründlichen Auseinandersetzung mit dem gerade behandelten Thema.

1. Suchen Sie sich einen Partner.
2. Lesen Sie noch einmal die Zusammenfassung. Bei Verständnisproblemen schlagen Sie ggf. noch einmal im Informationstext nach.
3. Jeder formuliert vier Fragen, die mithilfe der Zusammenfassung beantwortet werden können.
4. Der Partner beantwortet Ihre Fragen und umgekehrt.

ICH ÜBERPRÜFE MEINE NEU ERWORBENEN KOMPETENZEN

Den Erwerb der zu Beginn aufgeführten Kompetenzen können Sie selbst mithilfe der folgenden Tabelle überprüfen.

Wenn Sie alle Aufgaben, die hinter einer Kompetenz stehen, gelöst haben, machen Sie ein Kreuz bei „Ganz“. Bei den Kompetenzen, bei denen Sie Aufgaben „Teilweise“ oder „Gar nicht“ gelöst haben, sollten Sie den dazugehörigen Informationstext noch einmal lesen und die Aufgaben anschließend noch einmal bearbeiten.

Was ich nach der Bearbeitung dieses Kapitels kann	Aufgaben	Ganz	Teilweise	Gar nicht
Ich kann ...				
... die Auswirkungen von Geschäftsfällen auf die Bilanz beurteilen.	1			
... die vier Arten der Bilanzveränderung unterscheiden und benennen.	2			

8.6 Aufbau und Organisation der Buchführung

Problemstellung

Stefanie Beyer bereitet sich auf die anstehenden Arbeiten in der Abteilung Rechnungswesen der Tom Hoss KG vor. Hierzu hat ihr Frau Zuber die Aufgabe gegeben, sich mit dem Aufbau und der Organisation der Buchführung vertraut zu machen. Schließlich müsse sie bald buchen.

1. Beschreiben Sie, wie die Buchführung grundsätzlich organisiert ist.
2. Erläutern Sie, was man unter Kontenrahmen und Kontenplan versteht.
3. Verschaffen Sie sich einen ersten Überblick über den verkürzten Kontenrahmen, der im Unterricht verwendet wird.

EINORDNUNG DES THEMAS

Lernfeld 8: Geschäftsprozesse erfassen und kontrollieren

Belege und Beziehungen zu Kunden und Lieferern → Doppelte Buchführung → Waren- und Umsatzkennziffern → Aufbereiten von Daten

Grundlagen des Rechnungswesens → Erfassen von Geschäftsfällen → Jahresabschluss

Inventur und Inventar → Bilanz → Bilanzveränderungen → **Aufbau und Organisation**

Kompetenzen

Nach Bearbeitung dieses Kapitels können Sie ...

... den Aufbau der ordnungsgemäßen Buchführung beschreiben.
... die zeitliche Organisation der Buchführung im Grundbuch erläutern.
... die sachliche Organisation der Buchführung im Hauptbuch erläutern.
... den Unterschied zwischen Grund- und Hauptbuch erklären.
... die Unterschiede zwischen Kontenplan und Kontenrahmen erläutern.
... den Aufbau des Kontenrahmens erklären.

INFORMATIONEN

Aufbau und Organisation der Buchführung

Zu jedem Wertstrom im Unternehmen gibt es einen Beleg. Jeder Beleg muss in der Buchführung gebucht werden. Auch bei kleinen Unternehmen fallen pro Kalenderjahr eine Vielzahl von mehreren Tausend Buchungen an. Um bei diesen umfangreichen Informationen und Daten einen Überblick zu behalten, ist es wichtig, dass die Buchführung gut organisiert ist.

Die Organisation der Buchführung erfolgt daher gemäß den Grundsätzen ordnungsgemäßer Buchführung auf zwei Arten.

Zeitliche Organisation (Grundbuch)

Die Buchungen werden in zeitlicher (chronologischer) Reihenfolge geordnet. Dies erfolgt, indem alle Belege nach dem Datum sortiert und fortlaufend nummeriert im sogenannten Grundbuch festgehalten werden.

DEFINITION

Im **Grundbuch (Journal)** werden alle Geschäftsfälle in Form von Buchungen (Buchungssätzen) in zeitlicher (chronologischer) Reihenfolge geordnet und festgehalten.

Das Grundbuch wird auch als Journal bezeichnet. Im Grundbuch findet man folgende Informationen:

- fortlaufende Buchungsnummer
- Verweis zu dem Beleg (Belegnummer)
- Datum der Buchung
- Buchungstext (kurze Beschreibung des Geschäftsfalls)
- Kontierung mit entsprechenden Beträgen (Angabe der Konten mit den dazugehörigen Beträgen)

Durch die zeitliche Organisation kann der Unternehmer z. B. einfach prüfen, ob und wie ein Beleg in der Buchführung erfasst wurde. Mithilfe des Belegdatums und der Belegnummer findet er die dazugehörige Buchung schnell im Grundbuch. Er stellt durch die Darstellung im Grundbuch fest, zu welcher Art von Wertstrom die Buchung gehört.

BEISPIEL

Beispiel für die Aufzeichnung eines Wertstroms im Grundbuch; hier Kauf eines Schreibtisches, Zahlung per Banküberweisung.[1]

Nr.	Datum	Belegnummer	Buchungstext	Buchungssatz		Betrag in €	
				Soll	Haben	Soll	Haben
...							
123	21.01.20..	ER89	Kauf Schreibtisch	0860 2600	2800	1.000,00 190,00	1.190,00

Sachliche Organisation (Hauptbuch)

Der Unternehmer möchte jederzeit sehen, wofür er seine Mittel aufgewendet hat, wie hoch seine Umsätze sind und wie hoch der Stand seiner aktuellen Vermögenswerte und Schulden ist. Insbesondere möchte er die Geldströme, die im Unternehmen eingehen und die das Unternehmen verlassen, genau verfolgen können. Aus dem Grundbuch bekommt der Unternehmer diese Informationen nur mit viel Aufwand. Daher unterliegt die Buchführung einer sachlichen Organisation. Die sachliche Organisation erfolgt auf Konten im Hauptbuch[2].

1 Nähere Erläuterungen zur Bedeutung der Aufzeichnungen erfolgen in den folgenden Kapiteln.
2 Die genaue Erfassung wird in den folgenden Kapiteln erläutert.

DEFINITION

Das **Hauptbuch** ist die sachliche Organisation aller Sachkonten (Bestandskonten und Erfolgskonten) der Geschäftsbuchführung. Durch Abschluss der einzelnen Konten lassen sich der Gewinn oder Verlust sowie die (Schluss-)Bilanz ermitteln.

Kontenrahmen

Die Grundlage des Hauptbuchs ist der Kontenrahmen. Er ist ein Verzeichnis aller Konten, die in einem Unternehmen benötigt werden können. Es gibt verschiedene Kontenrahmen, die von unterschiedlichen Unternehmenszweigen verwendet werden sollen. Der hier verwendete Kontenrahmen ist der Einzelhandelskontenrahmen[1]. Der Kontenrahmen ist unterteilt in zehn Kontenklassen.

Die Kontenklassen sind sachlich sortiert. Die Sortierung erfolgt in Aktiva, Passiva, Erträge und Aufwendungen, Ergebnisrechnung sowie Kosten- und Leistungsrechnung. Die Konten, die die einzelnen Positionen der Bilanz – also Aktiva und Passiva – abbilden, fasst man unter dem Begriff Bestandskonten zusammen. Die Begriffe Aktiva und Passiva sind aus den vorangegangenen Kapiteln bereits bekannt. Die Konten, die die Aufwendungen und Erträge abbilden, werden Erfolgskonten genannt.

Die Sortierung der Konten innerhalb einer Kontenklasse erfolgt ebenfalls nach sachlogischen Gesichtspunkten. Der Kontenrahmen weist jedem Konto eine vierstellige eindeutige Nummer zu. Die Nummerierung der Konten erfolgt nach Zugehörigkeit zu einer Kontenklasse. Die Konten der Kontenklasse 4 beginnen immer mit einer 4, z. B. das Konto „Verbindlichkeiten aus Lieferungen und Leistungen“ mit der Kontennummer 4400, auf welchem alle offenen Verbindlichkeiten eines Unternehmers gegenüber Lieferern erfasst werden. In einem Buchungssatz kann man mit der Kontonummer oder der Kontenbezeichnung buchen. Häufig werden beide Bezeichnungen verwendet. Buchführungsprogramme funktionieren so, dass die Eingabe der Kontonummer genügt, um eine Buchung vorzunehmen.

Aktiva			**Passiva**		**Erträge**	**Aufwendungen**		**Ergebnisrechnung**	**Kosten- und Leistungsrechnung**
Anlagevermögen		Umlaufvermögen							
Immaterielle Vermögensgegenstände und Sachanlagen	Finanzanlagen	Umlaufvermögen und aktive Rechnungsabgrenzungsposten	Eigenkapital und Rückstellungen	Verbindlichkeiten und passive Rechnungsabgrenzungsposten	Umsatzerlöse und sonstige Erträge	Betriebliche Aufwendungen	Weitere Aufwendungen	Ergebnisrechnungen	Kosten- und Leistungsrechnung
Kontenklasse 0	**Kontenklasse 1**	**Kontenklasse 2**	**Kontenklasse 3**	**Kontenklasse 4**	**Kontenklasse 5**	**Kontenklasse 6**	**Kontenklasse 7**	**Kontenklasse 8**	**Kontenklasse 9**

Kontenplan

Der Kontenrahmen stellt eine Rahmenvorgabe für die Unternehmen dar. Für verschiedene Branchen gibt es unterschiedliche, spezielle Kontenrahmen. Aus dieser Rahmenvorgabe erstellt dann jedes Unternehmen seinen speziellen auf das Unternehmen abgestimmten Kontenplan. Der Kontenplan ist das Verzeichnis der in der Buchführung eines Unternehmens tatsächlich verwendeten Konten. Er enthält zumeist weniger Konten als der Kontenrahmen, da nicht in jedem Unternehmen sämtliche Konten des Kontenrahmens benötigt werden. Durch das Hinzufügen von Unterkonten kann der Kontenrahmen auch erweitert werden.

1 Der gesamte Kontenrahmen befindet sich am Ende dieses Buches als Faltblatt.

5311194

AUFGABEN

1. Erläutern Sie, was man unter *Journal* versteht und welche Angaben das Journal enthält.
2. Erklären Sie kurz den Aufbau der Buchführung.
3. Erklären Sie die wesentlichen Gesichtspunkte der zeitlichen Organisation der Buchführung.
4. Erklären Sie die wesentlichen Gesichtspunkte der sachlichen Organisation der Buchführung.
5. Erläutern Sie, was Sie unter Grund- und Hauptbuch der Buchführung verstehen.
6. Geben Sie mit eigenen Worten an, wie ein Kontenrahmen aufgebaut ist.
7. In welcher Kontenklasse (Angabe der Kontonummer und kurze Begründung) suchen Sie das Konto:
   a) Fuhrpark
   b) Gehälter
   c) Mieten
   d) Forderungen a. LL
   e) Bebaute Grundstücke
   f) Darlehen
   g) Umsatzerlöse
   h) Zinserträge
8. Erklären Sie den Zusammenhang von Kontenrahmen und Kontenplan.
9. Begründen Sie mit eigenen Worten, warum sowohl eine zeitliche als auch eine sachliche Ordnung der Buchführung sinnvoll ist.

Kontenplan der Tom Hoss KG

0 Immaterielle Vermögensgegenstände und Sachanlagen

Immaterielle Vermögensgegenstände

02 Konzessionen, gewerbliche Schutzrechte und Lizenzen
- 0200 Konzessionen, gewerbliche Schutzrechte und Lizenzen

Sachanlagen

05 Grundstücke und Bauten
- 0500 Unbebaute Grundstücke
- 0510 Bebaute Grundstücke
- 0530 Betriebsgebäude

08 Andere Anlagen, Betriebs- und Geschäftsausstattungen
- 0810 Ladenausstattung
- 0830 Lagerausstattung
- 0840 Fuhrpark
- 0860 Büromaschinen, Organisationsmittel und Kommunikationsanlagen
- 0870 Betriebs- und Geschäftsausstattung (BGA)
- 0880 Geringwertige Wirtschaftsgüter
- 0890 Sammelposten GWG (Wirtschaftsgüter über 250,00 € bis 1.000,00 €)

1 Finanzanlagen

13 Beteiligungen
- 1300 Beteiligungen

15 Wertpapiere des Anlagevermögens
- 1500 Wertpapiere des Anlagevermögens

2 Umlaufvermögen und aktive Rechnungsabgrenzung

Vorräte

20 Waren/Bestände
- 2000 Waren (Sammelkonto)
- 2010 Waren (Gruppe 1)
- 2020 Waren (Gruppe 2)

21 Betriebsstoffe/Bestände
- 2100 Betriebsstoffe

22 Sonstiges Material/Bestände
- 2200 Verpackungsmaterial
- 2210 Leergut

23 Geleistete Anzahlungen auf Vorräte
- 2300 Geleistete Anzahlungen auf Vorräte

Forderungen und sonstige Vermögensgegenstände (24–26)

24 Forderungen aus Lieferungen und Leistungen
- 2400 Forderungen aus Lieferungen und Leistungen

26 Sonstige Vermögensgegenstände
- 2600 Vorsteuer
- 2630 Sonstige Forderungen an Finanzbehörden
- 2640 SV-Beitragsvorauszahlung
- 2650 Forderungen an Mitarbeiter
- 2690 Übrige sonstige Forderungen

27 Wertpapiere des Umlaufvermögens
- 2700 Wertpapiere des Umlaufvermögens

28 Flüssige Mittel
- 2800 Kreditinstitute (Bank)
- 2850 Postbank
- 2860 Schecks
- 2880 Kasse
- 2890 Nebenkassen

29 Aktive Rechnungsabgrenzung
- 2900 Aktive Rechnungsabgrenzung
- 2910 Disagio

3 Eigenkapital und Rückstellungen

Eigenkapital

30 Eigenkapital
- 3000 Eigenkapital
  - 3001 Privatkonto

33 Ergebnisverwendung
- 3310 Gewinn-/Verlustvortrag (aus dem Vorjahr)

34 Jahresüberschuss/Jahresfehlbetrag
- 3400 Jahresüberschuss/Jahresfehlbetrag (des lfd. Geschäftsjahres)

Rückstellungen

37 Rückstellungen
- 3700 Rückstellungen

4 Verbindlichkeiten und passive Rechnungsabgrenzung

42 Verbindlichkeiten gegenüber Kreditinstituten
- 4200 Kurzfristige Bankverbindlichkeiten
- 4250 Langfristige Bankverbindlichkeiten (Darlehens-, Hypothekenschulden)

43 Erhaltene Anzahlungen auf Bestellungen
- 4300 Erhaltene Anzahlungen auf Bestellungen

44 Verbindlichkeiten aus Lieferungen und Leistungen
- 4400 Verbindlichkeiten aus Lieferungen und Leistungen

48 Sonstige Verbindlichkeiten
- 4800 Umsatzsteuer
- 4830 Sonstige Verbindlichkeiten gegenüber Finanzbehörden
- 4840 Verbindlichkeiten gegenüber Sozialversicherungsträgern
- 4850 Verbindlichkeiten gegenüber Mitarbeitern
- 4860 Verbindlichkeiten aus vermögenswirksamen Leistungen
- 4890 Übrige sonstige Verbindlichkeiten

49 Passive Rechnungsabgrenzung
- 4900 Passive Rechnungsabgrenzung

5311196

Kontenklassen

5 Erträge (einschließlich Berichtigungen)

Umsatzerlöse
5000 Umsatzerlöse für Waren (Sammelkonto)
- 5001 Erlösberichtigungen

5010 Umsatzerlöse für Waren (Gruppe 1)
- 5011 Erlösberichtigungen

5020 Umsatzerlöse für Waren (Gruppe 2)
- 5021 Erlösberichtigungen

Sonstige Umsatzerlöse
5100 Sonstige Umsatzerlöse (aus Dienstleistungen)
- 5101 Erlösberichtigungen

Sonstige betriebliche Erträge
5400 Nebenerlöse aus Vermietung und Verpachtung (Mieterträge)
5410 Sonstige Erlöse
5420 Entnahme von Gegenständen und sonstigen Leistungen
5430 Andere sonstige betriebliche Erträge
5480 Erträge aus der Herabsetzung von Rückstellungen

Erträge aus Beteiligungen
5500 Erträge aus Beteiligungen

Erträge aus Wertpapieren
5600 Erträge aus Wertpapieren

Sonstige Zinsen und ähnliche Erträge
5710 Zinserträge
5730 Diskonterträge

Außerordentliche Erträge
5800 Außerordentliche Erträge

6 Betriebliche Aufwendungen (einschließlich Berichtigungen)

Materialaufwand

60 Aufwendungen für Waren
- 6000 Aufwendungen für Waren (Sammelkonto)
  - 6001 Bezugskosten
  - 6002 Nachlässe
- 6010 Aufwendungen für Waren (Gruppe 1)
  - 6011 Bezugskosten
  - 6012 Nachlässe
- 6020 Aufwendungen für Waren (Gruppe 2)
  - 6021 Bezugskosten
  - 6022 Nachlässe

61 Aufwendungen für Material und für bezogene Leistungen
- 6100 Aufwendungen für Betriebsstoffe
- 6101 Aufwendungen für Verpackungsmaterial
- 6102 Aufwendungen für Leergut
- 6103 Aufwendungen für Energie
- 6104 Aufwendungen für Reparaturmaterial
- 6105 Aufwendungen für Reinigungsmaterial
- 6106 Aufwendungen für sonstiges Material
- 6110 Frachten und Fremdlager
- 6111 Vertriebsprovisionen
- 6112 Fremdinstandhaltung
- 6113 Abfallentsorgung
- 6114 Reinigung

Personalaufwand

62 Löhne
- 6200 Löhne für geleistete Arbeit
- 6210 Sonstige Lohnaufwendungen

63 Gehälter
- 6300 Gehälter
- 6310 Sonstige Gehaltsaufwendungen

64 Soziale Abgaben und Aufwendungen für Altersversorgung und für Unterstützung
- 6400 Arbeitgeberanteil zur Sozialversicherung
- 6420 Beiträge zur Berufsgenossenschaft

Abschreibungen

65 Abschreibungen
- 6520 Abschreibungen auf Sachanlagen
- 6530 Abschreibungen auf geringwertige Wirtschaftsgüter
- 6540 Abschreibungen auf Sammelposten (Wirtschaftsgüter über 250,00 € bis 1.000,00 €)

Sonstige betriebliche Aufwendungen (66–70)

66 Sonstige Personalaufwendungen
- 6600 Sonstige Personalaufwendungen

67 Aufwendungen für die Inanspruchnahme von Rechten und Diensten
- 6700 Mieten, Pachten
- 6710 Leasing
- 6730 Gebühren
- 6750 Aufwendungen des Geldverkehrs

Fortsetzung Kontenklasse 6

- 6770 Rechts- und Beratungsaufwendungen

68 Aufwendungen für Kommunikation (Dokumentation, Information, Reisen, Werbung)
- 6800 Büromaterial
- 6810 Zeitungen, Fachliteratur
- 6820 Post, Telefon
  - 6821 Postgebühren
  - 6822 Telefonkosten
- 6850 Reisekosten
- 6860 Bewirtung und Präsentation
- 6870 Werbung, Dekoration
- 6880 Spenden

69 Aufwendungen für Beiträge und Wertkorrekturen
- 6900 Versicherungsbeiträge
- 6920 Beiträge zu Wirtschaftsverbänden und Berufsvertretungen
- 6930 Andere sonstige betriebliche Aufwendungen
- 6940 Verluste aus Schadensfällen
- 6950 Abschreibungen auf Forderungen
- 6960 Aufwendungen aus Währungskursdifferenzen
- 6980 Zuführungen zu Rückstellungen für Gewährleistungen

7 Weitere Aufwendungen

70 Betriebliche Steuern
- 7020 Grundsteuer
- 7030 Kraftfahrzeugsteuer
- 7090 Sonstige betriebliche Steuern

74 Abschreibungen auf Finanzanlagen und auf Wertpapiere des Umlaufvermögens
- 7420 Abschreibungen auf Wertpapiere des Umlaufvermögens

75 Zinsen und ähnliche Aufwendungen
- 7510 Zinsaufwendungen
- 7530 Diskontaufwendungen

76 Außerordentliche Aufwendungen
- 7600 Außerordentliche Aufwendungen

77 Steuern vom Einkommen und Ertrag
- 7700 Gewerbeertragsteuer
- 7710 Körperschaftsteuer
- 7720 Kapitalertragsteuer

8 Ergebnisrechnungen

80 Eröffnung/Abschluss
- 8000 Eröffnungsbilanzkonto
- 8010 Schlussbilanzkonto
- 8020 Gewinn- und Verlustkonto

9 Kosten- und Leistungsrechnung

In der Praxis wird die Kosten- und Leistungsrechnung gewöhnlich tabellarisch durchgeführt.

ZUSAMMENFASSUNG

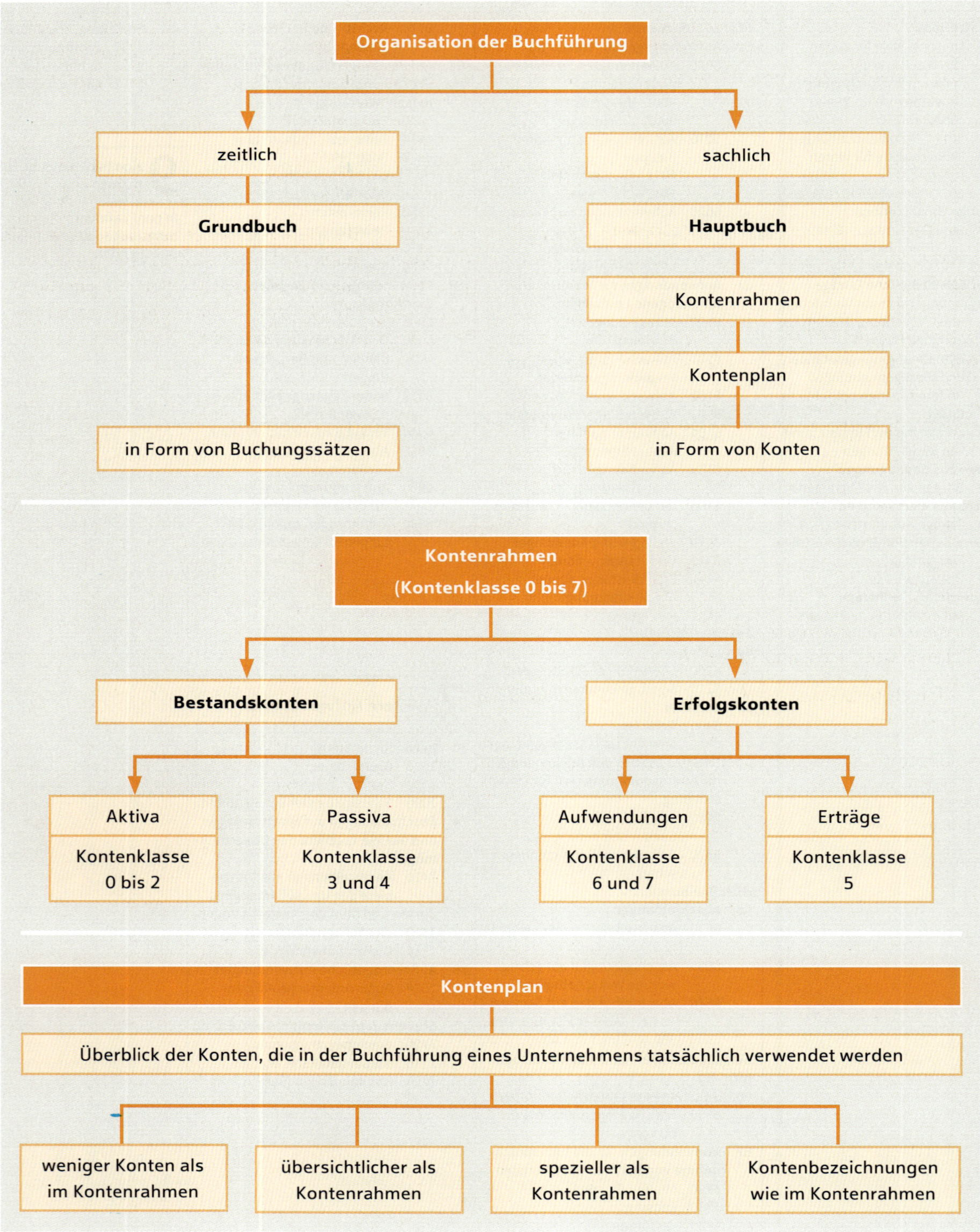

5311198

Man versteht erst dann etwas richtig, wenn man versucht, es einem anderen zu erklären. Dies führt zu einer erneuten gründlichen Auseinandersetzung mit dem gerade behandelten Thema.

1. Suchen Sie sich einen Partner.
2. Lesen Sie noch einmal die Zusammenfassung. Bei Verständnisproblemen schlagen Sie ggf. noch einmal im Informationstext nach.
3. Jeder formuliert vier Fragen, die mithilfe der Zusammenfassung beantwortet werden können.
4. Der Partner beantwortet Ihre Fragen und umgekehrt.

ICH ÜBERPRÜFE MEINE NEU ERWORBENEN KOMPETENZEN

Den Erwerb der zu Beginn aufgeführten Kompetenzen können Sie selbst mithilfe der folgenden Tabelle überprüfen.

Wenn Sie alle Aufgaben, die hinter einer Kompetenz stehen, gelöst haben, machen Sie ein Kreuz bei „Ganz". Bei den Kompetenzen, bei denen Sie Aufgaben „Teilweise" oder „Gar nicht" gelöst haben, sollten Sie den dazugehörigen Informationstext noch einmal lesen und die Aufgaben anschließend noch einmal bearbeiten.

Was ich nach der Bearbeitung dieses Kapitels kann	Aufgaben	Ganz	Teilweise	Gar nicht
Ich kann ...				
... den Aufbau der ordnungsgemäßen Buchführung beschreiben.	2			
... die zeitliche Organisation der Buchführung im Grundbuch erläutern.	1, 3			
... die sachliche Organisation der Buchführung im Hauptbuch erläutern.	4			
... den Unterschied zwischen Grund- und Hauptbuch erklären.	5, 9			
... die Unterschiede zwischen Kontenplan und Kontenrahmen erläutern.	6, 8			
... den Aufbau des Kontenrahmens erklären.	7			

8.7 Buchen von Geschäftsfällen im Hauptbuch (T-Konten)

Problemstellung

Frau Zuber gibt Stefanie Beyer und Jakub Nowak die folgende Bilanz mit dem Auftrag, sich diese anzusehen und daraus die Buchführung des neuen Jahres zu eröffnen.

Bilanz der Tom Hoss KG zum 31.12.20..

AKTIVA		PASSIVA	
A. Anlagevermögen		A. Eigenkapital	885.600,00
1. Bebaute Grundstücke	400.000,00	B. Fremdkapital	
2. Betriebsgebäude	180.000,00	I. Langfristige Verbindlichkeiten	
3. Fuhrpark	40.000,00	1. Hypotheken	377.000,00
4. Betriebs- und Geschäftsausstattung	68.000,00	2. Darlehen	120.000,00
B. Umlaufvermögen		II. Kurzfristige Verbindlichkeiten	
1. Waren	580.000,00	1. Verbindlichkeiten a. LL	76.000,00
2. Betriebsstoffe	20.000,00	2. Umsatzsteuer	25.000,00
3. Forderungen a. LL	29.000,00		
4. Vorsteuer	17.000,00		
5. Bank	142.000,00		
6. Kasse	7.600,00		
	1.483.600,00		1.483.600,00

Tom Hoss

Berlin, 17. Mai 20..

1. Erklären Sie, wie die Bilanz auf den 31.12. des vorangegangenen Jahres mit der Buchführung des neuen Jahres zusammenhängt.

2. Geben Sie an, wie Sie vorgehen müssen, um die Buchführung des neuen Jahres zu eröffnen.

EINORDNUNG DES THEMAS

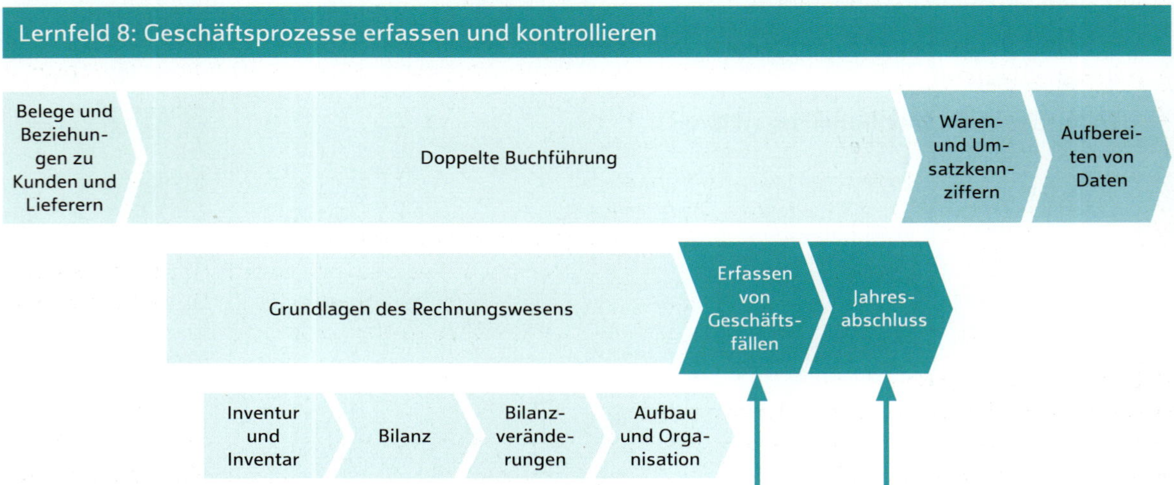

Kompetenzen

Nach Bearbeitung dieses Kapitels können Sie ...

... die Buchführung eröffnen, indem Sie die Bilanz in Konten auflösen.
... Geschäftsfälle auf Bestandskonten im Hauptbuch erfassen.
... Bestandskonten im Hauptbuch am Ende des Wirtschaftsjahres ordnungsgemäß abschließen.

5311200

INFORMATIONSTEXT

Grundlagen

Die Bilanz am Schluss eines Wirtschaftsjahres bildet die Grundlage für die Buchführung des neuen Jahres. Die Werte in der Eröffnungsbilanz auf den 01.01. eines Wirtschaftsjahres entsprechen den Werten auf den 31.12. des vorangegangenen Wirtschaftsjahres. Diese Werte werden zur Eröffnung der Buchführung verwendet.

Die Buchführung besteht aus zwei Büchern. Im **Hauptbuch** werden die Werteströme in Kontenform sachlich geordnet. Das **Grundbuch** (siehe dazu Kapitel 8.8) ordnet die Werteströme in zeitlicher Reihenfolge in Form von Buchungssätzen.

Hauptbuch

Im Hauptbuch werden die Werteströme nach sachlichen Aspekten auf Konten erfasst (siehe auch vorheriges Kapitel). Die Konten werden als T-Konten oder Sachkonten bezeichnet. Ein Konto im Hauptbuch ist immer überschrieben mit der Kontonummer und der Bezeichnung des Kontos. Es hat zwei Seiten, die als Soll und Haben bezeichnet werden.

DEFINITION

Das **Hauptbuch** ist die sachliche Organisation aller Sachkonten (Bestandskonten und Erfolgskonten) der Geschäftsbuchführung. Durch Abschluss der einzelnen Konten lassen sich der Gewinn- oder Verlust sowie die (Schluss-)Bilanz ermitteln.

Soll	Kontonummer und -bezeichnung	Haben

Arbeitsabläufe in der Buchführung

Die Buchführung selbst erfolgt immer in einer festgelegten Reihenfolge.

1. Eröffnung der Konten
Zunächst muss die Buchführung zu Beginn eines jeden Jahres eröffnet werden. Hierfür werden die Bestände der Schlussbilanz des vorangegangenen Wirtschaftsjahres in die Buchführung übernommen.

2. Laufende Buchungen
Anschließend werden die Geschäftsfälle des laufenden Jahres zeitnah in Grund- und Hauptbuch erfasst (laufende Buchungen).

3. Abschluss der Konten
Zum Schluss des Wirtschaftsjahres werden die Konten abgeschlossen. Es wird ein Schlussbilanzkonto (SBK) erstellt.

4. Aufstellen der Schlussbilanz
Die Werte aus dem SBK werden in die Schlussbilanz übertragen. Hierbei ist die Gliederung gemäß § 266 HGB einzuhalten.

1. Eröffnung der Konten

Zu Beginn des Wirtschaftsjahres wird die Buchführung eröffnet. Es wird zu jeder Bilanzposition aus der Schlussbilanz des Vorjahres ein Bestandskonto eröffnet. Konten, die sich aus den Aktivpositionen ergeben, heißen aktive Bestandskonten (Aktivkonten). Konten, die sich aus Passivpositionen ergeben, heißen passive Bestandskonten (Passivkonten).

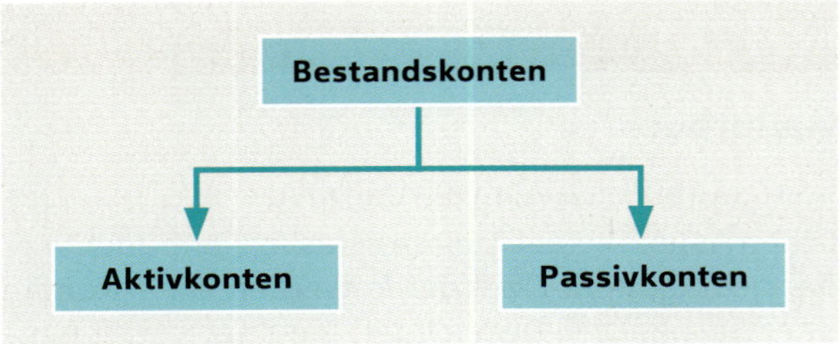

Die folgende Grafik zeigt, welche Arbeitsschritte im Rechnungswesen gerade behandelt werden. Die Arbeitsschritte, die aktuell behandelt werden, sind orange eingefärbt. Die bereits bekannten Arbeitsschritte sind grün eingefärbt und die Arbeitsschritte, die noch unbekannt sind, sind rot eingefärbt.

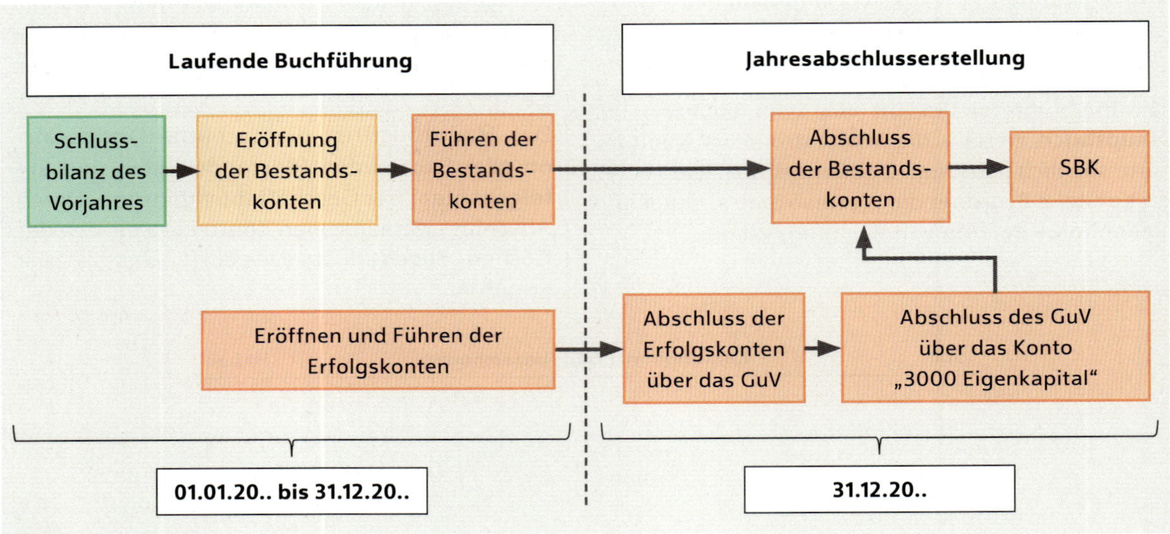

DEFINITION

Ein **Bestandskonto** ist ein aus einer Einzelposition der Bilanz hergeleitetes Konto. Es wird in T-Konto-Form geführt. Für jede einzelne Bilanzposition wird ein Bestandskonto geführt.

Die Eröffnung der einzelnen Bestandskonten erfolgt durch Eröffnungsbuchungen.

- Anfangsbestände eines aktiven Bestandskontos stehen im Soll.
- Anfangsbestände eines passiven Bestandskontos stehen im Haben.

Auflösung der Bilanz in Konten

Das Vorgehen bei der Erfassung von Geschäftsfällen im Hauptbuch erfolgt in folgender Reihenfolge:

1. Für jede Bilanzposition wird ein T-Konto erstellt.
2. Aktivkonten werden auf dem T-Konten-Blatt auf der linken Seite untereinander aufgelistet. Die Passivkonten werden auf der rechten Seite untereinander aufgeführt.
3. Die Eröffnung der Konten erfolgt dadurch, dass der Anfangsbestand in die Konten übernommen wird. Bei Aktivkonten wird der Anfangsbestand aufgeführt. Bei Passivkonten wird der Anfangsbestand im Haben aufgeführt.

Das erfolgt dadurch, dass aus jeder Bilanzposition der Wert auf das entsprechende Sachkonto eingetragen wird.

In der Praxis erfolgt die Übertragung der Werte in das Hauptbuch automatisch durch die Buchführungssoftware des Unternehmens (des Steuerberaters).

Auf der Aktivseite wird beispielsweise die Bilanzposition „Bebaute Grundstücke“ als entsprechendes **aktives Bestandskonto** (Aktivkonto) aufgeführt. Die Bilanzposition „Eigenkapital“ wird als entsprechendes **passives Bestandskonto** (Passivkonto) aufgeführt. Genauso wird dies auch mit allen anderen Bilanzpositionen durchgeführt.

Man unterscheidet zwischen aktiven und passiven Bestandskonten. Aus jeder Position der Aktivseite der Bilanz ist ein aktives Bestandskonto zu eröffnen, aus jeder Position der Passivseite ein passives Bestandskonto. Bei einem Aktivkonto wird der Anfangsbestand im „Soll“ erfasst. Bei einem Passivkonto erfolgt die Erfassung des Anfangsbestands auf der Habenseite.

5311202

S	Aktivkonto	H
Anfangsbestand		

S	Passivkonto	H
		Anfangsbestand

Auflösung der Bilanz in Konten

AKTIVA — **Bilanz der Tom Hoss KG zum 31.12.20..** — **PASSIVA**

AKTIVA		PASSIVA	
A. Anlagevermögen		A. Eigenkapital	885.600,00
1. Bebaute Grundstücke	400.000,00	B. Fremdkapital	
2. Betriebsgebäude	180.000,00	I. Langfristige Verbindlichkeiten	
3. Fuhrpark	40.000,00	1. Hypotheken	377.000,00
4. Betriebs- und Geschäftsausstattung	68.000,00	2. Darlehen	120.000,00
B. Umlaufvermögen		II. Kurzfristige Verbindlichkeiten	
1. Waren	580.000,00	1. Verbindlichkeiten a. LL	76.000,00
2. Betriebsstoffe	20.000,00	2. Umsatzsteuer	25.000,00
3. Forderungen a. LL	29.000,00		
4. Vorsteuer	17.000,00		
5. Bank	142.000,00		
6. Kasse	7.600,00		
	1.483.600,00		1.483.600,00

Tom Hoss — Berlin, 17. Mai 20..

Aktivkonten

S	Bebaute Grundstücke	H
AB	400.000,00	

S	Betriebsgebäude	H
AB	180.000,00	

S	Fuhrpark	H
AB	40.000,00	

S	BGA	H
AB	68.000,00	

S	Waren	H
AB	580.000,00	

Passivkonten

S	Eigenkapital	H
	AB	885.600,00

S	Hypotheken	H
	AB	377.000,00

S	Darlehen	H
	AB	120.000,00

S	Verb. a. LL	H
	AB	76.000,00

S	Umsatzsteuer	H
	AB	25.000,00

Aktivkonten | **Passivkonten**

S	Betriebsstoffe		H
AB	20.000,00		

S	Forderungen a. LL		H
AB	29.000,00		

S	Vorsteuer		H
AB	17.000,00		

S	Bank		H
AB	142.000,00		

S	Kasse		H
AB	7.600,00		

2. Laufende Buchungen

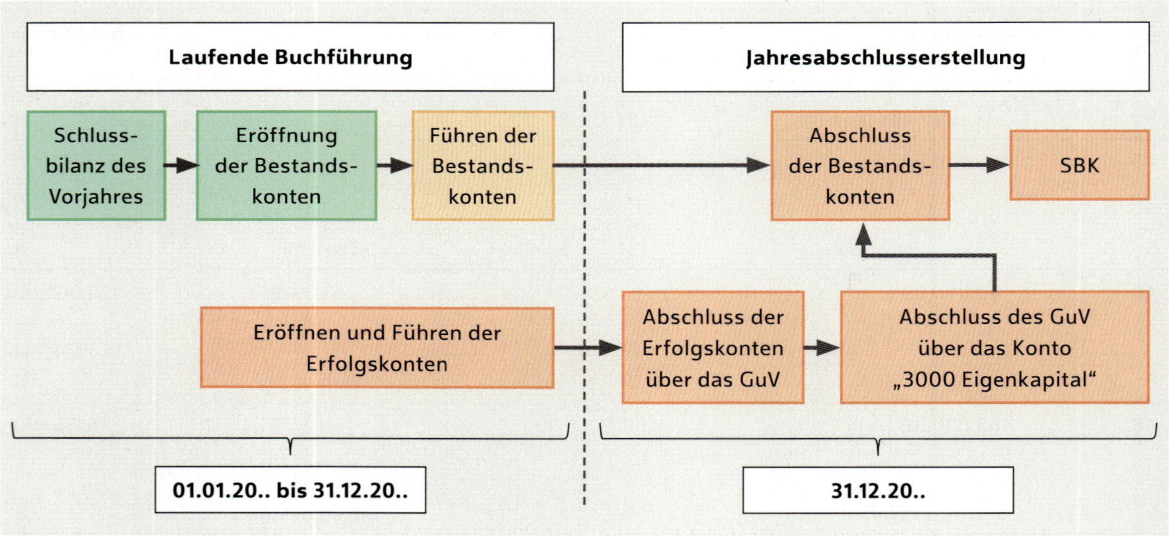

Nachdem die Konten eröffnet wurden, können die laufenden Werteströme, die sich in einem Unternehmen ergeben (Geschäftsfälle), erfasst werden. Die Buchführung ist nun „einsatzbereit". Die Erfassung der laufenden Buchungen erfolgt hier zunächst im Hauptbuch.

5311204

Erfassen von Geschäftsfällen im Hauptbuch (T-Konto)

Nachdem die Geschäftsfälle im Grundbuch erfasst wurden, werden sie auf die Sachkonten (T-Konten) im Hauptbuch übertragen.

Auf aktiven Bestandskonten wird das Vermögen des Unternehmens dargestellt. Das bestehende Vermögen und die Vermögenszugänge werden im Soll gebucht, während die Vermögensabgänge im Haben gebucht werden.

Soll — Aktives Bestandskonto	Haben
Anfangsbestand	Abgänge
Zugänge	

Auf passiven Bestandskonten wird das Kapital des Unternehmens dargestellt, also das Eigen- und Fremdkapital (Schulden). Das bestehende Kapital und die Kapitalzugänge (z. B. Kreditaufnahme) werden im Haben gebucht, während die Minderung der passiven Bestandskonten im Soll gebucht wird.

Soll — Passives Bestandskonto	Haben
Abgänge	Anfangsbestand
	Zugänge

Mithilfe von vier Fragen kann beantwortet werden, welche Konten bei der Erfassung eines Geschäftsfalles angesprochen werden.

Die Zugänge auf den Bestandskonten werden im weiteren Verlauf des Kapitels zur Verdeutlichung in grüner Farbe dargestellt. Die Abgänge werden in roter Farbe dargestellt.

BEISPIEL

1. Kauf eines Autos für 28.000,00 € zzgl. 19 % USt auf Ziel. (= Eingangsrechnung)

Beispiel 1

1. Welche Konten werden berührt?	Fuhrpark/VSt	Verb. a. LL
2. Um was für Konten handelt es sich?	Aktiv	Passiv
3. Wie verändert sich der Bestand auf den Konten?	+	+
4. Erfolgt die Buchung im Soll oder im Haben?	Soll	Haben

Die Übertragung in das Hauptbuch sieht wie folgt aus:

Beispiel 1

S	Fuhrpark		H
AB	40.000,00		
1. Verb a. LL	28.000,00		

S	Verbindlichkeiten a. LL		H
		AB	76.000,00
		1. Fuhrpark	28.000,00
		1. VSt	5.320,00

S	Vorsteuer		H
AB	17.000,00		
1. Verb a. LL	5.320,00		

2. Kauf eines Wasserspenders für das Personal für 500,00 € zzgl. 19 % USt gegen Barzahlung (= Eingangsrechnung).

Beispiel 2

1. Welche Konten werden berührt?	BGA/VSt	Kasse
2. Um was für Konten handelt es sich?	Aktiv	Aktiv
3. Wie verändert sich der Bestand auf den Konten?	+	–
4. Erfolgt die Buchung im Soll oder im Haben?	Soll	Haben

Die Übertragung in das Hauptbuch sieht wie folgt aus:

Beispiel 2

S	BGA		H
AB	68.000,00		
2. Verb a. LL	500,00		

S	Vorsteuer		H
AB	17.000,00		
1. Verb a. LL	5.320,00		
2. Kasse	95,00		

S	Kasse		H
AB	7.600,00	2. BGA	500,00
		2. VSt	95,00,00

3. Bezahlung einer Verbindlichkeit gegenüber einem Lieferer in Höhe von 2.380,00 € vom Bankkonto.

Beispiel 3

1. Welche Konten werden berührt?	Bank	Verb. a. LL
2. Um was für Konten handelt es sich?	Aktiv	Passiv
3. Wie verändert sich der Bestand auf den Konten?	–	–
4. Erfolgt die Buchung im Soll oder im Haben?	Haben	Soll

Die Übertragung in das Hauptbuch sieht wie folgt aus:

Beispiel 3

S	Bank		H
AB	142.000,00	3. Verb a. LL	2.380,00

S	Verbindlichkeiten a. LL		H
3. Bank	2.380,00	AB	76.000,00
		1. Fuhrpark	28.000,00
		1. VSt	5.320,00

4. Eine Verbindlichkeit gegenüber einem Lieferer in Höhe von 5.000,00 € muss aufgrund von Zahlungsschwierigkeiten in ein kurzfristiges Darlehen umgewandelt werden.

Beispiel 4

1. Welche Konten werden berührt?	Verb. a. LL	Kurzfr. Bankverb.
2. Um was für Konten handelt es sich?	Passiv	Passiv
3. Wie verändert sich der Bestand auf den Konten?	–	+
4. Erfolgt die Buchung im Soll oder im Haben?	Soll	Haben

Die Übertragung in das Hauptbuch sieht wie folgt aus:

Beispiel 4

S	Verbindlichkeiten a. LL		H
3. Bank	2.380,00	AB	76.000,00
4. Darlehen	5.000,00	1. Fuhrpark	28.000,00
		1. VSt	5.320,00

S	Darlehen		H
		AB	120.000,00
		4. Verb a. LL	5.000,00

Vorgehen beim Jahresabschluss

So wie die Buchführung zu Beginn eines Wirtschaftsjahres aus der Schlussbilanz des Vorjahres eröffnet wird, muss sie zum Ende eines Wirtschaftsjahres auch wieder abgeschlossen und zu einer Schlussbilanz zusammengefasst werden.

Hierzu werden die Bestandskonten über das Schlussbilanzkonto abgeschlossen. Das Ergebnis ist die Schlussbilanz für das abgelaufene Wirtschaftsjahr.

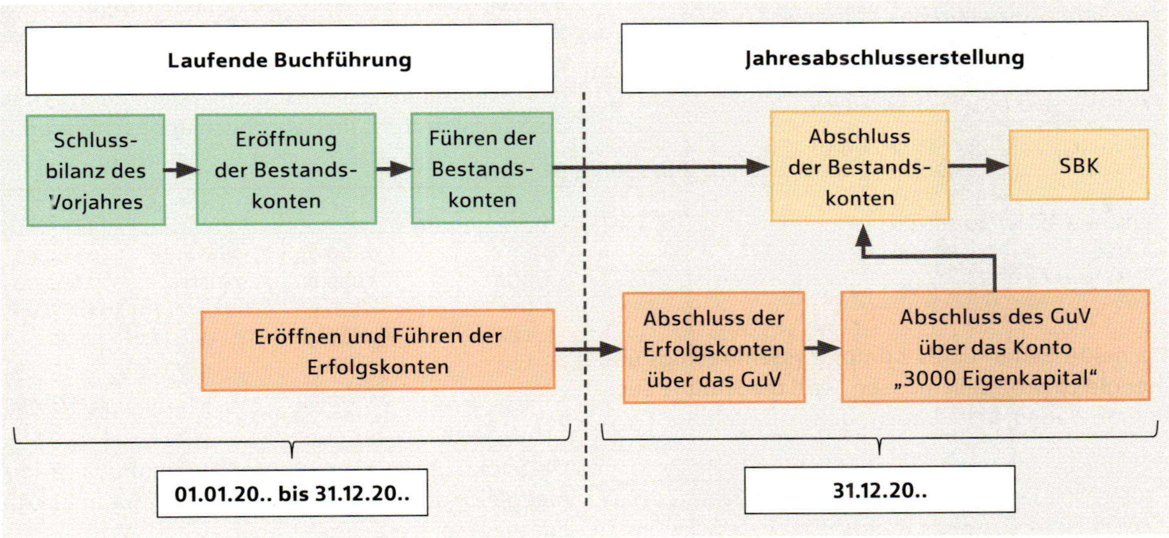

3. Abschluss der Bestandskonten

Am Ende des Wirtschaftsjahres werden die Bestandskonten über das Konto „Schlussbilanzkonto“ (SBK) abgeschlossen.

Schlussbilanzkonto

Das Schlussbilanzkonto ist nicht mit der Schlussbilanz gleichzusetzen. Im Folgenden werden die Inhalte des Schlussbilanzkontos (SBK) und die Unterschiede und Gemeinsamkeiten mit der Schlussbilanz dargestellt.

	SBK	Schlussbilanz
Umfang	ausführlich (eine Position je Bestandskonto)	zusammengefasst zu Bilanzpositionen
Gliederung	keine Vorschriften (einfaches T-Konto)	gem. §§ 247, 266 HGB (Kontenform mit klar geregelter Gliederung)
Bezeichnung der Kontenseiten	Soll und Haben	Aktiva und Passiva
Konten-/Bilanzsumme	übereinstimmend	
Eigenkapital	übereinstimmend	
Einzelpositionen	meistens mehrere Einzelpositionen	zumeist weniger Einzelpositionen

Aktive Bestandskonten (Vermögenskonten)[1]

Die Soll-Seite der aktiven Bestandskonten ist (in der Regel) größer als die Haben-Seite.

Um ein aktives Bestandskonto abzuschließen, ermittelt man die Summe des Kontos auf der Soll-Seite und trägt sie in das Konto ein.

BEISPIEL

S	Bank		H
AB	9.500,00	2. Verb. a. LL	2.500,00
1. BGA	3.000,00	4. Darlehen	7.000,00
1. USt	570,00		
3. Ford. a. LL	10.500,00		
3. USt	1.995,00		
(1)	**23.570,00**		

Da beide Seiten eines Kontos systembedingt immer gleich groß sein müssen, wird die Summe auch auf die Haben-Seite übertragen.

BEISPIEL

S	Bank		H
AB	9.500,00	2. Verb. a. LL	2.500,00
1. BGA	3.000,00	4. Darlehen	7.000,00
1. USt	570,00		
3. Ford. a. LL	10.500,00		
3. USt	1.995,00		
	23.570,00	(2) →	**23.570,00**

Der auf der Haben-Seite fehlende Betrag, der sich ergibt, wenn man alle Positionen auf der Haben-Seite (Vermögensabgänge) von der Summe des Kontos abzieht, wird als Saldo bezeichnet.

Der ermittelte Saldo wird auf der Habenseite des aktiven Bestandskontos eingetragen. Die Beträge auf der Haben-Seite ergeben nun die zuvor ermittelte Summe. Soll und Haben sind gleich groß. Der ermittelte Saldo des Kontos wird auf die Soll-Seite des Schlussbilanzkontos übertragen. Das aktive Bestandskonto ist im Hauptbuch abgeschlossen.

BEISPIEL

S	Bank		H
AB	9.500,00	2. Verb. a. LL	2.500,00
1. BGA	3.000,00	4. Darlehen	7.000,00
1. USt	570,00	**5. SBK** (3)	**14.070,00**
3. Ford. a. LL	10.500,00		
3. USt	1.995,00		
	23.570,00		**23.570,00**

Da beide Seiten eines Kontos systembedingt immer gleich groß sein müssen, wird die Summe auch auf die Habenseite übertragen.

Passive Bestandskonten (Schuldenkonten und Eigenkapital)

Die Haben-Seite der passiven Bestandskonten ist (in der Regel) größer als die Soll-Seite. Um ein passives Bestandskonto abzuschließen, ermittelt man die Summe des Kontos auf der Haben-Seite und trägt sie in das Konto ein.

1 Die Umsatzsteuer und die Vorsteuer werden aus Vereinfachungsgründen als aktives und passives Bestandskonto behandelt und abgeschlossen. Das genaue Vorgehen zur Ermittlung der Zahllast (Abschluss dieser Konten) wird im dritten Ausbildungsjahr behandelt.

5311208

BEISPIEL

S	Darlehen		H
1. Bank	2.500,00	AB	12.000,00
3. Bank	3.500,00	2. Fuhrpark	45.000,00
		2. VSt	8.550,00
		4. BGA	15.000,00
		4. VSt	2.850,00
		5. BGA	7.000,00
		5. VSt	1.330,00
		(1)	**91.730,00**

Da beide Seiten eines Kontos systembedingt immer gleich groß sein müssen, wird die Summe auch auf die Sollseite übertragen.

BEISPIEL

S	Darlehen		H
1. Bank	2.500,00	AB	12.000,00
3. Bank	3.500,00	2. Fuhrpark	45.000,00
		2. VSt	8.550,00
		4. BGA	15.000,00
		4. VSt	2.850,00
		5. BGA	7.000,00
		5. VSt	1.330,00
	91.730,00	← (2) —	**91.730,00**

Der auf der Soll-Seite fehlende Betrag, der sich ergibt, wenn man alle Positionen auf der Soll-Seite von der Summe des Kontos abzieht, wird als Saldo bezeichnet.

Der ermittelte Saldo wird auf der Soll-Seite des passiven Bestandskontos eingetragen. Die Beträge auf der Soll-Seite ergeben nun die zuvor ermittelte Summe. Soll und Haben sind gleich groß. Der ermittelte Saldo des Kontos wird auf die Haben-Seite des Schlussbilanzkontos übertragen. Das passive Bestandskonto ist im Hauptbuch abgeschlossen.

BEISPIEL

S	Darlehen		H
1. Bank	2.500,00	AB	12.000,00
3. Bank	3.500,00	2. Fuhrpark	45.000,00
6. SBK	**85.730,00**	2. VSt	8.550,00
		4. BGA	15.000,00
		4. VSt	2.850,00
		5. BGA	7.000,00
	(3)	5. VSt	1.330,00
	91.730,00		**91.730,00**

4. Schlussbilanzkonto (SBK)

Auf dem Schlussbilanzkonto (SBK) erfolgt am Jahresende eine zusammenfassende Gegenüberstellung des Vermögens auf der Soll-Seite und des Kapitals auf der Haben-Seite. Da jedes vorhandene Vermögen entweder durch Eigen- oder Fremdkapital finanziert sein muss, müssen beide Seiten systemlogisch gleich groß sein.

Nach dem Abschluss der aktiven Bestandskonten ist die Soll-Seite zusammenzurechnen und die Summe des SBK einzutragen. Gleiches ist nach dem Abschluss aller passiven Bestandskonten auf der Haben-Seite vorzunehmen. Die Summe des Schlussbilanzkontos muss auf beiden Seiten gleich groß sein.

S	Schlussbilanzkonto H
Vermögen	Fremdkapital (Schulden)
	Eigenkapital
Summe	Summe

AUFGABEN

1. Geben Sie die Merkmale eines Bestandskontos an. Erklären Sie auch die Unterschiede zwischen aktiven und passiven Bestandskonten.
2. Nennen Sie fünf Beispiele für aktive und drei für passive Bestandskonten.
3. Nehmen Sie zu der folgenden Aussage eines Schülers begründet Stellung: „Ob ich das nun SBK oder Schlussbilanz nenne, ist doch egal. Das ist doch sowieso dasselbe.“
4. a) Schließen Sie die folgenden Konten ab und erstellen Sie die Schlussbilanz zum 31.12.20..
   b) Erläutern Sie, welche Geschäftsfälle hinter den Buchungen 2., 5., 6. und 9. stehen.
   c) Erläutern Sie die Entwicklung des Eigenkapitalkontos in Aufgabenteil a) mit eigenen Worten.

Soll		Unbebaute Grundstücke	Haben
AB	35.000,00	9. Ford. a. LL	8.000,00
4. Bank	7.500,00		

Soll		Bebaute Grundstücke	Haben
AB	40.000,00	5. Ford. a. LL	10.000,00

Soll		Betriebsgebäude	Haben
AB	138.000,00	5. Ford. a. LL	58.600,00

Soll		Fuhrpark	Haben
AB	87.000,00		
2. Verb. a. LL	18.800,00		

Soll		BGA	Haben
AB	23.500,00		
1. Darlehen	41.200,00		
7. Kasse	1.200,00		

Soll		Forderungen a. LL	Haben
AB	17.800,00	6. Bank	81.634,00
5. Beb. Grdstk.	10.000,00		
5. Betriebsgeb.	58.600,00		
5. USt	13.034,00		
9. Unb. Grdstk.	8.000,00		

Soll		Bank	Haben
AB	13.600,00	3. Darlehen	2.000,00
6. Ford. a. LL	81.634,00	4. Unb. Grdstk.	7.500,00
		8. Verb. a. LL	12.800,00

Soll		Kasse	Haben
AB	2.700,00	7. BGA	1.200,00
		7. VSt	228,00

Soll		VSt	Haben
1. Darlehen	7.828,00		
2. Verb. a. LL	3.572,00		
7. Kasse	228,00		

Soll		Eigenkapital	Haben
		AB	90.800,00

Soll		Darlehen	Haben
3. Bank	2.000,00	AB	222.700,00
		1. BGA	41.200,00
		1. VSt	7.828,00

Soll		Verbindlichkeiten a. LL	Haben
8. Bank	12.800,00	AB	44.100,00
		2. Fuhrpark	18.800,00
		2. VSt	3.572,00

Soll		USt	Haben
		5. Ford. a. LL	13.034,00

5. Die Tom Hoss KG weist zu Beginn eines Geschäftsjahres folgende Anfangsbestände aus:

Anfangsbestände			
Bebaute Grundstücke	795.000,00	Vorsteuer	12.000,00
Betriebs-gebäude	615.000,00	Bank	16.800,00
BGA	167.000,00	Kasse	3.700,00
Waren	185.000,00	Eigenkapital	?
Betriebs-stoffe (Bestand)	47.000,00	Hypotheken	180.000,00
Verpackungs-material	56.000,00	Darlehen	340.000,00
Forderungen a. LL	64.500,00	Verbindlich-keiten a. LL	85.000,00
		Umsatz-steuer	7.000,00

a) Erstellen Sie eine ordnungsgemäße Eröffnungsbilanz zum 01.01.20..

b) Tragen Sie die Anfangsbestände in die Bestandskonten ein.

c) Buchen Sie die folgenden Geschäftsfälle im Hauptbuch.

1. Kauf einer EDV-Anlage durch Banküberweisung, brutto 15.946,00 € (inkl. 19 % USt.).
2. Kauf von Waren auf Ziel, netto 12.000,00 € (zzgl. 19 % USt.).
3. Aufnahme eines kurzfristigen Kredits bei der Bank, 40.000,00 €.
4. Kunde zahlt seine Rechnung:
   bar 4.000,00 €
   Banküberweisung 17.500,00 €
5. Kauf eines Grundstücks durch Banküberweisung, 25.000,00 €.
6. Kauf von Waren, Nettopreis 15.000,00 € zzgl. 19 % USt.
7. Bezahlung der Rechnung zu Fall 2 durch Banküberweisung.
8. Bareinzahlung auf das Bankkonto, 3.000,00 €.
9. Bareinkauf eines Bürostuhls, brutto 595,00 € (inkl. 19 % USt.).
10. Zahlung einer Liefererrechnung durch Banküberweisung, 8.400,00 €.

5311210

ZUSAMMENFASSUNG

Ablauf der Belegbearbeitung in der Buchführung

Belegeingang → Sachliche und rechnerische Belegprüfung → Kontierung → Buchung im Grundbuch als Buchungssatz → Buchung im Hauptbuch auf T-Konten

Vorgehen beim Geschäftsfall:

Hauptbuch

AKTIVA	Eröffnungsbilanz zum 01.01.20..		PASSIVA
Unbebaute Grundstücke	820.000,00	Eigenkapital	854.000,00
Betriebs- und Geschäftssaustattung	183.750,00	Darlehen	220.000,00
Waren	99.000,00	Verbindlichkeiten a. LL	91.600,00
Forderungen a. LL	43.000,00		
Bank	16.000,00		
Kasse	3.850,00		
	1.165.600,00		1.165.600,00

Bilanz

Bilanzpositionen auflösen in ...

Soll	Aktives Bestandskonto Haben
Anfangsbestand	Abgänge
Zugänge	Schlussbestand

Soll	Passives Bestandskonto Haben
Abgänge	Anfangsbestand
Schlussbestand	Zugänge

Abschluss Aktivkonto

Hauptbuch

S	Aktivkonto H
AB	Abgänge
Zugänge	SBK
Summe	Summe

Abschluss Passivkonto

Hauptbuch

S	Passivkonto H
Abgänge	AB
SBK	Zugänge
Summe	Summe

Schlussbilanzkonto

Hauptbuch

S	Schlussbilanzkonto H
Vermögen	Fremdkapital (Schulden)
	Eigenkapital
Summe	Summe

Man versteht erst dann etwas richtig, wenn man versucht, es einem anderen zu erklären. Dies führt zu einer erneuten gründlichen Auseinandersetzung mit dem gerade behandelten Thema.

1. Suchen Sie sich einen Partner.
2. Lesen Sie noch einmal die Zusammenfassung. Bei Verständnisproblemen schlagen Sie ggf. noch einmal im Informationstext nach.
3. Jeder formuliert vier Fragen, die mithilfe der Zusammenfassung beantwortet werden können.
4. Der Partner beantwortet Ihre Fragen und umgekehrt.

ICH ÜBERPRÜFE MEINE NEU ERWORBENEN KOMPETENZEN

Den Erwerb der zu Beginn aufgeführten Kompetenzen können Sie selbst mithilfe der folgenden Tabelle überprüfen.

Wenn Sie alle Aufgaben, die hinter einer Kompetenz stehen, gelöst haben, machen Sie ein Kreuz bei „Ganz“. Bei den Kompetenzen, bei denen Sie Aufgaben „Teilweise“ oder „Gar nicht“ gelöst haben, sollten Sie den dazugehörigen Informationstext noch einmal lesen und die Aufgaben anschließend noch einmal bearbeiten.

Was ich nach der Bearbeitung dieses Kapitels kann	Aufgaben	Ganz	Teilweise	Gar nicht
Ich kann ...				
... die Buchführung eröffnen, indem ich die Bilanz in Konten auflöse.	5			
... Geschäftsfälle auf Bestandskonten im Hauptbuch erfassen.	1, 2			
... Bestandskonten im Hauptbuch am Ende des Wirtschaftsjahres ordnungsgemäß abschließen.	3, 4			

5311212

8.8 Buchen von Geschäftsfällen im Grundbuch (Buchungssatz)

Problemstellung

Stefanie Beyer hat die Eingangsrechnung von Autohaus Bach über einen Pkw von 33.320,00 € erneut vor sich liegen. Sie erhält nun von Frau Zuber den Auftrag, den Beleg zu buchen.

Autohaus Bach

Autohaus Bach · Mühlenstraße 81 · 10243 Berlin

Tom Hoss KG
Herr Hoss
Grunerstraße 120
10169 Berlin

Kunden-Nr.: 19875
Lieferdatum: 20..-10-12
Bestelldatum: 20..-07-28

Sachbearbeiter/-in: Frau Ellerhorst
Telefon: 030 1234-56
Telefax: 030 1234-57
E-Mail: ellerhorst@autohaus-bach-wvd.de

Rechnungs-Nr.: 86970
Rechnungsdatum: 20..-10-14

Rechnung

Sehr geehrter Herr Hoss,
wir vereinbart berechnen wir Ihnen:

Pos.	Artikel-Nr.	Artikelbezeichnung	Menge und Einheit	Einzelpreis	Gesamtpreis
1	125125	PKW Kolf Sport Neuwagen	1	28.000,00 €	28.000,00 €

Gesamtpreis		28.000,00 €
Umsatzsteuer	19 %	5.320,00 €
Rechnungsbetrag		**33.320,00 €**

Rechnungsbetrag zahlbar innerhalb von 14 Tagen netto.

1. Nennen Sie die Konten, die durch den Geschäftsfall berührt werden.
2. Erläutern Sie, was es bedeutet, einen Beleg „zu buchen“.
3. Formulieren Sie den Buchungssatz für den vorliegenden Beleg.

EINORDNUNG DES THEMAS

Lernfeld 8: Geschäftsprozesse erfassen und kontrollieren

Belege und Beziehungen zu Kunden und Lieferern → Doppelte Buchführung → Waren- und Umsatzkennziffern → Aufbereiten von Daten

Grundlagen des Rechnungswesens → **Erfassen von Geschäftsfällen** → Jahresabschluss

Inventur und Inventar → Bilanz → Bilanzveränderungen → Aufbau und Organisation

Kompetenzen

Nach Bearbeitung dieses Kapitels können Sie ...

... einfache und zusammengesetzte Buchungssätze erstellen.
... Geschäftsfälle auf Bestandskonten im Grundbuch als Buchungssatz erfassen.
... anhand eines Buchungssatzes erkennen, welcher Geschäftsfall vorliegt.

INFORMATIONSTEXT

Grundbuch

Die Vermögenslage des Unternehmens ändert sich durch jeden Wertestrom. Selbst bei kleinen Unternehmen kommen pro Jahr tausende Werteströme zusammen. Die dazugehörigen Belege müssen in der Belegbearbeitung erfasst und schließlich gebucht werden.

Die Buchung auf T-Konten im Hauptbuch wurde im letzten Kapitel behandelt. Zusätzlich erfolgt die Buchung jedes Geschäftsfalls in Form eines Buchungssatzes im Grundbuch.

Die Buchungen im Grundbuch sind zeitlich (chronologisch) geordnet. Das Grundbuch wird auch als Primanota, Buchungsjournal oder Journal bezeichnet.

Grundbuch:

Datum	Beleg Nr.	Buchungssatz (Kontonummer/Kontenbezeichnung)	SOLL	HABEN

Laufende Buchungen

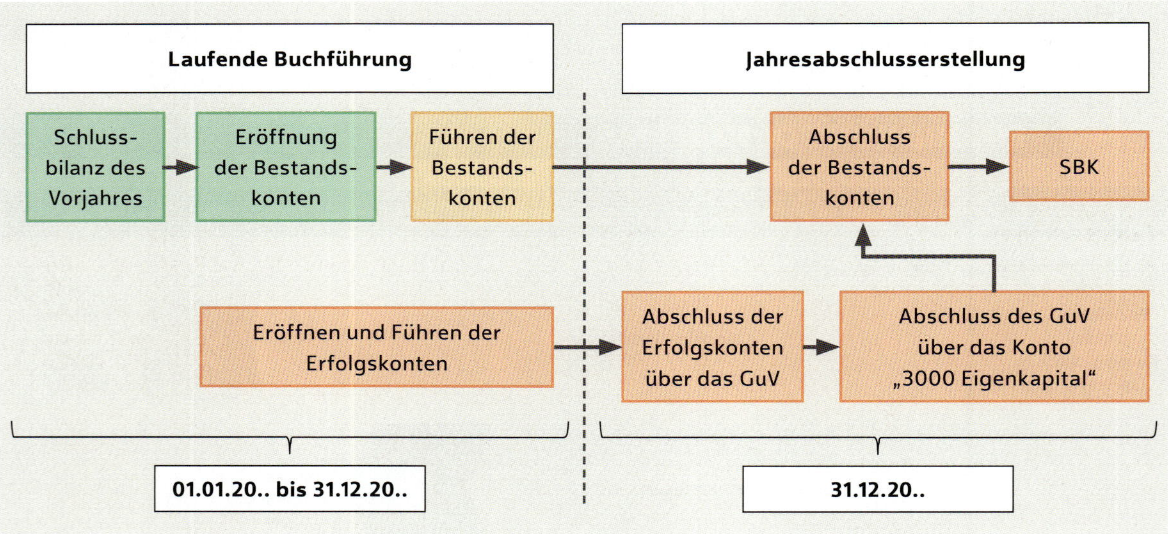

Nachdem die Konten zu Beginn des Wirtschaftsjahres eröffnet wurden, können die laufenden Werteströme, die sich in einem Unternehmen ergeben (Geschäftsfälle), erfasst werden. Die Buchführung ist nun „einsatzbereit“. Die Erfassung der laufenden Buchungen im Grundbuch erfolgt in Form von Buchungssätzen.

Einfacher Buchungssatz

Alle Geschäftsfälle werden im Grundbuch der Buchführung festgehalten. Dies geschieht in Form eines Buchungssatzes. Der Buchungssatz ist eine Kurzform der Darstellung der Geschäftsfälle. Für jeden Geschäftsfall wird ein Buchungssatz gebildet. Die Buchungssätze werden in zeitlicher Reihenfolge im Journal (Primanota) abgebildet.

DEFINITION
Ein **einfacher Buchungssatz** besteht nur aus einer Soll- und einer Haben-Position.

Ein einfacher Buchungssatz ist wie folgt aufgebaut:

Buchungssatz	**Soll**	**Haben**
Soll	Betrag (€)	
an Haben		Betrag (€)
Buchungstext		

Folgende Grundsätze müssen beim Buchungssatz beachtet werden:

- Zuerst wird die Soll-Buchung aufgeschrieben.
- In die nächste Zeile wird das Wort *an* geschrieben.
- In dieselbe Zeile wird dann die Haben-Buchung eingetragen.
- Die Beträge werden entsprechend rechts in die Spalte *Soll* oder die Spalte *Haben* eingetragen.

Die Beträge in Soll und Haben sind immer gleich groß.

Die Übertragung im Hauptbuch erfolgt in der Buchführung ebenfalls. In der Praxis wird diese Übertragung direkt durch die Buchführungssoftware gemacht.

Im **Hauptbuch** sieht der Sachverhalt so aus:

BEISPIEL

Beispiel 1

Die Auszubildende Stefanie Beyer bringt 2.000,00 € Bargeld aus der Kasse zur Bank.

Um einen Buchungssatz zu diesem Geschäftsfall zu bilden, gehen Sie wie bereits bekannt vor:

1. Welche Konten sind betroffen?	Bank	Kasse
2. Um welche Kontenarten handelt es sich?	Aktivkonto	Aktivkonto
3. Wie verändern sich die Kontenbestände?	Zugang	Abgang
4. Auf welcher Kontenseite ist zu buchen?	Soll	Haben

Buchungssatz	**Soll**	**Haben**
Bank	2.000,00	
an Kasse		2.000,00
Einzahlung bar auf das Bankkonto		

Erläuterungen:

- Sowohl beim Konto „Bank“ als auch beim Konto „Kasse“ handelt es sich um aktive Bestandskonten. Zugänge werden somit im Soll eingetragen. Daher steht das Konto „Bank“ im Soll, da 2.000,00 eingezahlt werden.
- Abgänge eines aktiven Bestandskontos werden im Haben gebucht, daher steht das Konto „Kasse“ im Haben.
- Aus der Festlegung, dass „Soll an Haben“ gebucht wird, kann man dann den Buchungssatz Bank
  an Kasse
  ableiten.

S Bank H

S		H	
AB	142.000,00		
1. Kasse	2.000,00		

S Kasse H

S		H	
AB	7.600,00	1. Bank	2.000,00

Beispiel 2

Die Tom Hoss KG überweist vom Bankkonto den Rechnungsbetrag in Höhe von 1.190,00 € an die Diamond GmbH.

1. Welche Konten sind betroffen?	Bank	Verbindlichkeiten aus LuL
2. Um welche Kontenarten handelt es sich?	Aktivkonto	Passivkonto
3. Wie verändern sich die Kontenbestände?	Abgang	Abgang
4. Auf welcher Kontenseite ist zu buchen?	Haben	Soll

Darstellung im Grundbuch:

Buchungssatz	Soll	Haben
Verb. a. LL an Bank *Zahlung einer Liefererrechnung*	1.190,00	 1.190,00

Darstellung im Hauptbuch:

S	Bank		H
AB	142.000,00	2. Verb. a. LL	1.190,00
1. Kasse	2.000,00		

S	Verbindlichkeiten a. LL		H
2. Bank	1.190,00	AB	76.000,00

Zusammengesetzter Buchungssatz

Im Geschäftsleben gibt es häufig Geschäftsfälle, die mehr als nur eine Soll- und eine Haben-Buchung erforderlich machen.

DEFINITION

Ein Buchungssatz, der aus mehr als zwei Buchungspositionen besteht, wird **zusammengesetzter Buchungssatz** genannt.

Zu einem Buchungssatz für die Buchung einer Eingangsrechnung sind in der Regel mindestens drei Buchungspositionen erforderlich.

BEISPIEL: Zusammengesetzter Buchungssatz

Die Eingangsrechnung vom Autohaus Bach weist einen Nettopreis für den Pkw von 28.000,00 € und eine Umsatzsteuer über 5.320,00 € aus. Somit ergibt sich ein Rechnungsbetrag von 33.320,00 €.

Um diesen Buchungssatz aufzustellen, sind wieder die vier Fragen wichtig. Diese werden für das oben stehende Beispiel wie folgt beantwortet:

Nr.	Konto	Konto	Konto
1	Fuhrpark	Vorsteuer	Verb. a. LL
2	A	A	P
3	+	+	+
4	S	S	H

A = aktives Bestandskonto − = Abgang
P = passives Bestandskonto S = Soll
\+ = Zugang H = Haben

Somit lautet der Buchungssatz:

Buchungssatz	Soll	Haben	GA[1]
Fuhrpark	28.000,00		–
Vorsteuer	5.320,00		–
an Verb. a. LL		33.320,00	–

Vorsteuer

Die Umsatzsteuer, die in den Eingangsrechnungen des Unternehmers für bezogene Lieferungen oder sonstige Leistungen ausgewiesen wird, bezeichnet man als Vorsteuer. Es ist also die Umsatzsteuer, die der Unternehmer an die Lieferer und Dienstleister zahlt. Die Vorsteuer bekommt der Unternehmer vom Finanzamt erstattet. Es handelt sich bei den Vorsteuerbeträgen somit um eine Forderung gegenüber dem Finanzamt.

Bei der Aufstellung des zusammengesetzten Buchungssatzes ist darauf zu achten, dass die gebuchten Beträge in Soll und Haben übereinstimmen.

Aus Vereinfachungsgründen wird beim Erstellen des Buchungssatzes auf den Buchungstext verzichtet. In der Praxis wird der Buchungssatz im Kontierungsstempel auf dem Beleg vermerkt.

Im nachfolgenden Beispiel der Bezahlung der oben genannten Rechnung soll die Herangehensweise beim Aufstellen des Buchungssatzes noch einmal dargestellt werden.

1 Die Bezeichnung „GA“ steht für Gewinnauswirkung. Sie gehört formell nicht zu dem Buchungssatz. Allerdings wird sie zur Veranschaulichung von Gewinnauswirkungen von Werteströmen mit angegeben.

	Gebucht	
Konto	**SOLL**	**HABEN**
Fuhrpark	28.000,00	
Vorsteuer	5.320,00	
an Verb. a. LL		33.320,00
Datum: 03.08.20..	Kürzel: Zu	

BEISPIEL

Die Tom Hoss KG bezahlt nach 30 Tagen die Rechnung über 33.320,00 € durch Banküberweisung. Es werden die oben stehenden Fragen wie folgt beantwortet:

1.	Verb. a. LL	Bank
2.	P	A
3.	-	-
4.	S	H

Somit lautet der Buchungssatz:

Buchungssatz	**Soll**	**Haben**	**GA**
Verb. a. LL an Bank	33.320,00	 33.320,00	–

Alle Buchungen einer Abrechnungsperiode müssen in chronologischer Reihenfolge ins Grundbuch eingetragen werden.

BEISPIEL

Datum	**Nr.**	**Buchungssatz**	**SOLL**	**HABEN**	**GA**
01.08.	1	Fuhrpark Vorsteuer an Verb. a. LL	28.000,00 5.320,00	 33.320,00	–
...	...	... ...	...	...	
31.08.	...	Verb. a. LL an Bank	33.320,00	 33.320,00	–

AUFGABEN

1. Geben Sie die Buchungssätze zu den folgenden Geschäftsfällen an.

1. Auf dem Bankkonto gehen 238,00 € für einen auf Rechnung verkauften Anzug ein.
2. Ein Darlehen wird in Höhe von 500,00 € vom Bankkonto getilgt.
3. Eine Liefererrechnung wird vom Bankkonto gezahlt, Rechnungsbetrag: 3.570,00 €.
4. Für die Kasse werden 1.000,00 € vom Bankkonto abgehoben.
5. Zur Verstärkung des betrieblichen Kapitals wird ein Kredit in Höhe von 20.000,00 € aufgenommen. Der Betrag wird auf dem Bankkonto gutgeschrieben.
6. Kauf eines Transporters von einer Privatperson für 7.000,00 €.
7. Verkauf eines unbebauten Grundstücks für 60.000,00 €.

2. Geben Sie an, welche Geschäftsfälle den folgenden Buchungssätzen zugrunde liegen.

a)	Bank	an	Kasse	200,00
b)	Hypotheken	an	Bank	500,00
c)	Kasse	an	Forderungen a. LL	595,00
d)	Verbindlichkeiten a. LL	an	Bank	4.760,00
e)	Bank	an	Bebaute Grundstücke	120.000,00
f)	Bank	an	Darlehen	30.000,00

3. Geben Sie die Buchungssätze für die folgenden Geschäftsfälle an.
   1. Kauf eines neuen Büroschranks für 2.000,00 € zzgl. 380,00 € USt auf Ziel.
   2. Verkauf eines alten Regals für 100,00 € zzgl. 19,00 € USt gegen Banküberweisung.
   3. Vom Bankkonto werden 200,00 € zum Auffüllen des Kassenbestandes abgehoben.
   4. Eine bereits erfasste Liefererrechnung in Höhe von 1.700,00 € zzgl. 19 % USt wird per Banküberweisung beglichen.
   5. Eine neue Registrierkasse wird für 860,00 € zzgl. 163,40 € USt auf Ziel gekauft.
   6. Einkauf von Hosenanzügen für 7.000,00 € zzgl. 19 % USt auf Ziel.
   7. Tilgung einer Darlehensschuld in Höhe von 3.000,00 € durch Banküberweisung.
   8. Einkauf von Büromöbeln im Wert von 2.000,00 € zzgl. 19 % USt. Es werden 200,00 € zzgl. 38,00 € USt sofort als Anzahlung bar geleistet. Der Rest wird per Banküberweisung gezahlt.
   9. Ein alter Transporter wird für 6.000,00 € zzgl. 1.140,00 € USt auf Ziel verkauft.
   10. Barkauf von neuen Schaufensterpuppen für 952,00 € inklusive 19 % USt.

4. Geben Sie an, welche Geschäftsfälle den folgenden Buchungssätzen zugrunde liegen.

1.	Waren		3.000,00	
	Vorsteuer	an Verb. a. LL	570,00	3.570,00
2.	Fordg. a. LL	an BGA	1.190,00	1.000,00
		an USt		190,00
3.	Unbebaute Grundstücke	an Bank	20.000,00	20.000,00
4.	BGA		500,00	
	Vorsteuer	an Kasse	95,00	595,00
5.	Fordg. a. LL	an Fuhrpark	8.330,00	7.000,00
		an USt		1.330,00
6.	Kasse	an Bank	500,00	500,00
7.	Darlehen	an Bank	1.000,00	1.000,00

5. Erstellen Sie die Buchungssätze zu den folgenden Geschäftsfällen im Grundbuch.
   1. Kauf eines Bürostuhls bar, brutto 535,50 € inkl. 19 % USt.
   2. Barkauf von Betriebsstoffen, netto 900,00 € zzgl. 19 % USt.
   3. Kunde zahlt Rechnung durch Banküberweisung, 4.800,00 €.
   4. Aufnahme eines Darlehens bei der Bank, 12.500,00 €.
   5. Postbanküberweisung auf das Bankkonto, 8.200,00 €.
   6. Barabhebung vom Bankkonto, 1.200,00 €.
   7. Bezahlung einer Liefererrechnung durch Postbanküberweisung, 4.500,00 €.
   8. Umwandlung einer Liefererschuld in eine Darlehensschuld, 14.000,00 €.
   9. Kauf eines gebrauchten Pkw gegen Rechnung, netto 5.200,00 € zzgl. 19 % USt.
   10. Tilgung einer Darlehensschuld durch Banküberweisung, 1.500,00 €, und Postbanküberweisung, 3.500,00 €.
   11. Aufnahme einer Hypothek bei der Bank, 40.000,00 €.
   12. Kauf eines Grundstücks durch Banküberweisung, 90.000,00 €.
   13. Kauf von Verpackungsmaterial (12.800,00 € zzgl. 19 % USt.) und Betriebsstoffen (4.200,00 € zzgl. 19 % USt.) auf Ziel.
   14. Zahlung einer Liefererrechnung durch Postbanküberweisung (4.000,00 €), bar (2.000,00 €) und Banküberweisung 10.800,00 €.
   15. Kunde zahlt Rechnung durch Postbanküberweisung, 19.800,00 €.
   16. Kauf einer neuen Ladentheke auf Ziel, brutto 34.034,00 € inkl. 19 % USt.

17. Bareinkauf eines gebrauchten Schreibtisches, netto 300,00 € zzgl. 19 % USt.
18. Bezahlung der Rechnung aus Fall 13 durch Banküberweisung.
19. Einkauf von Waren auf Ziel, netto 6.500,00 € zzgl. 19 % USt.
20. Bareinzahlung auf das Bankkonto, 2.000,00 €.

6. Die Tom Hoss KG weist zu Beginn eines Geschäftsjahres folgende Anfangsbestände aus:

Anfangsbestände			
Bebaute Grundstücke	125.000,00	Vorsteuer	12.000,00
Betriebsgebäude	395.000,00	Bank	16.000,00
Betriebs- und Geschäftsausstattung	83.750,00	Kasse	3.850,00
Waren	97.000,00	Eigenkapital	?
Betriebsstoffe (Bestand)	47.000,00	Hypotheken	340.000,00
Verpackungsmaterial (Bestand)	6.000,00	Darlehen	220.000,00
Forderungen a. LL	43.000,00	Verbindlichkeiten a. LL	91.600,00
Fuhrpark	85.000,00	Umsatzsteuer	7.000,00

a) Erstellen Sie eine ordnungsgemäße Eröffnungsbilanz zum 01.01.20..
b) Eröffnen Sie die Konten im Hauptbuch.
c) Nehmen Sie die Buchungen für die nachfolgenden Belege im Grundbuch vor.
d) Nehmen Sie die Buchungen für die Belege im Hauptbuch vor.
e) Schließen Sie die Konten im Hauptbuch ab und erstellen Sie die Schlussbilanz.

Beleg 1

Commerzbank Berlin		370 800 40		**Konto-Auszug**
		Konto-Nr. Auszug-Nr.	Datum	Alter Kontostand
Buch.-Tag	Tag der Wertstellung	**141 919 100**	20..-01-05	16.000,00 €
20..-01-03	20..-01-03	Darlehen Nr. 2345		50.000,00 € +
				Neuer Kontostand 66.00,00 € +

Herrn, Frau, Fa.

Tom Hoss KG
Grunerstraße 120
10169 Berlin

BIC DRESDEFF370
IBAN DE34 3708 0040 0489 0024 28

Beleg 2

Vernesse GmbH

Vernesse GmbH | Neuer Weg 27 | 26135 Oldenburg

Tom Hoss KG
Grunerstraße 120
10169 Berlin

Kunden-Nr.: 14059
Lieferdatum: 20..-01-05
Bestelldatum: 20..-01-03

Sachbearbeiter/-in: Frau Lafrenz
Telefon: 04361 21077-33
Telefax: 04361 21077-30
E-Mail: lafrenz@vernesse-wvd.de

Rechnungs-Nr.: 4567
Rechnungsdatum: 20..-01-06

Rechnung

Pos.	Artikel-Nr.	Artikelbezeichnung	Menge und Einheit	Einzelpreis	Gesamtpreis
1	094356	Stoffwaren, blau	10	800,00 €	8.000,00 €
2	094357	Stoffwaren, grau	17	500,00 €	8.500,00 €

Warenwert		16.500,00 €
Umsatzsteuer	19 %	3.135,00 €
Rechnungsbetrag		**19.635,00 €**

Beleg 3

Commerzbank Berlin		370 800 40		**Konto-Auszug**
		Konto-Nr. Auszug-Nr.	Datum	Alter Kontostand
Buch.-Tag	Tag der Wertstellung	**141 919 100**	20..-01-12	37.000,00 €
20..-01-10	20..-01-10	Vernesse Gmbh, RG-NR. 4567, Kd-Nr. 14059		19.635,00 € –
				Neuer Kontostand 17.365,00 € +

Herrn, Frau, Fa.

Tom Hoss KG
Grunerstraße 120
10169 Berlin

BIC DRESDEFF370
IBAN DE34 3708 0040 0489 0024 28

5311220

Beleg 4

Commerzbank Berlin		370 800 40		**Konto-Auszug**
		Konto-Nr. Auszug-Nr.	Datum	Alter Kontostand
Buch.-Tag	Tag der Wertstellung	**141 919 100**	20..-01-07	66.000,00 €
20..-01-10	20..-01-10	Silke Bachmann, Rg-Nr. 3456		11.000,00 € –
				Neuer Kontostand 77.000,00 € +
Herrn, Frau, Fa. Tom Hoss KG Grunerstraße 120 10169 Berlin		BIC DRESDEFF370 IBAN DE34 3708 0040 0489 0024 28		

Beleg 5

Commerzbank Berlin		370 800 40		**Konto-Auszug**
		Konto-Nr. Auszug-Nr.	Datum	Alter Kontostand
Buch.-Tag	Tag der Wertstellung	**141 919 100**	20..-01-07	77.000,00 €
20..-01-09	20..-01-09	Kauf Grundstück, Vertrag 568, G. Marner		40.000,00 € –
				Neuer Kontostand 37.00,00 € +
Herrn, Frau, Fa. Tom Hoss KG Grunerstraße 120 10169 Berlin		BIC DRESDEFF370 IBAN DE34 3708 0040 0489 0024 28		

Beleg 6

Quittung

Nr.

Netto	€	ct
+ % USt	€	ct
Gesamt	€ 2.500	ct 00

Gesamtbetrag € in Worten

– zweitausendfünfhundert – Cent wie oben

(Im Gesamtbetrag sind ______ % Umsatzsteuer enthalten)

von Tom Hoss KG

für Bareinzahlung

richtig erhalten zu haben, bestätigt

Ort Berlin Datum 16.01.20..

Buchungsvermerke

Stempel/Unterschrift des Empfängers

Stefanie Beyer

Beleg 7

Autohaus Bach

Autohaus Bach · Mühlenstraße 81 · 10243 Berlin

Tom Hoss KG
Herr Hoss
Grunerstraße 120
10169 Berlin

Kunden-Nr.: 19875
Lieferdatum: 20..-10-15
Bestelldatum: 20..-11-20

Sachbearbeiter/-in: Herr Ginger
Telefon: 030 8833-13
Telefax: 030 8833-10
E-Mail: e.ginger@autohaus-bach-wvd.de

Rechnungs-Nr.: 490443
Rechnungsdatum: 20..-01-16

Rechnung

Pos.	Artikel-Nr.	Artikelbezeichnung	Menge und Einheit	Einzelpreis	Gesamtpreis
1	943000	Mini Car	1 Stück	12.800,00 €	12.800,00 €

Gesamtpreis		12.800,00 €
Umsatzsteuer	19 %	2.432,00 €
Rechnungsbetrag		**15.232,00 €**

Rechnungsbetrag zahlbar innerhalb von 30 Tagen netto.

5311222

Beleg 8

Vogel Bürotechnik

Vogel Bürotechnik · Florastraße 19 · 12163 Berlin

Tom Hoss KG
Grunerstraße 120
10169 Berlin

Kunden-Nr.: 90345
Lieferdatum: 20..-01-18
Bestelldatum: 20..-01-04

Sachbearbeiter/-in: Herr Seim
Telefon: 030 76512-55
Telefax: 030 76512-50
E-Mail: daniel.seim@vogel-buerotechnik-wvd.de

Rechnungs-Nr.: 00905
Rechnungsdatum: 20..-01-20

Rechnung

Pos.	Artikel-Nr.	Artikelbezeichnung	Menge und Einheit	Einzelpreis	Gesamtpreis
1	353094	EDV-Anlage Speedport 9000	1 Stück	8.600,00 €	8.600,00 €

Gesamtpreis		8.600,00 €
Umsatzsteuer	19 %	1.634,00 €
Rechnungsbetrag		**10.234,00 €**

Rechnungsbetrag zahlbar innerhalb von 10 Tagen netto.

ZUSAMMENFASSUNG

Grundbuch

Erfassung von Geschäftsfällen

- in zeitlicher Reihenfolge (chronologisch)
- als Buchungssätze
  - einfache Buchungssätze
  - zusammengesetzte Buchungssätze

Buchungssatz „Soll an Haben“

Aufbau

Buchungssatz	Soll	Haben
Soll	Betrag (€)	
an Haben *Buchungstext*		Betrag (€)

- Beträge/Summen der Soll- und Haben-Seite müssen gleich groß sein
- Auch mehr als zwei Buchungspositionen möglich (= zusammengesetzter Buchungssatz)

Die vier Fragen zur Erstellung eines Buchungssatzes:

1. Welche Konten sind betroffen?
2. Um welche Kontenart handelt es sich (aktives oder passives Bestandskonto)?
3. Wie verändern sich die Kontenbestände (Zugang oder Abgang)?
4. Auf welcher Kontenseite ist zu buchen?

Erfassung der Umsatzsteuer

Umsatzsteuer führt zu zusammengesetztem Buchungssatz

- Ausgangsumsätze (Ausgangsrechnungen, Verkäufe)
  - auf dem Konto Umsatzsteuer
  - im Haben
  - Verbindlichkeiten gegenüber dem Finanzamt
- Eingangsumsätze (Eingangsrechnungen, Käufe)
  - auf dem Konto Vorsteuer
  - im Soll
  - Forderungen gegenüber dem Finanzamt

5311224

Man versteht erst dann etwas richtig, wenn man versucht, es einem anderen zu erklären. Dies führt zu einer erneuten gründlichen Auseinandersetzung mit dem gerade behandelten Thema.

1. Suchen Sie sich einen Partner.
2. Lesen Sie noch einmal die Zusammenfassung. Bei Verständnisproblemen schlagen Sie ggf. noch einmal im Informationstext nach.
3. Jeder formuliert vier Fragen, die mithilfe der Zusammenfassung beantwortet werden können.
4. Der Partner beantwortet Ihre Fragen und umgekehrt.

ICH ÜBERPRÜFE MEINE NEU ERWORBENEN KOMPETENZEN

Den Erwerb der zu Beginn aufgeführten Kompetenzen können Sie selbst mithilfe der folgenden Tabelle überprüfen.

Wenn Sie alle Aufgaben, die hinter einer Kompetenz stehen, gelöst haben, machen Sie ein Kreuz bei „Ganz". Bei den Kompetenzen, bei denen Sie Aufgaben „Teilweise" oder „Gar nicht" gelöst haben, sollten Sie den dazugehörigen Informationstext noch einmal lesen und die Aufgaben anschließend noch einmal bearbeiten.

Was ich nach der Bearbeitung dieses Kapitels kann	Aufgaben	Ganz	Teilweise	Gar nicht
Ich kann ...				
... einfache und zusammengesetzte Buchungssätze erstellen.	1, 3			
... Geschäftsfälle auf Bestandskonten im Grundbuch als Buchungssatz erfassen.	5, 6			
... anhand eines Buchungssatzes erkennen, welcher Geschäftsfall vorliegt.	2, 4			

8.9 Buchen von Erfolgen (Erträgen und Aufwendungen) im Grund- und Hauptbuch

Problemstellung

Stefanie Beyer und Jakub Nowak haben die Eingangsrechnung der Firma Spindler KG über einen Rechnungsbetrag von 9.270,10 € sowie den Kassenbeleg eines Kunden über einen Betrag von 357,00 € vor sich liegen. Sie haben die Belege mit Kontierungsstempeln versehen und bekommen nun den Auftrag, diese beiden Rechnungen/Belege zu buchen.

Frau Mohn, Sachbearbeiterin in der Abteilung Rechnungswesen bei der Tom Hoss KG, macht die beiden Auszubildenden darauf aufmerksam, dass die eingekauften und verkauften Textilien nicht auf Bestandskonten gebucht werden, sondern dass es sich dabei um Erfolgskonten handelt.

Konto	Gebucht SOLL	Gebucht HABEN
Datum:	Kürzel:	

Spindler KG
Textilgroßhandlung

Spindler KG | Halberstädter Str. 16 | 31141 Hildesheim

Tom Hoss KG
Grunerstraße 120
10169 Berlin

Eingegangen am:
01.08.20..

Kunden-Nr.: 10366
Lieferdatum: 29.07.20..
Bestelldatum: 25.07.20..

Sachbearbeiter/-in: Thomas Marx
Telefon: 05121 454545-45
Telefax: 05121 454545-11
E-Mail: marx@spindler-wvd.de

Rechnungs-Nr.: 90512
Rechnungsdatum: 31.07.20..

Rechnung

Pos.	Artikel-Nr.	Artikelbezeichnung	Menge und Einheit	Einzelpreis	Gesamtpreis
1	27282	Damenpullover	30 Stück	56,00 €	1.680,00 €
2	19501	Damenbluse	40 Stück	25,50 €	1.020,00 €
3	34205	Herrenanzug	50 Stück	110,00 €	5.500,00 €

Gesamtpreis		8.200,00 €
Rabatt	5 %	410,00 €
Warenwert		7.790,00 €
Umsatzsteuer	19 %	1.480,10 €
Rechnungsbetrag		**9.270,00 €**

Rechnung zahlbar innerhalb von 30 Tagen netto.

TOM HOSS KG
Grunerstraße 120, 10169 Berlin
Telefon: 030/750 610-100
USt-ID: DE 121287018

Artikel-Nr.	Artikel	Betrag
27282	Damenpullover	85,00 €
19501	Damenbluse	80,00 €
34205	Herrenanzug	135,00 €
	Summe EUR	300,00 €
	19 % Ust.	57,00 €
	Gesamt	357,00 €
	Bar	400,00 €
	Rückgeld	43,00 €

Vielen Dank für Ihren Einkauf!

26.07.20.. 14:14:48

1. Warum ist auf dem Kassenbeleg kein Eingangsstempel?
2. Auf welchen Konten müssen diese Rechnungen gebucht werden?
3. Was muss in den Kontierungsstempel eingetragen werden?

5311226

EINORDNUNG DES THEMAS

Lernfeld 8: Geschäftsprozesse erfassen und kontrollieren

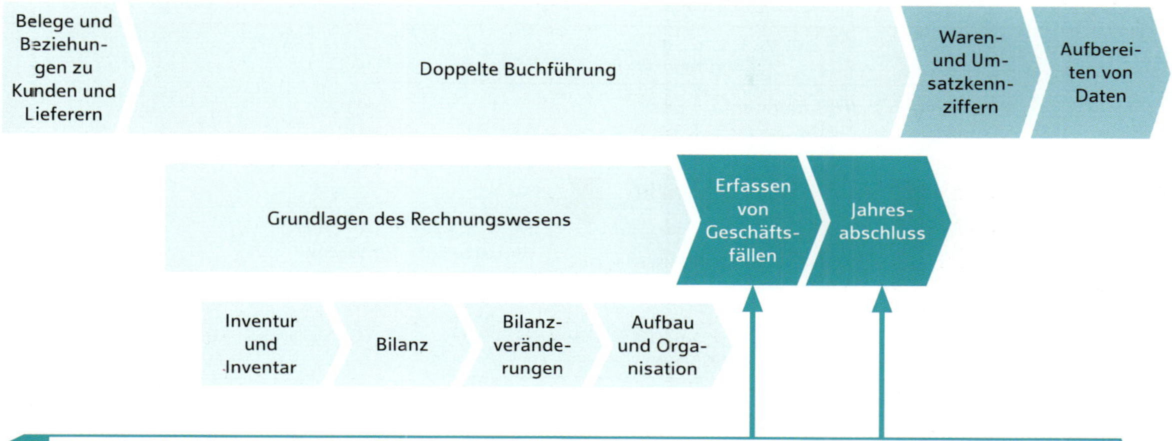

Kompetenzen

Nach Bearbeitung dieses Kapitels können Sie ...

... zwischen Bestands- und Erfolgskonten unterscheiden.
... Erfolgskonten als Unterkonten des Eigenkapitalkontos identifizieren.
... Belege und Geschäftsfälle im Grund- und Hauptbuch buchen.
... Erfolgskonten über das GuV-Konto abschließen.
... die Vermögens- und Finanzlage darstellen.
... den Erfolg eines Unternehmens ermitteln.

INFORMATIONSTEXT

Erfolgskonten

Eingangs- und Ausgangsrechnungen (bzw. Kassenbelege) werden nicht nur auf Bestandskonten erfasst, auch eine weitere Kontenart ist hier wichtig: die **Erfolgskonten**.

Erfolgskonten wirken sich im Gegensatz zu Bestandskonten auf das Eigenkapital eines Unternehmens aus. Sie haben direkten Einfluss auf die Gewinn- bzw. Verlustentwicklung im Unternehmen.

Es gibt zwei Arten von Erfolgskonten:

- Ertragskonten
- Aufwandskonten

Die Werte auf den Ertragskonten **(Erträge)** wirken positiv auf das Eigenkapital und erhöhen den Gewinn.

Die Werte der Aufwandskonten **(Aufwendungen)** wirken negativ auf das Eigenkapital und verringern den Gewinn.

BEISPIELE Erträge

- Umsatzerlöse für Waren
- Mieterträge
- Zinserträge
- Provisionserträge

BEISPIELE Aufwendungen

- Aufwendungen für Waren
- Frachten
- Löhne und Gehälter
- Abschreibungen
- Mieten und Pachten
- Büromaterial
- betriebliche Steuern

Erfolgskonten werden auch als **Unterkonten des Eigenkapitals** bezeichnet. Daher werden die Eintragungen auf den Erfolgskonten im Hauptbuch ähnlich vorgenommen wie beim Eigenkapitalkonto. Da das Eigenkapitalkonto ein passives Bestandskonto ist, gilt:

- Mehrungen im Haben
- Minderungen im Soll

BEISPIELE

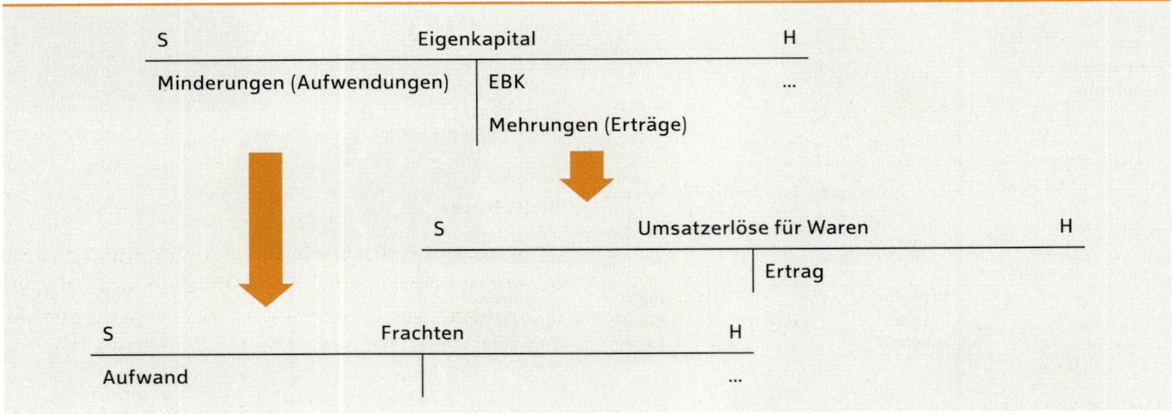

Daraus lassen sich folgende **Buchungsregeln** ableiten:

- Erträge werden im Haben und
- Aufwendungen im Soll

gebucht!

Buchen von Erfolgskonten im Grundbuch

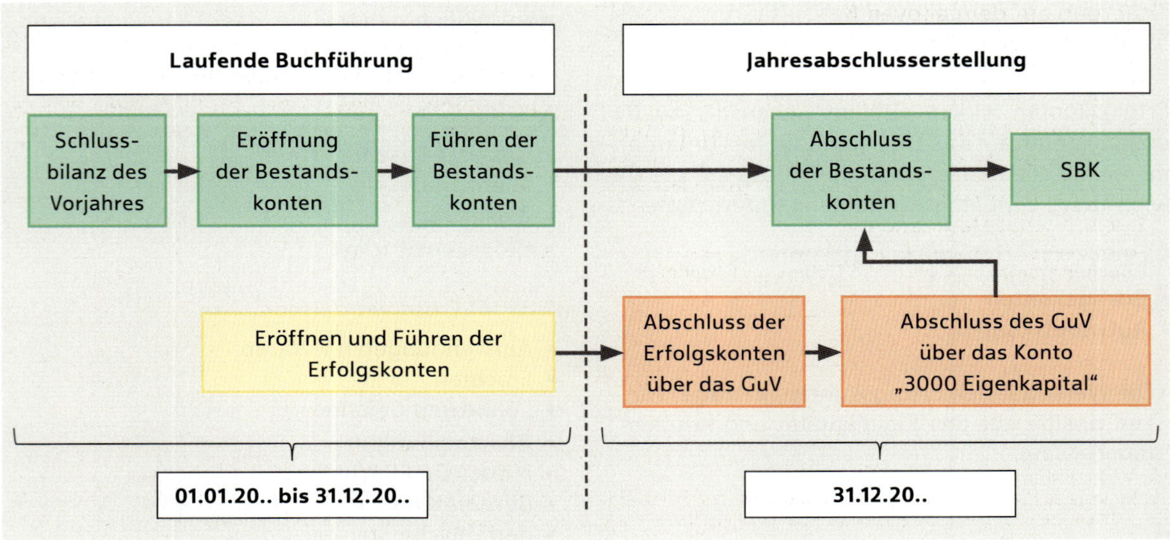

5311228

Beim Buchen im Grundbuch müssen grundsätzlich die vier Fragen[1] zur Erstellung eines Buchungssatzes beachtet werden.

Außerdem ist der oben genannte Grundsatz, dass Erträge im Haben und Aufwendungen im Soll gebucht werden, anzuwenden.

BEISPIEL 1: Ertragskonto/Grundbuch

Die Tom Hoss KG bekommt von einem Kunden 357,00 € bar, Warenwert von 300,00 € zzgl. 19 % USt = 57,00 €. Der Buchungssatz lautet somit:

Buchungssatz	Soll	Haben	Gewinnauswirkung
Kasse an Umsatzerlöse f. Waren an Umsatzsteuer	357,00	 300,00 57,00	 + 300,00 €

Umsatzsteuer

Die Umsatzsteuer, die der Unternehmer in Ausgangsrechnungen ausweist und die er von seinen Kunden erhält, muss er an das Finanzamt abführen. Die eingenommene Umsatzsteuer ist deshalb eine Verbindlichkeit gegenüber dem Finanzamt.

Aus dem Beispiel ist ersichtlich, dass auf dem Ertragskonto „Umsatzerlöse für Waren" im Haben gebucht wird.[2] Außerdem sind die Verbindlichkeiten gegenüber dem Finanzamt gestiegen und entsprechend ebenfalls im Haben zu buchen (→ das Konto „Umsatzsteuer" ist ein passives Bestandskonto, Mehrungen werden im Haben gebucht).

Der Kassenbestand ist ebenfalls gestiegen. Diese Mehrung auf dem aktiven Bestandskonto „Kasse" wird im Soll gebucht.

BEISPIEL 2: Aufwandskonto/Grundbuch

Die Tom Hoss KG kauft von der Firma Spindler KG Textilien (Waren) und erhält eine Rechnung im Warenwert von 7.790,00 € zzgl. 19 % USt. Der Buchungssatz lautet somit:

Buchungssatz	Soll	Haben	Gewinnauswirkung
Aufw. f. Waren Vorsteuer an Verb. a. LL	7.790,00 1.480,10	 9.270,10	– 7.790,00 €

BEISPIEL 3: Aufwandskonto/Grundbuch

Die neuen Modewaren von Firma Spindler KG wurden von der Spedition Mechsner geliefert. Die Spedition stellt der Tom Hoss KG daraufhin netto 400,00 € zzgl. 19 % USt in Rechnung.

Buchungssatz	Soll	Haben	Gewinnauswirkung
Frachten Vorsteuer an Verb. a. LL	400,00 76,00	 476,00	– 400,00 €

Vorsteuer

Die Vorsteuer, die in Eingangsrechnungen ausgewiesen wird und an den Lieferer bezahlt werden muss, kann das Unternehmen sich vom Finanzamt wiederholen. Die bezahlte Vorsteuer stellt somit eine Forderung gegenüber dem Finanzamt dar.

Aus Beispiel 1 ist zu erkennen, dass der Einkauf von Waren als Aufwand, also als „Aufwand für Waren", im Soll gebucht wurde. Bei dem Einkauf ist auch eine Umsatzsteuer berechnet, die im Einkauf als „Vorsteuer" im Soll gebucht werden muss. Die Verbindlichkeiten gegenüber der Spindler KG sind somit gestiegen. Mehrungen des passiven Bestandskontos „Verbindlichkeiten a. LL" werden im Haben gebucht.

Die Erläuterung zu Beispiel 2 ist ähnlich. Auch hier ist der Aufwand (Frachten) im Soll gebucht, die Vorsteuer ebenfalls und die Verbindlichkeiten gegenüber der Spedition Mechsner im Haben.

Buchen von Erfolgskonten im Hauptbuch

Das Führen von Erfolgskonten im Hauptbuch ist grundsätzlich ähnlich vorzunehmen wie das Führen der Bestandskonten. Das Eintragen der Geschäftsfälle aus dem Grundbuch in das Hauptbuch ist in gleicher Weise vorzunehmen.

1 s. Kap. 8.8
2 Hinweis an die Lehrkräfte: Vorsteuer und Umsatzsteuer werden in Grund- und Hauptbuch direkt berücksichtigt. Die Ermittlung der Zahllast und/oder des Vorsteuerüberhangs erfolgt im 3. Ausbildungsjahr. Bis dahin wird das Vorsteuerkonto aktiviert und das Umsatzsteuerkonto passiviert.

BEISPIEL 1: Ertragskonto/Hauptbuch

Aus dem Verkauf an den Kunden ist folgender Buchungssatz gegeben.

Buchungssatz	Soll	Haben	Gewinnauswirkung
Kasse an Umsatzerlöse für Waren an Umsatzsteuer	357,00	 300,00 57,00	+ 300,00 €

Umsatzerlöse für Waren

S	H
	Kasse 300,00

Aus dem Beispiel ist zu erkennen, dass das Ertragskonto „Umsatzerlöse für Waren" keinen Anfangsbestand hat und dass Buchungen aus dem Grundbuch direkt auf das Konto übertragen werden. Es gilt der weiterhin der Grundsatz:

→ Erträge im Haben

Auf die Darstellung der Buchungen auf den Konten „Kasse" und „Umsatzsteuer" wird hier verzichtet.

BEISPIEL 2: Aufwandskonto/Hauptbuch

Die bei Firma Spindler KG gekauften Textilien in Höhe von 7.790,00 € zzgl. 19 % USt. werden im Hauptbuch auf dem Konto wie folgt gebucht:

Buchungssatz	Soll	Haben	Gewinnauswirkung
Aufw. f. Waren Vorsteuer an Verb. a. LL	7.790,00 1.480,10	 9.270,10	– 7.790,00 €

Aufw. f. Waren

S	H
Verb. a. LL 7790,00	

BEISPIEL 3: Aufwandskonto/Hauptbuch

Die von der Spedition Mechsner in Rechnung gestellten Frachten in Höhe von 400,00 € zzgl. 19 % USt werden im Hauptbuch auf dem Konto wie folgt gebucht:

Buchungssatz	Soll	Haben	Gewinnauswirkung
Frachten Vorsteuer an Verbindl. a. LL	400,00 76,00	 476,00	– 400,00 €

Frachten

S	H
Verb. a. LL 400,00	

Aus den Beispielen ist zu erkennen, dass die Aufwandskonten „Frachten und Fremdlager" und „Aufw. f. Waren" keine Anfangsbestände haben und dass Buchungen aus dem Grundbuch direkt auf dem Konto übertragen werden. Es gilt der weiterhin der Grundsatz:

→ Aufwendungen im Soll

Im Laufe eines Geschäftsjahres werden für alle erfolgswirksamen Geschäftsfälle die notwendigen Erfolgskonten angelegt. So kann es in der Praxis zu vielen unterschiedlichen Aufwendungen und Erträgen kommen. Für jede Aufwands- und Ertragsart wird ein eigenes Konto angelegt.

Handwerksleistungen werden meist als Aufwand gebucht

5311230

Abschluss der Erfolgskonten

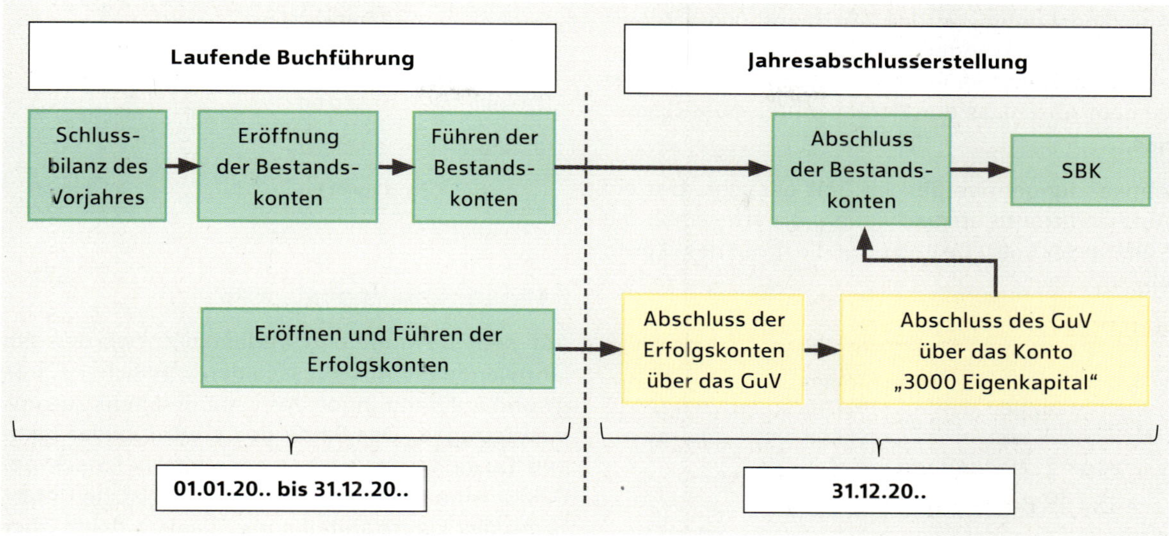

Die Erfolgskonten sind Unterkonten des Eigenkapitalkontos. Sie werden über das Gewinn- und Verlustkonto abgeschlossen. Dieses Konto stellt eine Zusammenfassung aller Aufwendungen und Erträge eines Unternehmens dar.

Ertragskonten

Erträge werden im Haben gebucht. Somit ist auf den Ertragskonten die Habenseite größer als die Sollseite. Um ein Ertragskonto abzuschließen, ermittelt man die Summe der Habenseite und trägt diese auf dem Konto ein.

BEISPIEL

S	Umsatzerlöse f. Waren		H
		1. Kasse	300,00
		2. Bank	4.000,00
		3. Ford. a. LL	500,00
		4. Bank	400,00
		(1)	**5.200,00**

Im obenstehenden Beispiel sind nicht nur die Umsatzerlöse aus dem Barverkauf aus dem Eingangsbeispiel an einen Kunden aufgeführt, sondern noch weitere Verkäufe.

Da beide Seiten eines Kontos immer gleich groß sein müssen, wird die Summe auch auf die Sollseite übertragen.

BEISPIEL

S	Umsatzerlöse f. Waren		H
		1. Kasse	300,00
		2. Bank	4.000,00
		3. Ford. a. LL	500,00
		4. Bank	400,00
	5.200,00 ← (2) →		**5.200,00**

Der auf der Sollseite fehlende Betrag wird als **Saldo** bezeichnet. Er sich ergibt, wenn man alle Positionen auf der Sollseite (falls welche vorhanden sind) von der Summe des Kontos abzieht.

Der berechnete Saldo wird auf der Sollseite des Ertragskontos eingetragen. Soll und Haben sind nun gleich groß. Der ermittelte Saldo des Kontos wird auf die Habenseite des Gewinn- und Verlustkontos übertragen. Das Ertragskonto ist im Hauptbuch abgeschlossen.

BEISPIEL

S	5000 Umsatzerlöse f. Waren		H
5. 8020 GuV	**5.200,00**[1] (3)	1. Kasse	300,00
		2. Bank	4.000,00
		3. Ford. a. LL	500,00
		4. Bank	400,00
	5.200,00		**5.200,00**

1 Die Salden der Ertragskonten werden in diesem Kapitel grün markiert.

Aufwandskonten

Aufwandskonten werden im Hauptbuch spiegelbildlich („genau andersrum") zu den Ertragskonten abgebildet. Aufwandskonten werden umgekehrt zu dem Abschluss der Ertragskonten abgeschlossen.

Aufwendungen werden im Soll gebucht. Um ein Aufwandskonto abzuschließen, ermittelt man die Summe der Sollseite und trägt diese auf dem Konto ein.

BEISPIEL

S	Aufw. f. Waren		H
1. Verb. a. LL	7.790,00		
2. Bank	12.500,00		
3. Verb. a. LL	3.500,00		
(1)	**23.790,00**		

Da beide Seiten eines Kontos immer gleich groß sein müssen, wird die Summe auch auf die Habenseite übertragen.

BEISPIEL

S	Fremdinstandhaltung		H
1. Verb. a. LL	7.790,00		
2. Bank	12.500,00		
3. Verb. a. LL	3.500,00		
	23.790,00	(2) →	**23.790,00**

Der auf der Habenseite fehlende Betrag wird als **Saldo** bezeichnet. Er ergibt sich, wenn man alle Positionen auf der Habenseite (falls welche vorhanden sind) von der Summe des Kontos abzieht.

Der ermittelte Saldo wird auf der Habenseite des Aufwandskontos eingetragen. Soll und Haben sind nun gleich groß. Der ermittelte Saldo des Kontos wird auf die Sollseite des Gewinn- und Verlustkontos übertragen. Das Aufwandskonto ist im Hauptbuch abgeschlossen.

BEISPIEL: Abschluss im Hauptbuch

S	Fremdinstandhaltung		H
1. Verb. a. LL	7.790,00	4. GuV	**23.790,00**[1]
2. Bank	12.500,00	(3)	
3. Verb. a. LL	3.500,00		
	23.790,00		**23.790,00**

Gewinn- und Verlustkonto

Auf dem Gewinn- und Verlustkonto werden am Jahresende die Abschlusssalden sämtlicher Erträge und Aufwendungen des Unternehmens zusammengetragen. Der Saldo des Kontos bildet dann den Gewinn oder Verlust des Unternehmens ab. Das Gewinn- und Verlustkonto selbst ist ein Unterkonto des Eigenkapitalkontos. Es wird daher über das Konto „Eigenkapital" abgeschlossen.

- Ein erwirtschafteter Gewinn erhöht das Eigenkapital.
- Ein eventueller Verlust mindert das Eigenkapital.

Auf der Sollseite des Gewinn- und Verlustkontos werden alle Aufwendungen angeführt. Auf der Habenseite werden alle Erträge angeführt.

(positiver) Gewinn

Bei einem erwirtschafteten Gewinn (Normalfall) sind die Erträge (Habenseite) größer als die Aufwendungen (Sollseite). Aus der Differenz von Soll minus Haben ergibt sich eine positive Zahl, der Gewinn des Unternehmens. Der Gewinn ist also der Saldo des GuV-Kontos auf der Sollseite. Dort wird er eingetragen und über das Eigenkapital abgeschlossen.

Hauptbuch:

S Gewinn- und Verlustkonto (GuV)	H
Aufwendungen	Erträge
	Verlust
Summe	Summe

Verlust (negativer Gewinn)

Bei einem Verlust sind die Aufwendungen (Sollseite) größer als die Erträge (Habenseite). Aus der Diffe-

1 Die Salden der Aufwandskonten werden in diesem Kapitel rot markiert.

renz von Soll minus Haben ergibt sich somit eine negative Zahl, der Verlust (oder negative Gewinn) des Unternehmens. Der Verlust ist also der Saldo des GuV-Kontos auf der Habenseite. Dort wird er eingetragen und über das Eigenkapital abgeschlossen.

Hauptbuch:

S Gewinn- und Verlustkonto (GuV) H

Aufwendungen	Erträge
Gewinn	
Summe	Summe

Vorgehensweise beim Abschluss des GuV-Kontos

1. Ermittlung der Summen der Aufwendungen und Summen der Erträge
2. Ermittlung des Saldos
   Erträge größer als Aufwendungen
   = positiver Gewinn
   Erträge kleiner als Aufwendungen
   = negativer Gewinn (Verlust)
   Buchung des Gewinns/des Verlusts auf das Konto „Eigenkapital“

AUFGABEN

1. Erläutern Sie die Unterschiede zwischen einem Bestandskonto und einem Erfolgskonto.
2. Warum werden Aufwendungen im Soll und Erträge im Haben gebucht?
3. Der Tom Hoss KG liegen folgende drei Belege vor:

Beleg 1

Quittung Nr.

	€	ct
Netto	31	93
+ % USt	6	07
Gesamt	38	00

Gesamtbetrag € in Worten – achtunddreißig – Cent wie oben
(Im Gesamtbetrag sind 19 % Umsatzsteuer enthalten)
von Tom Hoss KG
für Kopierpapier
richtig erhalten zu haben, bestätigt
Ort Berlin Datum 20..-09-29
Buchungsvermerke
Stempel/Unterschrift des Empfängers Borgmann

Beleg 2

Tom Hoss KG
Damen- und Herrenmode

Tom Hoss KG | Grunerstraße 120 | 10169 Berlin

Firma
Franz Stallmann Fashion
Vogesenstr. 3
45468 Mühlheim

Kunden-Nr.: 10002
Lieferdatum: 20..-09-27
Bestelldatum: 20..-09-26

Sachbearbeiter/-in: Nadine Vosges
Telefon: 030/750 610-125
Telefax: 030/750 610-11
E-Mail: nadine.vosges@tomhoss-wvd.de

Rechnungs-Nr.: 13454
Rechnungsdatum: 20..-09-28

Rechnung

Pos.	Artikel-Nr.	Artikelbezeichnung	Menge und Einheit	Einzelpreis	Gesamtpreis
1	31085	Hosenanzug	20	58,00 €	1.160,00 €
2	52075	Jerseykleid	15	44,00 €	660,00 €

Gebucht		
Konto	SOLL	HABEN
Datum:	Kürzel:	

Gesamtpreis		1.820,00 €
Rabatt	10 %	182,00 €
Warenwert		1.638,00 €
Umsatzsteuer	19 %	311,22 €
Rechnungsbetrag		**1.949,22 €**

Rechnungsbetrag zahlbar innerhalb von 14 Tagen netto.

Beleg 3

Commerzbank AG 370 800 40 **Konto-Auszug**

		Konto-Nr.	Auszug-Nr.	Datum	Alter Kontostand
Buch.-Tag	Tag der Wertstellung	12 345		20..-09-28	4.235,70 €
20..-09-26	20..-09-26	Miete für Lagerhalle			1.200,00 € –
20..-09-27	20..-09-27	Fracht (Spedition Mechsner)			280,00 € –
20..-09-27	20..-09-27	Zinsgutschrift			14,30 € +
					Neuer Kontostand 2.770,00 € +

Herrn, Frau, Fa.
Tom Hoss KG
Grunerstraße 120
10169 Berlin

BIC DRESDEFF370
IBAN DE34 3708 0040 0489 0024 28

a) Erstellen Sie ein Grundbuch und buchen Sie die Belege auf den entsprechenden Bestands- und Erfolgskonten.

b) Erstellen Sie im Hauptbuch die benötigten Erfolgskonten und buchen Sie die in a) erstellten Buchungssätze.
Hinweis: Bitte nur die Erfolgskonten beachten!

4. Schließen Sie die folgenden Konten ab und ermitteln Sie den Erfolg des Unternehmens auf dem Gewinn- und Verlustkonto.

a)

S	Fremdinstandhaltung		H
2. Verb. a. LL	3.120,00		
9. Bank	2.680,00		
12. Verb. a. LL	11.333,00		

S	Zinsaufwendungen		H
8. Bank	4.630,00		

S	Vertriebsprovisionen		H
6. Verb. a. LL	8.790,00		
10. Bank	7.430,00		
11. Bank	2.222,00		

S	UE f. Waren		H
		1. Bank	17.500,00
		5. Kasse	7.430,00

S	Löhne		H
4. Bank	12.400,00		

S	sonstige UE		H
		3. Kasse	6.800,00
		7. Bank	38.560,00

b)

S	Zinsaufwendungen		H
2. Bank	780,00		
17. Bank	751,00		

S	sonstige UE		H
		4. Kasse	4.100,00
		7. Bank	9.760,00
		12. Bank	18.678,00
		16. Bank	3.800,00

S	Fremdinstandhaltung		H
3. Verb. a. LL	98.670,00		
10. Bank	14.963,00		
13. Bank	5.333,00		

S	UE f. Waren		H
		1. Bank	38.600,00
		6. Kasse	4.230,00
		11. Bank	28.996,00
		18. Bank	57.000,00

S	Löhne		H
5. Bank	7.800,00		
9. Bank	3.600,00		
15. Kasse	300,00		

S	Diverse Aufwendungen		H
8. Verb. a. LL	3.120,00		
14. Verb. a. LL	11.333,00		

5311234

5. **a)** Bilden Sie zu den folgenden Sachverhalten die Buchungssätze.
b) Übertragen Sie die Buchungssätze in das Hauptbuch.
c) Schließen Sie die Erfolgskonten im Hauptbuch ab und ermitteln Sie den Erfolg des Unternehmens.

AKTIVA	Eröffnungsbilanz zum 01.01.20..		PASSIVA
I. Anlagevermögen		**I. Eigenkapital**	356.642,00 €
1. Grundstücke und Gebäude	216.690,00 €		
2. Techn. Anlagen und Maschinen	83.250,00 €	**II. Fremdkapital**	
3. Fuhrpark	45.000,00 €	1. Hypotheken	87.500,00 €
		2. Verbindlichkeiten a. LL	7.850,00 €
II. Umlaufvermögen			
1. Waren	66.352,00 €		
2. Forderungen a. LL	10.500,00 €		
3. Bank	27.400,00 €		
4. Kasse	2.800,00 €		
	451.992,00 €		**451.992,00 €**

1. Es werden Waren für 11.900,00 € inklusive 19 % USt auf Ziel verkauft.
2. Verkauf eines Betriebs-Pkw mit einem Restbuchwert von 7.000,00 € für 9.500,00 € zzgl. 1.805,00 € USt. Der Betrag geht auf dem Bankkonto ein.
3. Für den Wartebereich werden Zeitungen für 26,75 € (inklusive 7 % USt) bar gekauft.
4. Wir kaufen diverse Fachliteratur für 400,00 € zzgl. 76,00 € (19 %) USt auf Ziel.
5. Geldeingang für die Waren aus Sachverhalt 1 auf dem Bankkonto.
6. Die Zinsen in Höhe 230,00 € und die Tilgung eines Kredits in Höhe von 1.000,00 € werden vom Bankkonto abgebucht.
7. Die Büromaterialien aus Sachverhalt 4 werden vom Bankkonto bezahlt.
8. Die Löhne der Mitarbeiter werden in Höhe von 13.300,00 € vom Bankkonto überwiesen.
9. Verkauf von Waren für 11.100,00 € netto (+ 19 % USt). Die Zahlung erfolgt bar.
10. Die Grundsteuer für das Betriebsgrundstück in Höhe von 450,00 € wird vom Bankkonto abgebucht.
11. Es werden Materialien für die Büros gekauft. Der Kaufpreis in Höhe von 78,00 € zzgl. 14,82 € USt wird bar bezahlt.
12. Der Kaufpreis in Höhe von 790,00 € zzgl. 19 % USt für einen Warenverkauf wird bar bezahlt.
13. Die Kosten für diverse Schreibtischmaterialien werden in Höhe von 800,00 € zzgl. 152,00 € USt vom Bankkonto abgebucht.
14. Ein Lohnvorschuss in Höhe von wird 780,00 € vom Bankkonto abgebucht.

Zu verwendende Erfolgskonten:
Umsatzerlöse für Waren, Sonstige Erlöse, Löhne, Büromaterial, Zeitungen, Grundsteuer, Zinsaufwendungen

6. Die Tom Hoss KG weist zu Beginn eines Geschäftsjahres folgende Anfangsbestände aus:

Anfangsbestände			
Grundstücke und Bauten	935.000,00	Bank	19.600,00
Technische Anlagen und Maschinen	279.000,00	Kasse	8.235,00
Fuhrpark	135.000,00	Eigenkapital	?
Betriebs- und Geschäftsausstattung	74.000,00	Hypotheken	420.000,00
Waren	98.000,00	Darlehen	335.000,00
Forderungen a. LL	84.000,00	Verbindlichkeiten a. LL	68.200,00
sonst. Forderungen (Vorsteuer)	16.000,00	sonst. Verbindlichkeiten (Umsatzsteuer)	7.635,00

a) Erstellen Sie eine ordnungsgemäße Eröffnungsbilanz zum 02.01.20..

b) Erstellen Sie ein Grundbuch und buchen Sie die nachfolgenden Geschäftsfälle auf den entsprechenden Bestands- und Erfolgskonten in Grund- und Hauptbuch. Schließen Sie alle Konten ab und ermitteln Sie den Erfolg des Unternehmens.

1. Bareinkauf von Kopierpapier, brutto 357,00 €.
2. Kauf von Waren auf Ziel, Warenwert 13.000,00 € + 19 % USt.
3. Aufnahme eines Darlehens bei der Bank, Bankgutschrift 15.000,00 €.
4. Kunde zahlt seine Rechnung durch Banküberweisung, 9.500,00 €.
5. Verkauf von Waren auf Ziel, netto 25.000,00 €.
6. Zahlung der Löhne durch Banküberweisung, 18.800,00 €.
7. Der Pächter einer von der Tom Hoss KG verpachteten Parkfläche überweist die fällige Pacht, 450,00 €.
8. Bankabbuchung der Zinsen für ein aufgenommenes Darlehen, 380,00 €.
9. Barzahlung (Taxiquittung) für eine Geschäftsfahrt von Herrn Hoss von Hannover nach Hamburg, brutto 178,50 €.
10. Banküberweisung der KFZ-Steuer, 1.150,00 €.

Zu verwendende Erfolgskonten:
Umsatzerlöse für Waren, Miet- und Pachterträge, Löhne, Büromaterial, Reisekosten, KFZ-Steuer, Zinsaufwendungen.

7. Die Tom Hoss KG weist zu Beginn eines Geschäftsjahres folgende Anfangsbestände aus:

Anfangsbestände			
Grundstücke und Bauten	935.000,00	sonst. Forderungen (Vorsteuer)	16.000,00
Technische Anlagen und Maschinen	279.000,00	Bank	28.220,00
Fuhrpark	135.000,00	Kasse	3.735,00
Betriebs- und Geschäftsausstattung	74.000,00	Eigenkapital	?
Rohstoffe	33.000,00	Hypotheken	420.000,00
Fertige Erzeugnisse	64.000,00	Darlehen	350.000,00
Waren	111.000,00	Verbindlichkeiten a. LL	77.200,00
Forderungen a. LL	99.500,00	sonst. Verbindlichkeiten (Umsatzsteuer)	7.635,00

a) Erstellen Sie eine ordnungsgemäße Eröffnungsbilanz zum 02.01.20..

b) Erstellen Sie ein Grundbuch und buchen Sie die nachfolgenden Geschäftsfälle auf den entsprechenden Bestands- und Erfolgskonten in Grund- und Hauptbuch. Schließen Sie alle Konten ab und ermitteln Sie den Erfolg des Unternehmens.

Zu verwendende Erfolgskonten:
Umsatzerlöse für Waren, Provisionserträge, Fremdinstandhaltung, Gehälter, Mieten und Pachten, Reisekosten, Zinsaufwendungen

Beleg 1

RALAL Tankstelle Mohrmann
Güstrower Str. 14
01067 Dresden
www.ralal-wvd.de

DIESEL 44,07 Liter / Säule Nr. 3
1,359/Liter

TOTAL 59,50 €

Bar 59,50 €

xxxxxxxxxxxxxxxxxxxxxxxxxxxxxxx
UST 19 % 9,50 €
xxxxxxxxxxxxxxxxxxxxxxxxxxxxxxx

NETTO 50,00 €

18.10.20.. 15:43
Vielen Dank und gute Fahrt!

Beleg 2

Quittung Nr.

	€	ct
Netto	700	00
+ % USt	133	00
Gesamt	833	00

Gesamtbetrag € in Worten
– achthundertdreiunddreißig – Cent wie oben
(Im Gesamtbetrag sind 19 % Umsatzsteuer enthalten)
von Tom Hoss KG

für Gartenarbeiten
richtig erhalten zu haben, bestätigt
Ort Berlin Datum 21.10.20..
Buchungsvermerke
Stempel/Unterschrift des Empfängers
Roggensack

Beleg 3

Commerzbank AG 370 800 40 **Konto-Auszug**

Buch.-Tag	Tag der Wertstellung	Konto-Nr.	Auszug-Nr.	Datum	Alter Kontostand
		12 345		20..-10-14	28.220,00 €
20..-10-12	20..-10-12	Miete für Lagerhalle, Monat September			650,00 € –
20..-10-12	20..-10-12	Darlehen (Zinsen 900,00 €, Tilgung 600,00 €)			1.500,00 € –
20..-10-13	20..-10-13	Zinsgutschrift			1.200,00 € +
20..-10-13	20..-10-13	Elko AG, Kd.-Nr. 10006, Rg-Nr. 54368			4.800,00 € +
20..-10-13	20..-10-13	Pagro AG, Rg-Nr. 34958			6.200,00 € –
					Neuer Kontostand 25.870,00 € +

Herrn, Frau, Fa.
Tom Hoss KG
Grunerstraße 120
10169 Berlin

BIC DRESDEFF370
IBAN DE34 3708 0040 0489 0024 28

Beleg 4

Autohaus Bach

Autohaus Bach · Mühlenstraße 81 · 10243 Berlin

Tom Hoss KG
Herr Hoss
Grunerstraße 120
10169 Berlin

Kunden-Nr.: 19875
Lieferdatum: 20..-11-21
Bestelldatum: 20..-11-21

Sachbearbeiter/-in: Frau Ellerhorst
Telefon: 030 1234-56
Telefax: 030 1234-57
E-Mail: ellerhorst@autohaus-bach-wvd.de

Rechnungs-Nr.: 86998
Rechnungsdatum: 20..-11-25

Rechnung

Sehr geehrter Herr Hoss,
wir vereinbart berechnen wir Ihnen:

Pos.	Artikel-Nr.	Artikelbezeichnung	Menge und Einheit	Einzelpreis	Gesamtpreis
1	367	Inspektion mit Lichtkontrolle	1	120,00 €	120,00 €

Gesamtpreis		120,00 €
Umsatzsteuer	19 %	22,80 €
Rechnungsbetrag		**142,80 €**

Rechnungsbetrag zahlbar innerhalb von 14 Tagen netto.

Beleg 5

Stockmann OHG

Stockmann OHG · Bachstr. 38 · 75180 Pforzheim

Tom Hoss KG
Grunerstraße 120
10169 Berlin

Kunden-Nr.: 11545
Lieferdatum: 20..-10-21
Bestelldatum: 20..-10-18

Sachbearbeiter/-in: G. Ponitz
Telefon: 07231 3334-44
Telefax: 07231 3334-45
E-Mail: ponitz@stockmann-wvd.de

Rechnungs-Nr.: 6567
Rechnungsdatum: 20..-10-22

Rechnung

Pos.	Artikel-Nr.	Artikelbezeichnung	Menge und Einheit	Einzelpreis	Gesamtpreis
1	96003	Stoffrollen Visconsi, grün	400 lfm	8,20 €	3.280,00 €
2	96006	Stoffrollen Visconsi, rot	600 lfm	8,20 €	4.920,00 €

Gesamtpreis		8.200,00 €
Umsatzsteuer	19 %	1.558,00 €
Rechnungsbetrag		**9.758,00 €**

Rechnungsbetrag zahlbar innerhalb von 30 Tagen netto.

Beleg 6

Tom Hoss KG Damen- und Herrenmode

Tom Hoss KG | Grunerstraße 120 | 10169 Berlin

Beckermann Moden
Im Feld 48
47228 Duisburg

Kunden-Nr.: 10007
Lieferdatum: 20..-10-22
Bestelldatum: 20..-10-15

Sachbearbeiter/-in: Stefanie Beyer
Telefon: 030/750 610-168
Telefax: 030/750 610-11
E-Mail: s.beyer@tomhoss-kg-wvd.de

Rechnungs-Nr.: 96781
Rechnungsdatum: 20..-10-23

Rechnung

Pos.	Artikel-Nr.	Artikelbezeichnung	Menge und Einheit	Einzelpreis	Gesamtpreis
1	131078	Herrenfreizeithemden	150 Stück	35,00 €	5.250,00 €
2	131456	Sakkos	62 Stück	125,00 €	7.750,00 €

Gesamtpreis		13.000,00 €
Rabatt	20 %	2.600,00 €
Warenwert		10.400,00 €
Umsatzsteuer	19 %	1.976,00 €
Rechnungsbetrag		**12.376,00 €**

Rechnungsbetrag zahlbar innerhalb von 14 Tagen netto.

Beleg 7

Commerzbank AG 370 800 40 **Konto-Auszug**

Buch.-Tag	Tag der Wertstellung	Konto-Nr.	Auszug-Nr.	Datum	Alter Kontostand
		12 345		20..-10-30	25.870,00 €
20..-10-28	20..-10-28	Gehälter, Monat Oktober			12.000,00 € –
20..-10-29	20..-10-29	Grotex GmbH, Kd.-Nr. 100011, Reg.-Nr. 54384			4.350,00 € +
20..-10-29	20..-10-29	Zinsgutschrift			2.400,00 € +
					Neuer Kontostand 20.620,00 € +

Herrn, Frau, Fa.
Tom Hoss KG
Grunerstraße 120
10169 Berlin

BIC DRESDEFF370
IBAN DE34 3708 0040 0489 0024 28

Beleg 8

Autohaus Bach

Autohaus Bach · Mühlenstraße 81 · 10243 Berlin

Tom Hoss KG
Herr Hoss
Grunerstraße 120
10169 Berlin

Kunden-Nr.: 19875
Lieferdatum: 20..-10-07
Bestelldatum: 20..-08-12

Sachbearbeiter/-in: Frau Ellerhorst
Telefon: 030 1234-56
Telefax: 030 1234-57
E-Mail: ellerhorst@autohaus-bach-wvd.de

Rechnungs-Nr.: 86998
Rechnungsdatum: 20..-10-16

Rechnung

Sehr geehrter Herr Hoss,
wir vereinbart berechnen wir Ihnen:

Pos.	Artikel-Nr.	Artikelbezeichnung	Menge und Einheit	Einzelpreis	Gesamtpreis
1	45096	PKW Sunrise Modell Comfort Sonderausstattung Relax	1	20.000,00 €	20.000,00 €

Gesamtpreis		20.000,00 €
Rabatt	7 %	1.400,00 €
Warenwert		18.600,00 €
Umsatzsteuer	19 %	3.534,00 €
Rechnungsbetrag		**22.134,00 €**

Rechnungsbetrag zahlbar innerhalb von 14 Tagen netto.

8. Erstellen Sie eine PowerPoint-Präsentation, in der Sie die Unterschiede zwischen Grund- und Hauptbuch sowie zwischen Erfolgskonten und Bestandskonten darstellen.
Berücksichtigen Sie dabei unter anderem folgende Begriffe:
- Aktiva, Passiva
- Soll, Haben
- Zugänge und Abgänge
- EBK und SBK (Schlussbilanzkonto)
- Aufwendungen und Erträge

Ergänzen Sie die PowerPoint-Präsentation um Ihre Anmerkungen zum Thema, die Ihnen wichtig erscheinen.

ZUSAMMENFASSUNG

Grundbuch

Aufwendungen im Soll

Buchungssatz	Soll	Haben
Aufwandskonto an Bestandskonto	xxx	 xxx

Erträge im Haben

Buchungssatz	Soll	Haben
Bestandskonto an Ertragskonto	xxx	 xxx

Hauptbuch

Soll — **Bilanz** — **Haben**

Soll		Haben	
Grundstücke und Bauten	820.000,00	Grundstücke und Bauten	854.000,00
BGA	183.750,00	BGA	220.000,00
Waren	99.000,00	Waren	91.600,00
Ford. a. LL	43.000,00		
Bank	16.000,00		
Kasse	3.850,00		
	1.165.600,00		**1.165.600,00**

S — Eigenkapital — H

S		H
Aufwendungen (Minderungen)	EBK	854.000,00
	Erträge (Mehrungen)	

Unterkonten des Eigenkapitals

5311238

Erfolgskonten

Aufwandskonten

S	Fremdinstandhaltung		H
Aufwand	2.000,00	GuV	2.000,00

S	Gehälter		H
Aufwand	3.000,00	GuV	3.000,00

S	Mieten und Pachten		H
Aufwand	4.000,00	GuV	4.000,00

S	Reisekosten		H
Aufwand	5.000,00	GuV	5.000,00

Ertragskonten

S	Umsatzerlöse für Waren		H
GuV	10.000,00	Ertrag	10.000,00

S	Mieterträge		H
GuV	1.500,00	Ertrag	1.500,00

S	Sonst. Erträge		H
GuV	2.500,00	Ertrag	2.500,00

S	Zinserträge		H
GuV	3.500,00	Ertrag	3.500,00

Soll	GuV		Haben
Fremdinstandhaltung	2.000,00	Umsatzerlöse für Waren	10.000,00
Gehälter	3.000,00	Mieterträge	1.500,00
Mieten und Pachten	4.000,00	Sonst. Erträge	2.500,00
Reisekosten	5.000,00	Zinserträge	3.500,00
Eigenkapital (Gewinn)	3.500,00		
	17.500,00		**17.500,00**

S	Eigenkapital		H
SBK	857.500,00	EBK	854.000,00
		GuV	3.500,00
	857.500,00		**857.500,00**

Soll	Bilanz		Haben
Grundstücke und Bauten	XXX	Eigenkapital	857.500,00
BGA	XXX	Darlehen	XXX
Waren	XXX	Verb. a. LL	XXX
Ford. a. LL	XXX		
Bank	XXX		
Kasse			
	XXX		**XXX**

Erfolgskonten haben keinen Anfangsbestand.
Aufwendungen werden grundsätzlich im Soll gebucht.
Erträge werden grundsätzlich im Haben gebucht.

Man versteht erst dann etwas richtig, wenn man versucht, es einem anderen zu erklären. Dies führt zu einer erneuten gründlichen Auseinandersetzung mit dem gerade behandelten Thema.

1. Suchen Sie sich einen Partner.
2. Lesen Sie noch einmal die Zusammenfassung. Bei Verständnisproblemen schlagen Sie ggf. noch einmal im Informationstext nach.
3. Jeder formuliert vier Fragen, die mithilfe der Zusammenfassung beantwortet werden können.
4. Der Partner beantwortet Ihre Fragen und umgekehrt.

ICH ÜBERPRÜFE MEINE NEU ERWORBENEN KOMPETENZEN

Den Erwerb der zu Beginn aufgeführten Kompetenzen können Sie selbst mithilfe der folgenden Tabelle überprüfen.

Wenn Sie alle Aufgaben, die hinter einer Kompetenz stehen, gelöst haben, machen Sie ein Kreuz bei „Ganz". Bei den Kompetenzen, bei denen Sie Aufgaben „Teilweise" oder „Gar nicht" gelöst haben, sollten Sie den dazugehörigen Informationstext noch einmal lesen und die Aufgaben anschließend noch einmal bearbeiten.

Was ich nach der Bearbeitung dieses Kapitels kann	Aufgaben	Ganz	Teilweise	Gar nicht
Ich kann ...				
... zwischen Bestands- und Erfolgskonten unterscheiden.	1, 8			
... Erfolgskonten als Unterkonten des Eigenkapitalkontos identifizieren.	2, 8			
... Belege und Geschäftsfälle im Grund- und Hauptbuch buchen.	3, 4, 5, 6, 7			
... Erfolgskonten über das GuV-Konto abschließen.	3, 4, 5, 6, 7			
... die Vermögens- und Finanzlage darstellen.	3, 4, 5, 6, 7			
... den Erfolg eines Unternehmens ermitteln.	3, 4, 5, 6, 7			

8.10 Waren- und Umsatzkennziffern

Problemstellung

Stefanie Beyer und Jakub Nowak bekommen von Herrn Franke, Leiter der Abteilung Rechnungswesen, die GuV des gerade abgeschlossenen Geschäftsjahres der Abteilung Herrenmode vorgelegt.

Herr Franke möchte, dass die beiden Auszubildenden den Erfolg der Abteilung für das abgelaufene Geschäftsjahr untersuchen. Dazu sollen sie den Warenrohgewinn und den Warenreingewinn bestimmen.

S	GuV		H
Aufw. f. Waren	961.000,00	Umsatzerl. f. Waren	1.694.000,00
Frachten und Fremdlager	36.400,00		
Fremdinstandhaltung	8.560,00		
Löhne	487.900,00		
Abschreibungen	68.200,00		
Mieten	38.200,00		
Büromaterial	6.450,00		
Zinsaufw.	28.690,00		
EK	58.600,00		
	1.694.000,00		**1.694.000,00**

Herr Franke hat eine Skizze der Verkaufsfläche und einige Daten dazu mitgebracht. Die Daten der Umsätze je Warengruppe stammen aus dem EDV-gestützten Warenwirtschaftssystem.

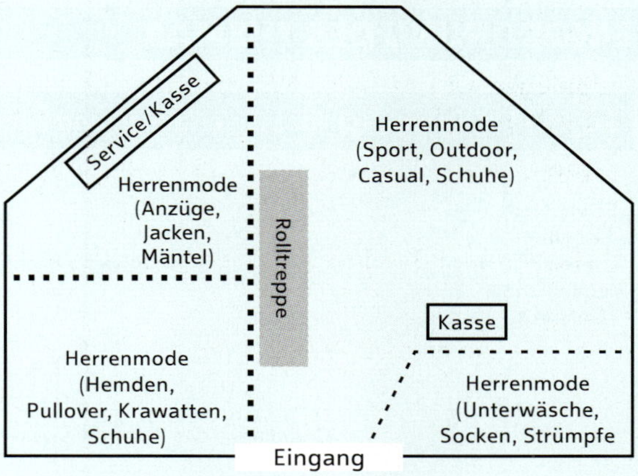

Gesamtfläche Herrenmode:	500 m²
davon	
Anzüge, Jacken, Mäntel	100 m²
Hemden, Pullover, Krawatten, Schuhe	70 m²
Sport, Outdoor, Casual, Schuhe	280 m²
Unterwäsche, Socken, Strümpfe	50 m²

Umsätze pro Warengruppe	
Anzüge, Jacken, Mäntel	508.200,00 €
Hemden, Pullover, Krawatten, Schuhe	423.500,00 €
Sport, Outdoor, Casual, Schuhe	677.600,00 €
Unterwäsche, Socken, Strümpfe	84.700,00 €

Stefanie und Jakub sind zurzeit beide an der Kasse im Bereich Herrenmode im 2. Obergeschoss der Tom Hoss KG eingesetzt. Jakub arbeitet an Kasse 1 und Stefanie an Kasse 2.

Herr Franke hat auch die Kassenberichte der beiden vom gestrigen Tag mitgebracht:

Kassenbericht von Jakub Nowak

Tom Hoss KG
Kassenbericht vom 22.05.20.., 18:34 Uhr
Kasse 1,
Kassierer: NOW

Kunden	88
Artikel	161
Kassenzeit in Std.	4
Umsatz (brutto)	8.621,55 €
Umsatz (netto)	7.245,00 €

Kassenbericht von Stefanie Beyer

Tom Hoss KG
Kassenbericht vom 22.05.20.., 18:34 Uhr
Kasse 2, (Servicekasse)
Kassierer: BEY

Kunden	31
Artikel	104
Kassenzeit in Std.	4
Umsatz (brutto)	10.519,60 €
Umsatz (netto)	8.840,00 €

Herr Franke möchte von den Auszubildenden wissen, wie hoch die Umsätze pro Verkaufsfläche sind und welche Umsatzkennzahlen sich aus den Kassenberichten ermitteln lassen.

1. Welche Zahlen sind wichtig, um den Warenrohgewinn und den Warenreingewinn zu bestimmen?
2. Was sind Vorteile eines EDV-gestützten Warenwirtschaftssystems bei der Datenanalyse?
3. Warum ist Herr Franke überhaupt an diesen Kennzahlen interessiert?

EINORDNUNG DES THEMAS

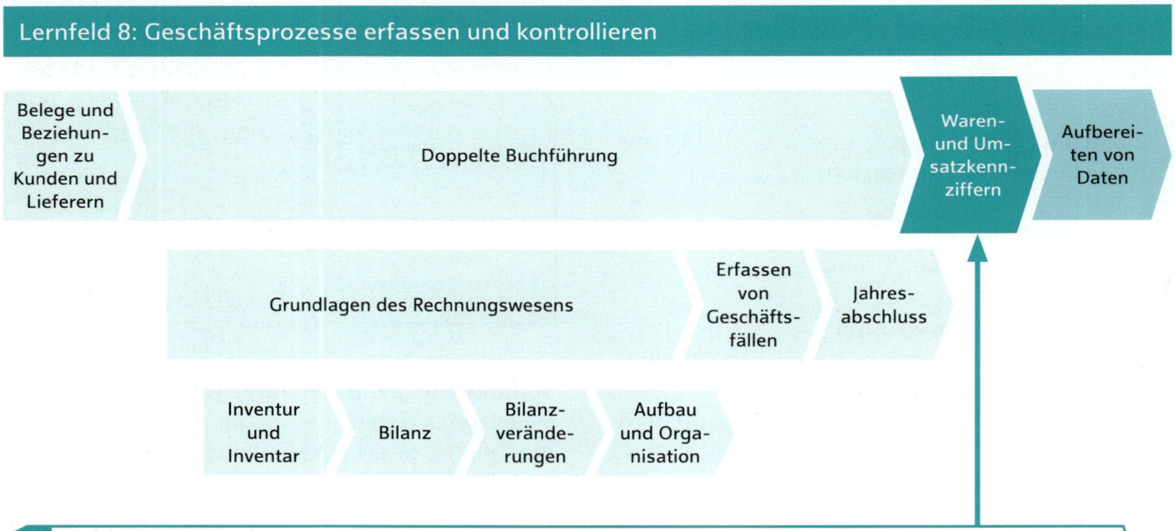

Kompetenzen

Nach Bearbeitung dieses Kapitels können Sie ...

... die Begriffe Rohgewinn und Reingewinn unterscheiden.
... wesentliche Informationen benennen, die einem Warenwirtschaftssystem zu entnehmen sind.
... auf Basis einer GuV den Rohgewinn und den Reingewinn bestimmen.
... aus Kassenberichten oder anderen Quellen wesentliche Kennziffern entnehmen und berechnen.
... die Ergebnisse von berechneten Kennziffern interpretieren.

INFORMATIONSTEXT

Wareneinkauf und Warenverkauf

Wareneinkauf

Das Geschäft mit Handelswaren ist in Einzelhandelsbetrieben ein wesentliches Tätigkeitsfeld. Dazu gehören neben den Warenverkäufen und der Warenlagerung auch die Wareneinkäufe.

In der Praxis hat sich das aufwandsrechnerische Verfahren (Just-in-time-Verfahren) in vielen Unternehmen bewährt. Dabei werden Wareneinkäufe direkt als Aufwand gebucht. Man geht davon aus, dass die eingekauften Waren sofort „verbraucht“, d.h. verkauft werden.

BEISPIEL

Die Tom Hoss KG hat bei der Sportiva GmbH Waren zum Warenwert von 3.400,00 € zzgl. 19% Umsatzsteuer gekauft und eine Eingangsrechnung erhalten.
Die Eingangsrechnung wird als Aufwand verbucht.

Buchungssatz	Soll	Haben
Aufwendungen für Waren Vorsteuer an Verbindlichk. a. LL	3.400,00 646,00	 4.046,00

Wareneinkäufe werden sofort als Aufwand gebucht auf dem Aufwandskonto
→ Aufwendungen für Waren.

Warenverkäufe

Beim Verkauf von Handelswaren wird das Konto „Umsatzerlöse für Waren“ verwendet. Dieses Konto ist ein Ertragskonto und wirkt positiv auf das Eigenkapital – Verkäufe erhöhen den Gewinn.

BEISPIEL

Am 22.05.20.. hat die Tom Hoss KG Herren-Sportmode im Warenwert von 2.800,00 € zzgl. 19% Umsatzsteuer verkauft.
Die verkaufte Sportmode über das EC-Cash-Verfahren wird als Ertrag gebucht.

Buchungssatz	Soll	Haben
Bank an Umsatzerlöse für Waren an Umsatzsteuer	3.332,00	 2.800,00 532,00

Die Aufwendungen für Waren und die Umsatzerlöse für Waren werden dann über das GuV-Konto abgeschlossen.

Rohgewinn und Reingewinn

Rohgewinn

Für Einzelhandelsunternehmen hat der Rohgewinn besondere Bedeutung. Der Rohgewinn lässt sich nicht nur für alle Waren eines Sortiments, sondern auch für Warengruppen oder einzelne Waren berechnen. Dadurch lassen sich beispielsweise auch Preise einzelner Artikel besser kalkulieren und analysieren. Der Rohgewinn gibt Anhaltspunkte dazu, ob noch Spielräume für Preisveränderungen oder auch in der Kostenstruktur des Unternehmens oder einer Warengruppe vorhanden sind. Da im Rohgewinn noch nicht alle Aufwendungen berücksichtigt sind, kann ein positiver Rohgewinn insgesamt trotzdem zu einem Verlust führen.

Der **Rohgewinn** setzt sich grundsätzlich zusammen aus der Summe der Umsatzerträge abzüglich der Summe des Wareneinsatzes (Einkaufswert der verkauften Waren). Nicht berücksichtigt sind sonstige Aufwendungen wie Gehälter, Post und Telekommunikation oder Werbung, die noch gedeckt werden müssen.

Formel für den Rohgewinn

Umsatzerlöse
– Aufwendungen für Waren (Wareneinsatz)
= Rohgewinn

Rohgewinn in % (Handelsspanne):

$$\frac{(\text{Rohgewinn} \cdot 100)}{\text{Umsatz}} = \text{Rohgewinn in \%}$$

BEISPIEL

Im vergangenen Geschäftsjahr sind folgende Beträge aus der GuV der Tom Hoss KG abzulesen:

Umsatzerlöse für Waren	1.694.000,00 €
– Aufwendungen f. Waren	961.000,00 €
= Rohgewinn	**733.000,00 €**

Rohgewinn in % (Handelsspanne):

$$\frac{(\text{Rohgewinn} \cdot 100)}{\text{Umsatz}} = \text{Rohgewinn in } \%$$

$$\frac{(733.000 \cdot 100)}{1.694.000} = 43{,}3\,\%$$

Reingewinn

Im Gegensatz zum Rohgewinn berücksichtigt der **Reingewinn** alle Kosten und alle Erlöse. Der Rohgewinn wird daher auch als Jahresüberschuss bezeichnet.

Formel für den Reingewinn

Alle Erträge
– alle Aufwendungen
= Reingewinn

Alle Erträge = Umsatzerträge + sonst. Erträge

Alle Aufwendungen =
Aufw. f. Waren + sonst. Aufwendungen

BEISPIEL

Aus dem vergangenen Geschäftsjahr sind folgende Beträge aus der GuV der Tom Hoss KG abzulesen:

Umsatzerlöse für Waren	1.694.000,00 €
– Aufwendungen f. Waren	961.000,00 €
– sonst. Aufwendungen	674.400,00 €
= Reingewinn	**58.600,00 €**

Aus den Beispielen ist zu erkennen, dass trotz des hohen Rohgewinns der Reingewinn vergleichsweise niedrig sein kann. Die Handlungskosten spielen dabei eine große Rolle. Handlungskosten sind die Kosten der gewöhnlichen Tätigkeit im Handel (z. B. Löhne, Mieten, Bürometarial). Diese müssen neben dem Wareneinsatz auch noch mindestens gedeckt sein, damit ein Einzelhandelsunternehmen keinen Verlust macht. Bei der Preiskalkulation wird daher meist ein sogenannter **Handlungskostenzuschlagssatz** berechnet.

Veränderung von Rohgewinn und Reingewinn

Die Geschäftsführung eines Einzelhandelsunternehmens stellt sich häufig die Frage, wie sich die Kennzahlen Rohgewinn und Reingewinn positiv beeinflussen lassen. Hier gibt es vor allem zwei Möglichkeiten:

1. Verkaufspreise erhöhen
2. Einkaufspreise reduzieren

BEISPIEL

Würden durch eine gute Einkaufspolitik und gutes Geschick der Einkaufsabteilung die Aufwendungen für Waren statt bei 961.000,00 Euro bei 900.000,00 Euro liegen, dann würde sich der Rohgewinn in % wie folgt darstellen:

Umsatzerlöse für Waren	1.694.000,00 €
– Aufwendungen f. Waren	900.000,00 €
= Reingewinn	**794.000,00 €**

$$\frac{(794.000 \cdot 100)}{1.694.000} = 46{,}9\,\% \text{ (Rohgewinn in \%)}$$

Durch die Reduzierung der Aufwendungen für Waren würde der Rohgewinn in % von 43,3 % auf 46,9 % steigen.

Da aber ein Einzelhandelsunternehmen in Konkurrenz zu anderen Unternehmen steht, sind diese Maßnahmen nur schwer zu erreichen.

Umsatzkennziffern

Um Umsatzkennziffern zu bestimmen, hat das EDV-gestützte Warensystem eine besondere Bedeutung. Mithilfe eines EDV-gestützten Warenwirtschaftssystems können Datenanalysen deutlich schneller durchgeführt werden. Die Datenerfassung geschieht durch eine artikelgenaue Aufnahme an der Kasse. Aus dem Warenwirtschaftssystem sind beispielsweise zu entnehmen:

- Informationen zu Umsätzen von Artikel-/gruppe pro Tag oder im Zeitvergleich,
- Umsätze pro Mitarbeiter, pro Abteilung, pro Tag usw.

Umsatzkennziffern zur Verkaufsfläche

Auf der Verkaufsfläche sind die Waren meist nach Warengruppen sortiert. So sind beispielsweise in einer Drogerie alle Reinigungsartikel (= Warengruppe) in der Nähe eines bestimmten Bereichs der Verkaufsfläche einsortiert. Für die Geschäftsfüh-

5311244

rung kann es interessant sein, mit welchen Artikelgruppen der größte Umsatz erzielt wurde oder wie hoch der Umsatz pro Verkaufsfläche (= Flächenproduktivität) war. So kann man vergleichen, ob auf der Verkaufsfläche für Reinigungsmittel mehr Umsatz erzielt wurde als auf der Verkaufsfläche mit Hygienemitteln.

Formel für den Umsatz je Verkaufsfläche (Flächenproduktivität)

$$\frac{\text{Umsatz der Verkaufsfläche}}{\text{Verkaufsfläche in m}^2}$$

= Flächenproduktivität

BEISPIEL

Bei der Tom Hoss KG wurden die Umsätze auf den einzelnen Verkaufsflächen (siehe Ausgangsbeispiel) durch die Fläche geteilt mit folgendem Ergebnis:

Umsatz pro Verkaufsfläche	
Anzüge, Jacken, Mäntel	5.082,00 €
Hemden, Pullover, Krawatten, Schuhe	6.050,00 €
Sport, Outdoor, Casual, Schuhe	2.420,00 €
Unterwäsche, Socken, Strümpfe	1.694,00 €

Die Unternehmensleitung kann nun untersuchen, ob die Verkaufsfläche nicht zu klein oder zu groß ist oder ob die Kosten für die Raummiete angemessen sind. Außerdem kann man zur Personalplanung etwas sagen. Beispielsweise kann man Informationen gewinnen, ob zu viele oder zu wenige Mitarbeiter auf dieser Verkaufsfläche eingesetzt werden.

Umsatzkennziffern zur Kasse

Durch das EDV-gestützte Warenwirtschaftssystem in Verbindung mit einem modernen Kassensystem lassen sich auch Informationen zur Arbeit an der Kasse bekommen. Dazu zählen

- Anzahl Kunden
- Anzahl Artikel
- Kassenzeit in Stunden
- Brutto- und Nettoumsatz

Diese Informationen können pro Stunde, pro Tag, pro Monat oder pro Jahr bestimmt werden.

Formel für den Umsatz pro Stunde

$$\frac{\text{Umsatz (netto)}}{\text{Stunden}} = \text{Umsatz pro Stunde}$$

Formel für den Umsatz pro Artikel

$$\frac{\text{Umsatz (netto)}}{\text{Anzahl Artikel}} = \text{Umsatz pro Artikel}$$

Formel für den Umsatz pro Kunde

$$\frac{\text{Umsatz (netto)}}{\text{Anzahl Kunden}} = \text{Umsatz pro Kunde}$$

BEISPIEL

Herr Franke möchte wissen, wie hoch der Umsatz pro Stunde, pro Artikel und pro Kunde am 22.05.20.. bei Jakub Nowak und Stefanie Beyer war (siehe Ausgangsbeispiel). Er hat bei Jakub und Stefanie folgenden Umsatz pro Stunde bestimmt:

Jakub:
7.245,00 €/4 Std. = 1.811,25 €/Stunde
7.245,00 €/161 Artikel = 45,00 €/Artikel
7.245,00 €/88 Kunde = 82,33 €/Kunde

Stefanie:
8.840,00 € /4 Std. = 2.210,00 €/Stunde
8.840,00 €/104 Artikel = 85,00 €/Artikel
8.840,00 €/31 Kunde = 285,16 €/Kunde

Die Ergebnisse können wichtig sein für zukünftige Entscheidungen in einem Einzelhandelsunternehmen. Wenn beispielsweise an einer Kasse sehr viel Umsatz erzielt wird mit sehr vielen Kunden, muss darüber nachgedacht werden, ob nicht eine zusätzliche Kasse eingerichtet werden sollte (und umgekehrt).

AUFGABEN

1. Die Begriffe *Rohgewinn und Reingewinn* haben für ein Einzelhandelsunternehmen eine hohe Bedeutung. Beantworten Sie folgende Fragen:
   a) Was wird unter dem Begriff Rohgewinn verstanden?
   b) Was wird unter dem Begriff Reingewinn verstanden?
   c) Warum ist die Kennzahl Rohgewinn für ein Unternehmen so bedeutsam?

2. Im Einstieg dieses Kapitels stehen eine GuV, die Umsätze je Warengruppe und die Kassenberichte von Stefanie Beyer und Jakub Nowak. Stellen Sie zu nachfolgenden Aufgaben den ausführlichen Lösungsweg dar.
   a) Bestimmen Sie den Warenrohgewinn für das vergangene Geschäftsjahr in Euro und Prozent.
   b) Bestimmen Sie den Warenreingewinn für das vergangene Geschäftsjahr in Euro.
   c) Bestimmen Sie die Umsätze pro Verkaufsfläche (siehe Skizze und Angaben zur Fläche).
   d) Bestimmen Sie für den Kassenbericht von Jakub Nowak und Stefanie Beyer jeweils
      - den Umsatz pro Stunde
      - den Umsatz pro Artikel
      - den Umsatz pro Kunde
   e) Interpretieren Sie zu c) und d) jeweils die Ergebnisse.

3. Nennen Sie mindestens drei wesentliche Informationen, die Sie einem EDV-gestützten Warenwirtschaftssystem entnehmen können.

4. Bestimmen Sie den Rohgewinn sowie den Reingewinn für die nachfolgende GuV.

S	GuV		H
Aufw. f. Waren	65.500,00 €	UE für Waren	98.500,00 €
Fremdinstandhaltung	1.500,00 €	Zinserträge	800,00 €
Gehälter	22.500,00 €		
Mieten	2.600,00 €		
Büromaterial	200,00 €		
Zinsaufwendungen	2.000,00 €		
Eigenkapital	5.000,00 €		
	99.300,00 €		**99.300,00 €**

5. Der Verkaufsraum in der Abteilung Damenoberbekleidung bei der Tom Hoss KG hat 450 m² bei einem Jahresumsatz von 2.250.000,00 €. Der Verkaufsraum der Abteilung Damenblusen und Pullover hat 180 m² bei einem Jahresumsatz von 980.000,00 €. Wie hoch ist der durchschnittliche Jahresumsatz je m² Verkaufsfläche in den beiden Abteilungen?

6. Bestimmen Sie den Rohgewinn sowie den Reingewinn für die nachfolgende GuV.

S	GuV		H
Aufw. f. Waren	491.400,00 €	Umsatzerl. f. Waren	1.050.000,00 €
Frachten und Fremdlager	18.650,00 €		
Fremdinstandhaltung	4.590,00 €		
Löhne	355.600,00 €		
Abschreibungen	18.500,00 €		
Mieten	8.000,00 €		
Büromaterial	3.450,00 €		
Zinsaufw.	14.510,00 €		
EK	135.300,00 €		
	1.050.000,00 €		**1.050.000,00 €**

5311246

ZUSAMMENFASSUNG

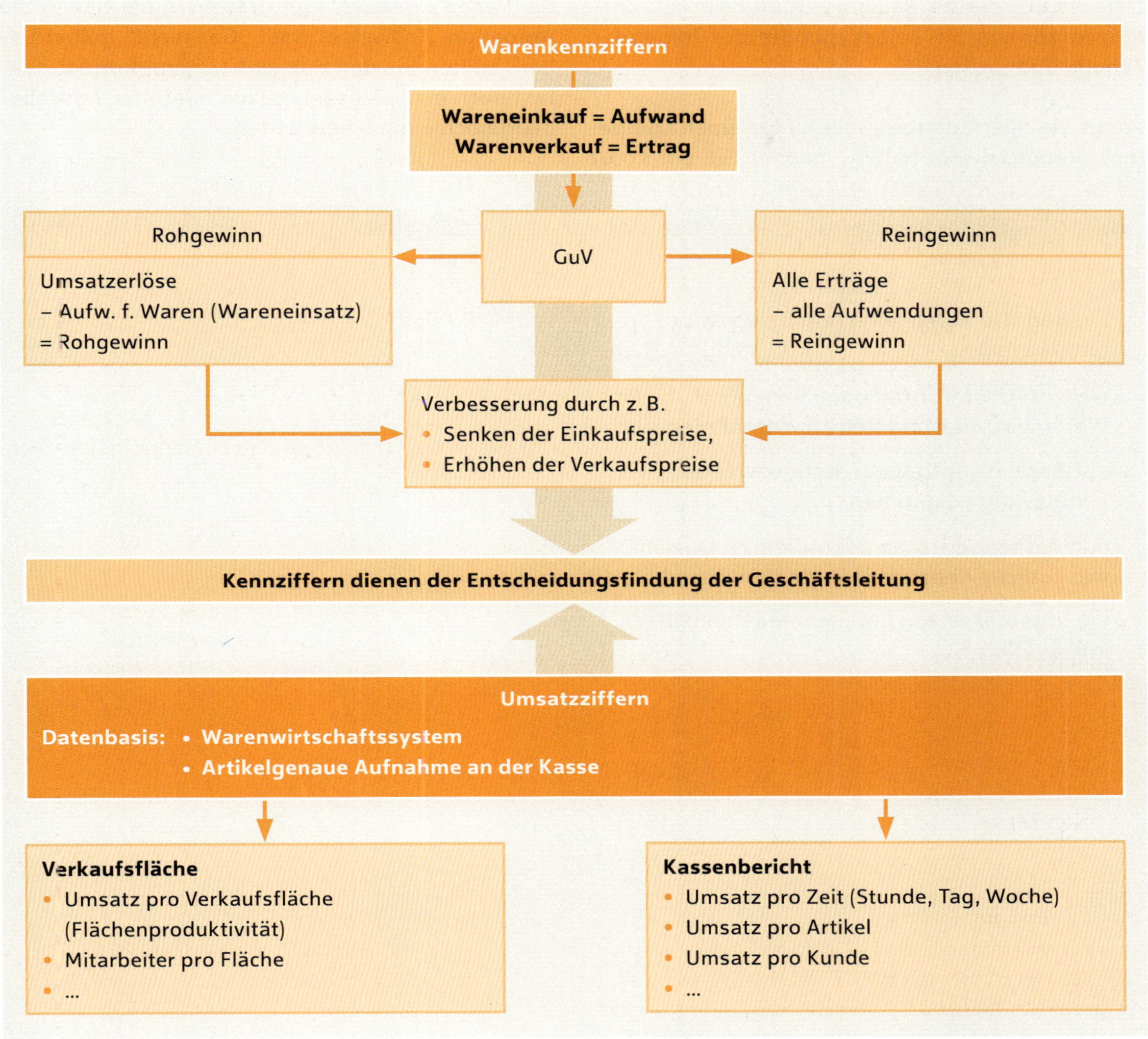

Man versteht erst dann etwas richtig, wenn man versucht, es einem anderen zu erklären. Dies führt zu einer erneuten gründlichen Auseinandersetzung mit dem gerade behandelten Thema.

1. Suchen Sie sich einen Partner.
2. Lesen Sie noch einmal die Zusammenfassung. Bei Verständnisproblemen schlagen Sie ggf. noch einmal im Informationstext nach.
3. Jeder formuliert vier Fragen, die mithilfe der Zusammenfassung beantwortet werden können.
4. Der Partner beantwortet Ihre Fragen und umgekehrt.

ICH ÜBERPRÜFE MEINE NEU ERWORBENEN KOMPETENZEN

Den Erwerb der zu Beginn aufgeführten Kompetenzen können Sie selbst mithilfe der folgenden Tabelle überprüfen.

Wenn Sie alle Aufgaben, die hinter einer Kompetenz stehen, gelöst haben, machen Sie ein Kreuz bei „Ganz“. Bei den Kompetenzen, bei denen Sie Aufgaben „Teilweise“ oder „Gar nicht“ gelöst haben, sollten Sie den dazugehörigen Informationstext noch einmal lesen und die Aufgaben anschließend noch einmal bearbeiten.

Was ich nach der Bearbeitung dieses Kapitels kann	Aufgaben	Ganz	Teilweise	Gar nicht
Ich kann ...				
... die Begriffe Rohgewinn und Reingewinn unterscheiden.	1, 2			
... wesentliche Informationen benennen, die einem Warenwirtschaftssystem zu entnehmen sind.	3			
... auf Basis einer GuV den Rohgewinn und den Reingewinn bestimmen.	2, 4, 6			
... aus Kassenberichten oder anderen Quellen wesentliche Kennziffern entnehmen und berechnen.	2, 5			
... die Ergebnisse von berechneten Kennziffern interpretieren.	1, 2			

5311248

8.11 Planung der Belegarbeit

Problemstellung

Die abgebildete Rechnung ist bei der Tom Hoss KG eingegangen. Jakub Nowak wird damit beauftragt, die notwendigen Bearbeitungsschritte vorzunehmen.

Spindler KG
Textilgroßhandlung

Spindler KG | Halberstädter Str. 16 | 31141 Hildesheim

Tom Hoss KG
Grunerstraße 120
10169 Berlin

Eingegangen am:
01.08.20..

Kunden-Nr.: 10366
Lieferdatum: 29.07.20..
Bestelldatum: 25.07.20..

Sachbearbeiter/-in: Herr Marx
Telefon: 05121 454545-45
Telefax: 05121 454545-11
E-Mail: marx@spindler-wvd.de

Rechnungs-Nr.: 90512
Rechnungsdatum: 31.07.20..

Rechnung

Pos.	Artikel-Nr.	Artikelbezeichnung	Menge und Einheit	Einzelpreis	Gesamtpreis
1	27282	Damenpullover	30 Stück	56,00 €	1.680,00 €
2	19501	Damenbluse	40 Stück	25,50 €	1.020,00 €
3	34205	Herrenanzug	50 Stück	110,00 €	5.500,00 €

Gesamtpreis		8.200,00 €
Rabatt	5 %	410,00 €
Warenwert		7.790,00 €
Umsatzsteuer	19 %	1.480,10 €
Rechnungsbetrag		**9.270,00 €**

Rechnung zahlbar innerhalb von 30 Tagen netto.
Bei Zahlung innerhalb von 7 Werktagen gewähren wir 1,5 % Skonto

1. Erläutern Sie, warum es sinnvoll ist, Bearbeitungsvorgänge beim Eingang einer Rechnung zu organisieren und zu vereinheitlichen.
2. Geben Sie an, welche Bearbeitungsschritte mit einer eingehenden Rechnung vorzunehmen sind.

EINORDNUNG DES THEMAS

Lernfeld 8: Geschäftsprozesse erfassen und kontrollieren

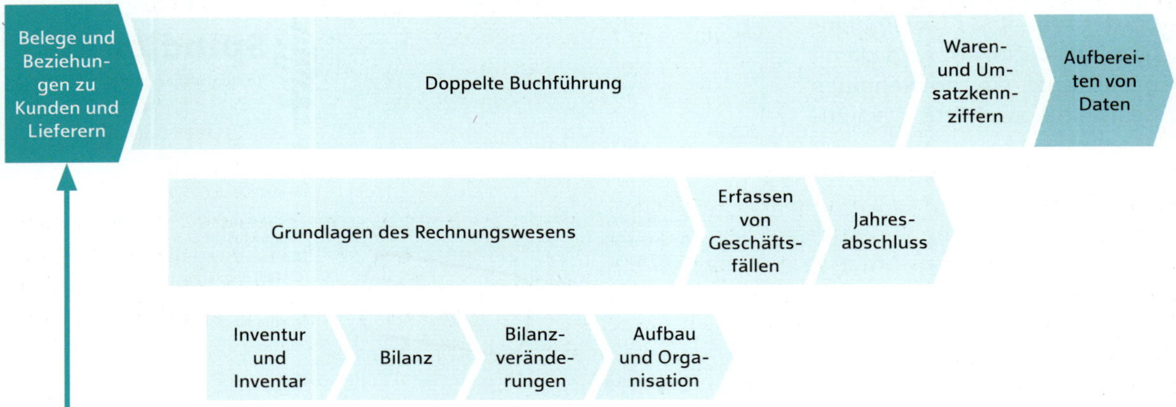

Kompetenzen

Nach Bearbeitung dieses Kapitels können Sie ...

... den Ablauf der Belegbearbeitung beschreiben.
... Belege sachlich prüfen.
... Belege rechnerisch prüfen.
... Belege kontieren.
... die Umsatzsteuer in Belegen berechnen.

INFORMATIONEN

Ablauf der Belegbearbeitung

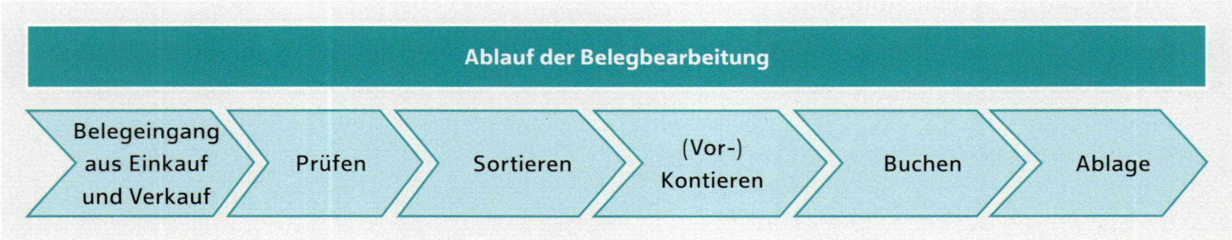

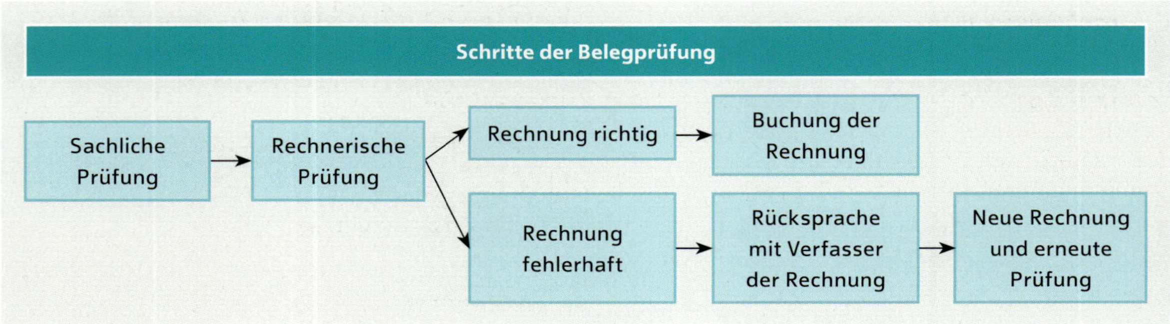

5311250

Prüfen

Jede Eingangsrechnung eines Unternehmens wird vor der Bezahlung überprüft. Der Geldstrom zum Kunden wird somit überwacht. Die Belegprüfung stellt sicher, dass die bestellten Waren gemäß den Bedingungen des Angebots geliefert wurden. Die Prüfung erfolgt nach einem festgelegten Prozess. Den Prozess der Belegprüfung (und Belegbearbeitung) erstellt jedes Unternehmen für sich.

Die Überprüfung beinhaltet häufig zwei Schritte. Zunächst erfolgt die Prüfung der sachlichen Richtigkeit der Rechnung. Als Nächstes erfolgt die rechnerische Überprüfung und schließlich die Bezahlung der Rechnung. Für eine sorgfältige Belegprüfung müssen alle der Rechnung zugrundeliegenden Dokumente vorliegen. Dies sind insbesondere die Bestellung und der Lieferschein. Bezieht sich eine Bestellung ausdrücklich auf ein konkretes Angebot, muss auch dieses Angebot zur Belegprüfung herangezogen werden.

Sachliche Prüfung

Die sachliche Prüfung der Rechnung wird in den meisten Unternehmen von der Person gemacht, die die Bestellung vorgenommen hat. Bei der Prüfung der sachlichen Richtigkeit einer Rechnung wird der Beleg hinsichtlich der folgenden Gesichtspunkte geprüft:

Prüfungsinhalt	Prüfungshandlung
• Wurde die gelieferte Ware/Dienstleistung überhaupt bestellt?	• Abgleich mit Bestellung (z. B. Auftrags-/Bestellnummer)
• Stimmen Art und Umfang der gelieferten Ware/erbrachten Dienstleistung?	• Abgleich mit Bestellung und Lieferschein (z. B. Artikelnummer, Anzahl, Gewicht, Größe)
• Werden die richtigen Einzelpreise ausgewiesen?	• Abgleich mit Bestellung
• Wurden die Liefer-/Leistungsvereinbarungen eingehalten?	• Abgleich mit Bestellung (gegebenenfalls Angebot)
• Erfüllt die Rechnung die umsatzsteuerlichen Anforderungen an eine ordnungsgemäße Rechnung?	• Abgleich mit § 14 Abs. 4 UStG (und eventuell Sondervorschriften) siehe Exkurs Umsatzsteuer in der Belegprüfung

Wenn der Bearbeiter die sachliche Richtigkeit feststellt, notiert er dies direkt auf dem Beleg (z. B. Stempel: „sachlich richtig“) und versieht den Prüfungsvermerk mit seiner Unterschrift/seinem Kürzel.

Rechnerische Prüfung

Bei der rechnerischen Prüfung einer Eingangsrechnung wird die Berechnung der Positionen überprüft. Hierzu werden die in Rechnung gestellten Verkaufspreise, die Umsatzsteuer, mögliche Rabatte und die Berücksichtigung eventueller Anzahlungen geprüft.

BEISPIEL

Jakub muss bei der Prüfung der Rechnung der Spindler KG folgende Beträge prüfen:

- 30 Stk. · 56,00 € = 1.680,00 €
  40 Stk. · 25,50 € = 1.020,00 €
  50 Stk. · 110,00 € = 5.500,00 €
  folgt: 1.680,00 € + 1.020,00 € + 5.500,00 € = 8.200,00 €
- Rabatt: $8.200,00\ € \cdot \frac{5}{100} = 410,00\ €$
- Warenwert:
  8.200,00 € − 410,00 € = 7.790,00 €
- USt: $7.790,00\ € \cdot \frac{19}{100} = 1.480,10\ €$
- Überweisungsbetrag:
  7.790,00 € + 1.480,10 € = 9.270,10 €

Bei Skontonutzung kommen folgende Berechnungen hinzu:

- Skonto: $9.270,10\ € \cdot \frac{1,5}{100} = 139,05\ €$
- Überweisungsbetrag:
  9.270,10 € − 139,05 € = 9.131,05 €

Nach der abschließenden Prüfung erhält die Eingangsrechnung den Vermerk „rechnerisch richtig" und die verantwortliche Person zeichnet diesen Vermerk ab. Der Vermerk erfolgt direkt auf der Rechnung. Häufig wird die erforderliche Buchung in der Buchhaltung des Unternehmens auch sofort vorgenommen.

Exkurs: Grundlagen der Umsatzsteuer in der Belegprüfung

Unternehmen können sich die gezahlten Umsatzsteuerbeträge als Vorsteuer vom Finanzamt erstatten lassen (sog. Vorsteuerabzug). Um diese Erstattung in Anspruch zu nehmen, muss dem Unternehmen jedoch eine ordnungsgemäße Rechnung im Sinne von § 14 Abs. 4 UStG vorliegen. Eine solche Rechnung muss grundsätzlich folgende Angaben enthalten:

- Vollständiger Name und Anschrift des leistenden Unternehmers sowie des Leistungsempfängers
- Steuernummer oder Umsatzsteuer-Identifikationsnummer des leistenden Unternehmers
- Ausstellungsdatum
- Rechnungsnummer (fortlaufend und einmalig)
- Menge und Art der gelieferten Gegenstände oder Umfang und Art der erbrachten sonstigen Leistung
- Zeitpunkt der Lieferung oder sonstigen Leistung
- Entgelt, das heißt der Nettopreis
- anzuwendender Steuersatz (7 %, 19 % oder Hinweis auf Steuerbefreiung)

Erleichterungen gibt es zum Beispiel bei:

- Rechnungen über Kleinbeträge bis 250,00 € brutto (§ 33 UStDV)
- Fahrausweisen, die als Rechnungen gelten (§ 34 UStDV)
- Rechnungen in besonderen Fällen § 14a UStG

In bestimmten Fallgruppen schuldet der Leistungsempfänger die Umsatzsteuer (§§ 13b, 14a UStG). Somit enthalten die Rechnungen keine ausgewiesene Umsatzsteuer. Solche Fälle sind zum Beispiel Bauleistungen, Leistungen von Schrotthändlern, bestimmte Leistungen von ausländischen Unternehmern.

Berechnung der Umsatzsteuer

Bei der Berechnung der Umsatzsteuer muss zunächst der Sachverhalt richtig erkannt werden. Anschließend muss das folgende Berechnungsschema beachtet werden.

	Prozent	BEISPIEL
Nettowert	**100 %**	300,00 €
+ 19 % Umsatzsteuer	+ 19 %	+ 57,00 €
= Bruttowert	= 119 %	= 357,00 €

Die Prozentwerte bleiben bei diesem Berechnungsschema immer gleich. Der Nettowert beträgt stets 100 %. Der Bruttowert beträgt stets 119 %. Eine Ausnahme bilden Umsätze, die nur mit dem ermäßigten Steuersatz belegt sind. Hier beträgt die Umsatzsteuer nur 7 % und somit entspricht der Bruttowert 107 %.

BEISPIEL 1

Die Tom Hoss KG verkauft einen Anzug für 500,00 € netto.

Die Umsatzsteuer darauf wird wie folgt berechnet:

$$500{,}00\ € \cdot \frac{19}{100} = 95{,}00\ €$$

Der Bruttowert lässt sich ähnlich berechnen:

$$500{,}00\ € \cdot \frac{119}{100} = 595{,}00\ €$$

Bei der Berechnung handelt es sich lediglich um eine Anwendung der Prozentrechnung. Eine andere Möglichkeit zur Berechnung sieht wie folgt aus:

Berechnung der Umsatzsteuer:
500,00 € · 0,19 = 95,00 €
Berechnung des Bruttowertes:
500,00 € · 1,19 = 595,00 €

Ist in einer Rechnung nur der Bruttobetrag angegeben, so ist die Umsatzsteuer aus diesem Betrag herauszurechnen.

BEISPIEL 2

Die Tom Hoss KG verkauft einen Gürtel für einen Rechnungsbetrag von 47,60 € inklusive 19 % USt.

Es handelt sich um eine Kleinbetragsrechnung. Daher ist die Umsatzsteuer nicht gesondert ausgewiesen.
Dem Beleg ist zu entnehmen, dass 19 % Umsatzsteuer enthalten sind. Es muss wie folgt gerechnet werden:

5311252

Berechnung des Nettowerts:

$$47{,}60\ € \cdot \frac{100}{119} = 40{,}00\ €$$

Berechnung der Umsatzsteuer:

$$47{,}60\ € \cdot \frac{19}{119} = 7{,}60\ €$$

Eine andere Möglichkeit, den Nettowert zu berechnen, sieht wie folgt aus:
Berechnung des Nettowerts:
47,60 € : 1,19 = 40,00 €

Folgen der Belegprüfung

Werden im Rahmen der Belegprüfung sachliche und/oder rechnerische Fehler in der Rechnung festgestellt, kontaktiert man möglichst schnell den Aussteller der Rechnung. Die Fehler werden besprochen. Dies erfolgt in der Regel telefonisch. Der Rechnungsaussteller wird dann zur Ausstellung einer neuen, fehlerfreien Rechnung aufgefordert. Es sollte geklärt werden, wie mit dem offenen Rechnungsbetrag und den Skontofristen verfahren wird.

Ausgangsrechnungen

Die Überprüfung von Ausgangsrechnungen ist nicht so weit verbreitet wie die Prüfung von Eingangsrechnungen. Sie erfolgt in der Regel durch den Bearbeiter, der im Unternehmen die Ausgangsrechnung erstellt. Es werden keine Vermerke auf der Rechnung vorgenommen, die die Prüfungshandlungen dokumentieren. Die korrekte Ausstellung von Rechnungen ist jedoch wichtig, damit die Kunden das Unternehmen als zuverlässigen Handelspartner wahrnehmen und die Rechnungen in ihrem Unternehmen problemlos bearbeiten können. Hierzu gehört, dass der Unternehmer die Umsatzsteuer, die er in Rechnung stellt, korrekt ausweist. Er muss Rechnungen ausstellen, die den Anforderungen des § 14 Abs. 4 UStG entsprechen.

Sortieren

Im Anschluss an die Belegprüfung erfolgt die Sortierung der Belege. Eine Möglichkeit der Sortierung ist die Sortierung nach der Belegart. Hierbei werden zumeist die Eingangsrechnungen (Kreditorenbelege) von den Ausgangsrechnungen (Debitorenbelege) strikt getrennt. Dies ist darin begründet, dass ihre weitere buchhalterische Erfassung unterschiedlich ist. Eine Sortierung nach Eigen- und Fremdbelegen ist auch denkbar.

(Vor-)Kontieren

Die (Vor-)Kontierung ist eine erste vorläufige Bearbeitung des Belegs durch die Stelle, an der der Beleg eingeht. Der Bearbeiter bringt einen Kontierungsstempel auf dem Beleg an und vermerkt, auf welchen Konten der Geschäftsfall gebucht werden soll (= Vorkontierung). Dieser Schritt erleichtert der Buchhaltungsabteilung die weitere Bearbeitung des Belegs. Die vorgenommene Kontierung wird überprüft und in der Regel dann gebucht.

BEISPIEL

Gebucht		
Konto	Soll	Haben
2000 Waren	7.790,00	
2600 Vorsteuer	1.480,10	
an 4400 Verb. a. LL		9.270,10
Datum:	Kürzel:	

Buchen

Buchen ist die Erfassung des Belegs in der Buchhaltung, das heißt die Eingabe des Buchungssatzes in die Buchhaltung. Der Buchungssatz wird durch die Erfassung im Grund- und Hauptbuch abgebildet. Die Buchung wird mit einem Buchungsvermerk auf dem Beleg bestätigt.

BEISPIEL

Gebucht		
Konto	Soll	Haben
2000 Waren	7.790,00	
2600 Vorsteuer	1.480,10	
an 4400 Verb. a. LL		9.270,10
Datum: 01.08.20..	Kürzel: JN	

Ablage

Im Anschluss an die Erfassung in der Buchführung wird jeder Beleg gemäß dem Ablagesystem des

Unternehmens abgelegt. Das Ablagesystem ist von Unternehmen zu Unternehmen unterschiedlich. Die Ablage kann zum Beispiel nach Kreditoren, Debitoren, Konten oder auch chronologisch (= in zeitlicher Reihenfolge) erfolgen. Belege, Kontoauszüge und Rechnungen sowie die Buchhaltung müssen gem. § 147 Abs. 3 S. 1 Abgabenordnung (AO) in der Regel zehn Jahre aufbewahrt werden.

Mit der ordnungsgemäßen Ablage ist die Belegbearbeitung abgeschlossen.

AUFGABEN

1. Nennen Sie die Prüfungen, die im Rahmen der sachlichen Belegprüfung vorgenommen werden.
2. Erläutern Sie die Prüfungen, die im Rahmen der rechnerischen Belegprüfung erfolgen.
3. Erläutern Sie, wie verfahren werden sollte, wenn sich im Rahmen der Belegprüfung Probleme ergeben.
4. Nennen Sie die Schritte der Belegbearbeitung in der richtigen Reihenfolge.
5. Erläutern Sie, warum die zeitnahe Prüfung von Eingangsrechnungen wichtig ist und begründen Sie, warum diese unbedingt vor der Zahlung erfolgen sollte.
6. Geben Sie an, welche Informationen einem Kontierungsstempel entnommen werden können.
7. Nennen Sie die Anforderungen an eine ordnungsgemäße Rechnung.
8. Berechnen Sie die Umsatzsteuer nach dem allgemeinen Steuersatz auf die folgenden Nettobeträge:
   a) 200,00 € **b)** 750,00 €
   c) 12.000,00 € **d)** 140.000,00 €
   e) 15,00 € **f)** 7.500,00 €
9. Berechnen Sie die Umsatzsteuer nach dem ermäßigten Steuersatz auf die folgenden Nettobeträge:
   a) 200,00 € **b)** 1.500,00
   c) 5.600,00 **d)** 32.000,00 €
   e) 7,00 € **f)** 143.000,00 €
10. Berechnen Sie die Umsatzsteuer nach dem allgemeinen Steuersatz aus den folgenden Bruttobeträgen:
    a) 238,00 € **b)** 1.011,50 €
    c) 3.570,00 € **d)** 32.725,00 €
    e) 14,28 € **f)** 89.250,00 €
11. Berechnen Sie die Umsatzsteuer nach dem ermäßigten Steuersatz aus den folgenden Bruttobeträgen:
    a) 321,00 € **b)** 10.165,00 €
    c) 727,60 € **d)** 369.150,00 €
    e) 24,61 € **f)** 38.787,50 €

ZUSAMMENFASSUNG

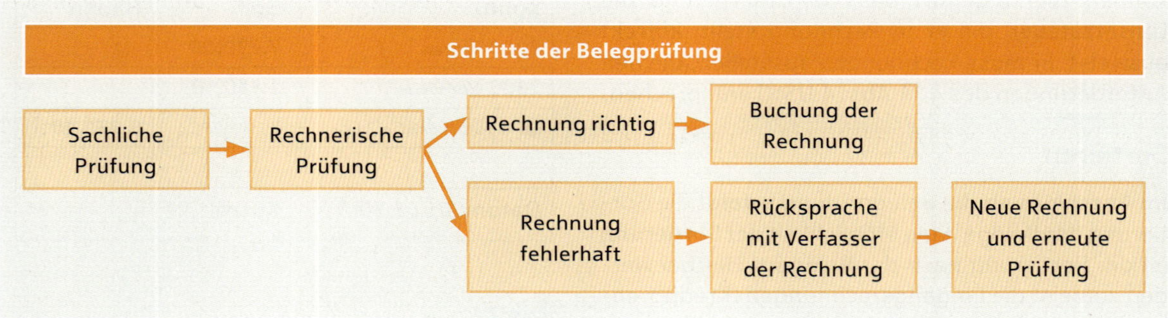

Ablauf der Belegbearbeitung

Belegeingang aus Einkauf und Verkauf → Prüfen → Sortieren → (Vor-) Kontieren → Buchen → Ablage

Berechnung der Umsatzsteuer

Grundlage:
Nettobetrag = 100 %
Umsatzsteuer = 19 %
Bruttobetrag = 119 %

auf den Nettobetrag	aus dem Bruttobetrag
Nettobetrag · 19 : 100 = Umsatzsteuer	Bruttobetrag · 19 : 119 = Umsatzsteuer
Nettobetrag · 119 : 100 = Bruttobetrag	Bruttobetrag · 100 : 119 = Nettobetrag

Man versteht erst dann etwas richtig, wenn man versucht, es einem anderen zu erklären. Dies führt zu einer erneuten gründlichen Auseinandersetzung mit dem gerade behandelten Thema.

1. Suchen Sie sich einen Partner.
2. Lesen Sie noch einmal die Zusammenfassung. Bei Verständnisproblemen schlagen Sie ggf. noch einmal im Informationstext nach.
3. Jeder formuliert vier Fragen, die mithilfe der Zusammenfassung beantwortet werden können.
4. Der Partner beantwortet Ihre Fragen und umgekehrt.

ICH ÜBERPRÜFE MEINE NEU ERWORBENEN KOMPETENZEN

Den Erwerb der zu Beginn aufgeführten Kompetenzen können Sie selbst mithilfe der folgenden Tabelle überprüfen.

Wenn Sie alle Aufgaben, die hinter einer Kompetenz stehen, gelöst haben, machen Sie ein Kreuz bei „Ganz“. Bei den Kompetenzen, bei denen Sie Aufgaben „Teilweise“ oder „Gar nicht“ gelöst haben, sollten Sie den dazugehörigen Informationstext noch einmal lesen und die Aufgaben anschließend noch einmal bearbeiten.

Was ich nach der Bearbeitung dieses Kapitels kann	Aufgaben	Ganz	Teilweise	Gar nicht
Ich kann ...				
... den Ablauf der Belegbearbeitung beschreiben.	3, 4, 5			
... Belege sachlich prüfen.	1			
... Belege kontieren.	6			
... die Umsatzsteuer in Belegen berechnen.	8, 9, 10, 11			

8.12 Die Aufbereitung von Daten

Problemstellung

Herr Franke, Leiter der Abteilung Rechnungswesen bei der Tom Hoss KG, hat Umsätze verschiedener Filialen für das erste Halbjahr vor sich liegen. Er bittet die beiden Auszubildenden Stefanie Beyer und Jakub Nowak, diese Daten übersichtlicher aufzubereiten.

Er möchte gerne Diagramme haben. Dabei sollen folgende Vorgaben beachtet werden:

- Es soll jeweils ein Diagramm erstellt werden, das die Umsätze jeder Filiale und den monatlichen Gesamtumsatz wiedergibt.
- Es soll jeweils ein Liniendiagramm erstellt werden, das die Umsätze einer Filiale im Zeitverlauf der ersten 6 Monate darstellt.
- In einem Kreisdiagramm für jeden Monat sollen die jeweiligen Anteile einer Filiale in Prozent dargestellt werden.
- Es soll ein Säulendiagramm erstellt werden, das die Summe aller Umsätze für die ersten 6 Monate darstellt.
- Es soll ein Balkendiagramm mit den durchschnittlichen Umsätzen jeder einzelnen Filiale erstellt werden.

Herr Franke gibt den beiden noch einen Tipp: „Erstellen Sie das doch mit einem Tabellenkalkulationsprogramm."

Umsätze der Filialen in Euro

	Januar	Februar	März	April	Mai	Juni
Köln	1.090.000,00 €	1.180.000,00 €	1.305.000,00 €	1.530.000,00 €	1.660.000,00 €	1.170.000,00 €
Hamburg	1.245.000,00 €	1.560.000,00 €	1.620.000,00 €	1.430.000,00 €	1.690.000,00 €	1.210.000,00 €
Frankfurt	1.650.000,00 €	1.825.000,00 €	1.965.000,00 €	1.880.000,00 €	1.735.000,00 €	1.440.000,00 €
Berlin	2.035.000,00 €	2.220.000,00 €	2.190.000,00 €	2.415.000,00 €	2.360.000,00 €	2.185.000,00 €

1. Was sind die Unterschiede zwischen einem Linien-, Säulen- und Kreisdiagramm?
2. Für welche Fragestellung sind die jeweiligen Diagramme am besten geeignet?

5311256

EINORDNUNG DES THEMAS

Lernfeld 8: Geschäftsprozesse erfassen und kontrollieren

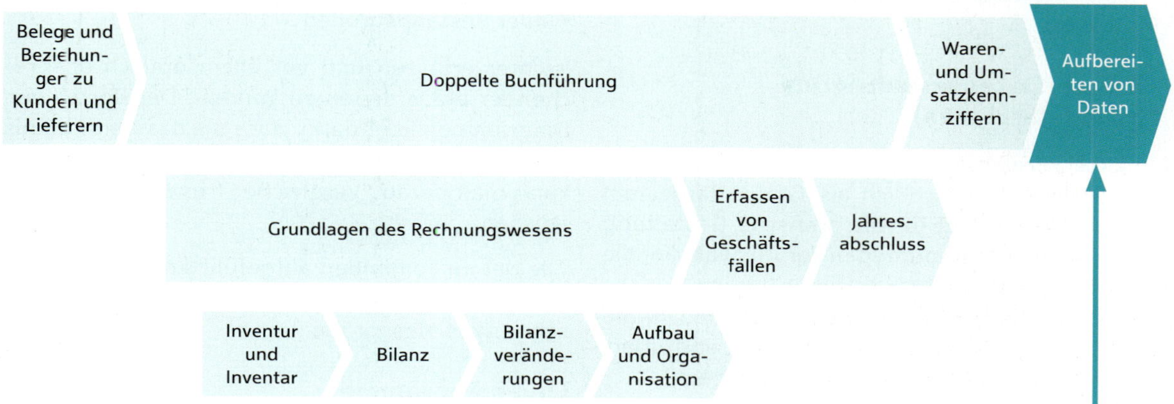

Kompetenzen

Nach Bearbeitung dieses Kapitels können Sie ...

... Kreis-, Säulen-, Balken- und Liniendiagramme erklären.
... die Anwendungsmöglichkeiten von verschiedenen Diagrammarten erläutern.
... Säulen- und Kreisdiagramme aus vorgegebenen Daten erstellen.
... Kennziffern ermitteln und diese im Zeit- und Betriebsvergleich auswerten.

INFORMATIONSTEXT

Berechnen von Daten

Das EDV-gestützte Warenwirtschaftssystem enthält eine Reihe von Daten. Das sind beispielsweise

- Umsatzdaten
- Artikeldaten
- Kundendaten
- Liefererdaten
- Stammdaten
- Lagerdaten
- usw.

Damit diese Daten gut analysiert werden können, müssen sie entsprechend aufbereitet werden. Dazu ist es notwendig, bestimmte Berechnungen durchzuführen. Diese sind abhängig von der Fragestellung.

BEISPIEL 1

Herr Franke möchte den Gesamtumsatz der vier Filialen für die jeweiligen Monate darstellen. Deshalb muss er beispielsweise die vier Umsätze der Filialen addieren.

Beispiel für Januar:

1.090.000 € + 1.245.000 € + 1.650.000 € + 2.035.000 € = 4.930.000 €

BEISPIEL 2

Herr Franke möchte den durchschnittlichen Umsatz im Monat Januar pro Filiale feststellen.

$$\frac{4.930.000}{4} = 1.505.000\ €$$

Es kann noch viele andere Fragestellungen geben, die auch weitere Berechnungen erfordern. Hier soll nur ein Teilbereich abgebildet werden.

Die Berechnung solcher Daten kann mithilfe von Tabellenkalkulationsprogrammen (z. B. Excel) erfolgen. So gibt es beispielsweise für das Addieren von mehreren Zahlen die Funktion „Summe" oder für das Berechnen des Durchschnitts die Funktion „Mittelwert".

Mit Excel Daten visualisieren (bildlich darstellen)

Mit Excel können die Werte einer Tabelle auf vielfältige Weise übersichtlich als Grafik dargestellt werden. Excel bietet für die grafische Gestaltung verschiedene Diagrammtypen zur Auswahl an, die sich noch jeweils weiter variieren lassen. Solche Diagramme sind wichtig für Präsentationen, da sie Tabellendaten grafisch wirkungsvoller und übersichtlicher darstellen als reine Zahlenreihen.

BEISPIEL eines Arbeitsablaufs

Stefanie Beyer möchte die Umsätze jeder Filiale und den monatlichen Gesamtumsatz als Balkendiagramm anzeigen. Sie geht von der Tabelle aus, die sie gerade angelegt hat.

- Zunächst gibt sie die Daten in Excel so ein, wie sie von Herrn Franke geliefert wurden (oder sie kopiert die Datei entsprechend).
- Sie markiert mit der Maus die erste Spalte mit den Städten und die Spalte mit allen Umsätzen von Januar.
- Sie ruft Einfügen – Diagramme – Balken auf.
- Sie wählt in der sich dann öffnenden Auswahlbox die gewünschte Art des Balkendiagramms aus.
- Anschließend kann das Diagramm noch auf vielfältige Weise gestaltet werde, indem man durch Rechtsklick auf das Diagramm das entsprechende Kontextmenü aufruft.

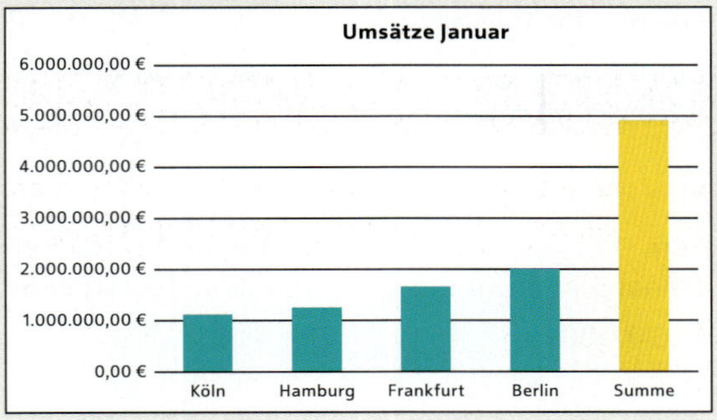

Diagrammarten

Ein Diagramm wird verwendet, um Werte wie

- Größenverhältnisse,
- Zahlenreihen
- oder Bestandsgrößen

leichter erfassen und vor allem optisch ansprechender präsentieren zu können. Der Vorteil von Diagrammen liegt darin, dass sie das Verständnis für die enthaltenen Informationen erhöhen: Leicht kann man daraus Vergleiche, Trends oder Muster ablesen.

Alle der im Folgenden aufgeführten Diagrammarten veranschaulichen die Zusammenhänge zwischen zwei Messgrößen.

Liniendiagramme

Möchte man Veränderungen über einen bestimmten Zeitraum zeigen, eignen sich besonders gut Liniendiagramme. Sie stellen also Trends oder Zeitreihen dar.

BEISPIEL 1

Es soll jeweils ein Liniendiagramm erstellt werden, das die Umsätze der Filiale Köln im Zeitverlauf der ersten 6 Monate darstellt.

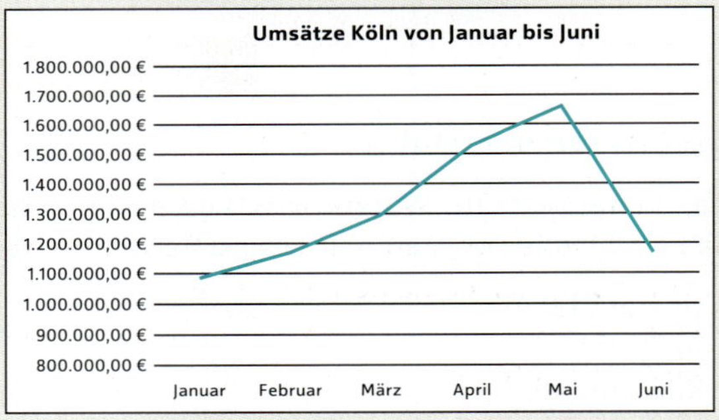

Die zwei abhängigen Werte (z. B. Monat, Kosten) ergeben Punkte. Diese werden miteinander durch Linien verbunden. Dies können Geraden – dann liegt das eigentliche Liniendiagramm vor – oder Kurven – dann spricht man auch von Kurvendiagrammen – sein.

Kreisdiagramme

Das Kreisdiagramm wird oft auch **Tortendiagramm** genannt. Mit einem solchen Diagramm kann man sehr gut den Anteil eines Einzelwerts an einem Gesamtwert zeigen. Die Werte werden dabei in Tortenstücken ähnelnden Kreissegmenten dargestellt, um die Größenverhältnisse der Anteile deutlich aufzuzeigen. Der ganze Kreis entspricht 100 Prozent; die Tortenstücke zeigen, wie die einzelnen Positionen im Verhältnis zueinander und zum Gesamtwert stehen. Mit einem Tortendiagramm kann man also die Struktur eines Gesamtwerts deutlich machen.

BEISPIEL 2

In einem Kreisdiagramm für jeden Monat sollen die jeweiligen Anteile einer Filiale in Prozent dargestellt werden.

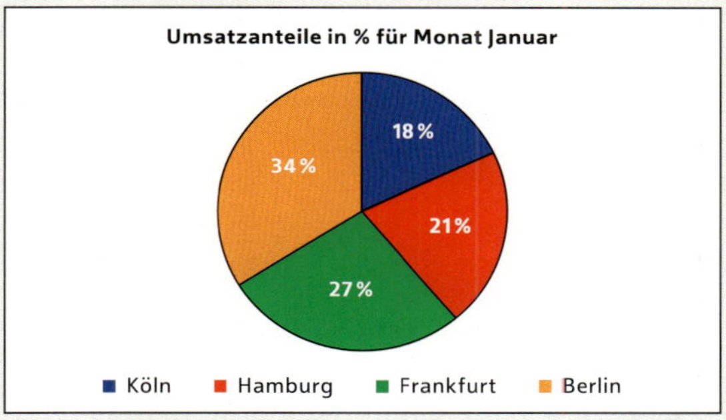

Säulendiagramme

Bei einem Säulendiagramm werden einzelne Werte durch Säulen dargestellt. Deren Höhe zeigt die Ausprägung der einzelnen Werte. Ein Säulendiagramm wird in der Regel verwendet, um Werte verschiedener Kategorien zu vergleichen.

BEISPIEL 3

Es soll ein Säulendiagramm erstellt werden, das die Summe aller Umsätze für die ersten 6 Monate darstellt.

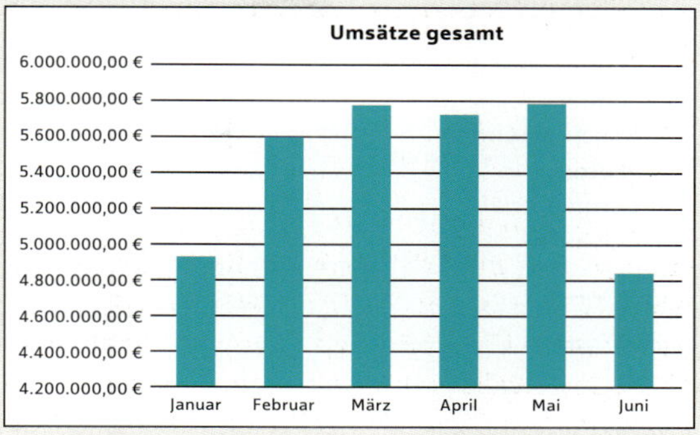

Ein Balkendiagramm ist eine Sonderform des Säulendiagramms, bei der die x- und y-Achse vertauscht werden.

BEISPIEL 4

Es soll ein Balkendiagramm mit den durchschnittlichen Umsätzen jeder einzelnen Filiale erstellt werden.

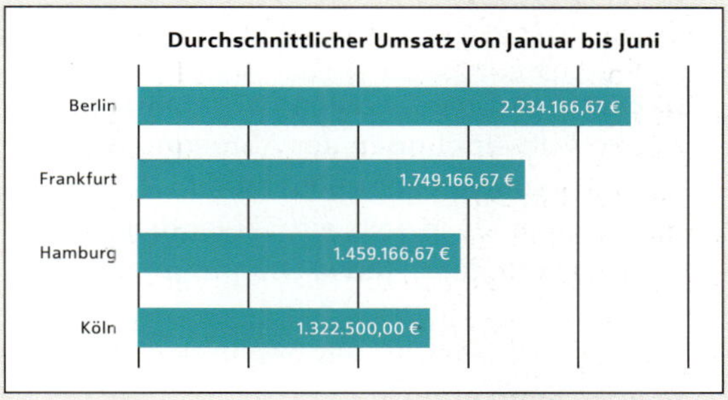

AUFGABEN

1. Erklären Sie mit eigenen Worten folgende Begriffe:
   a) Liniendiagramm
   b) Kreisdiagramm
   c) Säulendiagramm
   d) Balkendiagramm
2. Erläutern Sie mit eigenen Worten, wann man die Diagramme aus Aufgabe 1 anwenden kann.

3. Es liegen die beiden GuV-Rechnungen der Abteilung Herrenmode und der Abteilung Damenmode vor.

S	GuV Herrenmode		H
Aufw. f. Waren	491.400,00 €	Umsatzerl. f. Waren	1.050.000,00 €
Frachten und Fremdlager	18.650,00 €		
Fremdinstandhaltung	4.590,00 €		
Löhne	355.600,00 €		
Abschreibungen	18.500,00 €		
Mieten	8.000,00 €		
Büromaterial	3.450,00 €		
Zinsaufw.	14.510,00 €		
EK	135.300,00 €		
	1.050.000,00 €		**1.050.000,00 €**

S	GuV Damenmode		H
Aufw. f. Waren	425.000,00 €	Umsatzerl. f. Waren	780.000,00 €
Frachten und Fremdlager	12.800,00 €		
Fremdinstandhaltung	8.900,00 €		
Löhne	234.000,00 €		
Abschreibungen	12.800,00 €		
Mieten	4.500,00 €		
Büromaterial	1.400,00 €		
Zinsaufw.	24.500,00 €		
EK	56.100,00 €		
	780.000,00 €		**780.000,00 €**

a) Erstellen Sie ein Säulendiagramm, in dem alle Aufwendungen der Abteilung Herrenmode sinnvoll abgebildet sind.

b) Erstellen Sie jeweils ein Säulendiagramm jeder Abteilung. Jedes Diagramm soll die Umsätze und den Gewinn (EK) gegenüberstellen.

c) Erstellen Sie ein Kreisdiagramm, das den Gewinn beider Abteilungen enthält. Beschriften Sie die „Torten" in Prozent.

4. Bei der Tom Hoss KG wurden in den vergangenen zwei Geschäftsjahren für das erste Halbjahr folgende Daten ermittelt:

	Kundenzählung		**Umsatzentwicklung**	
	Vorjahr	**Aktuelles Jahr**	**Vorjahr**	**Aktuelles Jahr**
Januar	185.000	191.000	3.500.000 €	3.200.000 €
Februar	148.000	147.000	2.700.000 €	2.600.000 €
März	214.000	234.000	4.050.000 €	4.100.000 €
April	222.000	212.000	4.200.000 €	3.900.000 €
Mai	206.000	240.000	4.150.000 €	4.400.000 €
Juni	250.000	257.000	5.000.000 €	5.050.000 €
Gesamt	1.225.000	1.281.000	23.600.000 €	23.250.000 €

a) Erstellen Sie ein Liniendiagramm zur Kundenzählung mit dem Vorjahr und dem aktuellen Jahr.

b) Interpretieren (Erläutern) Sie die Ergebnisse zur Kundenzählung.

c) Erstellen Sie ein Liniendiagramm zur Umsatzentwicklung mit dem Vorjahr und dem aktuellen Jahr.

d) Interpretieren Sie die Ergebnisse zur Umsatzentwicklung.

e) Nehmen Sie weitere Interpretationen vor, die die Kundenzahl und die Umsatzentwicklung betreffen.

ZUSAMMENFASSUNG

Diagrammarten

- **Liniendiagramm**: stellt Trends oder Zeitreihen dar.
- **Kreisdiagramm**: macht die Struktur eines Gesamtwerts deutlich.
- **Säulendiagramm**: vergleicht Werte verschiedener Kategorien.

Man versteht erst dann etwas richtig, wenn man versucht, es einem anderen zu erklären. Dies führt zu einer erneuten gründlichen Auseinandersetzung mit dem gerade behandelten Thema.

1. Suchen Sie sich einen Partner.
2. Lesen Sie noch einmal die Zusammenfassung. Bei Verständnisproblemen schlagen Sie ggf. noch einmal im Informationstext nach.
3. Jeder formuliert vier Fragen, die mithilfe der Zusammenfassung beantwortet werden können.
4. Der Partner beantwortet Ihre Fragen und umgekehrt.

ICH ÜBERPRÜFE MEINE NEU ERWORBENEN KOMPETENZEN

Den Erwerb der zu Beginn aufgeführten Kompetenzen können Sie selbst mithilfe der folgenden Tabelle überprüfen.

Wenn Sie alle Aufgaben, die hinter einer Kompetenz stehen, gelöst haben, machen Sie ein Kreuz bei „Ganz“. Bei den Kompetenzen, bei denen Sie Aufgaben „Teilweise“ oder „Gar nicht“ gelöst haben, sollten Sie den dazugehörigen Informationstext noch einmal lesen und die Aufgaben anschließend noch einmal bearbeiten.

Was ich nach der Bearbeitung dieses Kapitels kann	Aufgaben	Ganz	Teilweise	Gar nicht
Ich kann …				
… Kreis-, Säulen-, Balken- und Liniendiagramme erklären.	1			
… die Anwendungsmöglichkeiten von verschiedenen Diagrammarten erläutern.	2			
… Säulen- und Kreisdiagramme aus vorgegebenen Daten erstellen.	3			
… Kennziffern ermitteln und diese im Zeit- und Betriebsvergleich auswerten.	3			

Lernfeld 9

Preispolitische Maßnahmen vorbereiten und durchführen

9.1 Einflussgrößen auf die Preisgestaltung

Problemstellung

Herr Deimann, Leiter der Abteilung Beschaffung der Tom Hoss KG, bekommt am Morgen folgenden Artikel vorgelegt:

> Die internationalen Baumwollpreise liegen seit Beginn des Jahres 2019 in einem deutlichen Aufwärtstrend. Dass die Preise so steigen, liegt vor allem an immer geringeren Rohstoffvorräten und daran, dass weltweit ein großes Kaufinteresse an Baumwolle besteht. Wirtschaftsfachleute gehen davon aus, dass zu Beginn des Jahres 2020 seit Langem zum ersten Mal die Marke von 0,70 USD pro lb (sprich: Pfund; 1 lb = 0,454 kg) überschritten wird. Voraussagen (Prognosen) zufolge wird sich dieser Preis in den folgenden Monaten auf dieser Höhe einpendeln, denn die Baumwollproduzenten (= Hersteller) liefern geringere Mengen, aber die Konsumenten haben ein ansteigendes Interesse am Kauf der Baumwolle. Die Fachleute erwarten, dass die Lagerbestände weltweit stark zurückgehen.

1. Was verstehen Sie unter einem Markt?
2. Warum steigt der Preis von Baumwolle?
3. Welche Folgen hat die Preissteigerung des Weltmarktpreises für Baumwolle für die Tom Hoss KG?

EINORDNUNG DES THEMAS

Lernfeld 9: Preispolitische Maßnahmen vorbereiten und durchführen

Einflussgrößen der Preisgestaltung → Maßnahmen der Preispolitik → Kalkulation der Verkaufspreise → Berücksichtigung der Preisangabenverordnung → Nutzung des Warenwirtschaftssystem für preispolitische Maßnahmen

Kompetenzen

Nach Bearbeitung dieses Kapitels können Sie ...

... den Markt als das Aufeinandertreffen von Angebot und Nachfrage definieren.
... die Bedeutung des Verkaufspreises als absatzpolitisches Instrument erkennen.
... interne und externe Einflussgrößen auf den Preis bestimmen.
... mögliche Marktformen unterscheiden.
... den vollkommenen Markt als Modell für Erklärungen von Verhaltensweisen von Marktteilnehmern anwenden.
... das Marktgleichgewicht grafisch darstellen und Gleichgewichtspreis sowie Gleichgewichtsmenge erläutern.
... Änderungen der Angebots- und Nachfragesituation an Beispielen darstellen.

INFORMATIONSTEXT

Bei der Festlegung der Verkaufspreise muss der Einzelhändler die Kostensituation seines Unternehmens berücksichtigen. Grundsätzlich müssen die Verkaufspreise langfristig die Gesamtkosten (Einstandspreise zuzüglich Handlungskosten) des Einzelhandelsunternehmens decken.

Der Einzelhändler muss bei der Preisgestaltung eine innerbetriebliche Kostensituation beachten. Aber auch außerbetriebliche Einflussgrößen sind wichtig. Zu den außerbetrieblichen Einflussgrößen gehören:

- die Preisempfehlungen der Hersteller
- das verfügbare Einkommen der Kunden
- das Verhalten der Kunden
- die Konkurrenzsituation
- die gesamtwirtschaftliche Entwicklung (Marktformen und Konjunktur)
- gesetzliche Bestimmungen, z. B. Regelungen des Gesetzes gegen den unlauteren Wettbewerb

Preisempfehlungen des Herstellers

DEFINITION

Preisempfehlungen des Herstellers sind Empfehlungen an den Handel, seine Waren zu diesen Preisen zu verkaufen. Der Händler ist an diese Empfehlungen nicht gebunden. Sie sind unverbindlich.

Unverbindliche Preisempfehlungen des Herstellers sind gesetzlich zulässig. Eine verbindliche Preisbindung durch den Hersteller ist gesetzlich nur bei Verlagserzeugnissen sowie bei verschreibungspflichtigen Pharmaerzeugnissen erlaubt.

Verfügbares Einkommen der Kunden

Das verfügbare Einkommen der Kunden beeinflusst die Preise eines Einzelhandelsbetriebes. Wenn der Kundenkreis eines Einzelhandelsbetriebes nur über ein geringes Einkommen verfügt, wird der Einzelhandelsbetrieb in erster Linie Waren der unteren Preislage führen.

Verhalten der Kunden

Das Verhalten der Kunden auf Preisänderungen ist abhängig von der Art der Waren. Bei Waren des Grund- und Gewohnheitsbedarfs (z. B. Fleisch, Gemüse, Milch) und Produktionsgütern reagieren Kunden wesentlich stärker auf Preisänderungen als bei Prestigewaren (z. B. Schmuck, Pelzwaren) oder Waren des Hobbybedarfs. Damit eignen sich Waren des Grund- und Gewohnheitsbedarfs eher für Preisaktionen als Prestige- und Luxusprodukte.

Konkurrenzsituation

Die Preispolitik eines Unternehmens wird von der Konkurrenzsituation (= Wettbewerbssituation) auf dem Markt beeinflusst.

DEFINITION

In der Betriebswirtschaft ist ein **Markt** das Aufeinandertreffen von Angebot und Nachfrage nach einem Gut oder einer Dienstleistung.

Die Hauptaufgabe des Markts ist es, das Angebot und die Nachfrage auszugleichen. Ein Hauptinstrument dabei ist der Preis.

Unternehmen machen ihre preispolitischen Maßnahmen oft von den erwarteten Preisreaktionen der Konkurrenten (Mitwettbewerber) abhängig. Sie verzichten teilweise auf Maßnahmen der Preispolitik, wenn sie damit rechnen, dass ihre Konkurrenten eine Preissenkung auch durchführen, um ihren Marktanteil zu halten.

Marktformen

Auf einem Markt können Waren von vielen, wenigen oder nur einem Anbieter angeboten und von vielen, wenigen oder nur einem Nachfrager nachgefragt werden. Typische **Marktformen** für den Einzelhandel sind die vollständige Konkurrenz und das Angebotsoligopol.

Marktformen nach Zahl der Teilnehmer				
		Zahl der Anbieter		
		einer	wenige	viele
Zahl der Nachfrager	einer	zweiseitiges Monopol	beschränktes Nachfragemonopol	Nachfragemonopol
	wenige	beschränktes Angebotsmonopol	zweiseitiges Oligopol	Nachfrageoligopol
	viele	Angebotsmonopol	Angebotsoligopol	Polypol

- **Monopol**
  Ein Monopol ist immer dann gegeben, wenn es entweder nur einen Anbieter oder nur einen Nachfrager (oder einen Anbieter und einen Nachfrager) gibt. Mögliche Monopole können staatliche Monopole sein (z. B. Stadtwerke), gesetzliche Monopole (etwa durch den Schutz von Patenten) oder natürliche Monopole durch die besondere geografische Lage (z. B. Diamantenvorkommen in Afrika).

  - Beim **Angebotsmonopol** besteht aufgrund der hohen Marktmacht der Anbieter eine Tendenz (= Entwicklung) zu hohen Preisen.
  - Beim **Nachfragemonopol** besteht aufgrund der hohen Marktmacht der Nachfrager eine Tendenz zu niedrigen Preisen.

- **Oligopol**
  Befinden sich nur wenige Anbieter oder wenige Nachfrager auf dem Markt, so wird von einem Oligopol gesprochen. Ein Oligopolist hat einen vergleichsweise hohen Marktanteil und dadurch immer noch eine hohe Marktmacht. Beim Angebotsoligopol ist der Marktanteil eines Anbieters so groß, dass seine preispolitischen Maßnahmen den Absatz der Mitanbieter fühlbar beeinflussen. In diesem Fall muss der Anbieter damit rechnen, dass seine Mitanbieter seine preispolitischen Maßnahmen mit Gegenmaßnahmen (z. B. ebenfalls mit Preissenkungen) beantworten.

- **Polypol**
  Wenn einer großen Zahl von Anbietern eine große Zahl von Nachfragern gegenübersteht, spricht man von einem Polypol. Es herrscht eine sogenannte **vollständige Konkurrenz**. Bei der vollständigen Konkurrenz ist der Einfluss des einzelnen Anbieters auf das Zustandekommen des Marktpreises so gering, dass von ihm vorgenommene Preisänderungen keine Auswirkungen auf die Mitwettbewerber haben.

Konjunktur

Neben Wetterlagen oder neuen Technologien beeinflusst auch die Konjunktur den Preis. Dies lässt sich durch die vier Phasen des Konjunkturzyklusses verdeutlichen:

In Phase 1, dem **Aufschwung**, findet eine Erholung und/oder eine Expansion (Ausweitung) statt, die Preise steigen und auch das Angebot.

In der Phase 2, der **Hochkonjunktur** oder dem Boom, sind alle Produktionsfaktoren ausgelastet, die Nachfrage ist höher als die Produktionsmenge, die Preise steigen noch langsam, das Angebot stagniert. Es verändert sich also nicht.

Im **Abschwung** (Phase 3) kommt es zu einem Rückgang der Nachfrage und des Angebotes, weil hohe Preise und hohe Zinsen die Wirtschaft „gebremst“ haben (= Rezession). Nun werden die Preise fallen.

In der Phase 4 des **Tiefstands** bzw. der Depression ist der Tiefpunkt im Konjunkturzyklus erreicht. Es herrschen Massenarbeitslosigkeit, ein niedriger Investitionswille und wenig Konsum bzw. Nachfrage. Hier ist auch der Tiefpunkt der Preise erreicht. Nun folgt wieder Phase 1.

Die Preisbildung auf dem vollkommenen Markt

Bei der Preisbildung spielen sehr viele Einflussgrößen eine Rolle. Grundsätzlich ist der Preis ein Zusammenspiel von Angebot und Nachfrage.

Angebot und Nachfrage regeln den Preis.

Eine wichtige Einflussgröße bei der Preisbildung ist die Anzahl der Marktteilnehmer. Im Folgenden wird die Preisbildung auf dem **vollkommenen Markt** (vollständige Konkurrenz) betrachtet.

Ein vollkommener Markt ist in einem Polypol gegeben. Das heißt, es existieren sehr viele Anbieter und sehr viele Nachfrager.

In der volkswirtschaftlichen Theorie werden weitere Annahmen für eine vollkommenen Markt getroffen, um die sehr viel komplexere Wirklichkeit der Preisbildung in einem Modell zu veranschaulichen.

Merkmale des vollkommenen Marktes

- Sämtliche Marktteilnehmer (Anbieter und Nachfrager) haben völlige Markttransparenz (Marktübersicht).
- Die Produkte sind homogen, das heißt, sie unterscheiden sich nicht in Art, Aufmachung oder Qualität.
- Sämtliche Reaktionen der Marktteilnehmer auf veränderte Marktsituationen treten sofort, ohne zeitliche Verzögerung ein.
- Es gibt keine räumlichen und zeitlichen Unterschiede, das heißt, Anbieter und Nachfrager treffen sich am selben Ort zur selben Zeit (Punktmarkt).
- Die Marktteilnehmer haben keine Präferenzen (Vorlieben) in Bezug auf die Person (z. B. freundlich/unfreundlich), auf die Sache (z. B. besserer Service), auf die Zeit (z. B. unterschiedliche Öffnungszeiten) oder auf den Raum (z. B. der „Laden nebenan").

BEISPIEL

Auf dem Wochenmarkt weiß Frau Schlaumann genau, wie hoch an den einzelnen Ständen die Gemüsepreise sind. Ihr ist auch bekannt, dass alle Gemüsehändler die gleiche Qualität anbieten. Sie hat auch keine Vorlieben oder Sympathien gegenüber einem Händler. Heute will sie 20 kg Kartoffeln kaufen und geht zufällig zu einem Händler. Diese erhöhte Nachfrage hätte auf einem vollkommenen Markt direkt eine Preiserhöhung der Kartoffeln zur Folge.

In der Wirklichkeit ist es natürlich nicht so, dass die Merkmale des vollkommenen Markts immer gegeben sind. Der Käufer hat in der Regel Präferenzen (= Vorlieben) und kann nicht immer den ganzen Markt überblicken. Außerdem unterscheiden sich die Produkte durchaus in der Qualität, sie sind also nicht homogen (= nicht gleich in der Qualität). Der Kauf auf dem Wochenmarkt hat auch keinen direkten Preisanstieg zur Folge.

Anbieter- und Nachfrageverhalten im vollkommenen Markt

Die Nachfrager der privaten Haushalte handeln nach dem Prinzip der **Nutzenmaximierung**. Dies bedeutet, dass die Nachfrager eine größtmögliche Bedürfnisbefriedigung mit ihrem begrenzten Einkommen erreichen wollen. Daher sind sie bestrebt, ihre Einkäufe so günstig wie möglich zu tätigen. Daraus folgt:

- Je höher der Preis, desto niedriger ist die Nachfrage.
- Je niedriger der Preis, desto höher ist die Nachfrage.

Die Anbieter, das heißt die Unternehmen, verfolgen das Ziel der **Gewinnmaximierung.** Sie möchten daher ihre Waren und Dienstleistungen so hoch wie möglich anbieten. Daraus folgt:

- Je höher der Preis, desto größer ist das Angebot.
- Je niedriger der Preis, desto geringer ist das Angebot.

BEISPIEL

Die Tom Hoss KG hat das Anbieter- und Nachfrageverhalten auf dem Baumwollmarkt analysiert. Dabei wurden in Bezug auf das wöchentliche Angebot und die wöchentliche Nachfrage auf dem deutschen Markt folgende Werte ermittelt:

Preis in US-$	Nachfragemenge in 1000 lb (Pfund)	Angebotsmenge in 1000 lb (Pfund)
0,30	98	10
0,40	90	20
0,50	83	30
0,60	75	40
0,70	68	50
0,80	60	60
0,90	53	70
1,00	45	80
1,10	38	90
1,20	30	100

Dieser Zusammenhang lässt sich auch grafisch in einem Koordinatensystem darstellen:

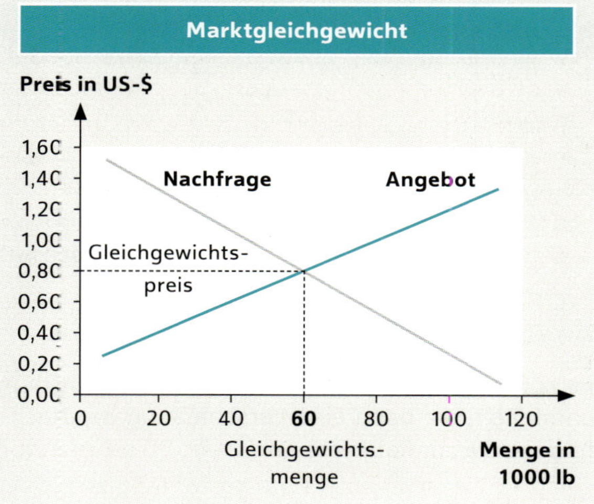

Im Koordinatensystem ist zu erkennen, wo der Gleichgewichtspreis und die Gleichgewichtsmenge sind, nämlich genau dort, wo sich Angebotskurve und Nachfragekurve schneiden (Marktgleichgewicht). Alle Anbieter auf dem deutschen Markt, die bereit sind, zum Gleichgewichtspreis von 0,80 US-$ ihre Baumwolle zu verkaufen, können ihre gesamte Produktion absetzen. Ebenso können bei diesem Preis alle Nachfrager, die bereit sind, den Preis zu zahlen, ihre gewünschte Menge Baumwolle kaufen. Es wird auch davon gesprochen, dass für die Anbieter und Nachfrager im vollkommenen Markt der **Preis ein Datum** ist. Dies bedeutet, dass weder Anbieter noch Nachfrager direkten Einfluss auf den Preis ausüben können.

Anbieter- und Nachfrageverhalten abseits des Gleichgewichtspreises

- **Angebotsüberhang**
  Was passiert mit den Anbietern, die Baumwolle zum höheren Preis, z. B. für 1,20 US-$, anbieten? Was passiert mit den Nachfragern, die bereit wären, einen höheren Preis zu zahlen (z. B. 1,20 US-$)? Dieser Sachverhalt ist auf der untenstehenden Grafik dargestellt.

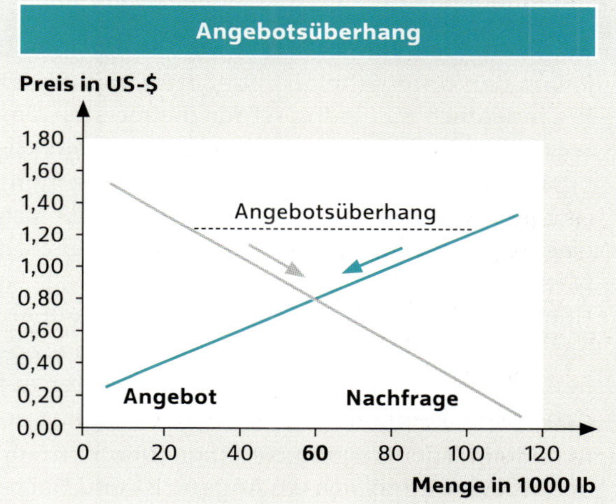

  Bei einem Preis von 1,20 US-$ sind 100.000 lb im Angebot, weil bei diesem hohen Preis deutlich mehr Unternehmen Baumwolle anbieten würden. Auf der anderen Seite steht nur eine nachgefragte Menge von 30.000 lb. Daraus ergibt sich ein Überangebot (Angebotsüberhang/Nachfragelücke) in Höhe von 70.000 lb. Diese Mengen werden die Unternehmen zu dem Preis nicht verkaufen können. Sie müssen die Preise senken (blauer Pfeil). Die Preissenkung hat zur Folge, dass mehr und mehr nachgefragt wird (grauer Pfeil). Schließlich treffen sich die Angebots- und Nachfragemenge wieder im Marktgleichgewicht.

- **Nachfrageüberhang**
  Was passiert mit den Anbietern, die Baumwolle zum niedrigeren Preis, z. B. für 0,40 US-$, anbieten? Was passiert mit den Nachfragern, die nur

bereit wären, einen niedrigeren Preis zu zahlen (z. B. 0,40 US-$)? Dieser Sachverhalt ist auf der untenstehenden Grafik dargestellt.

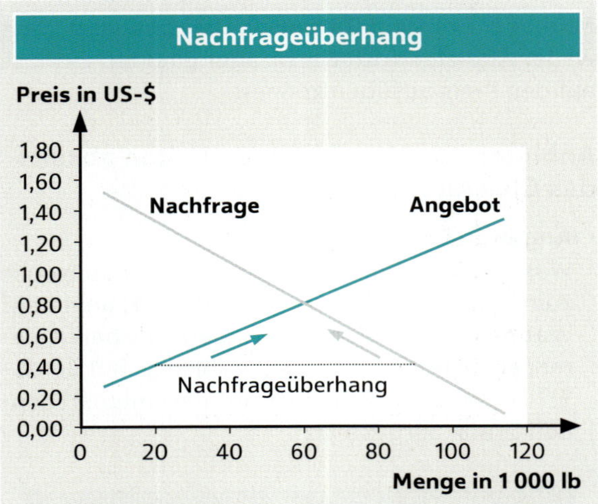

Bei einem Preis von 0,40 US-$ werden nur 20.000 lb von den Unternehmen angeboten, weil dieser Preis deutlich zu niedrig ist für die meisten Unternehmen, z. B. können viele hier ihre Produktionskosten nicht decken. Die nachgefragte Menge beträgt zugleich 90.000 lb. Daraus ergibt sich eine deutlich höhere Nachfrage, als angeboten wird (Nachfrageüberhang/Angebotslücke), in Höhe von 70.000 lb. Durch den Nachfrageüberhang werden die Unternehmen die Preise erhöhen (blauer Pfeil), wodurch mehr Anbieter auf den Markt kommen. Der erhöhte Preis hat einen Nachfragerückgang zur Folge (grauer Pfeil). Schließlich treffen sich die Angebots- und Nachfragemenge wieder im Marktgleichgewicht.

Änderungen der Angebotssituation

Auf den Märkten kommt es aufgrund verschiedenster Einflüsse häufig zu Veränderungen des Angebots oder der Nachfrage. Zunächst geht es um Angebotsverschiebungen.

BEISPIEL

Aufgrund einer weltweit günstigen Wetterlage ist die Baumwollernte sehr gut ausgefallen. Dadurch wird das Angebot an Baumwolle höher ausfallen, was in der Folge niedrigere Preis bedeutet.

In der untenstehenden Grafik ist das Ausgangsangebot mit A_0 dargestellt. Wenn nun aufgrund einer guten Ernte das Angebot steigt, verschiebt sich die Angebotskurve nach rechts (A_1). Der neue, gesunkene Gleichgewichtspreis befindet sich nun bei P_1 und die neue, gestiegene Gleichgewichtsmenge bei X_1.

BEISPIEL

Da im größten Anbauland für Baumwolle, China, im letzten Jahr eine Dürre herrschte, ist das Angebot in diesem Jahr deutlich geringer. Ein Preisanstieg ist die Folge.

Die Angebotskurve verschiebt sich bei einem geringeren Angebot nach links (A_2). Der neue, gestiegene Gleichgewichtspreis befindet sich nun bei P_2 und die neue, geringere Gleichgewichtsmenge bei X_2.

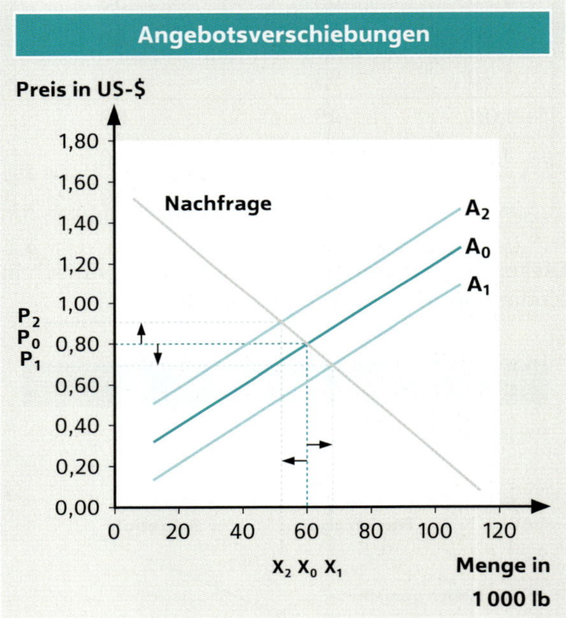

Änderungen der Nachfragesituation

Es können ebenso Veränderungen der Nachfrage entstehen, die dann eine Verschiebung der Nachfragekurve zur Folge haben.

BEISPIEL

Es ist ein neuer künstlicher Stoff entwickelt worden, der die Qualitätseigenschaften von Baumwolle enthält, aber deutlich günstiger ist. Dadurch kaufen viele Kunden, die vorher Baumwolle gekauft haben, nun diesen neuen Stoff.
→ Die Nachfrage an Baumwolle geht zurück.

In der untenstehenden Grafik ist die Ausgangsnachfrage mit N_0 dargestellt. Wenn nun aufgrund einer neuen Produktentwicklung die Nachfrage nach Baumwolle sinkt, verschiebt sich die Nachkurve nach links (N_1). Der neue, gesunkene Gleichgewichtspreis befindet sich nun bei P_1 und die neue ebenfalls geringere Gleichgewichtsmenge bei X_1.

BEISPIEL

Die neue Baumwolljacke „Cooly" ist ein weltweiter Trendsetter geworden. Dadurch steigt die Nachfrage nach Baumwolle in nahezu allen Ländern.

Die Nachfragekurve verschiebt sich nun nach rechts (N_2). Der neue, gestiegene Gleichgewichtspreis befindet sich nun bei P_2 und die neue, ebenfalls gestiegene Gleichgewichtsmenge bei X_2.

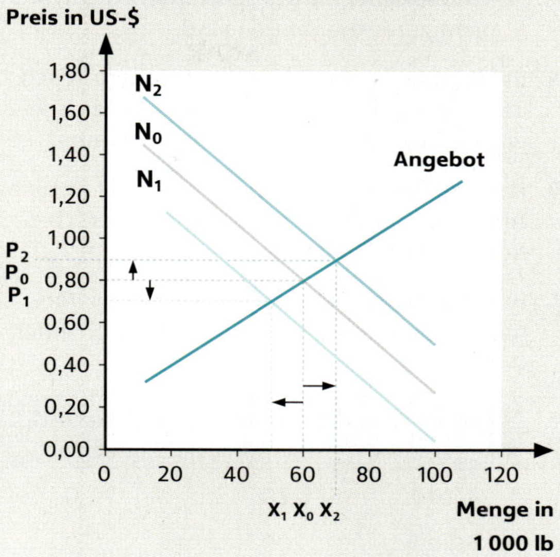

AUFGABEN

1. Von welchen Größen wird die Festsetzung der Verkaufspreise eines Unternehmens beeinflusst?

2. Bei welchen der folgenden Waren verhalten sich Kunden beim Einkauf besonders preisbewusst? Begründen Sie Ihre Meinung.
- **a)** Büroeinrichtungen
- **b)** modische Kleidung
- **c)** Brot
- **d)** Waschmittel
- **e)** Schmuck
- **f)** Pkw
- **g)** Schuhe
- **h)** Unterwäsche
- **i)** Gemüsekonserven
- **j)** Fotoapparate

3. Was würde passieren, wenn auf einem Wochenmarkt mit drei Gemüsehändlern der Händler Runge die Tomaten permanent zum halben Preis anbieten würde?

4. Welcher Marktform würden Sie den deutschen Automarkt zuordnen? Begründen Sie Ihre Antwort.

5. Nennen Sie für jede der neun Marktformen ein Beispiel.

6. Grenzen Sie die Begriffe Monopol, Oligopol und Polypol voneinander ab.

7. Welche Bedingungen liegen dem Modell des vollkommenen Marktes zugrunde?

8. Untersuchen Sie, welche Bedingungen des vollkommenen Marktes nicht erfüllt sind. Begründen Sie.
- **a)** Florian geht in die Fußgängerzone, um noch schnell für seine Oma zum Geburtstag einen Dampfkochtopf zu kaufen. Da er keine Zeit hat, wählt er das zweite Geschäft, das auf seinem Weg liegt. Das erste Geschäft hatte leider schon Ladenschluss.
- **b)** Julia möchte für ihre bevorstehende Fahrradtour eine Fahrradtasche kaufen. Sie informiert sich im Internet über zwei Taschen von unterschiedlichen Herstellern, die denselben Preis haben. Stiftung Warentest beurteilt aber die Tasche von Hersteller A deutlich besser als die von Hersteller B.
- **c)** Die Nachfrage nach Badebekleidung ist in diesem Sommer aufgrund des schlechten Wetters deutlich zurückgegangen. Tim, der im Herbst einen Spanienurlaub gebucht hat, möchte noch ein „Schnäppchen"

machen und eine günstige Badehose kaufen. Erstaunt stellt er fest, dass die Preise für Badehosen trotz schlechter Nachfrage nicht zurückgegangen sind.

9. Stellen Sie das Marktgleichgewicht grafisch dar und erläutern Sie die Größen „Gleichgewichtspreis“ und „Gleichgewichtsmenge“.

10. Nennen Sie jeweils drei Beispiele, die zu einer Angebots- und zu einer Nachfrageverschiebung führen können.

11. In der untenstehenden Tabelle ist das Verhalten von Anbietern und Nachfragern eines Produkts am Markt dargestellt.

Preis in €	Nachfrage in Stück	Angebot in Stück
40,00	220	0
50,00	200	20
60,00	180	40
70,00	160	60
80,00	140	80
90,00	120	100
100,00	100	120
110,00	80	140
120,00	60	160
130,00	40	180
140,00	20	200

a) Stellen Sie diesen Sachverhalt grafisch dar.
b) Kennzeichnen Sie in der Grafik den Gleichgewichtspreis und die Gleichgewichtsmenge.
c) Ermitteln Sie die Mengendifferenz bei einem Preis von 50,00 €. Liegt ein Angebots- oder ein Nachfrageüberhang vor?
d) Ermitteln Sie die Mengendifferenz bei einem Preis von 130,00 €. Liegt ein Angebots- oder ein Nachfrageüberhang vor?
e) Stellen Sie die ermittelten Werte aus c) und d) zeichnerisch dar.
f) Wohin werden sich Gleichgewichtspreis und Gleichgewichtsmenge entwickeln, wenn sich die Nachfragekurve nach rechts verschiebt?
g) Wohin werden sich Gleichgewichtspreis und Gleichgewichtsmenge entwickeln, wenn sich die Angebotskurve nach rechts verschiebt?

ZUSAMMENFASSUNG

Einflussgrößen der Preispolitik

sind

- Beschaffungskosten
- Kostensituation des Unternehmens
- Verhalten der Konkurrenten und Nachfrager
- Preisempfehlungen der Hersteller
- gesetzliche Bestimmungen
- gesamtwirtschaftliche Entwicklung

Anbieter … beeinflussen den **Nachfrager**

Marktpreis (vollkommener Markt)

Anbieter

- Je höher der Preis, desto größer ist das Angebot.
- Je niedriger der Preis, desto geringer ist das Angebot.

Angebotsüberhang

- Zu dem Preis wird mehr angeboten als nachgefragt.

Angebotsverschiebungen

- nach rechts → GG-Preis sinkt, GG-Menge steigt.
- nach links → GG-Preis steigt, GG-Menge steigt.

Nachfrager

- Je höher der Preis, desto niedriger ist die Nachfrage.
- Je niedriger der Preis, desto höher ist die Nachfrage.

Nachfrageüberhang

- Zu dem Preis wird mehr nachgefragt als angeboten.

Nachfrageverschiebungen

- nach rechts → GG-Preis und GG-Menge steigen.
- nach links → GG-Preis und GG-Menge fallen.

Man versteht erst dann etwas richtig, wenn man versucht, es einem anderen zu erklären. Dies führt zu einer erneuten gründlichen Auseinandersetzung mit dem gerade behandelten Thema.

1. Suchen Sie sich einen Partner.
2. Lesen Sie noch einmal die Zusammenfassung. Bei Verständnisproblemen schlagen Sie ggf. noch einmal im Informationstext nach.
3. Einer von Ihnen erläutert die Zusammenfassung dem Partner.
4. Dieser achtet auf Korrektheit und Vollständigkeit und wiederholt noch einmal.

ICH ÜBERPRÜFE MEINE NEU ERWORBENEN KOMPETENZEN

Den Erwerb der zu Beginn aufgeführten Kompetenzen können Sie selbst mithilfe der folgenden Tabelle überprüfen.

Wenn Sie alle Aufgaben, die hinter einer Kompetenz stehen, gelöst haben, machen Sie ein Kreuz bei „Ganz“.

Bei den Kompetenzen, bei denen Sie Aufgaben „Teilweise“ oder „Gar nicht“ gelöst haben, sollten Sie den dazugehörigen Informationstext noch einmal lesen und die Aufgaben anschließend noch einmal bearbeiten.

Was ich nach der Bearbeitung dieses Kapitels kann	**Aufgaben**	**Ganz**	**Teilweise**	**Gar nicht**
Ich kann ...				
... den Markt als das Aufeinandertreffen von Angebot und Nachfrage definieren.	1, 2, 3			
... die Bedeutung des Verkaufspreises als absatzpolitisches Instrument erkennen.	1, 2, 3			
... interne und externe Einflussgrößen auf den Preis bestimmen.	1, 2, 3			
... mögliche Marktformen unterscheiden.	4, 5, 6, 7			
... den vollkommenen Markt als Modell für Erklärungen von Verhaltensweisen von Marktteilnehmern anwenden.	8, 9			
... das Marktgleichgewicht grafisch darstellen und Gleichgewichtspreis sowie Gleichgewichtsmenge erläutern.	10, 12			
... Änderungen der Angebots- und Nachfragesituation an Beispielen darstellen.	11, 12			

5311272

9.2 Preisgestaltung und Preisstrategien

Problemstellung

Die Tom Hoss KG bezieht Rundschals von ihrem Lieferer zu einem Bezugspreis von 10,00 € je Stück. Sie kalkuliert diese Ware mit 30 % Handlungskosten und bietet sie ihren Kunden zum Nettoverkaufspreis von 19,36 € an. Bei diesem Preis verkauft sie von dieser Ware monatlich durchschnittlich 100 Stück.

Der Leiter der Verkaufsabteilung der Tom Hoss KG, Herr Staub, überlegt, ob er den Nettoverkaufspreis auf 18,50 € senken soll. Bei diesem Preis erwartet er einen durchschnittlichen Absatz von 130 Stück monatlich.

Treffen Sie eine Entscheidung über den Verkaufspreis.

EINORDNUNG DES THEMAS

Lernfeld 9: Preispolitische Maßnahmen vorbereiten und durchführen

Einflussgrößen der Preisgestaltung → **Maßnahmen der Preispolitik** → Kalkulation der Verkaufspreise → Berücksichtigung der Preisangabenverordnung → Nutzung des Warenwirtschaftssystem für preispolitische Maßnahmen

Kompetenzen

Nach Bearbeitung dieses Kapitels können Sie ...

... die Grundformen der Preisbildung unterscheiden.
... Preisstellungssysteme unterscheiden.
... preispolitische Maßnahmen von Einzelhandelsunternehmen erläutern.
... preispolitische Maßnahmen begründet auswählen.
... unterschiedliche Preisstrategien bewerten.

INFORMATIONSTEXT

DEFINITION

Die **Preispolitik** umfasst alle Entscheidungen, die sich mit der Festsetzung der Preise und der Lieferungs- und Zahlungsbedingungen für die vom Unternehmen angebotenen Leistungen beschäftigen.

Grundformen der Preisbildung

Bei der Preisbildung setzen Einzelhandelsbetriebe Verfahren ein, die einfach und wirtschaftlich anzuwenden sind.

Die drei wesentlichen Grundformen der Preisbildung im Handel sind die

- **Vorwärtskalkulation** (= progressive Preisbildung)
- **Rückwärtskalkulation** (= retrograde Preisbildung)
- **Differenzkalkulation** (= Differenzpreisbildung)

Bei der **Vorwärtskalkulation** wird der Verkaufspreis, zu dem die Ware mindestens verkauft werden soll, ausgehend von einem vorgegebenen Bezugspreis (= Einstandspreis) berechnet.

Bei der **Rückwärtskalkulation** wird der Bezugspreis (= Einstandspreis), zu dem die Ware höchstens eingekauft werden darf, ausgehend von einem vorgegebenen Verkaufspreis berechnet.

Bei der **Differenzkalkulation** wird der Gewinn, der sich durch den Verkauf einer Ware erzielen lässt, bei vorgegebenem Bezugspreis (= Einstandspreis) und vorgegebenem Verkaufspreis ermittelt.

Preisstellungssysteme

Bei der Preisstellung können nettopreisbezogene und bruttopreisbezogene Preisstellungssysteme eingesetzt werden.

Im Einzelhandel werden überwiegend nettopreisbezogene Systeme angewendet. Dabei addiert der Einzelhandelsbetrieb zu seinem Bezugspreis einen Kosten- und Gewinnzuschlag. Von diesem Preis gewährt der Einzelhandelsbetrieb keine Rabatte mehr.

Nettopreisbildungssystem

  Bezugspreis des Einzelhandelsbetriebs
+ Kosten- und Gewinnzuschlag

= Einkaufspreis des Kunden.

Beim **Bruttopreissystem** gewährt der Einzelhandelsbetrieb seinen Kunden dagegen auf einen Bruttopreis Rabatte unterschiedlicher Höhe.

BEISPIEL

Die Tom Hoss KG bietet einem Kunden eine Lederjacke zum Bruttopreis von 749,00 € abzüglich 10 % Treuerabatt an.

Preisstrategien

Hochpreisstrategie

Bei der Hochpreisstrategie legt der Einzelhandelsbetrieb den Preis der angebotenen Waren weit über dem Durchschnitt des Marktes fest. Diese Strategie bietet sich nur für Waren an, die eine hohe Qualität aufweisen und bei den Kunden ein hohes Ansehen genießen (z. B. Luxusmarken).

Niedrigpreisstrategie

Bei der Niedrigpreisstrategie legt der Einzelhandelsbetrieb ein niedriges Preisniveau fest. Er wirbt Kunden ausschließlich mit einem niedrigen Preis an. Dadurch versucht er Wettbewerber vom Markt zu verdrängen.

Abschöpfungsstrategie

Der Einzelhandelsbetrieb startet bei neuen Produkten mit einem hohen Anfangspreis, den er im Laufe der Zeit stetig senkt. So versucht er bei jeder Käufergruppe den höchstmöglichen Preis zu erzielen. Bei neuen Produkten will er also die Zahlungsbereitschaft in jeder Käuferschicht abschöpfen. Diese Strategie wenden Unternehmen häufig in der Technikbranche an (z. B. bei neuen Smartphones).

Penetrationsstrategie

Bei der Penetrationsstrategie startet der Einzelhandelsbetrieb bei neuen Produkten mit einem geringen Preis, den er im Laufe der Zeit langsam erhöht. Dadurch will er zu Beginn einen großen Kundenkreis gewinnen, damit sich das Produkt am Markt durchsetzen kann. Durch den niedrigen Preis sollen Wettbewerber am Markt abgeschreckt werden. Wenn das gelingt, kann der Einzelhandelsbetrieb den Preis erhöhen.

Maßnahmen der Preispolitik

Mischkalkulation

Die Marktsituation (Preise der Konkurrenz, Kundenverhalten) zwingt Einzelhändler häufig, Artikel ihres Sortiments mit unterschiedlichen Handelsspannen zu kalkulieren:

- Einige Artikel werden mit einer Handelsspanne kalkuliert, die nicht zur Deckung der Handlungskosten und zur Erwirtschaftung eines angemessenen Gewinns ausreicht. Man nennt die Artikel Ausgleichsnehmer.
- Andere Artikel werden mit einer überdurchschnittlichen Handelsspanne zum Ausgleich der Ausgleichsnehmer kalkuliert. Diese Artikel nennt man Ausgleichsträger.

Dieses Verfahren nennt man **Misch-** oder **Ausgleichskalkulation**.

Ausgleichsnehmer sind häufig Artikel, bei denen sich die Käufer sehr preisbewusst verhalten. Das sind insbesondere Waren des lebensnotwendigen und täglichen Bedarfs und Artikel mit aufgedruckten Preisempfehlungen. Durch die Unterbietung der Preisempfehlungen kann der Handelsbetrieb seine Preiswürdigkeit verdeutlichen.

Als **Ausgleichsträger** eignen sich besonders Artikel, bei denen sich die Kunden weniger preisbewusst verhalten, weil sie nur einen geringen Marktüberblick haben. Dies ist häufig bei Waren des aperiodischen und gehobenen Bedarfs der Fall, z. B. bei Wohnzimmereinrichtungen, hochwertiger Kleidung.

BEISPIEL

	Artikel 1 (Ausgleichsträger)	Artikel 2 (Ausgleichsnehmer)
Einstandspreis	100,00 €	140,00 €
+ Handlungskosten	40,00 €	60,00 €
= Selbstkostenpreis	140,00 €	200,00 €
Nettoverkaufspreis	130,00 €	210,00 €
Fehlbetrag/Überschuss	– 10,00 €	+ 10,00 €

Sonderangebote

Bei Sonderangeboten werden einzelne normal kalkulierte Waren für kurze Zeit zu vergleichsweise niedrigen Preisen angeboten.

Mit Sonderangeboten verfolgen Einzelhandelsunternehmen unterschiedliche Ziele.

Sonderangebote dienen dazu,

- die Preiswürdigkeit des Sortiments des Anbieters zu verdeutlichen,
- den Verkauf von möglichen Ladenhütern zu beschleunigen und damit zusätzliche Kosten (Lagerkosten, Kapitalbindung, Verderb) zu vermeiden.

Gelegentlich werden Sonderangebote auch dazu benutzt, die Liquiditätslage (Zahlungsfähigkeit) des Anbieters kurzfristig zu verbessern.

Preisdifferenzierung

DEFINITION

Preisdifferenzierung liegt vor, wenn ein Unternehmen die gleiche Ware oder Dienstleistung zu unterschiedlichen Preisen anbietet.

Durch Preisdifferenzierung passt sich ein Einzelhandelsbetrieb mit seiner Preisstellung unterschiedlichen Marktgegebenheiten an.

Formen der Preisdifferenzierung			
räumliche Preisdifferenzierung	**personelle Preisdifferenzierung**	**zeitliche Preisdifferenzierung**	**mengenmäßige Preisdifferenzierung**
Die gleiche Ware wird an verschiedenen Orten zu verschiedenen Preisen angeboten.	Die gleiche Ware wird unterschiedlichen Kundengruppen zu unterschiedlichen Preisen angeboten.	Die gleiche Ware oder Dienstleistung wird zu verschiedenen Zeiten zu unterschiedlichen Preisen angeboten.	Bei Abnahme größerer Mengen einer Ware wird ein günstigerer Preis gewährt.
BEISPIEL	**BEISPIEL**	**BEISPIEL**	**BEISPIEL**
Ein Filialunternehmen bietet seine Ware an Orten mit vielen Konkurrenzbetrieben günstiger an als an Orten ohne Konkurrenzbetriebe.	Ein Händler gibt Ware an Handwerker preiswerter ab als an andere Kunden.	Zur zeitlichen Preisdifferenzierung gehören verbilligte Angebote von Saisonwaren außerhalb der Saison (z. B. günstigere Preise für Heizöl im Sommer).	Ein Gärtnereibetrieb setzt den Stückpreis für Blumen einer Sorte ab dem Kauf von 100 Stück niedriger an als beim Kauf geringerer Mengen.

Rabattgewährung

DEFINITION

Rabatte sind Nachlässe von einheitlich festgelegten Bruttopreisen.

Der einmal von einem Anbieter festgelegte Preis für eine Ware kann durch die Gewährung von Rabatten oder Naturalrabatten verändert werden.

Rabatte können u. a. gewährt werden:

- für die Abnahme größerer Mengen (Mengenrabatt)
- an langjährige Kunden (Treuerabatt)
- an Händler und Produktionsbetriebe (Wiederverkäuferrabatt)
- an Betriebsangehörige (Personalrabatt)
- für vorzeitige Zahlung (Skonto)
- wenn der Kunde am Ende eines Jahres einen bestimmten Mindestumsatz erreicht oder überschritten hat (Bonus)

Naturalrabatte sind Rabatte, die in Form von Waren gewährt werden. Sie können als **Draufgabe** oder **Dreingabe** gewährt werden. Bei der Draufgabe muss der Kunde die bestellte Ware bezahlen und erhält zusätzliche Ware gratis.

Bei der Dreingabe muss der Kunde nur einen Teil der bestellten Ware bezahlen, der Rest ist gratis.

BEISPIEL

Ein Kunde kauft 12 Flaschen Wein. Der Einzelhändler gewährt einen Naturalrabatt von zehn Flaschen.

Draufgabe:
Kunde wünscht: 12 Flaschen
Kunde erhält: 13 Flaschen
Kunde bezahlt: 12 Flaschen

Dreingabe:
Kunde wünscht: 12 Flaschen
Kunde erhält: 12 Flaschen
Kunde bezahlt: 11 Flaschen

Konditionengewährung

DEFINITION

Konditionen sind die Lieferungs- und Zahlungsbedingungen, die zwischen Verkäufer und Käufer vereinbart werden.

Unternehmen bieten kundenfreundliche Konditionen an, um:

- neue Kunden zu gewinnen
- Kunden dauerhaft als Stammkunden zu erhalten
- den Absatz mit bestehenden Kunden zu erhöhen

Absatzfördernde Lieferungs- und Zahlungsbedingungen sind:

- schnelle und kostenfreie Zustellung der gekauften Ware mit betriebseigenen und betriebsfremden Fahrzeugen, mit der Post oder mit der Bahn
- Übernahme des Transportrisikos durch den Anbieter
- Vereinbarung, dass gebrauchte Güter (z. B. Büromaschinen) in Zahlung genommen werden
- Einräumung von Zahlungsbedingungen, die dem Kunden eine nachträgliche Bezahlung der Ware erlauben

BEISPIEL

- Teilzahlungsverkäufe: Der Käufer kann den Kaufpreis in Raten begleichen.
- Zielverkäufe: Der Käufer zahlt den Kaufpreis bis zu einem bestimmten Zeitpunkt, z. B. innerhalb 30 Tagen.

Durch die Einräumung von Zahlungsbedingungen, die eine nachträgliche Bezahlung der Ware erlauben, gewährt der Anbieter seinen Kunden einen Kredit.

Psychologische Preisfestsetzung

Im Einzelhandel geht man häufig davon aus, dass Kunden positiver auf Preise reagieren, die mit einer gebrochenen Zahl enden.

BEISPIEL

12,85 €

Außerdem geht man davon aus, dass die Kunden positiver auf Preise reagieren, die unmittelbar unter einer runden Zahl liegen.

BEISPIEL

0,99 € statt 1,00 €

198,00 € statt 200,00 €

AUFGABEN

1. Unterscheiden Sie die drei wesentlichen Grundformen der Preisbildung im Einzelhandel.

2. Unterscheiden Sie nettopreisbezogene und bruttopreisbezogene Preisstellungssysteme.

3. Unterscheiden Sie Hochpreisstrategie und Niedrigpreisstrategie.

4. Ein Fachhändler für Unterhaltungselektronik hat ein neues hochwertiges Fernsehgerät mit vielfältigen neuen Anwendungsmöglichkeiten in sein Sortiment aufgenommen. Er überlegt, welche Preisstrategie er bei dieser neuen Ware anwenden soll. Schlagen Sie eine Preisstrategie vor. Begründen Sie Ihren Vorschlag.

5. a) Was versteht man unter Mischkalkulation?
   b) Warum wenden Einzelhandelsbetriebe bei der Preisgestaltung die Mischkalkulation an?

6. Welche Ziele verfolgen Unternehmen mit Sonderangeboten?

7. Um welche Formen der Preisdifferenzierung handelt es sich in den folgenden Fällen?
   a) Skier werden im Sommer zu günstigeren Preisen angeboten als zur Weihnachtszeit.
   b) Der Preis für eine Normalpackung beträgt 2,58 €. Der Preis für eine Doppelpackung beträgt nur 4,98 €.
   c) Die Obst- und Gemüsehandlung Frischkauf bietet in ihrer Osnabrücker Zweigniederlassung Blumenkohl zu 2,00 € je Kopf an. In ihrer Göttinger Zweigniederlassung verlangt sie nur 1,50 € je Kopf.

8. Warum zeichnen Einzelhändler ihre Waren häufig mit gebrochenen Preisen aus?

9. Beim Kauf von zehn Apfelsinen erhalten Kunden in einem Supermarkt eine Apfelsine gratis. Um welche Rabattart handelt es sich in diesem Fall?

10. Zwei konkurrierende Fachgeschäfte bieten eine Ware zu gleichen Nettoverkaufspreisen an. Ihre Lieferungsbedingungen weisen jedoch Unterschiede auf:

    Fachgeschäft 1: Lieferung innerhalb von 14 Tagen nach Auftragseingang. Der Versand erfolgt auf Kosten des Verkäufers.

    Fachgeschäft 2: Lieferung innerhalb von zehn Tagen nach Auftragseingang. Der Versand erfolgt auf Kosten und Gefahr des Käufers.
    a) Unter welcher Voraussetzung würde ein Kunde das Angebot des Fachgeschäfts 1 vorziehen?
    b) Unter welcher Voraussetzung würde ein Kunde das Angebot des Fachgeschäfts 2 vorziehen?
    c) Wie müsste das Fachgeschäft 2 seine Konditionen ändern, damit die Kunden sein Angebot auf jeden Fall dem seines Konkurrenten vorziehen?

11. Ein Computerhändler bietet einem Kunden ein neues leistungsfähiges Computersystem an. Der Kunde zeigt wenig Interesse, da er erst vor einem Jahr neue Computer gekauft hat. Welches Angebot könnte der Händler seinem Kunden machen?

12. Das Bekleidungsfachgeschäft Freud OHG bietet seinen Kunden die folgenden Artikel preisgünstig an:
    - Damenblazer in Bouclé-Optik, Gr. 36–46, zum Preis von 49,95 €
    - Denim-Blazer, Gr. 36–46, zum Preis von 45,95 €
    - Jacke im aktuellen Trench-Stil, Gr. 36–46, zum Preis von 59,95 €
    - Baumwoll-Stretch-Hose, Gr. 48–52, zum Preis von 29,95 €
    - Krempel-Jeans, Gr. 48–52, zum Preis von 39,95 €

    Die Tom Hoss KG möchte mit einer Sonderaktion auf das Angebot seines Mitbewerbers Freud reagieren. Herr Hoss bittet die Auszubildenden Stefanie Beyer und Jakub Nowak, eine entsprechende Sonderaktion vorzubereiten. Versetzen Sie sich in die Rolle von Stefanie Beyer oder Jakub Nowak.
    a) Entwickeln Sie ein schlüssiges Konzept für die Sonderaktion.
    b) Präsentieren Sie das Konzept Ihren Mitschülerinnen und Mitschülern.

13. a) Informieren Sie sich über aktuelle Sonderangebote Ihres Ausbildungsbetriebs.
    b) Informieren Sie sich über Gründe für diese Sonderangebote.

c) Stellen Sie die Ergebnisse in Ihrer Klasse vor. Benutzen Sie dabei ein Präsentationsmittel Ihrer Wahl.

ZUSAMMENFASSUNG

Preisstrategien

sind

- Hochpreisstrategie
- Niedrigpreisstrategie
- Abschöpfungsstrategie
- Penetrationsstrategie

Maßnahmen der Preis- und Konditionenpolitik

sind

Sonderangebote

= Angebot einzelner Artikel zu reduzierten Preisen ohne Fristsetzung

Preisdifferenzierung

= Angebot gleicher Waren und Dienstleistungen zu unterschiedlichen Preisen:
- räumliche Preisdifferenzierung
- personelle Preisdifferenzierung
- zeitliche Preisdifferenzierung
- mengenmäßige Preisdifferenzierung

Rabattgewährung

= Gewährung von Preisnachlässen:
- Mengenrabatt (Bar- und Naturalrabatt)
- Wiederverkäuferrabatt
- Treuerabatt
- Personalrabatt
- Skonto
- Bonus

Konditionengewährung

- Zahlungsbedingungen
- Lieferungsbedingungen

Man versteht erst dann etwas richtig, wenn man versucht, es einem anderen zu erklären. Dies führt zu einer erneuten gründlichen Auseinandersetzung mit dem gerade behandelten Thema.

1. Suchen Sie sich einen Partner.
2. Lesen Sie noch einmal die Zusammenfassung. Bei Verständnisproblemen schlagen Sie ggf. noch einmal im Informationstext nach.
3. Einer von Ihnen erläutert die Zusammenfassung dem Partner.
4. Dieser achtet auf Korrektheit und Vollständigkeit und wiederholt noch einmal.

ICH ÜBERPRÜFE MEINE NEU ERWORBENEN KOMPETENZEN

Den Erwerb der zu Beginn aufgeführten Kompetenzen können Sie selbst mithilfe der folgenden Tabelle überprüfen.

Wenn Sie alle Aufgaben, die hinter einer Kompetenz stehen, gelöst haben, machen Sie ein Kreuz bei „Ganz". Bei den Kompetenzen, bei denen Sie Aufgaben „Teilweise" oder „Gar nicht" gelöst haben, sollten Sie den dazugehörigen Informationstext noch einmal lesen und die Aufgaben anschließend noch einmal bearbeiten.

Was ich nach der Bearbeitung dieses Kapitels kann	**Aufgaben**	**Ganz**	**Teilweise**	**Gar nicht**
Ich kann ...				
... die Grundformen der Preisbildung unterscheiden.	1			
... Preisstellungssysteme unterscheiden.	2			
... preispolitische Maßnahmen von Einzelhandelsunternehmen erläutern.	5, 7, 9			
... preispolitische Maßnahmen begründet auswählen.	5, 6, 8, 10, 11, 12, 13			
... unterschiedliche Preisstrategien bewerten.	3, 4			

9.3 Preiskalkulation

Problemstellung

Die Tom Hoss KG hat von der Ernst Puszkat KG Hemden der Marke „Active Clothes“ angeboten bekommen. Es ist nun fraglich, ob sie das Angebot dieses namhaften Herstellers annimmt und die Hemden in die Produktpalette aufnimmt oder nicht.

Frau Piekaski aus der Verkaufsabteilung beauftragt Jakub Nowak damit, den Bruttoverkaufspreis der Hemden zu kalkulieren, um dann eine Entscheidung über das weitere Vorgehen zu treffen.

Ernst Puszkat KG

Ernst Puszkat KG | Pfarrer-Brantzen-Str. 84 | 31542 Bad Nenndorf

Tom Hoss KG
Grunerstraße 120
10169 Berlin

Kunden-Nr.: 10102

Sachbearbeiter/-in: MME
Telefon: 05121 47 512
Telefax: 05121 47 501
E-Mail: mandymeier@puszkat-wvd.de

Angebots Nr.: 221 - ..
Rechnungsdatum: 17.04.20..

Angebot

Pos.	Artikel-Nr.	Artikelbezeichnung	Menge und Einheit	Einzelpreis	Gesamtpreis
1	900612450	Herrenhemd „Active Clothes“ diverse Farben und Größen	400 Stk.	45,36 €	18.144,00 €

Gesamtpreis		18.144,00 €
Rabatt	10 %	1.814,40 €
Warenwert		16.3290,60 €
Umsatzsteuer	19 %	3.102,62 €
Rechnungsbetrag		**19.432,22 €**

Bei Zahlung innerhalb von 7 Tagen gewähren wir 2 % Skonto.

1. Erläutern Sie, warum es überhaupt sinnvoll ist, den Bruttoverkaufspreis auf der Basis des vorliegenden Angebots zu ermitteln.
2. Geben Sie an, welche Werte bei der Ermittlung des Bruttoverkaufspreises berücksichtigt werden müssen.

EINORDNUNG DES THEMAS

Lernfeld 9: Preispolitische Maßnahmen vorbereiten und durchführen

Einflussgrößen der Preisgestaltung → Maßnahmen der Preispolitik → **Kalkulation der Verkaufspreise** → Berücksichtigung der Preisangabenverordnung → Nutzung des Warenwirtschaftssystem für preispolitische Maßnahmen

Kompetenzen

Nach Bearbeitung dieses Kapitels können Sie ...

... Preise mithilfe der Vorwärtskalkulation kalkulieren.
... Preise mithilfe der Rückwärtskalkulation kalkulieren.
... Preise mithilfe der Differenzkalkulation kalkulieren.
... abgekürzte Kalkulationsverfahren wie zum Beispiel Kalkulationsfaktor, Kalkulationszuschlag und Handelsspanne anwenden, um Preise zu kalkulieren.

INFORMATIONEN

Gewinn als Ziel der Kalkulation

Das Hauptziel der unternehmerischen Tätigkeit ist die Erzielung von Gewinn durch diese Tätigkeiten. Damit ein Unternehmen durch den Verkauf von Handelswaren Gewinn erwirtschaftet, muss es die Verkaufspreise so kalkulieren, dass (der gewünschte) Gewinn erzielt wird.

Hierfür muss der Unternehmer zuerst berechnen, wie hoch die Kosten sind, die die Ware in seinem Unternehmen bis zum Verkauf verursacht. Diese Kosten nennt man Handlungskosten. Auf sie wird der Gewinn aufgeschlagen.

BEISPIEL 1

Die Tom Hoss KG möchte mit Herrenhemden der Marke „Active Clothes“ einen Gewinn von 50 % erzielen. Die Handlungskosten betragen 51,00 € pro Hemd.

Gewinnzuschlag: 51,00 € · 50 : 100 = 25,50 €

Der Verkaufspreis muss also 51,00 € + 25,50 € = 76,50 € zzgl. 19 % Umsatzsteuer betragen. Das wären dann 91,04 €.

Da sich der Absatz jedoch nicht nur durch das Angebot, sondern auch durch die Nachfrage bestimmt, muss der Preis so kalkuliert werden, dass er auf dem Absatzmarkt konkurrenzfähig ist.

BEISPIEL 2

Die Tom Hoss KG möchte die Herrenhemden der Marke „Active Clothes“ für 91,04 € verkaufen. Die Konkurrenz bietet derartige Hemden für Preise zwischen 87,00 € (im Angebot) und 100 € an.

Der Preis für die Hemden erscheint somit konkurrenzfähig.

Ein Unternehmen kann also nicht einfach bei jedem Artikel einen beliebig hohen Gewinnzuschlag einkalkulieren. Es muss für jede Produktgruppe und wenn möglich sogar für jedes einzelne Produkt einen individuellen Verkaufspreis kalkulieren.

BEISPIEL 3

Die Konkurrenz bietet die Hemden von „Active Clothes“ (siehe obige Beispiele) für Preise zwischen 85,00 € (im Angebot) und 90,00 € an.

Der Preis für die Hemden erscheint nicht konkurrenzfähig.

Die Verkaufskalkulation ist insbesondere bei der Einführung neuer Produkte wichtig. Wenn sich der Verkauf nicht in der gewünschten Weise rentiert (lohnt), dann sollte das Produkt unter Umständen gar nicht angeboten werden.

BEISPIEL 4

Die Tom Hoss KG muss entscheiden, ob sie die Hemden trotzdem für 91,04 € verkaufen will oder ob sie für diese Produkte einen geringeren Gewinnzuschlag einplant, um zu konkurrenzfähigen Preisen anbieten zu können.

Nachdem der Gewinn aufgeschlagen wurde, muss der Unternehmer weitere Einflussgrößen auf den Verkaufspreis beachten (z. B. Rabatt, Skonto, Umsatzsteuer). Die Handlungskosten sind in der Praxis nicht – wie in den bisherigen Beispielen – vorgegeben, sondern müssen vom Unternehmer errechnet werden.

Bei der Kalkulation von Handelswaren müssen folgende Fälle unterschieden werden:

1. **Vorwärtskalkulation** (zur Ermittlung des Verkaufspreises)
2. **Rückwärtskalkulation** (zur Ermittlung des maximalen Einkaufspreises)
3. **Differenzkalkulation** (zur Ermittlung des verbleibenden Gewinns)

Vorwärtskalkulation bei Handelswaren

Ein Handelsbetrieb kalkuliert in der Regel seinen Verkaufspreis, indem er auf den Bezugspreis alle Kosten, einen Gewinnaufschlag und die Umsatzsteuer aufschlägt. Doch auch der Bezugspreis muss zunächst ermittelt werden.

Vom Listeneinkaufspreis zum Zieleinkaufspreis

Die Kalkulation geht vom Listeneinkaufspreis aus. Der Listeneinkaufspreis ist der Preis, zu dem ein Lieferer den Artikel anbietet. Von dem Listeneinkaufspreis zieht der Händler die ihm gewährten **Rabatte** ab. Ein Rabatt wird zum Beispiel gewährt, weil eine große Menge eines Artikels abgenommen wird (Mengenrabatt). Außerdem werden Skontobeträge, die vom Lieferer gewährt werden, abgezogen. Skonto ist ein Abzug dafür, dass man innerhalb einer bestimmten Frist (z. B. innerhalb von sieben Tagen) zahlt. Unter Geschäftspartnern sind Skontobeträge bis zu 3 % des Rechnungsbetrages üblich. Das Ergebnis wird als Zieleinkaufspreis bezeichnet. Es ist der Preis, den der Händler bezahlen muss, wenn er nicht sofort oder in einer vom Lieferer gesetzten Frist bezahlt. (Zwischenergebnis nach Abzug des Liefererrabatts = Zieleinkaufspreis).

Vom Zieleinkaufspreis zum Bareinkaufspreis

Vom Zieleinkaufspreis darf der Händler einen vom Lieferer gewährten Skonto abziehen, wenn er innerhalb einer bestimmten Frist (z. B. innerhalb von sieben Tagen) zahlt. Unter Geschäftspartnern sind Skontobeträge bis zu 3 % des Rechnungsbetrages üblich. Das Ergebnis wird als Bareinkaufspreis bezahlt. Dies ist also der Preis, den man für die Ware bezahlt, wenn man sie sofort (bar) bezahlt.

Vom Bareinkaufspreis zum Bezugspreis

Auf den Bareinkaufspreis schlägt der Händler seine **Bezugskosten** auf. Bezugskosten sind alle Kosten, die der Unternehmer aufwendet, um die Ware zu erhalten. Hierzu gehören zum Beispiel Transportkosten, Auslagen, Zölle und Transportversicherungen. Durch den Aufschlag der Bezugskosten ergibt sich der Bezugspreis der Ware. Die Bezugskosten können als Prozentsatz oder als tatsächliche Kosten in Euro angegeben werden.

Vom Bezugspreis zum Selbstkostenpreis

Auf den Bezugspreis werden die anteiligen **Handlungskosten** für die Ware aufgeschlagen. Handlungskosten sind alle Kosten, die die Ware nach Eingang beim Unternehmer bis zum Verkauf verursacht. Hierzu gehören zum Beispiel Lagerkosten, Werbekosten, Mitarbeiterlöhne. Da die Handlungskosten anteilig auf die Produkte entfallen, sind sie in Form eines Prozentsatzes des Bezugspreises zu berücksichtigen. Durch den Aufschlag der Handlungskosten auf den Bezugspreis erhält man den Selbstkostenpreis.

Vom Selbstkostenpreis zum Nettoverkaufspreis

In seine Kalkulation muss der Unternehmer den Gewinn einbeziehen, den er mit einem Produkt erzielen will. Dies macht er, indem er auf den Selbstkostenpreis einen Prozentsatz als Gewinnzuschlag aufschlägt. Der so ermittelte Betrag ist der Nettoverkaufspreis. Es ist der Preis ohne Umsatzsteuer, den der Händler mindestens von einem Kunden bekommen muss.

Vom Nettoverkaufspreis zum Bruttoverkaufspreis

Auf den Nettoverkaufspreis wird die **Umsatzsteuer** aufgeschlagen, um den Bruttoverkaufspreis zu erhalten.

Da die Kunden im Einzelhandel in der Regel Privatpersonen sind, werden die Produkte zu Bruttopreisen angeboten. Bei den einzelnen Rechenschritten handelt es sich in der Vorwärtskalkulation lediglich um Prozentrechnungen mit dem einfachen Grundwert.

In einem Schema sieht die Vorwärtskalkulation mit Rechenschritten wie folgt aus:

Vorwärtskalkulation

Listeneinkaufspreis	100 %	**einfacher Grundwert**
– Liefererrabatt	– x %	
= Zieleinkaufspreis	= 100 – x % → 100 %	**einfacher Grundwert**
– Liefererskonto	– x %	
= Bareinkaufspreis	= 100 – x % → 100 %	**einfacher Grundwert oder Addition**
+ Bezugskosten	+ x % oder + x €	
= Bezugspreis	= 100 + x % → 100 %	**einfacher Grundwert**
+ Handlungskosten	+ x %	
= Selbstkostenpreis	= 100 + x % → 100 %	**einfacher Grundwert**
+ Gewinn	+ x %	
= Nettoverkaufspreis	= 100 + x %	
+ Umsatzsteuer	+ x %	**einfacher Grundwert**
= Bruttoverkaufspreis	= 100 + x %	

Die Berechnungen erfolgen in einzelnen Schritten mit dem einfachen Grundwert. Es kann somit eine einfache Prozentrechnung durchgeführt werden, z. B.

$$\text{Liefererrabatt} = \frac{\text{Listeneinkaufspreis}}{100} \cdot x$$

oder

$$\text{Gewinn} = \frac{\text{Selbstkostenpreis}}{100} \cdot x$$

Alle Zwischenergebnisse im Rahmen der Kalkulationsverfahren werden kaufmännisch auf zwei Nachkommastellen gerundet.

BEISPIEL 5

Die Hemden der Marke „Active Clothes" hat die Tom Hoss KG mit 2 % Skonto gezahlt. Für die Hemden rechnet sie mit 2,50 € Bezugskosten und einem Handlungskostenzuschlag in Höhe von 20 % auf den Bezugspreis für die Produktgruppe. Sie gewährt ihren Kunden ihrerseits 2 % Skonto und 5 % Rabatt, die in die Verkaufspreiskalkulation einfließen müssen.

Vorwärtskalkulation

Listeneinkaufspreis	45,36	100 %										
– Liefererrabatt	– 4,54	– 10 %										
= Zieleinkaufspreis	① 40,82	= 90 %	40,82	100 %								
– Liefererskonto			– 0,82	– 2 %								
= Bareinkaufspreis			② 40,00	= 98 %	40,00							
+ Bezugskosten					+ 2,50	2,50 €						
= Bezugspreis					42,50		42,50	100 %				
+ Handlungskosten							+ 8,50	+ 20 %				
= Selbstkosten							③ 51,00	= 120 %	51,00	100 %		
+ Gewinn									+ 25,50	+50 %		
= Nettoverkaufspreis									④ 91,04	= 150 %	76,50	100 %
+ Umsatzsteuer											+ 14,54	+ 19 %
= Bruttoverkaufspreis											⑤ 91,04	= 119 %

Berechnungen:

1. Lieferrabatt $= \frac{45{,}36\ €}{100} \cdot 10 = 4{,}54\ €$

2. Lieferskonto $= \frac{40{,}82\ €}{100} \cdot 2 = 0{,}82\ €$

3. Handlungskosten $= \frac{42{,}50\ €}{100} \cdot 20 = 8{,}50\ €$

4. Gewinn $= \frac{51{,}00\ €}{100} \cdot 50 = 25{,}50\ €$

5. Umsatzsteuer $= \frac{76{,}50\ €}{100} \cdot 19 = 14{,}54\ €$

Vereinfachte Vorwärtskalkulation mit Kalkulationszuschlag und -faktor

In der Praxis ist es sehr aufwendig, wenn die Vorwärtskalkulation für die Berechnung des Verkaufspreises jedes einzelnen Produkts durchgeführt werden muss. Aus Vereinfachungsgründen kann man mithilfe des Kalkulationszuschlages einen einheitlichen Zuschlag für Handlungskosten, Gewinn, Kundenskonto und -rabatt ermitteln und diesen auf alle Waren des gesamten Sortiments oder z. B. eine Warengruppe anwenden.

Ermittlung des Kalkulationszuschlags

FORMEL

$$\text{Kalkulationszuschlag in \%} = \frac{(\text{Bruttoverkaufspreis} - \text{Bezugspreis}) \cdot 100}{\text{Bezugspreis}}$$

BEISPIEL

Der Kalkulationszuschlag für die Hemden der Marke „Active Clothes“ ermittelt sich wie folgt:

Kalkulationszuschlag =

$$\frac{(91{,}04\ € - 42{,}50\ €) \cdot 100}{42{,}50\ €} = 114{,}21\ \%$$

Preisberechnung mit dem Kalkulationszuschlag

Die Anwendung des ermittelten Kalkulationszuschlags erfolgt dadurch, dass zunächst der Bezugspreis ermittelt wird. Vom Bezugspreis wird dann der Kalkulationszuschlag berechnet. Anschließend werden der Bezugspreis und der Kalkulationszuschlag in Euro addiert.

  Bezugspreis
+ Kalkulationszuschlag
= Bruttoverkaufspreis

FORMEL

Der Kalkulationszuschlag in Euro berechnet sich hierbei wie folgt:

Kalkulationszuschlag in € =
Bezugspreis x Kalkulationszuschlag in % / 100 %

Der errechnete Kalkulationszuschlag wird dann zum Bezugspreis addiert, um den Bruttoverkaufspreis zu ermitteln:

Bruttoverkaufspreis =
Bezugspreis + Kalkulationszuschlag in €

BEISPIEL

Die Tom Hoss KG berechnet den Bruttoverkaufspreis für sämtliche Herrenhemden mit einem Kalkulationszuschlag von 90 %. Der Bezugspreis für die Hemden der Marke „Active Clothes“ beträgt 42,50 €.

Ermittlung des Kalkulationszuschlages in Euro:

$$\frac{42{,}50\ € \cdot 90\ \%}{100\ \%} = 38{,}25\ €$$

Ermittlung des Bruttoverkaufspreises:

Bezugspreis:	42,50 €
+ Kalkulationszuschlag	38,25 €
Bruttoverkaufspreis:	80,75 €

Kalkulationsfaktor

Die Ermittlung des Bruttoverkaufspreises kann durch die Anwendung eines Kalkulationsfaktors noch weiter vereinfacht werden. Hierfür wird der ermittelte Bruttoverkaufspreis durch den Bezugspreis geteilt.

FORMEL

$$\text{Kalkulationsfaktor} = \frac{\text{Bruttoverkaufspreis}}{\text{Bezugspreis}}$$

BEISPIEL

Der Kalkulationsfaktor für die Herrenhemden bei der Tom Hoss KG ermittelt sich wie folgt:

$$\text{Kalkulationsfaktor} = \frac{80{,}75\ €}{42{,}50\ €} = 1{,}9$$

Der Kalkulationsfaktor für Herrenhemden beträgt bei der Tom Hoss KG 1,9.

Für weitere Produkte lässt sich dann der Bruttoverkaufspreis einfach durch die Multiplikation des Kalkulationsfaktors mit dem Bezugspreis der Produkte ermitteln.

BEISPIEL

Es wird ein neues Herrenhemd der Marke „X-Style“ eingekauft. Der Bezugspreis beträgt 56,00 €. Der Bruttoverkaufspreis kann mithilfe des Kalkulationsfaktors einfach berechnet werden:

56,00 € · 1,9 = 106,40 €

Der Bruttoverkaufspreis für das Hemd der Marke „X-Style“ beträgt 106,40 €.

Rückwärtskalkulation bei Handelswaren

Es kann vorkommen, dass der Verkaufspreis einer Ware marktseitig vorgegeben ist.

Dies kann zum Beispiel daran liegen, dass die Konkurrenzsituation auf dem Markt sehr groß ist. Der Einzelhändler ist dadurch an die Preise der Konkurrenz gebunden.

In einem solchen Fall kann der Einzelhändler die Verkaufspreise nicht auf der Grundlage eines Listeneinkaufspreises kalkulieren. Er muss ausgehend vom Bruttoverkaufspreis rückwärts kalkulieren, um einen Listeneinkaufspreis zu ermitteln. Zu diesem Listeneinkaufspreis darf er die Ware dann maximal einkaufen, wenn er den vorgegebenen Verkaufspreis einhalten will.

BEISPIEL

Die Konkurrenz bietet die Herrenhemden der Marke „Active Clothes“ für 90,00 € an. Wenn die Tom Hoss KG zu den aktuellen Konditionen in den Markt einsteigt, kann sie das Hemd nur für 91,04 € anbieten. Die Kunden würden aber bei der Konkurrenz kaufen, da diese die Ware preisgünstiger anbietet.

Aufgrund dieser Problematik beschließt Frau Dündar, dass mit dem Lieferer über das Angebot verhandelt werden muss. Jakub Nowak soll den maximalen Einkaufspreis berechnen, den die Tom Hoss KG zahlen kann, wenn sie das Hemd für 90,00 € anbietet. Alle anderen Konditionen bleiben gleich.

Die Rückwärtskalkulation erfolgt nach demselben Schema wie die Vorwärtskalkulation. Allerdings beginnt man mit den Berechnungen von unten. Man führt alle Berechnungen in umgekehrter Reihenfolge durch, also rückwärts.

Rückwärtskalkulation

Listeneinkaufspreis		100 %	**verminderter**
– Liefererrabatt		– x %	**Grundwert**
= Zieleinkaufspreis	= 100 – x %	100 %	**verminderter**
– Liefererskonto		– x %	**Grundwert**
= Bareinkaufspreis	= 100 – x %	100 %	**erhöhter Grundwert**
+ Bezugskosten		+ x oder + x €	**oder Subtraktion**
= Bezugspreis	= 100 + x %	100 %	**erhöhter**
+ Handlungskosten		+ x %	**Grundwert**
= Selbstkostenpreis	= 100 + x %	100 %	**erhöhter**
+ Gewinn		+ x %	**Grundwert**
= Nettoverkaufspreis	= 100 + x %	100 %	
+ Umsatzsteuer		+ x %	
= Bruttoverkaufspreis	= 100 + x %		

In den ersten drei Schritten erfolgt die Berechnung vom erhöhten Grundwert, das heißt man teilt durch eine Zahl, die größer als 100 ist, z. B.

$$\text{Gewinn} = \frac{\text{Nettoverkaufspreis}}{(100 + x)} \cdot x$$

In den letzten beiden Rechenschritten wird wieder mit einem verminderten Grundwert gerechnet. Das heißt, man teilt durch eine Zahl, die kleiner als 100 ist, z. B.

$$\text{Liefererrabatt} = \frac{\text{Zieleinkaufspreis}}{(100 - x)} \cdot x$$

BEISPIEL

Wenn die Tom Hoss KG die Hemden von „Active Clothes“ zu dem vom Markt vorgegebenen Preis von 90,00 € anbieten will, muss Jakub Nowak mithilfe der Rückwärtskalkulation den maximalen Listeneinkaufspreis berechnen, der an die Ernst Puszkat KG gezahlt werden darf. Die Prozentsätze und die Bezugskosten bleiben unverändert.

Rückwärtskalkulation

Listeneinkaufspreis	44,81	100 %										
– Liefererrabatt	– 4,48	– 10 %										
= Zieleinkaufspreis	⑤ 40,33	= 90 %	40,33	100 %								
– Liefererskonto			– 0,81	– 2 %								
= Bareinkaufspreis			④ 39,52	= 98 %	9,52							
+ Bezugskosten					+ 2,50	2,50 €						
= Bezugspreis					42,02		42,02	100 %				
+ Handlungskosten							+ 8,40	+ 20 %				
= Selbstkosten							③ 50,42	= 120 %	50,42	100 %		
+ Gewinn									+ 25,21	+50 %		
= Nettoverkaufspreis									② 75,63	= 150 %	75,63	100 %
+ Umsatzsteuer											+ 14,37	+ 19 %
= Bruttoverkaufspreis											① 90,00	= 119 %

Berechnungen:

1. $\text{Umsatzsteuer} = \frac{90{,}00\ €}{119} \cdot 19 = 14{,}37\ €$

2. $\text{Gewinn} = \frac{75{,}63\ €}{100 + 50} \cdot 50 = 25{,}21\ €$

3. $\text{Handlungskosten} = \frac{50{,}42\ €}{100 + 20} \cdot 20 = 8{,}40\ €$

4. $\text{Liefererskonto} = \frac{39{,}52\ €}{100 - 2} \cdot 2 = 0{,}81\ €$

5. $\text{Liefererrabatt} = \frac{40{,}33\ €}{100 - 10} \cdot 10 = 4{,}48\ €$

Vereinfachte Rückwärtskalkulation bei Handelswaren

Auch für die Rückwärtskalkulation gibt es ein Verfahren, mit dem die Kalkulation des maximalen Bezugspreises bei einem vorgegebenen Listenverkaufspreis vereinfacht werden kann. Es handelt sich hierbei um die Handelsspanne.

Ermittlung der Handelsspanne

FORMEL

$$\text{Handelsspanne in \%} = \frac{\text{Listenverkaufspreis} - \text{Bezugspreis}}{\text{Listenverkaufspreis}} \cdot 100$$

5311286

BEISPIEL

Die Handelsspanne der Hemden von „Active Clothes" berechnet sich wie folgt:

Handelsspanne =

$$\frac{75{,}63\ € - 42{,}02\ €}{75{,}63\ €} \cdot 100 = 44{,}44\ \%$$

Bezugspreisberechnung mit der Handelsspanne

Wenn der Einzelhändler die Handelsspanne für eine Warengruppe ermittelt hat, kann er für die übrigen Waren der Warengruppe den Bezugspreis ganz einfach berechnen.

BEISPIEL

Die Tom Hoss KG möchte Hemden der Marke „Rütter" in das Sortiment aufnehmen. Der Bruttoverkaufspreis ist marktseitig mit 77,35 € vorgegeben. Frau Dündar möchte nun wissen, wie hoch der maximale Bezugspreis sein darf. Im ersten Schritt wird die Umsatzsteuer herausgerechnet: 77,35 € x 100/119 = 65,00 €.

Anschließend kann die Handelsspanne für Hemden angewendet werden.

Bruttoverkaufspreis:	65,00 €
– Handelsspanne 65,00 € · 0,4444 =	–28,89 €
= maximaler Bezugspreis	36,11 €

Der Bezugspreis für die Hemden der Marke „Rütter" darf maximal 36,11 € betragen.

Differenzkalkulation

Die Differenzkalkulation ist die dritte Form der Kalkulation von Handelswaren. Sie wird angewendet, wenn sowohl der Listeneinkaufspreis als auch der Bruttoverkaufspreis auf einem Markt vorgegeben sind. Dem Einzelhändler bleibt dann nichts anderes übrig, als sich an die Preisvorgaben zu halten. Er kann mithilfe der Differenzkalkulation ermitteln, ob durch den Verkauf der Ware dennoch ein Gewinn erwirtschaftet werden kann oder ob es sich um ein Verlustgeschäft handelt. Auf der Grundlage des Ergebnisses der Differenzkalkulation kann der Einzelhändler dann entscheiden, ob er das Produkt weiterhin in seinem Sortiment führen bzw. es in das Sortiment aufnehmen will oder nicht.

Die Differenzkalkulation ist eine Mischung aus der Vorwärtskalkulation und der Rückwärtskalkulation.

Vom Listeneinkaufspreis ausgehend führt man die Vorwärtskalkulation bis zum Selbstkostenpreis durch.

Vom Bruttoverkaufspreis führt man die Rückwärtskalkulation bis zum Barverkaufspreis durch.

Aus der Differenz (= Unterschied) von Barverkaufspreis und den Selbstkosten ergibt sich der Gewinn oder Verlust in Euro, der mit dem Produkt erwirtschaftet wird.

DEFINITION

Nettoverkaufspreis – Selbstkostenpreis = **Gewinn/Verlust**

BEISPIEL

Trotz Nachverhandlungen konnte Frau Dündar für die Hemden der Marke „Active Clothes" keinen besseren Angebotspreis mit der Ernst Puszkat KG aushandeln. Aus diesem Grund bittet Frau Dündar Jakub Nowak um die Überprüfung, ob trotz des vorhandenen Angebots und der Preisvorgabe von 90,00 € bei sonst gleichen Konditionen ein Gewinn mit den Hemden erwirtschaftet werden kann. Frau Dündar möchte die Hemden der Trendmarke unbedingt in das Sortiment aufnehmen.

Differenzkalkulation

Listeneinkaufspreis	45,36	100 %										
– Liefererrabatt	– 4,54	– 10 %										
= Zieleinkaufspreis	40,82	= 90 %	40,82	100 %								
– Liefererskonto			– 0,82	– 2 %								
= Bareinkaufspreis			40,00	= 98 %	40,00							
+ Bezugskosten					+ 2,50	2,50 €						
= Bezugspreis					42,50		42,50	100 %				
+ Handlungskosten							+ 8,50	+ 20 %				
= Selbstkosten							51,00	= 120 %	51,00	100 %		
+ Gewinn									+ 24,63			
= Nettoverkaufspreis									75,63	= 150 %	75,63	100 %
+ Umsatzsteuer											+ 14,37	+ 19 %
= Bruttoverkaufspreis											90,00	= 119 %

Berechnungen:

1. Gewinn = Nettoverkaufspreis – Selbstkosten

$$75{,}63\ € - 51{,}00\ € = 24{,}63\ €$$

2. Gewinn in Prozent

$$\frac{75{,}63\ €}{51{,}00\ €} - 1 = 48{,}29\,\%$$

Mit den Hemden der Marke „Active Clothes" wird trotz der vorgegebenen Listeneinkaufs- und Bruttoverkaufspreises ein Gewinn in Höhe von 24,63 € erwirtschaftet. Dies entspricht 48,29 %. Der zu erzielende Gewinn ist geringfügig unter dem Gewinnziel von 50 % (bzw. 25,50 €). Frau Dündar kann nun entscheiden, ob das Produkt in das Sortiment aufgenommen werden soll oder nicht.

Entscheidungskriterien neben dem Gewinn

Ein Einzelhändler kann die Entscheidung darüber, ob ein Produkt in das Sortiment aufgenommen werden bzw. im Sortiment verbleiben soll, nicht ausschließlich von dem Ergebnis der Preiskalkulation abhängig machen.

Andere Entscheidungskriterien spielen ebenfalls eine Rolle. Solche Entscheidungskriterien sind zum Beispiel:

- Prestige durch das Anbieten eines bestimmten Produkts

BEISPIEL

Wenn ein Unternehmen exklusiv das neueste Handy eines namhaften Herstellers anbieten kann, dann wird es dies vielleicht auch tun, wenn der Gewinn unterdurchschnittlich ist.

- mögliche Folgeumsätze aufgrund des Verkaufs von Zubehör

BEISPIEL

Dadurch, dass ein Handy exklusiv von einem Unternehmen angeboten wird, wird zumeist auch das Zubehör exklusiv angeboten. Die Zubehörartikel haben möglicherweise eine höhere Gewinnspanne. In Summe ist das Anbieten des Artikels dann vielleicht wieder rentabel.

- Vervollständigung des Warensortiments

BEISPIEL

Von einem Elektrohändler wird erwartet, dass man dort auch noch alte Spiele für Spielkonsolen kaufen kann. Die Spiele werden folglich auch mit einem geringen Gewinn angeboten, um die Kunden weiterhin zu binden und das Ansehen zu waren.

Derartige Gründe können dazu führen, dass der Einzelhändler Produkte anbietet, obwohl er mit ihnen keinen oder nur einen geringen Gewinn erzielt.

In der Kalkulation selbst können sich zusätzliche Möglichkeiten ergeben, die den Gewinn des Einzelhändlers steigen lassen. Die Kalkulation wird jedoch unter Einbezug sämtlicher möglicher Kosten und Risiken vorgenommen. Der Einzelhändler kann ein Produkt mit einer geringen Gewinnmöglichkeit anbieten, wenn er sicher ist, dass er die eingekaufte Ware zum kalkulierten Bruttoverkaufspreis verkaufen wird. Der kalkulierte Gewinn ist sicher.

AUFGABEN

1. Führen Sie die Kalkulation des Bruttoverkaufspreises mithilfe einer verkürzten Vorwärtskalkulation zu den folgenden Produkten und Konditionen durch.

	a) Kinderrad „Pumuckl“	b) Anzug „BC“	c) Unterhemd „Standard“	d) Reparaturset Fahrrad	e) Blazer „NYC“
Bezugs-/ Einstandspreis	223,00 €	140,00 €	3,60 €	1,98 €	57,00 €
Handlungskosten	25,0 %	29,0 %	20,0 %	18,0 %	30,0 %
Gewinn	32,0 %	70,0 %	45,0 %	30,0 %	55,0 %

2. Führen Sie die Kalkulation des Bruttoverkaufspreises mithilfe der Vorwärtskalkulation zu den folgenden Produkten und Konditionen durch.

	a) Mountainbike „Sky-Racer“	b) Pullover „Fashionista“	c) Hose „Robbie“	d) Sattel „Old-School“	e) Strumpfhose „Lydia“
Listeneinkaufspreis	500,00 €	42,00 €	50,00 €	12,50 €	0,50 €
Liefererrabatt	10,0 %	15,0 %	7,5 %	5,0 %	7,0 %
Liefererskonto	1,0 %	2,0 %	1,5 %	1,0 %	0,0 %
Bezugskosten	5,00 €	0,60 €	0,5 %	0,20 €	0,05 €
Handlungskosten	25,0 %	30,0 %	40,0 %	20,0 %	10,0 %
Gewinn	20,0 %	75,0 %	60,0 %	30,0 %	60,0 %

3. **a)** Ermitteln Sie für die Artikel aus Aufgabe 2 den Kalkulationszuschlag.

b) Berechnen Sie mithilfe der Kalkulationszuschläge zu den Warengruppen aus Aufgabenteil a) die Verkaufspreise für:

- das Mountainbike „Chipping“ mit einem Bezugspreis von 260,00 €.
- den Damenpullover „NYC“ mit einem Bezugspreis von 27,85 €.

- den Fahrradsattel „New Age“ mit einem Bezugspreis von 15,64 €.
- die Herrenhose „Steven“, Bezugspreis 32,45 €.

c) Ermitteln Sie für die Waren aus Aufgabe 2 nun die Kalkulationsfaktoren.

4. Die Tom Hoss KG will 850 Hemden der Marke „Meyer“ mit einem Listeneinkaufspreis von 34,50 € je Hemd einkaufen. Der Hersteller gewährt für gewöhnlich 7,5 % Rabatt und bei schneller Zahlung einen Skontoabzug von 2 %. Für die Anlieferung fallen laut Angebot 127,50 € an. Tom Hoss KG kalkuliert in der Artikelgruppe mit einem Handlungskostenzuschlag von 20 % und einem Gewinn von 50 %. Berechnen Sie den Bruttoverkaufspreis, den die Tom Hoss KG für ein Hemd der Marke „Meyer“ mindestens verlangen sollte.

5. Der Tom Hoss KG liegt ein Angebot für einen neuen Herrenanzug vor. 400 Anzüge sollen demnach 78.000,00 € netto kosten. Für Zahlung innerhalb von 10 Werktagen erhält die Tom Hoss KG 2 % Skonto. Außerdem gewährt der Lieferer 10 % Rabatt. Die Lieferung der Anzüge kostet 250,00 €. Die Transportversicherung beträgt ebenfalls 250,00 €.
Die Tom Hoss KG rechnet in der Warengruppe mit Handlungskosten von 28 % und einem Gewinnzuschlag von 75 %.
Berechnen Sie den Bruttoverkaufspreis, den die Tom Hoss KG mindestens je Anzug verlangen sollte.

6. Führen Sie die Kalkulation des maximalen Bezugspreises mithilfe einer verkürzten Rückwärtskalkulation zu den folgenden Produkten und Konditionen durch.

	a) Schlafanzug „Deluxe“	b) Fahrradhelm „Secure“	c) T-Shirt „Miami“	d) E-Bike „E-700“	e) Bluse „Business“
Bruttoverkaufspreis	88,66 €	95,08 €	41,65 €	1.545,81 €	59,44 €
Handlungskosten	30,0 %	23,0 %	30,0 %	23,0 %	22,0 %
Gewinn	69,0 %	27,0 %	75,0 %	47,0 %	72,0 %

7. Führen Sie die Kalkulation des maximalen Listeneinkaufspreises mithilfe der Rückwärtskalkulation zu den folgenden Produkten und Konditionen durch.

	a) Hometrainer „Iron Mike“	b) Damenmantel	c) Seidenbluse „Maria“	d) E-Bike „E1200“	e) Herrensocken „Basic“
Bruttoverkaufspreis	499,80 €	416,50 €	142,80 €	2.259,81 €	4,17 €
Liefererrabatt	11,0 %	10,0 %	10,0 %	15,0 %	5,0 %
Liefererskonto	1,0 %	1,5 %	1,0 %	1,5 %	0,0 %
Bezugskosten	4,30 €	1,20 €	0,8 %	5,40 €	0,15 €
Handlungskosten	28,0 %	24,0 %	30,0 %	23,0 %	12,0 %
Gewinn	34,0 %	65,0 %	70,0 %	47,0 %	50,0 %

8. In der Tom Hoss KG gibt es Überlegungen, die neue Trendmarke „SuperStyle“ in das Warensortiment aufzunehmen. Der Anfang soll mit einem Kapuzenpullover gemacht werden. Der Pullover wird von allen Anbietern am Markt zu einem Bruttoverkaufspreis von 113,05 € angeboten. Die Tom Hoss KG will wissen, zu welchem Preis sie diesen Pullover maximal einkaufen kann, um die Gewinnziele zu erreichen. Üblicherweise gewährt der Hersteller 5 % Rabatt und 2 % Skonto. Die Handlungskosten in der Artikelgruppe betragen 30 %

und das Gewinnziel 65 %. Die Bezugskosten werden mit 0,4 % berechnet.

9. Die Tom Hoss KG bietet seit langer Zeit die Blusen der Marke „Seidenfein" an. Der Hersteller hat nun ein neues Angebot für die Zukunft unterbreitet. Die Konditionen bleiben grundsätzlich unverändert. Der Listeneinkaufspreis wurde um 5,00 € erhöht und beträgt jetzt 44,95 €. Die Tom Hoss KG erhält 5 % Rabatt und 2 % Skonto auf den Einkauf. Die Bezugskosten betragen 0,15 € je Bluse. Bei den Blusen wird mit Handlungskosten von 17 % und einem Gewinnzuschlag von 60 % gerechnet.
Neu an dem vorliegenden Angebot ist allerdings, dass der Hersteller möchte, dass die Blusen zu einem Preis von 89,25 € verkauft werden. Geben Sie eine Empfehlung, ob die Bluse zu den genannten Konditionen im Sortiment bleiben soll.

10. Führen Sie die Kalkulation des Gewinns mithilfe der Differenzkalkulation zu den folgenden Produkten und Konditionen durch.

	a) Sportsocken 5er-Pack	**b) Jogginganzug**	**c) Rennrad „Zabel"**	**d) Jeans „Evan"**	**e) Unterhemden 2er-Pack**
Listeneinkaufspreis	1,99 €	24,95 €	789,00 €	28,50 €	5,60 €
Liefererrabatt	7,0 %	10,0 %	10,0 %	7,5 %	10,0 %
Liefererskonto	2,0 %	1,5 %	2,0 %	1,0 %	0,0 %
Bezugskosten	0,05 €	1,00 €	0,5 %	0,40 €	0,05 €
Handlungskosten	21,0 %	26,0 %	35,0 %	29,0 %	30,0 %
Bruttoverkaufspreis	3,81 €	48,73 €	1.545,81 €	48,73 €	9,51 €

11. Die Tom Hoss KG verkauft die Mützen der Trendmarke „Headster", die bei den Abnehmern aktuell sehr gefragt ist. Der Bruttoverkaufspreis beträgt 21,24 €. Die Tom Hoss KG erhält 10 % Rabatt und 1 % Skonto auf den Listeneinkaufspreis von 11,95 €. Die Handlungskosten sind mit 32 % eingepreist und die Bezugskosten betragen pro Mütze 0,05 €. Der Hersteller erhöht den Preis pro Mütze um 2,00 €. Die Konditionen sind nicht verhandelbar.

a) Berechnen Sie den Gewinn der Tom Hoss KG für den Ausgangsfall und für die Situation nach der Preiserhöhung.
b) Geben Sie an, ob die Tom Hoss KG die Mütze auch nach der Preiserhöhung im Sortiment lassen sollte oder nicht.
c) Überlegen Sie, ob die Tom Hoss KG ihrerseits etwas ändern könnte, um mit den Konditionen des Herstellers die Mütze trotzdem mit Gewinn verkaufen zu können.

ZUSAMMENFASSUNG

Kalkulationsverfahren

- **Vorwärtskalkulation**
  - Berechnung des Verkaufspreises bei vorliegendem Angebotspreis
  - Vereinfachung möglich durch Anwendung von
    - Kalkulationszuschlag
    - Kalkulationsfaktor
- **Rückwärtskalkulation**
  - Berechnung des maximalen Listeneinkaufspreises bei vorgegebenem Verkaufspreis
  - Vereinfachung möglich durch Anwendung von
    - Handelsspanne
- **Differenzkalkulation**
  - Berechnung des Gewinns bei vorgegebenem Einkaufspreis und Verkaufspreis

	Vorwärtskalkulation	Rückwärtskalkulation	Differenzkalkulation
Listeneinkaufspreis – Liefererrabatt	Einfacher Grundwert ↓	Verminderter Grundwert ↑	Einfacher Grundwert ↓
= Zieleinkaufspreis – Liefererskonto			
= Bareinkaufspreis + Bezugskosten		Erhöhter Grundwert	
= Bezugspreis + Handlungskosten			
= Selbstkosten + Gewinn			Subtraktion
= Nettoverkaufspreis + Umsatzsteuer	Einfacher Grundwert	Erhöhter Grundwert	Erhöhter Grundwert ↑
= Bruttoverkaufspreis			

Man versteht erst dann etwas richtig, wenn man versucht, es einem anderen zu erklären. Dies führt zu einer erneuten gründlichen Auseinandersetzung mit dem gerade behandelten Thema.

1. Suchen Sie sich einen Partner.

2. Lesen Sie noch einmal die Zusammenfassung. Bei Verständnisproblemen schlagen Sie ggf. noch einmal im Informationstext nach.

3. Jeder formuliert vier Fragen, die mithilfe der Zusammenfassung beantwortet werden können.

4. Der Partner beantwortet Ihre Fragen und umgekehrt.

ICH ÜBERPRÜFE MEINE NEU ERWORBENEN KOMPETENZEN

Den Erwerb der zu Beginn aufgeführten Kompetenzen können Sie selbst mithilfe der folgenden Tabelle überprüfen.

Wenn Sie alle Aufgaben, die hinter einer Kompetenz stehen, gelöst haben, machen Sie ein Kreuz bei „Ganz". Bei den Kompetenzen, bei denen Sie Aufgaben „Teilweise" oder „Gar nicht" gelöst haben, sollten Sie den dazugehörigen Informationstext noch einmal lesen und die Aufgaben anschließend noch einmal bearbeiten.

Was ich nach der Bearbeitung dieses Kapitels kann	Aufgaben	Ganz	Teilweise	Gar nicht
Ich kann ...				
... Preise mithilfe der Vorwärtskalkulation kalkulieren.	1, 2, 4, 5			
... Preise mithilfe der Rückwärtskalkulation kalkulieren.	6, 7, 8, 9			
... Preise mithilfe der Differenzkalkulation kalkulieren.	10, 11			
... abgekürzte Kalkulationsverfahren, wie zum Beispiel Kalkulationsfaktor, Kalkulationszuschlag und Handelsspanne anwenden, um Preise zu kalkulieren.	3, 7			

9.4 Rechtliche Vorschriften für die Preisgestaltung

Problemstellung

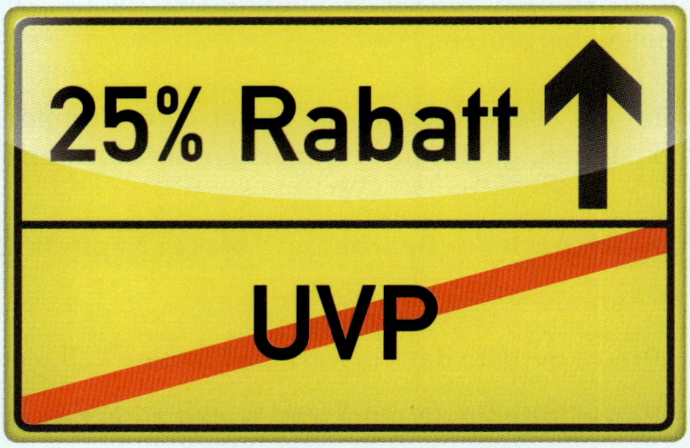

Bisher hat sich Jakub Nowak in seiner Abteilung gut geschlagen. Er soll nun Julia Hoss – die Leiterin eines Warenbereichs – bei der Festlegung und Darstellung von Verkaufspreisen in den Verkaufsräumen unterstützen.

Er soll für einige eingekaufte Artikel von Julia Hoss schon festgelegte Preise auf Etiketten anbringen. Für Jakub ist eigentlich ganz klar: „Einfach einen Preis auf das Etikett: Fertig! Das muss ausreichen, schließlich wollen wir Arbeitskosten einsparen ....“

Julia Hoss ist nicht begeistert über diese Auffassung von Jakub und verweist auf die Preisangabenverordnung: „Diese ganzen Regelungen können Sie noch nicht kennen. Aber Sie dürfen nicht zu vorschnell handeln, da dies teure Folgen für die Tom Hoss KG haben könnte. Informieren Sie sich zunächst über die grundlegenden Regelungen der Preisangabenverordnung. Erstellen Sie dann eine Übersicht.“

Erstellen Sie eine Übersicht über die wichtigsten Vorschriften der Preisangabenverordnung für den Handel über das Internet und den Ladenhandel.

EINORDNUNG DES THEMAS

Lernfeld 9: Preispolitische Maßnahmen vorbereiten und durchführen

Einflussgrößen der Preisgestaltung → Maßnahmen der Preispolitik → Kalkulation der Verkaufspreise → **Berücksichtigung der Preisangabenverordnung** → Nutzung des Warenwirtschaftssystem für preispolitische Maßnahmen

Kompetenzen

Nach Bearbeitung dieses Kapitels können Sie ...

... verschiedene Entscheidungen bei der Preisgestaltung treffen.
... Preisempfehlungen des Herstellers beurteilen.
... Preisdifferenzierungen in speziellen Webshops für ausländische Kunden als kundendiskriminierend bewerten.
... die Vorschriften der Preisangabenverordnung rechtlich richtig anwenden.

INFORMATIONEN

Für jeden Artikel müssen in Geschäften und auf Internetseiten die Verkaufspreise angegeben werden. Die Mitarbeiter müssen dabei verschiedene Entscheidungen treffen:

- Mit welchem Preis biete ich einen Artikel an?
- Sind alle rechtlichen Vorschriften bei der Angabe des Preises beachtet worden?
- Wie platziere ich die Preisangabe möglichst verkaufswirksam auf der Internetseite?

5311294

Preisempfehlungen des Herstellers

Preisempfehlungen des Herstellers sind unverbindliche Empfehlungen an den Handel, zu diesen Preisen zu verkaufen. Der Händler ist an diese Empfehlung nicht gebunden.

Unverbindliche Preisempfehlungen sind gesetzlich zulässig. Eine verbindliche Preisbindung durch den Hersteller ist gesetzlich nur bei Verlags- und Pharmaerzeugnissen erlaubt.

Preisdifferenzierung und Kundendiskriminierung

In der Vergangenheit haben Webshops eine Art von Preisdifferenzierung betrieben, die jetzt nicht mehr erlaubt ist. Sie haben ausländische Kunden in einen besonderen Webshop, der für ausländische Kunden geführt wird, umgeleitet. Dort wurden erheblich höhere Preise verlangt. Eine Verordnung der EU verbietet nun eine solche Ungleichbehandlung bei den Preisen aufgrund von Wohnort oder Herkunft der Kunden. Ein Verbot einer solchen künstlichen Marktsegmentierung zu Lasten der Kunden soll verhindern, dass ausländische Käufer von den für Inländer geltenden Angeboten ausgeschlossen werden.

BEISPIEL

Die Holländerin Svantje Cruiff möchte in einem deutschen Webshop eine Geschirrspülmaschine zu einem günstigen Preis kaufen. Der Webshop darf den Kauf nicht ablehnen. Möchte er den Geschirrspüler nicht nach Amsterdam schicken, muss er der Käuferin die Möglichkeit einräumen, die Lieferung selbst zu organisieren oder sogar die Ware selbst abzuholen.

Rechtliche Vorgaben für die Preisgestaltung: Die Preisangabenverordnung

Allgemeine Regeln der Preisangabenverordnung

In der Preisangabenverordnung ist festgelegt, dass jeder Einzelhändler seine Waren mit Preisen auszeichnen muss.

Die Preisangabenverordnung soll die Verbraucher schützen. Die Verbraucher sollen den Preis für ein Produkt oder eine Dienstleistung ohne Weiteres feststellen können. Dadurch können sie diesen Produktpreis mit anderen Preisen direkt vergleichen. Zudem soll ihnen einen Marktüberblick ermöglicht werden. Die Preisangabenverordnung gilt nur im Geschäftsverkehr mit Letztverbrauchern. Als einen „Letztverbraucher“ versteht die Preisangabenverordnung jede Person, die ein Produkt oder eine Dienstleistung kauft und diese lediglich für sich verwendet. Die Ware darf also nicht weiterverkauft werden.

Ziele der Preisangabenverordnung sind vor diesem Hintergrund also:

- Im Interesse der Marktteilnehmer soll das Marktverhalten geregelt werden.
- Konsumenten sollen die Möglichkeit haben, Preisvergleiche durchführen zu können.
- Es soll sichergestellt werden, dass der Verbraucher eine vollständige und sachlich zutreffende Information über der Höhe des Preises für eine Ware oder Dienstleistung erhält.
- Der Verbraucher soll auf den ersten Blick sehen können, was er tatsächlich am Ende zu zahlen hat.

Die Preisangabenverordnung will für die Kunden also Preisklarheit und Preiswahrheit erreichen. Ein Preis muss in der Werbung oder beim Angebot

- leicht erkennbar,
- deutlich lesbar
- und eindeutig zugeordnet sein.

BEISPIELE

- Für die Tom Hoss KG bedeutet dies, dass das Angebot und der Preis auf den Internetseiten einander klar zugeordnet werden können.
- Die Tom Hoss KG versieht in ihrem stationären Bereich alle dem Kunden zum Verkauf präsentierten Waren gemäß der Preisangabenverordnung mit einem Preis. Dies betrifft alle Waren innerhalb des Verkaufsraums, egal, ob sie ausgestellt sind oder – auch zur Selbstbedienung – in Regalen ausliegen. Die Tom Hoss KG achtet auch bei Ausstellung der Waren in Schaufenstern oder Schaukästen auf eine korrekte Preisauszeichnung. Auch Waren vor dem Geschäft (also außerhalb des Verkaufsraums, z. B. auf Ständern) werden ausgezeichnet.

Die Preisangabenverordnung verlangt, dass dem Kunden immer den **Endpreis** angezeigt wird. Der Endpreis (Bruttopreis) setzt sich zusammen aus

- Preis (Nettopreis),
- Umsatzsteuer und
- weiteren Preisbestandteilen.

Für den Kunden soll also sofort zu erkennen sein, was er am Ende insgesamt zahlen muss.

Folgende Angaben sind bei der Preisauszeichnung gestzlich vorgeschrieben:

- Bruttoverkaufspreis: Dieser Preis, der für die Ware insgesamt zu zahlen ist, setzt sich aus dem Nettoverkaufspreis und der Umsatzsteuer zusammen.
- Mengeneinheit des Artikels

BEISPIELE

- 1 l
- 2,5 kg
- 10 m
- 100 Stück

- Der Grundpreis einer Ware: Dies ist der Preis je Mengeneinheit einschließlich der Umsatzsteuer und sonstiger Preisbestandteile. Der Grundpreis muss nicht angegeben werden, wenn der Grundpreis dem Gesamtpreis entspricht.

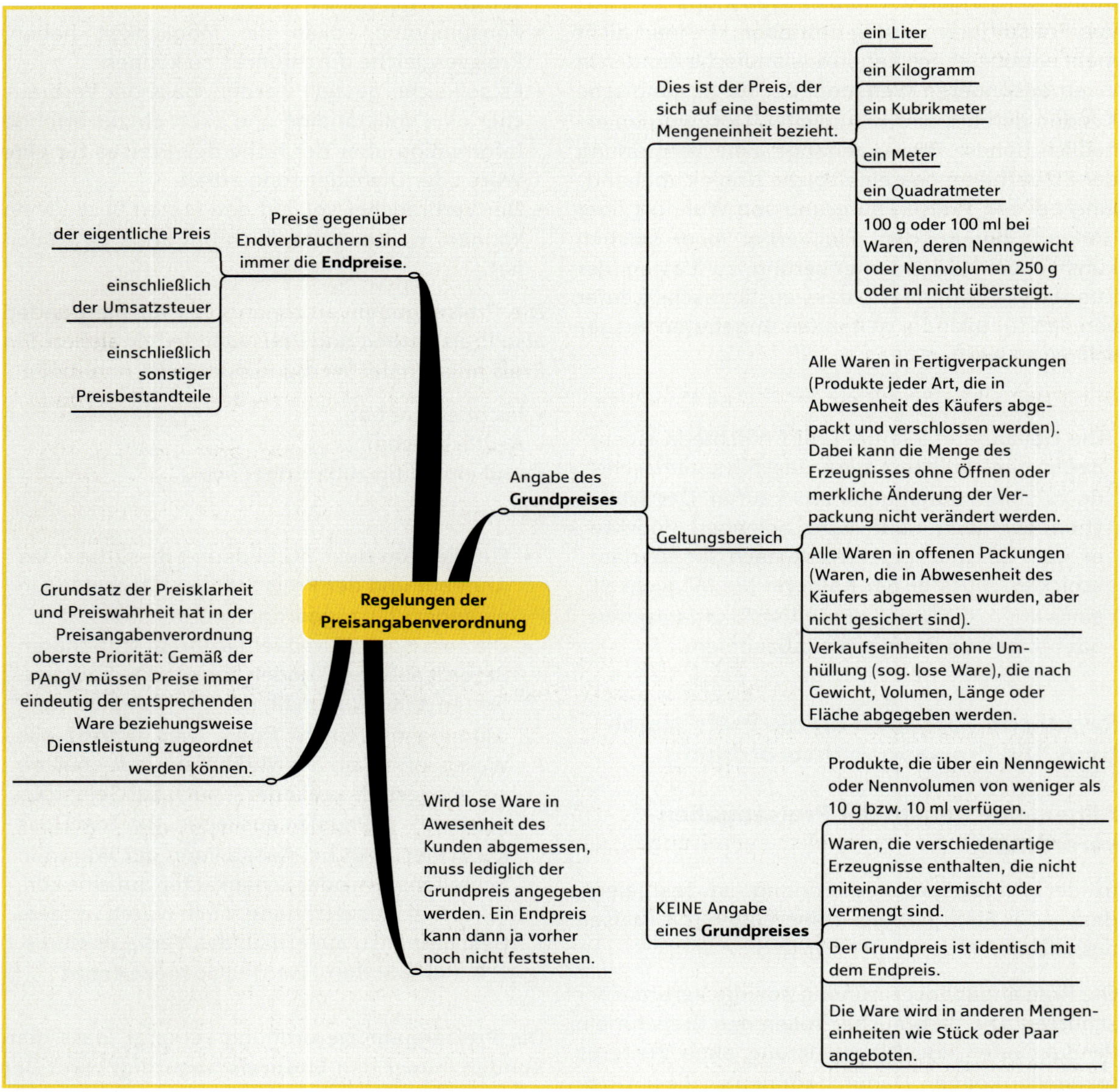

- Handelsübliche Warenbezeichnung bzw. Gütebezeichnung: Unter „handelsüblich“ versteht man eine Bezeichnung, die für die ausgezeichneten Artikel allgemein im Geschäftsleben verwendet wird.

Bei Verstößen gegen die Preisangabenverordnung muss ein Einzelhandelsunternehmen zwei Gefahren befürchten:

- Abmahngefahr: Fehler in der Preisauszeichnung können Gründe dafür sein, um von Mitbewerbern, Verbraucherschutzverbänden oder Wettbewerbsvereinen eine Abmahnung zu erhalten. Diese fordern dazu auf, die mangelhafte Preisauszeichnung in Zukunft zu unterlassen. Sie stellen dem Einzelhändler die durch die Abmahnung entstandenen Kosten in Rechnung.
- Ordnungsgelder: Liegt ein nachweisbarer Verstoß gegen die Regelungen der Preisangabenverordnung vor, kann der Staat ein Einzelhandelsunternehmen auch mit einer Zahlung von Ordnungsgeldern bis zu einer Höhe von 25.000,00 € bestrafen.

Konsequenzen der Preisangabenverordnung für Webshops

Die allgemeinen Regeln der Preisangabenverordnung gelten auch für Webshops. Folgende Besonderheiten müssen jedoch zusätzlich beachtet werden:

- Auch für Webshops gilt, dass sie Endverbrauchern Endpreise nennen. Sie müssen die Kunden auch drauf hinweisen, dass die geforderten Endpreise Umsatzsteuer und sonstige Preisbestandteile enthalten.

BEISPIEL

Die Tom Hoss KG gibt Kunden den folgenden Hinweis: „Alle von uns angegebenen Preise sind Endpreise inkl. MwSt. zzgl. Liefer-/Versandkosten.“

- Fallen Versandkosten an, müssen diese mit ihrer Höhe angegeben werden. Dies kann in einigen Fällen nicht möglich sein. Der Webshop muss dann den Endverbraucher über einen Link zu einer Seite mit den entsprechenden Informationen führen. Mit den dort angegebenen Daten muss der Endverbraucher noch vor der Einleitung des Bestellvorgangs die Höhe der Versandkosten selber leicht berechnen können.
- Endpreise müssen direkt bei Bildern oder Beschreibungen der Produkte dargestellt werden. Auch müssen Angaben gemacht werden, ob Umsatzsteuer oder weitere Preisbestandteile im Preis enthalten sind.
- Wenn im Webshop ein Artikel mit seinem Gewicht, Volumen, Fläche oder Länge angeboten wird, muss auch dessen Grundpreis in unmittelbarer Nähe zum Endpreis aufgeführt werden.

Nach der Preisangabenverordnung ist es nicht zulässig, die Versandkosten lediglich in den AGB anzugeben oder am Ende einer Seite, wenn nicht beim Angebot darauf hingewiesen wurde.

AUFGABEN

1. Geben Sie an, wie ein Einzelhändler die Preise seiner Waren gegenüber Endverbrauchern angeben muss.
2. Welche Eigenschaften müssen Preisangaben haben?
3. Welche Mengeneinheiten müssen für den Grundpreis angeführt werden?
4. Was versteht man unter einer Preisdifferenzierung?
5. Erläutern Sie verschiedene Formen der Preisdifferenzierung.
6. Ein französischer Freizeitpark zwingt seine deutschen Kunden, Eintrittskarten im deutschen Webshop des Unternehmens zu kaufen statt im französischen Onlineshop, in dem Karten günstiger erworben werden können. Beurteilen Sie diesen Fall.
7. Ein Markenhersteller liefert Ware an die Tom Hoss KG mit der Preisempfehlung 79,99 €. Die Tom Hoss KG verkauft die Ware für 69,99 €. Kurze Zeit später wird die Tom Hoss KG wegen eines Verstoßes gegen die Preisempfehlung verklagt. Beurteilen Sie diesen Fall.

8. Welche Preise müssen nach der Preisangabenverordnung angegeben werden?
a) Tüte mit Tiefkühlerbsen
b) 1 l Milch
c) Kaffeesahnedöschen
d) Packungen mit 20 Stück Haushaltsschwämmen
e) Körbchen mit Erdbeeren
f) Spülmittel
g) Fisch, der an einer Bedientheke verkauft wird
h) Präsentkörbe
i) Tuchgewebe

9. Welche Sonderregelungen sieht die Preisangabenverordnung für den Verkauf von Waren in Onlineshops vor?

ZUSAMMENFASSUNG

Vorschriften der Preisangabenverordnung

Forderung an Preisangaben
- deutlich lesbar
- leicht erkennbar
- dem Angebot deutlich zugeordnet

Inhalt
- Endpreis (Bruttoverkaufspreis)
- Grundpreis
- Gütebezeichnung

Man versteht erst dann etwas richtig, wenn man versucht, es einem anderen zu erklären. Dies führt zu einer erneuten gründlichen Auseinandersetzung mit dem gerade behandelten Thema.

1. Suchen Sie sich einen Partner.
2. Lesen Sie noch einmal die Zusammenfassung. Bei Verständnisproblemen schlagen Sie ggf. noch einmal im Informationstext nach.
3. Wandeln Sie die Zusammenfassung mit Ihrem Partner in eine gemeinsame Mindmap um.

ICH ÜBERPRÜFE MEINE NEU ERWORBENEN KOMPETENZEN

Den Erwerb der zu Beginn aufgeführten Kompetenzen können Sie selbst mithilfe der folgenden Tabelle überprüfen.

Wenn Sie alle Aufgaben, die hinter einer Kompetenz stehen, gelöst haben, machen Sie ein Kreuz bei „Ganz“. Bei den Kompetenzen, bei denen Sie Aufgaben „Teilweise“ oder „Gar nicht“ gelöst haben, sollten Sie den dazugehörigen Informationstext noch einmal lesen und die Aufgaben anschließend noch einmal bearbeiten.

Was ich nach der Bearbeitung dieses Kapitels kann	Aufgaben	Ganz	Teilweise	Gar nicht
Ich kann ...				
... verschiedene Entscheidungen bei der Preisgestaltung treffen.	1, 4, 5			
... Preisempfehlungen des Herstellers beurteilen.	7			
... Preisdifferenzierungen in speziellen Webshops für ausländische Kunden als kundendiskriminierend bewerten.	6, 9			
... die Vorschriften der Preisangabenverordnung rechtlich richtig anwenden.	2, 3, 8			

5311298

9.5 Die Nutzung von Warenwirtschaftssystemen für preispolitische Maßnahmen

Problemstellung

EDV-gestützte Warenwirtschaftssysteme stellen neben vielen anderen Auswertungen z. T. auch Preislagen- und Altersstatistiken zur Verfügung:

Anne Wilke, Abteilungsleiterin Herrenoberbekleidung der Tom Hoss KG, lässt sich eine Statistik für die Hauptwarengruppe Herrenanzüge ausdrucken.

PREISLAGENSTATISTIK MONAT 07 STAND 10.07.

HAUPTWARENGRUPPE 10 HERRENANZUEGE

PREISLAGE VON EUR	BIS EUR	VERKAUF ---MONAT--- MENGE	%WGR	---JAHR--- MENGE	%WGR	LUG	LAGER MENGE	%WGR	BESTELLTE MENGEN NACH LIEFERTERMIN FAELL.	-1MON	-2MON	SPAET.	LAGER+ BE- STELLT	ALTERSGLIEDERUNG DES LAGERBESTANDES 1/4 JAHR MENGE	%3STD	1/2 JAHR MENGE	%8STD	BIS 1 JAHR MENGE	%3STD	UEB. 1 JAHR MENGE	%8STD
75-	99	1	1,3	18	2,1	2,8	14	2,0	0	0	0	0	14	0	0,0	0	0,0	2	14,3	12	85,7
100-	199	3	2,5	24	2,9	2,6	23	3,1	15	35	27	24	124	0	0,0	15	63,8	6	24,5	2	11,7
200-	299	8	7,8	103	12,4	3,2	70	9,5	28	41	49	43	231	19	26,7	36	52,1	11	16,2	4	5,0
300-	399	29	28,4	219	26,3	2,6	205	27,8	12	23	14	13	267	71	34,5	87	42,6	39	18,9	8	4,0
400-	499	40	38,4	298	35,7	2,7	269	36,6	9	21	4	4	307	100	37,3	106	39,4	41	15,2	22	8,1
500-	699	19	12,9	146	17,5	2,7	131	17,8	12	27	18	16	204	41	31,2	68	51,9	15	11,3	7	5,7
700-		3	2,7	26	3,1	2,8	24	3,2	2	16	4	3	49	8	33,8	12	49,5	4	16,7	0	0,0
SUMME/ DURCHSCHNITT		103		834		2,7	736		78	163	116	103	1196	239	32,5	324	44,0	118	16,0	55	7,5

Durch die Preislagenstatistik kann der Einzelhändler zwei Fragen klären:

- Welche Preislage läuft in welcher Warengruppe am besten?
- Entspricht der Anteil der Preislage am Lagerbestand den Umsätzen?

Die Altersstatistik gibt dagegen Auskunft über die aktuelle Altersgliederung des Lagerbestands.

1. Stellen Sie fest, wie die Altersstatistik für preispolitische Maßnahmen genutzt werden kann.
2. Untersuchen Sie, wie Warenwirtschaftssysteme preispolitische Maßnahmen unterstützen.

EINORDNUNG DES THEMAS

Lernfeld 9: Preispolitische Maßnahmen vorbereiten und durchführen

Einflussgrößen der Preisgestaltung → Maßnahmen der Preispolitik → Kalkulation der Verkaufspreise → Berücksichtigung der Preisangabenverordnung → **Nutzung des Warenwirtschaftssystem für preispolitische Maßnahmen**

Kompetenzen

Nach Bearbeitung dieses Kapitels können Sie ...

... mit einem Warenwirtschaftssystem Maßnahmen zur Festlegung der Verkaufspreise unterstützen.
... Sonderangebote kontrollieren.
... Mischkalkulationen vornehmen.
... die Wirksamkeit psychologischer Preisgestaltungsprinzipien untersuchen.
... Preiskalkulationen durchführen.

INFORMATIONSTEXT

Für Einzelhandelsunternehmen ist die Kalkulation ein unverzichtbares Instrument der Existenzsicherung: Im Bereich der Preisfindung müssen jederzeit die richtigen Entscheidungen getroffen werden.

Optimale Entscheidungen im Bereich der Preispolitik von Einzelhandelsunternehmen basieren auf umfassenden Informationen. Sie werden wirtschaftlich und zweckmäßig durch neueste Informationstechnologien bereitgestellt werden. Es gibt verschiedene Wege, um verlässlich zu kalkulieren: Ein Weg ist der **Aufbau eines Kalkulationssystems mithilfe von PC-Programmen** in eigener Regie. Auf vielen PCs sind Tabellenkalkulationen wie MS-Excel bereits vorhanden.

Der zweite, bequemere und auch professionellere Weg führt über den **Einsatz spezieller Kalkulationsmodule in einem Warenwirtschaftssystem.** Eine solche Lösung kann über die Preisfindung hinaus noch weitere wichtige Aufgaben erfüllen. Dabei wird die Steuerung des Warenflusses vom Wareneingang über Lagerung bis zum Verkauf weitgehend automatisiert. So werden unproduktive Umwege vermieden.

Die laufende Speicherung und Integration aller wesentlichen Daten ermöglicht betriebswirtschaftlich begründete Aussagen über den aktuellen Unternehmenserfolg. Veränderungen der Ertragssituation oder der Erfolg von Preisaktionen werden nur im gezielten Rückblick sichtbar. Das kann natürlich keine Fehler rückgängig machen, aber es verhindert deren Wiederholung. Demnach werden die Leistungsfähigkeit und die Bedeutung einer Kalkulationssoftware maßgeblich durch die Einbindung in die Warenwirtschaft mitbestimmt.

Die Hauptaufgabe der Warenwirtschaftssysteme im Bereich der Preispolitik ist die **Preisfindung.** Bei der Kalkulation der Verkaufspreise müssen viele Größen berücksichtigt werden. Es müssen z. B. Kosten, Umsatzsteuern, Gewinne, Umsätze, Marktchancen usw. beachtet werden, um die richtigen Verkaufspreise zu ermitteln. Die Software liefert alle benötigten Daten in jeder gewünschten Form. Anschließend werden alle Kalkulationen schnell und bequem durchgeführt.

Zur Begründung weiterer preispolitischer Entscheidungen liefern EDV-gestützte Warenwirtschaftssysteme vielfältige Informationen.

So informiert das Warenwirtschaftssystem im Rahmen der kurzfristigen Erfolgsrechnung warengruppen- oder artikelgenau über die durchschnittlich erzielte Handelsspanne. Es bietet damit dem Einzelhändler eine **laufende Kontrolle**, ob in dem Unternehmen bisher kosten- und gewinndeckend kalkuliert worden ist.

Bei vielen Artikeln besteht ein Kalkulationsspielraum, der nicht immer genutzt wird. Der Einzelhändler muss sich also fragen: Wo liegt die **Obergrenze des Verkaufspreises**, ohne dass Umsatz und Gewinn negativ beeinflusst werden? Der infrage kommende Artikel wird durch das Warenwirtschaftssystem über mehrere Perioden (= Zeitabschnitte) hinweg mit einem unterschiedlichen Verkaufspreis (und Gewinn) ermittelt. Gerade bei hochpreisigen und hochwertigen Artikeln, die nicht so sehr im Preisbewusstsein der Kunden verankert sind, sollte durch Untersuchungen der richtige Preis ausgelotet werden. Jede vertretbare Erhöhung des Verkaufspreises bei gleichbleibenden Kosten bedeutet einen wesentlichen Beitrag zur Erfolgssicherung des Unternehmens.

EDV-gestützte Warenwirtschaftssysteme geben auch wertvolle Hinweise für eine geeignete Misch-

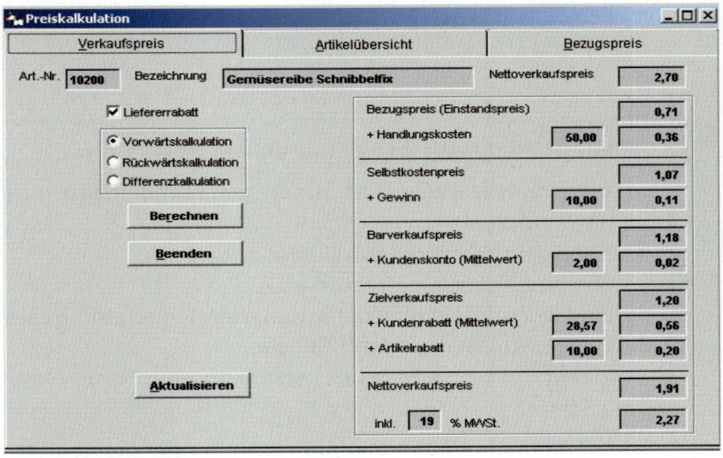

Preiskalkulation am PC

kalkulation (**Kompensationskalkulation**). Es wird deutlich, welche Artikel mit einer sehr hohen Handelsspanne kalkuliert werden können, um niedrig kalkulierte Artikel zu unterstützen (z. B. Sonderangebote oder Ladenhüter, die verramscht werden sollen).

Mit EDV-gestützten Warenwirtschaftssystemen lassen sich ferner **Sonderangebote** genau kontrollieren. Sonderangebote sollen Kunden in den Laden ziehen. Sie dienen also hauptsächlich dazu, den Gesamtumsatz eines Betriebs anzuheben. Solche Sonderaktionen müssen gut vorbereitet sein:

- sorgfältige Auswahl der infrage kommenden Artikel,
- genaue Preiskalkulation,
- günstiger Platz, an dem die Ware präsentiert wird und
- gut vorbereitete Werbeaktion.

Über diese notwendigen Maßnahmen darf jedoch die Rentabilität der Sonderangebote nicht außer Acht gelassen werden. Hier können Verluste entstehen, die auf die Dauer untragbar sind und auch durch Mehrumsatz in anderen Sortimentsgruppen nicht ausgeglichen werden. Der Einzelhändler muss sich daher die Frage stellen: Wie hoch muss die Umsatzzunahme beim betreffenden Artikel sein, um die Verringerung der Handelsspanne bei diesem Artikel wieder auszugleichen?

Heute bei meinem Lieblingsitaliener: die Pizza Quattro Formagi ist die beste des Universums. Für die würde ich sogar neun Euro statt sieben Euro hinlegen.

Warum wird die Pizza aber nicht für neun Euro angeboten? Eventuell wäre ich dann der einzige Gast, der diese Pizza kaufen würde – und ich alleine kann für das Überleben der Pizzeria nicht sorgen.

Der Italiener muss auf dem Markt wie alle anderen Anbieter auch bestehen. Und dazu muss er die Preisbildung beachten.

Und ihm ist klar, dass auf dem Markt gilt: mit jedem Euro, den er bei der Kalkulation auf den Verkaufspreis draufschlägt, wird die Gruppe der möglichen Käufer kleiner.

Das Warenwirtschaftssystem kann die erforderliche Umsatzzunahme für jeden Artikel errechnen.

SONDERANGEBOTSBERICHT PERIODE 1 FILIALE: 0001

ARTIKEL-NR. / INTERNE NR.	BEZEICHNUNG	VK-PREIS / EK-PREIS / SOND.PREIS	VK-STCK / BESTAND / VK-STCK	BESTAND VK / BESTAND EK / UMSATZSONDERPR.	UMSATZ / GEWINN	LAG.% / ERZ.%
40128474	DEOSTIFT	2,49	136	34,88	299,64	22,11
10035		1,689	16	27,17	44,12	14,73
		2,19	130	284,70		
54490109	COLA	0,49	501	46,01	226,65	22,08
10025		0,335	107	35,85	48,57	21,43
		0,45	471	211,95		
4000417029003	SCHOKOLADE	1,19	111	43,29	122,19	19,37
10015		0,895	39	34,91	15,89	13,00
		1,09	99	107,91		

Warenwirtschaftssysteme überprüfen, ob sich Sonderangebote nicht nur für die Kunden, sondern auch für das Unternehmen lohnen.

Sonderangebote können auch Umsatz- und Ertragsverluste bei vergleichbaren Artikeln, die nicht in die Aktion einbezogen wurden, mit sich bringen. Es ist deshalb zu empfehlen, bei Sonderaktionen nicht nur den eigentlichen Aktionsartikel zu beobachten, sondern auch die vergleichbare Ware durch ein Warenwirtschaftssystem zu kontrollieren. Dadurch lassen sich eventuell Umsatz- und Ertragsverluste auch des vergleichbaren Sortiments feststellen und die Gesamtauswirkung des Sonderangebots besser beurteilen.

Warenwirtschaftssysteme zeigen auch auf, bei welchen Sortimentsteilen bzw. Artikeln **Preisnachlässe** zu gewähren sind, weil z. B. Verderb oder technische bzw. modische Veralterung droht: Es kann eine Liste gedruckt werden, die genau Auskunft über das Alter der Artikel im Sortiment gibt. Der Einzelhändler kann somit eine genaue **Altwarenkontrolle** vornehmen und entsprechende Maßnahmen treffen.

Schließlich lässt sich durch Warenwirtschaftssysteme auch die **Wirksamkeit psychologischer Preisgestaltungsgrundsätze** sehr leicht überprüfen. Es wird untersucht, ob glatte Preise (z. B. 30,00 €) verkaufswirksamer sind als gebrochene (29,90 €) oder ob die Endziffer des Preises (z. B. 0,95 oder 0,99) Einfluss auf die Verkaufswirksamkeit hat.

AUFGABEN

1. Welche Vorteile bringt die Berechnung der Verkaufspreise durch ein EDV-gestütztes Warenwirtschaftssystem?
2. Warum versuchen Einzelhandelsbetriebe die Obergrenze von Verkaufspreisen auszuloten?
3. Welche Rolle spielen EDV-gestützte Warenwirtschaftssysteme für die Mischkalkulation?
4. Warum müssen Sonderangebote durch EDV-gestützte Warenwirtschaftssysteme genau kontrolliert werden?
5. Erläutern Sie, welche Rolle EDV-gestützte Warenwirtschaftssysteme bei der Gewährung von Preisnachlässen spielen.
6. Wie überprüfen Warenwirtschaftssysteme die Wirksamkeit psychologischer Preisgestaltungsgrundsätze?
7. Führen Sie für den Artikel „Jogginganzug" eine Berechnung des Verkaufspreises durch. Kalkulieren Sie mithilfe eines Warenwirtschaftssystems oder mit einer selbst erstellten Excel-Tabelle.
   Sie rechnen bei diesem Artikel jetzt mit einem Handlungskostenzuschlag von 35 % und möchten einen Gewinnzuschlag von 15 % erzielen. Der Bezugspreis beträgt aufgrund einer Preissenkung nur noch 10,00 €. (Die für den Rechnungsverkauf vorgegebenen Werte für Kundenskonto sowie Kunden- und Artikelrabatt übernehmen Sie.)
   Stellen Sie fest, welcher Ladenpreis zunächst vorgeschlagen wird.

ZUSAMMENFASSUNG

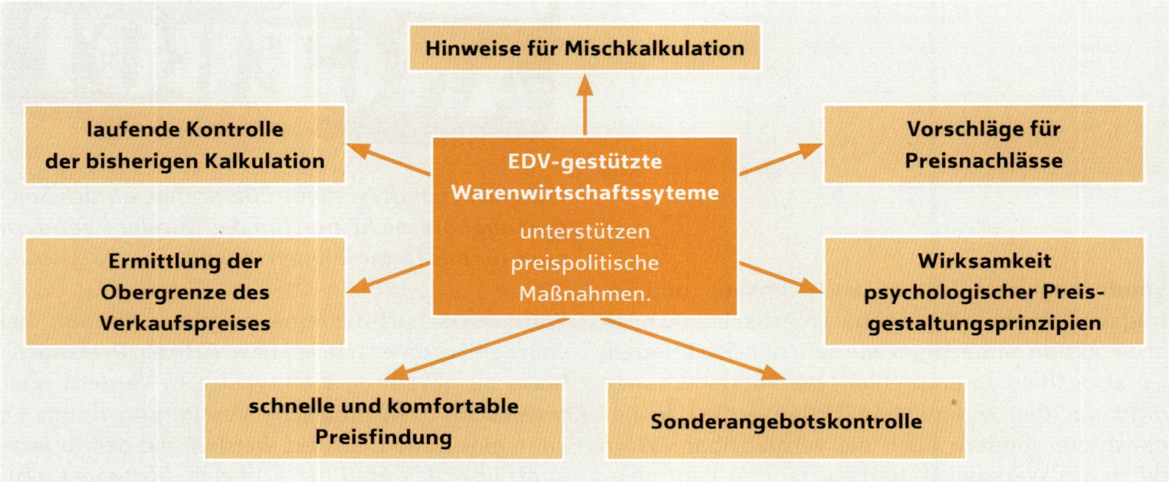

5311302

Man versteht erst dann etwas richtig, wenn man versucht, es einem anderen zu erklären. Dies führt zu einer erneuten gründlichen Auseinandersetzung mit dem gerade behandelten Thema.

1. Suchen Sie sich einen Partner.
2. Lesen Sie noch einmal die Zusammenfassung. Bei Verständnisproblemen schlagen Sie ggf. noch einmal im Informationstext nach.
3. Einer von Ihnen erläutert die Zusammenfassung dem Partner.
4. Dieser achtet auf Korrektheit und Vollständigkeit und wiederholt noch einmal.

ICH ÜBERPRÜFE MEINE NEU ERWORBENEN KOMPETENZEN

Den Erwerb der zu Beginn aufgeführten Kompetenzen können Sie selbst mithilfe der folgenden Tabelle überprüfen.

Wenn Sie alle Aufgaben, die hinter einer Kompetenz stehen, gelöst haben, machen Sie ein Kreuz bei „Ganz“. Bei den Kompetenzen, bei denen Sie Aufgaben „Teilweise“ oder „Gar nicht“ gelöst haben, sollten Sie den dazugehörigen Informationstext noch einmal lesen und die Aufgaben anschließend noch einmal bearbeiten.

Was ich nach der Bearbeitung dieses Kapitels kann	**Aufgaben**	**Ganz**	**Teilweise**	**Gar nicht**
Ich kann ...				
.... mit einem Warenwirtschaftssystem Maßnahmen zur Festlegung der Verkaufspreise unterstützen.	1, 2, 3			
... Sonderangebote kontrollieren.	4			
... Mischkalkulationen vornehmen.	3			
... die Wirksamkeit psychologischer Preisgestaltungsprinzipien untersuchen.	6			
... Preiskalkulationen durchführen.	7			

Lernfeld 10

Besondere Verkaufssituationen bewältigen

10.1 Kundentypen

Problemstellung

Stefanie Beyer und Jakub Nowak unterhalten sich beim Mittagessen in der Kantine über ihre Verkaufserlebnisse.

Stefanie erzählt: „Ich hatte vorhin einen Kunden, der dachte, er wäre der Mittelpunkt der Welt.“

Jakub nickt und fügt hinzu: „Und ich hatte einen, der hatte zu allem eine Frage – und auch gleich eine Antwort ...“

Führen Sie auf, welches Verkäuferverhalten sich jeweils empfiehlt.

EINORDNUNG DES THEMAS

Lernfeld 10: Besondere Verkaufssituationen bewältigen

Phasen eines Verkaufsgesprächs

Kontaktaufnahme → Bedarfsermittlung → Warenvorlage → Verkaufsargumentation → Preisnennung → Einwandbehandlung → Zusatzartikel-Angebot → Kaufabschluss → Abschluss des Gesprächs

Besondere Situationen in Verkaufsgesprächen

Unterschiedliche Kundentypen → Spezielle Kundengruppen → Besondere Verkaufssituationen → Teilzahlungskäufe → Ladendiebstähle → Reklamationen → Produkthaftung → Digitalisierung

Kompetenzen

Nach Bearbeitung dieses Kapitels können Sie ....

... nachvollziehen, dass der Verlauf von Verkaufsgesprächen durch Eigenarten der Kunden beeinflusst wird.
... Kunden nach ihren Persönlichkeitsmerkmalen unterscheiden.
... Kunden nach ihren Einkaufsgewohnheiten unterscheiden.
... auf unterschiedliche Kundentypen in Verkaufsgesprächen situationsgerecht eingehen.

INFORMATIONSTEXT

DEFINITION

Unter **Kundentypen** versteht man Gruppen von Kunden des Einzelhandelsunternehmens, die sich hinsichtlich des **Lebensstils** unterscheiden.

Gehört ein Kunde einem bestimmten Kundentyp an, hat er ähnliche

- Interessen,
- Einstellungen,
- Einkaufsverhalten,
- Werte,
- Meinungen
- und Persönlichkeitsmerkmale

wie andere Kunden, die zu dieser Gruppe gehören. Das Erkennen des jeweiligen Kundentyps ist wichtig für die spezielle Ansprache des Kunden in Verkaufsgesprächen, ist aber auch für die Sortimentsbildung und Werbung von Bedeutung.

Kundentypen lassen sich bilden

- nach formalen demografischen Kriterien,
- nach dem Einkaufsverhalten der Kunden
- oder nach sozialen Milieus, zu denen die Kunden gehören.

Es gibt grundlegende Typologiebildungen, die die Basis für branchenorientierte Kundentypologien darstellen.

Kundentypen

Manche Kunden unterscheiden sich vom „normalen“ Kunden. Auf diese muss besonders in Verkaufsgesprächen reagiert werden. Es kommen noch besondere, zusätzliche Regeln in Verkaufsgesprächen zur Anwendung.

Bedächtiger Kunde	**Schweigsamer Kunde**	**Gesprächiger Kunde**	**Unentschlossener Kunde**

Anwendung von Abschlusstechniken	Anwendung der Fragetechnik	Auf Kunden eingehen bei gleichzeitiger Anwendung von Abschlusstechniken	Kleine Auswahl und Empfehlungen geben
Eiliger Kunde	**Rechthaberischer Kunde**	**Misstrauischer Kunde**	**Unfreundlicher Kunde**

Beschleunigung des Verkaufsgesprächs	Kunden so weit wie möglich (großzügig) zustimmen	Sachliche Argumente in den Vordergrund stellen und Kunden die Ware selbst erproben lassen	Selbstbeherrschung und neutrale Höflichkeit

DEFINITION

Eine **Kundentypologie** ist eine Einteilung von Kunden in Typen aufgrund gemeinsamer Eigenschaften und Charakterisierung der einzelnen Typen. An der Kundentypologie kann sich die Zielgruppenpolitik der Einzelhandelsunternehmen orientieren.

Kunden unterscheiden sich stark in ihren Verhaltensweisen. Erfahrene Verkäufer erkennen schon in der Kontaktphase, zu welcher Kundenart der Kunde gehört. Solche Kundengruppen zeichnen sich durch typische **Eigenarten** der Kunden aus. Gute Verkäufer achten sorgfältig auf das Kundenverhalten. Sie versuchen zu vermeiden, dass Vorurteile und Fehleinschätzungen zu einer falschen Zuordnung eines Kunden führen. Das hätte folgenschwere Auswirkungen auf das Verkaufsgespräch.

Gute Verkäufer wissen, dass jeder Kunde individuell bedient werden muss. Sie haben jedoch durch Beobachtung und Erfahrung gelernt, dass es bei der Bedienung verschiedener Kundengruppen allgemeine Regeln gibt. Wenn man seine Kunden und die Bedürfnisse nicht kennt, kann keine Kundenzufriedenheit entstehen.

Man findet sehr oft Kunden, die nicht eindeutig einer Kundengruppe zuzuordnen sind. Es herrschen weitgehend Mischformen vor.

Eine mögliche Aufteilung von Kunden in Kundengruppen, die im Einzelnen etwas übertrieben sind, unterscheidet die folgenden Kundenarten:

- **Der sichere Kunde**
  Der sichere Kunde ist normalerweise sachkundig. Er bringt einen klaren Kaufwunsch vor und verträgt als sachverständiger Kunde meist keinen Widerspruch und keine Belehrung. Der Verkäufer sollte ohne viele Worte auf die Kundenwünsche eingehen. Allerdings schätzen sachverständige Kunden eine Beratung oft, wenn ihnen neue oder neuartige Waren vorgestellt werden.
- **Der unentschlossene Kunde**
  Ist der Kunde unentschlossen, sind seine Kaufwünsche häufig noch unklar. Ein unentschlossener Kunde verlässt sich gerne auf den Rat eines Verkäufers. Der Verkäufer sollte deshalb versuchen, etwaige Bedenken zu erfahren und sie aus dem Weg zu räumen. Ein solcher Kunde muss durch die Sicherheit des Verkäufers in seinem Kaufentschluss gestärkt werden. Der Verkäufer wird ihm eine nicht zu große Auswahl unterschiedlicher Ware vorlegen und durch Beratung und Empfehlung die Qual der Wahl abnehmen.

BEISPIEL

Dieses Verkaufsgespräch dauert jetzt schon sehr lange: Stefanie Beyer hat viele Artikel vorgeführt und viele Verkaufsargumente vorgebracht. Der Kunde ist jedoch hin- und hergerissen: Er probiert die vorgelegten Artikel mehrfach aus und stellt viele Fragen.

Hinterher macht sich Stefanie Beyer klar: In der Phase der Bedarfsermittlung sollte sie genau klären, was der Kunde möchte. Im weiteren Verlauf sollte sie darauf achten, dass dem Kunden möglichst wenige Entscheidungsmöglichkeiten gegeben werden. Zum Ende des Verkaufsgesprächs hin sollte sie die Entscheidungsfindung des Kunden durch Empfehlungen und eine entsprechende Beratung erleichtern.

- **Der entschlossene Kunde**
  Ein entschlossener Kunde betritt sehr zielstrebig die Verkaufsräume und trägt nach kurzer Orientierung kurz und knapp seine Wünsche vor. Eine aufwendige Beratung ist überflüssig, da dieser Kunde weiß, was er will.
- **Der eilige Kunde**
  Verhält sich der Verkäufer betont ruhig, wird ein eiliger Kunde nur noch nervöser und gereizter. Der Verkäufer sollte das gesamte Verkaufsgespräch beschleunigen. Er kann beispielsweise schneller sprechen und die Ware schneller vorlegen.
- **Der bedächtige Kunde**
  Entschließt sich ein Kunde nur schwer zum Kauf, behandelt ihn der Verkäufer dennoch mit großer Geduld und drängt ihn nicht. Solche Kunden wünschen oft eine eingehende Beratung. Zum Ende des Verkaufsgesprächs empfiehlt sich für den Verkäufer die Anwendung von Abschlusstechniken.
- **Der schweigsame Kunde**
  Der schweigsame Kunde ist wortkarg und hält sich sprachlich zurück. Der Verkäufer stellt kurze und sachliche Fragen, um das auszugleichen.

BEISPIEL

Jakub Nowak versucht, freundlich und mit offenen Fragen die für die Fortführung des Verkaufsgesprächs wichtigen Informationen von einem wortkargen Kunden zu bekommen.

- **Der misstrauische Kunde**
  Der misstrauische Kunde vertraut der Beratung des Verkaufspersonals nicht so ohne Weiteres. Er fragt öfter zweifelnd nach. Häufig glaubt er sich übervorteilt. Bei der Bedienung sollte der Verkäufer nicht zu viel sprechen, dafür aber umso mehr sachliche Argumente in den Vordergrund stellen. Der misstrauische Kunde sollte Gelegenheit bekommen, die Ware möglichst selbst zu prüfen und zu erproben. Der Verkäufer muss alle Möglichkeiten ausschöpfen, um das Misstrauen des Kunden zu beseitigen (z. B. durch Hinweise auf Umtauschrecht, Qualitätsmarke, Garantiezeiten usw.).

BEISPIEL

Um die Mittagszeit herum hat Stefanie Beyer einen Kunden, der grundsätzlich alles anzweifelt, was sie im Verkaufsgespräch sagt. Damit dieser Kunde sich nicht übervorteilt fühlt, gibt Stefanie Beyer in der Phase der Warenvorlage dem Kunden immer wieder die Gelegenheit, die Ware selbst in die Hand zu nehmen und auszuprobieren. In der Phase der Verkaufsargumentation belegt sie jedes Verkaufsargument mit nachvollziehbaren Beispielen.

- **Der gesprächige Kunde**
  Dieser Kundentyp ist mitteilungsbedürftig. Sein Kaufwunsch wird von einer Vielzahl allgemeiner Themen begleitet. Grundsätzlich ist seine Bedienung unproblematisch, wenn der Verkäufer auf seine Gesprächigkeit eingeht und er sich damit zufrieden fühlt. Der Verkäufer sollte sich jedoch aus Klatsch über persönliche Dinge heraushalten.

BEISPIEL

In einem Verkaufsgespräch nimmt ein Kunde fast jedes Wort von Stefanie Beyer zum Anlass, persönliche Erlebnisse zu schildern und persönliche Einschätzungen zu geben. Stefanie Beyer führt die einzelnen Phasen des Verkaufsgesprächs freundlich durch, ohne sich ablenken zu lassen. Sie versucht immer wieder, das Augenmerk des Kunden auf die Ware zu lenken.

Der Kunde darf nicht den zügigen Geschäftsablauf stören: Während des Gesprächs darf der eigentliche Verkaufsvorgang nicht vergessen werden. Bei allzu langer Gesprächsdauer sollte der Verkäufer das Verkaufsgespräch durch Abschlusstechniken beenden.

- **Der rechthaberische Kunde**
  Einige Kunden wissen in Verkaufsgesprächen – häufig aus übertriebenem Geltungsbedürfnis – alles besser. Auch wenn es ihm schwerfällt, sollte der Verkäufer sich großmütig verhalten: Er sollte den Kunden reden lassen und ihm so weit wie möglich zustimmen.

- **Der unfreundliche Kunde**
  Die überheblichen bis beleidigenden Äußerungen unfreundlicher Kunden lassen einen erheblichen Mangel an Selbstkritik erkennen. Mit lautstarkem Sprechen begleitet, sollen dadurch häufig Kenntnisse vorgetäuscht oder der Verkäufer eingeschüchtert werden. Ein guter Verkäufer zeichnet sich durch Selbstbeherrschung aus. Das Verkaufsgespräch sollte der Verkäufer mit größter Zurückhaltung und neutraler Höflichkeit führen. Durch ein betont sachliches Verhalten sollte dem Kunden signalisiert werden, dass seine Unfreundlichkeit keinen Eindruck macht. Lässt ein Verkäufer sich in solchen Fällen nicht provozieren, kann er sehr stolz auf sich sein.

BEISPIEL

Stefanie Beyer hat heute neben vielen netten Kunden auch einen unfreundlichen Kunden. Dieser Kunde wirkt im Verkaufsgespräch sehr überheblich. Mehrmals macht er lautstark abfällige Bemerkungen über die Ware und das Unternehmen. Stefanie Beyer bleibt ruhig, sachlich und ausgesprochen höflich. Sie vermeidet es, ebenfalls emotional zu werden. Durch eine geschickte Steuerung des Verkaufsgesprächs gelingt es ihr, das Verkaufsgespräch vergleichsweise schnell durchzuführen.

- **Der freundliche Kunde**
  Dieser Kundentyp ist für den Verkäufer der angenehmste. Beratungen sind unproblematisch. Seine höflich formulierten Wünsche können vom Verkaufspersonal meist ebenso freundlich erfüllt werden.

5311308

Eine freundliche und zufriedene Kundin

- **Der sachverständige Kunde**
  Dieser Kundentyp verwendet als Experte Fachbegriffe und teilt dem Verkaufspersonal einen klaren Kaufwunsch mit. Da der Kunde sich bereits auskennt, können auch Fachbegriffe verwendet werden. In der Verkaufsargumentation reicht die Nennung von Produktmerkmalen aus.

- **Der sparsame Kunde**
  Dieser Kundentyp achtet nur auf den günstigsten Preis. Zudem hält er alle Preise generell für zu hoch. Das Verkaufspersonal sollte bei der Warenvorlage den Schwerpunkt auf preisgünstigere Ware legen und besonders auf Sonderangebote hinweisen.

- **Mystery Shopper**
  Ein besonderer Kundentyp ist der Mystery Shopper. Dies ist ein besonders geschulter Beobachter, der als normaler Kunde im Geschäft auftritt. Er versucht aus Sicht eines realen Kunden Verkaufsgespräche wahrzunehmen. Sein Ziel ist es, den Ablauf eines Verkaufsgesprächs zu bewerten. Anhand der Überprüfung, ob zum Beispiel alle Regeln eines Verkaufsgesprächs in den einzelnen Phasen eingehalten werden, kann die Qualität des Verkaufs bewertet und gegebenenfalls verbessert werden.

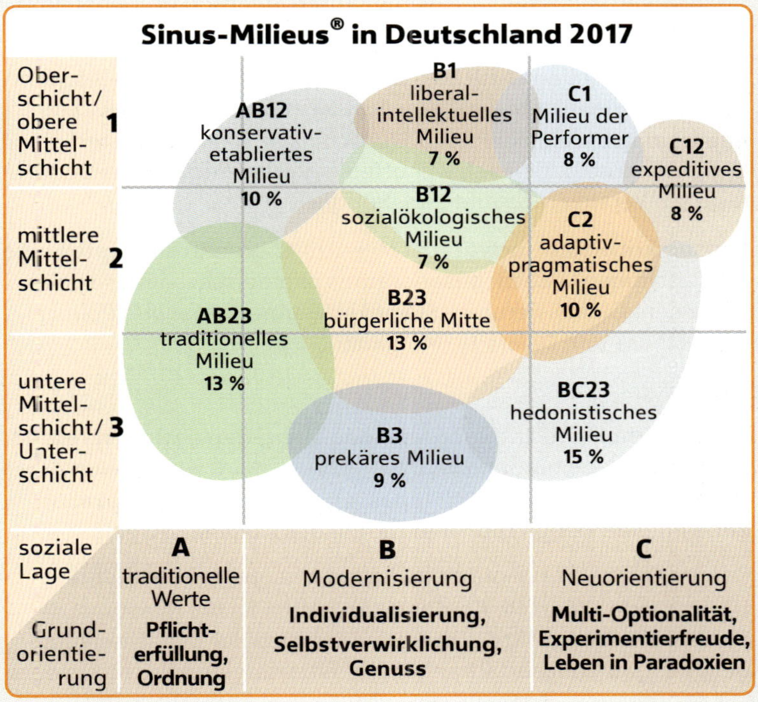

Es gibt sehr viele Kundentypologien. Eine sehr bekannte Kundentypologie stellen die Sinus-Milieus dar. Die Kunden werden nach ihrem Lebensstil unterschieden und den einzelnen Milieus zugeordnet.

Von oben nach unten: nach sozialer Lage in Schichten, auf der Grundlage von Alter, Bildung, Beruf und Einkommen

Von links nach rechts: nach der Grundorientierung, in einem Spannungsbogen von traditionell bis postmodern

Oben sind die gesellschaftlichen Leitmilieus angesiedelt, am linken Rand die traditionellen Milieus, in der Mitte die Mainstream-Milieus und rechts die hedonistischen (am Genuss orientierten) Milieus.

In Anlehnung an Materialien der Sinus Sociovision GmbH, Heidelberg

Sozial gehobene Milieus	
Konservativ-etabliertes Milieu 10 %	Das klassische Establishment: Verantwortungs- und Erfolgsethik; Exklusivitäts- und Führungsansprüche; Standesbewusstsein, zunehmender Wunsch nach Ordnung und Balance
Liberal-intellektuelles Milieu 7 %	Die aufgeklärte Bildungselite: kritische Weltsicht, liberale Grundhaltung und postmaterielle Wurzeln; Wunsch nach Selbstbestimmung und Selbstentfaltung
Milieu der Performer 8 %	Die multi-optionale, effizienzorientierte Leistungselite: globalökonomisches Denken; Konsum- und Stil-Avantgarde; hohe IT- und Multimedia-Kompetenz, Erosion des visionären Elans
Expeditives Milieu 9 %	Die ambitionierte kreative Avantgarde: transnationale Trendsetter; mental, kulturell und geografisch mobil, online und offline vernetzt, nonkonformistisch; auf der Suche nach neuen Grenzen und neuen Lösungen
Milieus der Mitte	
Bürgerliche Mitte 13 %	Der leistungs- und anpassungsbereite bürgerliche Mainstream: generelle Bejahung der gesellschaftlichen Ordnung; Wunsch nach beruflicher und sozialer Etablierung, nach gesicherten und harmonischen Verhältnissen, wachsende Überforderung und Abstiegsängste
Adaptiv-pragmatisches Milieu 11 %	Die moderne junge Mitte unserer Gesellschaft mit ausgeprägtem Lebenspragmatismus und Nützlichkeitsdenken: leistungs- und anpassungsbereit, aber auch Wunsch nach Spaß und Unterhaltung; zielstrebig, flexibel, weltoffen – gleichzeitig starkes Bedürfnis nach Verankerung und Zugehörigkeit
Sozial-ökologisches Milieu 7 %	Konsumkritisches/-bewusstes Milieu mit normativen Vorstellungen vom „richtigen" Leben: ausgeprägtes ökologisches und soziales Gewissen; Globalisierungs-Skeptiker, Bannerträger von Political Correctness und Diversity (Multikulti)
Milieus der unteren Mitte / Unterschicht	
Traditionelles Milieu 11 %	Die Sicherheit und Ordnung liebende ältere Generation: verhaftet in der alten kleinbürgerlichen Welt bzw. in der traditionellen Arbeiterkultur; Sparsamkeit und Anpassung an die Notwendigkeiten, zunehmende Resignation und Gefühl des Abgehängtseins
Prekäres Milieu 9 %	Die um Orientierung und Teilhabe („dazugehören") bemühte Unterschicht: Wunsch, Anschluss zu halten an die Konsumstandards der breiten Mitte – aber Häufung sozialer Benachteiligungen, Ausgrenzungserfahrungen, Verbitterung und Ressentiments
Hedonistisches Milieu 15 %	Die spaß- und erlebnisorientierte moderne Unterschicht / untere Mitte: Leben im Hier und Jetzt, unbekümmert und spontan; häufig angepasst im Beruf, aber Ausbrechen aus den Zwängen des Alltags in der Freizeit

SINUS Markt- und Sozialforschung GmbH, Heidelberg/Berlin: Informationen zu den Sinus-Milieus 2018. Stand 09/2018. https://www.sinus-institut.de/fileadmin/user_data/sinus-institut/Bilder/Sinus-Milieus_092018/2018-09-18_Informationen_zu_den_Sinus-Milieus.pdf, S. 16 [27.06.2019]

Eine andere bekannte Kundentypologie (= Einteilung von Kunden) unterscheidet bei den Kunden

- Schnäppchenjäger,
- Qualitätskäufer
- und Smartshopper.

Schnäppchenjäger:

- Alter > 40 Jahre
- Einkommen < 2.000,00 € (netto)
- preisorientiert
- Unsicherheit über die Zukunft
- Zeit zum Einkaufen
- hohe Akzeptanz von Discountern und Handelsmarken

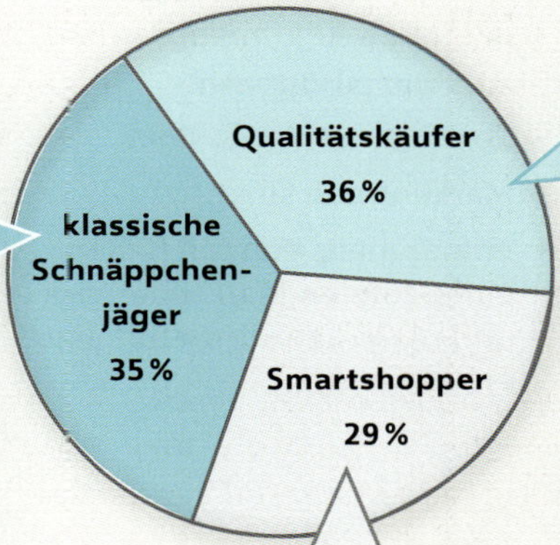

Qualitätskäufer:

- Schwerpunkt in der Altersgruppe 20–39 Jahre
- überwiegend Männer
- Einkommen > 2.000,00 € (netto)
- qualitätsorientiert, optimistisch
- starkes Vertrauen in Herstellermarken

Smartshopper:

- stark preis-, leistungsorientiert
- skeptischer Blick in die Zukunft
- Schwerpunkt in der Altersgruppe 20–39 Jahre
- Einkommen > 2.000,00 € (netto)

Quelle:
KPMG Consumer Markets, © Saarland IHK, Saarbrücken, Oktober 2003, in: www.saarland-ihk.de/ihk/statistik/statistikseiten/statistik_oktober_03.pdf. [24.10.2004]

Wir sind doch nicht blöd!

Einkaufen in Euro-Land – nie war es so billig wie heute. Denn: Wir sind doch nicht blöd. Für den Computer nicht mehr als 1.000,00 €, sonst gehen wir gleich zu Aldi. Die Riester-Rente bitte zu den besten Konditionen, sonst geht's zu Tchibo. Das Auto bitte mit 20%, sonst hol ich's in Dänemark. Früher mussten nur „die da unten sparen", sie wollten überleben. Dann kam Aldi und lockte die Hausfrau mit dem Zweitwagen-Golf. Heute gilt der Champagner-Kauf bei Aldi als Indiz für Intelligenz. Beim neuen Fummel zählt nicht nur der aktuelle Schnitt, sondern vor allem die Summe, die frau rausgeschlagen hat – und die sie nun den Freundinnen unter die Nase reiben kann. „Smartshopper" kaufen bestmögliche Qualität zum niedrigstmöglichen Preis. Sie handeln, vergleichen Preise und kaum etwas bereitet ihnen so viel Vergnügen wie das Villeroy & Boch-Service fürs halbe Geld. Bei den Händlern buchstabiert sich „smart" so: selbstbewusst, markenorientiert, aufgeklärt, rabattorientiert – und taktlos. Der Smartshopper ist der Schrecken aller Verkäufer, und das Schlimme dabei: „Heute ist fast jeder ein Smartshopper." Das sagt Volker Neuhaus, Stratege der Düsseldorfer Werbeagentur Grey.

Gless, Florian, Kruse, Kuno: Wir sind doch nicht blöd! In: Stern, 26.2.2002.

Neues Kundenverhalten im Einzelhandel		
Smartshopper	**Auswirkungen auf den Einzelhandel**	**Instrumente von Smartshoppern**
• **s**elbstbewusst • **m**arkenorientiert • **a**ufgeklärt • **r**abattorientiert • **t**aktlos → Kunden, die bestmögliche Qualität zum niedrigstmöglichen Preis kaufen möchten	• Immer mehr Kunden werden zu **Smartshoppern**. • Rendite im Handel sinkt. • Markentreue sinkt. • Immer mehr Kunden haben einen totalen Marktüberblick und reagieren sofort auf jede Preisänderung.	• Auktionen (Ebay) • Coshopping; Powershopping • Fabrikverkauf • Factory-Outlet-Center • Kundenkarten • Preisagenturen • Schnäppchenführer • Verbraucherportale • Verbraucherzentrale • Mobiles Informieren vor dem Kauf mit Smartphones

AUFGABEN

1. Warum sollte ein Verkäufer schon in der Kontaktphase darauf achten, zu welcher Kundengruppe ein Kunde eventuell gehört?
2. Führen Sie verschiedene Kundengruppen auf.
3. Wie sollte man sich gegenüber unfreundlichen Kunden verhalten?
4. a) Welche Kundengruppe wird hier beschrieben?
   „Er würde sich am liebsten dafür entschuldigen, dass er auf die Welt gekommen ist. Er bedauert es sehr, in der Rolle des Einkäufers zu sein. Er ist leicht zu irritieren, insgesamt sehr zurückhaltend und wird oft rot."
   b) Wie sollte sich der Verkäufer verhalten?
5. Wonach lassen sich Kundentypologien bilden?
6. Kennzeichnen Sie die Kundentypen
   a) des Qualitätskäufers,
   b) des „Schnäppchenjägers".
7. Welche Merkmale zeichnen einen „smart"en Kunden aus?
8. Mit welchen Instrumenten arbeiten Smartshopper?
9. Welche Auswirkungen hat das Verhalten von Smartshoppern auf den Einzelhandel?
10. a) Erstellen Sie in Einzelarbeit mithilfe selbst mitgebrachter oder zur Verfügung gestellter Materialien eine Collage, die eine Kundengruppe und deren Verhalten darstellen soll.

Collage erstellen

Die Collage ist eine gestalterisch-künstlerische Methode, mit der viele Fragestellungen ideen- und abwechslungsreich bearbeitet werden können. Damit ist die Collage ein Verfahren der produktiven Informationsbearbeitung. Aus alten Zeitschriften, Zeitungen, Bildern usw. wird ein neues Werk erstellt, indem Teile entnommen und neu geordnet, gruppiert und bebildert werden.

Mit Collagen können Sie
- Begriffe erklären,
- Ereignisse kommentieren,
- Fragen stellen,
- Antworten geben,
- Aussagen ergänzen, korrigieren, kontrastieren,
- gegenwärtige Sichtweisen und Stimmungen ausdrücken.

Vorgehensweise bei der Erstellung:

1. **Aufgabenstellung:**
   Bestimmen Sie das Thema und das Ziel der Collage.

5311312

2. **Vorbereitung:**
   Besorgen Sie alte Zeitungen, Zeitschriften, Kataloge, Prospekte, Tapeten, Scheren, Klebstoff usw.
3. **Durchführung:**
   In Einzel-, Gruppen- oder Partnerarbeit erstellen Sie aus dem vorher besorgten Material die Collage.
4. **Auswertung:**
   Die Hersteller der Collage erläutern und kommentieren ihr Werk.

b) Holen Sie kurz die Meinung Ihrer Mitschüler ein, welche Kundengruppe Sie darstellen wollten.

c) Anschließend stellen Sie selbst Ihre Collage vor. Gehen Sie besonders darauf ein, wie Sie die Merkmale der von Ihnen ausgewählten Kundengruppe dargestellt haben.

11. a) Führen Sie in Partnerarbeit als Rollenspiel ein Verkaufsgespräch mit einem Kunden einer bestimmten Kundengruppe auf. Der Spieler, der den Kunden darstellt, soll die Merkmale der Kundengruppe herausstellen. Der Verkäufer soll ein Verhalten spielen, wie der entsprechende Kunde angemessen behandelt werden kann.

b) Holen Sie kurz die Meinung Ihrer Mitschüler ein, welche Kundengruppe Sie darstellen wollten.

12. Suchmaschinen sind Werkzeuge, um Daten und Informationen im Internet **schnell** finden zu können. Eine Suchmaschine kann man sich vorstellen als eine Art Datenbank, die Stichworte (Zusammenfassungen/Inhaltsangaben) zu verfügbaren Informationen im Internet enthält: Sie sammelt Hyperlinks, die nach Eingabe von Suchbegriffen direkt zu den betreffenden Seiten führen.

A s Instrumente von Smartshoppern gelten u. a.:

- Powershopping
- Auktionen
- Preisagenturen
- Factory-Outlet-Center
- Verbraucherportale

a) Wählen Sie für Ihre Gruppe einen der Begriffe aus.

b) Informieren Sie sich im Internet über die Bedeutung der Begriffe.

c) Erstellen Sie in Gruppenarbeit eine Wandzeitung, die den Begriff anschaulich erläutert.

d) Bereiten Sie sich darauf vor, den jeweils anderen Gruppen Ihre Wandzeitung vorzustellen.

13.

> Welches Einzelhandelsunternehmen ist das beste? In der 9. Auflage des bundesweiten Einzelhandelstests nahm das Schönstädter Blatt MoneyProfit rund 1900 Filialen in knapp 300 Städten unter die Lupe – und kürte die Branchenbesten. Ganz vorne mit dabei die Tom Hoss KG. Das ist das Ergebnis aus ca. 5.000 Verkaufsgesprächen, die von sogenannten Mystery Shoppern beim Besuch der Unternehmen geführt wurden.

a) Was sind Mystery Shopper?

b) Mit welchem Ziel werden sie eingesetzt?

14. Welcher Kundentyp liegt vor?

a)

b)

c)

ZUSAMMENFASSUNG

Zugehörigkeit der Kunden zu unterschiedlichen ...

... Kundengruppen
Eigenarten der Kunden

... Kundentypen
unterschiedliche Lebensstile der Kunden

erkennbar an unterschiedlichem Kundenverhalten

erfordert unterschiedliche Behandlung von Kunden in Verkaufsgesprächen

Man versteht erst dann etwas richtig, wenn man versucht, es einem anderen zu erklären. Dies führt zu einer erneuten gründlichen Auseinandersetzung mit dem gerade behandelten Thema.

1. Suchen Sie sich einen Partner.
2. Lesen Sie noch einmal die Zusammenfassung. Bei Verständnisproblemen schlagen Sie ggf. noch einmal im Informationstext nach.
3. Jeder formuliert vier Fragen, die mithilfe der Zusammenfassung beantwortet werden können.
4. Jeder beantwortet seine eigenen und die Fragen des Partners.

ICH ÜBERPRÜFE MEINE NEU ERWORBENEN KOMPETENZEN

Den Erwerb der zu Beginn aufgeführten Kompetenzen können Sie selbst mithilfe der folgenden Tabelle überprüfen.

Wenn Sie alle Aufgaben, die hinter einer Kompetenz stehen, gelöst haben, machen Sie ein Kreuz bei „Ganz". Bei den Kompetenzen, bei denen Sie Aufgaben „Teilweise" oder „Gar nicht" gelöst haben, sollten Sie den dazugehörigen Informationstext noch einmal lesen und die Aufgaben anschließend noch einmal bearbeiten.

Was ich nach der Bearbeitung dieses Kapitels kann	Aufgaben	Ganz	Teilweise	Gar nicht
Ich kann ...				
... nachvollziehen, dass der Verlauf von Verkaufsgesprächen durch Eigenarten der Kunden beeinflusst wird.	1, 2			
... Kunden nach ihren Persönlichkeitsmerkmalen unterscheiden.	2			
... Kunden nach ihren Einkaufsgewohnheiten unterscheiden.	6, 9, 12, 13			
... auf unterschiedliche Kundentypen in Verkaufsgesprächen situationsgerecht eingehen.	3, 4, 10, 11			

10.2 Beachtung spezieller Kundengruppen

Problemstellung

Feierabend. Stefanie Beyer und Jakub Nowak unterhalten sich kurz darüber, was sie heute erlebt haben.

Stefanie Beyer: „... Ja, und dann kam noch ein sehr markenbewusstes fünf- bis siebenjähriges Mädchen mit ihrem gleichaltrigen Freund vorbei ... Süß! ... Und dann haben die richtig eingekauft für 600,00 € .... Mehr als manche Erwachsene!"

Jakub Nowak: „Ich hatte auch ein Pärchen. Das waren Senioren. Sie haben bei mir sogar für über 800,00 € eingekauft. Das Verkaufsgespräch hat etwas länger gedauert. Ich habe vorsichtshalber auch etwas lauter gesprochen. War dabei auch etwas langsamer. Habe Ihnen auch Sitzplätze gleich zu Beginn angeboten ..."

Beurteilen Sie die beiden Fälle.

EINORDNUNG DES THEMAS

Lernfeld 10: Besondere Verkaufssituationen bewältigen

Phasen eines Verkaufsgesprächs

Kontaktaufnahme → Bedarfsermittlung → Warenvorlage → Verkaufsargumentation → Preisnennung → Einwandbehandlung → Zusatzartikel-Angebot → Kaufabschluss → Abschluss des Gesprächs

Besondere Situationen in Verkaufsgesprächen

Unterschiedliche Kundentypen → **Spezielle Kundengruppen** → Besondere Verkaufssituationen → Teilzahlungskäufe → Ladendiebstähle → Reklamationen → Produkthaftung → Digitalisierung

Kompetenzen

Nach Bearbeitung dieses Kapitels können Sie ...

... nachvollziehen, dass spezielle Kundengruppen besondere Vorgehensweisen in Verkaufsgesprächen erfordern.
... sich mit situationsgerechten Vorgehensweisen und Maßnahmen in Verkaufsgesprächen auf die speziellen Kundengruppen einstellen.
... mit weiteren Maßnahmen Verkaufsgespräche mit speziellen Kunden positiv beeinflussen.
... gesetzliche Vorgaben für spezielle Kundengruppen beachten.

INFORMATIONSTEXT

Die meisten Verkaufsgespräche laufen in der Praxis ohne besondere Probleme ab. Es gibt jedoch immer wieder Situationen, die sich als schwierig herausstellen. Das Verkaufspersonal muss sich in Verkaufsgesprächen deshalb auf bestimmte Anlässe (z. B. Hochbetrieb, Geschenkverkäufe) oder spezielle Kundengruppen (z. B. Ausländer, Kinder und Jugendliche, Senioren, Kunden in Begleitung) besonders vorbereiten und einstellen.

Spezielle Kundengruppen erfordern eine besondere Beachtung in Verkaufsgesprächen		
Kinder und Jugendliche	**Senioren**	**Ausländische Kunden**

• wichtige Zielgruppe • markenbedacht • Beachtung des Taschengeldparagraphen	• hohe Kaufkraft • Interesse an bestimmten Sortimenten	• Sprachprobleme • interkulturelle Unterschiede

Kinder und Jugendliche

Kinder und Jugendliche stellen für den Einzelhandel eine äußerst wichtige Kundengruppe dar. Nicht nur, weil diese Zielgruppe heute schon als Kunden für die Einzelhandelsunternehmen eine wichtige Rolle spielt, sondern auch, weil sie die Kunden von morgen sind. Darüber hinaus haben Kinder und Jugendliche erheblichen Einfluss auf die Kaufentscheidungen ihrer Eltern.

Kinder sind wichtige Kaufentscheider.

Mehrere Untersuchungen zeigen, dass sich viele Einzelhändler und Verkäufer dieser Tatsache offenbar nicht immer bewusst sind und der wichtigen Kundengruppe Kinder und Jugendliche nicht gerecht werden.

BEISPIEL

Kinder und Eltern berichteten in Interviews immer wieder davon, dass Kindern und Jugendlichen in vielen Geschäften ein grundsätzliches und vielfach kränkendes Misstrauen entgegengebracht wird. Kinder werden hier offenbar vielfach nur als mögliche Ladendiebe und Störenfriede betrachtet, die man nicht gerne und vielfach auch nicht freundlich bedient.

Auch wenn Kinder und Jugendliche in der Regel nur mit kleineren Geldbeträgen in die Geschäfte kommen, verfügen sie doch insgesamt über eine gewaltige Kaufkraft.

5311316

BEISPIEL

Zum monatlichen Taschengeld von knapp 10,00 € bei den Sechs- bis Neunjährigen kommen die Geldgeschenke von Omas und Tanten – im Durchschnitt 32,00 € zum Geburtstag und 38,00 € zu Weihnachten.

Mit wachsendem Alter steigert sich das persönliche Budget (= verfügbare Geldmittel) des Nachwuchses erheblich. Nach Schätzungen des Werbefachblattes „werben & verkaufen" addiert sich bei Kindern und Jugendlichen die Kaufkraft auf 18 Milliarden Euro im Jahr.

Spielecken werden von Kindern, die ihre Eltern beim Einkauf begleiten, gern genutzt.

Im Gegensatz zu erwachsenen Kunden ist für Kinder und Jugendliche das folgende Verhalten typisch:

- Sie sind zum Teil schüchtern und unsicher.
- Sie können sich nicht immer eindeutig ausdrücken.
- Ihnen fehlt häufig eine ausreichende Warenkenntnis.
- Sie verfügen noch nicht über ausreichend Erfahrung.
- Sie sind sehr markenbewusst.

Jugendliche kaufen gern Marken; Auswahlgründe:
- Marke hat Kultstatus.
- Marke hat hohes Ansehen.
- Marke definiert Zugehörigkeit zu einer Gruppe, der man angehören möchte.

Qualität und Preis sind nachrangig.

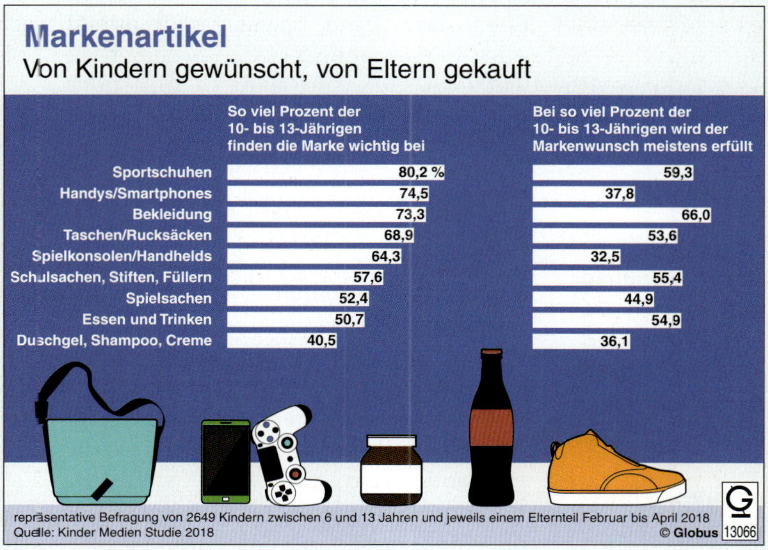

Zum zweiten Mal untersuchten sechs Verlagshäuser das Konsumverhalten und die Mediennutzung von Kindern und Jugendlichen. Für die Kinder Medien Studie wurden 2649 Doppelinterviews mit je einem Kind zwischen sechs und 13 Jahren und einem Elternteil geführt. Neben Fragen zur Freizeitgestaltung und den Lesegewohnheiten wurden die 10- bis 13-Jährigen auch gefragt, wie viel Wert sie auf Markenartikel legen. Wenn es um Schuhe, Smartphones und Klamotten geht, sind den Jugendlichen Markennamen besonders wichtig. 80 Prozent wünschen sich Sportschuhe von einem bekannten Hersteller. Die Eltern scheinen dies zu unterstützen: Mehr als die Hälfte der Mütter und Väter geben an, den Markenwunsch bei Sneakern zu erfüllen. Weniger Unterstützung finden die Kinder bei der Frage nach dem richtigen Handy. Während fast 75 Prozent der Jugendlichen die Marke beim drahtlosen Telefon wichtig ist, gehen nur 38 Prozent der Eltern darauf ein. Ob dagegen Eis, Chips oder Kekse von bekannten Herstellern kommen, ist für die Hälfte aller Mädchen und Jungen wichtig.

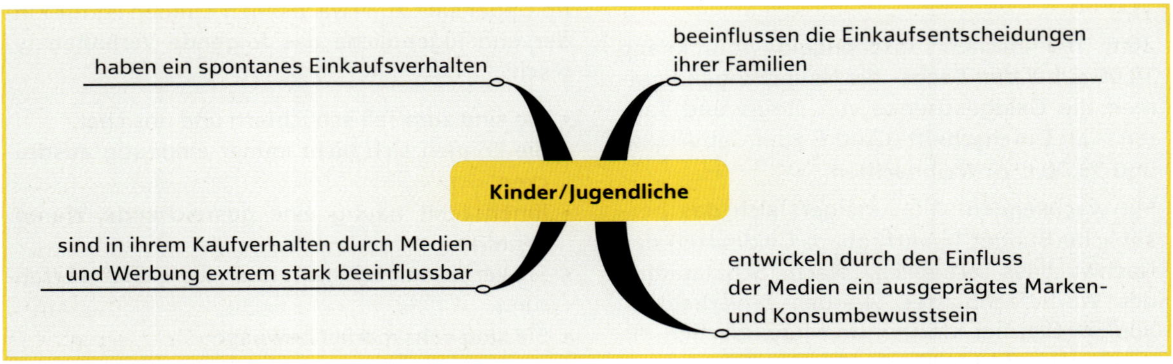

Kinder

- entscheidender Faktor (= Einflussgröße) bei Einkäufen
- beeinflussen Einkaufsentscheidungen der Eltern stark

- können Eltern beim Einkauf stören

Eltern erwarten fachkundige Beratung und ansprechende Einkaufsatmosphäre.

Verkäuferverhalten:

- Kindern zeigen, dass sie im Geschäft willkommen sind.
- Kinder ablenken und beschäftigen mit
  - Malmöglichkeiten,
  - Spielzeug,
  - Proben usw.,

  damit die Eltern ungestört Einkaufsentscheidungen treffen können: Die Kinder sind nicht gelangweilt.
- Im Zweifel die Eltern den Kindern bei der Anprobe helfen lassen und nicht selbst handeln.

Im Umgang mit Kindern und Jugendlichen sollten deshalb folgende Regeln gelten:

- Kinder und Jugendliche sollten immer genauso freundlich wie Erwachsene begrüßt werden. So bekannt, sollte man Kinder mit dem Vornamen ansprechen, um Vertrauen aufzubauen bzw. Hemmungen zu vermindern (Achtung bei älteren Jugendlichen). Die jungen Käufer müssen spüren, dass sie willkommen sind.
- Von Vorteil ist es auch, Kinder auf ihre Erlebniswelt anzusprechen.

BEISPIEL

- Womit spielst du denn?
- Kannst du mir den Namen deines Teddys nennen?

- Den Kindern und Jugendlichen muss Verständnis und Geduld entgegengebracht werden.
- Die Beratung muss dem Kind oder Jugendlichen angemessen erfolgen. Die Verkaufsargumente müssen also individuell formuliert sein.
- Wenn bei einem feststehenden Kaufwunsch des Kindes die Ware nicht vorrätig ist, sollte zwar ein Alternativangebot gemacht werden. Die Eltern sollten jedoch gefragt werden, ob sie damit einverstanden sind.
- Gerade bei kleineren Kindern sollte genau beobachtet werden, ob das Rückgeld auch sicher eingesteckt wird. Damit die verkauften Produkte unbeschädigt nach Hause kommen, sollten sie angemessen eingepackt werden.

5311318

- Beim Verkauf von Waren an Kinder und Jugendliche müssen verschiedene rechtliche Vorschriften beachtet werden.

BEISPIEL

Es gibt gesetzliche Abgabeverbote an Jugendliche für bestimmte Waren, wie u. a.:
- alkoholische Getränke
- Zigaretten, Zigarren, Tabak usw.
- Waffen
- Feuerwerkskörper

Nur wer volljährig, also mindestens 18 Jahre alt ist, ist voll geschäftsfähig. Grundsätzlich müssen die Erziehungsberechtigten Kaufverträge, die Jugendliche im Alter von 7 bis 17 Jahren abschließen, genehmigen. Solange das noch nicht geschehen ist, sind die Kaufverträge „schwebend unwirksam".

Nur im Rahmen der freien Verwendung des Taschengeldes (**„Taschengeldparagraf"**; § 110 BGB) kann ohne Einwilligung der Erziehungsberechtigten etwas gekauft werden. Die Vorschrift hat bei den Kleingeschäften des täglichen Lebens (Essen, Kleidung, Musik-CDs usw.) ganz erhebliche Bedeutung. Die Wertgrenze, bis zu der Rechtsgeschäfte des Minderjährigen ohne Weiteres wirksam sind, dürfte in etwa bei maximal 100,00 € (z. B. kleine Stereoanlage) liegen, wobei es nach der Rechtsprechung stets auf die Umstände des Einzelfalles ankommt.

Wird ein Einzelhandelsunternehmen der Zielgruppe Kinder und Jugendliche gerecht?
- Stimmt die **Kundenansprache** für diese Zielgruppe?
- Kommen Kinder und Jugendliche gern in das Geschäft?
- Werden diese Kunden gut und **freundlich bedient**?
- Wird auf die Bedürfnisse der Kinder und Jugendlichen geduldig eingegangen?
- Stimmen die **Öffnungszeiten** im Geschäft? (Hat es dann geöffnet, wenn Kinder und Jugendliche unterwegs sind?)
- Bietet das **Sortiment** Kindern und Jugendlichen eine breite und abwechslungsreiche Auswahl an attraktiven Produkten?
- Gibt es genügend Artikel zum **Taschengeldpreis**?
- Wird auf **Kundenwünsche** aus dieser Zielgruppe reagiert?

Senioren

Senioren gewinnen als Nachfrager von Produkten und Dienstleistungen in vielen Wirtschaftsbereichen immer mehr an Bedeutung. Zu der Personengruppe der Senioren werden alle Personen gezählt, die 60 Jahre und älter sind. Der Anteil der Senioren an der Gesamtbevölkerung wird in Deutschland von heute etwa 20 % auf 34 % im Jahr 2040 ansteigen.

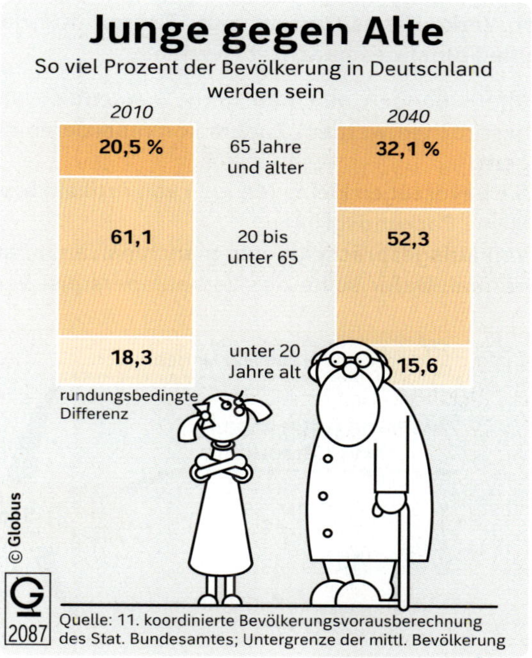

Deutschlands Bevölkerungsstruktur gerät aus dem Gleichgewicht. War 2010 jeder Fünfte 65 Jahre und älter, ist es 30 Jahre später schon jeder Dritte. Entsprechend viel lastet auf den Schultern der erwerbsfähigen Bevölkerung zwischen 20 und 65 Jahren. 2040 muss die Hälfte der Bevölkerung für die Pflege beziehungsweise Erziehung der anderen Hälfte aufkommen.

Diese demografische Entwicklung bietet dem Einzelhandel Zukunftsaussichten und Chancen. Aber es entstehen andererseits auch Risiken, auf die der Einzelhandel im Verkauf reagieren muss. Gefahren für Einzelhandelsunternehmen ergeben sich vor allem dann, wenn Senioren mit ihren besonderen Bedürfnissen vernachlässigt werden.

Senioren – eine wichtige und kaufkräftige Kundengruppe

Bei Verkaufsgesprächen mit älteren Kunden sollte Folgendes beachtet werden:

- Ältere Kunden möchten gerne namentlich angesprochen werden. Zudem kommunizieren sie gern.
- Sie bevorzugen kleine Mengen von Artikeln bzw. kleine Packungsgrößen.
- Verkaufsgespräche dauern manchmal länger als normal. Dafür sollte das Verkaufspersonal Verständnis zeigen und entsprechend Geduld aufbringen.
- Gerade Senioren sind nicht nur am Produkt, sondern verstärkt auch am Service interessiert.
- Senioren sollte man auf Artikel hinweisen, die leicht zu bedienen sind.
- Senioren, bei denen das Hör- und Sehvermögen nachlässt, sollte geholfen werden.

BEISPIEL

- Bei schwerhörigen Kunden laut, etwas langsamer und deutlich sprechen.
- Sehschwachen Kunden Informationen auf der Ware vorlesen.

- Ältere Kunden beurteilen Geschäfte häufig nach der Freundlichkeit des Verkaufspersonals.

BEISPIEL

Senioren freuen sich über
- das Anbieten von Sitzplätzen,
- das Einpacken von Waren,
- das Tragen schwerer Einkaufstaschen,
- Serviceleistungen wie telefonische Bestellannahme oder Ins-Haus-Lieferservice.

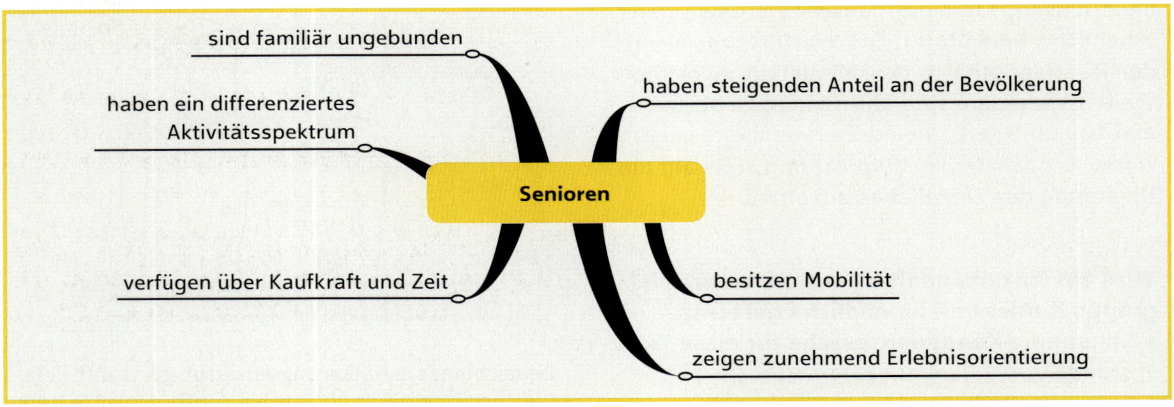

Ausländer

In Deutschland gibt es rund 1,9 Millionen ausländische Arbeitnehmer. Fast jeder dritte hat seinen Arbeitsplatz in einem Industrieunternehmen. Über 400000 sind als Dienstleister tätig. Handel und Kfz-Gewerbe beschäftigen 236000 ausländische Arbeitskräfte; im Gastgewerbe sind es fast 169000. In den letzten Jahren sind auch Migranten aus verschiedenen Ländern nach Deutschland gezogen. Diese sind vom Einzelhandel ebenfalls als Kundengruppe zu beachten.

Es besteht zudem eine große Verbindung zwischen Fremdenverkehr und Einzelhandel. Sind ausländische Touristen einmal am Zielort angelangt, geben sie dort mehr Geld in Einzelhandelsgeschäften aus als beispielsweise in der Gastronomie.

Ausländische Kunden sind zum Teil mit dem deutschen Warenangebot nicht vertraut. Sie haben auch häufig Sprachprobleme. Es ist klar, dass das Verkaufspersonal Verständnis für die Situation, Tradition, Religion und Mentalität der ausländischen Kunden aufbringen sollte.

5311320

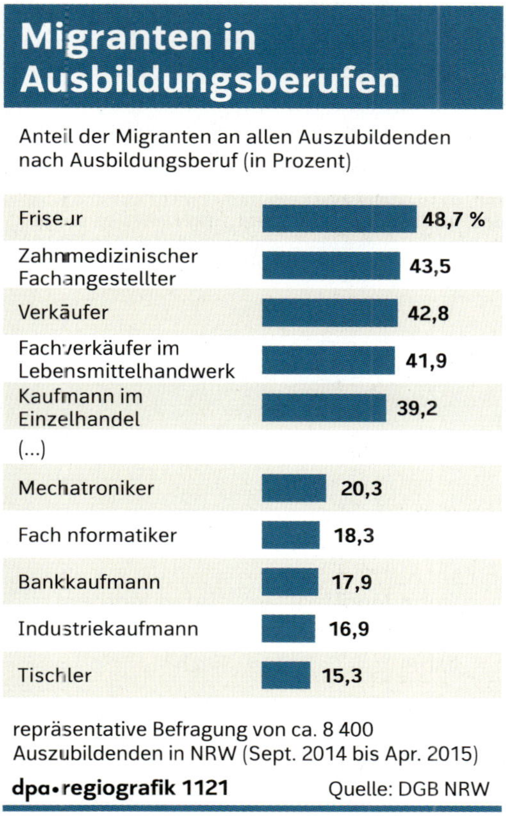

Beim Verkauf an ausländische Kunden sollte beachtet werden:

- Bei Verkaufsgesprächen sollte langsam und deutlich in einwandfreiem Deutsch gesprochen werden.
- Um die Verständlichkeit zu erhöhen, sollten bei der Warenvorlage möglichst alle Sinne angesprochen werden.

- Ein unhöfliches Verhalten gegenüber ausländischen Kunden kann zu fristlosen Kündigungen von Mitarbeitern führen.

BEISPIEL

Ein Verkaufsgespräch bei der Larstadt Warenhaus AG läuft nicht optimal. Schnell herrscht eine angespannte Atmosphäre. Die Verkäuferin teilt der Kundin aggressiv und unhöflich mit: „Lernen Sie doch erst einmal Deutsch!" Die Kundin beschwert sich beim Abteilungsleiter. Dieser fordert die Verkäuferin auf, sich in einem Nebenzimmer bei der Kundin zu entschuldigen. Die Verkäuferin erwidert: „Mit dieser Kundin gehe ich nirgendwohin."

Die Larstadt Warenhaus AG spricht sofort eine fristlose Kündigung gegenüber der uneinsichtigen Verkäuferin aus.

Das Arbeitsgericht bestätigt diese Entscheidung mit der Begründung, dass Unternehmen darauf zu achten haben, dass derartige Vorfälle gegen ihre Kunden nicht passieren.

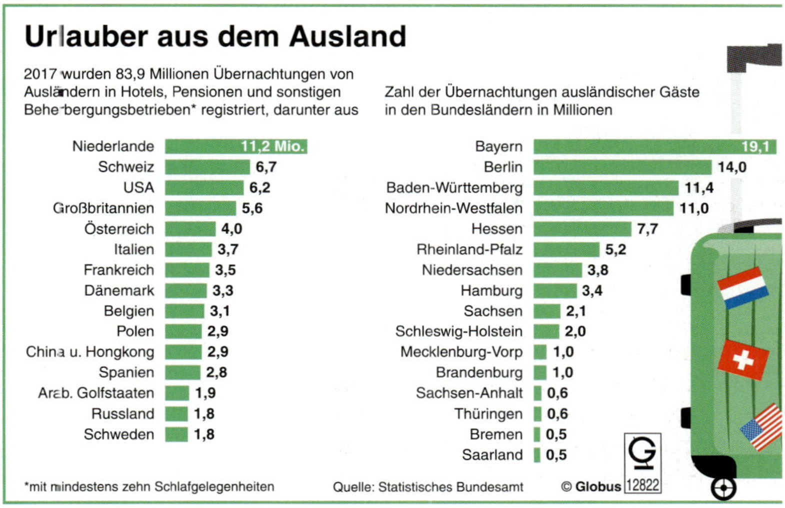

- Verkäufer sollten sich – wenn möglich – Fremdsprachenkenntnisse aneignen. Grundkenntnisse in Englisch gehören heute zum Standardrepertoire erfolgreicher Verkäufer. Für die exportorientierte Wirtschaft ist die interkulturelle Verständigung mithilfe von Fremdsprachen überlebenswichtig. Nur Deutsch sprechende Mitarbeiter können einem Unternehmen auf lange Sicht enorme Reibungsverluste und finanzielle Einbußen einbringen.

Die Shopping-Metropole Düsseldorf legte in den ersten neun Monaten des Jahres deutlich zu: Mit 40 Prozent mehr Ausländern von außerhalb der Europäischen Union, die zum Einkauf nach Düsseldorf kommen, ist die Landeshauptstadt zurzeit die wachstumsstärkste Stadt deutschlandweit. [...]

Gerade erst hatte die Medizinmesse Medica viele ausländische Besucher in die Stadt geführt. Viele von ihnen kauften im Handel und ließen sich an den auch in den Kaufhäusern der Düsseldorfer Innenstadt aufgestellten Tax-Free-Schaltern die Formulare für die spätere Mehrwertsteuerbefreiung aushändigen. [...] Am meisten lassen Gäste aus Qatar im Einzelhandel: durchschnittlich 736 Euro pro Besucher.

Reimann, Uwe, Rheinische Post: Immer mehr ausländische Kunden. In: RP Online. 23.11.2011. http://www.rp-online.de/nrw/staedte/duesseldorf/immer-mehr-auslaendische-kunden-aid-1.2612866 [24.06.2019]

Ausschnitte aus einem Verkaufsgespräch mit einem ausländischen Kunden

Phase des Verkaufsgesprächs	Shop Assistant	Verkäufer	Customer	Kunde
Kontaktphase	Guten Morgen!			
			Good Morning! Do you speak English?	Guten Morgen! Sprechen Sie Englisch?
	Yes of course! May (can) I help you?	Ja, natürlich! Darf (kann) ich Ihnen helfen?		
			I am looking for a raincoat.	Ich suche einen Regenmantel.
Bedarfsermittlung	What size do you take?	Welche Größe haben Sie?		
			Medium (small, large extra large, size 48) please.	Medium (small, large, extra large, Größe 48) bitte.
	What colour do you prefer?	Welche Farbe bevorzugen Sie?		
			Yellow or blue.	Gelb oder Blau.
Warenvorlage	How do you like this one?	Wie gefällt Ihnen denn dieser?		
			That is alright. I would like to try it on.	Der ist in Ordnung. Ich würde ihn gern anprobieren.

5311322

Ausschnitte aus einem Verkaufsgespräch mit einem ausländischen Kunden				
Phase des Verkaufsgesprächs	**Shop Assistant**	**Verkäufer**	**Customer**	**Kunde**
Argumentationsphase	Feel the material. The raincoat is made with waterproof, windproof and breathable Goretexfabrics. And the weather is no longer an issue.	Fühlen Sie einmal das Material. Der Regenmantel ist mit wasserfestem, windundurchlässigem und atmungsaktivem Goretex-Gewebe. Das Wetter ist damit kein Thema mehr für Sie.		
			You are right, but I am afraid the raincoat is too narrow at the shoulders.	Sie haben recht, aber ich fürchte, der Regenmantel ist um die Schultern herum etwas zu eng.
	Why don't you try an „L" size?	Nehmen Sie doch die Größe L.		
Preisnennung			How much is it?	Wie viel kostet er?
	It is 250,00 €.	Er kostet 250,00 €.		
Einwandbehandlung			I had rather thought of a raincoat for approximately 150,00 €.	Ich hatte mehr an einen Regenmantel für 150,00 € gedacht.
	Yes, but this is a real bargain: The regular price of this raincoat is more than 400,00 € ...	Ja, aber der ist ein richtiges Schnäppchen. Dieser Regenmantel kostet sonst über 400,00 € ...		
Herbeiführen des Kaufentschlusses	Can I take the raincoat to the cash desk for you?	Kann ich den Regenmantel für Sie zur Kasse mitnehmen?		
			Yes, I think I take it.	Ja, ich glaube, ich nehme ihn.
Kaufabschluss	Goodbye!	Auf Wiedersehen!		
			Bye-bye.	Auf Wiedersehen!

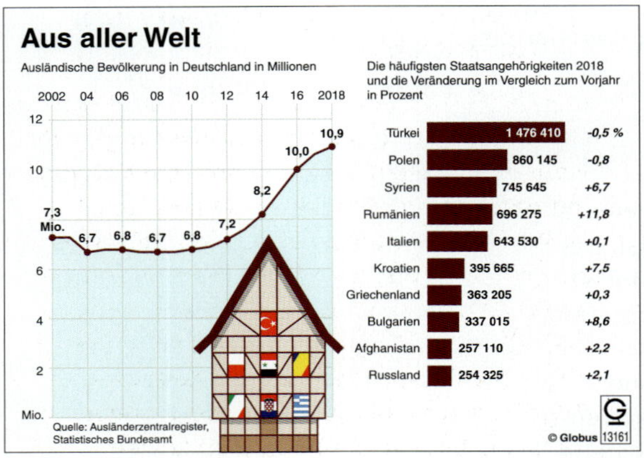

Neue Kundengruppen

Neben den aufgeführten besonderen Kundengruppen entwickeln sich ständig neue Nachfragestrukturen im Einzelhandel, die die Unternehmen kennen und genau beobachten müssen: Ein Einzelhandelsunternehmen kann nur dann erfolgreich sein, wenn es alle Verkaufstätigkeiten auf die Bedürfnisse der unterschiedlichen Kundengruppen ausrichtet. Durch

- die Verkleinerung der durchschnittlichen Haushaltsgrößen,
- den wachsenden Anteil berufstätiger Frauen,
- die Vielzahl der Lebensstile,
- Verschiebungen in der Bevölkerungsstruktur

entstehen neue Konsumentengruppen mit eigenem Konsumverhalten. Die mögliche Zugehörigkeit von Kunden zu solchen Gruppen muss sowohl in der Verkaufsargumentation als auch im Bereich des Marketings immer beachtet werden (vgl. auch Kap. 10.1).

BEISPIEL

Ist die Zugehörigkeit von Kunden zu einer Konsumentengruppe erkannt, kann sich das Einzelhandelsunternehmen gut auf sie einstellen:

- Welche Probleme und Bedürfnisse möchten diese Angehörigen einer Kundengruppe mit dem Kauf von Produkten in den verschiedenen Sortimentsbereichen lösen bzw. befriedigen?
- Welche Wünsche und Anregungen für Verbesserungen werden von ihnen genannt?
- Zeigen die Angehörigen einer Kundengruppe in den verschiedenen Produktgruppen deutliche Präferenzen für bestimmte Hersteller und Marken?
- Welche Zusatzartikel und Serviceleistungen wünschen sich diese Konsumenten?

AUFGABEN

1. Warum sind Kinder und Jugendliche für den Einzelhandel eine äußerst wichtige Zielgruppe?
2. Was bedeutet der Taschengeldparagraf?
3. Wie werden Kinder und Jugendliche in Verkaufsgesprächen behandelt?
4. Zeigen Sie Merkmale der Zielgruppe „Senioren“ auf.
5. Was sollte bei Verkaufsgesprächen mit Senioren beachtet werden?
6. Welche Rolle spielt die Warenvorlage bei Verkaufsgesprächen mit Ausländern?
7. Ein ausländisches Ehepaar, das kaum Deutsch spricht, möchte einen erklärungsbedürftigen Artikel kaufen. Worauf sollte der Verkäufer bei der Bedienung achten?
8. Ausländische Touristen sind ein entscheidender Wirtschaftsfaktor.
   a) Wie viele ausländische Touristen übernachten jährlich in der Bundesrepublik?
   b) Wie viele ausländische Touristen übernachten jährlich in Ihrem Bundesland?
9. Was versteht man unter „Ethno-Marketing”?
10. Beurteilen Sie die folgenden Aussagen.
    a) Zeigt man Ausländern Ware anschaulich, kann das fehlende Sprachkenntnisse ersetzen.
    b) Kinder beeinflussen häufig die Kaufentscheidung der Eltern.
11. a) Bereiten Sie sich auf die Durchführung eines Rollenspiels vor. Lassen Sie sich dazu von Ihrer Lehrerin/Ihrem Lehrer jeweils eine Rolle zuteilen.

Rollenspiel:

- **Herbert Mörsch**
  Sie sind Herbert Mörsch, 35 Jahre alt, Bauingenieur und Vater Ihres 5 Jahre alten Sohnes Nils. Sie achten beim Einkauf auf Qualität und Preis der Ware. Heute sind Sie mit Ihrem Sohn unterwegs, um ihm ... zu kaufen. Daher wenden Sie sich an die Verkäuferin Simone Naumann der Larstadt AG.
- **Nils Mörsch**
  Sie sind Nils Mörsch, 5 Jahre alter Sohn des Bauingenieurs Herbert Mörsch. Als klassischer Vertreter Ihrer Altersgruppe sind Sie:
  - neugierig, wollen alles anfassen,
  - quirlig,
  - ungehalten, wenn Sie sich längere Zeit langweilen.
- **Simone Naumann**
  Sie sind Simone Naumann, 18 Jahre alt, Verkäuferin in der Abteilung ... der Larstadt AG. Ihre Aufgabe ist es, den Kunden beim Kauf behilflich zu sein und beratend zur Seite zu stehen.

b) Führen Sie das Rollenspiel durch.

c) Beobachten Sie jeweils genau das Verkäuferverhalten. Wichtig: An welcher Stelle sind Probleme für den Verkäufer aufgetaucht?

12. a) Bilden Sie in Ihrer Klasse mehrere Gruppen.
b) Stellen Sie für eine der speziellen Kundengruppen die für diese geltenden Verkaufsregeln übersichtlich auf einer Wandzeitung dar.
Versuchen Sie die Regeln zu visualisieren.
c) Stellen Sie den anderen Gruppen Ihre Wandzeitung vor.

13. In jeder Phase des Verkaufsgesprächs werden von Verkäufern typische Formulierungen verwendet. Erstellen Sie einen solchen Katalog mit entsprechenden Sätzen in Englisch. Nutzen Sie als Hilfe dazu das in Ihrer Klasse eingeführte Englischbuch. Unterstützung können Sie auch im Internet finden. Unter https://translate.google.com können Sie englische Entsprechungen für deutsche Begriffe nachschlagen oder sogar ganze Sätze ins Englische übersetzen lassen (manchmal nicht ganz korrekt, aber fast immer verständlich).

14. Führen Sie ein Rollenspiel durch:
Ein ausländischer Kunde ohne Deutschkenntnisse betritt Ihr Geschäft. Sie verkaufen ihm – unter Beachtung aller Phasen – in einem Verkaufsgespräch auf Englisch einen Artikel Ihres Ausbildungssortiments.
a) Erstellen Sie in Partnerarbeit ein Drehbuch für dieses Verkaufsgespräch. Verwenden Sie dazu das in Ihrer Klasse eingeführte Englischbuch bzw. das Internet (vgl. Aufgabe 13).
b) Führen Sie das Rollenspiel vor.
c) Halten Sie bei den anderen Rollenspielen fest,
   - ob die Verkaufsphasen verkaufstechnisch einwandfrei durchgeführt worden sind,
   - ob das Rollenspiel für Sie neue Formulierungen enthält, die Sie in Verkaufsgesprächen verwenden können.

15.

Die Kundschaft, zu der niemand gehören will

Was mögliche Kunden anspricht, davon haben Werber eine genaue Vorstellung: weiße, kräftige Haare, Falten, aber nur um die Augen, schlank, sportlich. So sehen die meisten Seniorenmodels aus, die in der Werbung auftauchen. Und wie sie so auf Elektrorädern fröhlich durch die Fernsehwerbung fahren oder sich lachend auf dem Plakat für Prostatamedikamente umarmen, sind sie eher Karikatur denn Mensch.

Die Frage ist, wie lang sich die Wirtschaft diesen holzschnittartigen Blick noch leisten kann. Menschen kurz vor und in der Rente gibt es so viele wie nie zuvor in Deutschland. Schon jetzt ist jeder fünfte Deutsche über 65 Jahre, im Jahr 2060 wird es jeder dritte sein. Im vergangenen Jahr 2015 gab es erstmals mehr potenzielle Kunden über 50 als zwischen 14 und 49 Jahren. Das macht diese Zielgruppe besonders interessant. „Viele Unternehmen unterschätzen diese neue ‚Generation' sowie das Potenzial dieser Zielgruppe", sagt Ursula Friedsam, die in München die Seniorenmesse „Die 66" betreut.

Denn: In der auf den Idealzustand Jugend gepolten Gesellschaft wird das Prädikat alt gern mit unattraktiv assoziiert, auch in der Warenwelt. „Manche Unternehmen scheuen sich zu Unrecht, diese Zielgruppe offensiv anzusprechen. Die Stereotype sind leider aus den Köpfen mancher Marketingabteilungen nur schwer herauszubekommen", sagt Friedsam. Dahinter steckt aber auch ein anderes Problem: Die älteren Herrschaften sind schwer zu definieren und zu erforschen, allein schon, weil die Phase jenseits der 50 mittlerweile mehrere Jahrzehnte umfasst. „Nur weil die Menschen über 50 Jahre alt sind, heißt das noch lange nicht, dass sie plötzlich alle die gleichen Interessen haben", sagt Ursula Friedsam. „Was jemanden interessiert, richtet sich im Wesentlichen nach der Lebenssituation und nicht nach dem biologischen Alter."

Gundolf Meyer-Hentschel, Fachmann für Seniorenmarketing, diagnostiziert: „Daran beißen sich die Marketingabteilungen die Zähne aus." Er lehnt es ab, die Senioren als eine Zielgruppe zu bezeichnen. „Manche zählen ab 50 rückwärts, andere sagen noch mit 78 Jahren, wie gut es ihnen geht." Und während der eine beim Fax ausgestiegen ist, bestellt die andere längst online Einkäufe. Viel Geld fließt in die Marktforschung, mittlerweile wird innerhalb der Senioren in vier bis fünf Teilzielgruppen unterschieden. Da gibt es die erlebnishungrigen Aktiven, die ständig auf Reisen sind, oder die wertkonservativen Genießer, die ihr Geld gerne mal für eine Weinverkostung ausgeben. Doch von zu vielen Firmen werden Senioren noch mit Handys mit großen Tasten und Kur-Urlauben assoziiert.

Dabei sind Menschen jenseits der 50 attraktive Kunden. Jeder vierte Mann über 65 Jahre hat mehr als 2000 Euro monatlich zur Verfügung. Fixkosten, beispielsweise für den Hauskredit, fallen oft nicht mehr an, ebenso wenig Kosten für Kinder – umso mehr Geld bleibt für den Konsum übrig.

Und Gemeinsamkeiten gibt es durchaus. Die bestehen aber weniger in der Vorliebe für bestimmte Produkte, sondern eher in der Haltung, die die Menschen zum Konsum haben. Sie gelten als überdurchschnittlich werbekritisch. „Die üblichen Verkäufertricks funktionieren oft nicht", sagt Meyer-Hentschel. Dabei scheuen viele Senioren nicht vor hohen Investitionen zurück, auch nicht bei Alltagsgegenständen. Aber sie geben das Geld nur aus, wenn sie wirklich überzeugt sind. Die Produkte müssen außerdem einen klaren Nutzen haben – Dinge, die man sich für einen bestimmten Lifestyle kauft, sind für sie meist uninteressant. Ob sie etwas kaufen, hängt neben dem Nutzen vor allem an der Ansprache. „Unternehmen brauchen eine ganz hohe Glaubwürdigkeit, um bei dieser Zielgruppe zu punkten", sagt Meyer-Hentschel. Zu erreichen sind sie über ausführliche, geduldige Beratung. Für Meyer-Hentschel ist das Schlüsselwort „Empathie". Die Kunden wollen das Gefühl, in ihrer Lebenssituation und ihren altersspezifischen Bedürfnissen ernst genommen zu werden, ganz gleich, ob man ihnen ein Smartphone oder eine Fernreise verkaufen will. Gleichzeitig wollen sie nicht als alt und ahnungslos hingestellt werden: Ein 70-jähriger Aufsichtsratsvorsitzender möchte nicht behandelt werden, als säße er schon im Pflegeheim. Mit anderen Worten: altersgerechte Behandlung, ohne das Alter überzubetonen.

Dabei bedingt das steigende Alter natürlich durchaus ein Interesse für bestimmte Produkte. Das zeigt auch die Auswahl der Bereiche, für die sich die 48 500 Besucher auf der vorigen „66"-Messe besonders interessiert haben. Gefragt waren Gesundheitsthemen und Reise. Ein Renner der vergangenen Jahre sind technische Neuerungen: Tabletcomputer, Häuser, die mit integrierter Technik sicherer und einfacher zu verwalten sein werden, Geräte und Technologien wie etwa höhenverstellbare Waschbecken, die Selbständigkeit im eigenen Haus auch im hohen Alter noch ermöglichen. Wie vielfältig die Branchen sind, die auf kaufkräftige Senioren hoffen, zeigt auch die Bandbreite der Aussteller. Naturheilmedizinhersteller und Biobäcker sind genauso darunter wie thailändische Krankenhäuser. Es steigt die Zahl ausländischer Aussteller, die hoffen, den deutschen „Silbermarkt", wie die Sparte der Haarfarbe wegen heißt, für sich zu nutzen.

Eines zeigt sich auf der Messe regelmäßig: Die Senioren von heute sind besonders aktiv. Das Mitmachprogramm, mit Tanzveranstaltungen, Vorträgen und Shows, funktioniere hervorragend, so Projektleiterin Friedsam. Viele Aussteller nutzen ihrer Meinung nach die Messe nicht nur, um ihre Produkte vorzustellen. Sondern vor allem, um die Bedürfnisse und Anliegen der Zielgruppe kennenzulernen.

Immerhin: Messen wie diese, aber auch zahlreiche Produkte zeigen, dass das Potenzial dieser Käuferschicht allmählich erkannt wird: Wintersportausrüster bieten mittlerweile gut fahrbare Skier an, einige Kaufhäuser haben Demografiebeauftragte, die sichergehen, dass die Kunden die Preisschilder lesen und sich barrierefrei durch die Räume bewegen können. Marketingexperte Meyer-Hentschel berät beispielsweise Banken, wie die oft jungen Mitarbeiter mit Kunden jenseits der 50 umgehen sollen. In den Seminaren lernen die Berater mit Alterssimulationsanzügen, wie sich ein älterer Kunde fühlt.

Hampel, Lea, Wilke, Felicitas: Die Kundschaft, zu der niemand gehören will. In: Süddeutsche Zeitung, 08.09.2016, S. 29

a) Lesen Sie den Zeitungsartikel.

b) Geben Sie an, warum Einzelhandelsunternehmen sich besonders um die Kundengruppe der Senioren kümmern sollte.

c) Führen Sie auf, welche Vorschläge zur Kundenberatung von Senioren im Artikel gemacht werden.

5311326

d) Erläutern Sie weitere Maßnahmen, die Einzelhandelsunternehmen für eine gute Betreuung älterer Kunden durchführen können.

16.

Zu wissen, an wen man verkauft, ist also sinnvoll. Deshalb arbeiten findige Marketingmanager ständig an neuen Konzepten für Käufertypologien. Das eine unumstößliche System gibt es nicht. Manche geraten aus der Mode, andere sind schlicht wissenschaftlich nicht haltbar. Dafür kann so ziemlich jede Disziplin genutzt werden. Die Neurowissenschaftler kartografieren das Gehirn und zeigen, welche Regionen wann und wie stimuliert werden. Währenddessen werten Soziologen massenhaft Daten aus. Sie sagen: Wer viel verdient und älteren Semesters ist, gibt nicht automatisch viel aus. Dazwischen finden sich viele verschiedene Kombinationen aus Theorien und Disziplinen. Eine mögliche Typologie ist die nebenstehende zum Konsumobjekt Parfum.

Es könnte alles so einfach sein. Ist es aber nicht. Becker: „Diese Systeme sind unzureichend, da sie Schubladen kreieren, die es oft so gar nicht gibt. Konsumenten werden dort einfach reingesteckt. Die Realität ist oft viel komplexer. Solche Systeme gelten, wenn überhaupt, nur für Deutsche in Deutschland. Was ist mit Menschen, die mit einem anderen Kulturhintergrund aufgewachsen sind?“

Maier, Hanna: Kauf was Schönes. In: Süddeutsche Zeitung, 14./15.02.2015.

Insgesamt hat die Kenntnis von Kundentypen für Verkäufer einige Vorteile. Manche sehen dies jedoch auch kritisch. Welche Argumente gegen eine Einteilung der Kunden in Kundentypologien und Kundengruppen werden in dem Artikel aufgeführt?

17.

Erfindung für Eltern – der Wagen für Kinder Hiermit klappt der Einkauf spielend

München – Welche Mutter kennt das nicht? Schnell noch mit dem Kind in den Supermarkt, aber das Kleine hat partout keine Lust und quengelt, weil es sich schrecklich langweilt.

Damit soll jetzt Schluss sein! Die Lösung ist der „Tantrum Tamer“! So heißt die neueste Erfindung in Sachen Einkaufswagen. Das bayerische Spezialunternehmen Wanzl entwickelte einen Wagen mit eingebautem DVD- und CD-Player. Während die Großen also im Supermarkt einkaufen, gucken die Kleinen Disney-Filme oder hören Märchen – und fangen wahrscheinlich ganz plötzlich an, die Shoppingtouren zu lieben [...] „Wir wissen, dass Kinder beim Einkaufen sehr schnell gelangweilt sein können. Für Eltern kann das zu einem echten Problem werden“, sagt Jonathan Church, Sprecher von Tesco. Die britische Supermarktkette wird nämlich spätestens in vier Wochen einen Prototyp des Babysitter-Einkaufswagens in ihre Läden bringen.

Eine Befragung von 3 000 Tesco-Kunden hatte ergeben, dass 84 % der Eltern sich gern dabei helfen lassen würden, die Kinder während des Einkaufens zu beschäftigen.

Wann die Wagen erstmals in deutschen Supermärkten eingesetzt werden, ist derzeit noch nicht bekannt.

Erfindung für Eltern – der Wagen für Kinder. Hiermit klappt der Einkauf spielend, Bild am Sonntag, 15.08.2004

a) Stellen Sie fest, welche Maßnahmen in Einzelhandelsunternehmen getroffen werden können, damit mit Eltern und Kindern in einer angenehmen Atmosphäre Verkaufsgespräche durchgeführt werden können.

b) Führen Sie Beispiele dafür auf, wie Ihr Ausbildungsunternehmen mit verschiedenen Maßnahmen auf spezielle Kundengruppen reagiert.

ZUSAMMENFASSUNG

Man versteht erst dann etwas richtig, wenn man versucht, es einem anderen zu erklären. Dies führt zu einer erneuten gründlichen Auseinandersetzung mit dem gerade behandelten Thema.

1. Suchen Sie sich einen Partner.
2. Lesen Sie noch einmal die Zusammenfassung. Bei Verständnisproblemen schlagen Sie ggf. noch einmal im Informationstext nach.
3. Ihre Lehrerin/Ihr Lehrer stellt Ihnen 20 Karten zur Verfügung. Auf diese schreiben Sie die zentralen Begriffe des Themas.
4. Diese Karten legen Sie nun so, dass sich eine sinnvolle Struktur ergibt. Dies geschieht in gemeinsamer Diskussion mit Ihrem Partner: Sie sollen gemeinsam begründen können, warum Sie Ihre Struktur so gelegt haben.
5. Stellen Sie sich darauf ein, einer anderen Gruppe – oder dem Plenum – Ihre Struktur vorzustellen.

ICH ÜBERPRÜFE MEINE NEU ERWORBENEN KOMPETENZEN

Den Erwerb der zu Beginn aufgeführten Kompetenzen können Sie selbst mithilfe der folgenden Tabelle überprüfen.

Wenn Sie alle Aufgaben, die hinter einer Kompetenz stehen, gelöst haben, machen Sie ein Kreuz bei „Ganz". Bei den Kompetenzen, bei denen Sie Aufgaben „Teilweise" oder „Gar nicht" gelöst haben, sollten Sie den dazugehörigen Informationstext noch einmal lesen und die Aufgaben anschließend noch einmal bearbeiten.

Was ich nach der Bearbeitung dieses Kapitels kann	Aufgaben	Ganz	Teilweise	Gar nicht
Ich kann ...				
... nachvollziehen, dass spezielle Kundengruppen besondere Vorgehensweisen in Verkaufsgesprächen erfordern.	1			
... mich mit situationsgerechten Vorgehensweisen und Maßnahmen in Verkaufsgesprächen auf die speziellen Kundengruppen einstellen.	2, 3, 4, 5, 6, 7, 8, 10, 11, 12, 13, 14, 15, 16			
... mit weiteren Maßnahmen Verkaufsgespräche mit speziellen Kunden positiv beeinflussen.	9, 17			
... gesetzliche Vorgaben für spezielle Kundengruppen beachten.	2			

5311328

10.3 Interkulturelle Besonderheiten

Problemstellung

Kurz nach Feierabend. Stefanie Beyer und Jakub Nowak tauschen sich über den Tag aus:

Stefanie Beyer: „Ich hatte heute einige spannende Erlebnisse mit ausländischen Kunden!“

Jakub Nowak: „Echt, du auch? Erzähl mal!“

Stefanie Beyer: „Ein asiatischer Kunde, ich glaube, er kam aus Japan, wollte einen defekten Artikel reklamieren, den er vor Kurzem von uns gekauft hat. Anstatt gleich zur Sache zu kommen, hat er erst mal lange Small Talk gemacht. Meine sonstigen Kunden machen in solchen Fällen immer sofort direkte Ansagen wie ‚So geht das nicht!‘ – und fertig. Aber dieser Kunde sagte irgendwann eigentlich eher so nebenbei, dass er mit der Qualität der Ware nicht zufrieden sei, und nach einiger Zeit und einigen Umwegen kam er dann mit seinem Anliegen raus: ‚Ich denke, da muss nachgebessert werden.‘“

Jakub Nowak: „Auch ich hatte einen chinesischen Kunden in einem Verkaufsgespräch. Das verlief deutlich länger als mit einem deutschen Kunden. Klappte erst ganz gut. Komischerweise kam es dann zum Abbruch des Verkaufsgesprächs, als ich ihm mit einem Handzeichen signalisierte, dass der Anzug ihm gut stehen würde ...“

1. Erläutern Sie, warum es in den beiden Verkaufsgesprächen zu Schwierigkeiten gekommen ist.
2. Geben Sie an, welche Fehler im Einzelnen gemacht wurden.
3. Machen Sie eventuell Vorschläge für ein besseres Verhalten.

EINORDNUNG DES THEMAS

Lernfeld 10: Besondere Verkaufssituationen bewältigen

Phasen eines Verkaufsgesprächs

Kontaktaufnahme → Bedarfsermittlung → Warenvorlage → Verkaufsargumentation → Preisnennung → Einwandbehandlung → Zusatzartikel-Angebot → Kaufabschluss → Abschluss des Gesprächs

Besondere Situationen in Verkaufsgesprächen

Unterschiedliche Kundentypen → **Spezielle Kundengruppen** → Besondere Verkaufssituationen → Teilzahlungskäufe → Ladendiebstähle → Reklamationen → Produkthaftung → Digitalisierung

Kompetenzen

Nach Bearbeitung dieses Kapitels können Sie ...

... Grundregeln beim Zusammentreffen mit Personen anderer Kulturkreise anwenden.
... verschiedene Ausprägungen von Kulturdimensionen unterscheiden.
... das Verhalten ausländischer Kunden und Geschäftspartner nachvollziehen.

INFORMATIONSTEXT

Jeden Tag treffen Menschen in beruflichen Situationen auf andere Menschen. Bei Menschen, die durch gleiche oder ähnliche kulturelle Einflüsse, Stimmungen und Erwartungen geprägt sind, geschieht das in der Regel in einer verständnisvollen und konfliktarmen Atmosphäre. Schwierigkeiten entstehen jedoch oft, wenn Personen aus unterschiedlichen Kulturkreisen aufeinandertreffen: Je mehr die kulturellen Einflüsse der beteiligten Personen voneinander abweichen, umso mehr kann es zur Entstehung interkultureller Konfliktsituationen kommen. Gerade in Verkaufsgesprächen ist es wichtig, beim Aufeinandertreffen von kulturell verschiedenen Personen angemessen handeln zu können.

BEISPIEL

Nicht selten werden Verkaufsgespräche mit ausländischen Kunden durchgeführt. Oft werden aber auch auf der Einkaufsseite des Unternehmens Verhandlungen mit ausländischen Lieferern geführt. In beiden Fällen ist es wichtig, interkulturelle Besonderheiten zu kennen und darauf angemessen reagieren zu können.

Wenn im Geschäftsleben kulturelle Besonderheiten nicht ausreichend beachtet werden, kann dies viele Nachteile haben:

- Missverständnisse können die betriebliche Arbeit stören.
- Der Gesprächspartner kann nachhaltig verärgert werden.
- Dies kann sogar zur Ablehnung des Gesprächspartners führen.
- Die Geschäftsbeziehungen werden gestört.
- Es kommt zu finanziellen Einbußen.
- Es droht ein Scheitern der geschäftlichen Verbindungen.

Der Kontakt zu Mitarbeitern und Kunden mit unterschiedlicher kultureller Prägung in oder außerhalb eines Unternehmens wird in Zukunft sehr stark zunehmen. Deshalb wird es für Unternehmen immer wichtiger, dass ihre Mitarbeiter mit interkulturellen Konfliktsituationen angemessen umgehen können. Dazu müssen sie das Erkennen, das Vermeiden und den Umgang mit solchen interkulturellen Konfliktsituationen lernen.

Grundregeln für den Umgang mit Personen anderer Kulturkreise

Zurücknahme der eigenen Person

In jedem Fall ist es hilfreich, die eigene Person etwas zurückzunehmen. Man sollte also nicht offensiv die Meinung vertreten, dass die eigenen Ansichten und die eigene Lebensweise die allein gültigen sind.

Respekt vor anderen Personen

Damit einher geht die Achtung von Personen aus fremden Kulturkreisen. Sie empfinden dies als Wertschätzung und werden dementsprechend positiv reagieren.

Bereitschaft zum interkulturellen Lernen

Vor diesem Hintergrund sollte jeder bereit sein, interkulturell zu lernen. Darunter versteht man, dass sich Menschen unterschiedlicher Kulturen im Umgang miteinander bemühen, das kulturelle Orientierungssystem des jeweils anderen zu verstehen. Dadurch wird immer das Verständnis sowohl für fremde Kulturen als auch der eigenen Kultur verstärkt.

Informationen einholen über die Besonderheiten der anderen Kultur

Vor Reisen ins Ausland sollte man sich über die kulturellen Besonderheiten und die dort üblichen Sitten informieren. Dies gilt auch für den Kontakt mit ausländischen Kunden im Einzelhandel. Von der Beschaffung solcher Informationen kann der Erfolg oder Misserfolg der Reise bzw. eines Verkaufsgesprächs entscheidend abhängen. Es ist also wichtig

- zu verstehen, was die Eigenschaften der jeweiligen Kultur sind,
- zu wissen, welches in unserem Kulturkreis normale Verhalten in anderen Kulturkreisen negativ gesehen wird bzw. umgekehrt.

Kulturdimensionen

Zur Erfassung kultureller Unterschiede verwendet man das Modell der Kulturdimensionen. Unter Kulturdimensionen versteht man Vergleichskriterien, um Gemeinsamkeiten und Unterschiede von Landeskulturen darzustellen. Durch Verwendung von Kulturdimensionen können Landeskulturen klassifiziert und dadurch besser untersucht und verstanden werden.

Als Kulturdimensionen können unterschieden werden:

- direkte und indirekte Kommunikation
- Sach- oder Beziehungsorientierung
- Kollektivismus und Individualismus
- Femininität und Maskulinität
- Grad der Risikobereitschaft und Unsicherheitsvermeidung
- hohe oder geringe Ausprägung der Machtdistanz
- monochrone oder polychrone Kulturen

Ausprägung der Kulturdimensionen in ausgewählten Ländern

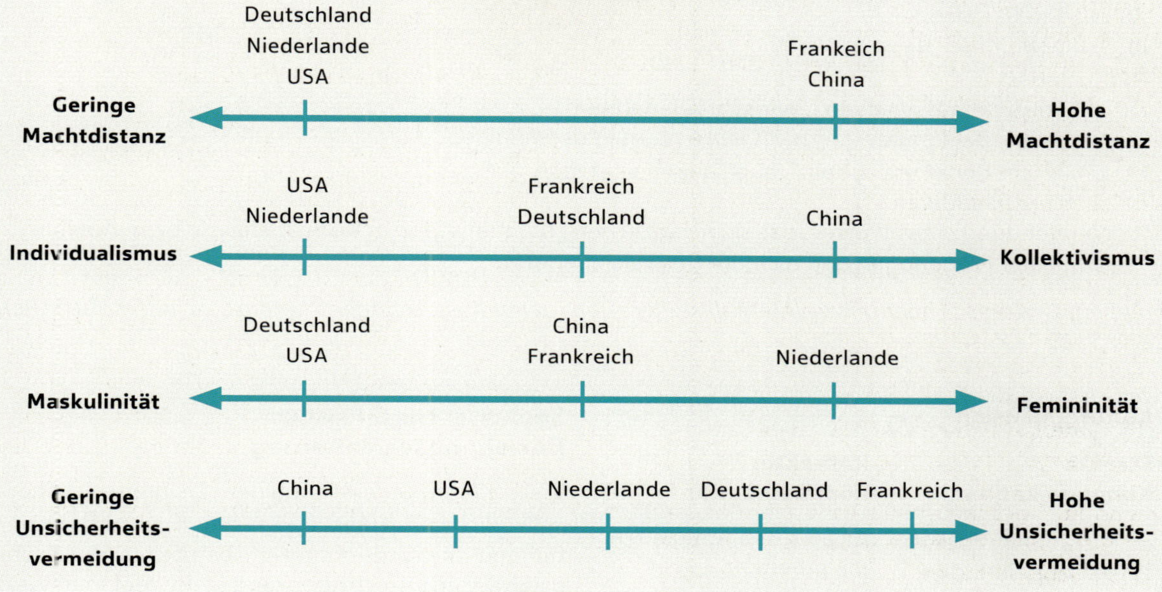

Vgl. Böhm, Ursina: Interkulturell kompetent? In: lift-report, Fachaufsätze 2/2004

Direkte und indirekte Kommunikation

Verschiedene Landeskulturen unterscheiden sich durch die Art der Kommunikation. In einigen Ländern wird mehr die **direkte** Kommunikation bevorzugt: Informationen oder Anweisungen werden deutlich geäußert. Es werden klare Positionen bezogen, Kritik wie auch Zustimmung werden offen ausgesprochen, auch wenn dadurch ein sozialer Konflikt riskiert wird. Dies wird in Kauf genommen, da die direkte Kommunikation zu mehr Wahrheit und Klarheit führen kann.

BEISPIEL

Im Rahmen der direkten Kommunikation wird ein Gespräch geführt, um ein vorher festgelegtes Ziel zu erreichen:

„Ich habe um dieses Gespräch gebeten, weil ich mit der Qualität Ihrer Ware nicht zufrieden bin."

Weil man keine Zeit verschwenden will, wird also ein sehr direkter Weg gewählt.

In Kulturen, deren Mitglieder **indirekt** kommunizieren, werden Botschaften und Mitteilungen verschlüsselt weitergegeben. Aus dem Bedürfnis, soziale Harmonie zu wahren, werden direkte Stellungnahmen vermieden. Andere Personen werden nicht angegriffen.

BEISPIEL

In Kulturen, die die indirekte Kommunikation bevorzugen, wird das Gesprächsziel viel eher beiläufig und über Umwegen angestrebt. Die Kommunikation dauert länger, ist unverbindlich und enthält wenig Fakten.

16 Möglichkeiten, auf Japanisch „Nein" zu sagen

1. Ein unbestimmtes „Nein"
2. Ein unbestimmtes und zweideutiges „Ja" oder „Nein"
3. Schweigen
4. Eine Gegenfrage
5. Abschweifende Antworten
6. Das Verlassen des Raumes
7. Lügen (doppelsinnige Antwort oder Vorschieben eines Vorwandes, z. B. Krankheitsfall, frühere Verpflichtung etc.)
8. Kritik an der Frage selbst üben
9. Die Frage ablehnen
10. Ein bedingtes „Nein"
11. „Ja, aber"
12. Die Antwort aufschieben („Wir schreiben Ihnen")
13. Im Innern denkt man „Ja", nach außen sagt man „Nein"
14. Im Innern denkt man „Nein", nach außen sagt man „Ja"
15. Sich entschuldigen
16. Verwendung eines Wortes, das dem englischen „Nein" entspricht – wird meist nur beim Ausfüllen amtlicher Fragebogen und nicht im Gespräch benutzt

Engelen, Andreas, Tholen, Eva: Interkulturelles Management, 1. Auflage, Stuttgart: Schäffer-Poeschel, 2014, S. 29

Kulturdimension	
Direkte Kommunikation	**Indirekte Kommunikation**
Europäer sind bei Konflikten bestrebt, den Sachverhalt möglichst deutlich darzulegen, um Klarheit zu schaffen. • Deutschland • Skandinavien	Asiaten z. B. versuchen die Konfliktursache undeutlich zu machen, weil in erster Linie die Harmonie zwischen den Beteiligten wiederhergestellt werden muss. • Asien, • Lateinamerika, • Afrika, arabische Länder, • romanische Länder, • osteuropäische Staaten

In Kulturen, die indirekte Kommunikation bevorzugen, werden viele Dinge nicht direkt zur Sprache gebracht.

Sachorientierung oder Beziehungsorientierung

Viele Kulturen unterscheiden sich durch unterschiedliche Auffassungen der Geschäftsbeziehungen: in Landeskulturen, bei denen die **Sachorientierung** im Vordergrund steht, legt man Wert darauf, sachlich zu diskutieren. Es herrscht eine klare Trennung zwischen Privat- und Berufsleben. Für den Aufbau von Geschäftsbeziehungen ist die Entwicklung einer persönlichen Bindung nicht wichtig. Bei der Zusammenarbeit spielen persönliche Sympathien und Abneigungen keine große Rolle.

BEISPIEL

In Deutschland herrscht wie in vielen westlichen Kulturen die Sachorientierung vor: In Verhandlungen wird der Abschluss eines Projekts, eines Vertrags oder eines Geschäfts angestrebt.

In anderen Kulturen steht die **Beziehungsorientierung** im Vordergrund: Erst wenn eine persönliche Beziehung aufgebaut wurde, arbeiten die Geschäftspartner zusammen.

BEISPIEL

Besprechungen oder Verhandlungen dienen zunächst einmal dem Kennenlernen und dem Aufbau einer persönlichen Beziehung. Erst wenn eine gemeinsame Basis geschaffen wurde, wird ein Abschluss angestrebt.

Kulturdimension	
Sachorientierung	**Beziehungsorientierung**
• Deutschland • USA	• Italien • Spanien • Mexiko • Brasilien

BEISPIEL

- Für Nordeuropäer oder Nordamerikaner gilt das Prinzip „Zeit ist Geld“. Sie wollen schnell zur Sache kommen.
- Asiaten, Afrikaner oder Araber möchten den Geschäftspartner zuerst einmal als Person kennenlernen und einschätzen können. Erst nach Aufbau einer Beziehung denken sie an geschäftliche Dinge.

Individualismus oder Kollektivismus

Viele Landeskulturen unterscheiden sich auch darin, wie die Rolle des Einzelnen gegenüber der Gruppe gesehen wird.

In Landeskulturen, in denen der **Individualismus** im Vordergrund steht, gilt die Selbstverwirklichung des Einzelnen als eines der höchsten Ziele. Die Unabhängigkeit, die Privatsphäre und die Persönlichkeit des Einzelnen genießen einen sehr hohen Stellenwert. Der Gruppe geht es gut, wenn es einer Einzelpersonen gutgeht.

Bei durch **Kollektivismus** geprägten Landeskulturen ist die Gemeinschaftsorientierung das entscheidende Merkmal. Dem Einzelnen geht es gut, wenn es der Gruppe gut geht. Das Wohl der einzelnen Person wird dem der Gruppe untergeordnet. Die Gemeinschaft bietet Schutz und Unterstützung, fordert aber auch große Loyalität.

Kulturdimension	
Individualismus	**Kollektivismus**
Beziehungen zwischen Menschen sind lockerer, da individuelle Freiheit, freie Persönlichkeitsentwicklung, Selbstbestimmung und Verantwortung in der gesellschaftlichen Ordnung einen hohen Stellenwert haben. • USA • Großbritannien • Australien • Frankreich • Schweiz • Niederlande • Belgien • Deutschland	In kollektivistischen Kulturen spielt die Integration in zahlreiche soziale Netzwerke eine besonders wichtige Rolle. Charakteristisch sind gegenseitige Abhängigkeit, hoher Stellenwert von Gruppeninteressen und Vermeidung von direkter Konfrontation (Harmoniestreben). • China • Japan • Argentinien • Singapur • Guatemala • Mexiko • Portugal

BEISPIEL

- „The American Dream“ – die Möglichkeit sich aus eigener Arbeitskraft vom Tellerwäscher zum Millionär hochzuarbeiten – ist ein Symbol für den Individualismus, wie er in den USA gelebt wird und in dem berühmten Song „My Way“ von Frank Sinatra zum Ausdruck kommt.
- Für die kollektivistisch ausgeprägte Gesellschaft Chinas ist das Sprichwort „Der Nagel, der herausragt, wird in das Brett gehämmert“ kennzeichnend. In einer solchen Gesellschaft steht die Gruppe als Gesamtheit im Vordergrund und ist wichtiger als die Selbstverwirklichung der Gruppenmitglieder.

Unterschiede zwischen Individualismus und Kollektivismus am Beispiel „Freude am Essen“

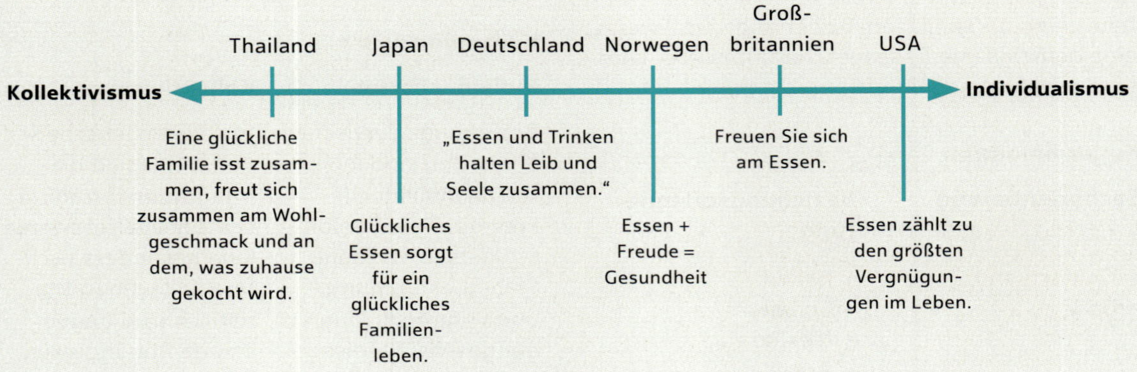

Müller, Stefan, Gelbrich, Katja: Interkulturelles Marketing, München: Vahlen 2004, S. 665

Hohe oder geringe Ausprägung der Machtdistanz

Verschiedene Landeskulturen unterscheiden sich dadurch, inwieweit die einzelnen Menschen Ungleichheiten zwischen Hierarchiestufen akzeptieren. Es geht um die Frage, wie viel Respekt eine Person vor einem Menschen in einer höheren Position hat. Je höher die Machtdistanz ist, umso weniger ist es erlaubt, offene Kritik zu üben.

In Landeskulturen mit einer hohen Ausprägung der Machtdistanz werden hierarchische Strukturen anerkannt. In Organisationen und Unternehmen wird häufiger ein eher autoritärer Führungsstil angewendet. Dagegen wird dort, wo die Machtdistanz niedriger ausgeprägt ist, eine weitgehende Gleichheit der Machtverteilung angestrebt. So sind Organisationsstrukturen eher flach gehalten, Entscheidungen werden eher delegiert.

Kulturdimension	
Hohe Ausprägung der Machtdistanz	**Niedrige Ausprägung der Machtdistanz**
• Japan • Singapur • Frankreich • Spanien • Guatemala	• Skandinavien • Großbritannien • Österreich • Niederlande

BEISPIEL

Wenn ein deutscher Chef ein russisches Team mit niedriger Machtdistanz leitet – was sich bei deutschen Teams als sehr erfolgreich erwiesen hat –, wird er viel delegieren und seine Mitarbeiter eigenverantwortlich arbeiten lassen. Er wird wenig kontrollieren. Da Russland jedoch ein Land mit hoher Machtdistanz ist, wird er bei einem russischen Team vermutlich scheitern. Russische Mitarbeiter sind eine hohe Machtdistanz gewohnt. Sie könnten das Führungsverhalten des Chefs als Schwäche auslegen.

Ein Beispiel für Probleme unterschiedlicher Machtdistanz in einem internationalen Unternehmen

Herr Gomez arbeitet für ein südamerikanisches Unternehmen. Er ist als Führungskraft seinen Mitarbeitern hierarchisch deutlich übergeordnet und fällt die wichtigsten Entscheidungen selbstständig. Seine Mitarbeiter erwarten von ihm klare Anweisungen. Herr Gomez bezieht ein hohes Einkommen; Privilegien und Statussymbole (Auto, Club) unterstreichen die hervorgehobene Bedeutung seiner Position. Seit Kurzem hat Herr Gomez einen neuen Vorgesetzten, Herrn Palmblad aus Schweden, der sich in vielen Fragen mit ihm abstimmt und ihn verhältnismäßig wenig spüren lässt, dass er sein Vorgesetzter ist.

Herr Gomez ist darüber zwar etwas verunsichert, führt aber die Offenheit seines Vorgesetzten im Wesentlichen auf die eigenen Leistungen zurück und ist mit sich sehr zufrieden. Auch nach außen hin kann Herr Gomez seine starke Rolle im Unternehmen immer wieder dokumentieren, da sein neuer Vorgesetzter bei gemeinsamen Auftritten eher im Hintergrund bleibt und ihm den Vortritt lässt. Allerdings wundert sich Herr Gomez darüber, dass Herr Palmblad bei wichtigen Entscheidungen auch die Meinung von Herrn Fernandez, einem untergeordneten Mitarbeiter von Herrn Gomez, einholt. Herr Gomez überlegt, wie er damit umgehen soll. Nach seiner Erfahrung wird durch dieses Vorgehen seine eigene Position gegenüber den Mitarbeitern untergraben. Auch Herr Fernandez scheint nicht recht zu wissen, wie er sich angesichts dieser neuen Mitsprachemöglichkeit verhalten soll.

Einerseits genießt er seine neue Bedeutung, andererseits fragt er sich, inwieweit er das Verhalten von Herrn Palmblad als Schwäche sehen muss.

Beteiligter	Stellung in der Unternehmenshierarchie	Aussage
Herr Palmblad (Schweden)	1. Hierarchieebene im Unternehmen	„Schade, ich hätte von den beiden mehr Einsatz und Kooperationsbereitschaft erwartet, wo ich doch mit so gutem Beispiel vorangegangen bin!“
Herr Gomez (Venezuela)	2. Hierarchieebene im Unternehmen	„Endlich werden meine Fähigkeiten und Leistungen gesehen und anerkannt. Aber warum fragt er eigentlich immer meinen Untergebenen, Herrn Fernandez, nach seiner Meinung?“
Herr Fernandez (Venezuela)	3. Hierarchieebene im Unternehmen	„So einen merkwürdigen Chef hatte ich noch nie. Muss ganz schön unsicher sein, der Schwede. Hoffentlich nimmt mir das Herr Gomez nicht übel!“

In Anlehnung an Axel Dreyer: Kulturtourismus. München: Oldenbourg 2000, S. 212 und Stefan Müller, Katja Gelbrich: Interkulturelles Marketing, München: Vahlen 2004

Monochrone oder polychrone Kulturen

Mitglieder einer monochronen Kultur erledigen Aufgaben nacheinander. Die nächste Beschäftigung wird erst dann begonnen, wenn die erste abgeschlossen ist. Die Mitglieder dieser Kultur messen der Zeit und der Privatsphäre einen hohen Wert bei. Die Zeit dient ihnen dazu, den Alltag zu ordnen und in strukturierte Bahnen zu lenken. Pünktlichkeit ist von großer Bedeutung, die Zeitplanung in monochronen Kulturen ist sehr exakt.

In polychronen Kulturen führen die Mitglieder oft mehrere Aufgaben nebeneinander aus. In solchen Gesellschaften werden viele Dinge gleichzeitig erledigt; neue Aufgaben werden also angefangen, ohne die alten vorher abgeschlossen zu haben. Zeit hat für die Mitglieder einer solchen Kultur keine große Bedeutung. Planungen werden häufiger geändert. Diese Gesellschaften legen sehr viel Wert auf Kommunikation und Beziehungen.

Kulturdimension	
Monochron	**Polychron**
• Deutschland • USA • Kanada • Mitteleuropa • Nordeuropa • Japan • China	• Südeuropa • Osteuropa • Mittelamerika • Südamerika • Afrika • Naher Osten • Indien

BEISPIEL

- In monochronen Kulturen fällt man durch Unpünktlichkeit sehr leicht negativ auf.
- In polychronen Kulturen geht der Geschäftspartner im Groben davon aus, dass er selbst und die anderen doch alle genügend Zeit zur Verfügung haben.

Hohe oder niedrige Unsicherheitsvermeidung

In Gesellschaften mit hoher Unsicherheitsvermeidung wird Ungewissheit als Bedrohung empfunden. Dadurch entsteht ein allgemeines Bedürfnis nach informellen Regeln und formellen Vorgaben. Man möchte unvorhersehbare Situationen vermeiden. Um Ordnung und Struktur in solchen Gesellschaften aufrecht zu halten, wird andersartiges Verhalten bestraft.

In den Kulturen, in denen eine niedrige Unsicherheitsvermeidung vorherrscht, gibt es überwiegend die Einstellung, dass Ungewissheit eine normale Erscheinung im Leben ist. Diese Gesellschaften sind erheblich risikobereiter und innovationsfreudiger (offen gegenüber Neuerungen) als andere. Regeln werden nur dort aufgestellt, wo sie absolut notwendig erscheinen. Man ist sich einig, dass man viele Probleme auch ohne formelle Regeln lösen kann.

Kulturdimension	
Hohe Unsicherheitsvermeidung	**Niedrige Unsicherheitsvermeidung**
• Japan • Guatemala • China • Frankreich	• Nordeuropa • Großbritannien • Hongkong

BEISPIEL

In Kulturen mit hoher Unsicherheitsvermeidung gibt es am Arbeitsplatz sehr viele ungeschriebene, aber auch geschriebene Regeln, die den Arbeitsablauf bestimmen. Herrscht in einer Kultur dagegen eine niedrigere Unsicherheitsvermeidung vor, ruft dies einen großen Widerwillen hervor: dort werden eher flexible Regelungen und Strukturen angestrebt.

Maskulinität oder Femininität

Eine Kultur gilt als maskulin, wenn die Rollen der Geschlechter emotional klar gegeneinander abgegrenzt sind:

Männer haben bestimmt, hart und materiell orientiert zu sein. Frauen dagegen müssen bescheidener, sensibler sein und Wert auf Lebensqualität legen.

Maskuline Kulturen erwarten von Männern Leistung, Erfolg und Stärke. In einer femininen Kultur überschneiden sich Rollen der Geschlechter emotional: Sowohl Frauen als auch Männer sollen bescheiden und feinfühlig sein und Wert auf Lebensqualität legen. Merkmale femininer Kulturen sind Ausgewogenheit zwischen Arbeit und Privatleben, Kooperationsbereitschaft und Bescheidenheit.

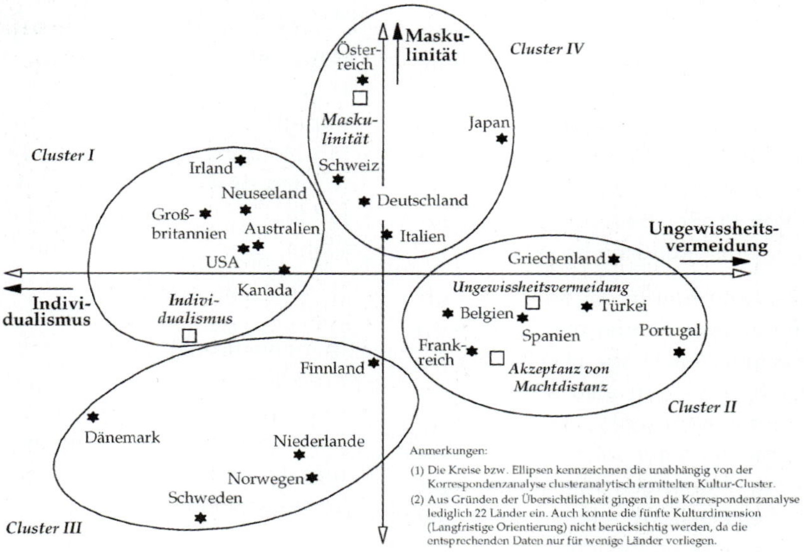

Zusammenhang zweier Kulturdimensionen
Quelle: Stefan Müller, Katja Gelbrich: Interkulturelles Marketing, München: Vahlen 2015, S. 149

Kulturdimension	
Maskulinität	**Femininität**
• Japan • Deutschland	• Niederlande • Skandinavien

BEISPIEL

Aggressives Auftreten ist eher in maskulinen Kulturen anzutreffen als in den eher auf Bescheidenheit und Mitgefühl ausgerichteten femininen Kulturen. Ein angriffslustiges Verkaufsverhalten auf Kosten anderer – wie z. B. vergleichende Werbung auf amerikanische Art – wird in femininen Gesellschaften überwiegend negativ aufgenommen.

Langfristige oder kurzfristige Orientierung

Verschiedene Kulturen unterscheiden sich dadurch, wie groß der zeitliche Planungszeitraum einer Kultur ist.

Kurzfristig orientierte Kulturen bevorzugen kurzfristig erreichbare Ziele. Sie weisen unter anderem folgende Merkmale auf:

- Ungeduld
- Erwartung schneller Gewinne
- Geringe Sparsamkeit

Solche Gesellschaften sind gegenwarts- oder vergangenheitsorientiert.

Für langfristig orientierte Kulturen sind Merkmale typisch wie z. B.

- Ausdauer,
- Fleiß,
- Sparsamkeit,
- Erfüllung sozialer Pflichten.

In langfristig orientierten Kulturen steht das Erreichen langfristiger Ziele im Vordergrund. Sie sind viel mehr zukunftsorientiert.

Kulturdimension	
Langfristige Orientierung	**Kurzfristige Orientierung**
• China • Brasilien • Thailand	• Deutschland • USA • Schweden

BEISPIEL

- „Wenn wir jetzt etwas ändern, dann wird sich das in 10 Jahren rentieren ...“, steht für eine langfristige Orientierung, die auf die Zukunft ausgerichtet ist.
- „Das machen wir schon immer so!“, ist eher kennzeichnend für eine Kultur einer kurzfristigen Orientierung: Hier hat die Vergangenheit in Form von Traditionen ein besonderes Gewicht.

Unterschiede in der Ausprägung der Körpersprache

Kulturelle Unterschiede drücken sich auch in der Körpersprache aus. In einigen Ländern werden Körperkontakt, Abstand und Orientierung bei Gesprächen, Mimik und Gestik anders gedeutet als in Deutschland.

BEISPIEL

In Lateinamerika, aber auch in vielen Mittelmeerländern, gehören körperliche Berührungen selbst bei Geschäftsgesprächen zum Gespräch. Dies gilt auch für arabische Länder: Dort ist dies jedoch nur von Mann zu Mann oder von Frau zu Frau erlaubt. Skandinavier, Japaner oder Chinesen empfinden dagegen die Einhaltung eines großen Abstands als normal.

Kulturdimension	
Starke Ausprägung der Körpersprache	**Niedrigere Ausprägung der Körpersprache**
• Mittelamerika • Südamerika • Arabische Länder • Afrikanische Kulturen • Südeuropa • Osteuropa • Indien	• Nordeuropa • Mitteleuropa • Nordamerika • China • Japan

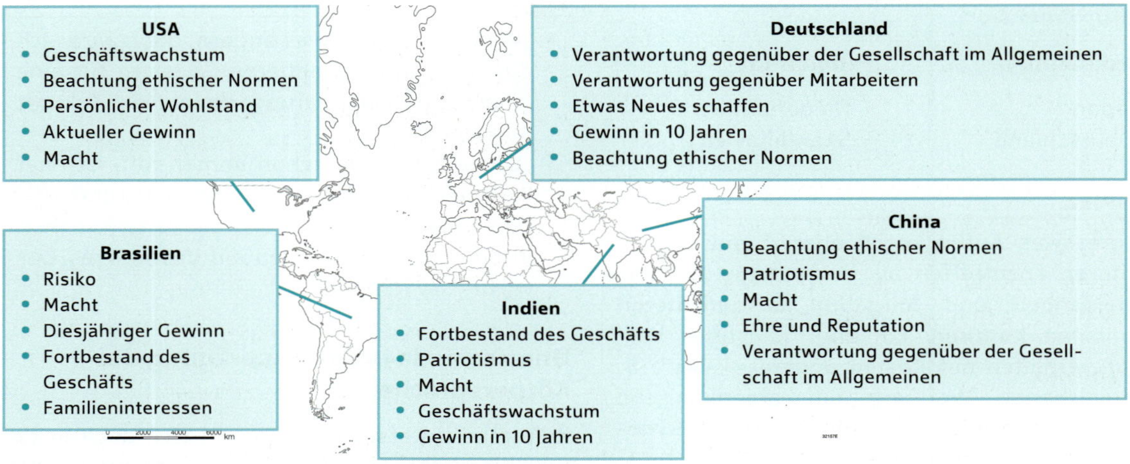

Ziele von Unternehmen in verschiedenen nationalen Kulturen
Engelen, Andreas, Tholen, Eva: Interkulturelles Management, 1. Auflage, Stuttgart: Schäffer-Poeschel, 2014, S. 105

Verhalten ausländischer Kunden und Geschäftspartner

Oft gilt im Ausland das, was in Deutschland als gutes Verhalten angesehen wird, als Verstoß gegen die gute Etikette. Deshalb sollte man bei Verkaufsgesprächen mit Kunden aus dem Ausland über die dort geltenden Verhaltensregeln und Bräuche informiert sein: Kann man das Verhalten des Kunden nachvollziehen, lassen sich Verkaufsgespräche leichter durchführen.

Die zwei Hauptregeln für allgemeines Verhalten gegenüber ausländischen Kunden oder Geschäftspartnern sind:

- Man sollte dem Kunden oder Geschäftspartner gegenüber seinen Respekt bezeugen. Dies hat mit Sicherheit Auswirkung auf einen positiven Verlauf des Gesprächs.
- Es empfiehlt sich, zu beobachten, wie sich der Geschäftspartner verhält, und es ihm anschließend gleichzutun.

Vor allem in den folgenden im Geschäftsleben häufig vorkommenden Situationen gibt es oft entscheidende Unterschiede zwischen den Kulturkreisen:

Begrüßung

In Deutschland gilt das Händeschütteln als ganz normaler Bestandteil einer Begrüßung. In vielen europäischen Ländern dagegen findet das Händeschütteln in weitaus geringerer Stärke statt. In vielen asiatischen Ländern entfällt das Händeschütteln komplett. Stattdessen wird es durch eine Verbeugung ersetzt: Je tiefer dabei die Vorbeugung ausfällt, desto höher ist die Wertschätzung des Gegenübers.

Austausch von Visitenkarten

Weltweit gilt, dass Visitenkarten sich immer in einwandfreiem Zustand befinden müssen. Unterschiede gibt es im Hinblick auf eine korrekte Übergabe.

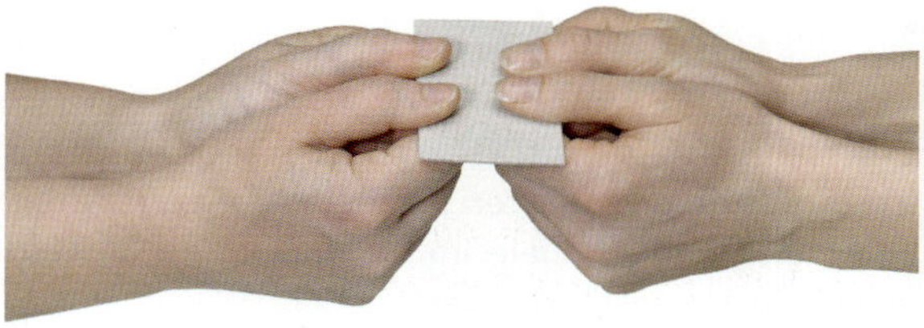

Das Wichtigste bei der ersten Begegnung zwischen Geschäftsleuten in Japan: Austausch von Visitenkarten

- Empfehlenswert ist eine zweisprachige Visitenkarte. Ist die Visitenkarte z. B. in englischer Sprache gehalten, wird dem Geschäftspartner so das Verständnis erleichtert.

- In islamischen Ländern sollte darauf geachtet werden, die Visitenkarten nur mit der rechten Hand zu übergeben. Dagegen werden in südostasiatischen Ländern die Visitenkarten immer mit beiden Händen entgegengenommen bzw. übergeben.
- In Ländern, die sehr starken Wert auf Hierarchien legen, möchten Geschäftspartner häufig nur mit Personen, die eine hohe Position innehaben, verhandeln. Die Visitenkarte sollte also eine für den Geschäftspartner akzeptable Position anzeigen.

Geschenke

Ein besonderes Augenmerk sollte man auf die Auswahl von Geschenken legen. Hier kann es zu einigen Missverständnissen zwischen den Kulturen kommen.

BEISPIEL

- Blumen als Geschenk sind in China nicht akzeptabel. Dort dienen sie dazu, Tote zu ehren.
- In islamischen Ländern sind alkoholische Getränke, z. B. eine Flasche Wein als Mitbringsel, nicht erlaubt.
- Das Geschenk darf keinen zu hohen Wert haben. Dies könnte als Bestechungsversuch aufgefasst werden.

Pünktlichkeit

In Deutschland ist Pünktlichkeit selbstverständlich. In einigen Ländern (z. B. in Südamerika) verschieben sich jedoch Termine oft etwas. Dies wird dort als völlig normal angesehen. Hier gilt auch die Regel, dass man niemals zu früh kommen sollte.

Gespräche

Häufig wird man mit seinen Gesprächspartnern nicht nur über geschäftliche Themen reden, es kommt auch zu einem privaten Austausch. Ohne Probleme können in der Regel Bereiche wie

- Familie,
- Reisen,
- Sport,
- Musik und Kunst,

angesprochen werden. Dagegen sollten Reizthemen (Politik, Religion, Krankheiten, negative Erlebnisse im Gastland) vermieden werden.

Das Gesicht wahren lassen

Vor allem in China und anderen asiatischen Ländern ist es wichtig, den Gesprächspartner auch in unangenehmen Situationen nicht das Gesicht verlieren zu lassen: Eine der wichtigsten Verhaltensregeln im Ausland ist es, den Gesprächspartner nicht durch eigene Handlungen oder Worte in eine aus seiner Sicht schwierige und peinliche Situation zu bringen. Es sollte darauf geachtet werden, dass vieles, was Deutsche als normal empfinden, für Gesprächspartner aus einer anderen Kultur – die viel Wert auf eine harmonische Beziehung legen – beschämend wirken könnte.

BEISPIEL

In vielen asiatischen Ländern zählt es zu den absoluten Todsünden, einen Vorgesetzten auf Fehler hinzuweisen. Selbst kritische Fragen können zum Gesichtsverlust führen, wenn der Chef keine Antwort weiß.

AUFGABEN

1. Welche Nachteile kann das Nichtbeachten kultureller Unterschiede haben?
2. Was sind Kulturdimensionen?
3. Ordnen Sie die folgenden Aussagen einer Kulturdimension zu:
   - a) „Ohne gemeinsame Basis keine gemeinsamen Geschäfte!“
   - b) „Was anders ist, ist gefährlich.“
   - c) „Immer eins nach dem anderen.“
   - d) „Schnaps ist Schnaps und Dienst ist Dienst.“
   - e) „Ich bin gekommen, weil ich mit der Qualität Ihres Produkts nicht zufrieden bin.“
   - f) „Das haben wir immer schon so gemacht.“
   - g) „Leben um zu arbeiten!“
4. Welche Kulturdimension wird in den folgenden Aussagen beschrieben?
   - a) „In Kulturen wie der amerikanischen, aber auch in Großbritannien, Schweden und Dänemark stellen Risiken eher eine Herausforderung als eine Bedrohung dar. Nicht zuletzt sind z. B. amerikanische Banken dafür bekannt, dass sie z. B. Kredite

einfach vergeben und damit selbstverständlich ein erhöhtes Risiko eingehen.

b) Je geringer die Ausprägung dieser Kulturdimension ist, umso stärker wird von gleich zu gleich gehandelt und auf Respektsäußerungen verzichtet. Dann darf auch gelacht werden: Der Franzose Jean Baptiste Bernadotte wurde 1818 schwedischer König und versuchte seine Antrittsrede auf Schwedisch zu halten. Die Schweden fanden das so erheiternd, dass sie lachten. Bernadotte hat nie wieder versucht, schwedisch zu sprechen.

c) „Arbeiten um zu leben", „Konflikte werden beigelegt, indem man miteinander verhandelt und nach einem Kompromiss sucht" und „Sympathie mit den Schwachen", sind drei Merkmale dieser Kulturdimension.

d) Erwarten Sie in Ländern mit dieser Kulturdimension nicht unbedingt, dass Sie eine Entscheidung in einer Besprechung bekommen. Anderswo nehmen dazu Entscheider an Besprechungen teil. Diese sind hier nicht immer vertreten.

e) Themen aus der direkten geschäftlichen Beziehung genießen Vorrang vor persönlichen Angelegenheiten und der Schilderung privater Lebensumstände.

5. Wie können interkulturelle Konflikte vermieden werden?

6. Was versteht man unter dem Begriff „Gesichtsverlust"?

7. Mit dem Selbsttest unter der Internetadresse *https://www.testedich.de/quiz36/quiz/1429094098/Selbsttest-Bin-ich-interkulturell-kompetent* lernt man seine eigenen interkulturellen Fähigkeiten ein wenig besser kennen.

8. Bearbeiten Sie interaktiv die Übungen 1 und 2 unter *http://www.mig-komm.eu/uebungen_interkulturelles*

9. Mehr zum Thema interkulturelles Verständnis können Sie den Filmbeiträgen unter *https://www.youtube.com/watch?v=WLr9HrCPXxg* und *https://www.youtube.com/watch?v=3pkW5xRvWHY* entnehmen.

10. Gesten, die man international vermeiden sollte, lernt man hier mithilfe eines Quiz unter dem Titel „Quiz der fiesen Gesten: So machen Sie sich weltweit Feinde" kennen: *http://www.spiegel.de/quiztool/quiztool-59365.html*
Diese Aufgabe sollten Sie bearbeiten, um die kulturellen Besonderheiten unterschiedlicher Länder kennenzulernen. Bilden Sie in Ihrer Klasse zwölf Gruppen.

11. Die Wochenzeitung „DIE ZEIT" stellt hier in einem sehr informativen Artikel dar, worauf es bei Geschäftsgesprächen in zwölf Ländern ankommt.
Gehen Sie zu der Internetadresse *http://www.zeit.de/2012/38/interkulturelle-kompetenzen-karriere*
Entscheiden Sie sich für ein Land: Stellen Sie die Besonderheiten des Landes auf einem Wandplakat dar. Präsentieren Sie Ihr Wandplakat.

12. Welche Kulturdimension liegt in den folgenden Fällen in welcher Ausprägung vor?

a) In einer solchen Gesellschaft stehen die Interessen einer einzelnen Person über denen der Gruppe.

b) In Ländern, in denen diese Kulturdimension vorherrscht, ist die Rollenverteilung zwischen Männern und Frauen eher gleichwertig aufgeteilt. Männer sind genauso für Haushalt und Familie zuständig und Frauen dürfen und sollen Karriere machen.

c) Unbekannte (ungeregelte) Situationen erzeugen bei den Mitgliedern der Gesellschaft Unbehagen bis hin zu Angst.
Es wird versucht, mithilfe von Analysen und Plänen Unbekanntes bzw. Unsicheres vorhersehbar und kontrollierbar zu machen. Es besteht eine hohe Regelorientierung.

d) In verschiedenen Kulturen ist es üblich, dass Entscheidungsprozesse in Organisationen von „oben nach unten" verlaufen und diesen Entscheidungen nicht widersprochen wird.

13. In der letzten Zeit ist zu den bisherigen Kulturdimensionen eine neue hinzugekommen: Die Kulturdimension „Genuss/Zurückhaltung" beschreibt, wie innerhalb einer Gesellschaft mit der freien Auslebung der eigenen Bedürfnisse umgegangen wird.

Welche Ausprägung dieser neuen Kulturdimension liegt in dem folgenden Fall vor?

Gesellschaftsmitglieder dürfen ihre Bedürfnisse weitgehend nach ihrem eigenen Willen frei ausleben. Die Gesellschaft ist gekennzeichnet durch

- eine genussorientierte Freizeitgestaltung,
- bunte Kleidung,
- einen optimistischen Blick auf die Welt,
- offene Sexualität.

ZUSAMMENFASSUNG

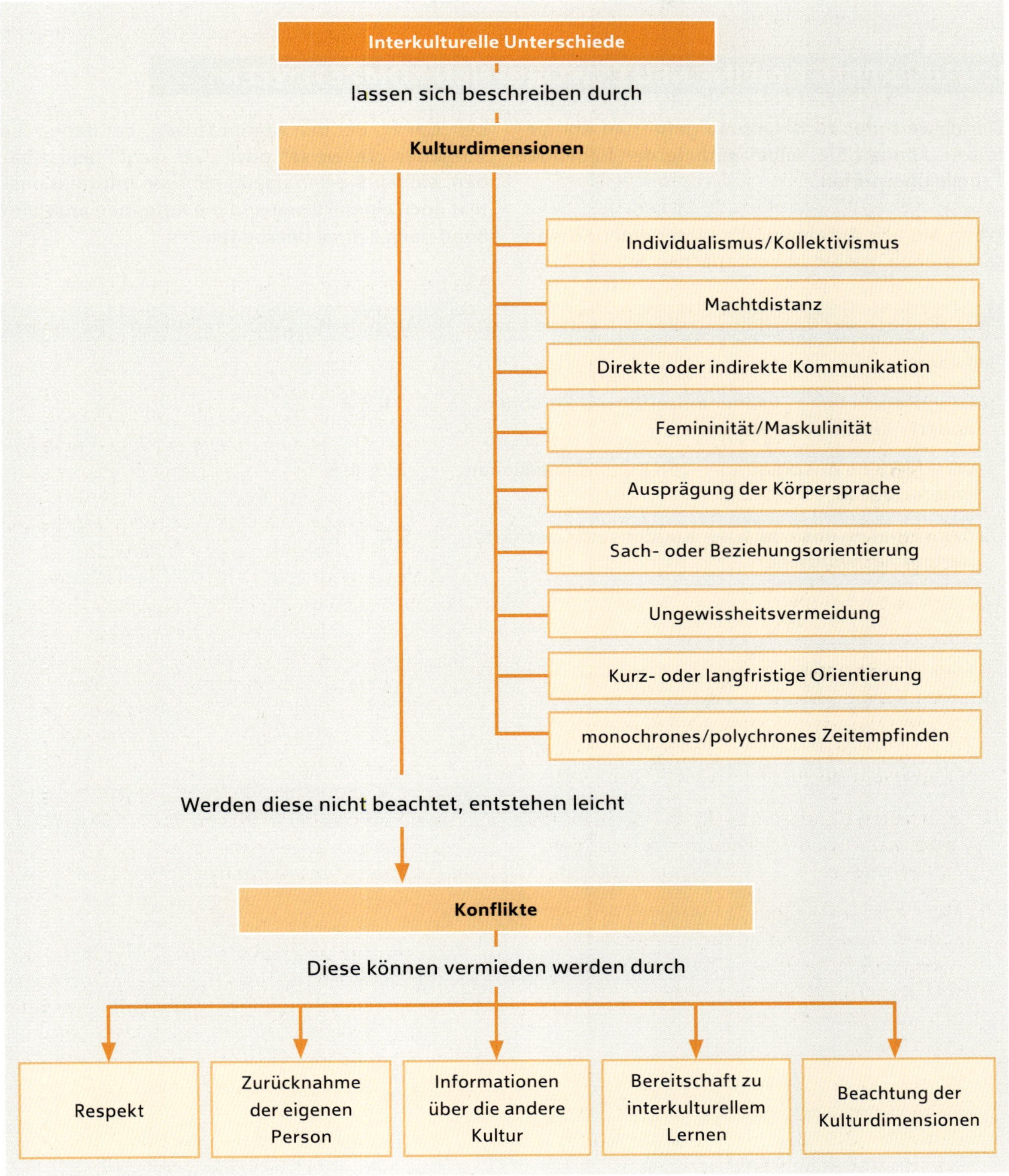

Man versteht erst dann etwas richtig, wenn man versucht, es einem anderen zu erklären. Dies führt zu einer erneuten gründlichen Auseinandersetzung mit dem gerade behandelten Thema.

1. Suchen Sie sich einen Partner.
2. Lesen Sie noch einmal die Zusammenfassung. Bei Verständnisproblemen schlagen Sie ggf. noch einmal im Informationstext nach.
3. Jeder formuliert vier Fragen, die mithilfe der Zusammenfassung beantwortet werden können.
4. Jeder beantwortet seine eigenen und die Fragen des Partners.

ICH ÜBERPRÜFE MEINE NEU ERWORBENEN KOMPETENZEN

Den Erwerb der zu Beginn aufgeführten Kompetenzen können Sie selbst mithilfe der folgenden Tabelle überprüfen.

Wenn Sie alle Aufgaben, die hinter einer Kompetenz stehen, gelöst haben, machen Sie ein Kreuz bei „Ganz". Bei den Kompetenzen, bei denen Sie Aufgaben „Teilweise" oder „Gar nicht" gelöst haben, sollten Sie den dazugehörigen Informationstext noch einmal lesen und die Aufgaben anschließend noch einmal bearbeiten.

Was ich nach der Bearbeitung dieses Kapitels kann	Aufgaben	Ganz	Teilweise	Gar nicht
Ich kann ...				
... Grundregeln beim Zusammentreffen mit Personen anderer Kulturkreise anwenden.	1, 7, 8			
... verschiedene Ausprägungen von Kulturdimensionen unterscheiden.	2, 3, 4, 5			
... das Verhalten ausländischer Kunden und Geschäftspartner nachvollziehen.	5, 6, 9, 10			

5311342

10.4 Besondere Verkaufssituationen

Problemstellung

Stefanie Beyer erinnert sich an zwei besondere Verkaufssituationen heute:
Am Morgen gab es wegen einer Sonderaktion einen extrem großen Kundenandrang. Um alle Kunden bedienen zu können, verzichtete Stefanie darauf, alle Kunden der Reihe nach zu bedienen. Stattdessen wandte sie sich jeweils an den nächsten Kunden, der in ihrer Nähe stand. Eine ältere Kundin mit Rollator wies sie darauf hin, dass es keine Sonderrechte geben dürfe.
Später am Tag beruhigte sich die Lage. Nun konnte sie sich ausgiebig um eine Kundin kümmern, die von zwei weiteren Damen begleitet wurde. Das Damentrio diskutierte ausgiebig und unterschiedlich, welche Bluse für die Kundin wohl am geeignetsten sei. Stefanie Beyer wartete ab, bis die Kundin und ihre Begleiter eine einheitliche Meinung hatten. Schließlich verließ das Damentrio sehr zufrieden mit einer Bluse das Geschäft.

Beurteilen Sie das Verhalten von Stefanie Beyer in den beiden Verkaufssituationen.

EINORDNUNG DES THEMAS

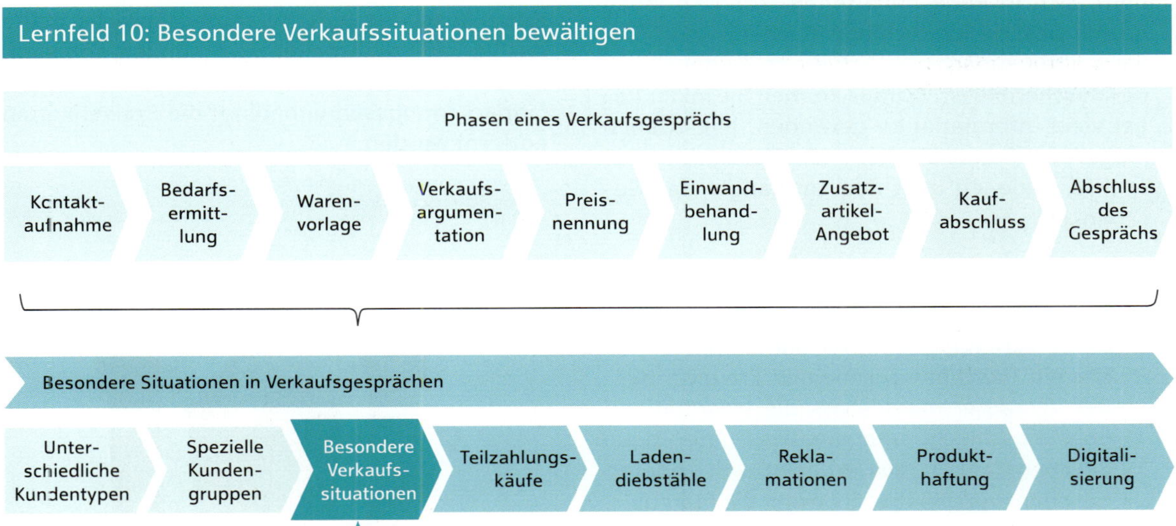

Kompetenzen

Nach Bearbeitung dieses Kapitels können Sie ...

... Kunden bei Geschenkverkäufen erfolgreich beraten.
... situationsgerecht Spätkunden bedienen.
... Verkaufsgespräche bei Hochbetrieb führen.
... Kunden in Begleitung bedienen und die Begleiter in das Verkaufsgespräch einbeziehen.

INFORMATIONSTEXT

Geschenkverkäufe

Jeder Bundesbürger gibt im Schnitt etwa 350,00 € im Jahr für Geschenke aus. Das ist natürlich eine große Verkaufschance für Einzelhandelsunternehmen. Geschenkverkäufe bereiten dann keine Schwierigkeiten, wenn die Kunden genau wissen, was sie schenken wollen. Auch wenn die Kunden schon bestimmte Vorstellungen, Vorschläge oder Ideen haben, kann das Verkaufspersonal die Verkaufsgespräche leicht durchführen.

Viel schwieriger sind Kunden, die nicht genau wissen, was sie schenken sollen. Die Verkaufsmitarbeiter müssen solchen Kunden Geschenkvorschläge machen. Sonst verlassen diese Kunden in den meisten Fällen das Geschäft, ohne etwas gekauft zu haben. Diese Kunden erwarten vom Verkaufspersonal Anregungen und Vorschläge für interessante Geschenke.

Die Verkaufsmitarbeiter sollten bei Geschenkverkäufen folgende Punkte beachten:

- Sie sollten unschlüssige Kunden nicht auffordern, sich in Ruhe umzusehen, sondern ihnen gezielt Geschenkvorschläge machen.
- Sie sollten zunächst in Erfahrung bringen, wer der Beschenkte ist. Daraus können Sie in der Regel viele Informationen gewinnen. Mit offenen Fragen (W-Fragen) bekommen Sie dann weitere Informationen über den Empfänger des Geschenkes.

BEISPIEL

- Wenn eine etwa 25-jährige Frau zu Beginn eines Verkaufsgesprächs äußert: „Ich suche ein Geschenk für meinen Freund", hat der Verkäufer mindestens die Information über Geschlecht und etwaiges Alter des Beschenkten. Daraus ergeben sich andere Geschenkvorschläge, als wenn die Frau gesagt hätte: „Ich weiß nicht, was ich meinem Großvater schenken soll ..."
- Anschließend sollte der Verkäufer versuchen, Wünsche, Interessen und Hobbys des Beschenkten herauszubekommen:
  - „Welches Hobby hat denn Ihre Tochter?"
  - „Welche Interessen hat Ihr Mann?"

- Die Verkaufsmitarbeiter sollten sich schon vorher Gedanken machen, welche Artikel ihres Sortiments sich als Geschenke eignen. Haben sie diese Kenntnisse, fällt es ihnen leicht, dem Kunden Vorschläge zu machen.
- Die Verkäufer sollten möglichst schnell mehrere Artikel vorlegen. Dabei sollten sie auf die Reaktionen des Kunden achten, um das passende Geschenk zu finden. In Verkaufsgesprächen, bei denen es um Geschenke für andere Personen geht, sollten die Verkäufer den „Ihr-Stil" anwenden.

BEISPIEL

„Diese Kette wird Ihrer Frau sicher sehr gefallen."

- Wenn der Kunde einen Geschenkvorschlag bevorzugt, aber noch unsicher ist, kann der Verkäufer auf die Umtauschmöglichkeit hinweisen. Häufig erleichtert das die Kaufentscheidung.
- Wenn sich der Kunde trotz aller Bemühungen des Verkäufers nicht entscheiden kann, kann der Verkäufer ihn auch über die Möglichkeit von Geschenkgutscheinen informieren.
- Nach Abschluss des Verkaufsgesprächs sollte der Verkaufsmitarbeiter dem Kunden anbieten, den Artikel als Geschenk zu verpacken. Vor dem Einpacken müssen unbedingt die Preisetiketten entfernt werden.

Geschenkverkauf

Geschenke sind eine zusätzliche Umsatzchance für den Einzelhändler:

- Vorlieben der Beschenkten durch offene Fragen ermitteln
- Auf Umtauschmöglichkeiten hinweisen

Spätkunden

Als Spätkunden bezeichnet man Käufer, die das Geschäft kurz vor Ladenschluss betreten.

Anlässe für solche Spätkäufe können sein:

- Die Kunden mussten selbst lange arbeiten.
- Aufgrund von Verkehrsproblemen kommen die Kunden verspätet zum Einkauf.
- unvorhergesehene Ereignisse, die die Kunden ungeplant zu Nachfragern werden lassen

BEISPIEL

Klaus Mayer fiebert dem Fußballendspiel entgegen, das abends übertragen wird. Um 19:00 Uhr schaut seine Frau noch eine Quizsendung an. Bei der 1-Million-Euro-Frage fällt der Fernseher aus: Ein Bauteil ist durchgeschmort. Kurz entschlossen fährt Klaus Mayer in die Innenstadt. Um 19:54 Uhr spricht er einen Verkäufer in der Unterhaltungselektronikabteilung der Larstadt Warenhaus AG an.

- Gedankenlosigkeit oder mangelhafte Zeiteinteilung aufseiten der Kunden
- manchmal Kunden ohne Feingefühl

Die meisten Spätkunden sind sehr entschlussfreudig und kaufbereit. Diese Verkaufschancen sollten die Verkaufsmitarbeiter in jedem Fall nutzen. Eine gute Kundenbetreuung in solchen Fällen wird von den Käufern sehr geschätzt. Es spricht sich auch herum und ist für den Ruf des Unternehmens positiv. Deshalb ist es selbstverständlich, dass Kunden, die sich beim Ladenschluss noch nicht für den Kauf eines Artikels entschieden haben, weiter bedient werden.

Einerseits liegt eine gute Kundenbetreuung von Spätkunden im Interesse des Einzelhandelsunternehmens. Andererseits haben die Mitarbeiter aber auch einen Anspruch auf Erholung und ein Recht auf ihren Feierabend. Darum sollte Folgendes beachtet werden:

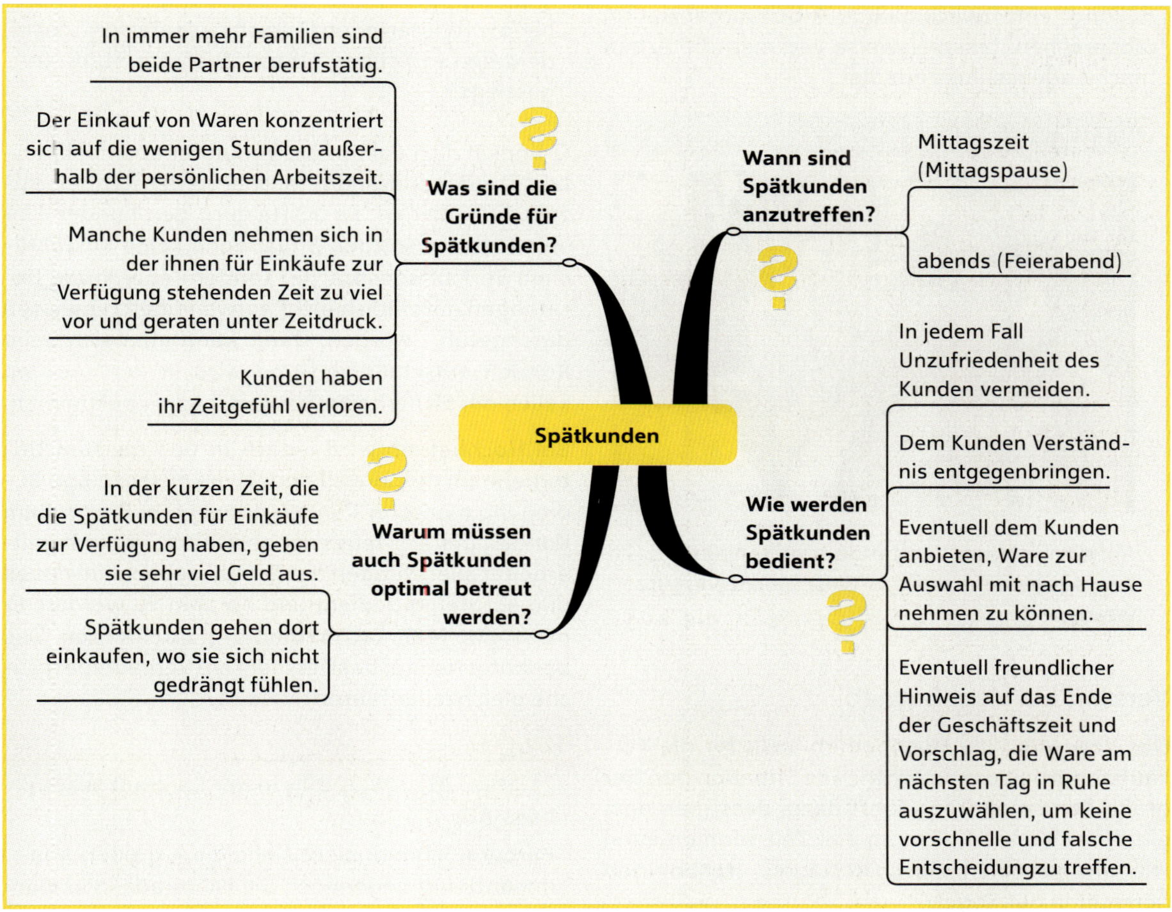

- Das Verkaufspersonal sollte in jedem Fall Verständnis für die Situation der Spätkunden aufbringen und sie freundlich bedienen.
- Die Phasen der Kontaktaufnahme und der Bedarfsermittlung sollte der Verkäufer wie in normalen Verkaufsgesprächen durchführen. Verbunden mit einer Bitte um Verständnis sollte er dann allerdings freundlich auf den Ladenschluss hinweisen und sich für die daraus resultierende verkürzte Beratung entschuldigen.
- Die Phasen der Warenvorlage und Verkaufsargumentation sollten auf das Wesentliche verkürzt werden. Sollte das für einen Kunden nicht ausreichend sein, sollte man ihn freundlich auffordern, doch ein anderes Mal für eine ausführliche Beratung wiederzukommen.
- Wenn ein Verkaufsmitarbeiter einen wichtigen Grund hat, genau zum Ladenschluss das Geschäft zu verlassen, sollte er einen Kollegen das Verkaufsgespräch mit dem Spätkunden übernehmen lassen.
- Um einen frühen Feierabend zu bekommen, sollten alle Verkaufsmitarbeiter, z. B. einer Abteilung, eine zweckmäßige Arbeitsorganisation absprechen, beispielsweise wie man die Arbeit nach Ladenschluss erledigt.

Spätkäufe

Mit der Bitte um Verständnis sollten Verkaufsgespräche auf das Wesentliche verkürzt werden.

Verkauf bei Hochbetrieb

Das Verkaufen bei Hochbetrieb stellt für die Verkaufsmitarbeiter eine schwierige Situation dar. Der große Kundenandrang führt dazu, dass man dem einzelnen Kunden nicht so viel Zeit widmen kann wie an normalen Geschäftstagen. Hochbetrieb herrscht in der Regel

- vor Feiertagen wie Weihnachten (die gesamte Adventszeit) und Ostern sowie vor anderen Festen,
- an den Wochenenden,
- nach Feierabend (also ab ca. 16:30 Uhr),

- bei Schlussverkäufen,
- bei Aktionen und Sonderveranstaltungen,
- bei starker saisonaler Nachfrage.

BEISPIEL

In einer Filiale der Larstadt Warenhaus AG ist der Kundenandrang in der Sportabteilung (Schlitten usw.) und der Abteilung für Autozubehör (Winterreifen/Türschlossenteiser) nach dem ersten Schnee Mitte November stark angestiegen.

Grundsätzlich sollten die Verkäufer auch bei starkem Kundenandrang versuchen, jeden Kunden einzeln zu bedienen. Es dürfte auch den Kunden klar sein, dass in solchen Situationen keine ausführlichen Verkaufsgespräche, sondern eher kurze Beratungen mit zeitlich nicht aufwendigen Hinweisen durchgeführt werden. Dafür kann man sich beim Kunden entschuldigen und wird in den meisten Fällen mit Sicherheit auch Verständnis bekommen.

Bei Hochbetrieb wird jedoch in den meisten Unternehmen des Einzelhandels die gleichzeitige Bedienung mehrerer Kunden notwendig. Bei großem Kundenandrang muss der geschickte Verkaufsmitarbeiter allen Kunden das Gefühl geben, individuell und sorgfältig bedient und beraten zu werden: Er muss eine **Mehrfachbedienung** durchführen. Das bedeutet für ihn, dass er mehrere Verkaufsgespräche gleichzeitig führen muss.

BEISPIEL

21. Dez. 20.., 18:00 Uhr in der Larstadt Warenhaus AG:

Barbara Schmidt sieht sich einem großen Kundenandrang gegenüber. Sie ist gerade in einem

Verkaufsgespräch, als der nächste Kunde naht. Um sich ihm zuwenden zu können, sagt sie: „Vergleichen Sie doch in Ruhe diese drei Artikel! Dürfte ich wohl in der Zwischenzeit anfangen, den Herrn zu bedienen? Ich stehe Ihnen sofort wieder zur Verfügung."

Während sie dem anderen Kunden schon Ware vorlegt, muss sie den ersten Kunden weiter beobachten. Zeigt dieser, dass er wieder Beratung wünscht oder dass er kaufen möchte, sollte sie mit einer Entschuldigung das zweite Verkaufsgespräch unterbrechen, um ihm wieder zur Verfügung zu stehen: „Entschuldigung, ich bin gleich wieder bei Ihnen ..."

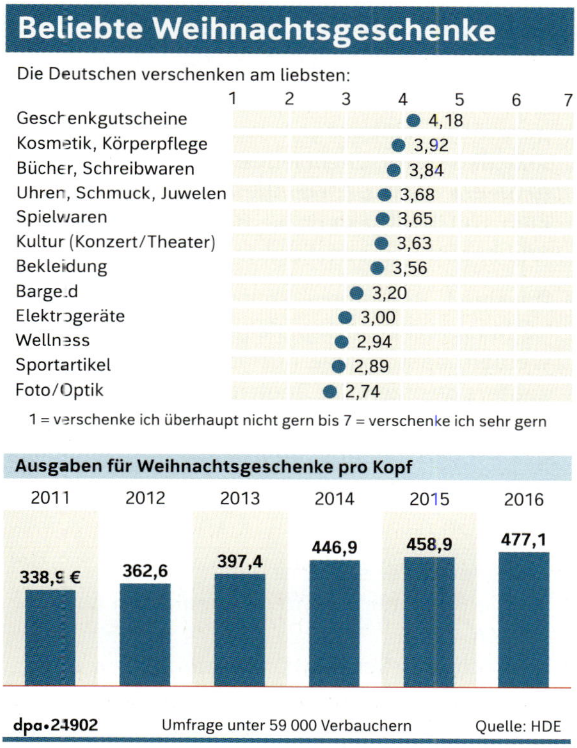

Grundsätzlich sollten die Verkaufsmitarbeiter folgendes Verhalten bei Hochbetrieb zeigen:

- Fast alle Kunden reagieren empfindlich, wenn sie nicht der Reihe nach bedient werden. Kann der Verkaufsmitarbeiter die Reihenfolge nicht übersehen, fragt er am besten, wer der nächste Kunde ist.

BEISPIEL

„Wen darf ich jetzt bedienen?"

Hochbetrieb

- Um Verständnis bitten
- Auf Reihenfolge der Kunden achten
- Mehrfachbedienung mit verkürzter Beratung durchführen

- Einen eiligen Kunden sollte der Verkäufer nur dann vorziehen, wenn er dem wartenden oder gerade von ihm bedienten Kunden die Bevorzugung erklären kann. Er bittet um sein Einverständnis. Der Verkauf muss schnell abgewickelt werden.
- Ein aufmerksamer Verkaufsmitarbeiter wird gelegentlich von sich aus um bevorzugte Bedienung eines Kunden bitten, wenn er einen Schwerbeschädigten, eine werdende Mutter oder einen alten Menschen im Geschäft bei Hochbetrieb warten sieht.
- Wenn der Kunde sich zum Kauf entschlossen hat, muss das Verkaufspersonal dafür sorgen, dass der Kunde schnell zahlen und die Ware erhalten kann. Der Kunde darf aber nach dem Abschluss des Verkaufsvorgangs nicht den Eindruck gewinnen, dass man nun für ihn keine Zeit mehr habe.

Eine gute Vorbereitung auf den Hochbetrieb hilft, den Kundenandrang besser zu bewältigen. Die vermehrte Einführung des Vorwahl- und Selbstbedienungsprinzips erleichtert die Doppelbedienung sehr. Der sich im Hintergrund haltende und beobachtende Verkäufer kann dann von vornherein mehrere Kunden zugleich beraten. Das Unternehmen kann außerdem weitere Kassen öffnen oder zusätzliches Personal einsetzen. Die Verkaufsmitarbeiter sollten darauf achten, dass alle Tätigkeiten, die nicht zur Beratung gehören (Auffüllung der Regale, Ware verkaufsfertig machen usw.), so weit wie möglich schon vor der Hochbetriebsphase erledigt worden sind. Viele Kunden haben es bei Hochbetrieb eilig. Sie sind deshalb auf schnellen Service ohne Wartezeiten und ein Angebot im Geschäft angewiesen. Hier müssen sich die Waren über die Warenpräsentation so weit wie möglich selbst verkaufen. Denn Zeit für Beratungs- oder Verkaufsgespräche gibt es kaum.

Kunden in Begleitung

Sehr oft werden Kunden von anderen Personen begleitet. Dafür gibt es verschiedene Gründe:

- Den meisten Spaß macht vielen Kunden der Einkauf, wenn sie vom Lebenspartner oder Freunden bzw. Freundinnen begleitet werden. Der gemeinsame Einkauf stellt ein Vergnügen dar.
- In einigen Fällen werden Begleiter aus Unsicherheit mitgenommen.
- Die ganze Familie entscheidet häufig über hochwertige und langlebige Anschaffungen.
- Wenn Kunden einen Artikel kaufen wollen, mit dem sie sich fachlich nicht auskennen, bringen sie gern eine sachkundige Person mit. Diese vom Kunden anerkannte Person soll sie bei der Auswahl beraten und vor einem unüberlegten Kauf bewahren. Die Begleitperson soll also die Sicherheit geben, keinen Fehleinkauf vorzunehmen.
- Gefällt beim Geschenkkauf für eine dritte Person das Geschenk sowohl dem Kunden als auch der Begleitperson, steigt die Wahrscheinlichkeit, dass dem Beschenkten der ausgewählte Artikel gefällt.

Der Verkaufsmitarbeiter muss in Situationen, in denen Kunden Begleitpersonen mitbringen, auch diese besonders beachten und beobachten: Die Begleitpersonen haben in der Regel einen mehr oder weniger großen Einfluss auf den Kunden. Da die Begleitpersonen den Kunden kennen, sollten sie nach Möglichkeit in die Verkaufsgespräche einbezogen werden. Sie können wertvolle Hinweise für einen erfolgreichen Verkaufsabschluss geben. Deshalb sollten für die Mitarbeiter im Verkauf die folgenden Regeln gelten:

- **Sachkundige Begleiter** erkennt man daran, dass sie die mit der Ware verbundenen Fachausdrücke beherrschen oder in der Phase der Warenvorlage die Ware richtig handhaben. Das Verkaufspersonal sollte deren Fachkenntnis uneingeschränkt anerkennen. Positive Äußerungen über die Ware sollten zur Unterstützung der eigenen Verkaufsargumentation herangezogen werden, Einwände dagegen vorsichtig entkräftet werden.

Regeln für die Behandlung sachkundiger Begleiter:
- Stellen Sie Ihre Fachkenntnis unauffällig unter Beweis.
- Beschränken Sie Ihre Argumente auf das Wesentliche.
- Was Sie nicht wissen, verschleiern Sie auch nicht.
- Beziehen Sie den Fachmann mit ein.
- Gewinnen Sie das Vertrauen des Begleiters, er wird vielleicht ein künftiger Kunde.
- Sind Sie dem Fachmann nicht gewachsen, lassen Sie die Ware sprechen, holen Sie eventuell einen weiteren Kollegen hinzu.

- **Interessierte Begleiter**, die aktiv am Verkaufsgespräch teilnehmen, sollten in die Verkaufsgespräche einbezogen werden. Dadurch die Abschlusswahrscheinlichkeit gesteigert. Ist der Begleiter nicht sachverständig, sollte er in keinem Fall bloßgestellt werden, sondern höflich und unauffällig berichtigt werden.

- **Passiven Begleitern** sollte durch freundliche körpersprachliche Signale (z. B. Lächeln) gezeigt werden, dass sie die Aufmerksamkeit des Verkäufers besitzen. Die Begleitperson muss also so versorgt werden, dass sie den Kunden während des Verkaufsgesprächs nicht ablenkt: Der Kunde muss sie gut aufgehoben wissen.

BEISPIEL

Der Verkäufer sollte
- die Begleiter auf Sitzgelegenheiten hinweisen,
- Lektüre (= Lesestoff) anbieten,
- Kindern Mal- oder Bastelutensilien an die Hand geben oder ihnen eine Spielecke zeigen. Für die Betreuung kleinerer Kinder eventuell einen Kollegen hinzuziehen.

Bei **Kindern** als Begleiter sollte beachtet werden, dass es ihnen bei lang andauernden Verkaufsgesprächen langweilig werden kann. Oft machen sie sich dann selbstständig und gehen auf Entdeckungsreise. In vielen Fällen fangen sie auch an zu quengeln. Als vorbeugende Maßnahmen sollte man Beschäftigungsmöglichkeiten für die kleineren Kinder anbieten.

- Der **Begleiter** ist **Partner im Verkaufsgespräch** und nicht Gegner. Er wird ebenso ernst genommen wie der Kunde und ebenso freundlich und aufmerksam behandelt. Sind sich Kunde und Begleiter nicht einig, sollte der Verkäufer nicht Partei ergreifen oder versuchen, beide gegeneinander auszuspielen.

AUFGABEN

1. Nennen Sie verschiedene Artikel Ihres Sortiments, die sich als Geschenke eignen.
2. Nennen Sie Gründe für Spätkäufe.
3. Wie bedient man Spätkunden?
4. Geben Sie mögliche Hochbetriebszeiten an, die in Ihrem Ausbildungsunternehmen auftreten können.
5. a) Woran erkennt man sachkundige Begleitpersonen?
   b) Wie verhält man sich diesen gegenüber?
6. Wie sollte das Verkäuferverhalten aussehen, wenn die Begleitpersonen am Verkaufsgespräch nicht interessiert sind?
7. Das Ehepaar Müller kauft gemeinsam ein. Während des Verkaufsgesprächs treten unterschiedliche Auffassungen zwischen den Ehepartnern auf.
   Wie sollte sich der Verkäufer verhalten?
8. Beurteilen Sie die folgende Aussage.
   Begleiter sind an Verkaufsgesprächen generell nicht interessiert, weil sie die Ware immer sehr genau kennen.
9. In einem Einzelhandelsgeschäft herrscht starker Kundenandrang. Mehrere Kunden warten auf eine Beratung.
   a) Wie sollte man sich gegenüber diesen wartenden Kunden verhalten?
   b) Ein Kunde ist sehr ungeduldig. Machen Sie einen Vorschlag, wie dieser Kunde angesprochen werden könnte.
10. Bei einem Mitbewerber der Larstadt Warenhaus AG hat man nicht unbedingt Verständnis für die Kundenorientierung bei Verkaufsgesprächen mit besonderen Kundengruppen oder in besonderen Verkaufssituationen. Das zeigt ein Ausschnitt aus der internen Dienstanweisung für das Verkaufspersonal:

> [...]
> 7. Es gehört zu Ihrer Pflicht, im Sinne individueller Kundenbetreuung bestimmte Kunden gegenüber anderen vorzuziehen. Charmante junge Damen z.B. danken es Ihnen, zum Platznehmen aufgefordert worden zu sein. Ältere Personen haben Verständnis für diese Kavalierspflicht.
> 8. Kurz vor Dienstschluss auftauchenden Kunden machen Sie durch einen betont unlustigen Gesichtsausdruck und durch eine möglichst schnelle Abfertigung am besten klar, dass es besser wäre, künftig früher zu kommen.
> 9. Hartnäckigen Spätkunden zeigt man durch Öffnen der Eingangstür, Schließen der Schalter und kräftiges Gähnen an, dass Dienstschluss ist. Sollte der Kunde diese Anzeichen ignorieren, kann die Skala der Aufforderungen zum schnellstmöglichen Verlassen des Geschäftslokals bis zum stilvollen Gebrauch des Götzzitats gesteigert werden.
> [...]

   a) Wenden Sie die „Kopfstandmethode" an, indem Sie die oben angeführte Dienstanweisung ergänzen und erweitern.
   Die Ausgangsfrage ist, was ein Verkäufer bei Verkaufsgesprächen mit speziellen Kundengruppen oder in besonderen Verkaufssituationen machen kann, um Kunden zu vergraulen. Formulieren Sie Ihre Antworten in Form von weiteren Punkten der Dienstanweisung.
   b) Suchen Sie für jede Formulierung eine positive Gegenlösung.
11. a) Suchen Sie sich zwei Partner (nach Möglichkeit aus der gleichen Branche).
    b) Entwerfen Sie in **Stichworten** ein Verkaufsgespräch zwischen einem Verkäufer Ihrer Branche und einem Kunden als Rollenspiel. Das Rollenspiel soll die Verkaufssituation und eine entsprechende Problemlösung durch den Verkäufer darstellen.
    c) Führen Sie mit Ihren Partnern das Verkaufsgespräch möglichst frei vor.
    Situation A:
    Hochbetrieb in einem Einzelhandelsgeschäft. Ein Verkäufer berät gerade einen

Kunden. Er bemerkt, dass ein weiterer Kunde beraten werden möchte.

Situation B:

19:55 Uhr. Ein Kunde möchte noch bedient werden.

12. a) Bereiten Sie sich auf die Durchführung eines Rollenspiels vor. Lassen Sie sich dazu von Ihrer Lehrerin/Ihrem Lehrer jeweils eine Rolle zuteilen.

Rollenspiel

- **Theresa Riesner**
  Sie sind Theresa Riesner, 45 Jahre alt, Hausfrau und Mutter von zwei Kindern. Sie wohnen mit Ihrer Familie in der Vorstadt und haben sich diesen Vormittag für einen Einkaufsbummel freigenommen. Da Sie schon seit Längerem ein ... benötigen, suchen Sie zum Einkauf dieser Ware die Tom Hoss KG gemeinsam mit Ihrer Freundin Denise Nordmann auf. Sie soll Ihnen beim Kauf beratend zur Seite stehen.
- **Denise Nordmann**
  Sie sind Denise Nordmann, 46 Jahre alt, Mutter einer erwachsenen Tochter. Gelegentlich arbeiten Sie zur Aushilfe im Geschäft Ihres Ehemannes mit. Daher verfügen Sie über gute Warenkenntnisse. Heute besuchen Sie mit Ihrer Freundin Nadine die Tom Hoss KG, um sie dort beim Einkauf zu beraten.
- **Björn Lenz**
  Sie sind Björn Lenz, 19 Jahre alt, Verkäufer in der Abteilung ... der Tom Hoss KG. Ihre Aufgabe ist es, den Kunden beim Kauf zu helfen und sie zu beraten.

b) Führen Sie das Rollenspiel durch.

c) Beobachten Sie jeweils genau das Verkäuferverhalten. Wichtig ist dabei vor allem, an welcher Stelle Probleme für den Verkäufer aufgetaucht sind.

13. Im Hinblick auf die Spätkunden spielen die Ladenschlusszeiten eine große Rolle. Rufen Sie im Internet die beiden folgenden Adressen auf:

- *http://www.rp-online.de/wirtschaft/unternehmen/ladenoeffnungszeiten-in-den-bundeslaendern-bid-1.570862*
- *http://www.sueddeutsche.de/wirtschaft/ladenschluss-in-deutschland-land-der-oeffnungszeiten-1.149274*

a) Welche Ladenschlusszeiten gelten in Ihrem Bundesland?

b) Für welche besonderen Warenverkaufsstellen gelten Ausnahmeregelungen?

14. In der Abteilung Herrenkonfektion Tom Hoss KG: Jakub Nowak sortiert gerade neu eingetroffene Jacken auf einen Ständer, als zielstrebig ein Paar mittleren Alters auf ihn zukommt.

Frau Schröder: „Guten Morgen, junger Mann."

Jakub Nowak: „Guten Morgen, was kann ich für Sie tun?"

Herr Schröder: „Ich suche einen Blouson für mich."

Jakub Nowak: „Haben Sie an etwas Bestimmtes gedacht?"

Frau Schröder: „Mein Mann hätte gerne eine elegante Jacke."

Jakub Nowak (zeigt auf einzelne Jacken): „Hier haben wir etwas Passendes; seriös und in gedeckten Farben. Damit sind Sie auch bei festlichen Anlässen gut gekleidet."

Herr Schröder: „Eigentlich hatte ich an ein etwas sportlicheres Modell gedacht; etwas bunter dürfte es auch sein."

Frau Schröder: „Aber Hans Werner, das passt doch wohl kaum zu deiner Position! Willst du etwa im Büro wie einer von diesen Gebrauchtwagenhändlern aussehen?"

Herr Schröder: „Aber ich habe doch schon so viele dunkle Jacken im Schrank, etwas Sportliches und Bequemeres fehlt mir noch."

Jakub Nowak: „Soll ich Ihnen vielleicht einige Sportjacken zeigen?"

Frau Schröder: „Bloß nicht, auf keinen Fall!"

Herr Schröder: „Ja gerne!"

Jakub Nowak (ungehalten): „Ja, was denn nun, wie jetzt?"

Frau Schröder: „Mein Mann ist kein sportlicher Typ, und Schwarz steht ihm sehr gut. Er möchte jetzt eine von diesen dunklen Jacken anprobieren. (Sie nimmt eine Jacke aus dem Ständer und reicht sie ihrem Mann.) Die passt doch sehr gut zu dir!"

Herr Schröder: „Aber ..."

Jakub Nowak: „Meinen Sie nicht, dass Ihr Mann besser weiß, welche Jacke zu ihm passt?"

a) Untersuchen Sie kritisch Jakubs Verhalten. Welche Fehler unterlaufen ihm in diesem Verkaufsgespräch?

b) Erarbeiten Sie gemeinsam mit Ihrem Partner Verbesserungsvorschläge.

5311350

ZUSAMMENFASSUNG

Kundenorientierung

↓

Besondere Verkaufssituationen machen ein spezielles und überlegtes Vorgehen in Verkaufsgesprächen notwendig.

- **Hochbetrieb**
- **Spätkäufe**
- **Geschenkverkäufe**
- **Kunden in Begleitung**

Man versteht erst dann etwas richtig, wenn man versucht, es einem anderen zu erklären. Dies führt zu einer erneuten gründlichen Auseinandersetzung mit dem gerade behandelten Thema.

1. Suchen Sie sich einen Partner.

2. Lesen Sie noch einmal die Zusammenfassung. Bei Verständnisproblemen schlagen Sie ggf. noch einmal im Informationstext nach.

3. Einer von Ihnen erläutert die Zusammenfassung dem Partner.

4. Dieser achtet auf Korrektheit und Vollständigkeit und wiederholt noch einmal.

ICH ÜBERPRÜFE MEINE NEU ERWORBENEN KOMPETENZEN

Den Erwerb der zu Beginn aufgeführten Kompetenzen können Sie selbst mithilfe der folgenden Tabelle überprüfen.

Wenn Sie alle Aufgaben, die hinter einer Kompetenz stehen, gelöst haben, machen Sie ein Kreuz bei „Ganz". Bei den Kompetenzen, bei denen Sie Aufgaben „Teilweise" oder „Gar nicht" gelöst haben, sollten Sie den dazugehörigen Informationstext noch einmal lesen und die Aufgaben anschließend noch einmal bearbeiten.

Was ich nach der Bearbeitung dieses Kapitels kann	Aufgaben	Ganz	Teilweise	Gar nicht
Ich kann ...				
... Kunden bei Geschenkverkäufen erfolgreich beraten.	1			
... situationsgerecht Spätkunden bedienen.	2, 3, 10, 11, 13			
... Verkaufsgespräche bei Hochbetrieb führen.	4, 9, 11			
... Kunden in Begleitung bedienen und die Begleiter in das Verkaufsgespräch einbeziehen.	5, 6, 7, 8, 12, 14			

10.5 Finanzierungskauf

Problemstellung

Stefanie Beyer ist in einem Verkaufsgespräch mit Herrn Jacobi kurz vor dem Abschluss. Herr Jacobi hat sich für einen modernen Herrenanzug für seine Hochzeit entschieden. Der Anzug soll 1.200,00 € kosten.

Hr. Jacobi: „Besteht die Möglichkeit, dass ich den Anzug nicht sofort direkt bezahlen muss? Wir müssen ja auch die Hochzeitsfeier bezahlen. Das kostet im Moment schon alles eine Menge Geld."

Stefanie Beyer: „Ja, wir bieten unseren Kunden die Möglichkeit des Finanzierungskaufs an."

Hr. Jacobi: „Finanzierungskauf? Was bedeutet das denn für mich?"

Stefanie Beyer: „Im Prinzip ist es ganz einfach. Sie bekommen von uns die Möglichkeit, den Kaufpreis bequem in monatlichen Raten zu bezahlen. Wir benötigen lediglich ein paar Angaben von Ihnen und gehen die Unterlagen durch."

Hr. Jacobi: „Das hört sich ja gut an. Vielleicht kommen wir so zu einem positiven Ende."

1. Erläutern Sie kurz, was man unter einem Finanzierungskauf versteht.
2. Geben Sie an, welche Angaben von Herrn Jacobi vermutlich benötigt werden.
3. Welche Unterlagen muss Stefanie mit Herrn Jacobi durchgehen?

EINORDNUNG DES THEMAS

Lernfeld 10: Besondere Verkaufssituationen bewältigen

Phasen eines Verkaufsgesprächs

Kontaktaufnahme → Bedarfsermittlung → Warenvorlage → Verkaufsargumentation → Preisnennung → Einwandbehandlung → Zusatzartikel-Angebot → Kaufabschluss → Abschluss des Gesprächs

Besondere Situationen in Verkaufsgesprächen

Unterschiedliche Kundentypen → Spezielle Kundengruppen → Besondere Verkaufssituationen → **Teilzahlungskäufe** → Ladendiebstähle → Reklamationen → Produkthaftung → Digitalisierung

Kompetenzen

Nach Bearbeitung dieses Kapitels können Sie ...

... den Ablauf bei einem Finanzierungskauf erläutern.
... den Finanzierungskauf als Möglichkeit der Teilzahlung erläutern.
... die Vor- und Nachteile des Finanzierungskaufs aus Sicht des Einzelhändlers erläutern.
... die Vor- und Nachteile des Finanzierungskaufs aus Sicht des Kunden erläutern.
... den Effektivzins mithilfe der vereinfachten Formel berechnen.

5311352

INFORMATIONSTEXT

Im Geschäftsverkehr ist es bei vielen Einzelhändlern üblich, den Kunden die Möglichkeit des Finanzierungskaufs anzubieten. Dies ist insbesondere bei Gütern der Fall, die teuer sind und eine längere Nutzungsdauer haben.

Finanzierungskauf kommt bei folgenden Gütern oft vor:

Autos

Möbel

Elektronik

Beim Finanzierungskauf vereinbaren Käufer und Verkäufer, dass der Kaufpreis ausnahmsweise nicht direkt bei Kauf in einer Summe, sondern in Raten zu erbringen ist. Der Käufer hat keinen rechtlichen Anspruch auf eine Zahlung in Raten, da der Kaufpreis grundsätzlich sofort bei Lieferung fällig ist. Ein Finanzierungskauf wird häufig auch **Ratenzahlung** oder **Teilzahlung** genannt.

Ablauf eines Finanzierungskaufs

In der Regel wickeln die Einzelhändler einen Finanzierungskauf in Zusammenarbeit mit einer Partnerbank ab. In diesem Fall werden zwei Verträge geschlossen. Einerseits der Kaufvertrag zwischen Kunde und Einzelhändler und andererseits ein Kreditvertrag zwischen dem Kunden und der finanzierenden Partnerbank. Der Ablauf des Finanzierungskaufs sieht dann wie folgt aus:

1. Auswahl des Produkts und Bedarf einer Finanzierung
↓
2. Überprüfung der Voraussetzungen für den Finanzierungskauf
↓
3. Abschluss des Kaufvertrags (mit dem Einzelhändler)
↓

4. Abschluss des Kreditvertrags zur Finanzierung (mit der Partnerbank)

↓

5. Sofortiger Erhalt der Ware (Besitz)

↓

6. Zahlung des Kaufpreises in (monatlichen) Raten

↓

7. Eigentumsübergang bei vollständiger Zahlung (Eigentumsvorbehalt)

1. **Auswahl des Produkts und Bedarf einer Finanzierung**
   Der Kunde wählt sein Produkt aus. Im Verkaufsgespräch wird bereits deutlich, dass es für ihn schwierig oder unmöglich ist, den Kaufpreis sofort in einer Summe zu zahlen. Dies liegt oft daran, dass es sich um teures Produkt handelt. Manchmal möchten Kunden auch einen Finanzierungskauf in Anspruch nehmen, weil die Bedingungen hierfür sehr günstig sind (mehr dazu weiter unten).

2. **Überprüfung der Voraussetzungen für den Finanzierungskauf**
   Der Verkäufer überprüft (im Auftrag der Partnerbank) die Voraussetzungen für einen Finanzierungskauf. Hierzu gehören gesetzliche Anforderungen, eine Bonitätsprüfung (= Prüfung der Kreditwürdigkeit) und Anforderungen, die die finanzierende Partnerbank stellt. Häufig werden zum Beispiel Gehaltsnachweise und ein festes Anstellungsverhältnis (außerhalb der Probezeit) verlangt. Können diese Bedingungen nicht erfüllt werden, verlangt das Kreditinstitut nach anderen Sicherheiten, z. B. Bürgschaften (bei einer Bürgschaft erklärt sich ein Dritter bereit, die Schulden des Kreditnehmers zu übernehmen, wenn dieser nicht zahlen kann).

3. **Abschluss des Kaufvertrags (mit dem Einzelhändler)**
   Der Kaufvertrag über das ausgewählte Produkt wird zwischen dem Kunden und dem Einzelhändler geschlossen.

4. **Abschluss des Kreditvertrags (mit der Partnerbank)**
   Der zweite Vertrag, der regelmäßig bei einem Finanzierungskauf geschlossen wird, ist ein Kreditvertrag zwischen der Partnerbank und dem Kunden. Die beiden Verträge sind rechtlich losgelöst voneinander zu betrachten.

5. **Sofortiger Erhalt der Ware (Besitz)**
   Der Kunde erhält die Ware sofort und kann sie nutzen wie ein Eigentümer. Sofern er seinen Verpflichtungen aus dem Kreditvertrag nachkommt, erwirbt er auch später das Eigentum an der Ware.

Besitzer einer Sache ist, wer sie gerade in seinem Besitz hat. So ist z. B. ein Mieter gerade der Besitzer der Wohnung.

Eigentümer ist, wem die Sache tatsächlich gehört. Der Vermieter ist also Eigentümer der Wohnung.

6. **Zahlung des Kaufpreises in (monatlichen) Raten**
   Im Kreditvertrag wird eine Laufzeit und eine Ratenzahlung vereinbart. Im Regelfall zahlt der Kunde den Kaufpreis in monatlichen, gleich großen Raten bis zur vollständigen Tilgung (= Rückzahlung aller Schulden). In der Regel ist der Finanzierungskauf teurer als ein sofortiger Barkauf, weil der Kunde zusätzlich z. B. noch Zinsen dafür zahlen muss, dass er den Ratenkauf in Anspruch nimmt.

7. **Eigentumsübergang bei vollständiger Zahlung (Eigentumsvorbehalt)**
   Das Eigentum an der Ware geht mit vollständiger Zahlung des Kaufpreises auf den Kunden über. Bis zu diesem Zeitpunkt ist er nur Besitzer der Ware. Dies ist darin begründet, dass die Partnerbank in der Regel darauf besteht, dass im Kreditvertrag ein Eigentumsvorbehalt vereinbart wird. Dies bedeutet, dass die Ware bis zur vollständigen Zahlung im Eigentum des Verkäufers bleibt.

5311354

Gesetzliche Anforderungen

Beim Finanzierungskauf wird zwischen dem Käufer und dem Einzelhändler (bzw. der Partnerbank) ein Verbraucherdarlehensvertrag abgeschlossen. Dieser Vertrag ist in § 491 BGB geregelt. Gemäß § 492 BGB in Verbindung mit Art. 247 Einführungsgesetz zum BGB (EGBGB) werden zahlreiche Voraussetzungen an den Finanzierungsvertrag gestellt.

Für den Vertrag ist die Schriftform vorgesehen. Unter anderem müssen folgende Inhalte in den Vertrag aufgenommen werden:

- Namen und die Anschrift des Darlehensgebers (Einzelhändler oder Partnerbank des Einzelhändlers)
- Namen und die Anschrift des Darlehensnehmers (Kunde)
- Art des Darlehens
- der effektive Jahreszins
- der Nettodarlehensbetrag
- der Sollzinssatz
- die Vertragslaufzeit
- Betrag, Zahl und Fälligkeit der einzelnen Teilzahlungen
- der Gesamtbetrag
- die Auszahlungsbedingungen
- alle sonstigen Kosten, insbesondere in Zusammenhang mit der Auszahlung
- Verzugszinssatz und gegebenenfalls anfallende andere Verzugskosten
- Warnhinweis zu den Folgen ausbleibender Zahlungen
- Bestehen oder Nichtbestehen eines Widerrufsrechts
- Recht des Darlehensnehmers, das Darlehen vorzeitig zurückzuzahlen
- Hinweis auf den Anspruch des Darlehensnehmers auf einen Tilgungsplan nach § 492 Abs. 3 Satz 2 BGB
- einzuhaltende Verfahren bei der Kündigung des Vertrags
- die für den Darlehensgeber zuständige Aufsichtsbehörde
- sämtliche weitere Vertragsbedingungen

Der Käufer hat bei einem Verbraucherdarlehensvertrag ein Widerrufsrecht. Die Widerrufsfrist beträgt 14 Tage und beginnt mit dem Vertragsabschluss, soweit nichts anderes bestimmt ist. Der Käufer muss über das Widerspruchsrecht belehrt werden. Die Belehrung muss schriftlich erfolgen. Sie muss vom Käufer unterschrieben werden.

Bonitätsprüfung

Vor der Zusage für einen Finanzierungskauf wird in der Regel überprüft, ob der Kunde kreditwürdig ist. Hierbei wird zum Beispiel eine Anfrage bei der Schufa Holding AG gestellt. Außerdem wird häufig überprüft, ob sich der Kreditnehmer in einem sicheren und festen Arbeitsverhältnis befindet. Es werden von dem Kunden eventuell aktuelle Gehaltsnachweise gefordert. Wenn das Kreditinstitut Bedenken hat, fordert es gegebenenfalls Sicherheiten für die Gewährung eines Ratenkredits. Zum Beispiel könnte eine Bürgschaft gefordert werden. Am Ende entscheidet das Kreditinstitut, mit dem der Einzelhandel zusammenarbeitet, ob ein Finanzierungskauf genehmigt wird oder nicht.

Vor- und Nachteile für den Käufer

Für den Käufer hat der Finanzierungskauf insbesondere den Vorteil, dass er den Kaufpreis nicht sofort in einer Summe zahlen muss. Er muss vielmehr vereinbarungsgemäß über einen längeren Zeitraum zeitlich regelmäßige und in der Regel gleichmäßig hohe Raten an den Verkäufer bezahlen, bis der Kaufpreis vollständig getilgt ist. Der Käufer kann dadurch größere Anschaffungen tätigen, ohne dass er im Anschaffungszeitpunkt den gesamten Kaufpreis zahlen muss und dadurch vielleicht seine Geldreserven aufbraucht oder sogar seinen Dispositionskredit bei seiner Bank in Anspruch nehmen muss. Der Kunde kann sogar kaufen, ohne dass er über die dafür nötigen liquiden (flüssigen) Mittel verfügt. Manchmal ist es sinnvoll, eine Anschaffung aufgrund eines günstigen Angebots zu tätigen, obwohl sie gar nicht sofort nötig ist bzw. obwohl das nötige Geld dafür aktuell nicht vorhanden ist (z. B. im Sommerschlussverkauf). Dieses Angebot kann durch den Ratenkauf in Anspruch genommen werden.

Ein wesentlicher Nachteil für den Käufer entsteht dadurch, dass der Verkäufer in der Regel einen Teilzahlungszuschlag für die Ratenzahlung verlangt. Der Kaufpreis erhöht sich also durch den Zahlungsaufschub. Der Teilzahlungszuschlag kann auch in Form eines Zinses erfolgen. Ferner wird in der Regel ein Eigentumsvorbehalt bis zur vollständigen Zahlung des Kaufpreises vereinbart. Somit wird der Käufer erst bei Zahlung der letzten Rate Eigentümer der Ware. Ein weiterer Nachteil besteht darin, dass sich Ratenzahlungsvereinbarungen über einen längeren Zeitraum erstrecken und somit in dieser Zeit weniger Geldmittel für andere

Anschaffungen zur Verfügung stehen. Außerdem kann sich durch parallel laufende Ratenzahlungen eine zu hohe monatliche Belastung ergeben, die das Ersparte aufbraucht.

Vor- und Nachteile für den Verkäufer

Für den Einzelhändler besteht der wesentliche Vorteil darin, dass er seinen Umsatz vorzeitig erzielen kann. Er verkauft seine Ware, obwohl der Käufer noch gar nicht das notwendige Geld gespart hat. Bei Finanzierung über eine Partnerbank erhält der Einzelhändler den Kaufpreis sofort von der Bank. Im Falle einer eigenen Abwicklung des Finanzierungskaufs erhält der Einzelhändler das Geld erst durch die monatlichen Ratenzahlungen. Er hat allerdings auch in diesem Fall schon den Anspruch auf den Kaufpreis. Dieser Anspruch wird in seiner Buchführung bereits als Ertrag ausgewiesen. Der Gewinn des Unternehmens steigt also, obwohl das Geld noch nicht vereinnahmt wurde. Bei der eigenen Kreditwürdigkeit kann dies wiederum vorteilhaft sein.

Ein Finanzierungskauf hat für den Einzelhändler auch Nachteile. Der Einzelhändler erhöht seinen Gewinn sofort und muss daher auch sofort mehr Steuern zahlen. Tatsächlich erhält er das Geld (bei eigenständiger Abwicklung des Finanzierungskaufs) allerdings erst im Laufe der Zeit über die Raten des Kunden. Außerdem trägt der Einzelhändler das Risiko, dass der Kunde seinen Zahlungsverpflichtungen nicht mehr nachkommen kann. In einem solchen Fall kann zwar der Gegenstand aufgrund des Eigentumsvorbehaltes zurückgefordert werden, jedoch ist dies oft sehr aufwendig.

Finanzierungskauf

Bezeichnungen/Formen:
- Teilzahlung
- Finanzierungskauf
- Ratenkauf

Einzelhändler/Verkäufer:

Vorteile:
- Gewinn steigt
- Umsatz wird (vorzeitig) getätigt

Nachteile:
- Eventuell geht Geld erst später ein
- Eventuell Ausfallrisiko

Kunde/Käufer:

Vorteile:
- Kauf sofort möglich
- Kaufpreis muss nicht sofort aufgebracht werden
- Angebote können genutzt werden

Nachteile:
- Ware wird teurer (Zuschläge, Zinsen)
- Risiko der Verschuldung
- Eigentumsvorbehalt

Anzahlung

Häufig wird bei Finanzierungskäufen eine Abschlagszahlung vereinbart. Diese Anzahlung ist sofort fällig und bietet dem Einzelhändler (der Partnerbank) eine Sicherheit. Der Restkaufpreis wird dann in Form der Ratenzahlung getilgt.

Kreditkosten und Monatsrate

Da es sich beim Finanzierungskauf um einen Kredit handelt, ist es wichtig, dass die Kreditkosten berechnet werden. An erster Stelle stehen bei den Kreditkosten natürlich die Zinsen. Ein Kreditinstitut, das einen Verbraucherkredit gewährt, verlangt von dem Kreditnehmer normalerweise einen Zins. Einige Einzelhandelsunternehmen bieten aus Werbegründen unter bestimmten Umständen auch Finanzierungskäufe an, die 0 % Zinsen vorsehen. Weitere Kreditkosten können zum Beispiel Restschuldversicherungen sein. Bearbeitungskosten dürfen seit 2014 nicht mehr in Rechnung gestellt werden.

BEISPIEL

Die Tom Hoss KG verkauft Herrn Jacobi einen modernen Anzug zum Preis von 1.200,00 € im Rahmen eines Finanzierungskaufs.

Herr Jacobi erhält das Angebot, dass die Kreditsumme von 1.200,00 € bei Teilzahlung mit 2 % verzinst wird. Die Laufzeit beträgt 24 Monate. Hinzu kommt, dass eine Restschuldversicherung abgeschlossen wird. Die Kosten betragen 1 % des Kreditbetrags und werden ebenfalls von Herrn Jacobi gezahlt.

Kosten des Kredits:	
Zinsen:	1.200,00 € · 2 % · 2 Jahre = 48,00 €
Restschuldversicherung:	1.200,00 € · 1 % = 12,00 €
Kosten des Kredits:	60,00 €

Herr Jacobi bezahlt also insgesamt für den Finanzierungskauf:	
Kaufpreis:	1.200,00 €
Kreditkosten:	60,00 €
Gesamtkosten (=Teilzahlungspreis):	1.260,00 €
Aufgeteilt ergibt sich eine monatliche Rate von	52,50 €

Effektivzins

Aus den vorhandenen Daten kann der effektive Zinssatz berechnet werden. Der Effektivzinssatz sagt aus, wie hoch die tatsächlichen prozentualen Kosten für den Finanzierungskauf sind. Er entspricht in der Regel nicht dem vereinbarten Sollzinssatz, da zusätzliche Kosten beim Finanzierungskauf anfallen.

Aus dem Beispiel ergibt sich, dass Herr Jacobi anstelle des Kaufpreises von 1.200,00 € aufgrund der Finanzierung auf 2 Jahre 1.260,00 € bezahlt.

Um den effektiven Jahreszins zu bestimmen, wendet man vereinfacht folgende Formel an:

FORMEL

$$\text{Effektiver Jahreszins} = \frac{\text{Kreditkosten} \cdot 100}{(\text{Darlehensbetrag (netto)})}$$

Im vorliegenden Fall bedeutet das:
Effektiver Jahreszins = 60,00 € · 100/1.200,00 € = 5 % für zwei Jahre, also 5 % : 2 Jahre = 2,5 % pro Jahr. Eine exakte Methode zur Berechnung des effektiven Jahreszinses ergibt sich aus der Anlage zu § 6 Preisangabenverordnung (PAngV).

AUFGABEN

1. Geben Sie kurz die wesentlichen Mindestinhalte des Darlehensvertrags wieder.
2. Geben Sie an, welche Verträge beim Finanzierungskauf in der Regel abgeschlossen werden.
3. Erläutern Sie den Ablauf eines Finanzierungskaufs mit Einbeziehung einer Partnerbank.
4. Erläutern Sie, welche Vor- und Nachteile der Finanzierungskauf für den Kunden hat.
5. Erläutern Sie, welche Vor- und Nachteile der Finanzierungskauf für den Einzelhändler hat.
6. Stefan Zeisig kauft am Dienstag, den 07.04.20.. bei einem Möbelhaus ein neues Schlafzimmer für 5.000,00 €. Das Schlafzimmer ist im Angebot und um 30 % reduziert. Daher möchte er es unbedingt kaufen. Stefan Zeisig möchte auf das Angebot des Finanzierungskaufs zurückkommen. Das Möbelhaus bietet ihm eine Ratenzahlung über 36 Monate zu 3,5 % Zinsen an. Für die Abwicklung des Finanzierungskaufs fallen weitere Nebenkosten in Höhe von 300,00 € an.
   a) Wie hat sich das Möbelhaus versichert, damit Stefan Zeisig ein Finanzierungskauf angeboten werden kann?
   b) Ermitteln Sie die Kreditkosten für den Finanzierungskauf.
   c) Berechnen Sie die Höhe der monatlichen Raten, die Stefan Zeisig leisten muss.

d) Berechnen Sie den effektiven Zinssatz für den Kauf des Schlafzimmers.

e) Erläutern Sie, warum Stefan Zeisig sich vielleicht trotzdem für einen Finanzierungskauf entscheidet.

f) Erläutern Sie die Möglichkeit für Stefan Zeisig, wenn er kurz nach dem Abschluss des Finanzierungskaufs von dem Kauf zurücktreten möchte.

7. a) Wie werden Finanzierungskäufe in Ihrem Ausbildungsbetrieb abgewickelt?

b) Welche Informationen werden von Kunden verlangt, damit ihnen ein Finanzierungskauf angeboten werden kann?

c) Welche Partnerbank gibt es in Ihrem Ausbildungsbetrieb für Finanzierungskäufe?

d) Wie sind die aktuellen Konditionen für Finanzierungskäufe?

ZUSAMMENFASSUNG

Ermittlung der monatlichen Rate

Darlehenssumme (Kaufpreis) + Zinsen + Nebenkosten des Kredits = Gesamtkosten (Teilzahlungspreis)

Gesamtkosten (Teilzahlungspreis) ÷ Laufzeit in Monaten = monatliche Teilzahlungsrate

Ermittlung des Effektivzinses (vereinfachte Berechnung)

1. Ermittlung der Kreditkosten
2. Anwendung der Formel: Kreditkosten · 100/Darlehensbetrag
3. Umrechnung des errechneten Zinses auf einen Jahreszins

5311358

Vor- und Nachteile beim Finanzierungskauf

	Einzelhändler	Kunde
Vorteile	• Umsatz vorgezogen • Gewinn steigt • Ggf. bessere Kreditwürdigkeit	• Kaufpreis nicht sofort fällig • Kauf möglich, obwohl Geld nicht vorhanden • Kein Kredit nötig • Mehr Anschaffungen möglich
Nachteile	• Ggf. Ausfallrisiko • Ggf. Geld erst im Laufe der Zeit • Höhere Steuerlast	• Teilzahlungszuschlag (Zins) • Eigentumsvorbehalt • Langfristige finanzielle Einschränkung

Man versteht erst dann etwas richtig, wenn man versucht, es einem anderen zu erklären. Dies führt zu einer eigenen gründlichen Auseinandersetzung mit dem gerade behandelten Thema.

1. Suchen Sie sich einen Partner.
2. Lesen Sie noch einmal die Zusammenfassung. Bei Verständnisproblemen schlagen Sie ggf. noch einmal im Informationstext nach.
3. Wandeln Sie die Zusammenfassung mit Ihrem Partner in eine gemeinsame Mindmap um.

ICH ÜBERPRÜFE MEINE NEU ERWORBENEN KOMPETENZEN

Den Erwerb der zu Beginn aufgeführten Kompetenzen können Sie selbst mithilfe der folgenden Tabelle überprüfen.

Wenn Sie alle Aufgaben, die hinter einer Kompetenz stehen, gelöst haben, machen Sie ein Kreuz bei „Ganz“. Bei den Kompetenzen, bei denen Sie Aufgaben „Teilweise“ oder „Gar nicht“ gelöst haben, sollten Sie den dazugehörigen Informationstext noch einmal lesen und die Aufgaben anschließend noch einmal bearbeiten.

Was ich nach der Bearbeitung dieses Kapitels kann	Aufgaben	Ganz	Teilweise	Gar nicht
Ich kann ...				
... den Ablauf bei einem Finanzierungskauf erläutern.	3, 7			
... den Finanzierungskauf als Möglichkeit der Teilzahlung erläutern.	1, 2, 6, 7			
... die Vor- und Nachteile des Finanzierungskaufs aus Sicht des Einzelhändlers erläutern.	5			
... die Vor- und Nachteile des Finanzierungskaufs aus Sicht des Kunden erläutern.	4			
... den Effektivzins mithilfe der vereinfachten Formel berechnen.	6			

10.6 Verhinderung von Ladendiebstählen

Problemstellung

Die beiden Auszubildenden Shirin und Stefanie treffen sich in der Mittagspause.

Shirin Gül: „Vorhin habe ich ein dickes Ding erlebt. Ich war heute im Damenmodebereich eingesetzt. Ich habe gerade die T-Shirts sortiert, und da seh ich zufällig, wie eine Kundin eine Bluse in ihrer Handtasche verschwinden lässt!"

Stefanie Beyer: „Oh, einen Ladendiebstahl habe ich bisher noch nicht erlebt. Und, was hast du gemacht?"

Shirin Gül: „Na, ich hab erst mal richtig Alarm gemacht: ‚Halt, Sie Diebin!', hab ich gerufen. Ich hab die Frau sofort festgehalten, vor allem hab ich dann die Bluse aus der Tasche gezogen."

Stefanie Beyer: „Und wie ist das Ganze weitergegangen?"

Shirin Gül: „Nicht nur alle Kunden in der Nähe, sondern auch die Kollegen wurden aufmerksam. Einer hat die Diebin dann in das Büro des Abteilungsleiters gebracht. Den mussten wir allerdings vorher erst noch suchen ..."

Beurteilen Sie diesen Fall.

EINORDNUNG DES THEMAS

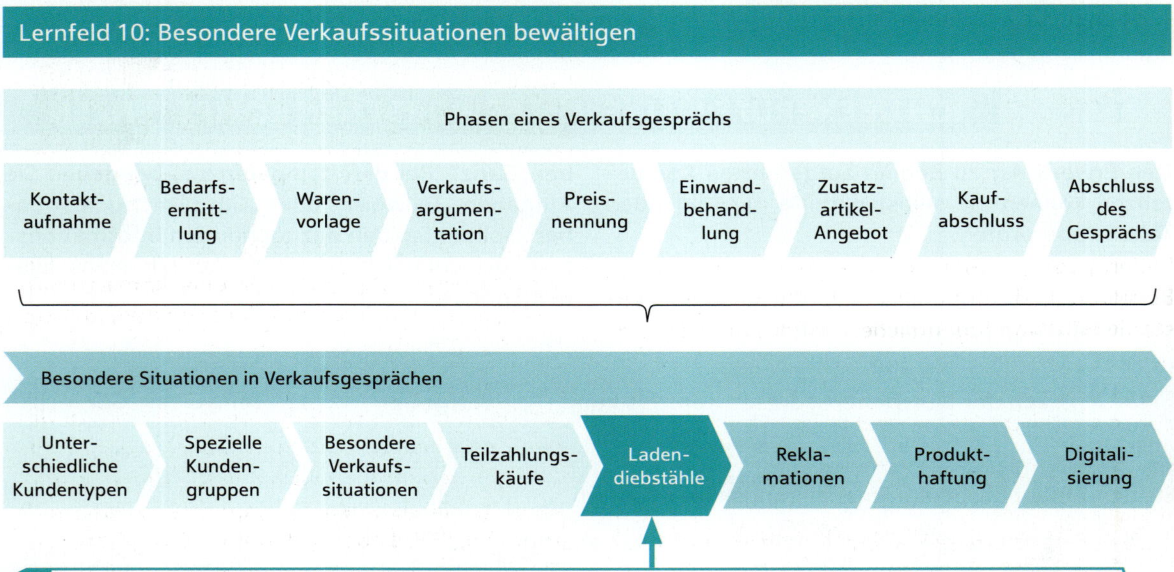

Kompetenzen

Nach Bearbeitung dieses Kapitels können Sie ...

- ... verschiedene Diebstahlmethoden aufführen.
- ... im Rahmen des Unternehmens verschiedene vorbeugende Maßnahmen gegen Ladendiebstähle anwenden.
- ... durch situationsgerechtes Verhalten im Verkauf Diebstähle verhindern.
- ... sich als Verkäufer nach einem Ladendiebstahl richtig verhalten.
- ... die unterschiedlichen Straftaten, die unter Ladendiebstahl zusammengefasst werden, unterscheiden.
- ... rechtliche Folgen für Ladendiebe nachvollziehen.

INFORMATIONSTEXT

Ladendiebstahl ist zu einem Massendelikt geworden. Er ist zum Leidwesen des deutschen Einzelhandels weit verbreitet. Die dadurch eintretenden Schäden in Milliardenhöhe müssen letztlich alle Kunden zahlen. Die Verluste und die Kosten, z. B. für Detektive oder Videoüberwachung, werden in die Verkaufspreise einkalkuliert.

> „Wenn ihm jemand eine Maschine im Wert von 400,00 € stiehlt, muss er 10.000,00 € Umsatz machen, bis er den Verlust wieder drin hat, so rechnet der Einzelhändler."
>
> Silke Bigalle: Alles zum Mitnehmen. In: Süddeutsche Zeitung 19.11.2013, S. 26

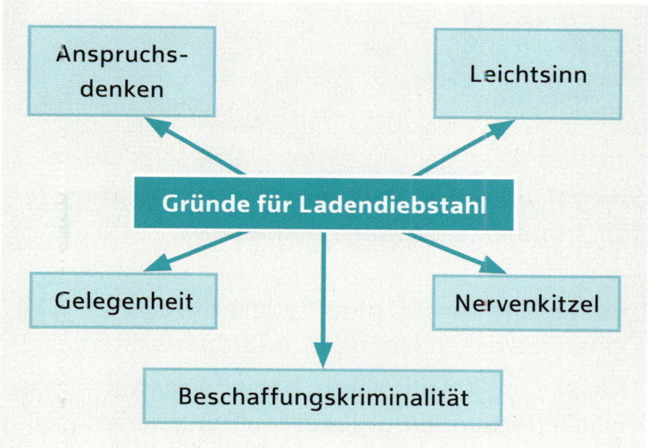

Ladendiebe kommen aus allen Altersgruppen und Bevölkerungskreisen. Etwa ein Drittel der Diebstähle wird von Jugendlichen und Kindern begangen. Es wird überwiegend nicht aus wirtschaftlicher Not gestohlen: Ladendiebstahl gehört damit zur sogenannten Wohlstandskriminalität.

Verhinderung von Diebstählen durch die Einzelhandelsunternehmen

- Durch abschreckende Warnungen wie „Ladendiebstahl lohnt sich nicht!" und gleichzeitiger Angabe der negativen Folgen für den überführten Ladendieb versuchen viele Einzelhandelsgeschäfte der Entwendung von Waren vorzubeugen.
- Ausreichende und gleichmäßige Beleuchtung der Verkaufsräume erschwert Ladendiebstähle.
- Eine geeignete Möblierung (z. B. abschließbare Vitrinen) unterstützen die Diebstahlsbekämpfung.

Hier sichert eine Vitrine die hochwertige Ware.

Stoppt den Ladendiebstahl –

Eine Initiative des HDE für eine konsequente Verfolgung und Ahndung der Diebstahlsdelikte im Einzelhandel

Die Zahl der Diebstähle in den Ladengeschäften befindet sich weiterhin auf einem hohen Niveau und belastet die Einzelhändler erheblich. Offiziell registriert wurden nach der Polizeilichen Kriminalstatistik im Jahr 2017 zwar „nur" rund 350.000 Ladendiebstähle. Die geschätzte Dunkelziffer beträgt aber mindestens 98 %. Insbesondere die Zahl der schweren Ladendiebstähle hat seit dem Jahr 2013 zugenommen und war nur im Vorjahresvergleich leicht rückläufig.

Durch Ladendiebstähle werden jährlich Schäden in Höhe von mehreren Milliarden Euro verursacht. Die wirtschaftlichen Schäden haben tendenziell preissteigernde Wirkung und belasten damit nicht nur die Unternehmer, sondern im Ergebnis auch die Verbraucher.

Um Eigentum und Mitarbeiter zu schützen, investieren die Einzelhandelsunternehmen in Deutschland rund 1,3 Milliarden Euro pro Jahr in Maßnahmen gegen Diebstahl, Betrug und Raub. Diese unverzichtbaren, aber sehr kostenintensiven Schutzmaßnahmen wirken sich leider ebenfalls erhöhend auf die Verbraucherpreise aus. [...]

Quelle: Dr. Peter J. Schröder: HDE Handelsverband Deutschland: Stoppt den Ladendiebstahl – Eine Initiative des HDE für eine konsequente Verfolgung und Ahndung der Diebstahlsdelikte im Einzelhandel, Berlin 2019. In: https://einzelhandel.de/stop-ladendiebstahl [27.06.2019]

- Auch Spiegel, Videokameras und andere Überwachungseinrichtungen helfen den Einzelhandelsbetrieben.

Viele Einzelhandelsunternehmen verfügen über ein ausgeklügeltes System technischer Überwachungs- und Aufzeichnungsanlagen. Mit aufwendiger Technik soll ein höheres Entdeckungsrisiko geschaffen und damit abgeschreckt werden.

Spiegel und Videokameras können in den Verkaufsräumen Diebstähle verhindern.

Polizeiliche Kriminalprävention der Länder und des Bundes:

Tipps: Wirksame Methoden gegen Langfinger

Ladendiebe fürchten im Grunde nur eines – nämlich auf frischer Tat ertappt zu werden

Den besten Schutz vor Ladendieben bietet **qualifiziertes Verkaufspersonal**. Mitarbeiter, die auch in Kaufhäusern und Selbstbedienungsläden erkennbar präsent und aufmerksam sind sowie im Umgang mit Ladendieben ausgebildet sind, haben sich als **wirksamste „Waffe" gegen Langfinger** erwiesen. Alle übrigen Maßnahmen des Einzelhandels, die die Verhütung von Ladendiebstahl bezwecken, haben in erster Linie abschreckenden Charakter.

So können Sie sich gegen Ladendiebe schützen

Bauliche Maßnahmen

Vermitteln Sie potenziellen Ladendieben durch bauliche Maßnahmen das Gefühl ständiger Beobachtung – etwa durch helle, gut ausgeleuchtete Verkaufsräume möglichst ohne unübersichtliche Ecken, Winkel oder Pfeiler.

Achten Sie darauf, dass Regale trotz ihrer Höhe einen gewissen Überblick erlauben sollten.

Kassen in Kaufhäusern beziehungsweise das Filialleiterbüro in Selbstbedienungsläden sollten leicht erhöht platziert, die Fenster zum Verkaufsraum verspiegelt sein.

Organisatorische Maßnahmen

Bei besonders diebstahlgefährdeten Artikeln sollte das Selbstbedienungssystem ganz oder teilweise aufgegeben und solche Artikel nur an der Kasse ausgelegt oder ausschließlich mit Bedienung angeboten werden. Stellen Sie in Selbstbedienungsbereichen, wo möglich, lediglich Hüllen (zum Beispiel für Musik-CDs) aus.

Kennzeichnen und verpacken Sie Ware aus Bedienungsabteilungen in geeigneter Weise, um das Beipacken weiterer Waren durch Kunden zu verhindern. Lassen Sie Kassenbons, Preisauszeichnungsgeräte oder „Bezahlt-Aufkleber" zum Schutz vor betrügerischen Manipulationen nicht herumliegen.

Wo noch selbstklebende Etiketten zur Preisauszeichnung benutzt werden, sollten diese

- eine eindeutige Betriebskennzeichnung (Firma und Anschrift oder Mitgliedsnummer im Hauptverband des Einzelhandels) tragen, damit ein Dieb keinen anderweitigen Erwerb behaupten und die Polizei sichergestelltes Diebesgut zuordnen kann,
- vorgestanzt sein, damit sie beim Ablöseversuch zerreißen oder zerfallen,
- fest auf wesentliche Teile eines Artikels – nicht jedoch auf austauschbare Verschlüsse, Deckel oder Anhänger – aufgeklebt werden,
- bei wertvollen Artikeln mehrfach an verborgenen Stellen angebracht sein.

In besonders diebstahlbetroffenen Geschäftslagen hat sich der Einsatz stationärer oder mobiler gewerblicher Sicherheitskräfte bewährt. Profitieren Sie darüber hinaus vom Solidaritätsprinzip und schließen Sie sich mit anderen Geschäftsleuten über ein internes Warnsystem zusammen. So besteht die Möglichkeit, sich untereinander per Telefon oder Telefax nach dem „Schneeballprinzip“ vor erkannten Ladendieben, Trickdieben und Scheckbetrügern zu warnen.

Technische Maßnahmen

Eines vorweg: Sicherungstechnik kann die Aufmerksamkeit des Personals immer nur ergänzen, niemals ersetzen, zumal selbst eine aufwendige technische „Aufrüstung“ professionelle Ladendiebe kaum abschreckt.

Spiegel in unübersichtlichen Ecken und Winkeln sollen diebische Kunden verunsichern – tatsächlich aber achtet kaum ein Mitarbeiter darauf, zumal konvexe Spiegel das Beobachtungsfeld vergrößern und dabei das Spiegelbild wesentlich verkleinern. Eingestaubte, verstellte oder mit Waren zugebaute Spiegel machen dem unredlichen Kunden die Funktionslosigkeit solcher Überwachung deutlich. Im Bereich der Selbstbedienungskassen sind Spiegel sinnvoll, da sie den Blick in und unter den Einkaufswagen gestatten.

Videoüberwachung hingegen ist nur mit erheblichem Personalaufwand sinnvoll zu betreiben und zudem teuer. Solche Systeme müssen offen und verdeckt angebrachte Kameras sowie eine Beobachtungs- und Bildaufzeichnungszentrale umfassen. Kameraattrappen sind bei professionellen Dieben bekannt und nur in Verbindung mit einem funktionierenden getarnten Videosystem sinnvoll.

Verschiedene elektronische Artikelsicherungen lösen beim Stehlen einer Ware einen Alarm aus (z. B. Kabelüberwachung, Sicherheitsetiketten oder -anhänger). Auch sie sind nur unter bestimmten Voraussetzungen wie beispielsweise hochwertigem Warenangebot, übersichtlicher Kundenfrequenz, kanalisiertem Kundenstrom und vor allem eingreifbereitem Personal sinnvoll einzusetzen.

Polizeiliche Kriminalprävention der Länder und des Bundes (ProPK): Themen & Tipps/Diebstahl & Einbruch/Ladendiebstahl/Tipps, Stuttgart 2019. In: www.polizei-beratung.de. https://www.polizei-beratung.de/themen-und-tipps/diebstahl-und-einbruch/ladendiebstahl/tipps/ [27.06.2019]. (verändert)

- Vor allem größere Einzelhandelsunternehmen beschäftigen Detektive, die ständig das Geschehen beobachten.
- Um die Aufmerksamkeit zu steigern, vereinbaren viele Handelsunternehmen mit ihren Detektiven und dem Verkaufspersonal sogenannte Fang- oder Ergreifungsprämien. Der Ladendieb oder sein gesetzlicher Vertreter kann zur Zahlung dieser Prämie zusätzlich verklagt werden.
- Verkaufsorganisatorische Maßnahmen sollten die Vermeidung von Ladendiebstählen unterstützen:
  - Überwachung der Ein- und Ausgänge
  - Hinterlegung von Einkaufstaschen
  - Zwang zur Verwendung von Einkaufswagen oder -körben.

Maßnahmen gegen Ladendiebstähle

Abschreckung
- Hinweisschilder
- Plakate

Überwachung
- Verkaufspersonal
- Detektive
- Warensicherungssysteme
- sonstige Überwachungssysteme (Videokameras/Spiegel usw.)

Verschluss
- Ankettung von Waren
- Aufbewahrung in Vitrinen

Verhinderung von Diebstählen durch das Verkaufspersonal

Zur erfolgreichen Bekämpfung von Ladendiebstählen müssen Verkäufer die wichtigsten Diebstahlmethoden kennen.

Ladendiebe sind sehr erfinderisch. Manche Methoden sind abhängig von der Ware oder der Branche. Hier eine Auswahl beliebter Tricks:

- Die Diebe lassen sich in den Geschäftsräumen einschließen, um dann in der Nacht im Geschäft ungestört Waren zu entwenden.
- Betrügerische Kunden tauschen Etiketten aus oder verändern sie.
- Die Ladendiebe verbergen Waren in mitgebrachten Tragetaschen anderer Geschäfte, in denen sich bereits fremde Artikel befinden.
- Vorsicht auch beim Kassieren: Der Ladendieb bezahlt mit einem größeren Geldschein und verlangt eine sehr schnelle Abwicklung des Kassiervorganges. Dabei wird versucht, den Kassierer zu verwirren und in betrügerischer Absicht zusätzliches Rückgeld verlangt. Ein ähnliches Vorgehen: Beim mehrfachen Wechseln größerer Geldscheine soll der Verkäufer so verwirrt werden, dass zu viel Geld herausgegeben wird.
- Vom Verkaufspersonal muss auf die Vielzahl von Möglichkeiten geachtet werden, die Ladendiebe nutzen, um gestohlene Ware zu verstecken, z. B.:
  - in Schirmen
  - in und unter Kopfbedeckungen
  - in Zeitungen
  - in Kinderwagen
  - unter (meist weiten) Mänteln

„Bevor Sie das Geschäft verlassen, müssen wir Sie bitten, Ihre Tasche zu öffnen."

Am besten kann man Ladendiebstähle vermeiden, wenn man verdächtige Kunden beobachtet. Ladendiebe werden nur aktiv, wenn sie die Chance und das Gefühl haben, möglichst lange unbeachtet zu sein. Man darf auf einen Verdacht hin niemanden beschuldigen. In jedem Fall sollte man aber Diebe rechtzeitig und früh genug ansprechen.

BEISPIEL

- „Darf ich Ihnen diesen MP3-Player einmal vorführen?"
- „Finden Sie sich zurecht?"

Dadurch signalisiert man, dass das Verkaufspersonal den Warenbestand überwacht und somit ein großes Risiko besteht, überführt zu werden.

Wer Ladendiebstähle erfolgreich verhindern will, muss zunächst einmal wissen, wie Ladendiebe auftreten und mit welchen Tricks sie arbeiten. Man muss wissen, wie sich ihr Verhalten von dem eines ehrlichen Kunden unterscheidet. Wer etwas stehlen will, interessiert sich vor allem für seine Umwelt, während der ehrliche Kunde seine Aufmerksamkeit auf die Ware richtet. Deshalb sind Kunden verdächtig,

- die sich im Laden häufig nervös nach allen Seiten umblicken und sich immer so stellen, dass sie möglichst nicht zu sehen sind,
- die öfter den Standort wechseln,
- die mehrfach zum selben Regal zurückkehren

5311364

- oder die in auffälliger Haltung durch den Laden gehen, weil sie unter der Kleidung etwas verstecken.

Natürlich muss nicht jeder Kunde, der unruhig im Laden hin und her geht, auch tatsächlich ein Ladendieb sein. Vielleicht ist er nur unentschlossen oder sucht Bedienung. Jedes auffällige Kundenverhalten sollte deshalb grundsätzlich dazu führen, dass ein Mitarbeiter des Geschäfts den Betreffenden sofort anspricht und sich zumindest nach seinem Wunsch erkundigt. Dadurch zeigt er dem Kunden, dass er bemerkt wurde. Die Begrüßung jedes Kunden sollte ohnehin selbstverständlich sein. Viele Diebe werden auf ihr unredliches Vorhaben verzichten, wenn sie damit rechnen müssen, von den Mitarbeitern des Geschäfts beobachtet zu werden.

Der gesamte Verkaufsraum muss also immer im Auge behalten werden. Auch bei Beschäftigung mit anderen Arbeiten sollten die Kunden im Blickfeld des Verkaufspersonals bleiben. Eine weitere Maßnahme zur Diebstahlsvermeidung ist die Beschränkung der Warenvorlage auf eine überschaubare Warenmenge.

Einkaufen im Amazon-Go-Supermarkt in Seattle – Wer klauen will, muss Hacker sein

[...] Zuerst fällt auf, was fehlt. Es gibt keine Kassiererinnen und Kassierer in diesem Supermarkt. Es gibt noch nicht einmal Kassen und erst recht keine Warteschlangen vor den Kassen. Niemand will Geld sehen oder eine Kreditkarte. Einkaufswagen und Körbe sind ebenfalls nirgends in Sicht. Bei Amazon Go, dem neuen Supermarkt des Internethändlers in Seattle an der Westküste der USA, braucht man all dies nicht. Der Kunde erledigt alles selbst, überwacht auf Schritt und Tritt von Kameras und künstlicher Intelligenz.

Der Kunde tritt in den kleinen Supermarkt an halbhohen Lichtschranken vorbei, die sich mit dem Smartphone verbinden und erkennen, wer der Kunde ist. Er nimmt sich aus dem Regal, was er kaufen möchte und steckt es gleich in die Tüte, mit der er später den Laden verlassen wird. Hunderte Kameras, die unter der Decke installiert sind, erkennen jedes Produkt und legen es in den virtuellen Warenkorb in der App. Wenn der Kunde etwas zurück ins Regal stellt, nimmt die künstliche Intelligenz es aus dem virtuellen Warenkorb heraus. [...]

Am Ende kann der Kunde einfach gehen und bezahlt automatisch über die Amazon-Go-App, ohne je mit einem Menschen zu sprechen. Ladendiebstahl funktioniert nicht mehr – oder zumindest nicht wie früher. Wer klauen will, muss Hacker sein. [...]

Werner, Kathrin: Wie Amazon die Warteschlange abschafft. 22.1.2018, In: Süddeutsche Zeitung. https://www.sueddeutsche.de/wirtschaft/amazon-supermarkt-warteschlange-1.3835682. [27.06.2019]

Verhalten nach einem Ladendiebstahl

Wenn ein Diebstahl bemerkt wird, sind folgende Maßnahmen angebracht:

- Dieb auf kurzer Distanz folgen und weiter beobachten: Manchmal besinnt er sich und legt die Ware zurück oder bezahlt sie.
- Unauffällig Kollegen oder die Ladenaufsicht alarmieren.
- Kassenzone passieren lassen.
- Diesen Kunden an der Kasse, falls möglich, nochmals Gelegenheit geben, die „gestohlene" Ware zu bezahlen, da es vorkommen kann, dass der Kunde die Ware nicht absichtlich, sondern versehentlich eingesteckt hat (z. B.: „Sind Sie sicher, dass das auch alles war?").
- Sicherstellen, dass der Dieb das Geschäft nicht verlassen kann.
- Dieb ansprechen und zu einem Gespräch ins Büro bitten. Sicherheitshalber sollte man den Ladendieb vorausgehen lassen, damit er die Ware nicht unbemerkt irgendwo hinlegen kann.
- Bei allem diskret vorgehen und ruhig bleiben, also keine Beschimpfungen oder Tätlichkeiten.
- Immer Zeugen zu dem Gespräch hinzuziehen.
- Für den Fall, dass dem Dieb unverhofft die Flucht gelingt, zuerst Ware sicherstellen.
- Taschenkontrolle nur mit Zustimmung des Diebes oder durch die Polizei.
- Wenn der Diebstahl zugegeben wird, Protokoll anfertigen (Tatbestand, Zeugenaussage, Personalien usw.).
- Einschaltung der Polizei, vor allem wenn
  - der Dieb sich nicht ausweisen kann oder will,

- der Dieb sich widerspenstig verhält oder lügt,
  - es sich um einen Rückfalldieb handelt,
  - eine Hausdurchsuchung angebracht erscheint,
  - der Wert des gestohlenen Gutes verhältnismäßig hoch ist.

Wichtige Inhalte eines Diebstahlsprotokolls

Sachverhalt
- Wo und wie wurde welche Ware entnommen?
- Wo wurde sie verborgen?
- Wie weit waren die Zeugen vom Geschehen entfernt?
- Konnte die verdächtige Person durchgehend ohne Sichtbehinderung beobachtet werden?
- Wo wurde sie angesprochen?
- Wie verhielt sich die verdächtige Person danach?
- Klare Sachverhaltsschilderung verhindert Nachvernehmung durch die Polizei

Zeuge:
- Angaben von Personalien, Wohnanschrift und telefonische Erreichbarkeit am Tage

Täter:
- Personalien, eigene Angabe oder alt. Dokument mit Lichtbild
- Hausverbot?
- Schuldannahme? – keinen Druck ausüben –

Sonstiges:
- Ausdrücklich Strafantrag stellen. Ist das Personal antragsberechtigt?
- Mitteilung über den Ausgang des Verfahrens erbitten
- Lesbarkeit für Dritte schreiben
- Diebstahlsprotokoll unterzeichnen und mit Datum versehen

in Anlehnung an: https://www.suhl.ihk.de/fileadmin/Redakteure/01_UNTERNEHMEN/Unternehmensfoerderung/Handel/Ladendiebstahl/2_Protokoll_Ladendiebstahl_Ausfuellhinweise_Anzeige.pdf

Sämtliche Angaben eines Diebstahlsprotokolls durch die verdächtigte Person sind freiwillig. Diese kann daher nicht verpflichtet werden, Angaben zu ihrer Person oder eine Sachverhaltsdarstellung zu machen. Tut sie dies nicht, sollte die Polizei hinzugezogen werden.

Folgen für die Ladendiebe

Nach der Rechtsprechung des Bundesgerichtshofes muss eine vor dem Diebstahl den Mitarbeitern versprochene Fangprämie vom Warendieb in angemessenem Umfang erstattet werden. Als angemessen gilt derzeit ein Betrag von etwa 25,00 €.

- Alle Einzelhändler zeigen in der Regel jeden überführten Ladendieb schriftlich bei der Polizei an. Diese Verfahrensweise wird konsequent und ohne Abstriche durchgesetzt.

Ein Einzelhandelsunternehmen zeigt einen Ladendieb bei der Polizei an.

- Bei erwachsenen Tatverdächtigen erfolgt eine schriftliche Anhörung durch die Polizei. Anschließend wird das Verfahren an die zuständige Staatsanwaltschaft weitergegeben, die eine abschließende Entscheidung trifft.

Ist das 21. Lebensjahr erreicht, so wird man nach dem Erwachsenen-Strafrecht (§ 242 Strafgesetzbuch) bestraft. Ein Ersttäter bekommt in den meisten Fällen eine Geldstrafe. Die Höhe der Strafe richtet sich nach dem Einkommen. In der Regel wird das Nettoeinkommen durch 30 Tage geteilt. Das ergibt einen Tagessatz. Je nach Schwere der Tat legt der Richter die Anzahl der Tagessätze fest. Wiederholungstäter müssen zudem mit einem Eintrag ins Führungszeugnis rechnen.

- Minderjährige (bis zur Vollendung des 18. Lebensjahres) werden über die Erziehungsberechtigten von der Polizei schriftlich vorgeladen. Hier hat der Tatverdächtige dann Gelegenheit, sich persönlich zu seinem Vergehen zu äußern. Auch dabei wird das Verfahren schließlich an die Staatsanwaltschaft abgegeben.

- Zahlreiche Einzelhandelsunternehmen erteilen überführten Ladendieben Hausverbote bis zu einem Jahr. Das bedeutet für den Betroffenen, dass er sich des Hausfriedensbruches strafbar macht, wenn er das Geschäft in diesem Zeitraum dennoch betritt.

ZUR RECHTSLAGE

Vereinfachend fasst man im täglichen Sprachgebrauch mit dem Wort „Ladendiebstahl" Straftaten zusammen, die im Strafgesetzbuch (StGB) als Diebstahl, Diebstahl geringwertiger Sachen (Mundraub), Unterschlagung und Betrug gesondert behandelt werden.

§ 242 StGB Diebstahl

Wer eine fremde bewegliche Sache einem anderen in der Absicht wegnimmt, dieselbe sich rechtswidrig zuzueignen, wird mit Freiheitsstrafe bis zu fünf Jahren oder mit Geldstrafe bestraft.

Dieser Tatbestand wird schon erreicht, wenn Ware in eine betriebsfremde Tasche gepackt wird oder die Ware nicht sichtbar z. B. in der Hosentasche transportiert wird.
Ein vorsätzlicher Diebstahl tritt in Kraft, wenn der stehlende Kunde die letzte Bezahlmöglichkeit nicht genutzt hat.

§ 263 StGB Betrug

Wer in der Absicht, sich [...] einen rechtswidrigen Vermögensvorteil zu verschaffen, das Vermögen anderer dadurch beschädigt, dass er durch Vorspiegelung falscher Tatsachen [...] einen Irrtum erregt oder unterhält, wird mit Freiheitsstrafe bis zu fünf Jahren oder mit Geldstrafe bestraft.

§ 248 a StGB Diebstahl und Unterschlagung geringwertiger Sachen

Der Diebstahl und die Unterschlagung geringwertiger Sachen werden [...] nur auf Antrag verfolgt, es sei denn, dass die Strafverfolgungsbehörde wegen des besonderen öffentlichen Interesses [...] ein Einschreiten von Amts wegen für geboten hält. (Anmerkung: Geringwertig ist eine Sache nach gegenwärtiger Rechtsauffassung, wenn sie einen Wert von ca. 25,00 € nicht überschreitet.)

§ 267 Urkundenfälschung

(1) Wer zur Täuschung im Rechtsverkehr eine unechte Urkunde herstellt, eine echte Urkunde verfälscht oder eine unechte oder verfälschte Urkunde gebraucht, wird mit Freiheitsstrafe bis zu fünf Jahren oder mit Geldstrafe bestraft.
(2) Der Versuch ist strafbar.

Ein Preisschild gilt als Urkunde. Wer ein Preisschild entfernt, vernichtet oder fälscht, macht sich einer Urkundenfälschung strafbar.

§ 246 StGB Unterschlagung

Wer eine fremde bewegliche Sache, die er in Besitz oder Gewahrsam hat, sich rechtswidrig zueignet, wird mit Freiheitsstrafe bis zu drei Jahren oder mit Geldstrafe und, wenn die Sache ihm anvertraut ist, mit Freiheitsstrafe bis zu fünf Jahren oder mit Geldstrafe bestraft. Der Versuch ist strafbar.

Zu beachten ist, dass Übereifer beim Festnehmen von Ladendieben für den Besitzer und einen Verkäufer unangenehme Folgen haben kann, denn das rechtswidrige Festhalten einer Person kann als Freiheitsberaubung bestraft werden:

§ 239 StGB Freiheitsberaubung

Wer widerrechtlich einen Menschen einsperrt oder auf andere Weise des Gebrauchs der persönlichen Freiheit beraubt, wird mit Freiheitsstrafe bis zu fünf Jahren oder mit Geldstrafe bestraft.

Um nicht in den Verdacht der Freiheitsberaubung zu kommen, muss man also vor dem Festhalten von Ladendieben auf die Beweisbarkeit dieser Anschuldigung achten. Am besten lässt sich die Diebstahlsabsicht beweisen, wenn man in Selbstbedienungsläden mit der Festnahme wartet, bis der Dieb die Kasse passiert hat.

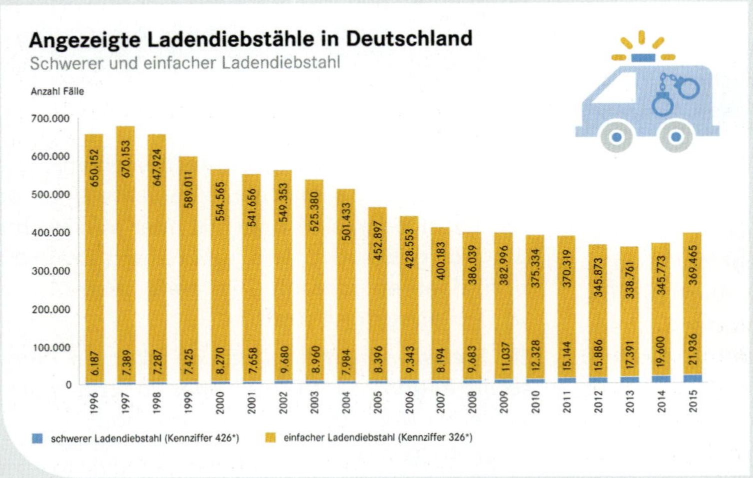

Quelle: EHI-Studie Inventurdifferenzen 2016, Daten: Polizeiliche Kriminalstatistiken EHI handelsdaten.de EHI Retail Institute

Diebstahlrenner

Den Lebensmittelhändlern werden vor allem Parfüms und Kosmetika, Rasierklingen, Tabakwaren, Spirituosen, Wein und Sekt, Zeitschriften, aber auch Kaffee und Babynahrung geklaut. Im Bekleidungshandel sind aktuell neben den üblichen Accessoires (Gürtel, Tücher etc.) vor allem hochwertige Damenmarken sowie Funktionsbekleidung bei Dieben beliebt. Im Elektronik-Bereich zeigt sich hoher Schwund bei Tonträgern, Smartphones samt Zubehör, Speicherkarten, Druckerpatronen und Elektrokleingeräten. Baumärkte nennen u.a. Akku-Schrauber, Werkzeuge und LED-Leuchtmittel als Diebstahlrenner.

2015 sind die angezeigten Ladendiebstähle laut polizeilicher Kriminalstatistik wieder deutlich um 7,1 Prozent angestiegen auf insgesamt 391.401 Fälle (Vorjahr 365.373). Vor allem schwere Ladendiebstähle haben in den letzten acht Jahren drastisch zugenommen. Berücksichtigt man die hohe Dunkelziffer mit gut 98 Prozent, bleiben nach Expertenschätzung zudem jährlich mehr als 26 Millionen Ladendiebstähle je im Wert von rund 86 Euro unentdeckt.

Eine Zeitung fragte Ladendiebe:

Geklaut? Erwischt? Bestraft?

„Ich habe Kosmetik geklaut, weil sie so teuer ist. Beim ersten Mal hat's geklappt, da habe ich's wieder probiert. Dann ging's natürlich schief. Die Folgen: Hausverbot, 50,00 € Strafe ans Geschäft, Polizei. Das Verfahren wurde dann wegen Geringfügigkeit eingestellt."
Dana, 22

„Als ich so um die zwanzig war, habe ich geklaut wie ein Rabe. Bücher, Comics, Platten – alles musste ich haben. Im Ausland bin ich erwischt worden und musste eine Nacht im Knast verbringen. Das hat mich kuriert."
Bernd, 35

„Ich habe mit 18 bei Karstadt geklaut – massenweise CDs. Wir waren eine Clique, die monatelang regelrechte Raubzüge durch Kassel gemacht hat. Ich bin erwischt worden. Zum Glück lag ich unter der 50-Euro-Grenze, deshalb gab's 20 Stunden gemeinnützige Arbeit. Man lernt tatsächlich etwas dadurch."
Andy, 24

„Wir haben völlig nutzloses Zeug geklaut: Postkarten, Konserven, Senf. Es ging nur um den Kick: Schaffen wir's unbemerkt?! Heute schäme ich mich dafür."
Henry, 38

Quelle: Wildwechsel. Wildwechsel, Redaktion. Verlag. Agentur, Warburg, 05/2004.

AUFGABEN

1. Welche Straftaten fallen im täglichen Sprachgebrauch unter den Begriff „Ladendiebstahl"?
2. Erläutern Sie Maßnahmen, mit denen Einzelhandelsunternehmen Ladendiebstähle verhindern können.
3. Wie funktionieren magnetakustische Diebstahlwarner?
4. Durch welches Verhalten machen sich Kunden verdächtig?
5. Beschreiben Sie kurz drei Methoden von Ladendieben.
6. Wie kann das Verkaufspersonal Ladendiebstähle verhindern?
7. Welche Maßnahmen müssen nach einem beobachteten Ladendiebstahl ergriffen werden?

8. Mit welchen Folgen muss ein überführter Dieb rechnen?

9. Beurteilen Sie die folgenden Fälle:
   a) Sascha Tippe glaubt, eine Ladendiebin ertappt zu haben. Im Büro fordert er sie mit barschen Worten auf, ihre Einkaufstasche zu öffnen.
   b) Im Textilkaufhaus D & U werden alle Umkleidekabinen von Videokameras überwacht.

10. In der Buchabteilung sieht die Verkäuferin Astrid Bellgrau, wie eine Kundin interessiert in einem Buch blättert, sich kurz und verstohlen umschaut und das Buch in eine größere Einkaufstasche fallen lässt. Astrid Bellgrau zeigt auf die Kundin und schreit: „Hey, Sie da! ... Ja, genau, Sie da. Sie sind erwischt! Auf frischer Tat! Sie haben eben ein Buch gestohlen. Nicht mit mir. Los, ins Büro."
    Wie beurteilen Sie das Verhalten der Verkäuferin?

11. Wie schützt man sich in Ihrem Unternehmen gegen Ladendiebe?

12. a) Sind in Ihrem Unternehmen schon Ladendiebe gefasst worden?
    b) Welche Methoden haben die Ladendiebe angewandt?

13. Auf der Abteilungsleiterkonferenz wurde einstimmig beschlossen, dass etwas gegen die Inventurdifferenzen unternommen werden soll. Die Abteilungsleiterin Verkauf, Frau Komp, schlägt vor, Warensicherungssysteme zu installieren.
    Der Abteilungsleiter Personal, Martin Schlee, ist der Ansicht, dass eine Mitarbeiterschulung durchgeführt werden sollte.

    Arbeitsauftrag 1:
    a) Informieren Sie sich mithilfe des Internets über verschiedene Warensicherungssysteme.
    b) Erkunden Sie auf einem Stadtgang, welche Sicherungssysteme in vergleichbaren Einzelhandelsbetrieben vorkommen.
    c) Präsentieren Sie die Ergebnisse Ihren Mitschüler/-innen in geeigneter Form.

    Arbeitsauftrag 2:
    Erarbeiten Sie in der Gruppe Vorschläge für die geplante Personalschulung.
    Beschränken Sie sich dabei auf die folgenden Punkte:
    a) Welchen Beitrag kann das Personal dazu leisten, Ladendiebstähle zu verhindern?
    b) Wie sollen sich Mitarbeiter bei der Beobachtung von Ladendiebstählen verhalten?
    c) Berücksichtigen Sie bei Ihren Überlegungen u. a. die rechtlichen Grundlagen.
    d) Präsentieren Sie die Ergebnisse für Ihre Mitschüler/-innen in geeigneter Form.

14. Teilen Sie Ihre Klasse in fünf Gruppen ein. Jede Gruppe übernimmt die Bearbeitung einer der folgenden Fälle:
    a) Ein Kunde macht sich durch auffälliges Verhalten verdächtig.
    b) Zwei kleine Mädchen stehlen Schokoriegel.
    c) Ein Ladendieb, der von Ihnen gestellt wurde, flüchtet und verlässt das Geschäft.
    d) Nachdem sich eine Kundin längere Zeit in der Buchabteilung der Larstadt Warenhaus AG aufgehalten hat, steckt sie ein Taschenbuch, das Sie vor Kurzem gerade ins Regal gestellt hatten, in ihre Jackentasche.
    e) Ein älterer Herr will an der Kasse vorbeigehen, ohne zu bezahlen.

    Arbeitsauftrag 1:
    - Sehen Sie Ihren Fall aus Sicht des Verkaufspersonals. Überlegen Sie sich in Ihrer Gruppe, welches Verhalten in dieser Situation angemessen ist.
    - Bereiten Sie sich darauf vor, Ihren Fall in einem Rollenspiel vorzuführen.
    - Erläutern Sie den anderen Gruppen nach Aufführung des Rollenspiels die Gründe für das gezeigte Verhalten.

    Arbeitsauftrag 2:
    - Beobachten Sie die Rollenspiele der anderen Gruppen daraufhin, ob das Verkäuferverhalten realistisch und angemessen war. Begründen Sie Ihre jeweilige Meinung.

15. Erstellen Sie in Gruppenarbeit mithilfe eines Textverarbeitungsprogramms einen Reader, der über Diebstahlsmethoden informiert. Verwenden Sie als Informationsquellen
    - eigene Erfahrungen und die Erfahrungen von Kollegen,
    - Materialien der Ausbildungsbetriebe,
    - Materialien aus dem Internet.

16. Rufen Sie das schulinterne Warenwirtschaftssystem auf.
a) Stellen Sie fest, ob mithilfe des Warenwirtschaftssystems eine Inventurauswertungsliste ausgedruckt werden kann.
b) Stellen Sie fest, wenn Daten hinterlegt sind, bei welchem Artikel die größten Inventurdifferenzen vorliegen.
c) Schlagen Sie Maßnahmen zur Behebung der Inventurdifferenzen vor.

17. In dieser Aufgabe lernen Sie die 17 wichtigsten Methoden von Ladendieben kennen.

Nummer	Ladendiebstahlmethode
1	Der **Ablenkungstrick/Verwirrtrick**: Dieser wird meist in der Gruppe durchgeführt. Eine Person lenkt die Aufmerksamkeit des Personals auf sich, während die Komplizen den Diebstahl begehen. Dabei wird oft nach Ware gefragt, die sich nicht im Verkaufsraum, sondern in anderen Räumen wie dem Lager befindet.
2	Der **Alt-gegen-Neu-Trick**: Dieser betrifft meist den Schuh- oder Bekleidungsfachhandel. Die Täter verlassen mit neuen Schuhen an den Füßen oder einer neuen Jacke einfach das Geschäft und lassen ihre alten Sachen zurück.
3	**Gebrauchte Kassenbons**: Ist ein Kassenbon liegengeblieben, nimmt ihn der Dieb, sucht nach den eingetippten Preisen die Ware aus und packt sie in eine Tasche. Zur Tarnung wird noch ein kleineres Produkt gekauft, das vorher „vergessen" wurde. An der Kasse wird nur dieses bezahlt und der Bon zur Legitimation der anderen Waren vorgelegt.
4	Der **Helmtrick**: Der Täter verstaut Kleinartikel in einem Motorrad- oder Fahrradhelm, den er in der Hand oder auf dem Arm hält.
5	Das **Ineinanderpacken**: Hohlkörper wie etwa gekaufte Abfalleimer werden mit gestohlener Ware gefüllt.
6	Der **Kinderwagentrick**: Gestohlene Ware wird im Kinderwagen verstaut. Bei Entdeckung wird vorgegeben, das Kind müsse die Ware eingesteckt haben.
7	Der **Klassiker**: Ware verschwindet direkt in Einkaufstaschen oder unter der Kleidung. Dieses Vorgehen trifft meistens auf Gelegenheitsdiebe zu.
8	Der **Klaukoffertrick**: Der Täter bringt einen als Geschenk getarnten leeren Karton in einer Tasche mit ins Geschäft. Augenscheinlich verschließt das Geschenkband den Karton fest. Dabei verbirgt es einen an der Oberseite des Kartons angebrachten Klappdeckel, durch den der Karton mit Diebesgut gefüllt wird.
9	Der **„neue" Taschentrick**: Mitgebrachte Taschen sind mit Alufolie ausgekleidet, damit das Alarmsystem nicht reagiert.
10	Der **Präpariertrick**: Hier wird der Eindruck erweckt, die eigentlich gestohlene Ware sei in das Geschäft mitgebracht worden. So werden etwa eine angebrochene Zigarettenpackung, Schlüssel oder Ähnliches in den Taschen einer gestohlenen Jacke untergebracht.
11	Der **Sicherungstick**: Bei Waren, die mit Steckkontakten oder Ruhestromanlagen gesichert sind, entfernt der Täter den Kontakt und löst so den Alarm aus. Aus einiger Entfernung wartet er ab, ob das Personal den Alarm nur ausstellt oder auch die Kontakte überprüft. Wurde nur der Alarm ausgeschaltet, kann der Dieb die nun entsicherte Ware mitnehmen.
12	Der **Schwangerschaftstrick**: Weibliche Ladendiebe täuschen eine Schwangerschaft vor, um die Beute unter ihrer weiten Umstandskleidung verstecken zu können.

13	Die **soziale Tour**: Täter versuchen über das soziale Empfinden der Mitarbeiter deren Aufmerksamkeit herabzusetzen, wie etwa die nette junge Frau mit dem eingegipsten Arm, die Mutter mit dem kleinen Kind oder der nette alte Herr, der den Laden wieder verlässt, um sein Portemonnaie zu holen.
14	Der **Zusatzkauf**: Der Täter bestückt die von ihm ausgewählten Artikel mit Zusatzartikeln, wie etwa Glühbirnen oder Batterien, die so nicht im Preis enthalten sind.
15	Das **Umpacken**: Dieser Trick wird häufig bei Parfüm oder hochwertigen Spirituosen angewandt. Der Täter steckt teure Ware in den Umkarton eines günstigeren Produkts und zahlt an der Kasse dann dessen Preis.
16	Das **trojanische Pferd**: Eine offene, präparierte Handtasche wird auf einen Warenstapel gestellt, während der Täter vorgibt, in dieser Tasche etwas zu suchen. In Wirklichkeit öffnet er eine Klappe im Boden der Tasche und zieht die Ware darunter hinein.
17	Der **Zwiebeltrick**: Dieser Trick wird meistens in der Kleidungsbranche angewandt. Täter ziehen hierbei in der Umkleidekabine mehrere Kleidungsstücke übereinander.

Quelle: Landesrat für Kriminalitätsvorbeugung Mecklenburg-Vorpommern (LfK): Impulse. Informationsblatt für gesamtgesellschaftliche Kriminalprävention. Vorsicht Langfinger – Hinweise und Empfehlungen für die Präventionsarbeit gegen Ladendiebstahl, 3. Auflage, Schwerin, 2018, S. 16–17. In: http://www.kriminalpraevention-mv.de/serviceassistent/_php/download.php?datei_id=1599518 [16.09.2019].

a) Bilden Sie in Ihrer Klasse mehrere Gruppen.
b) Ihre Lehrkraft wird Ihnen vier Nummern (Diebstahlsmethoden) nennen.
c) Überlegen Sie in Ihrer Gruppe, wie Sie drei der Ihnen genannten Diebstahlsmethoden mit pantomimischen oder schauspielerischen Mitteln darstellen können.
d) Führen Sie Ihre drei Diebstahlsmethoden ohne Nennung der Methode im Plenum auf.
e) Die Klasse muss die Methode erkennen und auch erläutern können, was das jeweilige Merkmal des Vergehens ist.

18. Stefan Franke, Abteilungsleiterin Rechnungswesen der Schönstadter Filiale der Larstadt AG, ist etwas nervös. Soeben hat er die Werte der letzten Inventur erhalten. Schon auf den ersten Blick erkennt er, dass die Differenzen von Sollbestand zu Istbestand größer als bei der letzten Inventur ausgefallen sind. Er beschließt nach Rücksprache mit seinem Vertreter, das Problem bei der nächsten Abteilungsleiterkonferenz zur Sprache zu bringen. Zur Information seiner Kolleginnen und Kollegen stellt er die folgenden Zahlen zusammen (s. Tabelle).

a) Ergänzen Sie die fehlenden Werte in der Tabelle.
b) Überlegen Sie in Partnerarbeit, wie es zu derartigen Abweichungen zwischen Sollbestand und Istbestand kommen kann. Notieren Sie sich Ihre Überlegungen stichwortartig.
c) Führen Sie Maßnahmen auf, die solche Inventurdifferenzen verhindern können.

Warengruppe	Parfüm/ Kosmetik	Textilien	Lebensmittel	Papierwaren	Sportartikel	U.-Elektronik	Computer	Geschenke	Gesamt
Sollbestand	14.500,00	135.000,00	87.625,00	9.400,00	19.100,00	142.230,00	80.750,00	10.400,00	
Istbestand	14.300,00	133.460,00	86.836,38	9.381,20	19.098,09	140.381,00	80.305,88	10.268,50	
Differenz									
%									

ZUSAMMENFASSUNG

Ladendiebstahl

umfasst:
- **Diebstahl**
- **Mundraub** (geringfügige Sachen)
- **Betrug** (z. B. Etikettentausch)
- **Unterschlagung**

Maßnahmen gegen Ladendiebstähle

Verkaufspersonal:
- Kennen der wichtigsten Diebstahlmethoden und -tricks
- Auffällige oder verdächtige Kunden beobachten und ansprechen
- Gesamten Verkaufsraum überblicken
- Vorlage überschaubarer Warenmengen

Unternehmen:
- Hinweisschilder und Plakate
- Detektive
- Warensicherungssysteme
- Überwachungssysteme wie Videokameras, Spiegel usw.
- Diebstahl vermeidende Verkaufsorganisationen
- Anketten bzw. Wegschließen von Waren

Verhalten nach einem Diebstahl

- Möglichst schnell Mitarbeiter und Vorgesetzte benachrichtigen
- Verdächtige ins Büro bitten
- Gespräch immer mit Zeugen

Man versteht erst dann etwas richtig, wenn man versucht, es einem anderen zu erklären. Dies führt zu einer erneuten gründlichen Auseinandersetzung mit dem gerade behandelten Thema.

1. Suchen Sie sich einen Partner.
2. Lesen Sie noch einmal die Zusammenfassung. Bei Verständnisproblemen schlagen Sie ggf. noch einmal im Informationstext nach.
3. Wandeln Sie die Zusammenfassung mit Ihrem Partner in eine gemeinsame Mindmap um.

5311372

ICH ÜBERPRÜFE MEINE NEU ERWORBENEN KOMPETENZEN

Den Erwerb der zu Beginn aufgeführten Kompetenzen können Sie selbst mithilfe der folgenden Tabelle überprüfen.

Wenn Sie alle Aufgaben, die hinter einer Kompetenz stehen, gelöst haben, machen Sie ein Kreuz bei „Ganz". Bei den Kompetenzen, bei denen Sie Aufgaben „Teilweise" oder „Gar nicht" gelöst haben, sollten Sie den dazugehörigen Informationstext noch einmal lesen und die Aufgaben anschließend noch einmal bearbeiten.

Was ich nach der Bearbeitung dieses Kapitels kann	**Aufgaben**	**Ganz**	**Teilweise**	**Gar nicht**
Ich kann ...				
... verschiedene Diebstahlmethoden aufführen.	5, 12, 17			
... im Rahmen des Unternehmens verschiedene vorbeugende Maßnahmen gegen Ladendiebstähle anwenden.	2, 3, 6, 13, 15, 16, 18			
... mich als Verkäufer nach einem Ladendiebstahl richtig verhalten.	7, 9, 10, 14			
... die unterschiedlichen Straftaten, die unter Ladendiebstahl zusammengefasst werden, unterscheiden.	1			
... rechtliche Folgen für Ladendiebe nachvollziehen.	8			

10.7 Kundenreklamationen

Problemstellung

Jakub Nowak und Stephanie Beyer diskutieren mit anderen Auszubildenden gerade über Geschenke.

Jakub Nowak:
„Schenken ist eine wunderbare Sache. Aber Geschmack ist häufig reine Glückssache. Und ebenso häufig hat man leider kein Glück. Dann öffnet der Beschenkte zu Weihnachten sein Paket und lächelt eher gequält als selig. Da liegt nun ein Ding auf dem Gabentisch, das keiner haben will – und was jetzt? ... Schon schlimm genug: und dann ist das Geschenk auch noch beschädigt. Also umtauschen! Gleich nach Weihnachten ab zum Händler und das Unding auf den Ladentisch gewuchtet, damit er es zurücknimmt. Nur – häufig will er es nicht mehr. Denn er war froh, es vor Weihnachten endlich noch losgeworden zu sein. Und er hat leider auch noch recht!“

Stephanie Beyer:
„So ganz eindeutig, wie du das gesagt hast, ist die Sache nicht ...“

Beurteilen Sie die Rechtslage.

EINORDNUNG DES THEMAS

Lernfeld 10: Besondere Verkaufssituationen bewältigen

Phasen eines Verkaufsgesprächs

Kontaktaufnahme → Bedarfsermittlung → Warenvorlage → Verkaufsargumentation → Preisnennung → Einwandbehandlung → Zusatzartikel-Angebot → Kaufabschluss → Abschluss des Gesprächs

Besondere Situationen in Verkaufsgesprächen

Unterschiedliche Kundentypen → Spezielle Kundengruppen → Besondere Verkaufssituationen → Teilzahlungskäufe → Ladendiebstähle → **Reklamationen** → Produkthaftung → Digitalisierung

Kompetenzen

Nach Bearbeitung dieses Kapitels können Sie ...

... Garantie, Umtausch und gesetzliche Gewährleistung in Fällen der Rückgabe von Ware unterscheiden.
... in Gewährleistungs-, Garantie- oder Umtauschfällen rechtlich angemessen reagieren.
... die Bedeutung der Kulanz im Hinblick auf die Kundenbindung erkennen.
... sich als Verkäufer bei einer Reklamation dem Kunden gegenüber richtig verhalten.

5311374

INFORMATIONSTEXT

Eine der Haupttätigkeiten der Mitarbeiter im Einzelhandel ist die Behandlung von Reklamationen der Kunden.

Um Reklamationen angemessen bearbeiten zu können, müssen Verkäuferinnen und Verkäufer zunächst einmal die rechtlichen Folgen von Reklamationen kennen.

Reklamierende Kunden sind oft aufgeregt, empfindlich, manchmal sogar verärgert. Durch ein richtiges Verkäuferverhalten können Kundenverluste vermieden werden. Oft ist eine richtige Behandlung von Reklamationen ein Weg zu einer stärkeren Kundenbindung.

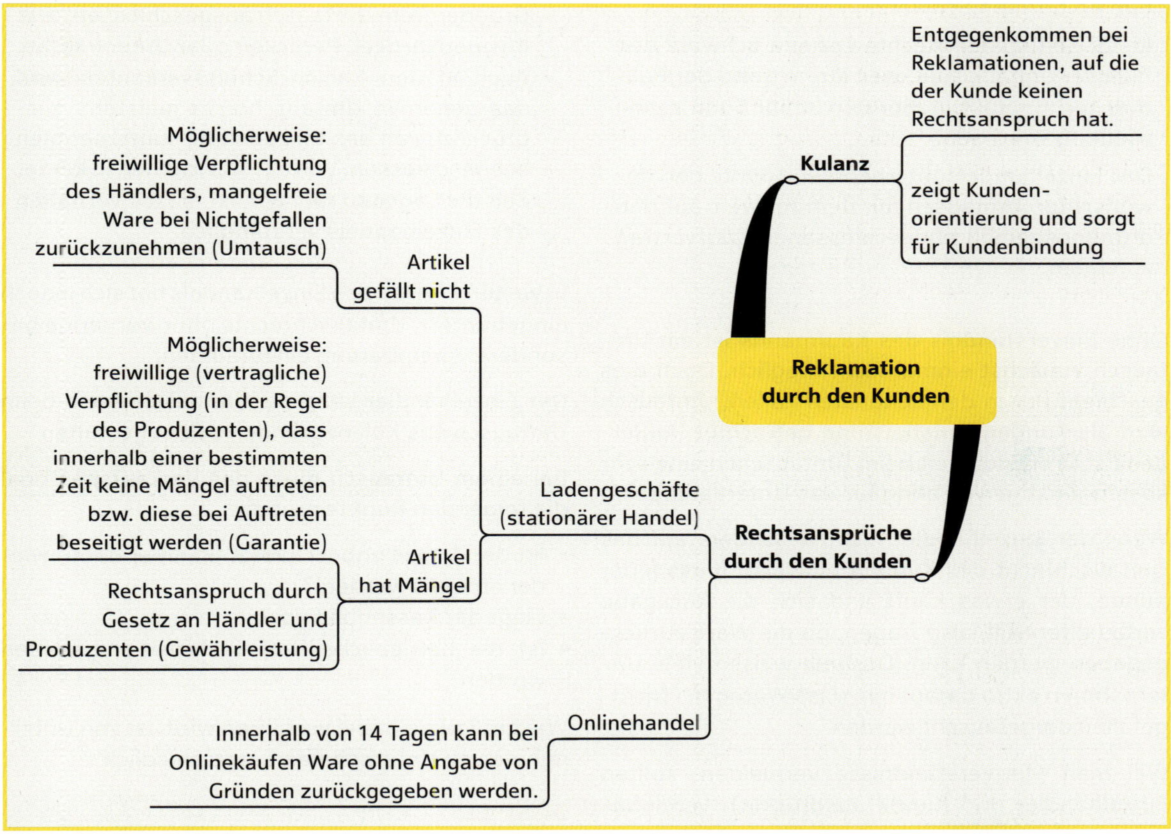

Umtausch

DEFINITION
Beim Umtausch nimmt das Unternehmen Ware ohne Mängel freiwillig zurück.

Es gibt eine Reihe von Gründen für Umtauschwünsche von Kunden:

- Dem Kunden gefällt der gekaufte Artikel nicht mehr.
- Angehörigen sagt die Ware nicht zu.
- Der Kauf war unüberlegt.
- Größe, Form, Farbe usw. der Ware passen nicht.
- Die für einen Dritten gekaufte Ware (Geschenke) ist schon vorhanden, gefällt oder passt nicht.
- Der Kunde sieht den gleichen Artikel günstiger bei einem Konkurrenzunternehmen.

Im deutschen Recht herrscht der Grundsatz, dass einmal geschlossene Verträge eingehalten werden müssen. Ein Rechtsanspruch auf Umtausch einer mangelfreien Ware besteht deshalb nach dem Gesetz nicht.

BEISPIEL

Corinna Schwarz möchte bei der Tom Hoss KG einen Pullover für ihren 14-jährigen Sohn Birk kaufen. Sie geht zur Kasse. Dadurch macht sie ein Angebot zum Abschluss des Kaufvertrags, das vom Einzelhandelsunternehmen angenommen wird. Corinna Schwarz zahlt den Kaufpreis und bekommt den Pullover von der Verkäuferin in einer Tragetasche übergeben. Damit überträgt die Verkäuferin den Besitz und das Eigentum an Corinna Schwarz.

Kurze Zeit später möchte Corinna Schwarz den Pullover umtauschen, weil ihrem Sohn der Pullover nicht gefällt. Außerdem ist ihr Sohn schon wieder gewachsen.

Das Einzelhandelsunternehmen könnte den gewünschten Umtausch mit dem Hinweis auf den ordnungsgemäß abgeschlossenen Kaufvertrag ablehnen.

Ohne Einverständnis des Kaufmanns ist ein Umtausch zunächst einmal nicht möglich. Doch dies geschieht nur in den seltensten Fällen: Umtausch wird als Kundendienstleistung betrachtet. Außerdem ist Großzügigkeit beim Umtauschen eine sehr kostengünstige Werbung für das Unternehmen.

Wenn der Einzelhändler nicht besonders auf das Umtauschrecht des Kunden hinweist, muss jeder Kunde, der etwas kauft und sich die Rückgabe vorbehalten will, also fragen, ob die Ware zurückgegeben werden kann. Deshalb weisen viele Unternehmen extra darauf hin, dass Waren bei Nichtgefallen umgetauscht werden.

Will man Missverständnisse vermeiden, sollten Einzelhändler und Kunde ausdrücklich vereinbaren, dass der Kaufmann die Ware aus Kulanzgründen zurücknimmt, falls der Umtausch gewünscht wird.

Viele Unternehmen haben für den problemlosen Umtausch eigene Bereiche eingerichtet.

Wenn das Unternehmen dem Kunden die Umtauschrechte schriftlich einräumt, muss es klar und deutlich darauf hinweisen, welche Artikel vom Umtausch ausgeschlossen sein sollen.

BEISPIELE

- Bestimmte Artikel sind aus hygienischen Gründen vom Umtausch ausgeschlossen, z. B. Kosmetikartikel, Perücken oder Unterwäsche.
- Auch in den Saison-Schlussverkäufen wird das generelle Umtauschrecht meistens ausdrücklich von den Einzelhandelsunternehmen ausgeschlossen. Von der Absicht her, in kurzer Zeit die Lager zu räumen, ist dieses Verhalten des Einzelhandels verständlich.

In weiten Kreisen des Einzelhandels hat sich jedoch eingebürgert, Umtauschrechte ohne vorherige besondere Vereinbarung einzuräumen.

Der Einzelhändler kann die Umtauschregeln beim Umtausch aus Kulanzgründen selbst gestalten.

Bei einem Umtausch muss das Verkaufspersonal die folgenden Punkte prüfen:

- Ist der Artikel unbeschädigt (kann er damit wiederverkauft werden)?
- Liegt der Kassenbon vor?
- Ist die betriebliche Umtauschfrist eingehalten worden?

Wie großzügig dabei verfahren wird, ist von Unternehmen zu Unternehmen unterschiedlich.

BEISPIEL

Die Tom Hoss KG hat eine Umtauschfrist bestimmt, auf die sie schriftlich hinweist. In der Regel wird lediglich eine Gutschrift über die Kaufsumme ausgestellt und nicht der Kaufpreis zurückerstattet. Eine anderslautende Vereinbarung kann jedoch jederzeit vom Abteilungsleiter getroffen werden.

All dies gilt selbstverständlich nur, wenn die Ware nicht mangelhaft ist. Liegt eine berechtigte Reklamation vor, stehen dem Kunden die Rechte im Rahmen der gesetzlichen Gewährleistung zu.

Garantie

Im Gegensatz zum Umtausch geht es sowohl bei der Garantie als auch der gesetzlichen Gewährleistung um die rechtliche Behandlung mangelhafter Ware.

Die Übernahme einer Garantie muss klar von der gesetzlichen Gewährleistung unterschieden werden. Dies wird in der geschäftlichen Praxis oft versäumt. Auch Kunden verwechseln Garantie und Gewährleistung häufig beziehungsweise kennen den Unterschied nicht.

Der entscheidende Unterschied zwischen Garantie und Gewährleistung besteht darin, dass
- die Garantie auf einem freiwilligen Vertrag, die Gewährleistung aber auf einem Gesetz beruht,
- bei der Gewährleistung der Mangel bereits bei der Übergabe vorhanden sein musste.

Die Garantierechte des Käufers stehen also selbstständig neben den gesetzlichen Gewährleistungsrechten.

DEFINITION

Unter **Garantie** versteht man das freiwillige Versprechen eines Unternehmens, dass während einer bestimmten Zeitdauer ab Übergabe der Ware keine Mängel auftreten und der Unternehmer für die Mängelfreiheit einsteht. Zumeist übernimmt diese Haftung der Hersteller.

Unternehmen sind nicht gesetzlich verpflichtet, eine Garantie zu übernehmen. Sie bedarf daher der ausdrücklichen vertraglichen Vereinbarung, die den Inhalt und Umfang sowie die Garantiefrist bestimmt.

Die Garantieübernahme von Herstellern erfolgt oft über Garantiekarten, die der Hersteller seinen Erzeugnissen beilegt. Darin werden dem Endverbraucher Rechte zumeist auf Nachbesserung oder Ersatzlieferung eingeräumt. Da diese Rechte eine freiwillige und zusätzliche Leistung des Herstellers sind, kann er sie nach seinen Vorstellungen inhaltlich ausgestalten. Es kommt ein Garantievertrag direkt zwischen dem Endkunden und dem Hersteller zustande.

BEISPIEL

Susanne Eilers kauft bei der Larstadt Warenhaus AG einen Geschirrspüler des Herstellers Dosch, dem eine Garantiekarte des Herstellerwerks beigefügt ist. Die Garantiekarte weist eine Garantiefrist von 48 Monaten nach Kauf aus.

Wenn beispielsweise nach drei Jahren der Geschirrspüler defekt würde, müsste der Hersteller Dosch je nach eingegangener Verpflichtung auf der Garantiekarte entweder eine Reparatur vornehmen oder Susanne Eilers ein neues Gerät zur Verfügung stellen.

Gesetzliche Gewährleistung

Aufgrund gesetzlicher Vorschriften stehen jedem Käufer von Waren bestimmte Rechte zu, wenn die Ware Mängel hat. Diese Rechte existieren unabhängig von ggf. zugesagten Umtauschmöglichkeiten oder Garantieerklärungen.[1]

Ein Kunde hat bei Mängeln an der Ware zunächst einmal das grundsätzliche Recht auf **Nacherfüllung**. Dies ist ein Wahlrecht. Vorrangig darf der Käufer der mangelhaften Ware wählen, ob er eine Nachbesserung oder eine Ersatzlieferung wünscht:

- Bei der Nachbesserung wird der Mangel beseitigt.

  BEISPIEL

  Eine Armbanduhr wird repariert.

- Bei der Ersatzlieferung wird eine mangelfreie Ware neu geliefert.

Der Einzelhändler kann das vom Käufer gewählte Recht nur verweigern, wenn es für ihn unzumutbar oder unmöglich ist.

Erst wenn die **Nacherfüllung** gescheitert ist, weil sie beispielsweise unmöglich oder unverhältnismäßig ist oder weil die dem Käufer zur Nacherfüllung gesetzte Frist erfolglos abgelaufen ist, kann

1 Vgl. Kap. 7.2

der Käufer die anderen Gewährleistungsansprüche geltend machen, also vom Vertrag **zurücktreten** (Wandlung), den **Kaufpreis herabsetzen** (Minderung) oder Schadenersatz verlangen.

Widerrufsrecht des Verbrauchers bei Onlinekäufen

Unabhängig davon, ob der Grund der Rücksendung aufgrund der gesetzlichen Gewährleistung, aufgrund eines Garantieversprechens oder wegen eines bewusst eingeräumten Umtauschrechts erfolgt, kann der Kunde bei **Onlinekäufen** die Ware auch ohne Angabe von Gründen zurückgeben. Mit seinem Widerrufsrecht kann er die Ware ohne Begründung zurückschicken.

Der Verbraucher kann also innerhalb von 14 Tagen den **Fernabsatzvertrag** ohne Angabe von Gründen widerrufen. Er ist dann nicht mehr an den Vertrag gebunden.

Diese Regelung gilt u. a. nicht bei Fernabsatzverträgen zur Lieferung von:

- Frischeartikeln, z. B. Lebensmittel, Blumen
- Presseartikeln
- Waren, die ersteigert wurden
- Produkten, die entweder nach Kundenspezifikationen angefertigt wurden oder sich nicht für die Rücksendung eignen
- Software, wenn sie vom Käufer entsiegelt wurde
- Video- und Audioaufzeichnungen

Generell gilt zunächst einmal, dass die Widerrufsfrist beginnt, wenn der Verbraucher eine ordnungsgemäße Widerrufsbelehrung erhalten hat. Verpflichtend vorgeschrieben ist, dass der Verkäufer den Käufer auf ein Musterformular für einen Widerruf hinweist, das der Käufer im Bedarfsfall nutzen kann. Er kann aber auch auf andere Weise widerrufen:

- per Brief
- per Fax
- per E-Mail
- per Telefon (Hier ist auf die Beweisbarkeit zu achten.)

Das Fernabsatzrecht legt zusätzlich fest, dass bei Warenlieferungen die Frist bei Erhalt der Ware beginnt, bei Dienstleistungen beim Vertragsabschluss.

Das Widerrufsrecht wird nicht dadurch ausgeschlossen, dass der Verbraucher die Ware ausprobiert oder benutzt hat. Innerhalb der 14-tägigen Widerrufsfrist dürfen Kunden bestellte Ware nicht nur anschauen, sondern auch ausprobieren.

BEISPIEL

Stefanie Beyer hat bei einem Onlinehändler ein Kleid bestellt.

Nach der Lieferung probiert sie es zu Hause vor dem Spiegel aus. Dies ist zulässig. Nicht erlaubt dagegen ist es, dass sie mit dem Kleid ausgeht. Der Onlinehändler kann in diesem Fall das zurückgeschickte Kleid nicht mehr weiterverkaufen. Um einen Wertersatz einfordern zu können, muss er allerdings beweisen, dass Stefanie die Ware über die Überprüfung und Anprobe hinaus für andere Zwecke benutzt hat.

Zur fristgerechten Rückgabe innerhalb der 14-Tages-Frist ist die Originalverpackung nicht gesetzlich vorgeschrieben. Nur wenn der Onlinehändler darüber hinaus freiwillig eine längere Widerrufsfrist anbietet, darf er die Rücknahme von der Originalverpackung abhängig machen. In diesem speziellen Fall darf der Onlinehändler sogar einen angemessenen Wertersatz für eine fehlende bzw. beschädigte Originalverpackung verlangen.

Rückerstattung der ursprünglichen Versandkosten

Grundsätzlich trägt der Käufer die Kosten der Rücksendung. Ausnahmen davon gibt es nur, wenn er nicht über die Pflicht, die Rücksendekosten zu übernehmen, informiert wurde.

Ein **Onlinehändler** muss die dem Kunden entstandenen ursprünglichen Versandkosten prinzipiell zurückerstatten. Er braucht jedoch nur das Porto für Standardlieferungen, nicht für Premium- oder Expressversand zu zahlen.

Reklamationen

Die Mehrzahl aller Kaufverträge wird zur Zufriedenheit sowohl des Kaufmanns als auch des Kunden abgewickelt. Probleme treten auf, wenn der Kunde mit der ihm übergebenen oder gelieferten Ware nicht einverstanden ist.

Im Falle einer Reklamation sollte ein möglichst freundliches und ruhiges Verkäuferverhalten an den Tag gelegt werden. Haben Kunden das Gefühl, dass ihre Beschwerden nicht zufriedenstellend behandelt werden, kann die Unzufriedenheit darüber eventuell auf das ganze Unternehmen übertragen werden. Das kann dazu führen, dass das Unternehmen in Zukunft gemieden wird und dass die enttäuschten Kunden ihre Frustration anderen mitteilen.

Eine Reklamation kann aus Sicht des Einzelhandelsunternehmens und auch aus Sicht des Verkaufspersonals betrachtet werden:

- Die Reklamation stellt eine Kritik am Unternehmen und seinem Warenangebot dar: Sie könnte als unangenehme Störung des auf Reibungslosigkeit ausgerichteten Tagesablaufs gesehen werden. Oft kommt es bei den Beschäftigten zu einer reflexartigen Abwehrhaltung. Dies sollte in jedem Fall vermieden werden.
- Viel eher sollte eine Reklamation als Chance für das Unternehmen gesehen werden: Untersuchungen haben gezeigt, dass eine den Kunden zufriedenstellende, professionelle Bearbeitung einer Reklamation sehr positive Auswirkungen auf die Einschätzung des Unternehmens hat.

Um Reklamationen kunden- und situationsgerecht zu erledigen, sollten folgende Punkte beachtet werden:

- Ziel sollte es sein, eine Auseinandersetzung mit dem Kunden zu vermeiden. Denn dies führt am Ende nur zu einer Störung der Beziehung zum Kunden. Eine Auseinandersetzung hat oft eine negative Außenwirkung, denn Kunden berichten in ihrem Bekanntenkreis gerne von ihren Erfahrungen im Einzelhandel, vor allem von negativen. Dadurch könnten zukünftige Gewinne und Umsätze verloren gehen.
- Eine Reklamation muss sofort bearbeitet werden. Die Reklamation sollte nach Möglichkeit nicht im belebten Verkaufsraum entgegengenommen werden, weil das andere Kunden vom Kauf abhalten oder zumindest ablenken kann. Besser ist es, in abgelegene Teile des Verkaufsraumes zu gehen oder ins Büro.
- Dem reklamierenden Kunden sollte – wenn dies möglich ist – ein Platz angeboten werden.
- Gegebenenfalls sollte ein Vorgesetzter hinzugezogen werden.
- Jede Reklamation sollte ernst genommen werden. Wichtig ist, dass man dem Kunden zuhört, ihn ausreden lässt und ihm Verständnis für seinen Ärger zeigt. Dadurch kann man zumindest zum Teil auch wütende Kunden beschwichtigen, die schimpfen oder laut sind. Der Reklamationsfall kann durch gezielte Fragen häufig ziemlich schnell geklärt werden.
- In jedem Fall sollte sich das Verkaufspersonal für Unannehmlichkeiten, die mit der Reklamation verbunden sind, entschuldigen.
  Da der reklamierte Artikel im Einzelhandel gekauft wurde, trägt das Verkaufspersonal – selbst wenn es ein Fehler des Herstellers ist – die verlängerte Verantwortung für die Fehlerfreiheit der erworbenen Artikel.

BEISPIEL

- „Es tut mir leid, dass die Ware mangelhaft war ..."
- „Entschuldigen Sie bitte die Unannehmlichkeiten, die Sie hatten ..."

- Bei unberechtigten Beschwerden sollte versucht werden, den Vorfall sachlich zu klären und beim Kunden dafür Verständnis zu erreichen. In einem solchen Fall geht es nicht darum, zu beweisen, dass der Kunde im Unrecht ist, sondern ihm zu helfen.

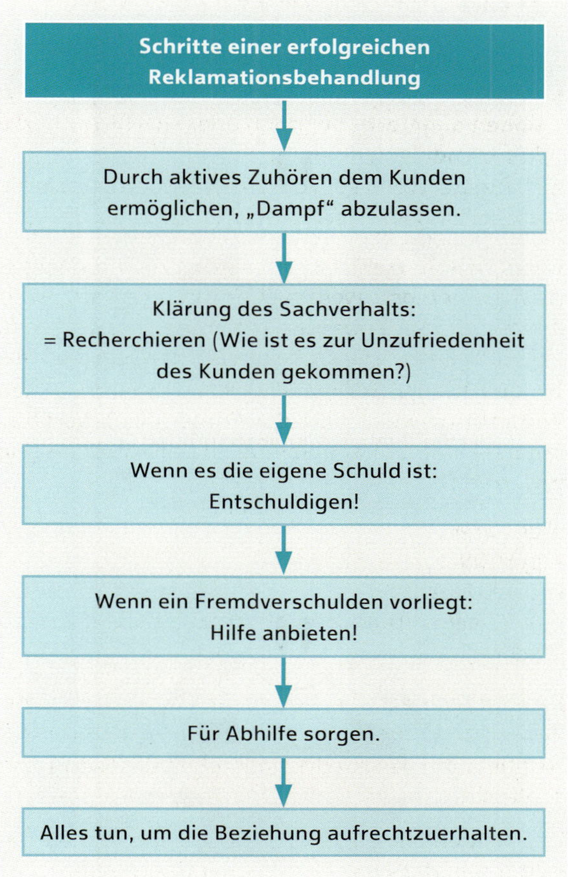

- Auch wenn ein Kunde mit unsachlichen Aussagen einen Mitarbeiter persönlich angreift, sollte dieser ruhig, sachlich und selbstbewusst reagieren.

BEISPIEL

In der Tom Hoss KG wird ein Kunde informiert, dass er eine Bestellung abholen kann. Als dieser freudig erscheint, ist die Bestellung jedoch nicht auffindbar. Stefanie Beyer entschuldigt sich beim Kunden dafür. Dieser regt sich auf und wird persönlich: „Läuft es bei Ihnen zu Hause auch so wie hier am Bestellregal? Wie Sie schon aussehen ...“

Stefanie Beyer antwortet ruhig und gelassen: „Entschuldigung noch einmal für unseren Fehler! Wir suchen gleich weiter nach dem bestellten Artikel. Bleiben Sie bitte höflich – wir sind es doch auch.“

BEISPIELE

- „Wir können den Artikel leider nicht zurücknehmen, weil ...“
- „Bitte bringen Sie Verständnis dafür auf, dass ...“

Ziel der Reklamationsbehandlung in Verkaufsgesprächen ist das Erreichen der Zufriedenheit beim Kunden.

Verkäufertätigkeit

- Am Schluss des Reklamationsgesprächs sollte dem Kunden gedankt werden. Durch seine Reklamation hat er eventuell geholfen, zukünftige Beschwerden zu vermeiden.

Beschwerdemanagement

Die meisten Einzelhandelsunternehmen sprechen von Kundenorientierung und wissen, dass ein langfristiger Unternehmenserfolg dann gegeben ist, wenn sie es schaffen, Kunden dauerhaft an ihr Unternehmen zu binden. Dennoch verschenken sie jedes Jahr enorme Beträge, weil Reklamationen und Beschwerden mangelhaft oder einfach gar nicht bearbeitet werden.

Nur 2 %–4 % aller Kunden beschweren sich.

Bis zu 82 % der Kunden machen weiterhin mit Unternehmen Geschäfte, deren Beschwerden schnell und freundlich gelöst wurden.

90 % der Kunden, die sich nicht beschweren, obwohl sie einen Grund dazu gehabt hätten, kaufen nie wieder bei dem Unternehmen ein.

Dabei sollte gerade die Reklamation bzw. Beschwerde für jedes Unternehmen eine willkommene Chance darstellen. Zum einen ist es die günstigste Form von **Werbung**, denn jeder Kunde, dessen Reklamation zu seiner Zufriedenheit bearbeitet wurde, erzählt dies weiter. Zum Zweiten bietet eine Reklamation bzw. Beschwerde dem Unternehmen die Möglichkeit, den Kunden als **Stammkunden** zu binden (einen Stammkunden zu halten ist preiswerter, als einen Neukunden zu gewinnen) und sich somit auf dem Markt zu profilieren. Darüber hinaus stellt jede Reklamation bzw. Beschwerde eine Gelegenheit dar, die eigenen **Angebote und Prozesse** weiter zu optimieren.

Deshalb richten viele Unternehmen ein Beschwerdemanagement ein. Das Beschwerdemanagement wird mit dem Ziel betrieben, Kundenklagen nicht als leidiges Übel, sondern als Chance zu begreifen, offenkundig vorhandene oder sich abzeichnende Missstände eines Einzelhandelsunternehmens abzustellen, indem die Beschwerden der Kunden systematisch gesammelt und bearbeitet werden.

Wurde eine Reklamation oder Beschwerde nicht oder mangelhaft behoben, bedeutet dies einen kaum einzuschätzenden Verlust. Nicht nur der eine – vielleicht sehr wichtige – Kunde ist weg, dieses Erlebnis erzählt er anderen, potenziellen Kunden weiter.

Die Vermutung, dass eine geringe Anzahl an Kundenbeschwerden mit Kundenzufriedenheit oder nur wenigen Beschwerde- oder Reklamationsgründen gleichzusetzen ist, erweist sich bei genauerem Hinsehen als unwahr. Die meisten Kunden beschweren sich nicht, sie wandern stillschweigend zur Konkurrenz. Das Einzelhandelsunternehmen erfährt weder den Grund noch bekommt es die Möglichkeit, Verbesserungen vorzunehmen. Nur ein geringer Kundenanteil bringt die Reklamation bzw. Beschwerde vor und bietet somit eine Chance, die unbedingt genutzt werden sollte. Je rascher und zufriedenstellender der Kunde die Bearbeitung der Reklamation empfindet, umso treuer wird er in der Regel dem Unternehmen später gegenüberstehen.

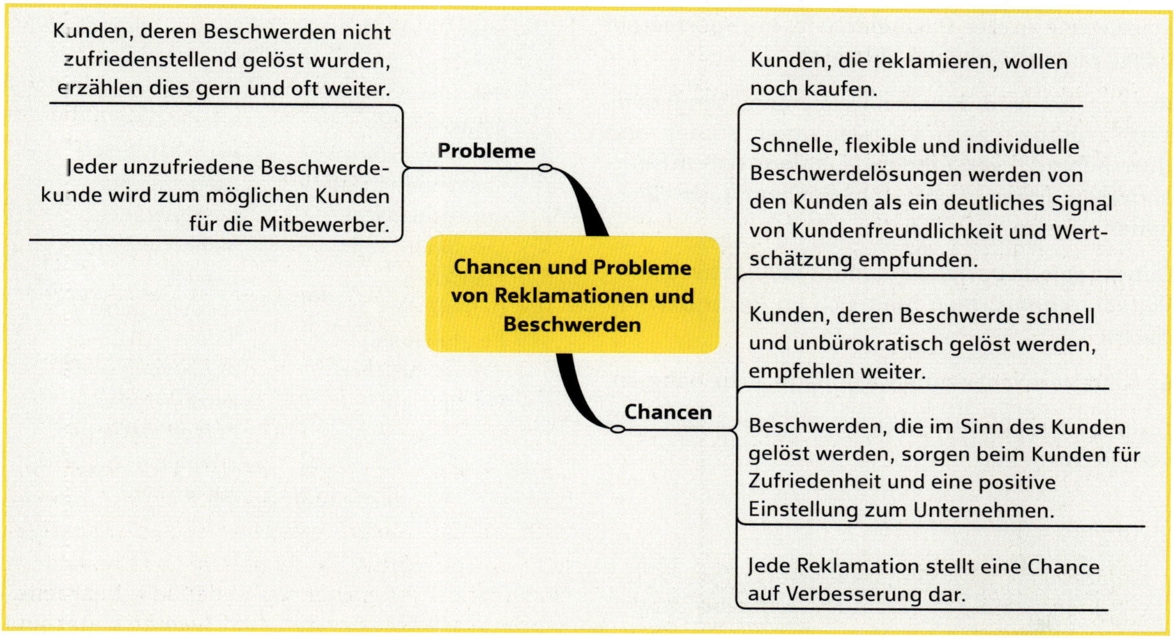

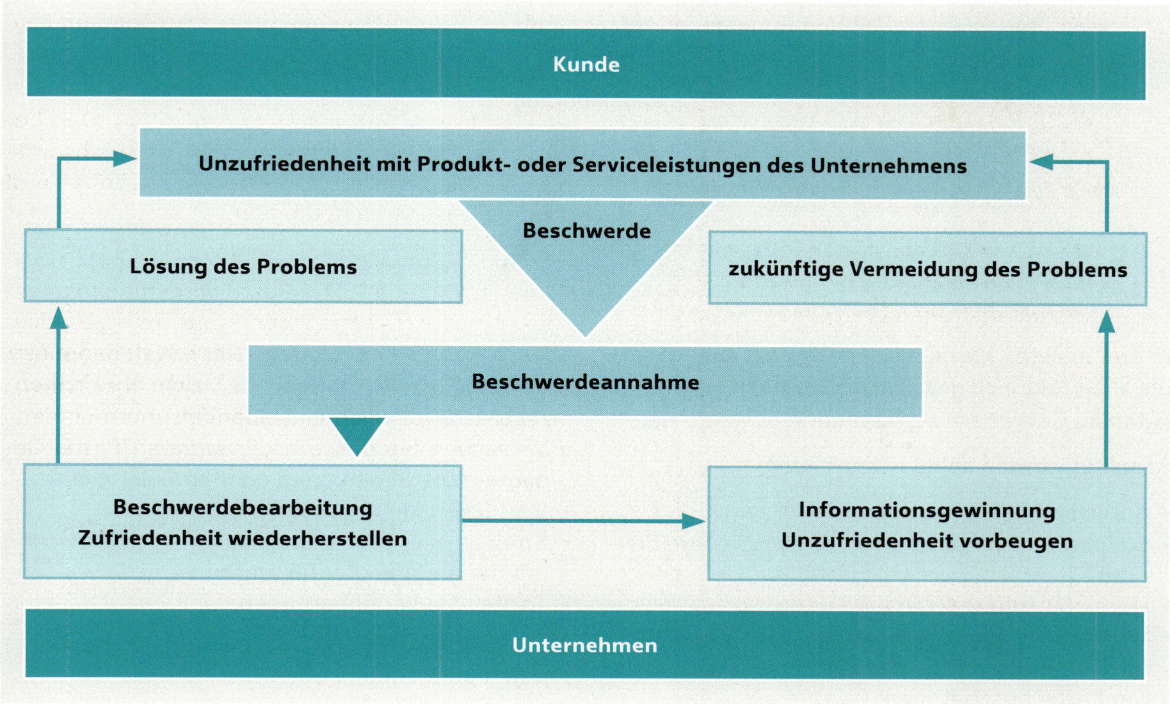

Konfliktlösungsverhalten bei Reklamationen

Reklamationen des Kunden wegen einer vermeintlich oder tatsächlich mangelhaften Ware können als **Konflikt** angesehen werden. Konflikte treten nicht nur in der Kommunikation mit dem Kunden auf, sondern sind ein alltägliches Ereignis. Meinungsverschiedenheiten oder Streit können beispielsweise in der Partnerschaft, im Sportverein oder zwischen Kollegen auftreten.

Als Konflikt wird allgemein ein Interessengegensatz zwischen zwei Parteien (hier Käufer und Unternehmen) verstanden, aus dem sich Auseinandersetzungen in unterschiedlichem Ausmaß ergeben können.

Dabei hat jede Partei ihr eigenes, subjektives Konfliktverständnis: Man fühlt sich im Recht bzw. im Nachteil.

Es sollte versucht werden, Konflikte zu bewältigen.

Grundsätzlich kann man sich in Konflikten wie folgt verhalten:

Konflikt

Ursachen

- Misstrauen gegenüber einer Person
- Belastung des gegenseitigen Verhaltens durch Launenhaftigkeit
- unterschiedliche Charaktere von Menschen
- Gefühle der Beschneidung der persönlichen Freiheit

Anzeichen

- gespannter Zustand (z. B. Äußern von Ungeduld, gereizter Ton)
- aggressives Verhalten (z. B. Beleidigungen, provozierende Bemerkungen, Gewalt)
- verweigerndes Verhalten (z. B. innere Abmeldung von Einzelpersonen, Personengruppen arbeiten nicht mehr zusammen)

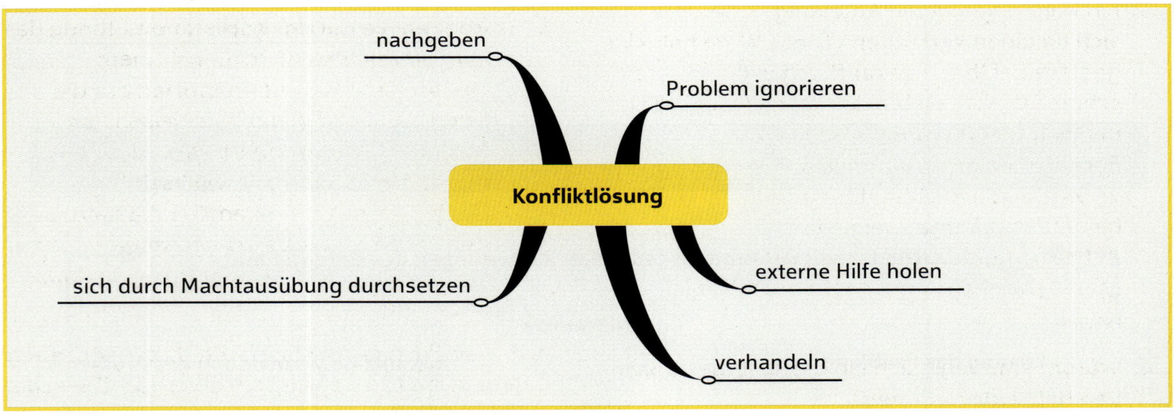

In den meisten Konfliktfällen hat sich eine Strategie als erfolgreich gezeigt, die versucht, alle Beteiligten zu Gewinnern zu machen.

Beachtet werden sollte in Konflikten:

- Sprechen Sie den Konflikt an!
- Bleiben Sie ruhig und kontrollieren Sie Ihre Erregung.
- Hören Sie aufmerksam und geduldig zu.
- Wenden Sie eine zugewandte Gesprächshaltung an. Damit zeigen Sie, dass Sie sich mit der anderen Partei beschäftigen.
- Auch wenn es nach Ihrem Wertesystem noch so abwegig erscheint: Nehmen Sie die andere Konfliktpartei mit all ihren Gedanken ernst.
- Versuchen Sie das von der anderen Partei Gesagte nicht zu bewerten oder zu verurteilen.
- Versuchen Sie Vertrauen herzustellen.
- Streben Sie eine gemeinsame Problemlösung mit der anderen Konfliktpartei an.
- Treffen Sie Vereinbarungen.

5311382

Auch wenn es schwerfällt: Bleiben Sie ruhig und sachlich.

Falls die andere Konfliktpartei aggressiv wird, empfiehlt sich folgendes Vorgehen:

- Zeigen Sie eigene echte Betroffenheit.
- Fragen Sie nach den Gründen für die Aggressivität.
- Spiegeln Sie die Gefühle der anderen Konfliktpartei. („Herr Schatz, Sie sind verärgert, weil ...“)
- Beschreiben Sie Ihre eigenen Gefühle.
- Schlagen Sie einen anderen – besser geeigneten – Zeitpunkt für das Gespräch vor.

So nicht!

Lieber so!

AUFGABEN

1. Nennen Sie Umtauschgründe.

2. Erläutern Sie das Verkäuferverhalten bei Reklamationen.

3. Ein Kunde betritt die Abteilung. Er wendet sich an einen Verkäufer: „Diese Ware habe ich gestern bei Ihnen gekauft. Ich will sie umtauschen. Das ist ja wohl das schlechteste, das mir je verkauft wurde. Also wirklich ...“
Formulieren Sie in wörtlicher Rede, wie der Verkäufer die Reklamation ordnungsgemäß behandeln könnte, wenn sie
a) berechtigt,
b) unberechtigt
ist.

4. Warum empfiehlt sich ein großzügiges Vorgehen bei Reklamationen?

5. Wodurch unterscheidet sich ein Umtausch von der Neulieferung im Rahmen der gesetzlichen Gewährleistung?

6. Wodurch unterscheidet sich die Garantie von der gesetzlichen Gewährleistung?

7. Bereiten Sie Rollenspiele mit einem Partner vor:
a) Ein Kunde reklamiert, dass ein Artikel Ihres Ausbildungssortiments einen Fehler aufweist.
b) Ein Kunde möchte die Ware umtauschen, weil sie ihm nicht gefällt.
Beachten Sie in beiden Fällen das korrekte Verkäuferverhalten.

8. Erarbeiten Sie mit der Kopfstandmethode das richtige Verhalten bei Reklamationen:
a) Finden Sie zunächst Antworten auf die Frage: „Welche Verhaltensweisen von Verkäufern führt garantiert dazu, dass der Kunde zur Konkurrenz wechselt?“
b) Stellen Sie dann – indem Sie die gefundenen Antworten ins Positive wenden – eine Checkliste „Wichtige Punkte bei Reklamationen“ auf.

9. Bilden Sie in Ihrer Klasse drei Arbeitsgruppen. Jede Arbeitsgruppe ist für einen der Bereiche
- Umtausch
- Mangelhafte Lieferung
- Garantie

zuständig.
a) Wiederholen Sie mithilfe des Buches Ihr Thema.
b) Bereiten Sie sich darauf vor, Ihr Thema der Klasse zu präsentieren.
c) Erstellen Sie eine Wandzeitung/eine Folie unter Beachtung der Regeln der Visualisierung zur Unterstützung Ihrer Präsentation.

10. Kürzlich ging folgende Meldung über eine unsachgemäße Behandlung von Reklamationen durch die Presse:

> Der Kunde eines Paketdienstes beschwerte sich in einem sozialen Medium über eine verspätete Lieferung mit den Worten: „Was soll so eine Sch…" Ein Mitarbeiter des Paketdienstes ärgerte sich darüber und verbreitete die folgende Nachricht: „Die einzige Sch… hier ist Ihr Rumgeheule. Und jetzt zurück zu Mutti an die Brust!"
>
> Es folgte eine heftige Reaktion in den sozialen Medien. Tausende stellen sich auf die Seite des Kunden.

a) Welche Folgen könnte die Reaktion des Mitarbeiters auf die Kundenreklamation noch gehabt haben?

b) Wie sollten sich Mitarbeiter, die mit Kundenreklamationen zu tun haben, verhalten?

11. Konflikte können überall dort auftreten, wo Menschen zusammen leben bzw. zusammen arbeiten.

Dies sind Situationen, in denen verschiedene Menschen mit unterschiedlichen Erwartungen, Wertvorstellungen und Zielen aufeinandertreffen.

Wenn man die Ursachen von Konflikten kennt, können Konflikte oft schon in einer frühen Phase gelöst werden.

a) Bestimmt haben Sie in Ihrer bisherigen beruflichen Tätigkeit selbst schon einen Konflikt erlebt oder zumindest beobachten können. Schauen Sie sich in Partnerarbeit das Schema einer Konfliktanalyse an:

b) Schildern Sie Ihrem Partner einen von Ihnen erlebten bzw. beobachteten Konflikt.

c) Versuchen Sie den Konflikt anhand des Schemas zusammen mit Ihrem Partner zu analysieren.

5311384

ZUSAMMENFASSUNG

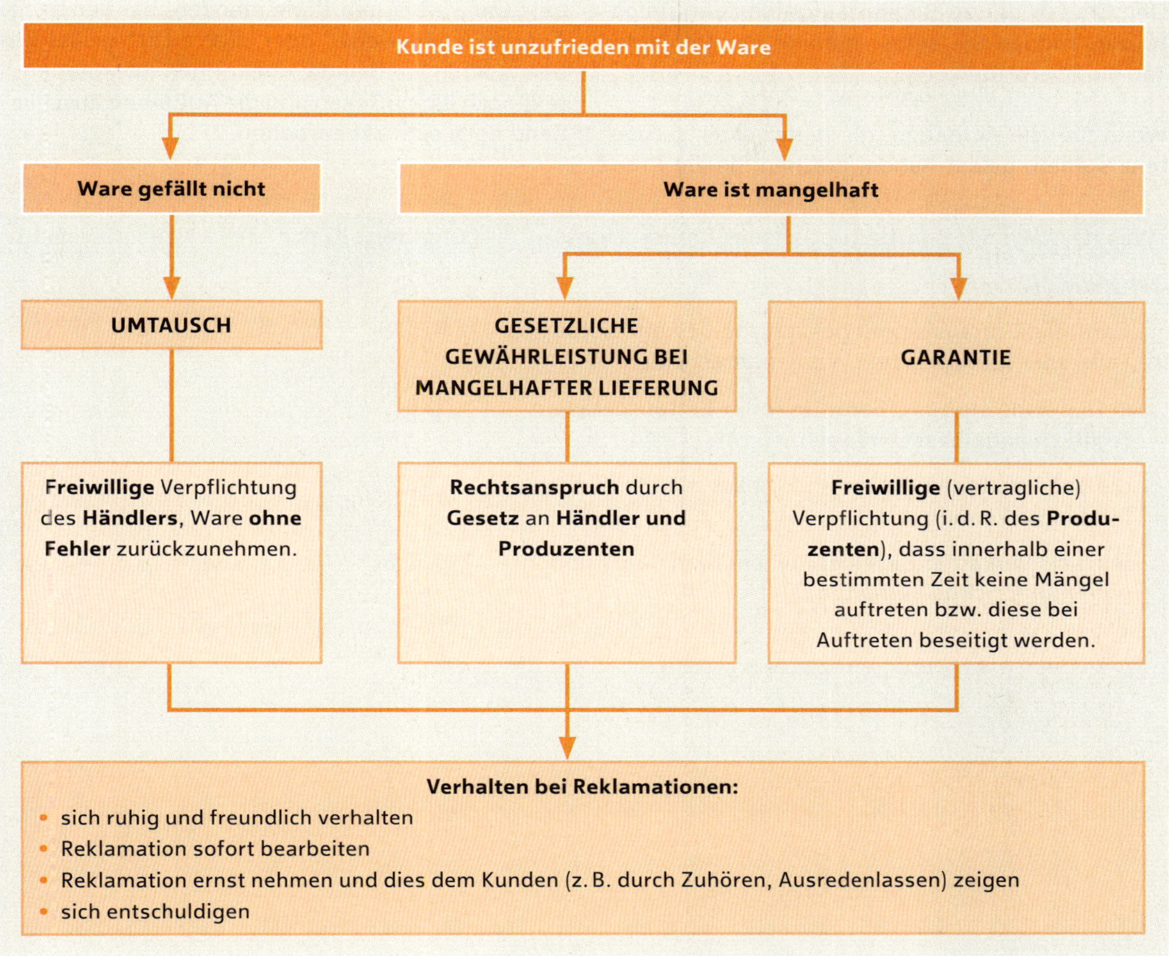

Man versteht erst dann etwas richtig, wenn man versucht, es einem anderen zu erklären. Dies führt zu einer erneuten gründlichen Auseinandersetzung mit dem gerade behandelten Thema.

1. Suchen Sie sich einen Partner.
2. Lesen Sie noch einmal die Zusammenfassung. Bei Verständnisproblemen schlagen Sie ggf. noch einmal im Informationstext nach.
3. Ihre Lehrerin/Ihr Lehrer stellt Ihnen 20 Karten zur Verfügung. Auf diese schreiben Sie die zentralen Begriffe des Themas.
4. Diese Karten legen Sie nun so, dass sich eine sinnvolle Struktur ergibt. Dies geschieht in gemeinsamer Diskussion mit Ihrem Partner: Sie sollen gemeinsam begründen können, warum Sie Ihre Struktur so gelegt haben.
5. Stellen Sie sich darauf ein, einer anderen Gruppe – oder dem Plenum – Ihre Struktur vorzustellen.

ICH ÜBERPRÜFE MEINE NEU ERWORBENEN KOMPETENZEN

Den Erwerb der zu Beginn aufgeführten Kompetenzen können Sie selbst mithilfe der folgenden Tabelle überprüfen.

Wenn Sie alle Aufgaben, die hinter einer Kompetenz stehen, gelöst haben, machen Sie ein Kreuz bei „Ganz“. Bei den Kompetenzen, bei denen Sie Aufgaben „Teilweise“ oder „Gar nicht“ gelöst haben, sollten Sie den dazugehörigen Informationstext noch einmal lesen und die Aufgaben anschließend noch einmal bearbeiten.

Was ich nach der Bearbeitung dieses Kapitels kann	Aufgaben	Ganz	Teilweise	Gar nicht
Ich kann ...				
... Garantie, Umtausch und gesetzliche Gewährleistung in Fällen der Rückgabe von Ware unterscheiden.	1, 4, 6, 9			
... in Gewährleistungs-, Garantie -oder Umtauschfällen rechtlich angemessen reagieren.	3, 5			
... die Bedeutung der Kulanz im Hinblick auf die Kundenbindung erkennen.	10			
... mich als Verkäufer bei einer Reklamation dem Kunden gegenüber richtig verhalten.	2, 3, 7, 8, 11			

10.8 Produkthaftung

Problemstellung

Martin Klages möchte zu Shirin Gül, um mit ihr etwas abzusprechen.

Martin Klages:
„Guten Morgen Frau Greger! Ist Shirin nicht da?"

Frau Greger:
„Hallo Martin! Hast du noch nicht gehört? ... Sie hat doch einen Unfall gehabt."

Martin Klages:
„Ach du liebe Zeit, was ist denn passiert?"

Frau Greger:
„Shirin sollte aus dem Lager Kästen mit Limonade in Mehrwegflaschen aus Glas holen. Als sie eine Flasche aus einem Kasten herausziehen wollte, ist diese explodiert. Die Glassplitter haben sie ziemlich schwer verletzt ... Shirin ist noch im Krankenhaus. Ich habe aber schon mit ihr telefoniert – sie kann morgen nach Hause gehen. Shirin überlegt nun, wer für den Unfall haftet."

Martin Klages:
„Oje ... Ich besuche sie nach der Arbeit. Gibt es da nicht so etwas wie ein Produkthaftungsgesetz?"

1. Stellen Sie fest, wen Shirin Gül haftbar machen kann.
2. Ermitteln Sie, welche Rechte Shirin als Geschädigte hat.

EINORDNUNG DES THEMAS

Lernfeld 10: Besondere Verkaufssituationen bewältigen

Phasen eines Verkaufsgesprächs

Kontaktaufnahme → Bedarfsermittlung → Warenvorlage → Verkaufsargumentation → Preisnennung → Einwandbehandlung → Zusatzartikel-Angebot → Kaufabschluss → Abschluss des Gesprächs

Besondere Situationen in Verkaufsgesprächen

Unterschiedliche Kundentypen → Spezielle Kundengruppen → Besondere Verkaufssituationen → Teilzahlungskäufe → Ladendiebstähle → Reklamationen → **Produkthaftung** → Digitalisierung

Kompetenzen

Nach Bearbeitung dieses Kapitels können Sie ...

... zwischen Mängelgewährleistung und Produkthaftung unterscheiden.
... die Bedeutung der Produkthaftung erläutern.
... die Voraussetzungen prüfen, um Rechte aus dem Produkthaftungsgesetz in Anspruch nehmen zu können.
... Rechte aus dem Produkthaftungsgesetz geltend machen.
... Produktfehler nach dem Produkthaftungsgesetz identifizieren.
... den Umfang der Haftung nachvollziehen.
... Verjährungsfristen im Bereich der Produkthaftung beachten.

INFORMATIONSTEXT

Produkthaftung

Stellt ein Unternehmen mangelhafte Produkte her, dann haftet das Unternehmen zunächst einmal im Rahmen der Mängelgewährleistung. Hierbei geht es um die Mängel am Produkt selbst.

BEISPIEL

Bereits eine Woche nach dem Kauf bricht bei dem Mountainbike von Martin Klages der Rahmen. Er reklamiert dies in seinem Fahrradgeschäft, das sich an die Herstellerfirma wendet. Martin bekommt ein neues Mountainbike.

Das Produkthaftungsgesetz dagegen regelt die Haftung des Herstellers für Schäden, die sich aus der Benutzung seiner fehlerhaften Produkte ergeben.

BEISPIEL

Durch den Rahmenbruch ist Martin Klages gestürzt. Dabei hat er sich einen Finger gebrochen. Zudem ist sein Fahrradhelm, der Schlimmeres verhinderte, nicht mehr brauchbar.

DEFINITION

Produkthaftung bedeutet, dass der Hersteller oder Händler eines Produkts für durch das Produkt (z. B. Lebensmittel, technische Geräte, Medikamente, Kosmetika) beim Verbraucher verursachte Schäden haftet.

Das Produkthaftungsgesetz legt also fest, wann wer für Folgeschäden, die durch ein fehlerhaftes Produkt entstanden sind, einstehen muss. Ziel des Produkthaftungsgesetzes ist es, das persönliche Eigentum und die persönliche Unversehrtheit des Verbrauchers zu schützen.

Mangelhafte Lieferung	Produkthaftung
	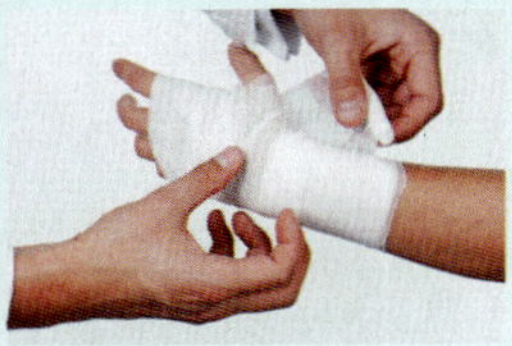
Die Ware hat einen Mangel.	Die Ware verursacht einen Schaden.

Die rechtlichen Regelungen sind in den einzelnen Ländern jedoch unterschiedlich.

BEISPIEL

Die 81-jährige Kathleen Gilliam, die sich während der Autofahrt den zuvor gekauften Kaffee über die Beine schüttete und daraufhin zu Beginn der 1990er-Jahre die Fastfood-Kette McDonalds verklagte, bekam in einem legendären Urteil mehrere Millionen US-Dollar Schadensersatz zugesprochen. Nach deutschem Recht wäre sie leer ausgegangen.

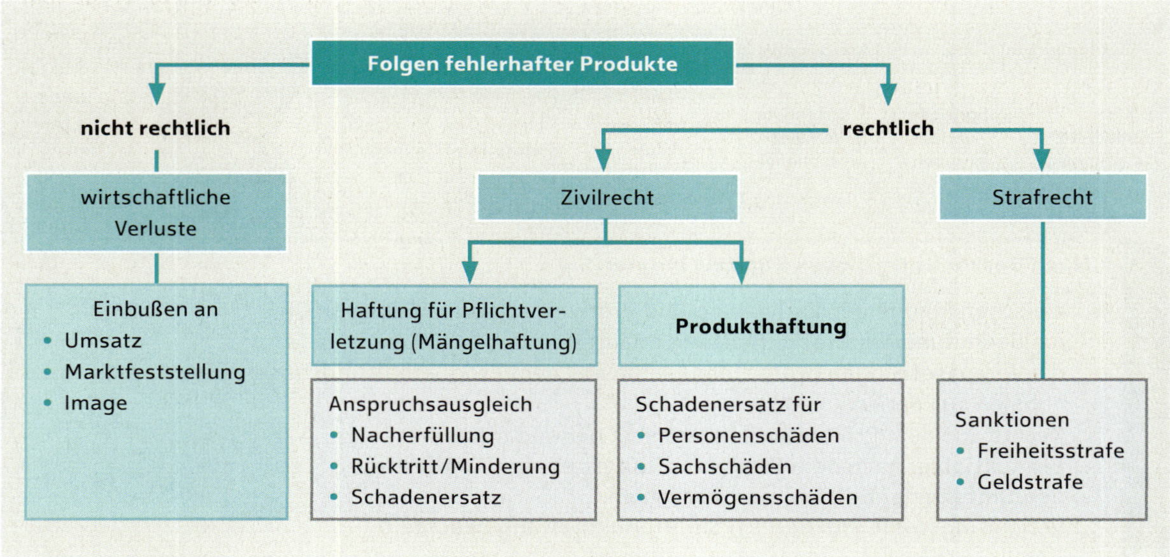

Fehlerhafte Produkte können viele Folgen haben. Vor diesem Hintergrund werden heute Qualitätssicherungsmaßnahmen immer wichtiger.

Voraussetzungen

Um Rechte aus dem Produkthaftungsgesetz in Anspruch nehmen zu können, müssen bestimmte Voraussetzungen erfüllt sein:

- Das Produkt muss von Anfang an mangelhaft gewesen sein.
- Die Art und Weise der Herstellung ist nicht von Bedeutung.
- Der Schaden muss auf einen Produktfehler zurückzuführen sein:

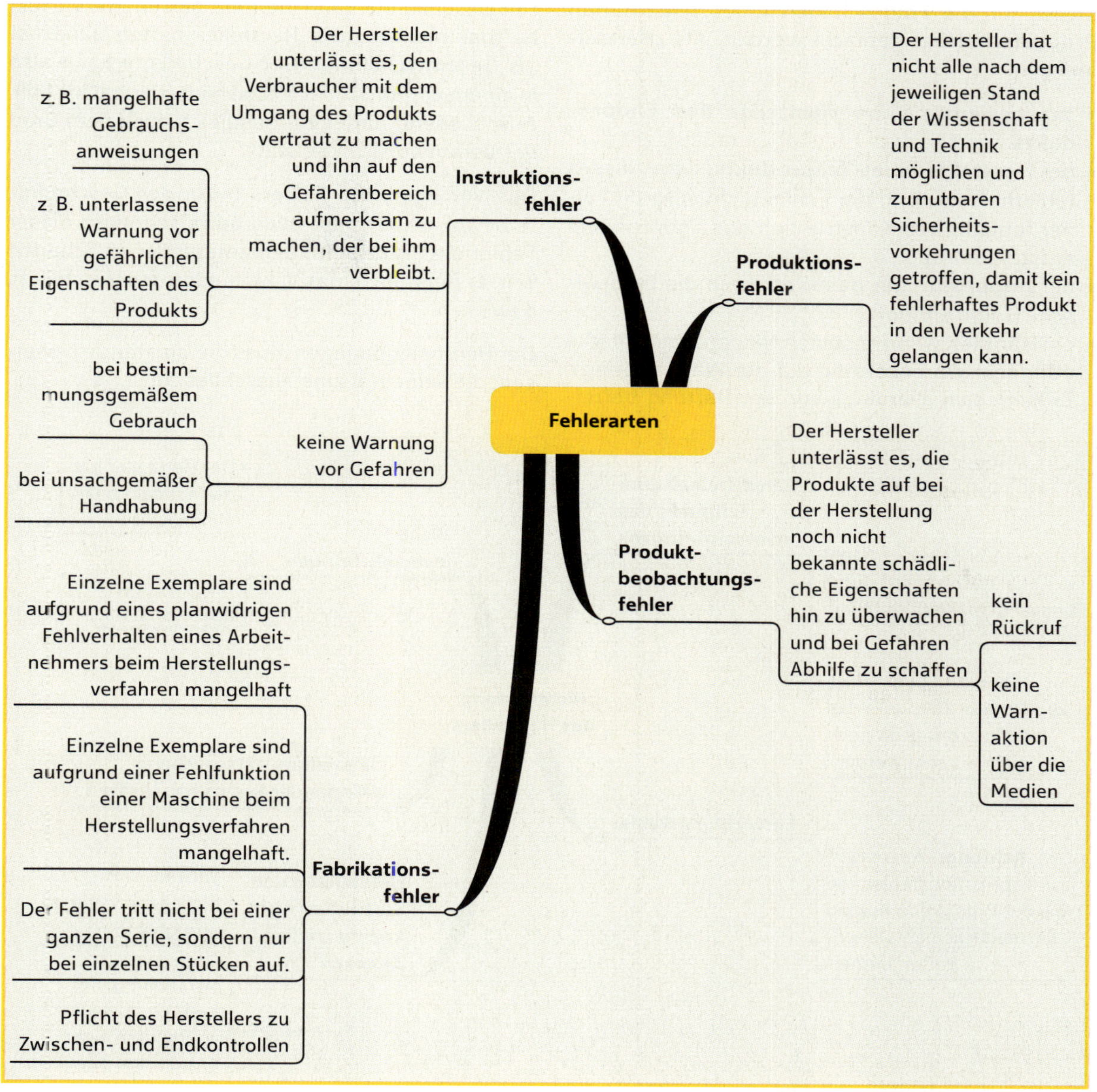

Unter das Produkthaftungsgesetz fallen unter anderem:

- Konsumgüter
- Maschinen
- Geräte
- chemische Erzeugnisse
- Nahrungsmittel
- Wasser, Strom, Gas

Nicht vom Produkthaftungsgesetz berührt werden:

- unbewegliche Gegenstände (Grundstücke, Gebäude)
- Dienstleistungen
- Naturprodukte
- Arzneimittel (Hier gilt das Arzneimittelgesetz.)

Haftung durch den Hersteller

Nach dem Produkthaftungsgesetz kann der Hersteller für die Folgeschäden eines fehlerhaften Produkts haftbar gemacht werden. Als „Hersteller" gilt:

- der gewerbsmäßige **Hersteller des Endprodukts**.
- der **Hersteller eines Teilprodukts**, wenn dieses fehlerhaft war und der Fehler nicht aufgrund einer fehlerhaften Konstruktion des Endprodukts entstanden ist.
- der **Importeur**, der das Produkt in die Europäische Union einführt.
- ein **Händler**, wenn er seinen Namen, seine Marke oder sein Warenzeichen auf der Ware anbringt. Er kann sich allerdings von der Haftung befreien, wenn er den Namen des tatsächlichen Herstellers auf dem Artikel anbringt oder es klar ist, dass er diesen Artikel lediglich verkauft.
- der **Händler**, wenn er den Namen des Vorlieferers oder Herstellers nicht innerhalb eines Monats nennen kann. Für Händler und Lieferer ist es also empfehlenswert, die Vertriebskette lückenlos zu dokumentieren.

Der Geschädigte kann mehrere dieser „Hersteller" haftbar machen. Die Hersteller haften zunächst als Gesamtschuldner. Der Geschädigte kann also in einem ersten Schritt frei wählen, wer haften soll. Anschließend findet ein Ausgleich nach dem Grad der Verantwortlichkeit statt.

Das Vorliegen des Fehlers muss der Geschädigte beweisen. Er muss auch beweisen, dass dieser Fehler die Ursache für den entstandenen Schaden war. Er muss nicht das Verschulden des Herstellers beweisen.

Der Hersteller dagegen muss die Umstände beweisen, die seine Haftung ausschließen.

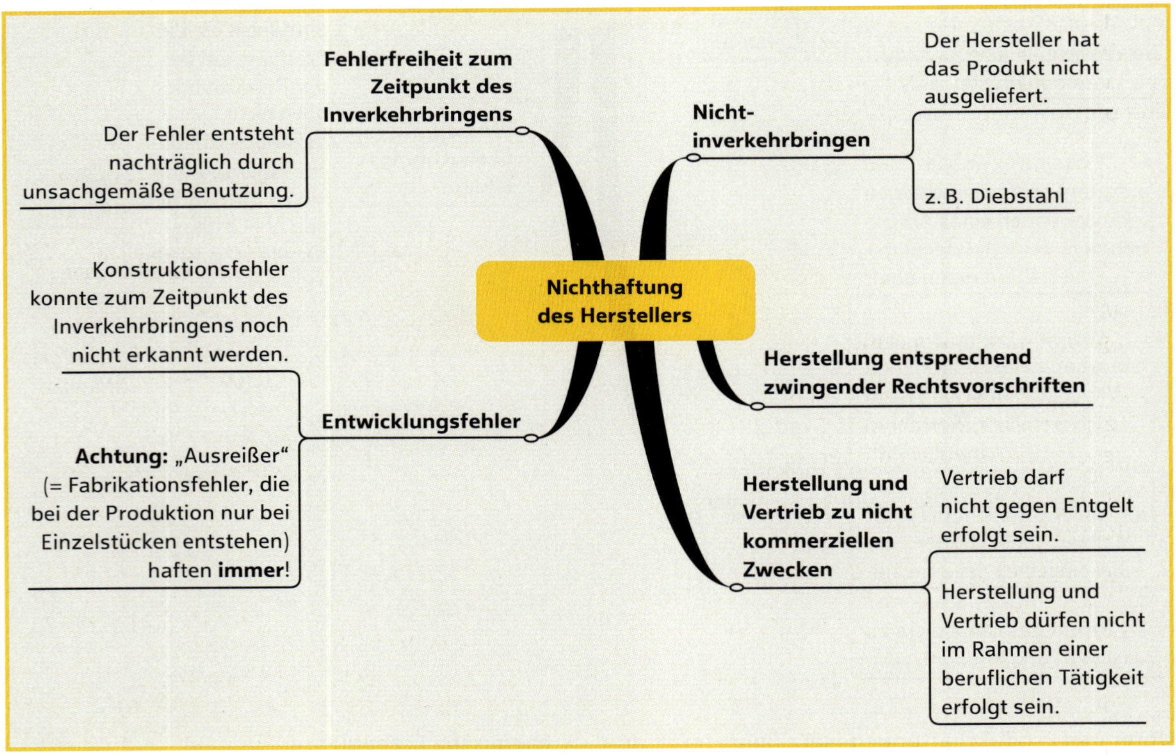

Umfang der Haftung

Personenschäden

Bei Personenschäden besteht ein Haftungshöchstbetrag von 85 Millionen Euro. Bei Körperschäden, die durch einen Produktfehler verursacht wurden, besteht eine Ersatzpflicht für:

- alle Heilungskosten
- die durch Erwerbseinbußen entstehenden Kosten

Zusätzlich kann Schmerzensgeld (allerdings nur bei Verschulden des Herstellers) verlangt werden. Im Todesfall muss für die Begleichung der Beerdigungskosten und die Versorgung der Unterhaltsberechtigten gesorgt werden.

Sachschäden

Bei Sachschäden wird nach dem Produkthaftungsgesetz nicht die fehlerhafte Sache selbst ersetzt. Es entsteht aber ein Anspruch auf Ersatz anderer durch das Produkt entstandener Sachschäden. Es gibt keine Haftungshöchstgrenze, allerdings eine Selbstbeteiligung des Geschädigten in Höhe von 500,00 €. Die Schäden müssen nur für Sachen ersetzt werden, die für den Privatgebrauch bestimmt sind oder privat genutzt werden.

Diese Haftungsregelungen für Personen- und Sachschäden dürfen nicht durch vertragliche Vereinbarungen oder durch Allgemeine Geschäftsbedingungen ausgeschlossen oder beschränkt werden.

Verjährung

Die Haftung des Herstellers endet grundsätzlich zehn Jahre, nachdem das Produkt in den Verkehr gebracht wurde. Für den Hersteller empfiehlt sich daher eine lückenlose Dokumentation seiner Produktion, z. B. durch Vergabe von Seriennummern. Damit kann er den genauen Termin der Herstellung beweisen. Da oft zunächst auch mehrere Haftende (Hersteller, Importeur, Lieferer) in Haftung genommen werden können, sind unterschiedliche Fristabläufe denkbar, denn der Zeitpunkt der Inverkehrbringung war bei jedem Haftenden unterschiedlich.

Der Haftungsanspruch eines Geschädigten verjährt nach drei Jahren. Diese Verjährungsfrist beginnt zu laufen, wenn der Geschädigte

- von dem Fehler,
- von dem Schaden,
- von dem Ersatzpflichtigen

Kenntnis erlangt hat oder hätte erlangen können.

AUFGABEN

1. Wodurch unterscheidet sich die Mängelgewährleistung von der Produkthaftung?
2. Welche Voraussetzungen müssen gegeben sein, um Rechte nach dem Produkthaftungsgesetz in Anspruch nehmen zu können?
3. Welche Produkte fallen nicht unter das Produkthaftungsgesetz?
4. Wer haftet nach dem Produkthaftungsgesetz?
5. Welche Rechte hat ein Geschädigter?
6. Wann verjährt die Haftung nach dem Produkthaftungsgesetz?
7. Ein deutscher Kaminofenhersteller unterlässt es, nach dem Inverkehrbringen seiner Ware darauf zu achten, ob irgendwelche bis dahin unbekannten Risiken bei der Ware auftreten. Welcher Fehler liegt vor?
8. Aufgrund eines technischen Fehlers am Kaminofen erleidet Sabine Sginini schwere Hautverbrennungen. In ihrer Wohnung entsteht ein Schaden in Höhe von 35.000,00 €.
   a) Wer hat die Beweislast?
   b) In welcher Höhe wird der Sachschaden ersetzt?
   c) In welcher Höhe wird für den Personenschaden gehaftet?
9. Eine Möglichkeit für Hersteller, die Haftung nach dem Produkthaftungsgesetz zu vermeiden, ist der rechtzeitige Produktrückruf.
   a) Schauen Sie sich eine Liste der Produktrückrufe unter folgender Internetadresse an:
   www.baua.de/de/Geraete-und-Produktsicherheit/Produktmaengel/Produktrueckrufe/Produktrueckrufe.html

b) Kennen Sie eines der dort veröffentlichten Produkte?

c) Haben Sie schon von einem anderen Produktrückruf Kenntnis erlangt?

10. In dieser Aufgabe soll dieses Kapitel mithilfe der Fragenkettenmethode bearbeitet werden.
- Lesen Sie das komplette Kapitel.
- Formulieren Sie eine Frage zu einem bestimmten Inhalt des Textes und halten Sie diese und die Antwort dazu schriftlich fest.
- Ihre Lehrkraft wählt einen Schüler aus, der seine Frage an die Klasse stellt.
- Der Mitschüler, der sich als erstes meldet, beantwortet die Frage. War die Antwort richtig, darf er seine Frage der Klasse vorstellen.
- Jeder Mitschüler, der einmal richtig geantwortet hat, braucht nicht mehr zu antworten.
- Hat jeder geantwortet, ist diese Unterrichtsphase beendet.

ZUSAMMENFASSUNG

Haftung bei fehlerhaften Produkten

Fehler an der Sache selbst → **Mängelgewährleistung**

Folgeschäden (Sach- und Personenschäden) → **Produkthaftung**

Produkthaftungsgesetz

= Schutz des Verbrauchers in seinem persönlichen Eigentum und seiner persönlichen Unversehrtheit

Es haften die „Hersteller“:
- eigentliche Produzenten
- Teilhersteller
- Importeure
- Händler und Lieferer

zu beachten:
- verschiedene Haftungsausschlussgründe
- Beweislast liegt beim Geschädigten
- kein Ersatz des Schadens nach zehn Jahren
- Verjährungsfrist drei Jahre nach Kenntnis des Fehlers

Haftung für

Personenschäden maximal 85 Millionen Euro

Sachschäden
- unbegrenzt
- aber Selbstbeteiligung von 500,00 €

Man versteht erst dann etwas richtig, wenn man versucht, es einem anderen zu erklären. Dies führt zu einer erneuten gründlichen Auseinandersetzung mit dem gerade behandelten Thema.

1. Suchen Sie sich einen Partner.
2. Lesen Sie noch einmal die Zusammenfassung. Bei Verständnisproblemen schlagen Sie ggf. noch einmal im Informationstext nach.
3. Einer von Ihnen erläutert die Zusammenfassung dem Partner.
4. Dieser achtet auf Korrektheit und Vollständigkeit und wiederholt noch einmal.

ICH ÜBERPRÜFE MEINE NEU ERWORBENEN KOMPETENZEN

Den Erwerb der zu Beginn aufgeführten Kompetenzen können Sie selbst mithilfe der folgenden Tabelle überprüfen.

Wenn Sie alle Aufgaben, die hinter einer Kompetenz stehen, gelöst haben, machen Sie ein Kreuz bei „Ganz". Bei den Kompetenzen, bei denen Sie Aufgaben „Teilweise" oder „Gar nicht" gelöst haben, sollten Sie den dazugehörigen Informationstext noch einmal lesen und die Aufgaben anschließend noch einmal bearbeiten.

Was ich nach der Bearbeitung dieses Kapitels kann	Aufgaben	Ganz	Teilweise	Gar nicht
Ich kann ...				
... zwischen Mängelgewährleistung und Produkthaftung unterscheiden.	1, 2			
... die Bedeutung der Produkthaftung erläutern.	1			
... die Voraussetzungen prüfen, um Rechte aus dem Produkthaftungsgesetz geltend zu machen.	2, 3, 4 10, 11			
... Rechte aus dem Produkthaftungsgesetz durchsetzen.	4, 5, 10, 11			
... Verjährungsfristen im Bereich der Produkthaftung beachten.	6			
... Produktfehler nach dem Produkthaftungsgesetz identifizieren.	7			
... den Umfang der Haftung nachvollziehen.	8, 9			

10.9 Digitale Technik zur Unterstützung der Verkäufer in Verkaufsgesprächen mit unterschiedlichen Kundentypen

Problemstellung

Stolz zeigt Stefanie Beyer Jakub Nowak ihr neues Tablet und sagt:

Stefanie Beyer: „Das ist echt klasse, dieses Tablet. Hast du deins auch schon bekommen?"

Jakub Nowak: „Hä, Tablet? Wovon sprichst du?"

Stefanie Beyer: „Na, jeder bei uns im Verkauf bekommt jetzt ein Tablet ..."

Jakub Nowak: „Aha. Und wozu soll das gut sein?"

Stefanie Beyer: „Im Einzelhandel können wir diese mobilen Endgeräte im Verkauf doch vielfältig einsetzen."

Jakub Nowak: **„**Wir präsentieren den Kunden damit also unseren Webshop?"

Stefanie Beyer: „Mit den Tablets können wir deutlich mehr als nur unseren Onlineshop präsentieren. Wir können sie auch sehr gut auf der Verkaufsfläche nutzen."

Geben Sie an, welche Stellung mobile Endgeräte wie Tablets im stationären Einzelhandel haben können.

EINORDNUNG DES THEMAS

Lernfeld 10: Besondere Verkaufssituationen bewältigen

Phasen eines Verkaufsgesprächs

Kontaktaufnahme → Bedarfsermittlung → Warenvorlage → Verkaufsargumentation → Preisnennung → Einwandbehandlung → Zusatzartikel-Angebot → Kaufabschluss → Abschluss des Gesprächs

Besondere Situationen in Verkaufsgesprächen

Unterschiedliche Kundentypen → Spezielle Kundengruppen → Besondere Verkaufssituationen → Teilzahlungskäufe → Ladendiebstähle → Reklamationen → Produkthaftung → **Digitalisierung**

Kompetenzen

Nach Bearbeitung dieses Kapitels können Sie ...

... E-Commerce-Funktionalitäten in den Verkauf integrieren.
... Tablets zur Unterstützung von Verkaufsgesprächen verwenden.

5311394

INFORMATIONSTEXT

Die Anforderungen der unterschiedlichen Kundentypen an das Sortiment eines Unternehmens werden immer vielfältiger. Damit die Kunden umfassend beraten werden können, muss das Verkaufspersonal Zugriff auf so viele Informationen über die Ware wie möglich haben. Hierbei können sie von digitalen Technologien unterstützt werden.

Tablets im Einzelhandel

Immer häufiger verwenden in diesem Zusammenhang Einzelhandelsunternehmen auch Tablets und andere mobile Endgeräte im Verkauf. Diese bieten vielfältige und zahlreiche Einsatzmöglichkeiten. Es geht dabei um die Übernahme von bereits schon immer durchgeführten Tätigkeiten im Einzelhandel – zum Beispiel kann damit kassiert werden –, aber auch um die Einführung völlig neuer Anwendungensmöglichkeiten (so kann zum Beispiel schnell und bequem nach Informationen gesucht werden).

Tablets haben viele Vorteile:

- Das Verkaufspersonal kann in Verkaufsräumen schnell auf sie zurückgreifen, weil sie sehr handlich sind.
- Im Vergleich zu Personalcomputern benötigen Tablets nur kurze Zeit zum Hochfahren (Booten) und sind somit schnell verfügbar.
- Für den Nutzer sind Tablets leicht verständlich und bedienbar.
- Tablets sind vielseitig einsetzbar: Es besteht ein riesiges Angebot an Programmen und Apps.

Einbindung von E-Commerce-Funktionalitäten in das Ladengeschäft

Verkäufer im Ladengeschäft werden mit Videokamera und Headsets ausgerüstet. Damit können sie mit Kunden im Internet kommunizieren. Den Kunden können alle Funktionen und Details so vorgeführt werden, als ob sie selber im Geschäft wären. Das Einkaufserlebnis im Internet kann sich so dem des Ladengeschäfts annähern.

BEISPIEL

Patrick Amelsberg möchte einen Sportschuh kaufen und besucht gerade den Onlineshop der Tom Hoss KG. Die Tom Hoss KG bietet den Service an, sich mit einem Verkäufer im Ladengeschäft verbinden zu lassen. Hierfür drückt Patrick Amelsberg einen bestimmten Button auf der Internetseite. Der Verkäufer trägt eine Datenbrille, die Video- und Audioaufnahmen überträgt und mit der er auch die Stimme des Kunden hören kann, während er per Livestream durch den Laden geführt wird. Hier präsentiert der Verkäufer die Produkte. Dabei erklärt er, welche Produkte auch online bestellt werden können. Als kompetenter Touchpoint für Onlinekunden erweitert das Einzelhandelsunternehmen so seinen Handlungsspielraum.

Mithilfe einer App auf einem Tablet und einer Datenbrille kann der Kunde Produktinformationen, wie Allergene und Inhaltsstoffe, abrufen.

Tablets in Verkaufsgesprächen

Immer mehr Händler gehen dazu über, ihre Verkäufer mit Tablets auszustatten. Dies bringt verschiedene Vorteile:

1. Bessere Beratung durch den Verkäufer

Mit einem Tablet werden die Beratungsmöglichkeiten des Verkäufers gegenüber dem Kunden ausgeweitet: Der Verkäufer bekommt genaue Produktbeschreibungen in Wort und Bild, wie z. B. über

- verfügbare Größen und Farben,
- Produktvarianten,
- ausführliche Pflegehinweise,
- Bewertungen von Verbraucherschutzorganisationen oder anderen Kunden
- sowie Vorschläge zu ergänzenden oder alternativen Waren.

Er sieht über die Kundenkarte auch die Einkaufsgeschichte seines Kunden und kann so den Beratungs-

und Verkaufsvorgang mit passenden Tipps oder auch weiteren Produktempfehlungen anreichern.

BEISPIEL

Wenn ein Geschäft 10000 Produkte führt, ist es für Verkäufer nicht mehr möglich, über alle diese Produkte genau Bescheid zu wissen. Die Kunden sind heute aber vom Onlineshopping sehr umfassende Informationen zu Produkten gewohnt. Sie erwarten diese Informationen also auch von den Verkäufern. Tablets stellen eine gute Möglichkeit dar, dem Verkaufsmitarbeiter schnell Zugriff auf die nötigen Informationen zu bieten.

Auf den Tablets installierte Software kann den Verkäufer im Verkaufsgespräch unterstützen. Solche „Guided-“ bzw. „Assisted-selling“-Programme führen den Mitarbeiter über eine vorgegebene Struktur und die dazugehörenden Fragestellungen durch den Verkaufsprozess.

Assisted selling

Der Verkäufer wird mit Informationen für jede Phase des Verkaufsgesprächs versorgt.

Guided selling

Das Programm steuert mit entsprechenden Fragen den Ablauf des Verkaufsgesprächs.

2. Tablets als zusätzliches Mittel der Warenpräsentation

Mithilfe von Tablets kann den Kunden die Ware besser erlebbar gemacht werden. Die Möglichkeiten der Warenpräsentation und Kundenansprache erweitern sich. Kunden können verschiedene Vorteile eines Artikels visuell gezeigt und demonstriert werden.

BEISPIEL

In der Tom Hoss KG wird mit einem Tablet eine Rundum-Ansicht eines Kleidungsstücks an der Kundin Elke Beck gezeigt. Durch diese Spiegelfunktion bekommt sie einen besseren Eindruck, ob ihr das Kleidungsstück steht. Auf Wunsch kann der Verkäufer Elke Beck auch ein Foto davon auf ihr Handy schicken.

3. Personalisierte Kundenansprache

Verschiedene digitale Technologien versuchen, die Interessen, Wünsche und Bedürfnisse der Kunden zu verstehen. Ziel ist es, die Kommunikation mit den Händlern personalisierter zu gestalten.

BEISPIEL

Wenn die Verkäufer mit Tablets ausgestattet sind, können sie während der Verkaufsgespräche die Einkaufsgeschichte des Kunden und Einzelheiten der ihn interessierenden Produkte abrufen. Der Kunde kann sich dadurch individuell angesprochen fühlen und erhält passgenaue Angebote. Der Verkäufer kann dem Kunden Artikel vorschlagen, die dieser noch nicht kennt, aber eine hohe Bedeutung aufweisen.

Bei der personalisierten Kundenansprache hat der Datenschutz eine ganz starke Bedeutung.

4. Erweiterung des Sortiments

Das Tablet ist ein unkompliziertes und vielseitiges Instrument, um das Sortiment des stationären Geschäfts auszuweiten. Der Verkäufer hat die Möglichkeit, fehlende Artikel aus anderen Filialen, einem Zentrallager oder direkt beim Lieferer zu bestellen.

BEISPIEL

Das sofort verfügbare Sortiment bei Sportschuhen ist in einer Filiale der Tom Hoss KG begrenzt. Ein Sportschuh, der dem Kunden Adrian Sieg gefällt, fehlt gerade. Dennoch präsentiert ein Verkäufer das gesuchte Model am Tablet. Adrian Sieg wird angeboten:
- Bestellung des Artikels aus dem Zentrallager
- Wahlweise:
- Schnellster Versand zum Kunden: Adrian Sieg wird um die gewünschte Lieferzeit gebeten.
- Reservierung des Sportschuhs in dieser oder einer anderen Filiale zur Anprobe oder zum Abholen.

Diese Erweiterung der Auswahl, die ein Geschäft anbieten kann, wird „endloses Verkaufsregal“ (endless aisle) genannt: Sie sorgt dafür, dass Kunden im Geschäft auch das kaufen können, was gerade nicht am Lager ist.

5. Nutzung des Tablets im Rahmen einer Multichannel-Strategie

Früher wurde Ware von einem stationären Einzelhandelsgeschäft nur über den Laden vertrieben. Ein modernes Unternehmen nutzt heute jedoch eine Vielzahl unterschiedlicher Vertriebskanäle, um

5311396

seine Kunden zu erreichen. Dieses Vorgehen nennt man **Multichannel-Strategie**. Unter einem Channel versteht man einen Vertriebskanal.

BEISPIEL

Die Tom Hoss KG bietet Ware neuerdings nicht nur über ihre Filialen, sondern auch über den eigenen Onlineshop und über Online-Plattformen wie ebay oder Amazon an.

Tablets im Verkauf ermöglichen es, die Vertriebskanäle miteinander zu verknüpfen. Das hat den Vorteil, dass man die bisherigen Kunden besser erreichen und neue Kunden gewinnen kann. Für das Unternehmen ist es weiterhin vorteilhaft, dass über das Tablet Informationen über Waren in den anderen Vertriebskanälen verfügbar sind. Aber auch die Kostenstruktur des Einzelhandelsunternehmens verbessert sich.

BEISPIEL

Die Tom Hoss KG, die ihre Waren über mehrere Kanäle vertreibt, muss insgesamt weniger Kosten aufbringen als verschiedene getrennt agierende Einzelhandelsunternehmen, die nur jeweils einen der Kanäle nutzen.

6. Nutzung der Tablets als Kasse

Tablets können oft auch als mobile Kasse benutzt werden. Dies kann z. B. in Spitzenzeiten hilfreich sein. Die wichtigste Transaktion ist hierbei die Abwicklung des Bezahlvorgangs. Auch die Erledigung von Reklamationen und Warenrücknahmen kann mit dem Tablet erfolgen. Das Bezahlen an Tablets im Einzelhandel wird oft auch als „counter free checkout" bezeichnet. Ein weiterer Fachausdruck dafür ist das „line busting". Dieser Begriff spielt auf den Vorteil von Tablets an, in Drangzeiten einen Abbau von Schlangen an den Kassen zu ermöglichen. Ein weiterer Vorteil der Tablets als Kassen ist, dass keine Verkaufsfläche verloren geht (wenn man Verkaufsflächen gegen Kassenfläche austauscht). Für die Kunden entfällt nach der Beratung zudem der Ortswechsel zur Kasse.

Wenn ein Einzelhandelsunternehmen sein Verkaufspersonal mit Tablets ausstattet, müssen mehrere Probleme bedacht werden:

- Mit Tablets ist sehr leicht eine elektronische Zahlung möglich. Wie aber ermöglicht man die Zahlung mit Bargeld?
- An normalen Kassen hat das Verkaufspersonal Instrumente zur Verfügung, um die Warensicherungen an den Artikeln zu entfernen. Es muss sichergestellt werden, dass auch der mit dem Tablet kassierende Mitarbeiter über die Möglichkeit einer Warensicherungsentfernung verfügt.
- An normalen Kassen wird neben dem Kassiervorgang auch die Ware für den Kunden zusammengelegt und verpackt. Beim Kassieren mit Tablets muss der Verkäufer einen Ort zur Verfügung haben, wo er das ebenfalls machen kann.
- Der Ausdruck von Kassenbons muss ebenfalls geklärt werden. Verschiedene Einzelhandelsunternehmen experimentieren in diesem Zusammenhang mit elektronischen Kassenbons, die der Kunde per E-Mail zugeschickt bekommt oder die ihm auf seinem Kundenkonto automatisch zur Verfügung gestellt werden.

Tablets bieten fundierte Beratungsmöglichkeiten

AUFGABEN

1. Welche Vorteile bringt die Ausstattung von Verkäufern mit Videokamera und Headsets?
2. Welche Vorteile bringt der Einsatz von Tablets im Verkauf?
3. Unterscheiden Sie zwischen
   a) Assisted selling,
   b) Guided selling.
4. Wie können Tablets die Warenpräsentation unterstützen?

5. Wie kann durch Tablets die Kommunikation zwischen Händlern und Kunden persönlicher gestaltet werden?

6. Warum spricht man im Hinblick auf den Tablet-Einsatz in Ladengeschäften von „endlosen Verkaufsregalen“ bzw. „Verlängerung der Verkaufsregale“?

7. Erläutern Sie den Begriff „Multichannel-Strategie“.

8. Vor allem junge Kunden nutzen mobile Geräte wie Smartphones oder Tablets zur Vorabinformation bei einem beabsichtigten Kauf.
a) Lesen Sie die Studie über das mobile Informieren unter der Internetadresse *http://shopbetreiber-blog.de/2014/02/10/mobilecommerce-informieren-statt-kaufen*
b) Erstellen Sie eine Mindmap, die die wichtigsten Merkmale des mobilen Informierens vor einem Kauf enthält.

9. Welche Aufgaben bei der Anwendung eines Tablets im Verkauf werden in folgenden Fällen angesprochen?
a) Im Rahmen der Kundenberatung in einem Fachgeschäft für Sicherheitsbedarf werden den Kunden auf Tablets selbst produzierte Videos zu den Themen „Vorgehen von Einbrechern“ und „Einbruchschutz“ präsentiert. Weiterhin erfolgt der Zugriff auf Produktinformationen der Hersteller (technische Daten, Produktbeschreibungen, Design, Ausführungen, Videos, Fotos, Preise). Gezeigt werden außerdem beispielsweise die Funktionsweise von Türschließanlagen oder Smart-Home-Anwendungen. Die Informationen können direkt per Mail an den Kunden versendet werden.
b) In einer Elektronik-Fachmarktkette werden zur Unterstützung der Verkäufer im Verkaufsgespräch Produktinformationen und ergänzende Zusatzinformationen in Form von Bildern und Texten gespeichert, die in der Zentrale erstellt werden.
Kunden können vor Ort in den Filialen praktisch das gesamte Sortiment der Zentrale über den Onlineshop nutzen und die Produkte bei einem Werktag Vorlauf in die Filiale oder auf Wunsch auch nach Hause liefern lassen. Es kommt also praktisch zu einer Sortimentsverlängerung.

ZUSAMMENFASSUNG

Unterstützung des Verkaufs durch mobile Endgeräte

- **Kommunikation mit Kunden über das Internet, z. B. mit Headsets und Videokamera**
- **Unterstützung von Verkaufsgesprächen**
  - Bessere Beratung
  - Zusätzliches Mittel der Warenpräsentation
  - Personalisierte Kundenansprache
  - Erweiterung des Sortiments
  - Nutzung im Rahmen einer Multichannel-Strategie
  - Nutzung als Kasse

1 Vgl. S. 15

5311398

Wenden Sie zur Wiederholung dieses Kapitels die KAWA-Methode an. KAWA steht für „Kreative analoge Wortassoziation". Dazu gehen Sie wie folgt vor:

1. Schreiben Sie in die Mitte eines Blattes Buchstabe für Buchstabe untereinander das Thema „Tablets im Verkauf".
2. Ergänzen Sie nun zu den einzelnen Buchstaben Begriffe, Ideen und Gedanken passend zum Thema.
3. Erlaubt sind auch kurze Sätze.

ICH ÜBERPRÜFE MEINE NEU ERWORBENEN KOMPETENZEN

Den Erwerb der zu Beginn aufgeführten Kompetenzen können Sie selbst mithilfe der folgenden Tabelle überprüfen.

Wenn Sie alle Aufgaben, die hinter einer Kompetenz stehen, gelöst haben, machen Sie ein Kreuz bei „Ganz". Bei den Kompetenzen, bei denen Sie Aufgaben „Teilweise" oder „Gar nicht" gelöst haben, sollten Sie den dazugehörigen Informationstext noch einmal lesen und die Aufgaben anschließend noch einmal bearbeiten.

Was ich nach der Bearbeitung dieses Kapitels kann	Aufgaben	Ganz	Teilweise	Gar nicht
Ich kann ...				
.... E-Commerce-Funktionalitäten in den Verkauf integrieren.	1, 2, 3, 6, 7			
.... Tablets zur Unterstützung von Verkaufsgesprächen verwenden.	4, 5, 8			

Sachwortverzeichnis

T

U

V

W

Z

5311402

Bildquellenverzeichnis

adpic Bildagentur, Köln: H. Kater 92.

Autohaus Ruhe GmbH, Dinklage: 353.

Colourbox.com, Odense: 338.

EHI Retail Institute e.V., Köln: 368.

fotolia.com, New York: Bernd_Leitner 388; DOC RABE Media 192; Eisenhans 102; Nerlich Images 377.

Hild, Claudia, Angelburg: 10, 15, 18, 18, 19, 26, 50, 54, 56, 56, 59, 60, 60, 61, 81, 99, 99, 100, 100, 100, 112, 113, 113, 125, 127, 147, 148, 150, 150, 155, 155, 226, 233, 237, 249, 268, 268, 269, 299, 301, 309, 327.

hoffstadt, marcus/korrekt medien, Neuwied: 159, 222, 233, 237.

idealo internet GmbH, Berlin: 21.

IKEA Deutschland GmbH & Co. KG, Hofheim-Wallau: 353.

iStockphoto.com, Calgary: Baloncici 146.

Media-Saturn-Holding GmbH, Ingolstadt: 353, 353.

Peter Wirtz Fotografie, Dormagen: 78.

Picture-Alliance GmbH, Frankfurt/M.: Becker, Marius 395; dpa-infografik 317, 319, 321, 321, 324, 347.

Producto AG - Testberichte.de, Berlin: 21.

Shutterstock.com, New York: Kueverling, Heiko 343.

Signum Warenwirtschaftssysteme GmbH, Darmstadt: 58.

SportScheck GmbH, Unterhaching: 397.

stock.adobe.com, Dublin: 22091967 126; adisa 25; Africa Studio 119; Agnor Mark Rayan/agnormark 102; andreysafonov 107; Anton 383; Atkins, Peter 228; aurema 376; auremar 304; baranq 101; benekamp 126; Berkmann, Daniel 118; BERLINSTOCK 294, 301; blende11.photo 12; bluedesign 243; chase4concept 8; ChiccoDodiFC 104; Coloures-Pic 19; contrastwerkstatt 56; Cookie Studio 313; Damir 329; danr13 394; difeng, zhu Titel; digimaker 388; Dmitrijevs, Dmitrijs 347; Do Ra 21; DOC RABE Media 321; durantelallera 306; Eigens 7; Ernst, Daniel 102, 125; eskay lim 72; Fälchle, Jürgen 134; Family Veldman/famveldman 317; fizkes 313; focusandblur 245; fotogestoeber 275; fotomek 151; Fotosenmeer.nl 361; fottoo/Hoppe, Britta u. Hoppe, Ralph 102; Freedomz 70; Gilles Paire 134; Gorodenkoff 6; Gorodenkoff/Gorodenkoff Productions OU 119; guukaa 95; Halfpoint 110; Have a nice day 110; Herrndorff 73; highwaystarz 360; Hinds, Alex 362; Ideenkoch 266; imageegami 320; industrieblick 71, 136; jayzynism 362; jose francisco jimenez meca/dekanaryas 380, 380; juergenphilipps 98; juliasudnitskaya 374; K.C. 8; Kneschke, Robert 33, 110, 111, 306, 306; KONSTANTINOVA, SVETLANA/alotofpeople 315; Kurhan 93; Laptev, Mike/mikelaptev 119; Lee, Tomm 256; lily 344; Limbach, Alexander 118; luismolinero 316; Mainka, Markus 8; malkovkosta 131, 134; Marco2811 92, 93; masterzphotofo 164; Medvediev, Artyom/artiemedvedev 309; Merkulov, Nik 75; metamorworks 61, 64; mhp 17; milanmarkovic78 384; Milz, Waldemar 305; Mint Images 262; Mirko 316; mitifoto 230; momius 93; Monkey Business Images 316; naka 316; Nasonov, Alexander/hacohob 110; olly 306; ozanbulbul 84; P'SORNRANISON/kokliang1981 110; Parilov 104; Perugini, William/william87 346; peterschreiber.media 102; phonlamaiphoto 72; photology1971 149; photophonie 306; photoprime 104; picoStudio 85; Pop, Catalin 383; Poplavskis, Andrejs/Fxquadro 361; Popov, Andrey 102; Priewe, Jürgen 102; pure-life-pictures 162; Racle Fotodesign 110; Rau, Andre/UsedomCards.de 102; Rawpixel.com 154; rcfotostock 22; Reitz-Hofman, Birgit 306; Ryzhov, Sergey 313; samrit 126; Sanders, Gina/Wodicka, Erwin/wodicka@aon.at 49; Sashkin 136; simoneminth 366; Smalenski, Aliaksei 363; Stefanovskiy, Andrew 111, 111; STEPANOV, IURII / filistimlyanin1 383; stnazku 110; stockpics 22; StockRocket 137; sulupress 124; Traimak, Ivan 90; unitypix 265; ViDi Studio 352; W. Heiber Fotostudio 306; Weis, Yvonne 85; Wellnhofer Designs 8; Wilfried 114; WoGi 84; Wylezich, Björn 85; Yakusheva, Alena 315; Yalansky, Andrey 8; yamix 75; Yemelyanov, Maksym 136; Young, Lisa F. 306.

toonpool.com, Berlin, Castrop-Rauxel: RABE 364; Rob 346.

Verlag Franz Vahlen GmbH, München: Stefan Müller, Katja Gelbrich: Interkulturelles Marketing, S.149, 2015 336.

VGL Verlagsgesellschaft mbH, Berlin: https://www.vergleich.org/ 20, 20.

Umschlagfoto: stock.adobe.com, Dublin: difeng, zhu

Wir arbeiten sehr sorgfältig daran, für alle verwendeten Abbildungen die Rechteinhaberinnen und Rechteinhaber zu ermitteln. Sollte uns dies im Einzelfall nicht vollständig gelungen sein, werden berechtigte Ansprüche selbstverständlich im Rahmen der üblichen Vereinbarungen abgegolten.

Einzelhandelskontenrahmen (EKR)[1]

Gekürzte Fassung für Ausbildung – Oktober 1990

Kontenklassen

0 Immaterielle Vermögensgegenstände und Sachanlagen

00 Frei
01 Frei
Immaterielle Vermögensgegenstände
02 Konzessionen, gewerbliche Schutzrechte und Lizenzen
- 0200 Konzessionen, gewerbliche Schutzrechte und Lizenzen

03 Frei
04 Frei
Sachanlagen
05 Grundstücke und Bauten
- 0500 Unbebaute Grundstücke
- 0510 Bebaute Grundstücke
- 0530 Betriebsgebäude
- 0540 Verwaltungsgebäude
- 0550 Andere Bauten
- 0560 Grundstückseinrichtungen
- 0570 Gebäudeeinrichtungen
- 0590 Wohngebäude

06 Frei
07 Frei
08 Andere Anlagen, Betriebs- und Geschäftsausstattungen
- 0810 Ladenausstattung
- 0820 Kassensysteme
- 0830 Lagerausstattung
- 0840 Fuhrpark
- 0860 Büromaschinen, Organisationsmittel und Kommunikationsanlagen
- 0870 Betriebs- und Geschäftsausstattung
- 0880 Geringwertige Wirtschaftsgüter
- 0890 Sammelposten GWG (Wirtschaftsgüter über 250,00 € bis 1.000,00 €)
  - 0891 Sammelposten GWG Jahr 1 (Wirtschaftsgüter über 250,00 € bis 1.000,00 €)
  - 0892 Sammelposten GWG Jahr 2 (Wirtschaftsgüter über 250,00 € bis 1.000,00 €)
  - 0893 … usw.

09 Frei

1 Finanzanlagen

10 Frei
11 Frei
12 Frei
13 Beteiligungen
- 1300 Beteiligungen

14 Frei
15 Wertpapiere des Anlagevermögens
- 1500 Wertpapiere des Anlagevermögens

16 Sonstige Finanzanlagen
- 1600 Ausleihungen

17 Frei
18 Frei
19 Frei

2 Umlaufvermögen und aktive Rechnungsabgrenzung

Vorräte
20 Waren/Bestände
- 2000 Waren (Sammelkonto)
- 2010 Waren (Gruppe 1)
- 2020 Waren (Gruppe 2)

21 Betriebsstoffe/Bestände
- 2100 Betriebsstoffe

22 Sonstiges Material/Bestände
- 2200 Verpackungsmaterial
- 2210 Leergut

23 Geleistete Anzahlungen auf Vorräte
- 2300 Geleistete Anzahlungen auf Vorräte

Forderungen und sonstige Vermögensgegenstände (24–26)
24 Forderungen aus Lieferungen und Leistungen
- 2400 Forderungen aus Lieferungen und Leistungen
- 2450 Besitzwechsel

25 Frei
26 Sonstige Vermögensgegenstände
- 2600 Vorsteuer
- 2630 Sonstige Forderungen an Finanzbehörden
- 2640 SV-Beitragsvorauszahlung
- 2650 Forderungen an Mitarbeiter
- 2690 Übrige sonstige Forderungen

27 Wertpapiere des Umlaufvermögens
- 2700 Wertpapiere des Umlaufvermögens

28 Flüssige Mittel
- 2800 Kreditinstitute (Bank)
- 2850 Postbank
- 2860 Schecks
- 2880 Kasse
- 2890 Nebenkassen

29 Aktive Rechnungsabgrenzung
- 2900 Aktive Rechnungsabgrenzung
- 2910 Disagio

3 Eigenkapital und Rückstellungen

Eigenkapital
30 Eigenkapital
Bei Einzelkaufleuten:
- 3000 Eigenkapital
  - 3001 Privatkonto

Bei Personengesellschaften:
- 3000 Kapital Gesellschafter A
  - 3001 Privatkonto A
- 3010 Kapital Gesellschafter B
  - 3011 Privatkonto B
- 3070 Kommanditkapital Gesellschafter C
- 3080 Kommanditkapital Gesellschafter D

Bei Kapitalgesellschaften:
- 3000 Gezeichnetes Kapital (Grundkapital/Stammkapital)

31 Kapitalrücklage
- 3100 Kapitalrücklage

32 Gewinnrücklagen
- 3210 Gesetzliche Rücklagen
- 3240 Andere Gewinnrücklagen

Fortsetzung Kontenklasse 3

33 Ergebnisverwendung
- 3310 Gewinn-/Verlustvortrag (aus dem Vorjahr)

34 Jahresüberschuss/Jahresfehlbetrag
- 3400 Jahresüberschuss/Jahresfehlbetrag (des lfd. Geschäftsjahres)

35 Frei
36 Frei
Rückstellungen
37 Rückstellungen
- 3700 Rückstellungen

38 Frei
39 Frei

4 Verbindlichkeiten und passive Rechnungsabgrenzung

40 Frei
41 Anleihen
- 4100 Anleihen

42 Verbindlichkeiten gegenüber Kreditinstituten
- 4200 Kurzfristige Bankverbindlichkeiten
- 4250 Langfristige Bankverbindlichkeiten (Darlehens-, Hypothekenschulden)

43 Erhaltene Anzahlungen auf Bestellungen
- 4300 Erhaltene Anzahlungen auf Bestellungen

44 Verbindlichkeiten aus Lieferungen und Leistungen
- 4400 Verbindlichkeiten aus Lieferungen und Leistungen

45 Wechselverbindlichkeiten
- 4500 Schuldwechsel

46 Frei
47 Frei
48 Sonstige Verbindlichkeiten
- 4800 Umsatzsteuer
- 4830 Sonstige Verbindlichkeiten gegenüber Finanzbehörden
- 4840 Verbindlichkeiten gegenüber Sozialversicherungsträgern
- 4850 Verbindlichkeiten gegenüber Mitarbeitern
- 4860 Verbindlichkeiten aus vermögenswirksamen Leistungen
- 4890 Übrige sonstige Verbindlichkeiten

49 Passive Rechnungsabgrenzung
- 4900 Passive Rechnungsabgrenzung

5 Erträge (einschließlich Berichtigungen)

50 Umsatzerlöse
- 5000 Umsatzerlöse für Waren (Sammelkonto)
  - 5001 Erlösberichtigungen
- 5010 Umsatzerlöse für Waren (Gruppe 1)
  - 5011 Erlösberichtigungen
- 5020 Umsatzerlöse für Waren (Gruppe 2)
  - 5021 Erlösberichtigungen

51 Sonstige Umsatzerlöse
- 5100 Sonstige Umsatzerlöse (aus Dienstleistungen)
  - 5101 Erlösberichtigungen

52 Frei
53 Frei
54 Sonstige betriebliche Erträge
- 5400 Nebenerlöse aus Vermietung und Verpachtung (Mieterträge)
- 5410 Sonstige Erlöse
- 5420 Entnahme von Gegenständen und sonstigen Leistungen
- 5430 Andere sonstige betriebliche Erträge
- 5480 Erträge aus der Herabsetzung von Rückstellungen

55 Erträge aus Beteiligungen
- 5500 Erträge aus Beteiligungen

56 Erträge aus Wertpapieren
- 5600 Erträge aus Wertpapieren

57 Sonstige Zinsen und ähnliche Erträge
- 5710 Zinserträge
- 5730 Diskonterträge

58 Außerordentliche Erträge
- 5800 Außerordentliche Erträge

59 Frei

Fortsetzung Kontenklasse 6

- 6770 Rechts- und Beratungsaufwendungen

68 Aufwendungen für Kommunikation (Dokumentation, Information, Reisen, Werbung)
- 6800 Büromaterial
- 6810 Zeitungen, Fachliteratur
- 6820 Post, Telefon
  - 6821 Postgebühren
  - 6822 Telefonkosten
- 6850 Reisekosten
- 6860 Bewirtung und Präsentation
- 6870 Werbung, Dekoration
- 6880 Spenden

69 Aufwendungen für Beiträge und Wertkorrekturen
- 6900 Versicherungsbeiträge
- 6920 Beiträge zu Wirtschaftsverbänden und Berufsvertretungen
- 6930 Andere sonstige betriebliche Aufwendungen
- 6940 Verluste aus Schadensfällen
- 6950 Abschreibungen auf Forderungen
- 6960 Aufwendungen aus Währungskursdifferenzen
- 6980 Zuführungen zu Rückstellungen für Gewährleistungen

6 Betriebliche Aufwendungen (einschließlich Berichtigungen)

Materialaufwand
60 Aufwendungen für Waren
- 6000 Aufwendungen für Waren (Sammelkonto)
  - 6001 Bezugskosten
  - 6002 Nachlässe
- 6010 Aufwendungen für Waren (Gruppe 1)
  - 6011 Bezugskosten
  - 6012 Nachlässe
- 6020 Aufwendungen für Waren (Gruppe 2)
  - 6021 Bezugskosten
  - 6022 Nachlässe

61 Aufwendungen für Material und für bezogene Leistungen
- 6100 Aufwendungen für Betriebsstoffe
- 6101 Aufwendungen für Verpackungsmaterial
- 6102 Aufwendungen für Leergut
- 6103 Aufwendungen für Energie
- 6104 Aufwendungen für Reparaturmaterial
- 6105 Aufwendungen für Reinigungsmaterial
- 6106 Aufwendungen für sonstiges Material
- 6110 Frachten und Fremdlager
- 6111 Vertriebsprovisionen
- 6112 Fremdinstandhaltung
- 6113 Abfallentsorgung
- 6114 Reinigung

Personalaufwand
62 Löhne
- 6200 Löhne für geleistete Arbeit
- 6210 Sonstige Lohnaufwendungen

63 Gehälter
- 6300 Gehälter
- 6310 Sonstige Gehaltsaufwendungen

64 Soziale Abgaben und Aufwendungen für Altersversorgung und für Unterstützung
- 6400 Arbeitgeberanteil zur Sozialversicherung
- 6420 Beiträge zur Berufsgenossenschaft

Abschreibungen
65 Abschreibungen
- 6520 Abschreibungen auf Sachanlagen
- 6530 Abschreibungen auf geringwertige Wirtschaftsgüter
- 6540 Abschreibungen auf Sammelposten (Wirtschaftsgüter über 250,00 € bis 1.000,00 €)

Sonstige betriebliche Aufwendungen (66–70)
66 Sonstige Personalaufwendungen
- 6600 Sonstige Personalaufwendungen

67 Aufwendungen für die Inanspruchnahme von Rechten und Diensten
- 6700 Mieten, Pachten
- 6710 Leasing
- 6730 Gebühren
- 6750 Aufwendungen des Geldverkehrs

7 Weitere Aufwendungen

70 Betriebliche Steuern
- 7020 Grundsteuer
- 7030 Kraftfahrzeugsteuer
- 7090 Sonstige betriebliche Steuern

71 Frei
72 Frei
73 Frei
74 Abschreibungen auf Finanzanlagen und auf Wertpapiere des Umlaufvermögens
- 7420 Abschreibungen auf Wertpapiere des Umlaufvermögens

75 Zinsen und ähnliche Aufwendungen
- 7510 Zinsaufwendungen
- 7530 Diskontaufwendungen

76 Außerordentliche Aufwendungen
- 7600 Außerordentliche Aufwendungen

77 Steuern vom Einkommen und Ertrag
- 7700 Gewerbeertragsteuer
- 7710 Körperschaftsteuer
- 7720 Kapitalertragsteuer

78 Frei
79 Frei

8 Ergebnisrechnungen

80 Eröffnung/Abschluss
- 8000 Eröffnungsbilanzkonto
- 8010 Schlussbilanzkonto
- 8020 Gewinn- und Verlustkonto

9 Kosten- und Leistungsrechnung

In der Praxis wird die Kosten- und Leistungsrechnung gewöhnlich tabellarisch durchgeführt.

Erläuterungen zu den einzelnen Positionen

Kontengruppen
Die **zweiziffrigen Kontengruppen** entsprechen den ausweispflichtigen **Bilanz- und GuV-Positionen** gem. § 266 und 275 HGB.

Warenkonten
Der **Bezug** von Waren ist sofort als Aufwand auf dem Konto 6000 „Aufwendungen für Waren" zu buchen. Dementsprechend sind Anschaffungsnebenkosten (Bezugskosten) und Anschaffungspreisminderungen = Nachlässe (Boni, Skonti) auf den „Unterkonten" 6001 und 6002 zu erfassen.
Das Konto 5000 „Umsatzerlöse für Waren" – mit dem entsprechenden „Unterkonto" 5001 „Erlösberichtigungen" für Boni und Skonti – ist für den **Verkauf** von Waren vorgesehen. Das **Warenbestandskonto** (2000) wird während der Abrechnungsperiode nicht angesprochen. Die Gegenbuchung von **Inventurdifferenzen** (Mehr- und Minderbestände an Waren) ist auf dem Konto 6000 „Aufwendungen für Waren" vorzunehmen.

Konto 5410 „Sonstige Erlöse"
Vorgesehen z. B. für die Erfassung von Erlösen aus Anlagenverkäufen.

Konto 5430 „Andere sonstige betriebliche Erträge"
Vorgesehen z. B. für Kassenüberschüsse und Anlagenverkäufe über Buchwert.

Konto 5800 „Außerordentliche Erträge"
Erträge gem. § 277 Abs. 4 HGB.

Konto 6106 „Aufwendungen für sonstiges Material"
Vorgesehen für Materialaufwendungen, die z. B. im Zusammenhang mit der Erbringung von Dienstleistungen anfallen.

Konto 6930 „Andere sonstige betriebliche Aufwendungen"
Vorgesehen z. B. für Kassenmanko und Anlagenverkäufe unter Buchwert.

Konto 7600 „Außerordentliche Aufwendungen"
Aufwendungen gem. § 277 Abs. 4 HGB.

1 Ergänzt um Begriffe der gesetzlichen Gliederungsvorschriften

Gliederung der Gewinn- und Verlustrechnung in Staffelform[1]

nach § 275 Handelsgesetzbuch

(1) Die Gewinn- und Verlustrechnung ist in Staffelform nach dem Gesamtkostenverfahren oder dem Umsatzkostenverfahren aufzustellen. Dabei sind die in Absatz 2 oder 3 bezeichneten Posten in der angegebenen Reihenfolge gesondert auszuweisen.

(2) Bei Anwendung des **Gesamtkostenverfahrens** sind auszuweisen:

1. Umsatzerlöse
2. Erhöhung oder Verminderung des Bestands an fertigen und unfertigen Erzeugnissen
3. andere aktivierte Eigenleistungen
4. sonstige betriebliche Erträge
5. Materialaufwand:
   a) Aufwendungen für Roh-, Hilfs- und Betriebsstoffe und für bezogene Waren
   b) Aufwendungen für bezogene Leistungen
6. Personalaufwand:
   a) Löhne und Gehälter
   b) soziale Abgaben und Aufwendungen für Altersversorgung und für Unterstützung, davon für Altersversorgung
7. Abschreibungen:
   a) auf immaterielle Vermögensgegenstände des Anlagevermögens und Sachanlagen sowie auf aktivierte Aufwendungen für die Ingangsetzung und Erweiterung des Geschäftsbetriebs
   b) auf Vermögensgegenstände des Umlaufvermögens, soweit diese die in der Kapitalgesellschaft üblichen Abschreibungen überschreiten
8. sonstige betriebliche Aufwendungen
9. Erträge aus Beteiligungen, davon aus verbundenen Unternehmen
10. Erträge aus anderen Wertpapieren und Ausleihungen des Finanzanlagevermögens, davon aus verbundenen Unternehmen
11. sonstige Zinsen und ähnliche Erträge, davon aus verbundenen Unternehmen
12. Abschreibungen auf Finanzanlagen und auf Wertpapiere des Umlaufvermögens
13. Zinsen und ähnliche Aufwendungen, davon an verbundene Unternehmen
14. Steuern vom Einkommen und vom Ertrag
15. Ergebnis nach Steuern
16. sonstige Steuern
17. **Jahresüberschuss/Jahresfehlbetrag**

(3) Bei Anwendung des **Umsatzkostenverfahrens** sind auszuweisen:

1. Umsatzerlöse
2. Herstellungskosten der zur Erzielung der Umsatzerlöse erbrachten Leistungen
3. Bruttoergebnis vom Umsatz
4. Vertriebskosten
5. allgemeine Verwaltungskosten
6. sonstige betriebliche Erträge
7. sonstige betriebliche Aufwendungen
8. Erträge aus Beteiligungen, davon aus verbundenen Unternehmen
9. Erträge aus anderen Wertpapieren und Ausleihungen des Finanzanlagevermögens, davon aus verbundenen Unternehmen
10. sonstige Zinsen und ähnliche Erträge, davon aus verbundenen Unternehmen
11. Abschreibungen auf Finanzanlagen und auf Wertpapiere des Umlaufvermögens
12. Zinsen und ähnliche Aufwendungen, davon an verbundene Unternehmen
13. Steuern vom Einkommen und Ertrag
14. Ergebnis nach Steuern
15. sonstige Steuern
16. **Jahresüberschuss/Jahresfehlbetrag**

(4) Veränderungen der Kapital- und Gewinnrücklagen dürfen in der Gewinn- und Verlustrechnung erst nach dem Posten „Jahresüberschuss/Jahresfehlbetrag" ausgewiesen werden.

1 **§ 276 Größenunabhängige Erleichterungen.** Kleine und mittelgroße Kapitalgesellschaften (§ 267 Abs. 1, 2) dürfen die Posten § 275 Abs. 2 Nr. 1 bis 5 oder Abs. 3 Nr. 1 bis 3 und 6 zu einem Posten **„Rohergebnis"** zusammenfassen.

Gliederung der Jahresbilanz

mittelgroßer und großer Kapitalgesellschaften[1] nach § 266 Abs. 2 und 3

Aktiva

A. Anlagevermögen

I. Immaterielle Vermögensgegenstände:
1. selbst geschaffene gewerbliche Schutzrechte und ähnliche Rechte und Werte
2. entgeltlich erworbene Konzessionen, gewerbliche Schutzrechte und ähnliche Rechte und Werte sowie Lizenzen an solchen Rechten und Werten
3. Geschäfts- oder Firmenwert
4. geleistete Anzahlungen

II. Sachanlagen:
1. Grundstücke, grundstücksgleiche Rechte und Bauten einschließlich der Bauten auf fremden Grundstücken
2. technische Anlagen und Maschinen
3. andere Anlagen, Betriebs- und Geschäftsausstattung
4. geleistete Anzahlungen und Anlagen im Bau

III. Finanzanlagen:
1. Anteile an verbundenen Unternehmen
2. Ausleihungen an verbundene Unternehmen
3. Beteiligungen
4. Ausleihungen an Unternehmen, mit denen ein Beteiligungsverhältnis besteht
5. Wertpapiere des Anlagevermögens
6. sonstige Ausleihungen

B. Umlaufvermögen

I. Vorräte:
1. Roh-, Hilfs- und Betriebsstoffe
2. unfertige Erzeugnisse, unfertige Leistungen
3. fertige Erzeugnisse und Waren
4. geleistete Anzahlungen

II. Forderungen und sonstige Vermögensgegenstände:
1. Forderungen aus Lieferungen und Leistungen
2. Forderungen gegen verbundene Unternehmen
3. Forderungen gegen Unternehmen, mit denen ein Beteiligungsverhältnis besteht
4. sonstige Vermögensgegenstände

III. Wertpapiere:
1. Anteile an verbundenen Unternehmen
2. eigene Anteile
3. sonstige Wertpapiere

IV. Schecks, Kassenbestand, Bundesbank- und Postbankguthaben, Guthaben bei Kreditinstituten)

C. Rechnungsabgrenzungsposten

D. Aktive latente Steuern

E. Aktiver Unterschiedsbetrag aus Vermögensrechnung

Passiva

A. Eigenkapital

I. Gezeichnetes Kapital
II. Kapitalrücklage
III. Gewinnrücklagen:
1. gesetzliche Rücklage
2. Rücklage für eigene Anteile an einem herrschenden oder mehrheitlich beteiligten Unternehmen
3. satzungsmäßige Rücklagen
4. andere Gewinnrücklagen

IV. Gewinnvortrag/Verlustvortrag

V. Jahresüberschuss/Jahresfehlbetrag

B. Rückstellungen

1. Rückstellungen für Pensionen und ähnliche Verpflichtungen
2. Steuerrückstellungen
3. sonstige Rückstellungen

C. Verbindlichkeiten

1. Anleihen, davon konvertibel
2. Verbindlichkeiten gegenüber Kreditinstituten
3. erhaltene Anzahlungen auf Bestellungen
4. Verbindlichkeiten aus Lieferungen und Leistungen
5. Verbindlichkeiten aus der Annahme gezogener Wechsel und der Ausstellung eigener Wechsel
6. Verbindlichkeiten gegenüber verbundenen Unternehmen
7. Verbindlichkeiten gegenüber Unternehmen, mit denen ein Beteiligungsverhältnis besteht
8. sonstige Verbindlichkeiten
   – davon aus Steuern
   – davon im Rahmen der sozialen Sicherheit

D. Rechnungsabgrenzungsposten

E. Passive latente Steuern

1 **§ 266 Gliederung der Bilanz.** (1) [1] Die Bilanz ist in Kontoform aufzustellen. [2] Dabei haben große und mittelgroße Kapitalgesellschaften (§ 267 Abs. 3, 2) auf der Aktivseite die in Absatz 2 und auf der Passivseite die in Absatz 3 bezeichneten Posten gesondert und in der vorgeschriebenen Reihenfolge auszuweisen. [3] Kleine Kapitalgesellschaften (§ 267 Abs. 1) brauchen nur eine verkürzte Bilanz aufzustellen, in die nur die in den Absätzen 2 und 3 mit Buchstaben und römischen Zahlen bezeichneten Posten gesondert und in der vorgeschriebenen Reihenfolge aufgenommen werden.